Fälle zum Strafrecht Besonderer Teil

Von
Dr. Mustafa Temmuz Oğlakcıoğlu
Professor an der Universität des Saarlandes

und
Dr. Christian Rückert
Wissenschaftlicher Mitarbeiter an der Friedrich-Alexander-Universität Erlangen-Nürnberg

2. Auflage 2022

Verlag Franz Vahlen

Zitiervorschlag: *Oğlakcıoğlu/Rückert* Fälle StrafR BT

www. vahlen.de

ISBN 978 3 8006 6714 7

Wilhelmstraße 9, 80801 München
Druck: Druckerei C.H.Beck Nördlingen
(Adresse wie Verlag)

Satz: R. John + W. John GbR, Köln
Umschlaggestaltung: Martina Busch Grafikdesign, Homburg Saar

CO_2 *neutral*
vahlen.de/nachhaltig

Gedruckt auf säurefreiem, alterungsbeständigem Papier
(hergestellt aus chlorfrei gebleichtem Zellstoff)

Oğlakcıoğlu · Rückert | Fälle zum Strafrecht Besonderer Teil

Zu diesem Buch

I. Die vorliegende Fallsammlung ist im Schwerpunkt dem Besonderen Teil des Strafrechts gewidmet. Die Hauptprobleme der jeweiligen Fälle liegen also bei der Auslegung der einzelnen Delikte des Besonderen Teils. Es ist ein kaum zu bewältigendes Unterfangen, alle denkbaren Problemstellungen der ca. 300 Delikte des Besonderen Teils in einem Fallbuch zusammenführen zu wollen. Mehr als in einem Fallbuch zum Allgemeinen Teil kann es also nur darum gehen, große Teile der prüfungsrelevanten Regelungsmaterie zu behandeln und – wenngleich ohne Anspruch auf Vollständigkeit – jedenfalls den klassischen und zentralen Problemen, die immer wieder Prüfungsgegenstand sind, einen angemessenen Platz (bei wichtigen Fragen auch bewusst in mehreren Fällen) eingeräumt zu haben. Schließlich muss ein Fallbuch zum Besonderen Teil auch auf diejenigen Probleme der Verbrechenslehre und damit auch des Allgemeinen Teils eingehen, die typischerweise nur im Zusammenhang mit bestimmten Deliktsgruppen auftauchen. Gerade in der Kombination von Allgemeinem und Besonderem Teil liegt der Reiz für Klausurerstellerinnen und Klausurersteller, die nun auf den gesamten Fundus des BT zurückgreifen können. Da insofern sowohl im Großen Schein als auch in Examensklausuren der Allgemeine Teil stets »mit abgefragt« wird, würde das Buch die Studierenden nicht angemessen auf die Prüfung vorbereiten, wenn es ihn vollständig ausblendete.

II. Eng mit dieser Vorüberlegung verknüpft ist auch die Frage der Zielgruppe. Die meisten Fälle entsprechen in ihrem Umfang und den aufgeworfenen Rechtsfragen Examensniveau. Dennoch handelt es sich schon deswegen nicht um einen »Examensklausurenkurs« im engeren Sinne, weil auf die (im ersten Staatsexamen typische) strafprozessuale Zusatzfrage verzichtet wurde. Gleichsam geschah dies ganz bewusst und ist auch weniger schädlich, da dies die Möglichkeit einer flexiblen Aufgabenstellung eröffnet und das Buch somit auch von Personen verwendet werden kann, die soeben ihre ersten Schritte im Besonderen Teil gemacht haben und sich auf die Große Übung im Strafrecht bzw. auf eine Abschlussklausur zum Besonderen Teil vorbereiten. Examensklausuren unterscheiden sich gegenüber Aufgabenstellungen aus der »Großen Übung« gerade in der strafprozessualen Zusatzfrage und im Übrigen vornehmlich im Hinblick auf ihren Umfang. Da sich inhaltlich hingegen kaum Unterschiede ergeben (der Stoff des Besonderen Teils mithin derselbe bleibt), kommt es nicht selten vor, dass Examensklausuren »verknappt« als Übungsklausuren gestellt werden. Dieser Umstand wird vorliegend zu einem Konzept der Fallsammlung erhoben, indem in den gutachtlichen Vorüberlegungen dargestellt wird, inwiefern der Bearbeitervermerk modifiziert werden könnte, um zu einer einfacheren (weil im Umfang eingeschränkten) Version der Aufgabenstellung zu gelangen (sozusagen als »director's cut« für die Große Übung), gegebenenfalls einhergehend mit einer knapperen Bearbeitungszeit. Die Fälle sind nicht vollständig »bunt gemischt«, sondern orientieren sich in ihren Schwerpunkten an der (in der Lehre immer noch gängigen, aber begrifflich uneinheitlich gehandhabten) Unterscheidung zwischen Vermögensdelikten (hier: BT II) und Nichtvermögensdelikten (hier: BT I). Dies dürfte im Hinblick auf den Lerneffekt für Examenskandidaten keinen großen »Nachteil« darstellen, da auch im Examen Sachverhalte mit besonderen Schwerpunkten auf bestimmten

Deliktsgruppen vorstellbar sind. Für andere Studierende hat dies den Vorteil, dass das Buch auch ohne umfangreiche Kenntnisse zu den (chronologisch typischerweise erst nachfolgend dargestellten) Vermögensdelikten verwendet werden kann. Da aber vor allem im Examen diese stoffbezogene Differenzierung keine Rolle mehr spielt – und auch in der Großen Übung das Beherrschen beider Deliktsgruppen erwartet wird –, wurden auch Fälle einbezogen, in denen Tatbestände aus beiden Deliktsgruppen abgeprüft werden (zB Betrug einerseits, Beteiligung an einer Schlägerei andererseits).

III. Die Klausurensammlung wurde in einem an der Friedrich-Alexander-Universität Erlangen-Nürnberg durchgeführten Workshop erprobt, an dem über 30 Studierende teilgenommen haben. Die Gruppe setzte sich zusammen aus Examenskandidatinnen und -kandidaten, Teilnehmerinnen und Teilnehmern der Großen Übung und Studierenden »zwischen« diesen beiden Gruppen. Dies ermöglichte eine kritische Überprüfung des speziell für dieses Fallbuch zusammengestellten bzw. neu kreierten Materials durch die Kandidatinnen und Kanditaten selbst. Zudem konnte über einen Dialog mit den Bearbeiterinnen und Bearbeiter eruiert werden, welche Formulierungen in der Aufgabenstellung als besonders problematisch empfunden wurden, wie der Erwartungshorizont der Klausurerstellerinnen und Klausurersteller sowie der Schwierigkeitsgrad der Klausuren eingeschätzt wurde und mit welchen Schwierigkeiten sich die Kandidatinnen und Kandidaten hinsichtlich der Klausurlösung (insbesondere etwaiger Formulierungspassagen) konfrontiert sahen. Eben von diesem Vorgehen soll auch die Leserschaft profitieren, indem zu jedem Fall die wichtigsten Ergebnisse der Nachbesprechungen des Workshops zusammengefasst und dargestellt werden. Die Klausurpraxis zeigt, dass immer wieder die gleichen Fehler oder zumindest die gleichen Fehlerarten gemacht werden. Die Leserinnen und Leser können daher von den Fehlern der Workshop-Teilnehmerinnen und -Teilnehmer profitieren, ohne die Fehler in eigenen Klausuren selbst machen zu müssen. Gleichsam lassen sich aus den Ursachen der Fehler Hinweise für die eigene Examensvorbereitung gewinnen. Im Klausurenworkshop wurde jede Klausur von zwei verschiedenen Personen korrigiert. Der zweite Korrektor konnte zwar die Korrekturbemerkungen des Erstkorrektors sehen (so sollte sichergestellt werden, dass möglichst viele Unklarheiten in der Klausur für die Buchfassung beseitigt würden), jedoch kannte er die vergebene Punktzahl nicht, als er seine Bewertung der Klausur festlegte. Erstaunlicherweise wurden dennoch häufig sehr nah beieinanderliegende bzw. sogar exakt gleichlautende Punktanzahlen vergeben. Kein einziges Mal (!) lagen Erst- und Zweitkorrektor um mehr als zwei Notenpunkte auseinander. Auch wenn diese Erhebung natürlich weit von echter Empirie entfernt ist, deutet sie doch daraufhin, dass bei der Notenvergabe deutlich weniger »Willkür« herrscht, als oftmals von Studierenden angenommen wird.

IV. Im Übrigen reiht sich das Werk in der Darstellung in die bewährte und gut aufgenommene Methode ein, den ausformulierten Musterlösungen (welche durch Gliederungen ergänzt werden, die einen raschen Überblick über den Fall ermöglichen sollen) »Gutachtliche Vorüberlegungen« voranzustellen. Diese kurzen Hinweise zum Fall, mit einer knappen Analyse des Sachverhalts und wichtigen Fixpunkten der späteren Lösung, beabsichtigen zweierlei: Zum einen können sie in gewisser Weise die »Gedanken simulieren«, die sich Bearbeiterinnen und Bearbeiter bei der Lektüre des Sachverhaltes machen, wenn sie diesen in Tatkomplexe zerlegen, nach Schwerpunkten suchen und mögliche Konsequenzen der Lösung durchdenken etc. Zum anderen sollen diese Vorüberlegungen aber auch helfen, den Lösungsweg und die Gedanken, die zu diesem führen, leichter nachvollziehbar zu machen – denn in den ausformulierten Lösungen selbst werden selbstverständlich weder der eigene Aufbau erläutert noch »klausurtaktische« Erwägungen ausformuliert. Insoweit sollen die »Gutachtlichen Vorüberlegungen« also helfen, nicht nur zu sehen, wie der Fall gelöst wird, sondern auch noch besser verstehen zu können, warum er so gelöst wird. Ein besonderer Vorteil der »Gutachtlichen Vorüberlegungen« liegt zudem darin, dass sie offenlegen, welche Gedanken sich Klausurerstellerinnen und Klausurersteller (in diesem Fall die beiden Autoren) bei der Erstellung machen, zB welche Sachverhaltshinweise auf welche Problemstellungen hindeuten sollen, welche Hilfestellungen bewusst für die Bearbeiterinnen und Bearbeiter integriert werden etc. Die Leserinnen und Leser werden so in die Lage versetzt, den Weg, den die Klausurerstellerin oder der Klausurersteller zum Sachverhalt genommen hat, quasi »zurückzugehen« und zu den zu lösenden Problemstellungen zu gelangen.

V. Die ausformulierten Lösungen fallen tendenziell umfangreicher aus, als auch von guten Bearbeiterinnen und Bearbeitern über die gesamte Breite der Klausur erwartet werden kann. Grund ist der didaktische Anspruch des Buches, den eine »echte« Klausur nicht aufweist. Gleichwohl war es uns wichtig, dass in den jeweils einzelnen Teilen der Klausurlösung nichts »Unrealistisches« vorgeführt wird, was nicht auch ein sehr guter Kandidat an dieser Stelle zu Papier bringen könnte. Insoweit wird etwa ganz bewusst auf die Darstellung von Meinungsstreitigkeiten in einem Detailgrad, der in Klausuren nicht zu leisten ist, verzichtet. Aus demselben Grund werden auch keine Fußnoten im Fließtext verwendet, was auch dem Lesefluss zugutekommt. Stattdessen wird am Ende eines jeden Falles (wie im Fallbuch zum Allgemeinen Teil auch) auf zwei bis drei Beiträge in der Ausbildungsliteratur – jeweils zu den Schwerpunkten des Falles – verwiesen. Ergänzt werden diese speziellen Verweise um Fundstellen aus der »Standardliteratur«, namentlich dem Lehrbuch zum Besonderen Teil von *Rengier* (für den ersten Zugriff) und dem Examensrepetitorium von *Jäger* (für die Wiederholung in der Examensvorbereitung), in denen die fallgegenständlichen Deliktsbereiche didaktisch zusammenhängend dargestellt werden. Zentrales Ziel dieses Buches ist das Einüben der Fall-Lösung im fortgeschrittenen Bereich (gegebenenfalls mit einem verknappten Gutachtenstil), nicht der lückenlose Literaturnachweis. Die Lösungen orientieren sich – entsprechend der Klausurpraxis – stets an prominent vertretenen Meinungen in Rechtsprechung und Literatur. Die Autoren erheben dementsprechend keinerlei Anspruch auf eine eigene wissenschaftliche Lösung der behandelten Problemstellungen. Wer den Stoff gerne fallbezogen wiederholen möchte, ohne für jedes einzelne Problem von einer umfangreichen Lösung im Gutachtenstil »erschlagen« zu werden, wird auch mit den Verweisen auf die Kompendien zum Strafrecht BT in der Reihe »Prüfe dein Wissen« (*Kudlich*) etwas anfangen können. Nichtsdestotrotz steht es jeder Leserin und jedem Leser selbstverständlich frei, mit dem bzw. den von ihm ohnehin präferierten Lehrbuch/Lehrbüchern zum Strafrecht BT zu arbeiten. Für Examenskandidatinnen und -kandidaten, die sich einen Überblick hinsichtlich der in diesem Fallbuch »insgesamt« abgearbeiteten Probleme verschaffen wollen, schließt das Buch mit einer Tabelle zu den behandelten (und nicht behandelten) Fallproblemen ab, die ebenfalls Literaturhinweise – zT auch nur didaktisch aufbereitete Urteilsanmerkungen – auf die jeweilige Rechtsfrage enthält. Freilich erhebt auch diese Liste keinen Anspruch auf Vollständigkeit. »Rechtsprobleme« und Klausurfragen existieren nicht statisch, sondern entstehen immer wieder aufs Neue, zumal Klausurerstellerinnen und Klausurersteller unterschiedliche Vorstellungen von dem Begriff des »Klausurproblems« haben können. Nichtsdestotrotz kann der umfassende Überblick hilfreich sein, soweit man überprüfen will, ob man auch kein bestimmtes »Standardproblem« übersehen hat, was anzunehmen sein dürfte, wenn man mit der jeweiligen Bezeichnung des Problems (zB Absatzerfolg bei Hehlerei) nichts anfangen kann. Zugleich tritt der Überblick an die Stelle eines Stichwortverzeichnisses.

VI. Das Buch bemüht sich, im Rahmen der ausformulierten Lösungsvorschläge auch ein wenig »stilistische« Hilfe für die Klausurbearbeitung anzubieten. Ein Augenmerk wurde dabei auf den Wechsel zwischen ausführlichem Gutachtenstil (an problematischen Stellen bzw. bei der ersten Prüfung eines »größeren« Delikts), Kurz-Gutachtenstil und Urteilsstil (an unproblematischen Stellen und bei Delikten, die offensichtlich ausscheiden) gelegt. Selbstverständlich gibt es kein stets anwendbares »Geheimrezept«. Jeder Examenskandidat muss seinen eigenen Stil entwickeln, die ausformulierten Lösungsvorschläge können jedoch als Inspiration dienen. Da die Fälle von zwei verschiedenen Autoren bearbeitet wurden, lassen sich auch Unterschiede in Methodik und Ausdrucksweise erkennen. Es wurde zwar Vieles aus Gründen der Lesbarkeit vereinheitlicht, einige stilistische Unterschiede wurden jedoch ganz bewusst beibehalten, um der Leserschaft aufzuzeigen, dass es stets verschiedene Möglichkeiten gibt, Falllösungen klausurgerecht auszuformulieren. Als Ergänzung der Lösungsvorschläge finden sich in den Fällen zahlreiche »Hinweiskästchen«. Diese enthalten Aufbauhinweise, vertiefende Bemerkungen zum behandelten Thema, klausurtaktische und -technische Erwägungen sowie alternative Lösungswege. Bei der Erstellung der Sachverhalte wurde darauf geachtet, dass »realistische« Fälle mit tatsächlich abprüfbaren Problemkonstellationen entstehen. In einigen Fallgestaltungen gibt es Varianten, die mehr und solche, die weniger für eine Klausur geeignet sind (zB eignen sich nicht alle Fälle des Kredit- und EC-Kartenmissbrauchs für eine Fallprüfung, da die realen Sachverhaltskonstellationen – Fünf-Partner-System – viel zu komplex sind, um im Umfang eines Klausursachverhalts dargestellt zu werden). Auch zu dieser Thematik finden sich ergänzende Bemerkungen in den Hinweiskästchen. Ein zentrales Aufbauproblem jeder Klausurlösung sei an dieser Stelle »vor die Klammer gezogen«: Bei vielen Delikten des Besonderen Teils, aber auch bei einigen Problemen des Allgemeinen Teils ist die Aufteilung der zu prüfenden Tatbestandsmerkmale zwischen objektivem und subjektivem Tatbestand nicht ganz trivial. So muss zB bei der Prüfung des Diebstahls nach § 242 I StGB nach Prüfung des Vorsatzes und der Zueignungsabsicht noch die Rechtswidrigkeit der angestrebten Zueignung als objektives Tatbestandsmerkmal und anschließend der Vorsatz bezüglich dieses Merkmals (dann wieder subjektiv) geprüft werden. Bei der Mittäterschaft ist der Tatplan ein subjektives Merkmal, der Tatbeitrag und die Tatherrschaft jedoch objektive Merkmale (und der von der Rechtsprechung verlangte Täterwille wieder ein subjektives Merkmal). Einige Tatbestandsmerkmale enthalten sogar in ihrer Definition sowohl objektive als auch subjektive Merkmale. So sind bei der Heimtücke die Arg- und Wehrlosigkeit objektiv zu prüfen, die feindliche Willensrichtung und das bewusste Ausnutzen dagegen subjektiv (weswegen auch die Bezeichnung als »objektives« Mordmerkmal zumindest unpräzise ist und besser von »tatbezogenem« Mordmerkmal gesprochen werden sollte). Zur Lösung dieses Problems gibt es bei der Klausurbearbeitung mehrere Möglichkeiten:

1. Sie lassen die Überschriften »objektiver Tatbestand« und »subjektiver Tatbestand« innerhalb der Prüfung des Tatbestands einfach weg; in diesem Fall müssen Sie aber peinlich genau darauf achten, dass alle Elemente des objektiven Tatbestands eine Entsprechung bei der Prüfung im Vorsatz finden;

2. Sie prüfen »sauber« alles Objektive im objektiven und alles Subjektive im subjektiven Tatbestand und riskieren ein »komisches« Gefühl beim Korrektor, weil er eine andere Prüfungsreihenfolge erwartet; teilweise wird Sie diese Methode auch zwingen, Zusammengehöriges auseinander zu reißen (weswegen diese Methode weniger empfehlenswert ist);
3. Sie prüfen »ausnahmsweise« subjektive Elemente (auch) im objektiven Tatbestand und umgekehrt, was aber streng genommen »falsch« ist bzw. zumindest zu Ihrer Überschrift in Widerspruch steht.

Da die meisten didaktischen Abhandlungen sowie die meisten der uns bekannten Klausurlösungen bislang weiterhin eine Trennung in objektiven und subjektiven Tatbestand auch der Überschrift nach vornehmen und weil die Überschriften die Lesbarkeit verbessern, wurde diese Darstellung auch für dieses Fallbuch übernommen und somit (überwiegend) Lösungsweg Nr. 3 eingeschlagen. In einer realen Klausursituation – insbesondere im Examen, wo die Zeit stets ein kritischer Faktor ist – empfiehlt sich oftmals eher Lösungsweg Nr. 1, nicht zuletzt um wertvolle Zeit zu sparen.

VII. Was die verwendete Sprache anbelangt, so versuchen wir, eine Gratwanderung zwischen hinreichend genderneutraler Sprache und Lesbarkeit zu unternehmen. Das bedeutet, das dort, wo es ohne große »sprachliche Verrenkungen« möglich war, neutrale Formulierungen oder sowohl die männliche als auch die weibliche Form verwendet wurden. An einigen Stellen hätte jedoch die Lesbarkeit so sehr gelitten, dass wir es bei der männlichen Form beließen, die dann jeweils für beide Formen steht. Man möge uns dies unter dem Gesichtspunkt der Leser- und damit Studierendenfreundlichkeit nachsehen.

VIII. Wie bereits angedeutet, sind alle Fälle durch den Workshop erprobt. Das schließt natürlich gleichwohl nicht aus, dass Leserinnen und Leser – gerade auch in einer ausformulierten Musterlösung, in der man sich mitunter stärker festlegen muss, als man dies bei einer mündlichen Fallbesprechung tun kann – Fehler oder Passagen entdecken, »mit denen sie nicht einverstanden sind«. Für Anregungen und Kritik sind wir jederzeit dankbar. Diese können etwa gerichtet werden an die E-Mail-Adressen mustafa.oglakcioglu@fau.de oder christian.rueckert@fau.de. Für die engagierte Unterstützung mit jeweils ganz unterschiedlichen Aufgabenbereichen gilt unser Dank *Sabina Noack*, *Johannes Gründel*, *Kathrin Ziegler*, *Laura Wanek*, *Daniela Karst*, *Sarah Wirth*, *Katharina Rößler*, *Moritz Gärber*, *Hannah Grieger*, *Roshen Batti* und *Victoria Shipulina*. Herrn Professor Dr. *Hans Kudlich* und Herrn Professor Dr. *Christoph Safferling*, LL.M. (LSE) danken wir für die stets (und weit über die Erstellung des Fallbuches hinausgehende) wertvolle Unterstützung und Beratung.

Erlangen, im April 2018

Mustafa Temmuz Oğlakcıoğlu
Christian Rückert

Vorwort zur 2. Auflage

I. Die erste Auflage unseres Fallbuchs hat freundliche Aufnahme gefunden, was uns ermutigt, eine aktualisierte Zweitauflage zu erstellen. Sie berücksichtigt Literatur, Auflagen und Gesetzesänderungen bis zum September 2021. Insbesondere Änderungen von Strafvorschriften hatten teilweise auch Änderungen in der Falllösung zur Folge. Schließlich haben wir uns bemüht, selbst entdeckte und von Leserinnen und Lesern gemeldete Fehler und Ungenauigkeiten in der zweiten Auflage zu beseitigen. Für das zahlreiche Feedback möchten wir uns an dieser Stelle bedanken und ausdrücklich darum bitten, zur weiteren Qualitätssteigerung in der nächsten Auflage, uns auch weiterhin Ungenauigkeiten oder Unklarheiten mitzuteilen. Wir freuen uns auf entsprechende E-Mails unter mustafa_temmuz.oglakcioglu@uni-saarland.de und christian.rueckert@fau.de.

II. Erneut sind wir vielen Menschen zum Dank für Ihre Mithilfe bei der Entstehung dieses Werks verpflichtet. Neben den bereits im ersten Vorwort Genannten, sind wir für ihre Mithilfe für die zweite Auflage *Leila Khayati, Jan-Luca Ross, Sara Kasapoglu* und *Deniz Özdemir* zum Dank verpflichtet.

Erlangen, im September 2021

Mustafa Temmuz Oğlakcıoğlu
Christian Rückert

Inhaltsverzeichnis

Abkürzungsverzeichnis

aA . . . . andere Ansicht
Abs. . . . . Absatz
AT . . . . Allgemeiner Teil
Aufl. . . . . Auflage
AWG . . . . Außenwirtschaftsgesetz

BaföG . . . . Bundesgesetz über die individuelle Förderung der Ausbildung (Bundesausbildungsförderungsgesetz)
BayGO . . . . . . Gemeindeordnung für den Freistaat Bayern (Gemeindeordnung – GO)
BayLKrO . . . . . Landkreisordnung für den Freistaat Bayern (Landkreisordnung – LKrO)
BayVwfG . . . . . Bayerisches Verwaltungsverfahrensgesetz
BayZustVVerk . . Verordnung über Zuständigkeiten im Verkehrswesen (ZustVVerk) (Bayern)
BGB . . . . Bürgerliches Gesetzbuch
BGH . . . . Bundesgerichtshof
BGHSt . . . . Strafrechtliche Entscheidungen des BGH (Amtliche Sammlung)
BVerfG . . . . Bundesverfassungsgericht
BT . . . . Besonderer Teil
bzw. . . . . beziehungsweise

dh . . . . das heißt

ELV . . . . Elektronisches Lastschriftverfahren
EUR . . . . Euro
evtl. . . . . eventuell

f. . . . . und folgende(r) Seite/Paragraph
ff. . . . . und folgende Seiten/Paragraphen
FPR . . . . Familie Partnerschaft Recht (Zeitschrift)
FS . . . . Festschrift

GA . . . . Goltdammer's Archiv für Strafrecht (Zeitschrift)
gem. . . . . gemäß
GG . . . . Grundgesetz

h . . . . Stunde
hL . . . . herrschende Lehre
hM . . . . herrschende Meinung
Hs. . . . . Halbsatz

idR . . . . in der Regel
iSd . . . . im Sinne des/der
iSv . . . . im Sinne von
iVm . . . . in Verbindung mit

JA . . . . Juristische Arbeitsblätter (Zeitschrift)
JR . . . . Juristische Rundschau (Zeitschrift)
JURA . . . . Juristische Ausbildung (Zeitschrift)
JuS . . . . Juristische Schulung (Zeitschrift)
JVA . . . . Justizvollzugsanstalt
JZ . . . . Juristenzeitung

KrWaffG . . . . . Ausführungsgesetz zu Artikel 26 Abs. 2 des Grundgesetzes (Gesetz über die Kontrolle von Kriegswaffen)

NJW .... Neue Juristische Wochenschrift (Zeitschrift)
Nr. .... Nummer
NStZ .... Neue Zeitschrift für Strafrecht
NZV .... Neue Zeitschrift für Verkehrsrecht

Lkw .... Lastkraftwagen

OHG .... offene Handelsgesellschaft
OLG .... Oberlandesgericht

PdW .... Prüfe dein Wissen
PIN .... Persönliche Identifikationsnummer
Pkw .... Personenkraftwagen
POS .... Point of Sale
POZ .... Point of Sale ohne Zahlungsgarantie

Rep .... Repetitorium
Rn. .... Randnummer

S. .... Seite; Satz
s. .... siehe
sog. .... sogenannt
StGB .... Strafgesetzbuch
StPO .... Strafprozessordnung
StrafR .... Strafrecht
StRR .... Strafrechtsreport (Zeitschrift)
StV .... Strafverteidiger (Zeitschrift)
StVO .... Straßenverkehrsordnung
SVR .... Straßenverkehrsrecht (Zeitschrift)

uU .... unter Umständen

Var. .... Variante
vgl. .... vergleiche

WaffG .... Waffengesetz
wistra .... Zeitschrift für Wirtschafts- und Steuerstrafrecht

zB .... zum Beispiel
zit .... zitiert
ZIS .... Zeitschrift für Internationale Strafrechtsdogmatik
ZJS .... Zeitschrift für das Juristische Studium
ZStW .... Zeitschrift für die gesamte Strafrechtswissenschaft
zT .... zum Teil

Literaturverzeichnis

Jäger, C., Examens-Repetitorium Strafrecht Besonderer Teil, 9. Aufl. 2021 (zit.: *Jäger* ExamensRep StrafR BT)

Joecks, W./Miebach, K. (Hrsg.), Münchener Kommentar zum StGB, 4. Aufl. 2021 und 3. Aufl. 2019 (zit.: MüKoStGB/*Bearbeiter*)

Heintschel/Heinegg, B. v. (Hrsg.), BeckOK StGB, 50. Ed. 2021 (zit.: BeckOK StGB/*Bearbeiter*)

Kudlich, H., Fälle zum Strafrecht Allgemeiner Teil, 4. Aufl. 2021 (zit.: *Kudlich* Fälle StrafR AT)

Kudlich, H., Prüfe dein Wissen Strafrecht Besonderer Teil I, 5. Aufl. 2021 (zit.: *Kudlich* PdW StrafR BT I)

Kudlich, H., Prüfe dein Wissen Strafrecht Besonderer Teil II, 5. Aufl. 2021 (zit.: *Kudlich* PdW StrafR BT II)

Rengier, R., Strafrecht Besonderer Teil I, 23. Aufl. 2021 (zit.: *Rengier* StrafR BT I)

Rengier, R., Strafrecht Besonderer Teil II, 22. Aufl. 2021 (zit.: *Rengier* StrafR BT II)

Fall 1: »Die Babymörderin und ihr unheimlicher Ex-Freund«

Sachverhalt

Chantal (C) landet nach einer durchzechten Nacht in der Diskothek One mit Holger (H), von dem sie bereits seit längerer Zeit schwärmt, im Bett. Als H ein Kondom benutzen will, beschwichtigt C, dass sie die Pille benutze. Tatsächlich ist dies nicht der Fall: C will sich von H schwängern lassen, um ihn durch das Kind langfristig an sich zu binden. Sie freut sich bereits auf das Kindergeld und Unterhaltszahlungen durch H. Als H jedoch auf die Benutzung eines Kondoms besteht, beschließt C, schnell zu einem ihrer Kondome in der Schublade zu greifen, das sie aber – während H nochmals die Toilette aufsucht – mit Nadeln durchsticht. C geht hierbei zutreffend davon aus, dass sie nicht an sexuell übertragbaren Krankheiten leidet. H bemerkt den »Eingriff« der C nicht und die beiden vollziehen den Geschlechtsverkehr.

Nach sechs Wochen weiß C, dass ihr Plan funktioniert hat, und sie eröffnet dem H beim nächsten Treffen bei ihr zuhause freudig, dass sie schwanger sei und er als einzige Person als Vater in Betracht komme. H glaubt ihr zunächst nicht, doch als C ihm eröffnet, dass sie das Kondom präpariert habe, rastet er aus, und tritt ihr spontan mit seinen spitzen Cowboystiefeln in die Magengrube. Dabei will er nicht nur C wehtun, sondern nimmt auch in Kauf, dass die Leibesfrucht abgetötet wird. Die Blutspuren auf dem Boden zur Kenntnis nehmend geht H davon aus, den Embryo »beseitigt« zu haben und verlässt die Wohnung. Tatsächlich erleidet C erhebliche Schmerzen und einen blauen Fleck, doch dem Embryo passiert nichts.

In den nächsten zwei Wochen bekommt H Gewissensbisse und er wünscht sich inzwischen auch ein Kind. Er begibt sich daher mit einem Strauß Blumen zu C und will von nun an der beste Vater der Welt sein. C hat sich dagegen innerlich sowohl von H als auch von der Idee getrennt, das Kind auszutragen. Daher hat sie H wegen des Trittes in den Magen bereits bei der Polizei angezeigt und hierbei angegeben, dass H sie auf dem Boden liegend auch noch angespuckt habe. Damit will sie erreichen, dass H nicht mit einer Einstellung gegen Auflagen davonkommt, wie ihre bisherigen Bekanntschaften, die auch körperlich übergriffig wurden. C eröffnet dem H, dass gegen ihn bereits ein Ermittlungsverfahren laufe und sie sich jetzt gleich auf den Weg zu einem Arzt machen werde, um das Kind abtreiben zu lassen. Sie gibt wahrheitswidrig an, dass sie sich bereits habe beraten lassen und einen entsprechenden Termin habe. H bekommt Angst um sein noch nicht geborenes Kind und hält die C fest, um den Embryo zu bewahren. Er drückt die C in die Wohnung und will sie – mit guter Verpflegung – dort verbarrikadieren, bis sie das Kind auf die Welt bringt. Während er einerseits nach einem Seil zum Fesseln greift und andererseits C festhält, reißt C die am Abend zuvor geleerte Weinflasche an sich und zieht sie dem H über den Kopf.

Anschließend verlässt sie die Wohnung und begibt sich direkt zu ihrem Frauenarzt Dr. F. Als sie diesem eröffnet, dass sie das Kind abtreiben will, verweist dieser sie zur Beratungsstelle, die C noch nicht aufgesucht hat. C meint daraufhin (weil sie keine Lust auf eine Beratung hat), dass es schnell gehen und sie dieses »fremde Wesen« in ihrem Bauch loswerden müsse. Unter Tränen teilt sie Dr. F mit, dass H sie vergewaltigt habe und sie nicht immer wieder aufs Neue an diese Nacht erinnert werden wolle. Dr. F glaubt seiner Patientin und nimmt noch am selben Tag die Abtreibung vor.

Als H davon erfährt, bricht für ihn eine Welt zusammen. Er beschließt das Leben der C von nun an zur Hölle zu machen und sie nicht nur auf Schritt und Tritt zu verfolgen, sondern auch mit diversen Aktionen zu terrorisieren. Er stellt sich vor die Wohnung der C mit einer Babypuppe in der einen und einem Blatt Papier mit dem blutigen Schriftzug »Abtreibung ist Mord« in der anderen Hand. Als C die Wohnung verlässt und H mit der Puppe in der Hand und das Schild erblickt, ist sie verstört und will sofort die Straßenseite wechseln. Dabei wird sie fast von einem vorbeifahrenden Pkw erwischt, macht geistesgegenwärtig einen Satz zurück und wird von einem Lkw erfasst. Sie stirbt sofort.

Bearbeitervermerk: Strafbarkeit der Beteiligten nach dem StGB? Die Strafbarkeit des Dr. F und des Pkw sowie Lkw-Fahrers ist nicht zu prüfen. Gegebenenfalls erforderliche Strafanträge sind gestellt. Delikte des 13. und 14. Abschnitts des Besonderen Teils des StGB sind nicht zu prüfen.

Gutachtliche Vorüberlegungen

A. Bearbeitervermerk

Das Gutachten beschränkt sich auf die Hauptprotagonisten des Falles, also H und C. Zum Teil hat der Tod der C am Ende des Falles manche Kandidatinnen und Kandidaten verunsichert, da sich die Frage stellt, ob die Strafbarkeit einer toten Person überhaupt begutachtet werden muss. Ein wohlwollender Sachverhaltsersteller hätte nochmals klargestellt, dass die Strafbarkeit der C dennoch zu prüfen ist. Der nicht wohlwollende Sachverhaltsersteller hingegen erwartet auch ohne diesen Hinweis eine detaillierte Prüfung der Strafbarkeit, da die Frage, ob eine Person, die einen Straftatbestand erfüllt hat, noch lebt, zu den Strafverfolgungsvoraussetzungen zählt und somit nach der Schuld zu prüfen wäre, wenn es sich aufdrängt (dabei soll an dieser Stelle nicht unterschlagen werden, dass diesbezüglich auch unter den Klausurerstellerinnen und Klausurerstellern kein Konsens zu bestehen scheint). Abgesehen davon, dass zahlreiche Fragestellungen bei einer Nichtprüfung der C wegfielen, ist eine Prüfung toter Beteiligter gegebenenfalls auch dogmatisch zwingend, soweit es sich um teilnahmefähige Haupttaten handelt (dann wäre allerdings auch eine Inzidentprüfung im Rahmen der Teilnehmerstrafbarkeit denkbar, soweit die Prüfung des Verstorbenen selbst ausgeschlossen ist). Außerdem ist die Strafbarkeit der Randfiguren (Dr. F, bei dem eine Strafbarkeit nach den §§ 218 ff. StGB angesprochen werden müsste und dem Lkw-Fahrer, der sich gegebenenfalls nach § 222 StGB strafbar gemacht haben könnte) ausgeschlossen, was ebenso darauf hindeutet, dass eine Prüfung der Strafbarkeit der C erwartet wird. Nebenstrafrechtliche Tatbestände (die vorliegend ohnehin nicht in Betracht kämen) sind nicht zu prüfen, ebenso die Straftatbestände des 13. Abschnitts – also die Sexualdelikte – welche allerdings ohnehin nicht zum Pflichtstoff des Ersten und Zweiten Staatsexamens zählen. Darüber hinaus wurden auch die Ehrdelikte, die im dritten und letzten Tatkomplex in Betracht kämen und in der Ursprungsfassung des Falles enthalten waren, im Nachhinein gestrichen. Der Hinweis darauf, dass erforderliche Strafanträge gestellt sind, ist also nur noch für § 123 StGB von Relevanz. Soweit Studierende an dieser Stelle ebenso auf den Tod der Antragsberechtigten aufmerksam machen, macht dies den Bearbeitervermerk nicht »unrealistisch«: Schließlich geht das Antragsrecht gem. § 77 II StGB auf die Erben über, ein Strafantrag bleibt also grundsätzlich denkbar.

B. Sachverhaltsanalyse

Die Klausur ist äußerst umfangreich und konfrontiert die Bearbeiterinnen und Bearbeiter zudem auch noch mit eher Tatbeständen wie Schwangerschaftsabbruch und falscher Verdächtigung, denen man im »Klausuralltag« nicht besonders häufig begegnet. Die »klassischen Delikte« (Freiheitsberaubung und Körperverletzung) hingegen sind nicht nur im Hinblick auf die Strukturierung der Prüfung (Inzidentprüfung bei der Notwehr gem. § 32 StGB?) anspruchsvoll, sondern auch hinsichtlich der materiell-rechtlichen Fragestellungen, die sie aufwerfen. Der Sachverhalt weist also zweifellos einen hohen Schwierigkeitsgrad auf, weswegen auch das »holprige Durchkommen« (im Sinne einer Bearbeitung aller Tatkomplexe) honoriert werden muss. In Anbetracht der linearen Erzählweise ergeben sich aber zumindest hinsichtlich der groben Einteilung in Tatkomplexe keine Probleme. Dabei bleibt es der Bearbeiterin bzw. dem Berarbeiter überlassen, ob er bzw. sie den dritten Absatz des Falles in zwei Tatkomplexe trennt. Hierfür spricht, dass die Anzeige der C in der Vergangenheit liegt und damit einen anderen Lebenssachverhalt, mithin auch eine andere prozessuale Tat (§ 264 StPO) betrifft. Aus dem Allgemeinen Teil wird nur eine Frage aufgegriffen, die es hierfür in sich hat, aber nur im Kontext des Schwangerschaftsabbruchs eine Rolle spielt: Kann das Verhalten des H »im Interesse des Ungeborenen« nach den §§ 32, 34 StGB gerechtfertigt werden und C somit zum Austragen des Kindes genötigt werden?

Im ersten Tatkomplex mag die eine oder andere Bearbeiterin bzw. der eine oder andere Bearbeiter allenfalls die Sachbeschädigung gem. § 303 StGB prüfen und damit die anspruchsvolle Frage übersehen, ob das »Sich-Schwängern-Lassen« einen – letztlich nur versuchten – Betrug gem. § 263 StGB zulasten des H darstellen könnte. Bereits die Fragestellung mag irritieren, doch liegt die Verwirklichung des Tatbestands, wenn er erst einmal gesehen wurde, dann doch nicht so fern, dass eine Begutachtung überflüssig wäre. Dies gilt umso mehr, weil jedenfalls im Zivilrecht die Frage »Kind als Schaden« als examensrelevantes Problem bekannt sein müsste. Ist dies der Fall, wird man auch hoffentlich den »Transfer« auf das Strafrecht bewältigen und sehen, dass die vorliegende Situation nicht mit derjenigen des »Unterjubelns eines Kuckuckskinds« vergleichbar ist und damit auch ein versuchter Betrug ausscheidet. Der zweite (einfachere) Tatkomplex erfordert lediglich eine saubere Prüfung der Körperverletzungsdelikte sowie derjenigen des (nicht privilegierten) Schwangerschaftsabbruchs. Im dritten Tatkomplex stehen die Rechtspflegedelikte im Mittelpunkt, wobei Falschaussagen gegenüber Behörden aufgrund der gegebenenfalls unterschiedlichen Belange, die durch Falschangaben tangiert sein könnten, zur Prüfung eines »Sammelsuriums« an Delikten führen, die über den gesamten Besonderen Teil verstreut sind. Dabei stellt sich vor allem im Kontext der §§ 145d, 164 StGB die Frage, ob das »Übertreiben« der C hinsichtlich der gewaltsamen Handlungen seitens H als solches eine »Falschangabe« darstellt. Im vierten Tatkomplex folgt die Eskalation, bei der die oben bereits angesprochene Frage der Rechtfertigung des Verhaltens des H auch darüber entscheidet, ob die Körperverletzung durch C gerechtfertigt ist. Man sollte es sich allerdings nicht allzu schwer im Aufbau machen und somit die Strafbarkeit des H zuerst prüfen, um bei der Notwehrhandlung der C und der damit verbundenen Rechtswidrigkeitsprüfung nach oben zu verweisen, mithin eine Rechtswidrigkeit entsprechend zu bejahen oder zu verneinen. Auch wenn man die Problematik (bzw. ihre Lösungsansätze) nicht kennt, ist es wahrscheinlich, dass die meisten Kandidatinnen und Kandidaten bei der Notwehr »stocken«, mithin zumindest fühlen, dass hier ein Schwerpunkt des Falles liegt. Von guten Bearbeiterinnen und Bearbeitern kann erwartet werden, dass sie sich die Argumentation und das Ergebnis selbst erarbeiten (Schutzbedürftigkeit des Ungeborenen einerseits, Disposition der Schwangeren und gesetzgeberische Wertentscheidung andererseits).

Die letzten beiden Tatkomplexe weisen keine besonders problematischen Rechtsfragen mehr auf, lediglich die Täuschung des Arztes muss als Problematik der mittelbaren Täterschaft erkannt werden, die dazu führt, dass der Abbruch der C als mittelbare Täterin des § 218 I StGB zugerechnet werden kann (wobei die allgemeinen Ausschlusstatbestände ebenso wie die besonderen Privilegierungstatbestände für den Abbruch durch die Schwangere selbst trotzdem greifen und nicht übergangen werden dürfen). Im letzten Tatkomplex muss zunächst der Straftatbestand der Nachstellung gem. § 238 I StGB gesehen werden, der das unheimliche Verhalten des H nicht erfasst, obwohl die Anforderungen an den Tatbestand unlängst herabgesetzt wurden (namentlich durch das Gesetz zur Verbesserung des Schutzes gegen Nachstellungen vom 1.3.2017, BGBl. 2017 I 386). Nach wie vor verlangt der Tatbestand (im Hinblick auf den Phänotyp des Stalkers angemessen) ein »beharrliches« Vorgehen, das beim ersten Annähern an das Opfer nicht bejaht werden kann, mag H auch das »Nachstellen« für die Zukunft geplant haben. Es liegt mithin nur ein (strafloser) Versuch des Nachstellens vor, wobei die verursachte Todesfolge nicht in Form des erfolgsqualifizierten Versuchs (§§ 238 IV, 22 StGB) zugerechnet werden kann, sondern nur von der »einfachen« fahrlässigen Tötung erfasst wird.

C. Klausurbausteine

Der Sachverhalt wurde im Examensklausurenkurs der Friedrich-Alexander-Universität Erlangen-Nürnberg gestellt und beinhaltete dementsprechend auch eine strafprozessuale Zusatzfrage, die hier – dem Format des Fallbuchs entsprechend – gestrichen wurde. Dies ändert freilich nichts daran, dass es sich im Hinblick auf Umfang und Schwierigkeitsgrad der aufgeworfenen Fragestellungen um eine Klausur handelt, bei der eine Bearbeitungszeit von vier bis viereinhalb Stunden zu veranschlagen ist. Je nachdem, ob man den Sachverhalt um den dritten und vierten oder ausschließlich vierten Tatkomplex (Rache des H) kürzt, könnte die Klausur auch als BT-Abschlussklausur (Bearbeitungszeit 2 h) oder im Rahmen der großen Übung (Bearbeitungszeit 3 h) gestellt werden.

D. Korrekturberichte

Die Klausurbearbeiterinnen und Klausurbearbeiter erreichten in der Simulation im ersten Korrekturdurchlauf einen Schnitt von 5,46 Punkten, der im zweiten Durchlauf nur knapp besser war (5,69 Punkte). Erst- und Zweitkorrektur stimmten ganze sechsmal hinsichtlich der konkreten Punktzahl überein, eine Abweichung über 2 Punkte kam nicht ein einziges Mal vor. Der Schnitt macht deutlich, dass das Gros der Kandidatinnen und Kandidaten es trotz des Umfangs der Aufgabenstellung geschafft hat, sich durch den Sachverhalt zu »kämpfen«, mithin die wesentlichen Tatbestände zu prüfen und sich aufdrängende Fragestellungen zu bearbeiten. Wie zu erwarten war, ließen sich einige bereits durch den Bearbeitervermerk verwirren, dennoch wurde die Strafbarkeit der C von den meisten Kandidatinnen und Kandidaten begutachtet (freilich ohne darauf hinzuweisen, dass es an einer Strafverfolgungsvoraussetzung fehlt). Vereinzelt haben die Kandidatinnen und Kandidaten nicht chronologisch, sondern nach Beteiligten geprüft, was im Falle einer »vorgeschobenen« Prüfung der C dazu geführt hat, dass die Strafbarkeit des H im dritten Tatkomplex inzident geprüft werden musste, nämlich bei der Rechtswidrigkeit des Angriffs mittels Festnahme. Dies bläht die Prüfung unnötig auf, zumal bereits die Freiheitsberaubung selbst wiederum gerechtfertigt sein könnte. Hinsichtlich der zu bearbeitenden Abschnitte im Einzelnen stellten sich folgende Fehler/Ungereimtheiten als typisch heraus:

- Im **ersten Tatkomplex** taten sich viele schwer herauszufinden, woran der Betrug zulasten des H eigentlich scheitern muss (und bejahten diesen). Unnötigerweise wurde oftmals die Täuschung hinsichtlich der Einnahme der Pille von derjenigen der Nichtbeschädigung des Kondoms getrennt, obwohl der Betrug gleichsam an der

Unmittelbarkeit des Vermögensabflusses scheitert. Die Ablehnung von § 303 I StGB wurde – womöglich auch wegen der offensichtlich fehlenden Fremdheit – von vielen nicht angesprochen.

- Im **zweiten Tatkomplex** wurde hinsichtlich der Prüfung des § 212 I StGB nicht deutlich genug zwischen C und dem Fötus differenziert; die (gefährliche) Körperverletzung zulasten der C wurde überwiegend ordentlich geprüft, lediglich ein hinterlistiger Überfall wurde durchweg nicht in Betracht gezogen. Teilweise wurde – eher fernliegend – eine Aussetzung gem. § 221 StGB geprüft. Das »Ablassen« durch H von C hat zahlreiche Kandidatinnen und Kandidaten dazu veranlasst, im Rahmen des versuchten Schwangerschaftsabbruchs einen Rücktritt gem. § 24 I StGB zu prüfen, obwohl H von einer Vollendung der Tat ausging. Die anspruchsvolle Konkurrenzproblematik wurde nicht gesehen, hingegen die Strafzumessungsvorschrift des § 218 II StGB erfreulich oft.
- Der **dritte Tatkomplex** geriet – wohl auch aufgrund des Umstands, dass man mit den Falschanzeigedelikten nicht häufig konfrontiert wird – bemerkenswert knapp, obwohl es sich um einfach strukturierte, gut »subsumierbare« Delikte handelt. § 145d StGB wurde durchweg nicht geprüft, obwohl sich dieser Tatbestand als (einmal kleinerer, einmal größerer) »Bruder« des § 164 StGB geradezu aufdrängt. Leider haben viele Kandidatinnen und Kandidaten § 153 StGB bejaht, obwohl die Polizei keine zur Eidesabnahme berechtigte Stelle ist.
- Im **vierten Tatkomplex** wurde die (versuchte) Freiheitsberaubung als solches meist solide geprüft, zum Teil wurde aber zwischen dem knappen Festhalten und dem »versuchten« Fesseln differenziert; allerdings war es hier ausgehend davon, dass das kurze Festhalten bereits ein Teilakt des Fesselns darstellt, angezeigt, die Prüfung zusammenzuziehen. Leider haben nur die wenigsten die sicherlich anspruchsvolle Problematik rund um die Nothilfe zugunsten eines Embryos bei einem geplanten Schwangerschaftsabbruch gesehen. Dies muss überraschen, da der Sachverhalt, den Willen des H, den Embryo zu retten, deutlich hervorhebt. Zum Teil ist der Aufbau dadurch missglückt, dass die Prüfung der C zuerst vorgenommen wurde (was zu einer doppelten Indizidentprüfung führte), partiell wurde das Verhalten der C vor allem von Kandidatinnen und Kandidaten, die das Problem zwar erkannten, aber womöglich nicht verorten konnten, als vorwerfbare Provokation eingestuft.
- Im **fünften Tatkomplex** taten sich viele Kandidatinnen und Kandidaten mit der Tatbestandszurechnung im Allgemeinen schwer: die Frage, inwiefern die Abbruchshandlung der C als Täterin zugerechnet werden kann, wurde kaum befriedigend gelöst. Im letzten Abschnitt wurde § 238 StGB nur selten gesehen, die Problematik rund um § 222 StGB hingegen erkannt und unterschiedlich (aber meist schwerpunktmäßig) gelöst. Vereinzelt wurde der »Schock« der C als Körperverletzung gedeutet und damit auch § 227 StGB geprüft.

Lösungsgliederung

1. Tatkomplex: Die erste Nacht

A. Strafbarkeit der C gem. §§ 263 I, II, 22 StGB durch Verheimlichen des erhöhten Schwangerschaftsrisikos zum Nachteil des H (-)
   P: Unmittelbarkeit der Vermögensverfügung bei drohenden Unterhaltsansprüchen

B. Strafbarkeit der C gem. § 303 I StGB durch Durchstechen der Kondome (-)

2. Tatkomplex: Das zweite Treffen

A. Strafbarkeit des H gem. §§ 212 I, 22 StGB durch Tritt in den Magen (-)

B. Strafbarkeit des H gem. §§ 223 I, 224 I Nr. 2, 3, 5 StGB durch Tritt in den Magen (+/-)

C. Strafbarkeit des H gem. § 218 I, II Nr. 2, IV StGB durch Tritt in den Magen (+)
   P: Besonders schwerer Fall, entgegenstehender Wille der Schwangeren

D. Konkurrenzen
   P: Konkurrenzverhältnis zwischen § 218 StGB und § 223 StGB zulasten der Schwangeren

3. Tatkomplex: Die Anzeige

A. Strafbarkeit der C gem. § 153 I StGB durch Behauptung angespuckt worden zu sein (-)

B. Strafbarkeit der C gem. § 164 I StGB durch Behauptung angespuckt worden zu sein (+)
   P: Aufbauschen einer Straftat als falsches Verdächtigen

C. Strafbarkeit der C gem. § 145d I Nr. 1 StGB durch Behauptung angespuckt worden zu sein (-)
   P: Aufbauschen einer Straftat als Vortäuschen

4. Tatkomplex: Eskalation und Arztbesuch

A. Strafbarkeit des H gem. §§ 239 I, II, III Nr. 1, 22 StGB durch Festhalten der C (+)
   P: Nothilfe zugunsten des nasciturus?

B. Strafbarkeit des H gem. § 240 I, II StGB durch Festhalten der C (+)

C. Strafbarkeit des H gem. §§ 239b I, 22 StGB durch Festhalten der C (-)
   P: Teleologische Reduktion des § 239b StGB im Zwei-Personen-Verhältnis

D. Strafbarkeit des H gem. § 123 I StGB durch Betreten der Wohnung der C (+)

E. Strafbarkeit der C gem. §§ 223 I, 224 I Nr. 2 StGB durch Schlag mit der Flasche (-)

5. Tatkomplex: Der Arztbesuch

A. Strafbarkeit der C gem. §§ 218 I, III, 218a III, 25 I Var. 2 StGB durch Veranlassen der Abtreibung (+)
   P: Beteiligungshandlung der C
   P: Indikationstatbestände

6. Tatkomplex: Die Geschehnisse vor der Wohnung der C

A. Strafbarkeit des H gem. § 241 I, II StGB durch Gebaren vor der Wohnung der C (-)

B. Strafbarkeit des H gem. § 238 I Nr. 1 StGB durch Gebaren vor der Wohnung der C (-)
   P: Tatbestandsmerkmal der Beharrlichkeit

C. Strafbarkeit des H gem. §§ 238 I Nr. 1, III, 22 StGB durch Gebaren vor der Wohnung der C (-)

D. Strafbarkeit des H gem. § 222 StGB durch Gebaren vor der Wohnung der C (-)
   P: Abbruch der Zurechnung durch eigenverantwortliche Selbstgefährdung

Gesamtergebnis und Konkurrenzen

Lösungsvorschlag

1. Tatkomplex: Die erste Nacht

A. Strafbarkeit der C gem. §§ 263 I, II, 22, 23 I StGB durch Verheimlichen des erhöhten Schwangerschaftsrisikos zum Nachteil des H

C könnte sich dadurch, dass sie das erhöhte Schwangerschaftsrisiko verheimlichte, wegen versuchten Betrugs gem. §§ 263 I, II, 22, 23 I StGB strafbar gemacht haben.

I. Vorprüfung

1. Nichtvollendung

Der Tatbestand ist nicht vollendet. Zwar wurde C schwanger, doch kam das Kind aufgrund einer ärztlich vorgenommenen Abtreibung nicht auf die Welt, sodass auch keine Unterhaltsansprüche entstanden sind, die als Vermögensnachteil (und Erfolg des § 263 I StGB) in Betracht kämen.

2. Strafbarkeit des Versuchs

Der Versuch des Betrugs ist gem. § 263 I, II StGB iVm §§ 23 I Var. 2, 12 II StGB strafbar.

II. Tatentschluss

Eine Versuchsstrafbarkeit setzt voraus, dass C mit **Tatentschluss** agiert, also Vorsatz bezüglich aller objektiven Tatbestandsmerkmale hat und auch die besonderen subjektiven Tatbestandsmerkmale (im Falle des § 263 I StGB: diejenige der Absicht rechtswidriger Bereicherung) erfüllt.

Tathandlung des § 263 I StGB ist die **Täuschung**. Mithin müsste C den Vorsatz gehabt haben, im Wege einer Einwirkung auf das intellektuelle Vorstellungsbild eines anderen eine Fehlvorstellung über Tatsachen zu erregen. C gibt wahrheitswidrig an, die Pille zu verwenden (ausdrückliche Täuschung). Darüber hinaus klärt sie H nicht darüber auf, dass sie das Kondom beschädigt hat und somit das Risiko einer Schwangerschaft erheblich erhöht ist. H hat allerdings der C unmissverständlich klargemacht, dass er ein erhöhtes Risiko nicht eingehen will. Somit stellt es für ihn eine Selbstverständlichkeit dar, dass das Kondom nicht »präpariert« ist. Somit musste er als Erklärungsempfänger auch davon ausgehen, dass C das Kondom nicht beschädigt hat, mithin hat C mit der Benutzung des Kondoms schlüssig erklärt, dieses nicht beschädigt zu haben. Somit lassen sich eine konkludente Täuschung (hier sogar objektiv vollendet) und der Vorsatz diesbezüglich bejahen.

C wollte auf diese Weise bei H eine Fehlvorstellung über das Schwangerschaftsrisiko hervorrufen, sodass sie auch Vorsatz bezüglich eines **Irrtums** bei H hatte.

Problematisch erscheint hingegen der Vorsatz bezüglich einer **Vermögensverfügung** (als ungeschriebene Tatbestandsvoraussetzung) des Betrugs. C müsste insofern ein Verhalten des H intendiert haben, das unmittelbar zu einer Vermögensminderung führt. Ähnlich wie bei Blut oder sonstigen Körperteilen und -flüssigkeiten dürfte der »Samen« des H jedenfalls dann keinen Vermögenswert aufweisen, wenn er nicht zur Spende gedacht ist (sozusagen »**kommerzialisiert**« werden soll). Der anstehende **Unterhaltsanspruch**, auf den sich der Vorsatz der C hingegen bezieht, führte zwar zu einem einseitigen Vermögensabfluss durch H. Doch der Anspruch entstünde erst mit der Geburt des Kindes, allerdings unabhängig davon, ob es sich um ein gewolltes oder ungewolltes Kind handelt. Maßgeblich für den Anspruch nach §§ 1601, 1612 BGB ist allein die Vaterschaft des H. Der Unterhaltsanspruch entstünde also nicht infolge des Irrtums und des Verhaltens des H, sodass es an einer Unmittelbarkeit der Vermögensverfügung fehlt. Der »Vorsatz« der C, einen Unterhaltsanspruch (bzw. Kindergeld) zu erhalten, ist somit irrelevant. Ein Tatentschluss hinsichtlich einer Vermögensverfügung lässt sich mithin nicht annehmen.

C hat sich nicht wegen versuchten Betrugs gem. §§ 263 I, II, 22, 23 I StGB strafbar gemacht.

Klausurtipp: Hier ist eigene Argumentation gefragt! Es handelt sich um eine atypische, wenn auch nicht unrealistische Situation, die von der Fallkonstellation, in der dem Ehegatten ein »Kuckuckskind« untergejubelt wird, zu trennen ist. Auf die zivilrechtliche Frage »Kind als Schaden« kommt es nicht an, man könnte aber den Ansatz bzw. die Prüfung mit dieser Überlegung einleiten; Hätte C nach Entstehung des Anspruchs einem anderen Liebhaber die Vaterschaft vorgegaukelt, so wäre – nach zivilgerichtlicher Rechtsprechung – ein Betrug anzunehmen. Dies leuchtet ein, da in diesen Fällen nicht die (berechtigte) Entstehung des Anspruchs erschlichen wird, sondern ein Anspruch gegenüber einer Person behauptet wird, die nicht Schuldner ist, was ja auch in anderen Fällen zu einem Betrug führte.

B. Strafbarkeit der C gem. § 303 I StGB durch Durchstechen der Kondome

C könnte sich durch das Durchstechen der Kondome wegen Sachbeschädigung gem. § 303 I StGB strafbar gemacht haben.

I. Tatbestandsmäßigkeit

Klausurtipp: Fehlt die Prüfung wegen der offensichtlich fehlenden Fremdheit der Kondome, wiegt dies nicht schwer, solange im Rahmen der Ausführungen zum (versuchten) Betrug deutlich wird, dass das Verhalten der C letztlich »verwerflich« ist, aber nicht die Strafbarkeitsschwelle überschreitet.

Zweifelsohne handelt es sich bei dem Kondom um einen körperlichen Gegenstand und somit um eine **Sache** gem. § 90 S. 1 BGB. Durch das Durchstechen hat C deren wesentliche Funktion erheblich eingeschränkt bzw. ganz aufgehoben, sodass auch eine **Beschädigung** bzw. Zerstörung bejaht werden könnte. Doch handelt es sich um ein Kondom, das C selbst erworben hat und somit in ihrem **Alleineigentum** steht.

II. Ergebnis

Mangels Fremdheit scheidet eine Sachbeschädigung gem. § 303 I StGB somit aus.

2. Tatkomplex: Das zweite Treffen

A. Strafbarkeit des H gem. §§ 212 I, 22, 23 I StGB durch Tritt in den Magen

Zunächst ist zu überprüfen, ob sich H durch den Tritt wegen versuchten Totschlags gem. §§ 212 I, 22, 23 I StGB strafbar gemacht haben könnte. Doch ist sogleich zu konstatieren, dass H laut Sachverhalt C nur »wehtun« wollte, mithin ist **kein Tötungsvorsatz** und somit kein Tatentschluss festgestellt. Was die intendierte bzw. zumindest in Kauf genommene Abtötung der Leibesfrucht angeht, handelt es sich hierbei um den Vorsatz bezüglich eines Schwangerschaftsabbruchs, denn bei der Leibesfrucht handelt es sich noch nicht um einen Menschen gem. § 212 I StGB.

B. Strafbarkeit des H gem. §§ 223 I, 224 I Nr. 2, 3, 5 StGB durch Tritt in den Magen

H könnte sich durch die Tritte allerdings wegen (vollendeter) gefährlicher Körperverletzung zulasten der C gem. §§ 223 I, 224 I Nr. 2, 3, 5 StGB strafbar gemacht haben.

I. Tatbestandsmäßigkeit

Dies setzt zunächst die Verwirklichung des Grundtatbestands der Körperverletzung voraus.

1. Objektiver Tatbestand des Grundtatbestands, § 223 I StGB

Eine Körperverletzung ist anzunehmen, wenn der Täter eine andere Person körperlich misshandelt oder an der Gesundheit schädigt. Eine **körperliche Misshandlung** ist jede üble, unangemessene Behandlung, die das körperliche Wohlbefinden mehr als nur unerheblich beeinträchtigt. Eine **Gesundheitsschädigung** ist das Hervorrufen eines (wenn auch nur vorübergehenden) pathologischen Zustands. Der Tritt in die Bauchhöhle ist mit Schmerzen verbunden und verursachte laut Sachverhalt Hämatome, sodass sowohl eine körperliche Misshandlung als auch eine Gesundheitsschädigung bejaht werden können.

Hinweis: Insbesondere kann im vorliegenden Fall dahinstehen, ob bei Angriffen, die ausschließlich gegen den Fötus gerichtet sind (und auch »nur« diesen schädigen), dennoch eine Körperverletzung zulasten der Schwangeren angenommen werden kann, indem darauf abgestellt wird, dass Schwangere und Embryo eine »Einheit« bilden.

2. Objektiver Tatbestand der Qualifikationstatbestände, § 224 I StGB

H könnte die Qualifikationsmerkmale einer gefährlichen Körperverletzung gem. § 224 I StGB verwirklicht haben. Im Hinblick auf den Tritt mit den spitzen Cowboyschuhen kommt die Verwendung eines gefährlichen Werkzeugs in Betracht, § 224 I Nr. 2 StGB. Ein **gefährliches Werkzeug** ist ein Gegenstand, das nach seiner Beschaffenheit und konkreten Art der Verwendung im Einzelfall dazu geeignet ist, erheblichere Verletzungen herbeizuführen. Nicht jeder beschuhte Fuß ist somit ein gefährliches Werkzeug, vielmehr sind Charakteristika des Schuhwerks und der Art des Tritts in den Blick zu nehmen. Ein schwerer Cowboystiefel, der typischerweise vorne spitz ist, dürfte vor allem bei Tritten in den Unterleib einer schwangeren Frau ohne

Weiteres dazu geeignet sein, **erheblichere Verletzungen** herbeizuführen, wenn auch die konkrete Gefährlichkeit für das Embryo außer Betracht zu bleiben hat. H hat somit ein gefährliches Werkzeug verwendet.

Hinweis: Etwas detailliertere Ausführungen und Differenzierungskriterien zum Begriff des gefährlichen Werkzeugs finden sich in Fall 6.

Fraglich ist, ob der Tritt des H darüber hinaus auch einen hinterlistigen Überfall darstellt. Ein **hinterlistiger Überfall** ist ein überraschender Angriff, bei dem der Täter planmäßig in einer auf Verdeckung seiner wahren Absichten berechnenden Weise vorgeht, um die Abwehr des nicht erwarteten Angriffs zu erschweren. Anders als die Heimtücke setzt § 224 I Nr. 3 StGB also ein **besonders verschlagenes** Vorgehen voraus, das bei spontanen Attacken, mögen sie auch für das Opfer überraschend sein, nicht bejaht werden kann. H trat vorliegend zwar plötzlich zu, hatte diesen Tritt jedoch nicht geplant und ist somit nicht hinterlistig vorgegangen. § 224 I Nr. 3 StGB muss folglich verneint werden.

Zuletzt ist zu prüfen, ob die Körperverletzung mittels einer **lebensgefährdenden Behandlung** vorgenommen wurde, § 224 I Nr. 5 StGB. Dabei ist umstritten, ob es sich um eine Körperverletzungshandlung handeln muss, die im **konkreten Einzelfall** lebensgefährlich wirkt oder bereits eine **abstrakt-generell** lebensgefährliche Handlung ausreicht. Denn zumindest nach der extensiveren Auffassung, wonach bereits eine abstrakt-generell lebensgefährliche Verhaltensweise tatbestandsmäßig wäre, könnte zumindest der objektive Tatbestand des § 224 I Nr. 5 StGB bejaht werden, da bei lebensnaher Betrachtung auch ein »einfacher Tritt« mit Cowboy-Stiefeln in den Unterleib schwere innere Verletzungen verursachen kann. Jedoch ist solch eine extensive Auslegung des § 224 I Nr. 5 StGB schon deswegen abzulehnen, weil auch bei den sonstigen Modalitäten stets eine konkrete Betrachtung hinsichtlich der Gefährdung erfolgt. Mit der wohl hM ist daher eine konkrete Lebensgefährdung zu fordern, die dem Sachverhalt nicht zu entnehmen ist.

3. Subjektiver Tatbestand

H müsste vorsätzlich gehandelt haben, § 15 StGB. Vorsatz ist die willentliche Verwirklichung des Tatbestands in Kenntnis aller Tatumstände. H wollte C verletzen und wusste auch, dass er mit den Cowboystiefeln erhebliche Verletzungen herbeiführen konnte. Er handelte somit sowohl hinsichtlich des Grundtatbestands als auch der Verwendung eines gefährlichen Werkzeugs mit dolus directus (2. Grades). Dass es ihm hauptsächlich (bzw. **kumulativ**) darum ging, die Leibesfrucht abzutöten, steht einem Körperverletzungsvorsatz nicht entgegen, sondern betrifft allenfalls Konkurrenzfragen.

II. Rechtswidrigkeit und Schuld

H handelte rechtswidrig und schuldhaft. Er macht sich wegen gefährlicher Körperverletzung gem. §§ 223 I, 224 I Nr. 2 StGB zulasten der C strafbar.

C. Strafbarkeit des H gem. §§ 218 I, II Nr. 2, IV, 22, 23 I StGB durch Tritt in den Magen

Daneben könnte sich H durch den Tritt wegen versuchten Schwangerschaftsabbruchs gem. §§ 218 I, II Nr. 2, IV, 22, 23 I StGB strafbar gemacht haben.

I. Vorprüfung

1. Nichtvollendung

Eine Vollendung des Tatbestands setzte die Abtötung einer Leibesfrucht voraus. Eine **Leibesfrucht** liegt mit dem der **Nidation** (vgl. § 218 I 2 StGB), also idR nach dem 13. Tag seit Empfängnis vor. Laut Sachverhalt ist C zum Zeitpunkt des Tritts durch H bereits in der sechsten Woche schwanger. Somit liegt eine Leibesfrucht vor. Doch wurde diese nicht durch den Tritt des H abgetötet. Die **spätere Abtreibung** durch Dr. F ist als vollkommen neuer Kausalverlauf, den H darüber hinaus nicht veranlasst hat, diesem auch nicht zurechenbar.

2. Strafbarkeit des Versuchs

Der Versuch des Vergehens eines Schwangerschaftsabbruchs ist gem. § 218 IV 1 StGB iVm §§ 23 I Var. 2, 12 II StGB strafbar. Die **Straflosigkeit des Versuchs** gilt für die Schwangere selbst, § 218 IV 2 StGB.

II. Tatentschluss

Eine Versuchsstrafbarkeit setzte einen Tatentschluss, also Vorsatz des H hinsichtlich aller objektiven Tatbestandsmerkmale eines Schwangerschaftsabbruchs voraus. H wusste um die Leibesfrucht und wollte diese durch den Tritt abtöten. Ein »erlaubter« bzw. »indizierter« Schwangerschaftsabbruch (vgl. § 218a StGB) kommt bei solch einem Vorgehen (Abort durch Tritt) per se nicht in Betracht. Ein Tatentschluss lässt sich bejahen.

III. Unmittelbares Ansetzen

Mit dem Tritt hat H unmittelbar tatbestandliche, namentlich Verletzungshandlungen vorgenommen, sodass ein unmittelbares Ansetzen zur Tatbestandsverwirklichung gem. § 22 StGB unproblematisch angenommen werden kann.

IV. Rechtswidrigkeit und Schuld

Rechtfertigungs- oder Entschuldigungsgründe sind nicht ersichtlich. Es spielt keine Rolle, dass H von C getäuscht wurde. Wie bereits angemerkt, scheiden die besonderen Indikationstatbestände, die vorliegend ohnehin nicht einschlägig wären, bei nicht ärztlichen »Eingriffen« per se aus. H handelte rechtswidrig und schuldhaft.

V. Strafzumessung, § 218 II Nr. 2 StGB

H könnte einen versuchten Schwangerschaftsabbruch in einem **besonders schweren Fall** verwirklicht haben, § 218 II StGB. Aus dem Wortlaut ergibt sich eindeutig, dass es sich um ein Regelbeispiel und nicht um eine Qualifikation handelt. H könnte »gegen den Willen« der Schwangeren C gehandelt und somit § 218 II Nr. 1 StGB verwirklicht haben. Hierfür reicht es aus, dass ein **entgegenstehender natürlicher Wille** der Schwangeren gegenüber der handelnden Person unmissverständlich erklärt worden ist, wobei dieser Wille auch konkludent geäußert werden kann. C hat dem H ihre Freude über die Schwangerschaft ausgedrückt, worin auch deutlich wird, dass sie keinesfalls mit einer erzwungenen Abtreibung (und dann auch noch auf gewaltsame Art und Weise) einverstanden ist. Das Regelbeispiel ist somit verwirklicht.

Hieran ändert auch der Umstand nichts, dass das Delikt selbst nur versucht ist. Nach absolut hM ist jedenfalls in denjenigen Fällen, in denen das beschriebene Unrecht auch ohne Vollendung des Grunddelikts verwirklicht werden kann und die Tat schwerwiegender erscheinen lässt, der »Versuch« des besonders schweren Falles möglich.

Hinweis: Eine andere Ansicht erscheint hier gut vertretbar. Wichtig ist, dass man die Strafzumessungsvorschrift als solche überhaupt erst einmal sieht und dann richtig verortet. Die Besonderheit, dass das Delikt nur versucht wurde, kann im Eifer des Gefechts womöglich übersehen werden. Umgekehrt sollten keine allzu langen Ausführungen zur Frage des »versuchten« Regelbeispiels gemacht werden, wenn jedenfalls die Regelbeispielsmerkmale selbst vollständig verwirklicht sind.

H macht sich somit wegen versuchten Schwangerschaftsabbruchs in einem besonders schweren Fall gem. §§ 218 I, II Nr. 2, IV, 22 StGB strafbar.

Hinweis: Es dürfte deutlich geworden sein, dass dieser Abschnitt keinen besonders hohen Schwierigkeitsgrad aufweist, weswegen Bearbeiterinnen und Bearbeiter auch versuchen sollten, hier nicht unnötig Zeit zu verlieren. Die einzig anspruchsvolle Frage in diesem Tatkomplex folgt in den Konkurrenzen. Soweit diese überhaupt aufgegriffen wird, müsste dies von etwaigen Korrigierenden besonders honoriert werden.

D. Konkurrenzen

H hat sich somit einer gefährlichen Körperverletzung gem. §§ 223, 224 I Nr. 2 StGB und eines versuchten Schwangerschaftsabbruchs gem. §§ 218 I, II Nr. 2, IV, 22 StGB schuldig gemacht. Das Konkurrenzverhältnis zwischen diesen beiden Delikten ist umstritten, soweit die Körperverletzung der Mutter auf dem »Schwangerschaftsabbruch« gründet. Diesbezüglich wird die teilweise bereits auf der Ebene des Tatbestands diskutierte Frage der Körperverletzung durch Schwangerschaftsabbruch (**Schwangere und Leibesfrucht als »Einheit«**) auf die Konkurrenzebene verlagert. Demnach gilt, dass eine »notwendige« Körperverletzung der Schwangeren (die aus dem vollendeten Schwangerschaftsabbruch resultiert) als Begleittat in Gesetzeskonkurrenz hinter den **vollendeten** Schwangerschaftsabbruch zurücktritt. Ob man solch einer Lösung beizupflichten vermag, kann an dieser Stelle dahinstehen: Zum einen handelt es sich im vorliegenden Fall um Verletzungen der Schwangeren, die nicht notwendig mit dem Abbruch als solches einhergehen müssen; zum anderen ist der Schwangerschaftsabbruch nur versucht, sodass es – ähnlich wie im Verhältnis von versuchtem Totschlag und vollendeter Körperverletzung – schon aus Klarstellungsaspekten geboten erscheint, eine Idealkonkurrenz anzunehmen, § 52 StGB. Somit stehen die §§ 223 I, 224 I Nr. 2 StGB und §§ 218 I, I Nr. 2, IV, 22 StGB in Tateinheit.

Hinweis: Für das Verhältnis der Tötung einer Schwangeren und dem Schwangerschaftsabbruch nach § 218 I StGB hat der Dritte Strafsenat unlängst festgestellt, dass diese Delikte zueinander in Idealkonkurrenz gem. § 52 StGB stehen, weil zwei unterschiedliche höchstpersönliche Rechtsgüter betroffen sind (BGH NStZ 2021, 423). Dies müsse im Schuldspruch auch zum Ausdruck gebracht werden. Entsprechend muss dies auch für das Verhältnis von versuchter Tötung und vollendetem Schwangerschaftsabbruch gelten; zudem dürfte das »Rechtsgutsargument« auch für das Verhältnis von §§ 223, 224 I StGB einerseits und § 218 I StGB andererseits gelten.

3. Tatkomplex: Die Anzeige

A. Strafbarkeit der C gem. § 153 StGB durch Behauptung angespuckt worden zu sein

Eine Strafbarkeit wegen uneidlicher Falschaussage gem. § 153 StGB scheitert bereits daran, dass die **Polizeibeamten**, gegenüber denen die Aussage getätigt worden ist, **nicht zur Abnahme von Eiden befugt** sind.

! **Klausurtipp:** Bei etwaigen Falschangaben in Bezug auf die Begehung von Delikten sollten Kandidatinnen und Kandidaten einen »Fundus« von Straftatbeständen parat haben, um nicht bereits bei der Gliederung wertvolle Zeit mit dem Auffinden passender Tatbestände zu verlieren. Neben der uneidlichen Falschaussage, die hier nur knapp behandelt wird, um Systemverständnis zu beweisen, sind es insbesondere die §§ 164, 145d StGB und gegebenenfalls die Strafvereitelung gem. § 258 StGB, die bei derartigen Falschangaben zu prüfen sind. Die unterschiedlichen Ausprägungen des Rechtsgüterschutzes wirken sich auch auf die Auslegung der Tatbestände im Einzelfall aus.

B. Strafbarkeit der C gem. § 164 I StGB durch Behauptung angespuckt worden zu sein

C könnte sich dadurch, dass sie gegenüber der Polizei neben den tatsächlichen Tritten mit den Cowboystiefeln angab, von H bespuckt worden zu sein, wegen falscher Verdächtigung strafbar gemacht haben, § 164 I StGB.

I. Tatbestandsmäßigkeit

1. Objektiver Tatbestand

Die Tathandlung ist gegenüber bestimmten **Adressaten** vorzunehmen, wozu die Polizei als Stelle, welche **Anzeigen entgegen- und Zeugenaussagen aufnimmt**, zweifellos zählt (vgl. auch § 158 StPO). Ein **Verdächtigen** wird im Behaupten von Tatsachen gesehen, die einen Verdacht gegen eine bestimmte andere Person begründen oder verstärken. Als **falsch** gilt eine Verdächtigung, wenn die behaupteten Tatsachen der Wirklichkeit nicht entsprechen. Die Verdächtigung muss sich auf rechtswidrige Taten iSd § 11 I Nr. 5 StGB beziehen.

Würde man die Aussage der C isoliert betrachten, ließe sich eine Falschverdächtigung annehmen. Mit dem Bespucken hätte C eine tatsächliche Beleidigung geschildert, obwohl dies tatsächlich nicht der Fall war. Es handelt sich hierbei um rechtswidrige Taten, §§ 185, 223 I, 224 I Nr. 5 StGB.

Problematisch ist jedoch, dass die Anzeige **im Kern wahr** ist, nämlich den versuchten Schwangerschaftsabbruch und den Tritt als gefährliche Körperverletzung zum Gegenstand hat. C hat die Tat des H lediglich ein wenig »**aufgebauscht**«, was zur Folge haben kann, dass gegen H eine höhere Strafe verhängt wird. Ob es sich dennoch um eine falsche Verdächtigung handelt, ist umstritten. Würde jedes Aufbauschen der Tat bereits erfasst, würde die geradezu typische Neigung des Tatopfers, sich selbst in einem guten Licht darzustellen und hinsichtlich der Handlungen des Täters zu übertreiben, zu einer Strafbarkeit führen. Literatur und Rechtsprechung sind dementsprechend bemüht, einer drohenden Ausuferung des Tatbestandes durch eine **rechtsgutsorientierte Auslegung** entgegenzuwirken.

Bedenkt man, dass § 164 StGB neben der Rechtspflege auch den Verdächtigten schützt, kann das Aufbauschen nicht vollständig unberücksichtigt bleiben. Entscheidend muss sein, ob der Betroffene mit einem Vorwurf konfrontiert wird, welcher der Tat ein vollkommen **neues Gepräge** gibt, dementsprechend von einer »weiteren«, echten »Falschanschuldigung« die Rede sein kann und – aus Sicht der Rechtspflege – sich die Strafverfolgung wesentlich aufwendiger gestaltete. Präzisiert wurde dieser Ansatz von der Rechtsprechung dahingehend, dass von solch einer erheblichen Abweichung im Regelfall dann ausgegangen werden kann, wenn es die begangene Tat als schwerere Straftat im Sinne einer Qualifikation erscheinen lässt oder wenn dadurch das tatsächliche Geschehen um tateinheitlich oder tatmehrheitlich verwirklichte Straftaten erweitert wird. Damit sind solche Übertreibungen ausgenommen, die sich lediglich auf das Schuldmaß und damit nur auf die Strafzumessung auswirken. Somit kann dahinstehen, dass der Maßstab für ein bloßes Austauschen in der Literatur teilweise noch strenger gehandhabt wird, indem auch strafzumessungsrelevante Behauptungen die Strafbarkeit begründen können sollen. Denn vorliegend dürfte es sich beim Bespucken als tätliche Beleidigung um eine tateinheitlich eigenständige Tat (und nicht lediglich um eine »Modifikation« der qualifiziert begangenen ursprünglichen Körperverletzung) handeln, mag diese in der Strafzumessung bzw. Gesamtstrafenbildung auch nicht besonders schwer ins Gewicht fallen.

Obwohl C also die Geschichte lediglich aufgebauscht hat, lässt sich eine falsche Verdächtigung bejahen (aA vertretbar).

2. Subjektiver Tatbestand

C müsste **vorsätzlich** hinsichtlich der Anzeige (§ 15 StGB) und wider besseres Wissen gehandelt, also von der Unwahrheit der Behauptung gewusst haben. Zudem müsste sie mit der besonderen **Absicht** gehandelt haben, ein behördliches Verfahren oder andere behördliche Maßnahmen gegen den Verdächtigten herbeiführen oder fortdauern zu lassen. Nicht ausreichend wäre es, wenn sie lediglich billigend in Kauf nimmt, dass durch ihre Angaben behördliche Maßnahmen gegen einen anderen herbeigeführt werden bzw. fortdauern. C war sich als Opfer des Angriffs durch H über den Ablauf des Geschehens insgesamt vollkommen im Klaren. Sie wusste, dass ihre Anzeige zu einem behördlichen Verfahren gegen H führen könnte, laut Sachverhalt wollte C gerade durch die Falschdarstellung erreichen, dass das Verfahren fortgeführt wird. Somit erfüllt sie auch das besondere subjektive Merkmal des § 164 I StGB.

III. Rechtswidrigkeit und Schuld

C handelt rechtswidrig und schuldhaft. Sie hat sich somit wegen falscher Verdächtigung gem. § 164 I StGB strafbar gemacht.

IV. Strafverfolgungsvoraussetzung

Voraussetzung für eine Strafverfolgung wäre jedoch, dass C noch **lebt**. Dies ist nicht der Fall.

C. Strafbarkeit der C gem. § 145d I Nr. 1 StGB durch Behauptung angespuckt worden zu sein

C könnte sich wegen Vortäuschens einer Straftat gem. § 145d I Nr. 1 StGB strafbar gemacht haben, indem sie behauptete, von H angespuckt worden zu sein.

Hinweis: Auch wenn § 164 I StGB eine gesetzliche Subsidiarität des § 145d StGB anordnet, bleibt dieser spezielle Tatbestand im Gutachten zu prüfen, zumal dieser Tatbestand ausschließlich die Rechtspflege schützt und damit auch hinsichtlich einer teleologischen Auslegung andere Maßstäbe gelten.

I. Tatbestandsmäßigkeit

A müsste hierfür gegenüber einer Behörde eine Straftat, also eine rechtswidrige Tat iSd § 11 I Nr. 5 StGB vorgetäuscht haben. Hinsichtlich der **rechtswidrigen Tat** gelten die bei § 164 I StGB gemachten Ausführungen. Die Polizei stellt eine Behörde gem. § 11 I Nr. 7 StGB dar. Was das **Vortäuschen** als Tathandlung des § 145d I Nr. 1 StGB angeht, stellt sich ebenso wie bei der falschen Verdächtigung das Problem, dass C überwiegend die Wahrheit gesagt hat, sodass ein Vortäuschen angezweifelt werden könnte. Dabei könnte man erwägen, dass für den allgemeineren Tatbestand des § 145d I Nr. 1 StGB die Erwägungen, die im Hinblick auf ein Aufbauschen bei § 164 I StGB gemacht worden sind, entsprechend zu übertragen sind bzw. erst Recht gelten müssen.

Solch eine Überlegung greift allerdings zu kurz. Anders als § 164 I StGB schützt § 145d I Nr. 1 StGB ausschließlich die Rechtspflege, sodass ein **strengerer Maßstab**, der im Hinblick auf die Interessen des Verdächtigten angelegt werden könnte, hier per se nicht in Betracht kommt. Daher wird auch überwiegend angenommen, dass die Differenz zwischen der tatsächlichen und der angezeigten Tat bei § 145d StGB größer sein muss als der Unterschied zwischen Grundtatbestand und Qualifikation. Jedenfalls liegt kein bloßes Aufbauschen, sondern ein Vortäuschen vor, wenn eine **andere prozessuale Tat** (§ 264 StPO) als die tatsächlich begangene angezeigt wird. Dies wird auf die Überlegung gestützt, dass nur bei einer weiteren prozessualen Tat der Ermittlungsaufwand erhöht wird: Die Strafverfolgungsorgane sind nach dem Legalitätsprinzip ohnehin dazu verpflichtet, die von C angezeigte Tat umfassend aufzuklären. Die Gegenansicht betont demgegenüber, dass der Verfolgungs- und Ermittlungsaufwand von Falschaussagen beeinträchtigt werden kann, weswegen sie eine Einzelfallbetrachtung befürwortet, bei der darauf abzustellen ist, ob das Aufbauschen geeignet ist, unangemessen umfangreiche Maßnahmen der Strafverfolgungsorgane auszulösen. Dieses unbestimmte Kriterium ist abzulehnen. Vielmehr findet eine Orientierung am Tatbegriff – anders als bei § 164 I StGB – auch im Wortlaut eine Stütze. Zudem schützt § 145d StGB – anders als § 164 StGB – ausschließlich die Rechtspflege, sodass an dessen Verwirklichung insofern höhere Anforderungen zu stellen sind. Somit sprechen auch rechtsgutsorientierte Erwägungen für eine Einschränkung dahingehend, dass über eine weitere prozessuale Tat getäuscht oder zumindest ein einfaches Vergehen zu einem Verbrechen aufgebauscht werden müsste. C täuschte keine neue prozessuale Tat vor, vielmehr stand das vermeintliche Spucken in einem engen zeitlichen Zusammenhang zum tatsächlichen Geschehen und sollte einen einheitlichen Lebenssachverhalt bilden. Das Anspucken ist auch keine qualifizierte, besonders schwerwiegende Form des geschilderten Angriffs. Somit lässt sich das Vortäuschen einer Straftat verneinen.

II. Ergebnis

Eine Strafbarkeit der C wegen Vortäuschens einer Straftat scheidet mithin aus, sodass es auf die gesetzlich angeordnete Subsidiarität des § 145d I aE StGB im Verhältnis zu § 164 I StGB nicht ankommt.

4. Tatkomplex: Eskalation und Arztbesuch

Klausurtipp: Bei »spiegelbildlichen« Prüfungen, bei denen eine der beiden Handlungen gerechtfertigt sein könnte, ergibt es stets Sinn, »chronologisch« vorzugehen, wenn beide Protagonisten zu prüfen sind (wie hier H und C). So wird die Rechtswidrigkeitsprüfung der Folgehandlung nicht unnötig überfrachtet und es kann bei der Prüfung der C nach oben verwiesen werden.

A. Strafbarkeit des H gem. §§ 239 I, II, III Nr. 1, 22, 23 I StGB durch Festhalten der C

H könnte sich dadurch, dass er C festhielt und fesseln wollte, wegen versuchter, qualifizierter Freiheitsberaubung gem. §§ 239 I, II, III Nr. 1, 22, 23 I StGB strafbar gemacht haben.

I. Vorprüfung

Eine Versuchsstrafbarkeit setzt voraus, dass das Delikt nicht vollendet ist. C wurde nur kurz in ihrer körperlichen Bewegungsfreiheit beeinträchtigt. Die Beeinträchtigung ging nicht über das kurze Festhalten hinaus. Für eine vollendete Freiheitsberaubung ist aber in Abgrenzung zur einfachen Nötigung eine zumindest **kurzzeitige Stabilisierung** der Einschränkung körperlicher Bewegungsfreiheit vonnöten.

Klausurtipp: Ob man hierbei nicht nur zur eigenen Orientierung, sondern auch im Rahmen der Subsumtion auf die »Vater-Unser«-Formel zurückgreift, wonach für eine Freiheitsberaubung die Dauer eines Vater-Unser-Gebets überschritten sein müsse, ist eine Stilfrage. Hier wurde auf einen expliziten Rückgriff verzichtet, da sie als »Eselsbrücke« bei manchen Korrigierenden verpöhnt ist. Da sie allerdings auf eine reichsgerichtliche Rechtsprechung zurückgeht, dürfte die Hinzuziehung nicht negativ bewertet werden.

Dies kann bei solch einer kurzen Zeitspanne nicht angenommen werden. Das Delikt ist somit nicht vollendet.

Der Versuch der Freiheitsberaubung als Vergehen gem. § 12 II StGB, ist gem. §§ 23 I Var. 2, 239 II StGB strafbar. Im Falle der Verwirklichung einer Qualifikation bedarf es allerdings keines Rückgriffs auf § 239 II StGB.

II. Tatentschluss

H müsste darüber hinaus mit **Tatentschluss**, also vorsätzlich hinsichtlich aller Tatbestandsmerkmale einer qualifizierten Freiheitsberaubung, gehandelt haben. H wollte durch ein Seil eine Fortbewegung der C (insbesondere das Aufsuchen des abtreibenden Arztes) verhindern und hatte somit Vorsatz hinsichtlich der Tatmodalität der **Freiheitsberaubung in sonstiger Weise**. Darüber hinaus plante H, die C über einen **längeren Zeitraum** (namentlich mehr als eine Woche) der Freiheit zu berauben, da nur auf diese Art und Weise gewährleistet war, dass C das Kind austrägt. Damit kann auch ein Vorsatz hinsichtlich der Qualifikation des § 239 III Nr. 1 StGB bejaht werden.

III. Unmittelbares Ansetzen

H hielt C bereits unmittelbar fest und wollte dazu übergehen, diese mit einem Seil zu fesseln. Er nahm somit bereits tatbestandliche Handlungen vor, sodass sich ein unmittelbares Ansetzen gem. § 22 StGB ohne Weiteres bejahen lässt.

IV. Rechtswidrigkeit

Allerdings ist der Frage nachzugehen, ob H nicht gem. § 32 StGB **gerechtfertigt** sein könnte. Im Hinblick darauf, dass er die C davon abhalten wollte, die Leibesfrucht abtöten zu lassen, könnte man erwägen, dass H **Nothilfe zugunsten des nasciturus** ausgeübt hat.

Hinweis: Der zweite große Schwerpunkt in der Klausur drängt sich auf, ist aber in seiner Behandlung anspruchsvoll. Detaillierte Kenntnisse zu dieser Frage sind keinesfalls selbstverständlich, allerdings auch nicht erforderlich. Es gilt, im Hinblick auf die Ausgestaltung der §§ 218 ff. StGB eine eigene Argumentation herzuleiten, was denjenigen Kandidaten, die sich bereits durch eine gut strukturierte Prüfung der §§ 218 ff. StGB auszeichnen konnten, nicht besonders schwer fallen dürfte. Wer sich im Rahmen dieser exotischen Problematik durch unterschiedliche Argumentationsstränge ein vertretbares Ergebnis herleitet, sollte auch dann die volle Punktzahl erhalten, wenn nicht jedes der im Folgenden genannten Argumente in seiner Lösung auftaucht.

1. Nothilfe, § 32 StGB

Eine Rechtfertigung kraft Nothilfe setzt zunächst eine Nothilfelage voraus.

a) Nothilfelage

Eine Nothilfelage lässt sich bei einem gegenwärtigen, rechtswidrigen Angriff annehmen. Ein **Angriff** ist jede drohende Rechtsgutsverletzung durch menschliches Verhalten. **Gegenwärtig** ist der Angriff, wenn er unmittelbar bevorsteht, bereits begonnen hat oder noch fortdauert. **Rechtswidrig** ist der Angriff, wenn er im Widerspruch zur Rechtsordnung steht.

Das ungeborene Leben ist ein – wie sich auch aus den §§ 218 ff. StGB ergibt – schützenswertes Individualrechtsgut und somit notwehrfähig. Durch den drohenden Schwangerschaftsabbruch, den C ins Auge gefasst hat, steht eine Verletzung dieses Guts durch menschliches Verhalten bevor. Ein Angriff liegt somit vor. Fraglich ist bereits, ob es sich um einen **rechtswidrigen** Angriff handelt. Nach § 218a I StGB ist ein Schwangerschaftsabbruch, bei dem sich die Schwangere hat beraten lassen, in den ersten zwölf Wochen – soweit er durch einen Arzt vorgenommen wird – nicht tatbestandsmäßig. Die Formulierung in § 218a I StGB als »Kompromiss« sollte die Rechtswidrigkeit des Verhaltens unberührt lassen. Die Frage, wie sich dies nun auf Nothilferechte auswirkt, kann im vorliegenden Fall dahinstehen, da jedenfalls der von C geplante Weg, das Kind ohne Beratung abtreiben zu lassen, rechtswidrig ist.

Äußerst fraglich erscheint auch, ob der Angriff **gegenwärtig** ist. In Betracht kommt nur ein »unmittelbar bevorstehender« Angriff. Wann das unmittelbare Bevorstehen anzunehmen ist, ist strittig. Nach der **sog. Versuchslösung** liegt ein solcher erst dann vor, wenn entsprechend § 22 StGB ein Versuchsbeginn zu bejahen wäre. Vorliegend sind jedoch bis zur Rechtsgutsverletzung noch viele wesentliche Zwischenschritte notwendig: C muss noch zum Arzt fahren, sich dort anmelden, im Wartezimmer warten, ins Untersuchungszimmer gehen und der Arzt muss den Eingriff vornehmen (was im Übrigen hier zweifelhaft ist, da C sich tatsächlich noch nicht hat beraten lassen; im Rahmen von § 32 StGB kommt es bei der Bestimmung der Notwehrlage nach hM auf eine objektive ex-post Perspektive an). Diese Auffassung würde somit die Gegenwärtigkeit verneinen. **Nach der Effizienzlösung** ist ein Angriff unmittelbar bevorstehend, wenn ein weiteres Zuwarten die spätere Abwehr unmöglich machen oder wesentlich erschweren würde. H könnte C vorliegend noch zum Arzt und ins Wartezimmer folgen und dann den Angriff ähnlich wirksam abwehren, indem er H wieder aus dem Wartezimmer – notfalls mit Gewalt – entfernt (aA hier vertretbar, wenn man darauf abstellt, dass es deutlich leichter ist, C in der ansonsten menschenleeren Wohnung unter Kontrolle zu bringen, als in einer gut besuchten Arztpraxis; die Effizienzlösung ist jedoch auch abzulehnen, da diese in vielen Fällen – entgegen der gesetzgeberischen Intention von § 32 StGB – Präventiv-Notwehr ohne engen räumlich-zeitlichen Zusammenhang zu einer drohenden Rechtsgutsverletzung zulässt). Die Effizienzlösung würde somit die Gegenwärtigkeit ebenfalls verneinen. Die **hL** erweitert die Versuchslösung um das **»letzte Vorbereitungsstadium«** vor dem eigentlichen Versuchsbeginn. Das letzte Vorbereitungsstadium wäre hier jedoch erst der Gang ins Untersuchungszimmer oder frühestens das Warten im Wartezimmer. Diese Auffassung würde also ebenfalls die Gegenwärtigkeit verneinen. **Die Rechtsprechung** nimmt einen unmittelbar bevorstehenden Angriff an, wenn ein Verhalten vorliegt, das **unmittelbar in eine Rechtsgutsverletzung umschlagen kann** und bei dem ein **Hinausschieben der Abwehrhandlung den Erfolg der Notwehr gefährden würde**. Da sich C noch in der Wohnung befindet und lediglich ankündigt, jetzt zum Arzt fahren zu wollen, liegt noch kein Verhalten vor, dass **unmittelbar** in eine Rechtsgutsverletzung (tatsächliche Abtreibung) umschlagen kann. Durch oben genannte Möglichkeiten der weiteren Einwirkung auf C erscheint auch der Notwehrerfolg durch ein Hinausschieben der Abwehrhandlung nicht wesentlich gefährdet.

Eine Nothilfelage ist somit zu verneinen.

Hinweis: Wer hier – gut vertretbar – die Prüfung vollständig abbricht (was Sie nicht müssen, da Sie ein Gutachten schreiben), muss die nun folgenden Probleme im Rahmen der Prüfung von § 34 StGB (die hier etwas knapper erfolgt) diskutieren. Eine Notstandshilfelage iSv § 34 StGB ist auch leichter zu bejahen, da dessen extensiverer Gegenwärtigkeitsbegriffs der Gefahr, der auch Dauergefahren erfasst, in der vorliegenden Situation eher bejaht werden kann (wenn auch nicht muss).

b) Nothilfehandlung

Überdies ist auch fraglich, ob H eine **erforderliche** und **gebotene** Nothilfehandlung vornahm. Die (versuchte) Freiheitsberaubung des H ist als Nötigungshandlung gegen C als Täterin der §§ 218, 22 StGB und damit gegen die Angreiferin gerichtet. **Erforderlich** ist die Handlung, wenn sie ein geeignetes Mittel zur Abwendung des Angriffs darstellt und nicht zugleich ein milderes, gleich geeignetes Mittel zur Verfügung steht. H musste damit rechnen, dass allein seine Handlung dazu geeignet war, den Abbruch zu verhindern, da sich C bereits auf den Weg zum Arzt machen wollte und der Abbruch auch ihrer Disposition überlassen ist (aA evtl. vertretbar, wenn man davon ausgeht, dass sich C von H auf dem Weg zum Arzt noch umstimmen lassen würde).

Damit wird aber zugleich deutlich, dass die **Gebotenheit** der Notwehrhandlung mehr als nur fraglich erscheint. Das Nothilferecht ist nämlich einzuschränken, wenn dies sozialethisch begründet ist. Der Gesetzgeber hat sich in § 218a StGB dafür entschieden, die Entscheidung, ein Kind auszutragen, jedenfalls in den ersten zwölf Wochen der Schwangeren zu überlassen. Diese **Wertentscheidung** würde unterlaufen, wenn sich Dritte der Disposition der Schwangeren straflos entgegenstellen könnten. Dementsprechend ist die Gebotenheit der Nothilfehandlung des H abzulehnen. Dabei spielt es auch keine Rolle, dass C den H über die Beratung getäuscht hat. Denn zum Zeitpunkt der Freiheitsberaubung könnte C noch rein theoretisch einen tatbestandslosen Schwangerschaftsabbruch vornehmen lassen, wenn sie sich denn beraten ließe. Eine Rechtfertigung gem. § 32 StGB scheidet somit aus mehreren Gründen aus.

Hinweis: Überwiegend wird das Problem im Kontext der Gebotenheit aufgegriffen; da im Übrigen aber keine Fallgruppe des »gesetzgeberischen Willens« als Fallgruppe der Gebotenheit anerkannt ist, und der gesetzgeberische Wille auch nichts mit sozialethischen Schranken zu tun hat (sich allenfalls mittelbar sozialethische Schranken herleiten lassen, da man in der gesetzgeberischen Ausgestaltung gerade die Manifestation eines sozialethischen Konsens sehen könnte, wäre es ebenso konsequent, bei geplanten Abbrüchen innerhalb der ersten zwölf Wochen bereits einen Angriff zu verneinen bzw. ein notwehrfähiges Rechtsgut).

2. Rechtfertigender Notstand, § 34 StGB

Zwar ließe sich im Hinblick auf den drohenden Abbruch der Schwangerschaft eine Notstandslage bejahen (aA jedoch auch hier vertretbar, s. oben bei der Gegenwärtigkeit von § 32 StGB), doch müssten ähnliche Erwägungen, wie sie bereits iRd § 32 StGB angebracht wurden auch an dieser Stelle gelten. Dabei kann dahinstehen, ob man bereits im Rahmen der Interessensabwägung anbringt, dass der Gesetzgeber mit § 218a StGB eine Interessensabwägung vorgenommen hat, welche diejenige des Täters »überlagert« oder, ob man erst im Rahmen der Angemessenheit (als »Pendant« der Gebotenheit) ebenso betont, dass die gesetzgeberische Wertentscheidung nicht durch eine rechtmäßige Notstandshilfe unterlaufen werden soll. Ein rechtfertigender Notstand gem. § 34 StGB scheidet ebenso aus.

Hinweis: Wenn die Prüfung des § 32 StGB bereits derart detailliert vorgenommen wurde, kann man den Bearbeiterinnen und Bearbeitern keinen Strick daraus ziehen, dass sie sich nun etwas knapper halten und nicht jeden Begriff ausführlich definieren und detailliert subsumieren. Anders ist dies jedoch, wenn die Prüfung von § 32 StGB nach der Gegenwärtigkeit abgebrochen wird. Dann müssen die Tatbestandsmerkmale von § 34 StGB ausführlich dargelegt und die Problemlage um die gesetzgeberische Wertung von § 218a StGB dort geschildert werden.

H handelte somit rechtswidrig.

V. Schuld

Zuletzt ist zu prüfen, ob H nicht womöglich entschuldigt gehandelt haben könnte. In Betracht kommt ein **entschuldigender Notstand** gem. § 35 StGB.

Dabei erscheint bereits das Vorliegen einer Gefahr für ein **notstandsfähiges Rechtsgut** iSd § 35 fraglich. Denn anders als § 34 StGB ist der Kreis geschützter Rechtsgüter bei § 35 StGB beschränkt und nur Leben, Leib und Freiheit des Individuums erfasst. Der nasciturus bzw. das **ungeborene Leben** – hierfür spricht auch ein einheitliches Verständnis vom Rechtsgut Leben – ist also gerade nicht gemeint. Somit scheidet eine Entschuldigung des H nach den Regeln des entschuldigenden Notstands per se aus.

Hinweis: So jedenfalls die hM. Bejaht man (gerade noch vertretbar) die Einbeziehung des ungeborenen Lebens, müsste die im Rahmen des § 35 StGB erforderliche Nähebeziehung, also die Angehörigenstellung des H begründet werden, was im Hinblick auf die Vaterschaft des H jedoch keine Probleme bereitet, vgl. § 11 I Nr. 1 StGB. Die letzte zu nehmende Hürde wäre dann die Unzumutbarkeit der Hinnahme der Gefahr, wobei an dieser Stelle das gesetzgeberische Argument als normatives und weniger faktisches Argument weniger überzeugend wäre und man so tatsächlich zu einer Straflosigkeit gelangen könnte, aber nicht muss. Zu weit ginge es wohl, einen übergesetzlichen Notstand konstruieren zu wollen, da eine außergewöhnliche Konfliktsituation, wie sie für diese Ausnahmekonstruktion verlangt wird, nicht vorliegt. Jedenfalls hätte solch ein Ergebnis keinen Einfluss auf die weitere Fallbearbeitung, da die Entschuldigung des H nichts an der Rechtswidrigkeit des Handelns änderte, sodass eine Notwehr der C möglich bleibt.

H handelte somit auch schuldhaft. Er hat sich gem. §§ 239 I, III Nr. 2, 22 StGB wegen versuchter, qualifizierter Freiheitsberaubung strafbar gemacht.

B. Strafbarkeit des H gem. § 240 I, II StGB durch Festhalten der C

Durch das kurzzeitige Festhalten hat H Kraft gegenüber C in Erwartung eines geleisteten Widerstands ausgeübt und somit physische **Gewalt** iSd § 240 I StGB angewendet. Dies geschah vorsätzlich, in verwerflicher Weise und – wie die Ausführungen zu §§ 239 I, II, 22 StGB belegen – auch rechtswidrig. H handelte zudem auch schuldhaft. Er hat sich wegen vollendeter Nötigung strafbar gemacht, welche aus **Klarstellungsaspekten** (vgl. bereits oben) zur versuchten Freiheitsberaubung in Tateinheit steht, § 52 StGB.

C. Strafbarkeit des H gem. §§ 239b I, 22, 23 I StGB durch Festhalten der C

Ferner kommt augenscheinlich die Verwirklichung einer versuchten Geiselnahme nach §§ 239b I, 22 StGB in Betracht. Es handelt sich um ein Verbrechen, dessen Versuch gem. §§ 12 I, 23 I Var. 1 StGB stets strafbar ist. Da sich H der C nicht bemächtigen konnte, scheidet allerdings eine vollendete Geiselnahme aus.

H wollte sich C bemächtigen und diese dauerhaft der Freiheit entziehen, um sie am Schwangerschaftsabbruch zu hindern. Unschädlich ist hierbei, dass sich H gerade derjenigen Person bemächtigen wollte, welche auch die Nötigungshandlung vornehmen sollte. Zwar wird der Tatbestand im Zwei-Personen-Verhältnis nach hM dahingehend eingeschränkt, dass eine **»stabile Zwischenlage«** zu fordern ist, doch auch gerade diesbezüglich hatte H nach seinem Tatplan Vorsatz, da das Sich-Bemächtigen längere Zeit andauern sollte. Doch sollte die Freiheitsberaubung der C nicht dazu dienen, diese zu einer anderen Handlung zu veranlassen (also »dadurch« einen Nötigungserfolg herbeizuführen), sondern war das unmittelbare Mittel, die nicht gewollte Handlung zu unterbinden (Schwangerschaftsabbruch). Eine versuchte Geiselnahme durch H scheidet mithin aus.

D. Strafbarkeit des H gem. § 123 I StGB durch Betreten der Wohnung der C

Zudem hat H laut Sachverhalt die C in die Wohnung gedrückt und hierbei auch selbst die Wohnung betreten. Bei der **Wohnung** handelt es sich um einen umschlossenen Raum, mithin um ein Gebäude iSd § 123 I StGB. Bei lebensnaher Auslegung ist davon auszugehen, dass C zu diesem Zeitpunkt **nicht mehr damit einverstanden** war, dass H ihr zu Nahe kommt und die Wohnung betritt, sodass auch ein tatbestandsausschließendes Einverständnis ausscheidet und H die Wohnung gegen den Willen der C betreten hat, mithin eingedrungen ist. Dies geschah vorsätzlich, rechtswidrig und schuldhaft.

Gemäß § 123 II StGB ist ein Strafantrag erforderlich, der laut Bearbeitervermerk gestellt ist, in diesem konkreten Fall – C ist bereits tot – wohl durch den Rechtsnachfolger, § 77 II StGB. H hat sich wegen Hausfriedensbruch gem. § 123 I StGB strafbar gemacht.

E. Strafbarkeit der C gem. §§ 223 I, 224 I Nr. 2 StGB durch Schlag mit der Flasche

C könnte sich durch den Schlag mit der Weinflasche wegen gefährlicher Körperverletzung strafbar gemacht haben.

I. Tatbestandsmäßigkeit

Unproblematisch stellt der Schlag mit der Flasche eine körperliche Misshandlung dar, wobei der Einsatz der Flasche auf den Kopf auch geeignet ist, lebensgefährliche Verletzungen herbeizuführen und damit die Merkmale des § 224 I Nr. 2, 5 StGB erfüllt. Mithin ist der objektive Tatbestand der gefährlichen Körperverletzung erfüllt. C handelte auch vorsätzlich.

II. Rechtswidrigkeit, Notwehr (§ 32 StGB)

Allerdings könnte C ihrerseits durch Notwehr gem. § 32 StGB gerechtfertigt sein. Dies setzt eine Notwehrlage, mithin einen gegenwärtigen, rechtswidrigen Angriff des H voraus. H hielt die C fest und beeinträchtigte diese somit in ihrer körperlichen Bewegungsfreiheit. Dieser Angriff wirkte zum Zeitpunkt des Schlags mit der Flasche noch fort, war also gegenwärtig. Ferner müsste der Angriff rechtswidrig sein. Dabei ergab sich bereits aus den Ausführungen zur Strafbarkeit des H, dass dessen Unternehmen, C festzuhalten, schon mangels eines gegenwärtigen Angriffs, jedenfalls allerdings mangels Gebotenheit der Nothilfehandlung (zugunsten des Embryos) nicht gerechtfertigt ist. Somit lag ein rechtswidriger Angriff, mithin eine Notwehrlage vor. Der Schlag mit der Flasche stellte ein geeignetes Mittel dar, um diesen Angriff zu beenden. Ein milderes Mittel ist nicht ersichtlich. Auch stehen keinerlei Aspekte im Raum, die für eine sozialethische Einschränkung des Notwehrrechts der C sprächen. Somit war ihr Verhalten auch geboten. C handelte gem. § 32 StGB gerechtfertigt.

Die Handlung der C ist nicht rechtswidrig. Sie macht sich keiner gefährlichen Körperverletzung gem. §§ 223 I, 224 I Nr. 2, 5 StGB schuldig.

5. Tatkomplex: Der Arztbesuch

A. Strafbarkeit der C gem. §§ 218 I, III, 218a III, 25 I Var. 2 StGB durch Veranlassen der Abtreibung

C könnte sich dadurch, dass sie Dr. F dazu veranlasste, den Abbruch der Schwangerschaft vorzunehmen, wegen Schwangerschaftsabbruchs in mittelbarer Täterschaft gem. §§ 218 I, III, 218a III, 25 I Var. 2 StGB strafbar gemacht haben.

I. Tatbestandsmäßigkeit

1. Objektiver Tatbestand

Der Tatbestand setzt zunächst die Abtötung der Leibesfrucht der Schwangeren voraus. Eine Leibesfrucht liegt vor (s. oben).

Diese Leibesfrucht wurde laut Sachverhalt auch abgetötet. Problematisch erscheint, dass die unmittelbare **Abbruchshandlung durch den Arzt Dr. F** vorgenommen wird. Dies bedeutet jedoch nicht, dass C nur als Anstifterin zum Schwangerschaftsabbruch bestraft werden könnte. Vielmehr könnte man davon ausgehen, dass bereits ihre Stellung als Schwangere zu einer unmittelbaren Verantwortung gegenüber dem Embryo führt, die sie – soweit keine besonderen Erlaubnistatbestände dies ausschließen – dazu verpflichtet, Handlungen zu unterlassen, welche die Leibesfrucht schädigen könnten. Soweit man einer Unterlassungstäterschaft der C gem. § 13 StGB hingegen kritisch gegenübersteht, kommt eine Einordnung der C als mittelbare Täterin des Schwangerschaftsabbruchs in Betracht: C hat den Arzt bewusst über das Vorliegen eines **Indikationstatbestands** getäuscht, als sie Dr. F vorgaukelte, sie sei Opfer einer Vergewaltigung geworden. Für solch einen Fall **kriminologischer Indikation gestattet § 218a III StGB** einen Abbruch. Da dies tatsächlich nicht der Fall war, handelte Dr. F in einem vorsatzausschließenden Irrtum (wobei dahinstehen kann, ob es sich um einen Tatbestands- oder Erlaubnistatbestandsirrtum handelt und der Irrtum vermeidbar war). Er hatte aufgrund seines Strafbarkeitsdefizits somit Werkzeugqualität, welche C auch planend für ihre Zwecke einsetzte. Sie hatte somit die Tatherrschaft bezüglich des Abbruchs kraft Irrtumsherrschaft und wusste auch darum. Sie tötete die Leibesfrucht somit in mittelbarer Täterschaft.

Ein Schwangerschaftsabbruch ist gem. § 218a I StGB jedoch **nicht tatbestandsmäßig**, wenn er noch innerhalb der **12-Wochen-Frist** vorgenommen wird. Gemäß § 219 StGB hat sich die Schwangere allerdings im Kontext eines frühen Abbruchs beraten zu lassen (§ 219 StGB) und müsste dem Arzt auch diesbezüglich eine Bescheinigung vorlegen. Dies ist hier nicht erfolgt, sodass ein Tatbestandsausschluss nicht in Betracht kommt, obwohl die 12-Wochen-Frist noch nicht abgelaufen ist.

2. Subjektiver Tatbestand

C handelte vorsätzlich (§ 15 StGB), mit Tatherrschaftswillen, dh in Kenntnis des Irrtums des Arztes, und wusste auch um das Nichtvorliegen der Voraussetzungen eines Tatbestandsausschlusses nach den §§ 218a, 219 StGB. Der subjektive Tatbestand ist erfüllt.

III. Rechtswidrigkeit

C müsste auch rechtswidrig gehandelt haben. Für bestimmte Fälle einer Notsituation der Schwangeren sehen die §§ 218a II und III StGB eine Rechtfertigung des Abbruchs vor: Nach § 218a II StGB ist ein Abbruch zeitlich unbegrenzt möglich, wenn dieser **medizinisch-sozial indiziert** ist (mithin das Austragen mit erheblichen physischen oder psychischen Gefahren für die Schwangere verbunden wäre). Hierfür gibt der Sachverhalt nichts her. § 218a III StGB hingegen erfasst die **kriminologische Indikation**, die nur innerhalb der 12-Wochen-Frist greift und dem Abbruch die Rechtswidrigkeit nimmt, wenn die Schwangere Opfer eines Sexualdelikts und infolgedessen geschwängert wurde. Auch dies ist nicht der Fall. Eine Rechtfertigung scheidet im Übrigen aus. C handelte rechtswidrig.

Hinweis: Auch wenn es eindeutig ist, sollten Prüfungskandidatinnen und -kandidaten – um Systemverständnis zu illustrieren – sowohl den Tatbestandsausschluss nach § 218a I StGB als auch die Rechtfertigungstatbestände nach § 218a II und III StGB prüfen bzw. kurz benennen, freilich an der richtigen Stelle.

III. Schuld

Entschuldigungsgründe sind nicht ersichtlich. C handelte schuldhaft.

IV. Strafzumessung, § 218 III StGB

Für den Abbruch der Schwangerschaft durch die Schwangere selbst, ordnet § 218 III StGB einen milderen Strafrahmen an, der trotz des Wortlauts »durch« auch in Fällen der mittelbaren Täterschaft Anwendung finden dürfte.

V. Ergebnis

C macht sich wegen Schwangerschaftsabbruchs in mittelbarer Täterschaft gem. §§ 218 I, III, 218a, 25 I Nr. 1 Var. 2 StGB strafbar. Eine strafrechtliche Verfolgung dieser Tat scheitert allerdings am Tod der C.

6. Tatkomplex: Die Geschehnisse vor der Wohnung der C

A. Strafbarkeit des H gem. § 241 I, II StGB durch Gebaren vor der Wohnung der C

Zunächst könnte das Gebaren des H eine Bedrohung gem. § 241 StGB C darstellen. Hierfür müsste H der C **mit einem Verbrechen (§ 241 II) oder mit der Begehung einer gegen ihn oder eine ihm nahestehende Person gerichteten rechtswidrigen Tat gegen die sexuelle Selbstbestimmung, die körperliche Unversehrtheit, die persönliche Freiheit oder gegen eine Sache von bedeutendem Wert (§ 241 I) gedroht,** mithin in Aussicht gestellt haben, dass eine entsprechende Tat gegenüber C begangen wird und der H Einfluss auf dieses Ereignis hat.

> **Hinweis:** Durch das Gesetz zur Bekämpfung des Rechtsextremismus und der Hasskriminalität (v. 30.3.2021, BGBl. 2021 I 441) wurde der Bezugstatenkatalog des Bedrohungstatbestands erheblich erweitert. Während vormals nur die Bedrohung mit einem Verbrechen strafbar war, ist diese Form der Bedrohung nunmehr als Qualifikation in § 241 II StGB ausgestaltet (zudem kommt es zu einer Erhöhung des Strafrahmens bei öffentlicher Begehung, in einer Versammlung oder durch Verbreiten eines Inhalts nach § 11 III StGB), während § 241 I StGB ein ganzes Bündel von Straftaten (ohne konkrete Bezeichnung, sondern unter Bezugnahme auf die geschützten Rechtsgüter) umfasst. Die Erweiterung der Bezugstaten der mittelschweren Kriminalität beseitigt freilich nicht das Problem, die Ernstlichkeit der Bedrohung auszuermitteln sowie den Erklärungsgehalt im Wege der Auslegung rekonstruieren. Dies zeigt auch der vorliegende Fall.

Dem bloßen (wenn auch unheimlichen) Herumstehen des H gegenüber der Wohnung der C lässt sich kein zwingender Erklärungswert hinsichtlich der Begehung eines Verbrechens entnehmen. Auch wird man in diesem Gebaren keine schlüssige Drohung der Begehung niederschwelliger Delikte (einfache Körperverletzung, Nötigung) entnehmen können. Hieran ändert auch der blutige Schriftzug nichts. Der objektive Tatbestand der Bedrohung ist somit nicht erfüllt.

B. Strafbarkeit des H gem. § 238 I Nr. 1 StGB durch Gebaren vor der Wohnung der C

H könnte sich allerdings dadurch, dass er vor der Wohnung der C stand, wegen Nachstellung gem. § 238 I StGB strafbar gemacht haben.

I. Tatbestandsmäßigkeit

Der objektive Tatbestand setzt im Handlungsteil die unbefugte und beharrliche Verwirklichung einer der fünf genannten Verhaltensmodalitäten voraus. Anders als nach bis vor kurzem geltender Rechtslage ist **kein Erfolg des Eintritts der schwerwiegenden Beeinträchtigung der Lebensgestaltung** mehr Voraussetzung für die objektive Tatbestandsverwirklichung, es genügt, dass die Handlung hierzu geeignet ist. Zweifelsohne bestand keine große physische Distanz zu C für H, der sich gegenüber der Wohnung der C aufhielt, mithin hat er deren räumliche Nähe aufgesucht, § 238 I Nr. 1 StGB. Fraglich ist, ob bereits dieser erste Schritt als »**beharrlich**« bezeichnet werden kann. Mit dem Tatbestandsmerkmal der Beharrlichkeit wollte der Gesetzgeber die phänotypisch häufige Haltung von Stalkern erfassen, die durch die kontinuierliche Begehung der Handlungsmodalitäten ihre Opfer in eine psychische Zwangssituation versetzen, weil diese sich jederzeit auf den nächsten Akt »gefasst« machen müssen und keine ruhige Minute mehr finden. **Beharrlich** ist eine Tathandlung somit erst, wenn der Täter aus Missachtung des entgegenstehenden Willens oder aus Gleichgültigkeit gegenüber den Wünschen des Opfers mit der Absicht handelt, sich auch in Zukunft immer wieder entsprechend zu verhalten. Dabei ergibt sich die Beharrlichkeit aus einer Gesamtwürdigung der verschiedenen Handlungen, bei der insbesondere der zeitliche Abstand zwischen den Angriffen und deren innerer Zusammenhang von Bedeutung sind. Das Merkmal hängt also schwerpunktmäßig von der subjektiven Einstellung des Täters ab: H plante laut Sachverhalt, das Leben von C von nun an zu terrorisieren, was bei lebensnaher Betrachtung bedeutet, dass er intendierte, in Zukunft wiederholt derartige Handlungen vorzunehmen. Nichtsdestotrotz ist objektiv mindestens eine mehrfache (also zumindest zweimalige) Begehung zu fordern, was im Hinblick auf den Wegfall eines Taterfolgs nach der benannten Gesetzesänderung umso mehr gelten muss. § 238 I StGB bleibt insofern ein Dauerdelikt.

II. Ergebnis

H hat somit allenfalls zu einer Nachstellung unmittelbar angesetzt, gem. § 22 StGB, doch den objektiven Tatbestand nicht vollständig verwirklicht. Die Nachstellung stellt wegen ihrer Strafandrohung ein Vergehen gem. § 12 II StGB dar, sodass die Versuchsstrafbarkeit gem. § 23 I Var. 2 StGB explizit angeordnet sein müsste. Dies ist nicht der Fall. Eine Strafbarkeit gem. § 238 I Nr. 1 StGB ist folglich ausgeschlossen.

C. Strafbarkeit des H gem. §§ 238 I Nr. 1, III, 22, 23 I StGB durch Gebaren vor der Wohnung der C

Wie erläutert, stand H erstmals vor der Wohnung der H mit der Intention, von nun an häufiger den Kontakt zu C zu suchen und diese zu terrorisieren. Lässt man für ein unmittelbares Ansetzen zur beharrlichen Begehung bereits den ersten Besuch mit der Absicht, beharrlich zu agieren genügen, scheint ein unmittelbares Ansetzen bejaht werden zu können. Wie bereits erläutert, handelt es sich bei der Beharrlichkeit auch um ein objektives Merkmal, sodass es unter Zugrundelegung der Teilakttheorie naheliegt, erst mit Beginn zur wiederholten Begehung zur Nachstellung ein unmittelbares Ansetzen anzunehmen.

Auf die Frage des unmittelbaren Ansetzens kommt es jedoch ohnehin nur an, wenn die Verursachung des Todes der C Anknüpfungspunkt für eine Versuchsstrafbarkeit sein könnte, da der Versuch des Grundtatbestands selbst mangels Anordnung nicht strafbar ist (§§ 23 I Var. 2, 12 II StGB). Doch ist es grundsätzlich anerkannt, dass auch eine Erfolgsqualifikation, hier § 238 III StGB, »versucht« werden kann. Deren Versuch wäre auch im Hinblick auf den Strafrahmen strafbar. Tritt die schwere Folge (hier in Form des Todes der C) ein, während das Grunddelikt nur versucht ist, spricht man von einem erfolgsqualifizierten Versuch, bei dem grundsätzlich das mit dem Versuchsunrecht (also dem unmittelbaren Ansetzen zur Tatbestandsverwirklichung) verbundene Risiko für den Erfolgseintritt Anknüpfungspunkt für die Strafbarkeit und Strafschärfung ist. Doch geht die absolut hM zu Recht davon aus, dass das Verhalten, an das man knüpft, für sich **bereits strafbar sein muss**, da sonst der Eintritt des strafschärfenden Merkmals strafbarkeitsbegründend wirkte. Dies ist bei der Nachstellung jedoch nicht der Fall, mithin ist der Versuch des Grundtatbestands gerade nicht unter Strafe gestellt. Somit scheidet ein erfolgsqualifizierter Versuch aus.

Hinweis: Ähnlich wäre dies beispielsweise bei der Aussetzung gem. § 221 I, III StGB, deren Versuch ebenso wenig unter Strafe gestellt ist. Hingegen ist der erfolgsqualifizierte Versuch bei der Körperverletzung (§ 227 StGB) und beim Raub mit Todesfolge (§ 251 StGB) denkbar und die damit verbundenen Streitpunkte (Bezugspunkt des tatbestandsspezifischen Gefahrverwirklichungszusammenhangs, Rücktritt trotz Eintritt der schweren Folge, Abgrenzung zur versuchten Erfolgsqualifikation) sollten Kandidatinnen und Kandidaten ein Begriff sein, s. hierzu auch Fall 2 und 10.

D. Strafbarkeit des H gem. § 222 StGB durch Gebaren vor der Wohnung der C

Fraglich ist, ob H sich durch sein Verhalten, gegenüber der Wohnung von C zu stehen, zumindest wegen fahrlässiger Tötung gem. § 222 StGB strafbar gemacht hat.

I. Tatbestandsmäßigkeit

Der **Erfolg** der fahrlässigen Tötung ist in Form des Todes der C eingetreten. Wäre H nicht vor der Wohnung gestanden, hätte sich C nicht veranlasst gesehen, die Straßenseite zu wechseln und wäre damit auch nicht von dem Lkw erfasst worden. Eine **Kausalität** im Sinne der Conditio-sine-qua-non-Formel lässt sich somit bejahen. Doch erscheint fraglich, ob der Erfolgseintritt dem H auch objektiv zurechenbar ist. **Objektiv zurechenbar** ist der Erfolg dann, wenn der Täter eine rechtlich missbilligte Gefahr geschaffen hat, die sich im konkreten Erfolg realisiert und vom Schutzzweck der Norm erfasst ist. Zunächst ist hierbei anzumerken, dass der Verlauf des Geschehens nicht vollkommen außerhalb des Wahrscheinlichen liegt. H hat sich bewusst unheimlich verhalten und konnte damit rechnen, dass C erschrickt und gegebenenfalls nicht kalkulierte Bewegungen macht (insofern könnte eine rechtlich missbilligte Gefahrschaffung bzw. eine objektive Sorgfaltspflichtverletzung bejaht werden). Somit liegt kein atypischer Kausalverlauf vor.

Fraglich ist indessen die zurechenbare Gefahrrealisierung aus einem anderen Grund: Dem Sachverhalt ist nicht zu entnehmen, dass C derart heftig erschrocken wäre, dass sie nicht mehr wusste, was sie tat. Dementsprechend kann man auch davon ausgehen, dass sie noch imstande war, beim Wechsel der Straßenseite zu kontrollieren, ob Autos die Straße passieren. Das Strafrecht schützt vor Angriffen Dritter, nicht das (gegebenenfalls auch schreckhafte) Opfer vor sich selbst. Dass C nicht vorsichtig genug war, könnte dem H nur vorgeworfen werden, wenn sie aufgrund einer irgendwie gearteten

Todesangst (bzw. vermeintlichen Notstandssituation) nicht mehr in der Lage war, eine **freiverantwortliche »Ausweichentscheidung«** zu treffen. Wie die Bestimmung solch einer »freiverantwortlichen« Entscheidung zu erfolgen hat, ist im Detail umstritten: Während die sog. Exkulpationslösung darauf abstellt, ob der Zustimmende rechtlich zur Verantwortung gezogen werden könnte, insbesondere also beim Selbstgefährdenden kein Exkulpationstatbestand wie die §§ 20, 35 StGB bejaht werden könnte, orientiert sich die sog. »Einwilligungslösung« an den Regeln über die rechtfertigende Einwilligung, wonach der selbstgefährdende Akt insbesondere nicht an Willensmängeln leiden darf. Zustimmungen, die infolge von Drohungen abgegeben oder durch Täuschungen erschlichen worden sind, unterbrechen die Zurechnungskette folglich nicht. Der Gefährdungsakt der C war keine Folge eines Täuschungsakts des H hinsichtlich des Gefährdungsgrads. Auch eine besondere Angst um Leib und Leben der C, die eine freiverantwortliche Entscheidung in Zweifel ziehen könnte, lässt sich dem Sachverhalt nicht entnehmen. Eine objektive Zurechnung der Todesfolge steht somit das eigenverantwortliche Handeln der C entgegen.

II. Ergebnis

H macht sich nicht wegen fahrlässiger Tötung gem. § 222 StGB strafbar.

Hinweis: Eine andere Auffassung erscheint unter Verweis auf die Vorgeschichte – versuchte Freiheitsberaubung, Tritt in den Magen – absolut vertretbar. Dann müsste auch eine objektive Vorhersehbarkeit sowie Rechtswidrigkeit und Schuld des Verhaltens, mithin auch eine Strafbarkeit nach § 222 StGB bejaht werden.

Gesamtergebnis und Konkurrenzen

C verwirklicht § 164 I StGB und §§ 218 I, III, 25 I Var. 2 StGB, wobei diese beiden Delikte in Realkonkurrenz stehen, § 53 StGB. Eine strafrechtliche Verfolgung dieser Taten scheidet aufgrund des Todes der C allerdings aus. H macht sich gem. §§ 223, 224 I Nr. 2 StGB und §§ 218 I, II Nr. 2, IV, 22 StGB (in Tateinheit) strafbar. Hinzutreten, jeweils real konkurrierend (§ 53 StGB), die zueinander in Idealkonkurrenz stehenden §§ 239 I, III Nr. 2, 22 StGB und § 240 StGB.

Vertiefende Literatur zu den Schwerpunkten des Falles

1. Zur Frage der Systematik der §§ 218 ff. StGB und ihrer Abgrenzung zu den Tötungsdelikten sowie zur gefährlichen Körperverletzung:

- *Beck*, »Leben« – Das Rechtsgut im Hintergrund? Ein Beitrag zur Auslegung von § 224 Abs. 1 Nr. 5 StGB, ZIS 2016, 692
  Satzger, Der Schwangerschaftsabbruch (§§ 218 ff. StGB), JURA 2008, 424

2. Zur gewaltsamen Verhinderung eines Schwangerschaftsabbruchs

- *Satzger*, Der Schutz des ungeborenen Lebens durch Rettungshandlungen Dritter, JuS 1997, 800

3. Prüfung der Falschen Verdächtigung (§ 164 StGB) und des Vortäuschens einer Straftat (§ 145d StGB)

- *Koch*, Die »fahrlässige Falschanzeige« – oder: Strafrechtliche Risiken der Anzeigenerstattung, NJW 2005, 943
- *Geppert*, Zu einigen immer wiederkehrenden Streitfragen im Rahmen des Vortäuschens einer Straftat (§ 145d StGB), JURA 2000, 383

4. Teleologische Reduktion des § 239b StGB im Zwei-Personen-Verhältnis

- *Heinrich*, Zur Notwendigkeit der Einschränkung des Tatbestands der Geiselnahme, NStZ 1997, 365

5. Zur Rechtsnatur des Stalking-Tatbestands und seiner Ausgestaltung

- *Kühl*, Stalking als Eignungsdelikt, ZIS 2016, 450
- *Roxin,* Der Stalking-Tatbestand, GA 2020, 460

6. Eigenverantwortliche Selbstgefährdung bei Panik- und Fluchtreaktionen

- *Dorn-Haag*, Exkulpations- und Einwilligungslösung in Fällen der Selbstschädigung und Selbstgefährdung – Zugleich ein Beitrag zur Abgrenzung der Eigen- und Fremdverantwortung in der gutachterlichen Fallbearbeitung, JA 2021, 26
- *Eisele*, Freiverantwortliches Opferverhalten und Selbstgefährdung, JuS 2012, 577

Zusammenhängende Literatur zu den einzelnen Deliktsbereichen

Schwangerschaftsabbruch: *Kudlich* PdW StrafR BT II Nr. 33–35; *Rengier* StrafR BT II § 11; Nachstellung: *Kudlich* PdW StrafR BT II Nr. 92a–92b; *Rengier* StrafR BT II § 26a; *Jäger* ExamensRep StrafR BT Rn. 128

Fall 2: »Ärger im Paradies«

Sachverhalt

Die Ehe von M und F ist gescheitert. Da macht es eine 14-jährige Tochter nicht einfacher, wenigstens das Zusammenleben erträglich zu gestalten. Am Freitagnachmittag sitzt M in der Küche und versucht, den Feuilleton-Teil der Tageszeitung auf seinem Tablet zu lesen, als er wieder Geschrei aus dem Kinderzimmer hört. F musste sehen, dass sich T ohne Erlaubnis ihrer Eltern ein weiteres Ohrpiercing hat stechen lassen, indem sie die Unterschriften der Eltern auf einer Einverständniserklärung gefälscht und diese bei ihrem Piercer (P) in der Innenstadt vorgelegt hat. Dieser hatte dann nach einem kurzen Aufklärungsgespräch das Ohr im Bereich der Ohrmuschel durchstochen, was mit einem leichten Piksen verbunden war (Abheildauer drei bis sechs Monate). F teilt der T mit, dass es für die nächsten 24 Stunden Hausarrest gebe, damit ihr wieder bewusst werde, dass die Eltern bei derartigen Fragen immer noch ein Wörtchen mitzureden hätten. T weiß, dass ihre Mutter in solchen Situationen »rigoros« ist, sie im Kinderzimmer einsperrt und sie nur zum Abendessen ins Wohnzimmer bzw. zur Verrichtung der Notdurft heraus lässt. Sie rennt daher noch schnell zu ihrem Papa M und beschwert sich. M will jedoch nur seine Ruhe und weiß, dass es Ärger gibt, wenn er jetzt nicht Solidarität mit F vorspielt. Er flüstert der T daher ins Ohr, dass sie sich jetzt damit abfinden solle und er dafür am nächsten Tag mit ihr shoppen gehen werde. Außerdem sei sie ja nicht alleine, da ihr kleiner Bruder B ohnehin den ganzen Tag im Kinderzimmer mit Konsolenspielen verbringe, sie könne ja mitmachen. T lässt sich überreden und begibt sich ins Kinderzimmer. F hat von dem Gespräch zwischen Vater und Tochter nichts mitbekommen und geht davon aus, dass M die Anordnung des Hausarrests bestätigt hat. Sie ist zwar überrascht, dass man einmal am selben Strang zieht, was die Erziehung angeht, hakt aber nicht weiter nach und schließt – sich von M bestätigt fühlend – die Tür zum Kinderzimmer zu. Hinsichtlich B hat sie kein schlechtes Gewissen, da dieser das Zimmer ohnehin nicht verlassen wolle. Tatsächlich merkt B von all dem nichts und schläft friedlich mit dem Controller in der Hand vor dem Fernseher ein und erwacht erst wieder nach Öffnung der Zimmertür durch F am nächsten Nachmittag.

Erst am nächsten Nachmittag, als T und M gut gelaunt die Wohnung verlassen wollen und T nur ihrer Mutter gegenüber beleidigt ist, merkt F, dass die Solidarität des M nur vorgespielt war. Es kommt vor den Augen der Kinder und eines Arbeitskollegen des M (der M und T in die Stadt begleiten will) zu einem heftigen Streit, in dessen Verlauf F in ihrer Rage ein Modellflugzeug, das M gebaut hat, auf den Boden wirft und dieses in seine Einzelteile zerfällt (aber durch eine neue Packung Sekundenkleber in vier bis fünf Stunden wieder zusammengefügt werden kann). M rastet daraufhin vollkommen aus und beschimpft seine Frau als »Flittchen, das mit dem Tennislehrer rummache«. Die schockierte F hält B die Ohren zu und verlässt mit den zwei Kindern die Wohnung.

Nun will es M wirklich wissen und begibt sich zum noch angeschalteten Laptop der F. Von hier aus hat er Zugriff auf das Mailprogramm, bei dem die für den Abruf von Mails notwendigen Daten (Nutzername und Passwort) bereits gespeichert sind, also ein Doppelklick auf das Mailprogramm ausreicht, um Zugriff zu erhalten. Weil er hier nicht fündig wird, beschließt er, den Social-Media-Account von F zu hacken, indem er den Nutzernamen der F beim Einloggen eingibt und nun das Feld anklickt, wonach man das »Passwort vergessen« habe. Nun geht auf dem Mail-Account der F eine Nachricht ein, die einen Link enthält, welcher auf eine Seite leitet, bei der man das Passwort ändern kann (ohne dass das alte Passwort hierfür benötigt wird). M ruft die Mails der F ab, folgt dem Link und gibt ein neues Passwort ein. M loggt sich mit dem neuen Passwort in den Account von F ein. Nun hat er Zugriff auf die Nachrichten der F in dem Social-Media-Netzwerk und muss sehen, dass sie zwar kein Verhältnis mit dem Tennislehrer hat, allerdings ihrem Yogatrainer Bilder in eindeutigen Posen hat zukommen lassen. Aus dem Gesprächsverlauf ergibt sich auch, dass man sich bereits mehrmals zum Schäferstündchen getroffen hat.

Als F am Abend die Wohnung erneut betritt und die Kinder bei den Großeltern gelassen hat, weil sie mit M ein »ernsthaftes Wörtchen« reden will, rennt dieser wütend auf sie zu und will ihr eine (schmerzhafte, aber nicht weiter gefährliche) Ohrfeige verpassen. F, die den M noch niemals in dieser Verfassung gesehen hat, bekommt es mit der Angst zu tun und macht zwei Schritte zurück. Dabei rutscht sie – trotz normaler Boden- und Lichtverhältnisse und festem Schuhwerk – aus und schlägt unglücklich mit dem Kopf gegen die Tischkante, was zu ihrem sofortigen Tod führt.

Bearbeitervermerk: Wie haben sich M, F, T und P nach dem StGB strafbar gemacht? Eventuell erforderliche Strafanträge sind gestellt. §§ 241, 276, 281 StGB sind nicht zu prüfen. Ausführungen zu (fehlenden) Strafverfolgungsvoraussetzungen wegen des Todes der F sind nicht erforderlich. Die Bearbeitungszeit beträgt 180 Minuten.

Gutachtliche Vorüberlegungen

A. Bearbeitervermerk

Eine Analyse des Bearbeitervermerks zeigt zunächst, dass es sich mit hoher Wahrscheinlichkeit um eine Klausur handelt, in der viel Schreibarbeit erforderlich ist. Die Prüfung von vier Tatbeteiligten in mehreren Tatkomplexen erfordert – um die Lösung in der vorgegebenen Bearbeitungszeit vollständig zu Papier zu bringen – ein strukturiertes und durchdachtes Vorgehen. Besondere Vorsicht ist in Klausuren geboten, in denen mehrere Personen auftreten, der Bearbeitervermerk – wie vorliegend – jedoch nur die Prüfung von speziell genannten Personen erfordert. Leicht werden dann in der Hektik der Prüfungssituation auch die nicht zu prüfenden Beteiligten in die Lösung mit einbezogen, was einerseits zu einem negativen Eindruck beim Korrektor, andererseits zu erheblichen Zeitproblemen führt. Auch ein unmittelbarer Punktabzug wegen der Prüfung der Strafbarkeit von Personen, die durch den Bearbeitervermerk von der Prüfung ausgenommen sind, ist legitim und in der Korrekturpraxis durchaus üblich. Daher ist es in solchen Fällen wichtig, sich bereits beim ersten Lesen des Bearbeitervermerks (in der relativ ruhigen Anfangsphase der Klausurdauer) die zu prüfenden Personen hervorzuheben und dies bereits auf seinem Gliederungspapier festzuhalten. Schließlich schließt der Bearbeitervermerk ausdrücklich die Prüfung der verstorbenen F mit ein und erklärt Ausführungen zur deswegen fehlenden Strafverfolgungsvoraussetzung für nicht erforderlich. Die Bearbeiterinnen und Bearbeiter müssen also die Strafbarkeit der F trotz deren Todes prüfen und sich keine Gedanken zur deswegen fehlenden Strafverfolgungsvoraussetzung »lebender Beschuldigter« machen.

B. Sachverhaltsanalyse

Ein erster Blick in den Sachverhalt bestätigt, was die Analyse des Bearbeitervermerks bereits angedeutet hat: Die Klausur besteht aus vielen kleinen »Baustellen«, die alle in der vorgegebenen Zeit angemessen aber nicht zu ausufernd abgehandelt werden müssen. Der Fall zerfällt in fünf Tatkomplexe: Das Piercing (I), der Hausarrest (II), der Streit (III), das »Hacking« (IV) und schließlich die Ohrfeige (V). Trotz mehrerer zu prüfender Beteiligter spielen Fragen der Täterschaft und Teilnahme nur im zweiten Tatkomplex eine (auch dort eher untergeordnete) Rolle. Letztlich handelt es sich um mehrere »kleinere« Fälle, die durch eine Meta-Story zu einem Sachverhalt verbunden worden sind. In solchen Klausuren geht es weniger darum, »das große Problem« zu lösen oder den »großen Zusammenhang« herzustellen. Vielmehr müssen die Kandidatinnen und Kandidaten unter großem Zeitdruck eine große Anzahl an kleineren Einzelproblemen und Delikten abarbeiten. Für das Zeitmanagement bedeutet dies, dass etwas Zeit von der Gliederungsphase in die Schreibphase verschoben werden muss. Aufgrund des fehlenden Zusammenhangs der einzelnen Teile (was die rechtliche Prüfung anbelangt) ist es theoretisch auch möglich, die einzelnen Abschnitte jeweils für sich einzeln durchzugliedern und ins Reine zu schreiben, bevor man sich den nächsten Abschnitten zuwendet. Ein solches Vorgehen bietet sich vor allem dann an, wenn man in einem oder mehreren Abschnitten einen »gedanklichen Hänger« hat.

Der erste Tatkomplex (Piercing) beschäftigt sich – neben einem sehr klaren und einfachen Fall der Urkundenfälschung – mit Fragen der Einwilligung im Bereich der

Körperverletzungsdelikte (Einwilligungsfähigkeit und Sittenwidrigkeit der Einwilligung; gegebenenfalls Erlaubnistatbestandsirrtum). Da nicht davon auszugehen ist, dass sich die meisten Studierenden bereits vorher vertieft mit Fragen der Einwilligungsfähigkeit von Minderjährigen und Kompetenzkonflikten zwischen Minderjährigen und gesetzlichen Vertretern auseinandergesetzt haben, ist hier vor allem die Fähigkeit zur argumentativen Lösung unbekannter Probleme gefragt. Beim »Hausarrestkomplex« handelt es sich um den konstruktiv kompliziertesten Teil der Klausur. Relativ einfach gestaltet sich dabei noch das Abhandeln der doch recht klassischen Fragestellungen aus dem Bereich der Freiheitsdelikte (auf welche Art von Fortbewegungswillen kommt es an?). Komplizierter wird es bei der Strafbarkeit der F im Bereich der Rechtswidrigkeit. Hier muss zum einen erneut auf die Einwilligungsfähigkeit eingegangen werden, zum anderen müssen sich die Bearbeiterinnen und Bearbeiter mit dem etwas »abseitigen« Bereich des elterlichen Sorgerechts als Rechtfertigungsgrund auseinandersetzen. Bei der Prüfung der Strafbarkeit des M stellen sich interessante Abgrenzungsfragen zwischen (vermeintlicher?) Mittäterschaft und Beihilfe zur Freiheitsberaubung durch F.

Der Tatkomplex »Streit« hält zunächst klassische Problemstellungen der Beleidigungsdelikte (Abgrenzung Üble Nachrede/Beleidigung; »beleidigungsfreier Raum«) für die Bearbeiterinnen und Bearbeiter bereit. Anschließend müssen sie sich argumentativ mit einer wahrscheinlich unbekannten Frage im Rahmen der Sachbeschädigung auseinandersetzen.

Im vierten Abschnitt treffen die Bearbeiterinnen und Bearbeiter dann auf ein ihnen »unbekanntes Wesen«: Die in der Lehre überwiegend vernachlässigten Computerdelikte. Der Schwerpunkt liegt hier auf § 202a StGB. Aufbautechnisch muss eine saubere Unterteilung in die möglichen Tathandlungen vorgenommen werden: »Doppelklick« auf das Mailprogramm; Lesen der E-Mails; Passwortänderungsanfrage; Änderung des Passworts; Durchsuchen des Social-Media-Accounts. Hierbei muss herausgearbeitet werden, dass nach der aktuellen Gesetzesfassung des § 202a StGB als Tathandlung bereits das bloße »Sichzugangverschaffen« ausreicht, sodass es nicht (mehr) auf das tatsächliche Lesen oder Verändern von Daten ankommt. Der »Problemschwerpunkt« dieses Abschnitts liegt in der Frage, ob die Daten im Laptop/im Mailprogramm/im Social-Media-Account »gegen unberechtigten Zugang besonders gesichert sind« und ob M sich Zugang »unter Überwindung der Zugangssicherung« verschafft. Die Änderung des Passworts muss anschließend lediglich (unter Erarbeitung einer Definition, welche den Bearbeiterinnen und Bearbeitern wahrscheinlich unbekannt ist) unter den Tatbestand der Datenveränderung (§ 303a StGB) subsumiert werden.

Der letzte Tatkomplex führt zum Abschluss des Falles wieder auf bekanntes Terrain: Hier steht die Problematik des erfolgsqualifizierten Versuchs von § 227 StGB im Mittelpunkt. Dieser bereitet vielen Studierenden vor allem aufbautechnische Schwierigkeiten.

C. Klausurbausteine

Die Klausur enthält ausschließlich Fragestellungen aus dem AT und dem BT I (Nichtvermögensdelikte). Sie eignet sich daher sowohl als Abschlussklausur im Rahmen der Vorlesung zu den Nichtvermögensdelikten als auch im Rahmen der Großen Übung. Aufgrund des doch relativ großen Umfangs müssten für ersteres jedoch einige

Teile weggelassen werden. Dies ist aufgrund der Struktur der Klausur jedoch problemlos möglich. Als dreistündige Klausur in einer Fortgeschrittenenübung ist die Klausur machbar, allerdings wäre der Zeitdruck äußerst hoch. Garniert mit einer prozessualen Zusatzfrage wäre sie in ihrem vollen Umfang zwar grundsätzlich auch als Examensklausur denkbar. Realistisch betrachtet ist ihr Schwierigkeitsgrad (und wohl auch ihr Umfang) hierfür allerdings zu niedrig.

Bei dieser Klausur bietet sich anstelle eines alternativen Bearbeitervermerks die Streichung des ersten und vierten Tatkomplexes (Piercing und Hacking) an, um die Klausur als Abschlussklausur der Vorlesung »Nichtvermögensdelikte« zu verwenden.

D. Korrekturberichte

Die Klausur fiel mit 5,62 Punkten im ersten und 5,0 Punkten im zweiten Korrekturdurchgang durchschnittlich aus. Auch wenn nur einmal exakt dieselbe Note vergeben wurde, lagen die beiden Korrigierenden niemals mehr als zwei Notenpunkte auseinander.

Fast alle Bearbeiterinnen und Bearbeiter hatten große Zeitprobleme. Dies lag jedoch zumindest zT auch daran, dass eine Schwerpunktsetzung misslang und Unproblematisches viel zu breit dargestellt wurde. Ebenfalls Ursache für den großen Zeitdruck waren die mangelhaften Kenntnisse im Rahmen der Datendelikte. Weiterhin war allgemein auffällig, dass die Bearbeiterinnen und Bearbeiter einen übersichtlichen Aufbau vermissen ließen.

Klausurtipp: Verwendung von Gliederungsziffern und Absätzen! Viele Bearbeiter/innen beherrschen weder das Bilden von Tatkomplexen (so wurden oft nur zwei Tatkomplexe voneinander unterschieden) noch die Regeln der Konkurrenzlehre. Leseempfehlung für beides: *Rückert* JA 2014, 826.

Der erste Tatkomplex gelang vergleichsweise gut. Probleme bereitete hier vor allem die Frage einer wirksamen Einwilligung durch T trotz ihres jungen Alters und des entgegenstehenden Willens der Eltern. Auch die Tatbestandsseite der Erlaubnistatbestandsirrtumsprüfung misslang häufig. Zu oft wurde nicht auf die vorgestellten *tatsächlichen* Umstände, sondern auf rechtliche Fehleinschätzungen des P abgestellt (dann wäre es aber ein Erlaubnisirrtum iSv § 17 StGB!). Die Urkundendelikte – die hier aber auch keine größeren Probleme enthielten – waren dagegen für die Bearbeiterinnen und Bearbeiter keine große Hürde.

Im zweiten Tatkomplex wurde häufig das tatbestandsausschließende Einverständnis der T völlig übersehen. Dementsprechend fehlten vielen Bearbeiterinnen und Bearbeitern einige zu prüfende Tatbestände (insbesondere der Versuch). Die Streitdarstellung bezüglich des Fortbewegungswillens des B gelang dagegen überwiegend gut. Hier zeigt sich einmal mehr, dass der Klausurerfolg nicht allein mit Auswendiglernen erreicht werden kann. Es muss vor allem der Sachverhalt genau analysiert und vollständig ausgewertet werden. Fragen Sie sich bei jedem Satz im Sachverhalt: Warum steht dieser Satz da? Warum steht der Satz genauso da, wie er da steht?

Im dritten Tatkomplex gelang die Prüfung von § 303 StGB insgesamt gut. Schwierigkeiten hatten die Studierenden aber mit der Systematik der §§ 185, 186 StGB. Die Problematiken des »wahren Tatsachenkerns« und der Äußerung im engen Familienkreis wurden von fast keiner Person erkannt. Dies ist umso ärgerlicher, als die

§§ 185 ff. StGB eigentlich zu den »leichteren« Delikten des Prüfungsstoffes gehören. Zuzugeben ist allerdings, dass Äußerungsdelikte auch im Vorlesungs- und Übungsbetrieb häufig »stiefmütterlich« behandelt werden. Sie sind ein gutes Beispiel dafür, warum Studierende gut beraten sind, über den Vorlesungsstoff hinaus selbständig zu lernen.

Ähnliches gilt für die Datendelikte im vierten Tatkomplex. Hier offenbarten sich eklatante Wissenslücken. Ferner gelang es kaum, alle in Betracht kommenden Tathandlungen zu identifizieren. Leseempfehlung auch hier: *Rückert* JA 2014, 826.

Im fünften und letzten Tatkomplex wurde oftmals § 212 StGB viel zu breit dargestellt, obwohl offensichtlich kein Tötungsvorsatz des M vorliegt. Die vorschnelle Annahme von Tötungsvorsatz ist ein wiederkehrendes Problem in Klausuren. Häufig verbauen sich Bearbeiterinnen und Bearbeiter hierdurch den Weg zu den »eigentlichen« Problemen des Falles. § 227 StGB wurde erstaunlicherweise (es handelt sich um eine absolute Standard-Konstellation des § 227 StGB!) oft übersehen. Häufig misslang auch der Prüfungsaufbau des erfolgsqualifizierten Versuchs. Auffällig war ferner, dass viele Bearbeiterinnen und Bearbeiter trotz der zahlreichen und eindeutigen Hinweise im Sachverhalt (»schmerzhafte, aber nicht weiter gefährliche Ohrfeige«, »unglücklich«, »trotz normaler Boden- und Lichtverhältnisse und festem Schuhwerk«) den gefahrspezifischen Zusammenhang iRv § 227 StGB sowie die objektive Zurechnung und die Vorhersehbarkeit bei § 222 StGB bejahten. Auch hier gilt: Den Sachverhalt genau analysieren und auswerten! Nochmal: Warum steht dieser Satz im Sachverhalt?

Lösungsgliederung

1. Tatkomplex: Das Piercing

A. Strafbarkeit der T gem. § 267 I Var. 1 StGB durch Fälschung der elterlichen Unterschriften auf der Einverständniserklärung (+)

B. Strafbarkeit der T gem. § 267 I Var. 3 StGB durch das Vorlegen der Einverständniserklärung (+)

C. Strafbarkeit des P gem. §§ 223 I, 224 I Nr. 2 Var. 2 StGB durch Stechen des Ohrpiercings (-)
   P: § 224 I Nr. 2 Var. 2 StGB: Gefährliches Werkzeug trotz lege artis ausgeführtem Piercen? (-)
   P: Einwilligung: Einwilligungsfähigkeit bei 14-jähriger, im Ergebnis (+) (aA vertretbar)
   P: Einwilligung: Selbstbestimmung des Jugendlichen vs. Personensorgerecht der Eltern

D. Konkurrenzen und Ergebnis
   T: § 267 I Var. 3 StGB; P: straflos.

2. Tatkomplex: Der Hausarrest

A. Strafbarkeit der F gem. § 239 I StGB zulasten der T durch Zusperren der Zimmertür (-)
   P: Tatbestandsausschließendes Einverständnis der T

B. Strafbarkeit der F gem. §§ 239 I, II, 22, 23 I StGB zulasten der T durch Zusperren der Zimmertür (+)
   P: Tatentschluss: Unkenntnis der F vom Einverständnis der T => Umgekehrter Tatbestandsirrtum
   P: Rechtfertigung durch elterliches Züchtigungsrecht, im Ergebnis (-) (aA vertretbar)

C. Strafbarkeit der F gem. § 239 I StGB zulasten des B durch Zusperren der Zimmertür (-)
   P: Einsperren: Aktueller oder potentieller Fortbewegungswille entscheidend?

D. Strafbarkeit der F gem. §§ 239 I, II, 22, 23 I StGB zulasten des B durch Zusperren der Zimmertür (-)

E. Strafbarkeit des M gem. §§ 239 I, II, 22, 23 I, 25 II StGB zulasten der T durch Überreden der T (-)

F. Strafbarkeit des M gem. §§ 239 I, II, 22, 23 I, 13 StGB zulasten der T durch Überreden der T (-)

G. Strafbarkeit des M gem. §§ 239 I, II, 22, 23 I, 27 StGB zulasten der T durch Überreden der T (-)

H. Strafbarkeit des M gem. §§ 239 I, 13 StGB zulasten des B durch Überreden der T (-)

I. Ergebnis
   F: §§ 239 I, II, 22, 23 I StGB; M: straflos.

3. Tatkomplex: Der Streit

A. Strafbarkeit der F gem. § 303 I StGB durch Fallenlassen des Modellflugzeugs (+)
   P: Beschädigung/Zerstörung trotz Reparaturmöglichkeit?

B. Strafbarkeit des M gem. § 186 StGB durch Bezeichnung der F als »Flittchen, das mit dem Tennislehrer rummache« (-)
   P: Abgrenzung: Meinungsäußerung oder Tatsachenbehauptung?
   P: Objektive Bedingung der Strafbarkeit: Beweisbarkeitswahrscheinlichkeit?

C. Strafbarkeit des M gem. § 185 StGB zulasten der F durch Bezeichnung der F als »Flittchen, das mit dem Tennislehrer rummache« (+)
   P: Behauptung der Untreue wahr
   P: Tatbestandsausschluss: Beleidigungsfreier Raum? (-)

D. Strafbarkeit des M gem. § 186 StGB zulasten des (unbenannten) Tennislehrers durch Bezeichnung der F als »Flittchen, das mit dem Tennislehrer rummache« (+/-)

E. Ergebnis
   F: § 303 I StGB; M: § 185 StGB.

4. Tatkomplex: Das »Hacking«

A. Strafbarkeit des M gem. § 202a I StGB durch Doppelklick auf das Mailprogramm (-)
   P: Gegen Zugriff besonders gesichert: Passwort auf Computer gespeichert
   P: Unter Überwindung der Zugangssicherung: Passwort auf Computer gespeichert

B. Strafbarkeit des M gem. § 303a StGB durch Klicken auf den Passwortänderungslink (-)

C. Strafbarkeit des M gem. § 202a StGB durch erneutes Abrufen der Mails der F (-)

D. Strafbarkeit des M gem. § 303a I StGB durch Ändern des Passworts (+)
   P: Eigentümerähnliche Verfügungsbefugnis eines anderen? Inhaltliche Betroffenheit oder Eigentum/Besitz am Datenträger?

E. Strafbarkeit des M gem. § 303b I Nr. 1 StGB durch Ändern des Passworts (-)

F. Strafbarkeit des M gem. § 202a I StGB durch Einloggen in den Social-Media-

Account und Lesen der Nachrichten im Social-Media-Account (+)
P: Unter Überwindung der besonderen Zugriffssicherung? Überwindung und Zugangverschaffen zu verschiedenen Zeitpunkten (+) (aA vertretbar)

G. Konkurrenzen und Ergebnis
M: §§ 202a, 303a, 52 StGB

5. Tatkomplex: Die Ohrfeige

A. Strafbarkeit des M gem. § 212 I StGB durch Zurennen auf F (-)
B. Strafbarkeit des M gem. §§ 223 I, II, 22, 23 I StGB durch Zurennen auf F (+)
C. Strafbarkeit des M gem. §§ 227 I, 22, 23 I StGB durch Zurennen auf F (-)
P: Erfolgsqualifizierter Versuch (+)
P: Unterbrechung des gefahrspezifischen Zusammenhangs durch eigenes Opferverhalten (-)
P: Unterbrechung des gefahrspezifischen Zusammenhangs durch atypischen Kausalverlauf (+)
D. Strafbarkeit gem. § 222 I StGB durch Zurennen auf F (-)
E. Ergebnis
M: §§ 223 I, II, 22, 23 I StGB

Gesamtergebnis

P: straflos; T: § 267 I Var. 3 StGB; F: §§ 239 I, II, 22, 23 I, 303 I, 53 StGB; M: §§ 185, 303a I, 202a I, 223 I, II, 22, 23 I, 52, 53 StGB.

Lösungsvorschlag

1. Tatkomplex: Das Piercing

A. Strafbarkeit der T gem. § 267 I Var. 1 StGB durch Fälschung der elterlichen Unterschriften auf der Einverständniserklärung

A könnte sich durch die Fälschung der elterlichen Unterschriften auf der Einverständniserklärung wegen des Herstellens einer unechten Urkunde gem. § 267 I Var. 1 StGB strafbar gemacht haben.

I. Tatbestandsmäßigkeit

1. Objektiver Tatbestand

Der objektive Tatbestand setzt das Herstellen einer unechten Urkunde voraus. Eine **Urkunde** ist dabei eine verkörperte menschliche Gedankenerklärung, die zum Beweis im Rechtsverkehr geeignet und bestimmt ist und ihren Aussteller erkennen lässt. Die Einverständniserklärung verkörpert die Gedankenerklärung, dass die Eltern der T (vermeintlich) mit dem Piercing einverstanden sind. Sie ist bezüglich eben jener Tatsache zum Beweis im Rechtsverkehr geeignet und bestimmt (zB im Fall einer zivilrechtlichen Streitigkeit zwischen den Eltern und dem Piercer). Sie lässt durch die Unterschriften ihren (vermeintlichen) Aussteller erkennen. Es handelt sich bei der Einverständniserklärung mithin um eine Urkunde im strafrechtlichen Sinn. **Unecht** ist eine Urkunde, wenn aus ihr ein anderer als der wahre Aussteller als Aussteller erkennbar ist. Wahrer Aussteller der Einverständniserklärung ist T, aus der Urkunde selbst gehen aber M und F als Aussteller hervor. Sie ist mithin unecht. **Herstellen** bedeutet das erstmalige Erstellen einer Urkunde im oben genannten Sinn. Die Einverständniserklärung war vor der Fälschung der Unterschriften mangels Ausstellererkennbarkeit keine Urkunde. Auch ein Herstellen als Tathandlung liegt somit vor. Der objektive Tatbestand ist erfüllt.

2. Subjektiver Tatbestand

T müsste vorsätzlich und zur Täuschung im Rechtsverkehr gehandelt haben. Vorsätzlich handelt gem. §§ 15, 16 I StGB, wer mit Willen zur Verwirklichung eines Straftatbestandes und in Kenntnis aller seiner relevanten Umstände handelt. T wollte eine unechte Urkunde herstellen. Sie konnte die Urkundeneigenschaft der Einverständniserklärung und deren Unechtheit zumindest in ihrer **Laiensphäre** nachvollziehen, da ihr bewusst war, dass sie ohne die Erklärung kein Piercing bekommen würde. T handelte mithin vorsätzlich. Für ein Handeln zur Täuschung im Rechtsverkehr genügt nach ganz hM, wenn der Täter mit **dolus directus 2. Grades** hinsichtlich der Täuschung eines anderen und dessen rechtserheblichen Handelns handelt. T hat bei der Herstellung der Einverständniserklärung vor, diese dem P vorzulegen und diesen zum Stechen des Piercings zu veranlassen. T handelte mithin auch »zur Täuschung im Rechtsverkehr«.

II. Rechtswidrigkeit und Schuld

Die Tatbestandsmäßigkeit indiziert die Rechtswidrigkeit, sofern keine Rechtfertigungsgründe vorhanden sind. Rechtfertigungs- und Entschuldigungsgründe sind nicht ersichtlich. Insbesondere ist die 14-jährige T gem. § 19 StGB auch bereits **strafmündig**. T handelt rechtswidrig und schuldhaft.

III. Ergebnis

T hat sich gem. § 267 I Var. 1 StGB wegen des Herstellens einer unechten Urkunde strafbar gemacht.

B. Strafbarkeit der T gem. § 267 I Var. 3 StGB durch das Vorlegen der Einverständniserklärung

T könnte sich auch wegen des Gebrauchens einer unechten Urkunde gem. § 267 I Var. 3 StGB strafbar gemacht haben, indem sie die gefälschte Einverständniserklärung bei P vorlegte.

Aufbauhinweis: Kann auch gemeinsam mit dem Herstellen geprüft werden, um Zeit zu sparen. Dann muss jedoch klargestellt werden, welche Tathandlung welche Variante erfüllt. Gerade bei Urkundendelikten ist es wichtig, stets jede in Betracht kommende Tathandlung darauf hin zu überprüfen, ob sie eine der Varianten des § 267 I StGB erfüllt (Herstellen, Verfälschen, Gebrauchen).

I. Tatbestandsmäßigkeit

1. Objektiver Tatbestand

Eine unechte Urkunde wird gebraucht, wenn sie dem zu Täuschenden so zugänglich gemacht wird, dass dieser sie wahrnehmen kann. T hat dem P die Einverständniserklärung vorgelegt, sodass dieser von ihrem Inhalt Kenntnis nehmen konnte (und auch tatsächlich Kenntnis erlangt hat). T hat die unechte Urkunde mithin auch gebraucht.

2. Subjektiver Tatbestand

T handelte auch beim Vorlegen der Einverständniserklärung vorsätzlich iSv §§ 15, 16 I StGB und zur Täuschung im Rechtsverkehr.

II. Rechtswidrigkeit und Schuld

T handelte rechtswidrig und schuldhaft.

III. Ergebnis

T hat sich auch gem. § 267 I Var. 3 StGB wegen des Gebrauchens einer unechten Urkunde strafbar gemacht.

C. Strafbarkeit des P gem. §§ 223 I, 224 I Nr. 2 Var. 2 StGB durch Stechen des Ohrpiercings

P könnte sich durch das Stechen des Ohrpiercings gem. §§ 223 I, 224 I Nr. 2 Var. 2 StGB wegen gefährlicher Körperverletzung zulasten der T strafbar gemacht haben.

I. Tatbestandsmäßigkeit

1. Objektiver Tatbestand

P hat durch das Stechen des Piercings eine Wunde im Bereich der Ohrmuschel der T, damit einen pathologischen Zustand physischer Natur bei T hervorgerufen und sie mithin an der Gesundheit geschädigt. Der schmerzhafte Piks stellt auch eine üble unangemessene Behandlung, die das körperliche Wohlbefinden der T mehr als nur unerheblich beeinträchtigt, und somit eine körperliche Misshandlung dar (aA hinsichtlich Misshandlung vertretbar). Der objektive Tatbestand von § 223 I StGB ist somit erfüllt.

Hinweis: Es kommt dabei auch nicht auf das lege artis durchgeführte Piercen an, da es sich nicht um einen medizinisch indizierten Eingriff handelt.

Fraglich ist, ob durch den Einsatz der Piercingnadel auch die Qualifikation des § 224 I Nr. 2 Var. 2 StGB erfüllt ist. Ein **gefährliches Werkzeug** ist jeder bewegliche Gegenstand, der durch seine Beschaffenheit und die konkrete Art seiner Verwendung geeignet ist, erhebliche Verletzungen hervorzurufen. Zwar ist eine Piercingnadel als spitzer Gegenstand nach der Art seiner Beschaffenheit geeignet, erhebliche Verletzungen hervorzurufen. Beim **lege artis** vorgenommenen Einsatz als Piercingwerkzeug durch einen erfahrenen Piercer drohen jedoch angesichts der konkreten Verwendung **keine erheblichen Verletzungen**. Der objektive Tatbestand des § 224 I Nr. 2 Var. 2 StGB ist somit nicht erfüllt.

2. Subjektiver Tatbestand

P handelte vorsätzlich iSv §§ 15, 16 I StGB.

II. Rechtswidrigkeit

Fraglich ist, ob P rechtswidrig handelte. Er könnte aufgrund der **Einwilligung der T** gerechtfertigt sein. Bei der körperlichen Unversehrtheit handelt es sich um ein disponibles Rechtsgut, T hat die Einwilligung (zumindest konkludent) durch die Vorlage der Einwilligungserklärung gegenüber P erklärt. Die Erklärung erfolgte auch frei von Willensmängeln. Auch am **Nichtvorliegen einer Sittenwidrigkeit gem. § 228 StGB** ist angesichts der Ungefährlichkeit der Handlung und der sozialen Üblichkeit von

Piercings nicht zu zweifeln. Fraglich ist jedoch, ob T die Einwilligung selbst überhaupt wirksam erklären konnte.

Hinweis: In Fortgeschrittenenklausuren bzw. spätestens im Staatsexamen können und müssen Sie (aufgrund des immensen Zeitdrucks einer strafrechtlichen Examensklausur) Unproblematisches im Kurzgutachtenstil abhandeln. Ein Beispiel können Sie über diesem Hinweiskasten sehen. Problematisches – hier die Einwilligungsfähigkeit und das Verhältnis zwischen Selbstbestimmungsrecht der T und Personensorgerecht von M und F – müssen Sie auch im Examen zwingend im vollständigen Gutachtenstil abfassen. Wann Sie Kurzgutachtenstil verwenden können, ist eine Übungssache (und teilweise auch Geschmackssache der Korrigierenden). Realistischerweise werden Sie aber angesichts des Umfangs strafrechtlicher Examensklausuren nicht darum herumkommen, Unproblematisches sehr kurz abzuhandeln.

Zweifelhaft ist zunächst, ob T als 14-Jährige überhaupt **einwilligungsfähig** ist. Die strafrechtliche Einwilligungsfähigkeit richtet sich dabei – wegen des Ultima-ratio-Charakters des Strafrechts und der unterschiedlichen Schutzzwecke von StGB und Minderjährigenrecht im BGB – **nicht nach den zivilrechtlichen Kategorien** der Geschäfts- oder Deliktsfähigkeit. Erforderlich aber auch ausreichend ist daher, ob der Einwilligende aufgrund seiner **geistig-sittlichen Reife** in der Lage war, Bedeutung und Tragweite seiner Einwilligungsentscheidung ausreichend zu erfassen. Auf der einen Seite handelte es sich bei T um ein erst 14-jähriges Mädchen, dessen Entscheidung für oder gegen ein Ohrpiercing sicherlich stark von medialem Einfluss und den sozialen Üblichkeiten ihrer Peer-Group beeinflusst ist. Andererseits handelt es sich bei dem Stechen eines Ohrpiercings um einen sehr geringfügigen Eingriff in die körperliche Integrität (nur kleiner Piks und einige Wochen/Monate mit gelegentlichem Heilungsschmerz) und auch die mittel- und langfristigen Folgen sind überschaubar (schlimmstenfalls eine harmlose Entzündung an der Ohrmuschel). Daher ist davon auszugehen, dass die T in der Lage war, die Bedeutung und Tragweite ihrer Einwilligungsentscheidung zu erfassen (aA gut vertretbar).

Ferner ist fraglich, ob das **elterliche Personensorgerecht** von M und F gem. § 1626 I 2 BGB etwas an der Wirksamkeit der Einwilligung ändert. M und F sind als gesetzliche Vertreter der T befugt, Willenserklärungen mit Wirkung für und gegen T abzugeben (vgl. § 164 I BGB). Allerdings entspricht es heute der hM, dass bei Divergenzen der Wille der Minderjährigen dann entscheidend ist, wenn diese über die notwendige Einsichtsfähigkeit verfügt. Begründen lässt sich dies mit dem Schutz des Rechts auf **freie Entfaltung der Persönlichkeit der Minderjährigen** (Art. 2 I GG iVm Art. 1 I GG). Dementsprechend ist das elterliche Sorgerecht durch die sich entwickelnde Eigenverantwortlichkeit der Minderjährigen ihrerseits begrenzt (§ 1626 II BGB). T verfügte über die notwendige Einsichtsfähigkeit (s. oben, aA vertretbar). Daher beeinträchtigt die elterliche Sorge von M und F die Wirksamkeit der Einwilligung durch T nicht (auch diesbezüglich aA bei entsprechender Argumentation vertretbar).

P handelte mithin nicht rechtswidrig.

Hinweis: Wer – gut vertretbar – eine wirksame Einwilligung verneint, der muss sich anschließend mit einem Erlaubnistatbestandsirrtum des P auseinandersetzen, da dieser von einer auch durch M und F erklärten Einwilligung ausgeht. Hierbei entfällt nach den heute herrschenden eingeschränkten Schuldtheorien eine Strafbarkeit wegen vorsätzlicher Deliktsbegehung (unterschiedlich wird nur beurteilt, auf welcher Ebene [Vorsatz, Rechtswidrigkeit, Schuld] die Strafbarkeit eingeschränkt wird). Anschließend müsste eine Strafbarkeit wegen fahrlässiger Körperverletzung nach § 229 StGB geprüft und – angesichts des von P im Rahmen seiner Sorgfaltspflicht gegenüber Minderjährigen zu verlangenden Versuchs der Rücksprache mit M und F – wohl auch bejaht werden.

III. Ergebnis

P hat sich nicht wegen gefährlicher Körperverletzung gem. §§ 223 I, 224 I Nr. 2 Var. 2 StGB strafbar gemacht.

D. Konkurrenzen und Ergebnis

Aufgrund des von Anfang an bestehenden **einheitlichen Herstellungs- und Gebrauchsentschlusses** wird das Herstellen und Gebrauchen der unechten Urkunde zu einer **tatbestandlichen Handlungseinheit** zusammengefasst. T hat sich daher nur wegen einer Urkundenfälschung gem. § 267 I StGB strafbar gemacht. Die Variante des Gebrauchens verdrängt dabei die Variante des Herstellens (Vorfelddelikt). P ist straflos.

2. Tatkomplex: Der Hausarrest

A. Strafbarkeit der F gem. § 239 I StGB zulasten der T durch Zusperren der Zimmertür

F könnte sich gem. § 239 I StGB durch das Zusperren der Zimmertür wegen Freiheitsberaubung zulasten der T strafbar gemacht haben.

I. Tatbestandsmäßigkeit

Objektiver Tatbestand

Hierfür hätte F einen anderen Menschen einsperren müssen. Einsperren liegt vor, wenn der andere Mensch durch äußere Vorrichtungen am Verlassen eines umschlossenen Raumes gehindert wird. T wird durch die verschlossene Tür am Verlassen des Kinderzimmers gehindert, ist mithin eingesperrt. Fraglich ist allerdings, wie es sich auswirkt, dass T mit dem Vollzug des Hausarrests – wegen des Shopping-Versprechens durch M – **einverstanden** ist. Da – unabhängig davon, auf welchen Fortbewegungswillen man abstellt – ein Mensch nur an der Freiheit beraubt werden kann, wenn er mit der Einschränkung seiner Bewegungsfreiheit nicht einverstanden ist, **schließt das Einverständnis der T bereits die Tatbestandsmäßigkeit des Zusperrens der Kinderzimmertür aus.**

II. Ergebnis

F hat sich nicht gem. § 239 I StGB wegen Freiheitsberaubung zulasten des T strafbar gemacht.

B. Strafbarkeit der F gem. §§ 239 I, II, 22, 23 I StGB zulasten der T durch Zusperren der Zimmertür

F könnte sich durch das Zusperren jedoch wegen versuchter Freiheitsberaubung gem. §§ 239 I, II, 22, 23 I StGB strafbar gemacht haben.

I. Vorprüfung

Die Tat ist wegen des Einverständnisses der T nicht vollendet. Der Versuch ist gem. §§ 239 II, 23 I Var. 2, 12 II StGB strafbar.

II. Tatbestandsmäßigkeit

1. Tatentschluss

F müsste Tatentschluss gehabt haben. Der Tatentschluss umfasst den Vorsatz zur Verwirklichung eines Straftatbestandes sowie dessen notwendige subjektive Tatbestandsmerkmale. F wollte T – einen anderen Menschen – am Verlassen des Kinderzimmers durch das physische Hindernis der abgeschlossenen Tür hindern. Sie wusste nichts vom Einverständnis der T und ging daher von einem bestehenden aktuellen Fortbewegungswillen der T aus. F hatte mithin Tatentschluss hinsichtlich § 239 I StGB.

Hinweis: Man könnte auch bereits an dieser Stelle den Streit um die notwendige Qualität des Fortbewegungswillens thematisieren. Allerdings wirkt sich dieser hier nicht aus, weil F von einem aktuellen Fortbewegungswillen der T ausging und somit alle drei Ansichten zur Bejahung des Tatentschlusses kommen. Klausurtaktisch geschickter ist es also, den Streit dort zu thematisieren, wo er sich auswirkt – nämlich bei der Freiheitsberaubung zulasten des B.

2. Unmittelbares Ansetzen

F hat durch die Vornahme der Tathandlung (Zusperren) gem. § 22 StGB zur Tat unmittelbar angesetzt.

III. Rechtswidrigkeit

Fraglich ist jedoch, ob F rechtswidrig handelte. Sie könnte gem. §§ 1626, 1627, 1631 BGB (**elterliches Züchtigungsrecht im Rahmen der Personensorge**) gerechtfertigt sein. Grundsätzlich verleiht § 1631 I BGB den Personensorgeberechtigten auch das Recht zur Erziehung des Minderjährigen. Nicht erlaubt nach § 1631 II 2 BGB sind jedoch körperliche Bestrafungen, seelische Verletzungen und andere entwürdigende Maßnahmen. Freiheitsberaubungen im Rahmen von Hausarresten sind demnach dann unzulässig, wenn sie als **»andere entwürdigende Maßnahme«** einzustufen sind. Dies ist durch eine **Abwägung** zwischen Erziehungszweck bzw. -anlass auf der einen und dem Grad der Beeinträchtigung der Fortbewegungsfreiheit auf der anderen Seite zu bestimmen. Vorliegend handelt es sich zwar um einen schwerwiegenden (durch die Urkundenfälschung sogar strafbaren) Verstoß gegen elterliche Anweisungen, die überdies nachvollziehbar das Kindeswohl im Blick hatten. Allerdings wiegt auch der Eingriff in die Fortbewegungsfreiheit der T schwer: Sie ist für 24 Stunden auf ihr Kinderzimmer beschränkt, das sie sich überdies noch mit B teilen muss, wodurch keine Privatsphäre gewährleistet ist. Auch das tatsächliche Zusperren der Tür (im Unterschied zu einem rein verbalen Verbot) erhöht die Erheblichkeit, weil hierdurch auf T der Eindruck eines tatsächlichen Gefangenseins entsteht. Das Herauslassen zur Verrichtung der Notdurft und zur Nahrungsaufnahme kann diesen schweren Eingriff nicht ausreichend abmildern. Das Einsperren war eine andere entwürdigende Maßnahme iSv § 1631 II 2 BGB. F ist daher nicht durch das elterliche Züchtigungsrecht gerechtfertigt (aA bei entsprechender Argumentation vertretbar).

IV. Schuld

F handelte schuldhaft. Insbesondere enthält der Sachverhalt nicht ausreichend Informationen zur Annahme eines Verbotsirrtums. Die vermeintliche Bestätigung durch M reicht hierfür jedenfalls nicht aus.

V. Ergebnis

F hat sich gem. §§ 239 I, II, 22, 23 I StGB wegen versuchter Freiheitsberaubung zulasten der T strafbar gemacht.

C. Strafbarkeit der F gem. § 239 I StGB zulasten des B durch Zusperren der Zimmertür

F könnte sich außerdem gem. § 239 I StGB wegen Freiheitsberaubung zulasten des B strafbar gemacht haben, indem sie die Zimmertür verschloss.

I. Tatbestandsmäßigkeit

Objektiver Tatbestand

Durch das Verschließen der Zimmertür wurde auch B eingesperrt. Fraglich ist jedoch, wie es sich auswirkt, dass B tatsächlich gar nichts davon mitbekam, dass die Tür verschlossen wurde. Es ist strittig, welche **Qualität der Fortbewegungswille** haben muss, um einen Menschen zum tauglichen Tatobjekt von § 239 I StGB zu machen. Eine Ansicht lässt lediglich den aktuellen Fortbewegungswillen gelten. Hiernach wäre B kein taugliches Tatobjekt, weil er das Zimmer tatsächlich gar nicht verlassen wollte. Die hM lässt bereits genügen, wenn die eingesperrte Person potentiell einen Fortbewegungswillen bilden könnte. Hiernach wäre B taugliches Tatobjekt.

Für die erstgenannte Ansicht spricht, dass es unter Zugrundelegung der hM insbesondere durch die Versuchsstrafbarkeit in § 239 II StGB zu einer Ausuferung der Anwendung des Straftatbestandes der Freiheitsberaubung käme. Gewichtiger ist jedoch, dass sich die hM zu der auch von ihr anerkannten Möglichkeit eines tatbestandsausschließenden Einverständnisses in Widerspruch setzt. Denn dieses kann nur dann die Tatbestandsmäßigkeit ausschließen, wenn es auf den aktuellen Fortbewegungswillen ankommt. Ein potentieller Fortbewegungswille ist ja auch bei demjenigen vorhanden, der mit seiner Einschließung einverstanden ist.

B war daher kein taugliches Tatobjekt der Freiheitsberaubung.

II. Ergebnis

F hat sich nicht gem. § 239 I StGB zulasten des B strafbar gemacht.

D. Strafbarkeit der F gem. §§ 239 I, II, 22, 23 I StGB zulasten des B durch Zusperren der Zimmertür

Da F auch davon ausging, dass B nichts von dem Verschließen der Tür bemerken würde, scheidet auch eine Strafbarkeit wegen (untauglichen) Versuchs aus.

E. Strafbarkeit des M gem. §§ 239 I, II, 22, 23 I, 25 II StGB zulasten der T durch Überreden der T

Da M vom Einverständnis der T wusste, fehlt ihm der Tatentschluss zur Verwirklichung von § 239 I StGB. Auf eine Zurechnung des unmittelbaren Ansetzens der F gem. § 25 II StGB kommt es somit gar nicht an.

Hinweis: Hier ist Vorsicht geboten! Im Rahmen von § 25 II StGB werden nur Tathandlungen zugerechnet. Bei einer Versuchsprüfung kann also (höchstens, auch dies ist strittig) das unmittelbare Ansetzen des Mittäters zugerechnet werden. Keinesfalls dürfen Sie subjektive Elemente bei der Prüfung des Tatentschlusses wechselseitig zurechnen!

F. Strafbarkeit des M gem. §§ 239 I, II, 22, 23 I, 13 StGB zulasten der T durch Überreden der T

Aus demselben Grund scheidet eine Strafbarkeit des M gem. §§ 239 I, II, 22, 23 I, 13 StGB zulasten der T aus.

G. Strafbarkeit des M gem. §§ 239 I, II, 22, 23 I, 27 StGB zulasten der T durch Überreden der T

Aus dem gleichen Grund fehlt M der Vorsatz bezüglich der Vollendung der Haupttat der F. Daher kommt auch eine Strafbarkeit wegen Beihilfe zum Versuch nicht in Betracht.

H. Strafbarkeit des M gem. §§ 239 I, 13 StGB zulasten des B durch Überreden der T

Aus dem Sachverhalt lässt sich nicht entnehmen, dass M von der Anwesenheit des B im Zimmer während der Zeit des Einsperrens gewusst hätte oder auch nur damit gerechnet hätte. Insofern fehlt ihm der Vorsatz bezüglich einer Freiheitsberaubung durch Unterlassen. Überdies stellt B nach hier vertretener Ansicht schon gar kein taugliches Tatobjekt dar (s. oben).

I. Konkurrenzen und Ergebnis

F hat sich gem. §§ 239 I, II, 22, 23 I StGB zulasten der T strafbar gemacht. Die hierdurch gleichzeitig mitverwirklichte versuchte Nötigung gem. §§ 240 I, III, 22, 23 I StGB wird im Wege der Spezialität verdrängt. M ist in diesem Tatkomplex straflos.

Hinweis: Bei »einfachen« Delikten, bei deren Prüfung auch im konkreten Fall keine Probleme zu erwarten sind, kann es strategisch klug sein, diese lediglich im Rahmen der Konkurrenzen anzusprechen, wenn diese regelmäßig durch andere Delikte verdrängt werden. Hierdurch kann viel Zeit eingespart werden. Sie beweisen hierdurch auch, dass Sie in der Lage sind, Wesentliches von Unwesentlichem zu trennen.

3. Tatkomplex: Der Streit

A. Strafbarkeit der F gem. § 303 I StGB durch Fallenlassen des Modellflugzeugs

F könnte sich gem. § 303 I StGB wegen Sachbeschädigung strafbar gemacht haben, indem sie das Modellflugzeug fallen ließ.

I. Tatbestandsmäßigkeit

1. Objektiver Tatbestand

Hierfür müsste F eine fremde Sache beschädigt oder zerstört haben. Das Modellflugzeug ist ein körperlicher Gegenstand und stand im Eigentum des M, war mithin eine für F fremde Sache. Fraglich ist jedoch, ob das Modellflugzeug auch beschädigt oder zerstört wurde. Beschädigung meint die körperliche Einwirkung auf eine Sache, durch die deren Unversehrtheit oder stoffliche Zusammensetzung so verändert wird, dass ihre Gebrauchsfähigkeit nachhaltig beeinträchtigt ist. Zerstört ist eine Sache, wenn ihre Gebrauchsfähigkeit vollständig aufgehoben ist. Zweifelhaft ist dies hier zunächst, weil das Modellflugzeug mit neuem Sekundenkleber und einigem Zeitaufwand **wieder vollständig zusammengesetzt werden kann**. Allerdings bejaht die Rechtsprechung zu Recht eine Beschädigung, wenn das Zusammensetzen der Sache einen erheblichen Zeitaufwand erfordert. Denn **§ 303 I StGB schützt (auch) die Gebrauchsfähigkeit einer Sache**. Ist diese über einen größeren Zeitraum hinweg aufgehoben und muss der Eigentümer erhebliche Zeit und Mühe in die Herstellung der Gebrauchsfähigkeit investieren, ist dieser Schutzzweck verletzt. Da das Zusammensetzen vorliegend mühsam und zeitaufwendig (vier bis fünf Stunden) ist, liegt unter diesem Blickwinkel eine Beschädigung vor. Weiterhin ist jedoch fraglich, ob überhaupt eine **Beeinträchtigung der Gebrauchsfähigkeit** vorliegt. Man könnte nämlich argumentieren, dass der **Zweck eines Modellflugzeugs** gerade im Zusammenbauen liegt und dieser Zweck nicht beeinträchtigt ist. Jedoch besteht der Zweck auch darin, dass zusammengebaute Modellflugzeug als Ausstellungsstück/Dekoration/Arbeitsnachweis nutzen zu können. Dieser Zweck ist durch das Zerlegen in die Einzelteile erheblich beeinträchtigt. Insgesamt ist das Beschädigen der fremden Sache somit auch zu bejahen.

2. Subjektiver Tatbestand

Bei lebensnaher Sachverhaltsauslegung musste F davon ausgehen, dass das Modellflugzeug beschädigt werden würde, wenn sie es auf den Boden wirft. Sie handelte mithin auch vorsätzlich iSv §§ 15, 16 I StGB.

II. Rechtswidrigkeit und Schuld

F handelte rechtswidrig und schuldhaft.

III. Ergebnis

F hat sich gem. § 303 I StGB strafbar gemacht.

B. Strafbarkeit des M gem. § 186 StGB durch Bezeichnung der F als »Flittchen, das mit dem Tennislehrer rummache«

M könnte sich gem. § 186 StGB wegen Übler Nachrede zulasten der F strafbar gemacht haben, indem er in Anwesenheit der Kinder und des Arbeitskollegen äußerte, F sei ein »Flittchen, das mit dem Tennislehrer rummache«.

I. Tatbestandsmäßigkeit

1. Objektiver Tatbestand

Hierfür müsste M **ehrenrührige Tatsachen** über F gegenüber Dritten behauptet haben. Tatsachen sind – in Abgrenzung zu Meinungen – äußere und innere Vorgänge, Geschehnisse und Zustände, die dem Beweis zugänglich sind. Ob F tatsächlich sexuelle Kontakte zu einem Tennislehrer hatte/hat, ist dem Beweis zugänglich. Dies gilt allerdings nicht für das wertende Schimpfwort »Flittchen«. Wenn eine **Äußerung beide Elemente enthält**, muss sie ausgelegt und daraufhin überprüft werden, ob die Äußerung von Tatsachen im Vordergrund steht und das wertende Element nur eine solche Ehrverletzung wiedergibt, die sich aus den geäußerten Tatsachen bereits ergibt (dann insgesamt Tatsachenbehauptung) oder ob der Tatsachenkern gegenüber den geäußerten Wertungen vollständig in den Hintergrund tritt (dann Werturteil). Vorliegend gibt die Bezeichnung als »Flittchen« lediglich wieder, was sich bereits aus der Behauptung eines sexuellen Verhältnisses mit dem Tennislehrer ergibt: nämlich dass F ihrem Ehemann untreu ist und sexuelle Kontakte zu mehreren Männern pflegt. Die Äußerung ist damit **insgesamt als Tatsachenbehauptung anzusehen**. Die Tatsachenbehauptung beschreibt dabei ein gesellschaftlich verpöntes Verhalten, betrifft die F daher in ihrem sozialen Geltungsanspruch und ist mithin ehrenrührig.

Hinweis: Im Lichte sich wandelnder gesellschaftlicher Verhältnisse (sexuelle Freizügigkeit, Abkehr von traditionellen Beziehungsverhältnissen bzw. steigende Akzeptanz neuer Beziehungsmodelle und Lebensweisen) kann man hier auch zu einem anderen Ergebnis gelangen. Wenn man die sexuelle Untreue und Sexualkontakte zu mehreren Männern als gesellschaftlich akzeptiert betrachtet, entfällt die Ehrenrührigkeit der behaupteten Tatsache. Es bleibt dann allerdings bei der Formalbeleidigung nach § 185 StGB (s. dazu sogleich) durch die Verwendung des Wortes »Flittchen«.

Eine ehrenrührige Tatsache wird behauptet, wenn der Täter sie als nach eigener Überzeugung wahr darstellt. M stellt die Affäre der F mit dem Tennislehrer – mangels Bezugnahme auf die Äußerung durch einen anderen – als nach eigener Überzeugung wahr dar. Die Behauptung geschieht auch gegenüber Dritten – nämlich den Kindern und dem Arbeitskollegen des M.

Hinweis: Man könnte die Problematik des »beleidigungsfreien Raumes« auch bereits hier ansprechen, da diese Tatbestandseinschränkung nach hM auch für § 186 StGB (nicht jedoch für § 187 StGB) gilt. Da jedoch die Strafbarkeit nach § 186 StGB vorliegend aus anderen Gründen ausscheidet (s. sogleich), ist es »eleganter«, die Frage nach einer Einschränkung erst bei § 185 StGB aufzuwerfen und zu beantworten. Fernliegend wäre es dagegen, eine »öffentliche« Tatbegehung nach § 186 Hs. 2 StGB zu prüfen, da nur wenige, sich gegenseitig persönlich bekannte Personen anwesend sind. Ebenso wenig liegt eine Versammlung vor. Der Vollständigkeit halber sei darauf hingewiesen, dass der Gesetzgeber mit dem Gesetz zur Bekämpfung des Rechtsextremismus und der Hasskriminalität (v. 30.3.2021, BGBl. 2021 I 441), das Strafschärfungsmerkmal der öffentlichen Begehung eben um die Äußerung in einer Versammlung ergänzt, und diese qualifizierte Begehungsweise nunmehr auch für die Beleidigung vorsieht (die vormals nur im Falle ihrer tätlichen Begehung einen erhöhten Strafrahmen vorsah). Auswirkungen kann die öffentliche Äußerung (dh eine solche, die von einem größeren, nach Zahl und Zusammensetzung unbestimmten und nicht durch persönliche Beziehungen verbundenen Personenkreis zur Kenntnis genommen werden kann) auch auf das Strafantragserfordernis haben, vgl. § 194 I 1 StGB nF.

2. Subjektiver Tatbestand

M musste – mangels genauer Kenntnis und gegenteiliger »Beweise« – zumindest damit rechnen, dass F keine sexuelle Affäre mit dem Tennislehrer (oder sonst jemandem) hatte. Er nahm jedoch billigend in Kauf, diesbezüglich die »Unwahrheit« zu sagen und handelte mithin vorsätzlich (dolus eventualis) iSv §§ 15, 16 I StGB.

III. Objektive Bedingung der Strafbarkeit

Als **objektive Bedingung der Strafbarkeit** müsste die Tatsache **nicht erweislich wahr** sein. Eine Strafbarkeit würde hiernach nur dann ausscheiden, wenn das Tatgericht sich von der Wahrheit der Tatsache überzeugen kann. Wahr sein muss dabei der **Tatsachenkern**. Einzelne Übertreibungen oder Nebensächlichkeiten sind unerheblich. Da F tatsächlich eine Affäre mit dem Yogalehrer hat und M dafür auch Beweise im Social-Media-Account der M gefunden hat, gibt es eine relativ große Wahrscheinlichkeit dafür, dass sich das Gericht von der Wahrheit des Tatsachenkerns – nämlich dass F eine Affäre mit mindestens einem anderen Mann hat – überzeugen kann (aA vertretbar).

IV. Ergebnis

M hat sich nicht gem. § 186 StGB zulasten der F strafbar gemacht (aA vertretbar).

C. Strafbarkeit des M gem. § 185 StGB zulasten der F durch Bezeichnung der F als »Flittchen, das mit dem Tennislehrer rummache«

Wegen derselben Tathandlung könnte sich M auch gem. § 185 StGB wegen Beleidigung zulasten der F strafbar gemacht haben.

I. Tatbestandsmäßigkeit

1. Objektiver Tatbestand

Die Äußerung von ehrenrührigen Tatsachen (s. oben) **gegenüber dem Betroffenen** kann grundsätzlich den Tatbestand der Beleidigung erfüllen. Allerdings ist eine Beleidigung **ausgeschlossen, wenn die geäußerten Tatsachen wahr sind**. Zwar hat F keine Affäre mit dem Tennislehrer, wohl aber mit ihrem Yogatrainer. Der Tatsachenkern ist also wahr, weswegen diesbezüglich eine Beleidigung ausscheidet.

Allerdings hat M die F dabei auch als »Flittchen« bezeichnet. Dies ist eine bewusst herabwürdigende Bezeichnung für eine Frau, die sexuelle Beziehungen zu verschiedenen Männern unterhält. Es handelt sich daher um eine sog. Formalbeleidigung.

Ein Tatbestandsausschluss wegen **Äußerung im engsten Vertrauenskreis** scheidet hier aus mehreren Gründen aus. Zum einen ist auch ein Arbeitskollege des M anwesend, zum anderen erfolgt die Äußerung auch der F als beleidigter Person gegenüber, der Tatbestandsausschluss wird von der hM aber zu Recht auf ehrverletzende Äußerungen über nicht anwesende Dritte beschränkt.

Der objektive Tatbestand des § 185 StGB ist somit erfüllt.

2. Subjektiver Tatbestand

M handelte absichtlich und somit vorsätzlich iSv §§ 15, 16 I StGB.

II. Rechtswidrigkeit und Schuld

M handelte rechtswidrig und schuldhaft. Insbesondere sind keine Umstände für eine Wahrnehmung berechtigter Interessen iSv § 193 StGB ersichtlich. Eine in Ansehung der »Provokation« der F analoge Anwendung des § 199 StGB auf sonstige Formen wechselseitiger Straftaten scheidet aus.

III. Ergebnis

M hat sich gem. § 185 StGB zulasten der F strafbar gemacht.

D. Strafbarkeit des M gem. § 186 StGB zulasten des (unbenannten) Tennislehrers durch Bezeichnung der F als »Flittchen, das mit dem Tennislehrer rummache«

Für eine Strafbarkeit gem. § 186 StGB zulasten des unbenannten Tennislehrers kommt es darauf an, ob dieser ausreichend individualisierbar ist. Dies wäre der Fall, wenn F tatsächlich und genau einen Tennislehrer hätte. Der Sachverhalt enthält hierzu jedoch keine genauen Angaben.

Hinweis: Mit einer solchen Vorgehensweise zeigen Sie, dass Sie sowohl in der Lage sind, den Sachverhalt vollständig auszuwerten, als auch mit Sachverhaltsunklarheiten umgehen können. Wenn der Sachverhalt einer Klausur keine ausreichend subsumtionsfähigen Angaben zu einem Tatbestand/einem Problem enthält, wären zu detaillierte Ausführungen verfehlt.

E. Ergebnis

F ist wegen § 303 I StGB, M wegen § 185 StGB strafbar.

4. Tatkomplex: Das »Hacking«

A. Strafbarkeit des M gem. § 202a I StGB durch Doppelklick auf das Mailprogramm

M könnte sich gem. § 202a I StGB wegen Ausspähen von Daten strafbar gemacht haben, indem er auf dem Laptop der F das Mailprogramm öffnete.

I. Tatbestandsmäßigkeit

Objektiver Tatbestand

Hierfür müsste M sich Zugang zu Daten, die nicht für ihn bestimmt und die gegen unberechtigten Zugang besonders gesichert sind, unter Überwindung der Zugangssicherung verschafft haben. Daten sind nach der **Legaldefinition von § 202a II StGB** nur solche, die elektronisch, magnetisch oder sonst nicht unmittelbar wahrnehmbar gespeichert sind oder übermittelt werden. Die E-Mails auf dem Laptop oder dem Server des Dienstanbieters sind nicht unmittelbar wahrnehmbar gespeichert und werden erst durch die Nutzung des Mailprogramms für Menschen lesbar. Es handelt sich mithin um Daten. F als Verfügungsberechtigte hat M auch nicht den Zugang gestattet, die Daten sind daher nicht für M bestimmt. Zugang liegt vor, wenn der Täter ungehinderten Zugriff auf die Daten hat. M kann die Mails lesen, hat sich somit Zugang verschafft.

Fraglich ist jedoch, ob die Daten **gegen unberechtigten Zugang besonders gesichert** sind. Dies erfordert das Vorhandensein von Vorkehrungen, die den Zugriff mindestens erheblich erschweren. Zwar war der Zugriff auf die Mails **grundsätzlich mit einem Passwort gesichert**. Dieses Passwort war jedoch auf dem Laptop der F **bereits im Mailprogramm gespeichert**, sodass hier ein einfacher Doppelklick genügte. Somit war der Zugriffsschutz gegenüber allen wirkungslos, die vom Laptop der F auf die Daten zugreifen. Allerdings ergibt sich aus dem Wortlaut von § 202a I StGB, dass die besondere Sicherung der Daten abstrakt und aus »Perspektive der Daten« bzw. des Berechtigten zu bestimmen ist (andernfalls würde es keinen Sinn ergeben, dass das Zugang-Verschaffen »unter Überwindung der besonderen Sicherung« geschehen muss). Daher sind auch solche Daten gegen unberechtigten Zugang besonders gesichert, bei denen grundsätzlich ein Passwortschutz besteht, das Passwort aber auf einem Gerät (oder einigen wenigen) gespeichert ist (aA gut vertretbar).

Allerdings überwindet der Täter nicht die besondere Sicherung, wenn er lediglich auf das Mailprogramm klickt und das Passwort nicht eingeben muss. Der objektive Tatbestand des § 202a I StGB ist somit nicht erfüllt.

II. Ergebnis

M hat sich nicht gem. § 202a I StGB strafbar gemacht, indem er das Mailprogramm öffnete.

B. Strafbarkeit des M gem. § 303a StGB durch Klicken auf den Passwortänderungslink

Zwar werden durch das Klicken auf den Link Daten auf den Servern des Social-Media-Dienstes verändert (das Senden der Änderungsmail muss ausgelöst werden). Eine Strafbarkeit scheidet jedoch wegen der durch das zur Verfügung stellen des Links **konkludent erteilten Zustimmung des Betreibers** aus. Strittig ist lediglich, ob diese bereits den Tatbestand ausschließt (Einverständnis) oder als rechtfertigende Einwilligung wirkt (aA vertretbar, wenn man darauf abstellt, dass die Zustimmung nur dem berechtigten Nutzer des Accounts erteilt werden soll).

C. Strafbarkeit des M gem. § 202a StGB durch erneutes Abrufen der Mails der F

Eine Strafbarkeit scheidet mangels Überwindung einer besonderen Sicherung der Daten gegen unberechtigten Zugang aus (s. oben).

D. Strafbarkeit des M gem. § 303a I StGB durch Ändern des Passworts

M könnte sich jedoch gem. § 303a I StGB wegen Datenveränderung strafbar gemacht haben, indem er das Passwort der F änderte.

I. Tatbestandsmäßigkeit

1. Objektiver Tatbestand

Das gespeicherte Passwort ist nicht unmittelbar wahrnehmbar, sondern wird dies erst durch Nutzung eines Browsers. Es handelt sich somit um Daten iSv § 303a I StGB iVm § 202a II StGB (s. oben). Um die – verfassungsmäßig andernfalls auch zweifelhafte – Weite des Tatbestands einzuschränken, müssen die Daten **nach hM in einer eigentümerähnlichen Datenverfügungsbefugnis eines anderen** stehen. Anknüpfungspunkt für diese Einschränkung ist – mit der hL – im Wortlaut des § 303a I StGB die Wendung »rechtswidrig«, das dementsprechend als Tatbestandsmerkmal (und nicht nur als allgemeiner Verweis auf die Rechtswidrigkeit als Prüfungsebene) verstanden werden muss. Umstritten ist hierbei, wie diese Verfügungsbefugnis zu bestimmen ist. Eine Ansicht knüpft an das Recht auf informationelle Selbstbestimmung als von § 303a StGB geschütztes Rechtsgut an und stellt auf die inhaltliche Betroffenheit ab. Nach dieser Auffassung wäre F als inhaltlich Betroffene die Verfügungsberechtigte. Die Gegenauffassung leitet die Verfügungsbefugnis vom Eigentum bzw. vom berechtigten Besitz an dem Datenträger ab, auf dem die Daten gespeichert sind. Eigentümer bzw. berechtigter Besitzer der Server wäre hier der Social-Media-Betreiber. Allerdings kann die Verfügungsberechtigung nach dieser Auffassung schuldrechtlich auf einen Dritten übertragen werden. Die Verfügungsbefugnis über die Passwortdaten wurde durch die Endnutzervereinbarung zwischen dem Betreiber und F als Nutzerin auf letztere übertragen (andernfalls wäre der Betreiber berechtigt, das Passwort jederzeit selbst zu ändern, was so sicher von beiden Parteien nicht gewollt ist). Auch nach dieser Auffassung wäre somit F die Verfügungsberechtigte, sodass ein Streitentscheid dahinstehen kann. Die Daten stehen in der Verfügungsbefugnis einer anderen Person.

Ferner müssten die Daten verändert worden sein. Daten werden verändert, wenn ihr Informationsgehalt verändert und dadurch ihr Verwendungszweck beeinträchtigt wird. Der Informationsgehalt der Passwortdaten wurde durch die Eingabe eines neuen Passworts verändert. Da F ihr altes Passwort nicht mehr nutzen kann, wurde hierdurch auch der Verwendungszweck beeinträchtigt.

Ein Einverständnis der F als Verfügungsberechtigte liegt nicht vor. Der objektive Tatbestand ist somit erfüllt.

2. Subjektiver Tatbestand

M handelte vorsätzlich iSv §§ 15, 16 I StGB. Insbesondere konnte er **in der Laiensphäre** nachvollziehen, dass nicht ihm, sondern einem anderen (nämlich F als Accountinhaberin) das Verfügungsrecht an den Daten zustand.

Hinweis: Bei der Verfügungsberechtigung über die Daten handelt es sich um ein normatives Tatbestandsmerkmal. Dementsprechend kommt es – ähnlich wie bei der Fremdheit in § 303 I StGB – für die Erfüllung des subjektiven Tatbestands darauf an, dass der Täter in seiner Laiensphäre nachvollziehen konnte, dass das Verfügungsrecht einem anderen als ihm zusteht (die Daten also »fremd« sind).

II. Rechtswidrigkeit und Schuld

M handelte rechtswidrig und schuldhaft.

III. Ergebnis

M hat sich gem. § 303a I StGB strafbar gemacht.

E. Strafbarkeit des M gem. § 303b I Nr. 1 StGB durch Ändern des Passworts

Eine Strafbarkeit nach § 303b I Nr. 1 StGB scheidet aus, weil es sich bei einem Social-Media-Account grundsätzlich nicht um einen Datenverarbeitungsvorgang von **»wesentlicher Bedeutung«** handelt.

Hinweis: Etwas anderes könnte sich dann ergeben, wenn im Sachverhalt Informationen zu einer besonderen Bedeutung des Social-Media-Accounts für die betroffene Person geschildert werden (zB derjenige/diejenige seinen/ihren Lebensunterhalt mit Blogging verdient, seine/ihre Kunstwerke oder Musikstücke oder sein/ihr Unternehmen über Social Media bewirbt etc). In letzter Zeit ist in der Rechtsprechung eine Tendenz zu beobachten, wonach eine »wesentliche Bedeutung« leichter angenommen wird als bisher. Nur noch Bagatellfälle fallen »nur« unter § 303a StGB, während mehr und mehr Fallkonstellationen § 303b StGB unterstellt werden. Dies mag auch daher rühren, dass die Datendelikte des StGB insgesamt etwas »aus der Zeit gefallen sind«, was ihre Bedeutung, ihre Qualifikationen und Strafrahmen angeht, vgl. BGH BeckRS 2021, 16213.

F. Strafbarkeit des M gem. § 202a I StGB durch Einloggen in den Social-Media-Account und Lesen der Nachrichten im Social-Media-Account

Schließlich könnte sich M gem. § 202a I StGB wegen des Ausspähens von Daten strafbar gemacht haben, indem er sich in den Social-Media-Account der F einloggte und ihre Nachrichten las.

I. Tatbestandsmäßigkeit

1. Objektiver Tatbestand

Bei den im Account abrufbaren Informationen (Nachrichten, Timeline etc) handelt es sich um Daten iSv § 202a II StGB (s. oben). Diese Daten waren auch durch das alte Passwort ursprünglich gegen unberechtigten Zugang besonders gesichert. Fraglich ist jedoch, ob sich M **»unter Überwindung« dieser besonderen Sicherung** Zugang verschaffte. Eine solche Überwindung kann jedenfalls **nicht mehr im Zeitpunkt des Logins** angenommen werden. Denn in diesem Zeitpunkt nutzt M das von ihm angelegte Passwort, die Daten sind dann also nicht mehr gegen unbefugten Zugriff (zumindest nicht gegenüber M) besonders gesichert. Im Zeitpunkt der Änderung des Passworts waren die Daten zwar noch gesichert, dies ist allerdings nicht der Zeitpunkt des »Sichzugangverschaffens«. Fraglich ist also, ob das sich **Zugang verschaffen und die Überwindung durch dieselbe Tathandlung vorgenommen werden müssen**. Der Wortlaut »unter Überwindung« setzt dies jedenfalls nicht zwingend voraus. Auch Sinn und Zweck des § 202a StGB sprechen dafür, auch ein der Überwindung zeitlich nachfolgendes Zugang-Verschaffen ausreichen zu lassen. In vielen Fällen des klassischen »Hackings« wird der Passwortschutz durch Maßnahmen im Vorfeld »überwunden« (zB Scan nach Backdoors oder Exploits, Verschaffen der Zugangsdaten aus einem vorangegangenen Hack). Dementsprechend kommt es nicht darauf an, dass die besondere Zugangssicherung zeitgleich mit dem Zugang-Verschaffen »überwunden« wird, sondern nur, dass die Zugangssicherung überhaupt durch den Täter umgangen wird (anders zB wenn dieser das Passwort vom Berechtigten erhalten hat). M hat sich also auch unter Überwindung der besonderen Sicherung Zugang zu den Daten verschafft (aA mit entsprechender Argumentation vertretbar).

2. Subjektiver Tatbestand

M handelte vorsätzlich iSv §§ 15, 16 I StGB.

II. Rechtswidrigkeit und Schuld

M handelte rechtswidrig und schuldhaft.

III. Ergebnis

M hat sich gem. § 202a I StGB strafbar gemacht.

G. Konkurrenzen und Ergebnis

Die Veränderung des Passworts und das Einloggen im Social-Media-Account stehen in einem engen räumlich-zeitlichen Zusammenhang und werden von einem einheitlichen Handlungsentschluss getragen (nämlich, sich Zugang zu den Nachrichten zu verschaffen). Es liegt daher ein Fall der natürlichen Handlungseinheit und somit Tateinheit gem. § 52 StGB vor. § 303a und § 202a StGB bleiben auch nebeneinander stehen, da jeweils die Verwirklichung unterschiedlichen Unrechts zum Ausdruck kommt. M hat sich gem. §§ 202a I, 303a I, 52 StGB strafbar gemacht.

5. Tatkomplex: Die Ohrfeige

A. Strafbarkeit des M gem. § 212 I StGB durch Zurennen auf F

Eine Strafbarkeit wegen Totschlags gem. § 212 I StGB scheidet mangels Tötungsvorsatz des M aus.

B. Strafbarkeit des M gem. §§ 223 I, II, 22, 23 I StGB durch Zurennen auf F

M könnte sich gem. §§ 223 I, II, 22, 23 I StGB wegen versuchter Körperverletzung strafbar gemacht haben, indem er auf F zu rannte.

I. Vorprüfung

F rutscht aus, bevor M sie erreicht und ihr eine Ohrfeige verpassen kann. Die vorsätzliche Körperverletzung (§ 223 I StGB) ist somit nicht vollendet. Der Versuch ist gem. §§ 223 II, 23 I Var. 2, 12 II StGB strafbar.

II. Tatbestandsmäßigkeit

1. Tatentschluss

M müsste Tatentschluss gehabt haben. Dieser umfasst den Vorsatz (Verwirklichungswille) bezüglich des objektiven Tatbestands sowie das Vorliegen aller weiteren subjektiven Tatbestandsmerkmale. M wollte F eine Ohrfeige verpassen, was zumindest eine üble unangemessene Behandlung, die das körperliche Wohlbefinden nicht nur unerheblich beeinträchtigt hätte, darstellt. M handelte also mit Verwirklichungswillen bezüglich einer Misshandlung. M hatte Tatentschluss.

2. Unmittelbares Ansetzen

Ferner müsste M gem. § 22 StGB bereits unmittelbar zur Tat angesetzt haben. Hierfür hätte er eine Handlung vornehmen müssen, die aus seiner Sicht ohne weitere wesentliche Zwischenschritte in die Tatbestandsverwirklichung übergehen sollte und er müsste subjektiv die Schwelle zum »Jetzt-geht-es-los« überschritten haben. M rannte bereits auf F zu, um sie zu ohrfeigen. Sobald er die kurze Distanz überbrückt haben würde, sollte nach seiner Vorstellung ohne weitere Zwischenschritte die Ohrfeige erfolgen. M hat somit zur Tat unmittelbar angesetzt.

III. Rechtswidrigkeit und Schuld

M handelte rechtswidrig und schuldhaft.

IV. Ergebnis

M hat sich gem. §§ 223 I, II, 22, 23 I StGB strafbar gemacht.

C. Strafbarkeit des M gem. §§ 227 I, 22, 23 I StGB durch Zurennen auf F

M könnte sich jedoch durch das Zurennen auf F wegen (versuchter) Körperverletzung mit Todesfolge gem. §§ 227 I, 22, 23 I StGB strafbar gemacht haben.

I. Vorprüfung

M rutschte aus und starb, bevor T ihr eine Ohrfeige verpassen konnte. Die Körperverletzung als in Betracht kommendes Grunddelikt ist mithin nicht vollendet. Der Versuch ist gem. §§ 227 I, 23 I Var. 1, 12 I, 11 II StGB strafbar.

Vorliegend trat die qualifizierende schwere Folge (Tod des M) bereits aufgrund des nur versuchten Grunddelikts ein. Es ist fraglich, ob ein solcher **erfolgsqualifizierter Versuch** überhaupt in Betracht kommt. Umstritten ist in diesem Zusammenhang, ob als Anknüpfungspunkt auch eine versuchte oder nur eine vollendete Körperverletzung in Betracht kommt. Nach der **sog. Letalitätsthese** muss der Todeserfolg auf einem eingetretenen Körperverletzungs(zwischen)erfolg beruhen. Der spätere Todeseintritt muss also kausal durch einen davon unabhängigen, bereits vorher eingetretenen Körperverletzungserfolg verursacht werden. Dies ergebe sich aus dem Wortlaut des § 227 I StGB, nach dem der Tod der »verletzten Person« eintreten müsse. Nach dieser Auffassung würde hier § 227 I StGB ausscheiden, da bei F kein dem Todeseintritt vorgelagerter Körperverletzungserfolg eingetreten ist (auf die zum sofortigen Tod führende Kopfverletzung darf dabei nach dieser Ansicht gerade nicht abgestellt werden!).

Die heute **herrschende Gegenansicht** lässt dagegen ausreichen, wenn der Todeseintritt auf der Körperverletzungshandlung beruht. Hierfür spricht zunächst, dass die in § 227 I StGB genannte »Körperverletzung« sowohl die Vollendung als auch den Versuchstatbestand erfasst. Bestärkt wird dieses Argument noch durch den vom Reformgesetzgeber in Kenntnis des Standpunkts der Rechtsprechung (Handlung genügt als Anknüpfungspunkt) eingefügten Klammerzusatz »(§§ 223 bis 226a)«, der jeweils auch diejenigen Absätze der Vorschrift erfasst, in denen die Versuchsstrafbarkeit geregelt ist. Daher ist mit der hM von einem Ausreichen der Handlung als Anknüpfungspunkt auszugehen.

Ausreichend, aber auch notwendig, ist somit die Erfüllung des Tatbestands einer versuchten Körperverletzung gem. §§ 223 I, II, 22, 23 I StGB.

Hinweis: Den »Versuch« gibt es im Zusammenhang mit erfolgsqualifizierten Delikten in zwei Formen: Den erfolgsqualifizierten Versuch und den Versuch der Erfolgsqualifikation. Vgl. hierzu den vertiefenden Hinweis in Fall 8.

II. Verwirklichung des Grunddelikts

Die von M verwirklichte versuchte Körperverletzung ist taugliches Grunddelikt (s. oben).

III. Kausaler Eintritt der schweren Folge

F ist tot, die schwere Folge des § 227 I StGB mithin eingetreten. Ferner müsste die Verwirklichung des Grunddelikts kausal für den Eintritt der schweren Folge sein. Kausal ist im Sinne der **Conditio-sine-qua-non-Formel** jede Handlung, die nicht hinweggedacht werden kann, ohne dass der Erfolg in seiner konkreten Gestalt entfiele. Denkt man das Zurennen auf F hinweg, weicht diese nicht aus und stürzt nicht. Die Körperverletzungshandlung des M war somit kausal für den Todeseintritt im Sinne der Conditio-sine-qua-non-Formel.

IV. Gefahrspezifischer Zusammenhang

Wegen der – im Vergleich zur einfachen Körperverletzung in Tateinheit mit fahrlässiger Tötung – immens erhöhten Strafdrohung, muss überdies zwischen der Körperverletzungshandlung und dem eingetretenen Todeserfolg ein **gefahrspezifischer Zusammenhang** bestehen. Im Todeserfolg muss sich ein der Körperverletzungshandlung **spezifisch und typischerweise innewohnendes Risiko** realisieren. Dies ist hier zweifelhaft. Zwar unterbricht nicht zwingend das eigene Handeln der F den Zurechnungszusammenhang. Denn wenn das unmittelbar todesursächliche eigene Handeln des Opfers als nachvollziehbare Reaktion auf die Gewalthandlung des Täters zu werten ist, ist diese Handlung auch dem Täter zurechenbar (vgl. die zahlreichen Fluchtfälle aus Rechtsprechung und Literatur). Allerdings liegt der vorliegende Kausalverlauf – nämlich dass F bei einem »normalen« Zurückweichen innerhalb eines geschlossenen Raumes, bei normalen Licht- und Bodenverhältnissen so unglücklich ausrutscht und stürzt, dass sie genau mit dem Kopf gegen eine Tischkante schlägt und sofort verstirbt – außerhalb des nach der Lebenserfahrung Erwartbaren. Daher fehlt es an der Verwirklichung einer der versuchten Ohrfeige spezifisch und typischerweise innewohnenden Gefahr (aA bei entsprechender Argumentation – wenn auch eher schwer – vertretbar).

V. Ergebnis

M hat sich nicht gem. §§ 227 I, 22, 23 I StGB strafbar gemacht.

D. Strafbarkeit gem. § 222 I StGB durch Zurennen auf F

Aus den gleichen Gründen, an denen die gefahrspezifische Zurechnung im Rahmen von § 227 StGB scheitert (s. oben), ist auch die objektive Zurechnung des Todeserfolgs zur Handlung des M wegen der Atypizität des Kausalverlaufs zu verneinen. Mangels objektiver Zurechnung des Erfolgseintritts zur Handlung des M (versuchte Ohrfeige) scheidet auch eine Strafbarkeit wegen fahrlässiger Tötung aus.

E. Ergebnis

M hat sich gem. §§ 223 I, II, 22, 23 I StGB wegen versuchter Körperverletzung strafbar gemacht.

Gesamtergebnis

Da zwischen den verschiedenen Tatkomplexen jeweils größere räumliche und zeitliche Zäsuren liegen, sie nicht von einem einheitlichen Tatentschluss getragen sind und sich auch gegen verschiedene Rechtsgüter verschiedener Rechtsgutsträger richten, liegt keine natürliche Handlungseinheit und damit Tatmehrheit (§ 53 StGB) vor.

P ist straflos. T ist strafbar gem. § 267 I StGB. F ist strafbar gem. §§ 239 I, II, 22, 23 I StGB in Tatmehrheit (§ 53 StGB) mit § 303 I StGB. M ist strafbar gem. § 185 StGB in Tatmehrheit (§ 53 StGB) mit §§ 303a I, 202a I, 52 StGB in Tatmehrheit (§ 53 StGB) mit §§ 223 I, II, 22, 23 I StGB.

Vertiefende Literatur zu den Schwerpunkten des Falles

1. Zur Reichweite des elterlichen Personensorgerechts bei der Einwilligung in Verletzungen des Minderjährigen

- *Mandla,* Gesetz über den Umfang der Personensorge bei einer Beschneidung des männlichen Kindes, FPR 2013, 244
- *Esser/Beckert,* »Masern-Party«, JA 2012, 590

2. Zur Prüfung des § 239 StGB, notwendigen Qualität des Fortbewegungswillens und zum tatbestandsausschließenden Einverständnis

- *Geppert/Bartl,* Probleme der Freiheitsberaubung, insbesondere zum Schutzgut des § 239 StGB, JURA 1985, 221
- *Fahl,* Inwiefern ist es strafbar, Schülern den Gang zur Toilette während des Unterrichts zu verbieten?, JR 2017, 405

3. Zum elterlichen Züchtigungsrecht als Rechtfertigungsgrund

- *Knauer,* Elterliches Züchtigungsrecht und Notwehr unter Ehegatten, JURA 2014, 254

4. Zur Abgrenzung zwischen Beleidigung und Übler Nachrede sowie zur Nichterweislichkeit der Wahrheit der behaupteten Tatsache bei § 186 StGB

- *Mavany,* Die Beleidigungsdelikte (§§ 185 ff. StGB) in der Fallbearbeitung, JURA 2010, 594
- *Rönnau,* Grundwissen – Strafrecht: Objektive Bedingungen der Strafbarkeit, JuS 2011, 697
- *Ceffinato,* Hate Speech zwischen Ehrverletzungsdelikten und Meinungsfreiheit, JuS 2020, 495
- *Pohlreich,* Strafrechtliche Grundfälle zur Meinungsfreiheit bei Ehrschutzdelikten, JA 2020, 744

5. Zu den Datendelikten

- *Eisele,* Der Kernbereich des Computerstrafrechts, JURA 2012, 922
- *Ceffinato,* Aktuelles Internetstrafrecht, JuS 2021, 311

6. Zum erfolgsqualifizierten Versuch bei § 227 StGB

- *Kudlich,* Das erfolgsqualifizierte Delikt in der Fallbearbeitung, JA 2009, 246
- *Bosch,* Tatbestandsspezifischer Gefahrzusammenhang bei Körperverletzung mit Todesfolge, JA 2008, 547
- *Kuhli,* Der Versuch beim erfolgsqualifizierten Delikt, JuS 2020, 289

Zusammenhängende Literatur zu den einzelnen Delikten

Freiheitsberaubung: *Kudlich* PdW StrafR BT II Nr. 86–92; *Rengier* StrafR BT II § 22; *Jäger* ExamensRep StrafR BT Rn. 153–160
Ehrdelikte: *Kudlich* PdW StrafR BT II Nr. 99–116; *Rengier* StrafR BT II §§ 28, 29; *Jäger* ExamensRep StrafR BT Rn. 192–230
Datendelikte: *Kudlich* PdW StrafR BT II Nr. 123, 123a; *Rengier* StrafR BT II § 31; *Jäger* ExamensRep StrafR BT Rn. 247

Fall 3: »Recht ist nicht Gerechtigkeit«

Sachverhalt

Dem Justizminister (J) ist der eifrige Oberstaatsanwalt (G) schon seit längerer Zeit ein Dorn im Auge. Er befürchtet, dass G bei seinen Ermittlungen gegen Funktionäre wegen illegalen Waffenexporte in Krisengebiete alsbald auch auf den Namen des J stoßen könnte. Er beauftragt daher den ebenso tüchtigen wie auch käuflichen Staatsanwalt (T) mit der Tötung des G. Wie T es mache, ist J gleich, jedenfalls müsse G alsbald sterben. Natürlich müsse er auch die Spuren im Anschluss verwischen. Sei G erst einmal aus dem Weg geschafft, winke dem T dessen Position. T interessieren die mit der Beförderung einhergehenden höheren Bezüge nicht, da er bereits wohlhabend ist. Er kann sich allerdings für den Titel des »Oberstaatsanwalts« und für die Anerkennung in der Justiz begeistern. Warum J den G getötet wissen will, weiß T nicht, es ist ihm aber ganz recht, wenn ihm die Details verborgen bleiben. Damit der Plan nicht auffliegt, will er kurz nach der Tötung einen einfachen Mann aus dem Volke an den Tatort herbeiholen lassen, dem man dann die Tat in die Schuhe schieben könne (hiervon erzählt er J nichts). In einem unbeobachteten Moment betritt T – nicht ohne höflich geklopft zu haben – das Dienstzimmer des G, wo dieser gerade konzentriert an der Akte »J« arbeitet. Vorsichtig schließt T die Tür und nähert sich G, der nunmehr die Anwesenheit des T bemerkt. T beginnt einen dramatischen Monolog von etwa 90 Sekunden, indem er die verdienstvolle Arbeit des G beschreibt, die ihm »nun zum Verhängnis« würde. G merkt, dass etwas nicht stimmt und will gerade zum Telefon greifen, als T zu dem auf dem Tisch liegenden Brieföffner greift und diesen mit ganzer Kraft in das Herz des G rammt. G ist auf der Stelle tot. T beschließt spontan, die von G bearbeitete Akte, betreffend J, mitzunehmen und versteckt diese in einem doppelten Boden einer Schublade in seinem Büro. Er will die Akte erst einmal behalten, um für den Fall der Fälle etwas gegen J in der Hand zu haben. Dann sucht er sich nach dem Zufallsprinzip einen Namen einer Person aus anderen Strafakten heraus, die dort als Zeuge samt Anschrift und Telefonnummer genannt ist.

An das Telefon geht Rentner (R) der sich gerade freudig auf die Hochzeitsfeier seines Sohnes (S) vorbereitet. T teilt R mit, dass er Staatsanwalt sei und R sofort im Zimmer des Oberstaatsanwalts für eine persönliche Vernehmung erscheinen müsse, sonst werde er die Polizei schicken und ihn per Festnahme vorführen lassen. Weil R nicht unnötig die Stimmung auf der Feier drücken will, und auch davon ausgeht, dass es sonst zu einer Festnahme kommen könnte, macht er sich auf den Weg zum Justizpalast. Als er das Zimmer betritt, sieht er den G regungslos in seinem Sessel sitzen. R nähert sich ihm, sieht den Brieföffner in der Brust des G und greift in einem spontanen Hilfsreflex geistesgegenwärtig danach. T verständigt daraufhin die im Justizpalast tätigen Polizeibeamten. R wird auf die Angaben von T hin, der gegenüber den eintreffenden Polizeibeamten angibt, er hätte R in dem Zimmer über G stehend gesehen, als »dringend des Mordes an G« verdächtig vorläufig festgenommen. Die Leitung des Ermittlungsverfahrens übernimmt ein anderer Staatsanwalt. Man beabsichtigt, möglichst schnell Anklage gegen R zu erheben, damit dieser zu einer lebenslangen Freiheitsstrafe verurteilt werden kann. Die zuständige Ermittlungsrichterin erlässt einen rechtmäßigen Haftbefehl und R wird daraufhin in eine Untersuchungshaftzelle gesperrt.

Als der Sohn (S) von diesen Vorkommnissen erfährt, bricht für ihn eine Welt zusammen. Er erfährt nach einem kurzen Besuch von R, dass dieser in eine Falle gelockt wurde. Gegen R wird kurze Zeit später Anklage erhoben. S will um jeden Preis verhindern, dass sein Vater zu Unrecht für den Rest seines Lebens in einer Gefängniszelle schmort. Schon nach einigen Wochen wird dem S klar, dass es T auf die neue Stelle als Oberstaatsanwalt abgesehen haben muss und er damit ein Motiv gehabt haben könnte, G zu töten. Weil er der Justiz nicht mehr vertraut, beschließt er, die Räumlichkeiten des T nach Beweismaterial zu durchsuchen und betritt das Gerichtsgebäude. In einem unbemerkten Moment vermag er auch das Zimmer des T zu betreten, da dieser unvorsichtigerweise die Tür hinter sich nicht verschlossen hat. Am Eingang des Gerichtsgebäudes hängt ein deutlich sichtbares Schild, auf dem angegeben ist, dass Unbefugten der Zutritt zu den Büroräumen der Staatsanwaltschaft untersagt ist. Nach längerem Durchwühlen der überquellenden Regale kommt ihm in den Sinn, dass T das fragliche Dokument wohl kaum an »offizieller« Stelle aufbewahre. Daher sucht er nach Verstecken im Zimmer und wird schließlich fündig, als er den doppelten Boden in der Tischschublade des T aufklappt. Er nimmt die Akte an sich, um sie gleich am nächsten Tag bei der Polizei abzugeben und verlässt das Gebäude. Tatsächlich handelt es sich bei diesem Dokument um das einzige Beweisstück, mit dem die Unschuld des R bewiesen werden könnte. Andere Wege, an das Dokument heranzukommen, scheinen nicht erfolgsversprechend.

Bearbeitervermerk: Strafbarkeit von T, J, S nach dem StGB? Die Delikte des 14. Abschnitts des Besonderen Teils sind nicht zu prüfen. Die §§ 243–248c StGB sowie die §§ 164, 145d StGB und § 345 StGB sowie § 357 StGB sind ebenfalls nicht zu prüfen. Eventuell erforderliche Strafanträge sind gestellt. Es ist davon auszugehen, dass die illegalen Waffenexporte in Krisengebiete strafbare Verstöße gegen das KrWaffG und AWG darstellen, an denen J beteiligt ist.

Gutachtliche Vorüberlegungen

A. Bearbeitervermerk

Der umfangreiche Fall, der ursprünglich als Hausarbeit gestellt wurde, könnte ohne Einschränkungen nicht in drei Stunden bewältigt werden. Der Bearbeitervermerk entlastet Kandidatinnen und Kandidaten daher zumindest ein wenig, indem zunächst die Delikte des 14. Abschnitts des Besonderen Teils (also die Beleidigungs- und Verleumdungsdelikte insgesamt, vgl. hierzu Fall 2 und 4) ausgeklammert werden. Diese müssten stets in Betracht gezogen werden, wenn unwahre Tatsachen über Dritte (zumindest schlüssig) kundgetan werden, wie hier über den Rentner R, der als Mörder des G dargestellt wird. Gerade in diesem zweiten Komplex kämen noch weitere Delikte gegen die Rechtspflege in Betracht, die ebenso ausgeklammert werden, nämlich die falsche Verdächtigung und das Vortäuschen einer Straftat (§§ 164, 145d StGB, vgl. hierzu Fall 1). An diese Delikte ist stets bei Falschangaben gegenüber Polizeibeamten zu denken. Im Übrigen gilt: Wenn einzelne Tatbestände ausgeklammert werden, sollten dies Kandidatinnen und Kandidaten zum Anlass nehmen, die »verwandten« bzw. typischerweise mitverwirklichten Delikte gedanklich durchzugehen, um diese sogleich in seine Gliederung aufzunehmen. Noch deutlicher wird die Notwendigkeit einer Prüfung des Grunddelikts bzw. eines »nächst gelegenen« Delikts, wenn der Bearbeitervermerk explizit einzelne Strafzumessungsregelungen, Qualifikationen oder Sonderdelikte aus dem Bereich des Prüfungsumfangs herausnimmt: Wesentlich »wertvoller« als das Ausklammern der §§ 243 ff. StGB (das auf die Notwendigkeit einer Prüfung des § 242 I StGB hindeutet), ist der Ausschluss des § 345 StGB, der den Studierenden, der womöglich nicht auf Anhieb Amtsdelikte in Betracht zieht, auf diesen Abschnitt aufmerksam macht.

B. Sachverhaltsanalyse

Es handelt sich, was bereits der Umfang des Sachverhalts und die Anzahl der zu prüfenden Beteiligten vermuten lassen, um eine Klausur mit hohem Schwierigkeitsgrad, bei der die Prüfungskandidatinnen und -kandidaten vor allem mit Zeitmanagement, Übersicht und richtiger Schwerpunktsetzung glänzen können. Der erste Tatkomplex dient dem »Warmwerden« und beginnt mit einer klassischen Streitfrage innerhalb der Delikte gegen das Leben, namentlich der dogmatischen Einordnung von Mord und Totschlag und den damit verbundenen Auswirkungen auf die Anwendung des § 28 StGB. Streng genommen handelt es sich um eine Frage des Allgemeinen Teils, die aber im Besonderen Teil aufgelöst wird (und typischerweise werden Studierende auch das erste Mal im Kontext des § 211 StGB mit der Frage der Akzessorietätsdurchbrechung konfrontiert). Zum Aufbau dieser – von Kandidatinnen und Kandidaten hinsichtlich ihres Schwierigkeitsgrades etwas überschätzten – Problematik drei Anmerkungen. Zum Einen entscheidet man sich bereits bei der Prüfung des Haupttäters hinsichtlich der Streitfrage, die man erst beim Teilnehmer aufwirft, nämlich dadurch, dass der Mord des Vordermannes wie eine Qualifikation geprüft wird (objektiver Tatbestand des Totschlags als Grundtatbestand, anschließend tatbezogene Mordmerkmale der zweiten Gruppe, subjektiver Tatbestand und subjektive Mordmerkmale). Damit hat man sich bereits implizit der Auffassung angeschlossen, dass es sich beim Mord um eine Qualifikation handelt und somit § 28 II StGB zur Anwendung gelangen muss. Zum Zweiten kann man grobe Fehler dadurch vermeiden, dass man sich die Unterscheidung zwischen tatbezogenen Mordmerkmalen, bei denen § 28 StGB keine Rolle spielt und den täterbezogenen Merkmalen stets durch eine klare Untergliederung vergegenwärtigt. Zuletzt sollte die potenzielle Akzessorietätsmilderung bzw. -durchbrechung in einem gesonderten Punkt nach dem subjektiven Tatbestand der Anstiftung/Beihilfe problematisiert werden.

Im Übrigen muss auf detaillierte Gliederungsebenen verzichtet werden, da das umfangreiche Prüfprogramm (über 30 Strafbarkeiten) einen sauberen Gutachtenstil nicht zulässt und sich auch der Korrektor dessen bewusst sein muss. Stattdessen müssen die Bearbeiterinnen und Bearbeiter nicht selten die – gegebenenfalls abrufbaren – Definitionen zu den bekannten Delikten direkt in seine Subsumtion »packen«. Dies gilt etwa für die Prüfung des Versteckens der Akte, bei der sowohl Rechtspflege- als auch Vermögensdelikte in Betracht zu ziehen sind. Dieses Muster zieht sich dann vor allem im zweiten Tatkomplex fort, doch wird die Gliederung hier dadurch erschwert, dass mit eher »exotischen« Amtsdelikten zugleich die Befähigung der Kandidatin bzw. des Kandidaten auf den Prüfstand gestellt wird, mit unbekannten Tatbeständen umzugehen. Hierzu dürften die Verfolgung Unschuldiger sowie die Rechtsbeugung zählen. Im Übrigen muss man sich dann durch den »Wust« potenzieller Rechtspflegedelikte kämpfen (§§ 258, 153 ff. StGB) und darf auch nicht aus den Augen verlieren, dass die durch eine Anzeige veranlasste Festnahme eines Dritten eine Freiheitsberaubung darstellen kann. Im letzten dritten Tatkomplex muss man sich mit der (mit dem Problem des Auseinanderfallens von materieller und prozessualer Wahrheit verbundenen) Frage beschäftigen, ob das Verhalten des Protagonisten S, seinen Vater auf eigene Faust »retten« zu wollen, gegebenenfalls nach § 34 StGB gerechtfertigt oder zumindest nach § 35 StGB entschuldigt werden kann.

C. Klausurbausteine

Die Klausur ließe sich strecken, indem man schlicht auf die Einschränkungen im Prüfungsumfang (vgl. Ausführungen zum Bearbeitervermerk) verzichtete. Dann wäre (unter Berücksichtigung der strafprozessualen Zusatzfrage) ein Zeitrahmen von vier Stunden zu veranschlagen.

D. Korrekturberichte

Die Klausur fiel im Probelauf mit 4,38 Punkten eher schlecht aus, was darauf zurückzuführen ist, dass zahlreiche Nebendelikte (insbesondere §§ 274, 133 StGB im ersten Tatkomplex, die Rechtspflegedelikte im zweiten Tatkomplex) schon gar nicht entdeckt wurden. Das mag auf den erheblichen Zeitdruck zurückzuführen sein, der partiell jedoch auch dadurch entsteht, dass Ausführungen an anderer Stelle zu langatmig erfolgen (Prüfung der objektiven Zurechnung bei § 212 StGB, Abgrenzung von Täterschaft und Teilnahme oder sehr ausführliche Prüfung des § 242 I StGB im dritten Tatkomplex, obwohl sich die Prüfung in Relation zur ersten Diebstahlsprüfung im ersten Tatkomplex nur hinsichtlich der Zueignungsabsicht unterscheidet; teils wurden vollkommen fernliegende Delikte wie §§ 241, 253 StGB oder § 202 StGB – die Akte ist kein verschlossenes Schriftstück – geprüft). Dabei sei angemerkt, dass das Fehlen von Tatbeständen dann besonders schwer wiegt, wenn das Delikt eindeutig einschlägig ist bzw. »glatt durchgeht« (insofern gehen hier Realität und Klausurpraxis

Hand in Hand), während man das Nichtanprüfen von Delikten, die letztlich ohnehin nicht durchgehen, womöglich weniger kritisch sehen könnte. Manchen Bearbeiterinnen und Bearbeitern fiel bereits die Einteilung in Tatkomplexe schwer, obwohl diese bereits durch Absätze im Sachverhaltstext gekennzeichnet sind (und damit beispielsweise auch eine Prüfung der Anstiftungsstrafbarkeit des J nach der Nötigungsstrafbarkeit des T erstaunt). Im Einzelnen:

Überraschenderweise wurde die Problematik rund um die §§ 212, 211, 28 StGB zT überhaupt nicht gesehen. In Anbetracht des Umstands, dass bei mehreren Beteiligten an einem Mord § 28 StGB die erste Norm (nach § 211 StGB) sein sollte, an die man denkt, lässt sich dies nur mit einer fehlenden »Sensibilisierung« zurückführen. Aber auch diejenigen, die das Problem erkannt haben, konnten kaum glänzen, da es nicht gelang, das Problem aufzureißen, um es im Anschluss stringent zu lösen. Anders als in der Sachverhaltsanalyse vorgeschlagen, wurde § 28 StGB weder dogmatisch eingeordnet noch kam wirklich der Unterschied in den Rechtsfolgen der gegenüberstehenden Ansichten zum Vorschein. Die unglückliche Bezeichnung des § 28 II StGB als »Strafmilderungsgrund« oder das Abstellen auf die Kenntnis des Teilnehmers von den niedrigen Beweggründen des Vordermannes offenbarten Verständnismängel. Vielen Arbeiten fehlte es zudem (vor allem, aber nicht nur diesbezüglich) an Übersichtlichkeit. Es wurde zu wenig Abstand gelassen, insbesondere der Unterschied zwischen tatbezogenen und täterbezogenen Mordmerkmalen nicht durch eigenständige Gliederungsziffern hervorgehoben. Im Übrigen gelang die Prüfung des Mordes durch T zwar überwiegend solide, aber das Problem des maßgeblichen Zeitpunkts für die Arglosigkeit bei der Prüfung des Mordmerkmals der Heimtücke wurde nur unzureichend angesprochen. Die Prüfung des § 242 StGB durch T gelang, auch wenn sich manche Bearbeiterinnen und Bearbeiter hinsichtlich der Gewahrsamsverhältnisse vom Tod des G verwirren ließen und übersahen, dass dieser auf Dritte »übergeht«. Im 2. Tatkomplex übersahen die meisten Bearbeiterinnen und Bearbeiter die Konstellation der mittelbaren Täterschaft im Rahmen der Freiheitsberaubung. § 344 StGB wurde – soweit er überhaupt erkannt wurde, überwiegend dahingehend interpretiert, dass das Merkmal »berufen« eine konkrete Verfolgung durch T selbst voraussetzte. Die Bearbeitung des dritten Tatkomplexes gelang wiederum recht gut, auch wenn das (zugegebenermaßen atypische) Problem der Angemessenheit bei rechtlich geordneten Verfahren nur selten gesehen wurde.

Lösungsgliederung

1. Tatkomplex: Im Dienstzimmer des G

A. Strafbarkeit des T gem. §§ 212 I, 211 I, II Var. 3, 4, 5 StGB durch Tötung des G (+)
- P: Fallensteller-Fälle (Arglosigkeit bei angekündigtem Angriff)
- P: Habgier bei immateriellen Vorteilen, Motivbündel

B. Strafbarkeit des T gem. § 242 I StGB durch Verstecken der Akte (+)

C. Strafbarkeit des T gem. § 274 I Nr. 1 Var. 3 StGB durch Verstecken der Akte (+)

D. Strafbarkeit des T gem. § 133 I Var. 4 StGB durch Verstecken der Akte (+)

E. Strafbarkeit des T gem. § 123 I StGB durch Betreten des Büros (-)

F. Strafbarkeit des T gem. §§ 331, 332 StGB durch Vereinbarung, G zu töten (-)

G. Strafbarkeit des J gem. §§ 212 I, 211 I, II, 26 StGB durch Beauftragung des T mit Tötung des G (+)
- P: Akzessorietätsdurchbrechung, gekreuzte Mordmerkmale, Verdeckungsabsicht

H. Konkurrenzen

2. Tatkomplex: Das Bauernopfer

A. Strafbarkeit des T gem. § 240 I, III Nr. 3 StGB durch Anruf bei R (+)

B. Strafbarkeit des T gem. § 344 I StGB durch Anzeigen des R (+)
- P: Begriff des »Berufen-Seins«

C. Strafbarkeit des T gem. § 339 StGB durch Anzeigen des R (-)

D. Strafbarkeit des T gem. §§ 239 I, III Nr. 1, 25 I Var. 2 StGB durch Anzeigen des R (+)
- P: Mittelbare Täterschaft bei strafprozessualer Eingriffsermächtigung

E. Strafbarkeit des T gem. § 258a StGB durch Anzeigen des R (-)

F. Strafbarkeit von T gem. § 153 StGB durch Anzeigen des R (-)

G. Strafbarkeit des J gem. §§ 239 I, III Nr. 1, 25 I Var. 2 StGB, durch Anregung, »Spuren zu verwischen« (-)

H. Konkurrenzen

3. Tatkomplex: Die Rettungsaktion

A. Strafbarkeit des S gem. § 242 I StGB durch Mitnahme der Akte (-)
- P: Enteignungsvorsatz bei Rückführungswillen

B. Strafbarkeit des S gem. § 133 I StGB durch Mitnahme der Akte (-)

C. Strafbarkeit des S gem. § 123 I StGB durch Durchsuchen der Räumlichkeiten (-)
- P: Rechtfertigender Notstand, Angemessenheit bei rechtlich geordneten Verfahren

Gesamtergebnis und Konkurrenzen

Lösungsvorschlag

1. Tatkomplex: Im Dienstzimmer des G

A. Strafbarkeit des T gem. §§ 212 I, 211 I, II Var. 3, 4, 5 StGB durch Tötung des G

T könnte sich durch die Tötung des G wegen Mordes gem. §§ 212, 211 I Var. 3, 4, 5 StGB strafbar gemacht haben.

I. Tatbestandsmäßigkeit

1. Objektiver Tatbestand

a) Grundtatbestand, Totschlag gem. § 212 I StGB

Hierfür müsste zunächst der objektive Tatbestand des Grundtatbestands erfüllt sein. T stach mit dem Brieföffner auf G ein, verursachte hiermit kausal (im Sinne der Äquivalenztheorie) und objektiv zurechenbar dessen Tod.

Hinweis: Zur gegebenenfalls gebotenen knappen Prüfung, vgl. bereits die Ausführungen in den gutachtlichen Vorüberlegungen sowie den Hinweiskasten in Fall 2, S. 39.

b) Tatbezogene Mordmerkmale, § 211 II Var. 4 StGB

Darüber hinaus könnte T objektive bzw. **tatbezogene Mordmerkmale** der zweiten Gruppe verwirklicht haben. Hier kommt zunächst in Betracht, dass T den G heimtückisch getötet hat. **Heimtückisch** handelt, wer in feindlicher Willensrichtung die auf der Arglosigkeit beruhende Wehrlosigkeit des Opfers ausnutzt. Arglos ist das Opfer, wenn es sich keines Angriffs versieht. Wehrlos ist es, wenn es aufgrund der Arglosigkeit keine Möglichkeit hat, sich zu verteidigen.

Laut Sachverhalt beginnt T, nachdem G ihn im Raum bemerkt hat, einen dramatischen Monolog von etwa 90 Sekunden, indem er die verdienstliche Arbeit des G beschreibt, die ihm »nun zum Verhängnis« würde. Daher könnte man der Überlegung nachgehen, ob G zum Zeitpunkt der Tötungshandlung überhaupt noch arglos war oder nicht bereits davon ausging, dass T ihm gegenüber nicht wohlgesonnen ist, bzw. beabsichtigt, ihn zu verletzen. Dies wäre unerheblich, wenn für den **Zeitpunkt der Bestimmung einer Arglosigkeit** des G derjenige des Betretens des Büros durch T maßgeblich wäre und nicht erst der eigentlichen Tötungshandlung (Zustechen mit dem Brieföffner).

Angesichts der absoluten Strafandrohung (lebenslang) ist eine **restriktive Interpretation der Mordmerkmale** geboten, sodass jegliche Ausweitung des Heimtückemerkmals – hier etwa in zeitlicher Hinsicht dahingehend, dass der Zeitraum der Arglosigkeit großzügiger gehandhabt wird – kritisch zu sehen ist. Dementsprechend wird auch in der Rechtsprechung für die Bejahung des Heimtückemerkmals vorausgesetzt, dass das Opfer zum Zeitpunkt der unmittelbaren Angriffshandlung noch arglos ist. Das Opfer muss also grundsätzlich zum Zeitpunkt der ersten mit Tötungsvorsatz geführten Angriffshandlung noch arglos sein. In der Rechtsprechung des BGH sind von diesem Grundsatz allerdings (im Wesentlichen) zwei Ausnahmen anerkannt: Heimtücke soll zum einen auch dann in Betracht kommen, wenn der Täter dem Opfer zwar offen feindselig gegenübertritt, das Opfer aber die drohende Gefahr erst im letzten Augenblick erkennt, sodass ihm keine Möglichkeit bleibt, dem Angriff zu begegnen (sog. Überraschungsangriff). Zum anderen könne der maßgebliche Zeitpunkt für die Arglosigkeit auch »vorverlagert« werden, wenn der Täter das Opfer mit Tötungsabsicht in eine Falle lockt und der Entzug der Verteidigungsmöglichkeiten dann noch fortwirkt. T hat G nicht in eine Falle gelockt, sondern diesen an dessen Arbeitsplatz getötet. Das bloße Schließen der Tür genügt hierfür nicht, da G das Büro unabhängig von T aufgesucht hat. Er musste sich diesen Zutritt auch weder erschleichen noch gewaltsam verschaffen. Eine Vorverlagerung der Annahme einer Arglosigkeit kommt nach letzterer Fallgruppe somit nicht in Betracht. G erfährt auch während des Monologs von den bösen Absichten des T und will just vor dem Zustechen noch nach dem Telefon greifen, »nachdem er merkt, dass etwas nicht stimmt«. Hierbei ist die Zeitspanne zwischen dem Erkennen der Gefahr und dem unmittelbaren Angriff noch lange genug, um dem Angriff in irgendeiner Weise zu begegnen. Auch ein Überraschungsangriff lässt sich damit nicht annehmen. Insofern kann dahinstehen, ob bei angenommener Arglosigkeit diese überhaupt ursächlich für die Wehrlosigkeit des G wäre.

Zudem lässt sich dem Sachverhalt nicht entnehmen, ob der T überhaupt die Arglosigkeit des G ausnutzen wollte. Jedenfalls lässt sein Verhalten, offen seine Feindseligkeit gegenüber G zum Ausdruck zu bringen, eher Gegenteiliges vermuten. Eine heimtückische Begehung ist folglich abzulehnen.

Hinweis: Eine aA lässt sich mit guter Begründung hören, da es sich um eine Konstellation handelt, die irgendwo zwischen den Fallensteller-Sachverhalten und den Fällen des feindseligen Gegenübertretens/Ankündigens der Tötungshandlung liegt. Lässt man das Ausnutzen einer »Falle«, in die das Opfer selbst hineintappt (ohne vom Täter dorthin gelockt worden zu sein) ausreichen, käme eine Vorverlagerung auf den Zeitpunkt des Abschließens der Tür in Betracht, wenn man sich zugleich auf den Standpunkt stellt, dass dies die Abwehrmöglichkeiten des G erheblich eingeschränkt hat. Der BGH hatte einen Überraschungsangriff unlängst in einem Fall verneint, in dem sich der Täter in die Wohnung der ehemaligen Lebensgefährtin begab und sich dieser mit einer Schreckschusspistole feindselig annäherte, um sie sodann mit einem Messer zu töten; dennoch ging er von einer heimtückischen Begehung aus, weil der Täter in die Wohnung des arglosen Opfers eingedrungen und dieses ab diesem Zeitpunkt auch wehrlos gewesen sei (BGH NStZ 2018, 654); das ist vor dem Hintergrund, dass der BGH in denjenigen Konstellationen, in denen sich der Täter den Zugang zur Wohnung erschleicht, keine Heimtücke annehmen will (BGH NStZ 2009, 29), kaum einsichtig. In jedem Fall sollten sich Bearbeiterinnen und Bearbeiter schnell entscheiden, da an dieser Frage jedenfalls dann nicht viel hängt, wenn die Beteiligten offensichtlich subjektive Mordmerkmale verwirklicht haben, also jedenfalls noch die Anwendung der § 28 I, II StGB problematisiert werden muss.

2. Subjektiver Tatbestand

a) Totschlag

T handelte mit **Tötungsvorsatz (§ 15 StGB)**, nachdem es ihm gerade darauf ankam, G zu töten (dolus directus 1. Grades bzw. Absicht).

b) Täterbezogene Mordmerkmale

Ferner ist zu prüfen, ob T **täterbezogene Mordmerkmale** der 1. und 3. Gruppe verwirklicht hat. Hierbei kommt zunächst in Betracht, dass T habgierig agiert hat. **Habgier** ist rücksichtloses, ungehemmtes Streben nach wirtschaftlichen Vorteilen, die in einer Vermögensvermehrung bestehen können. Deren Annahme ist jedoch zweifelhaft, nachdem T gerade nicht an den mit der Beförderung einhergehenden Bezügen interessiert ist, sondern lediglich an deren immateriellen Vorteilen (Ansehen, Titel des Oberstaatsanwalts). Auch hier steht eine verfassungsrechtlich gebotene, restriktive Interpretation der Mordmerkmale einer erweiternden Auslegung, die auch immaterielle Vorteile erfasste, entgegen. Die materielle Gewinnsucht muss im Mittelpunkt stehen, mithin bewusstseinsdominant sein. Dass T in jedem Fall von erhöhten Bezügen profitiert und hierum weiß, kann nicht genügen. T handelt nicht habgierig.

Jedoch könnten die Motive des T niedrige Beweggründe darstellen. Dies sind Motive einer Tötung, die besonders verachtenswert sind und sittlich auf tiefster Stufe stehen. Im vorliegenden Fall tötet T den G für den »Titel« und die dem Amt innewohnende soziale Achtung. Auch wurde oben bereits festgestellt, dass diese Motivation der Habgier in gewisser Form ähnelt. Es besteht somit ein unerträgliches **Missverhältnis zwischen Anlass und Tat**, und die Tötung ist im Ansatz nicht »nachvollziehbar«. Somit handelte T aufgrund von niedrigen Beweggründen.

Zuletzt ist zu überprüfen, ob T zudem mit der Absicht agierte, eine andere Straftat (diejenige des J) zu **verdecken** oder zu **ermöglichen** (Festnahme des R). Eine Verdeckungsabsicht ist abzulehnen, da T nicht um die Details – also die Machenschaften und die Motive des J weiß – und insofern auch nicht handelt, um dessen Motive zu unterstützen oder um dessen Machenschaften zu vertuschen. Selbiges gilt für die Ermöglichungsabsicht, da T zwar bereits geplant hatte, R vorzuschieben und somit dessen mittelbar seiner Freiheit zu berauben (§§ 239 I, 25 I Var. 2 StGB), jedoch stellt diese Straftat lediglich eine mittelbare Folge der Tötung des G dar: T wollte R lediglich dazu benutzen, ihm das Verbrechen »in die Schuhe zu schieben«; er beging die Tat aber nicht, um R ins Gefängnis zu bringen.

Folglich lässt sich nur das Mordmerkmal der niedrigen Beweggründe bejahen.

II. Rechtswidrigkeit und Schuld

Rechtfertigungs- und Entschuldigungsgründe sind nicht ersichtlich. T handelte rechtswidrig und schuldhaft. Er hat sich somit wegen Mordes gem. §§ 212, 211 1. Gruppe Var. 3 StGB strafbar gemacht.

B. Strafbarkeit des T gem. § 242 I StGB durch Verstecken der Akte

Des Weiteren könnte sich T durch das Verstecken der Akte wegen Diebstahls gem. § 242 I StGB strafbar gemacht haben.

Die Akte ist ein beweglicher und körperlicher Gegenstand, der nicht im Alleineigentum des T steht und somit eine **fremde bewegliche Sache** ist. Darüber müsste T den Gewahrsam an der Akte gebrochen und neuen an ihr begründet, mithin **weggenommen** haben: Gewahrsam ist nach dem herrschenden faktischen Gewahrsamsbegriff die tatsächliche Herrschaft über eine Sache (objektiv-faktisches Element) einer natürlichen Person (Gewahrsamsinhaber), die von einem natürlichen Herrschaftswillen getragen wird (subjektiv-voluntatives Element), was nach der Verkehrsauffassung zu beurteilen ist. Zunächst hatte G einen übergeordneten Gewahrsam an der Akte. Nach dessen Tod ging bei sozial-normativer Betrachtung die Sachherrschaft an der Akte auf die Verwaltungsangestellten der Justiz über, was zur Konsequenz hat, dass T durch das Verstecken der Akte (zumindest einen gleichberechtigten Mit-)Gewahrsam gebrochen hat, wenn die Akte »normaler Bearbeitung« entzogen und innerhalb des Justizpalastes versteckt wird.

Auch agiert T mit Vorsatz (§ 15 StGB) hinsichtlich der Wegnahme. Selbiges gilt wohl auch für die Zueignungsabsicht, da T die Akte für sich beansprucht und Interesse an deren Inhalt hat (ein **bedingter Rückführungswille** steht einer Zueignungsabsicht nicht entgegen). T handelt rechtswidrig und schuldhaft, macht sich also wegen Diebstahls gem. § 242 I StGB strafbar. Ein gegebenenfalls erforderlicher Strafantrag gilt laut Sachverhalt als gestellt, sodass die Frage dahinstehen kann, ob der Akte ein Geldwert zukommt, welcher die Geringfügigkeitsgrenze nach § 248a StGB (bei 50 EUR) übersteigt.

C. Strafbarkeit des T gem. § 274 I Nr. 1 Var. 3 StGB durch Verstecken der Akte

T könnte sich durch das Verstecken der Akte zudem wegen Urkundenunterdrückung gem. § 274 I Nr. 1 Var. 3 StGB strafbar gemacht haben. In der Akte der Staatsanwaltschaft sind mehrere verkörperte Gedankenerklärungen enthalten, die zum Beweis im Rechtsverkehr bestimmt sind und ihren Aussteller erkennen lassen, mithin Urkunden.

Bei lebensnaher Betrachtung dürfte der Akte insgesamt eine eigene Gedankenerklärung zu entnehmen sein, die ihren Aussteller erkennen lässt. Somit handelt es sich um eine echte **(Gesamt-)Urkunde** iSd § 267 StGB, an der T kein alleiniges Beweisführungsrecht hat, die ihm also »nicht gehört«. Durch das Verstecken entzieht T dieses verfahrenswesentliche Dokument den zuständigen Verfahrensbeteiligten, unterdrückt also eine Urkunde. Dies geschieht auch vorsätzlich gem. § 15 StGB und mit der Absicht, dem Beweisführungsberechtigten einen Nachteil zuzufügen (insbesondere muss der Nachteil nach hA nicht vermögensrechtlicher Natur sein). T macht sich also wegen Urkundenunterdrückung gem. § 274 I Nr. 1 Var. 3 StGB strafbar.

D. Strafbarkeit des T gem. § 133 I Var. 4 StGB durch Verstecken der Akte

Hinzu könnte eine Strafbarkeit des T wegen eines Verwahrungsbruchs durch das Verstecken der Akte gem. § 133 I StGB treten. Die Akte befand sich in der dienstlichen Verwahrung, die durch G ausgeübt wurde. Nach dessen Tod geht diese bei lebensnaher Auslegung auf den leitenden Angestellten der Justiz über. Dadurch dass die Akte versteckt wird, ist sie der dienstlichen Verfügung zumindest dahingehend entzogen, dass eine jederzeitige Zugriffsmöglichkeit auf diese ausgeschlossen ist bzw. erheblich erschwert ist. Die Akte ist nicht konkret T zur Verwahrung anvertraut, sodass eine Verwirklichung des § 133 III StGB ausscheidet. Aus den genannten Gründen ist T jedoch – da sein Vorsatz (§ 15 StGB) außer Frage steht – wegen Verwahrungsbruchs gem. § 133 I Var. 4 StGB strafbar.

E. Strafbarkeit des T gem. § 123 I StGB durch Betreten des Büros

Zu begutachten ist weiterhin eine Strafbarkeit des T wegen Hausfriedensbruchs gem. § 123 I StGB, indem dieser das Büro des G mit der Absicht betrat, diesen zu töten. Ein **Eindringen** setzt das Betreten gegen den Willen des Hausrechtsinhabers voraus. Hier erscheint schon fraglich, ob von einem Hausrecht des G im engeren Sinne die Rede sein kann. Jedenfalls dürfte von einem **generellen Einverständnis** des Betretens des Dienstzimmers zu den üblichen Dienstzeiten durch Kollegen auszugehen sein, zumal T vorher klopfte. Dass G den T nicht explizit hereinbat, steht dem generellen Einverständnis nicht entgegen. Ebenso wenig stehen die böswilligen Absichten des T (insbesondere G zu töten), einem Einverständnis nicht entgegen, soweit diese nicht bereits beim Betreten des Raumes in irgendeiner Form sichtbar sind.

Hinweis: Zur Verneinung des generellen Einverständnisses bei sichtbar bösen Absichten durch Vermummung etc (sog. Strumpfmaskentheorie) s. auch Fall 10.

Eine Strafbarkeit gem. § 123 I StGB scheidet aus.

F. Strafbarkeit des T gem. §§ 331, 332 StGB durch Vereinbarung, G zu töten

Ferner ist zu überprüfen, ob sich T wegen Bestechlichkeit strafbar gemacht hat, indem er sich von J für die Tötung des G die Position des Oberstaatsanwalts versprechen ließ. Hierfür müsste T als Amtsträger einen Vorteil für die Vornahme einer (pflichtwidrigen) Diensthandlung fordern, annehmen oder sich versprechen lassen.

T ist Amtsträger (s. oben). Die Position als Oberstaatsanwalt bedeutet bei lebensnaher Auslegung höhere Bezüge, sodass eine materielle Besserstellung mit der Versetzung verbunden ist, auf die T keinen Anspruch hat. Ein **Vorteil** lässt sich somit bejahen, wobei unschädlich ist, dass T lediglich an immateriellen Vorteilen (Ansehen etc) interessiert ist. Allerdings scheitert eine Strafbarkeit gem. §§ 331, 332 StGB jedenfalls daran, dass die Tötung eines Kollegen keine **Diensthandlung** darstellt bzw. nicht zur »**Dienstausübung**« zählt. Auch die weiteren Handlungen, die auf die Tötung des G folgten, stehen mit dieser Straftat im Zusammenhang. Dem Sachverhalt lässt sich nicht entnehmen, dass sich J und T darauf geeinigt hätten, dass T hierbei dienstliche Handlungen zur Verwischung von Spuren (also die Festnahme eines Unschuldigen) vornehmen solle. Eine Strafbarkeit wegen Bestechlichkeit gem. §§ 331, 332 StGB scheidet somit aus.

G. Strafbarkeit des J gem. §§ 212 I, 211 I, II, 26 StGB wegen Beauftragung des T mit Tötung des G

J könnte sich durch die Beauftragung des T, den G zu töten gem. §§ 212, 211, 26 StGB wegen Anstiftung zum Mord strafbar gemacht haben.

I. Tatbestandsmäßigkeit

1. Objektiver Tatbestand

Der objektive Tatbestand der Anstiftung setzt eine **vorsätzliche, rechtswidrige Haupttat** voraus, die vorliegend im Mord durch T zu sehen ist. J müssten den T zu dieser Tat **bestimmt**, also dessen Tatentschluss hervorgerufen haben. Das Beauftragen im Gespräch lässt sich als typische Anstiftungshandlung (»geistiger Kontakt« zwischen Anstifter und Täter) qualifizieren, sodass der objektive Tatbestand der Anstiftung erfüllt ist.

2. Subjektiver Tatbestand

Der subjektive Tatbestand setzt voraus, dass der Anstifter zum einen Vorsatz bezüglich der Haupttat hat, zum anderen bezüglich der Anstiftungshandlung hat (sog. **doppelter Anstiftervorsatz**). J will mit seiner Handlung den Tatentschluss des T hervorrufen. Er agiert auch vorsätzlich hinsichtlich der Tötung. Da J dem T die Tötung des G gerade mit der Position des Oberstaatsanwalts lockt, weiß er auch um die niedrigen Beweggründe des T. Nach allgemeinen Akzessorietätsgrundsätzen würde dieser Vorsatz um die verwirklichten Merkmale durch T für einen Anstiftervorsatz genügen.

Hinweis: Der Vorsatz des J hinsichtlich tatbezogener Mordmerkmale würde – soweit man eine Heimtücke beim Haupttäter verneint hat – allenfalls zu einer ideal konkurrierenden versuchten Anstiftung zum Heimtückemord führen. Falls jedoch das Merkmal der Heimtücke bejaht wurde, dann führt die laut Sachverhalt gegebene »Gleichgültigkeit« des J hinsichtlich der Tatausführung durch T zu einem dolus eventualis, der für die heimtückische Begehung nach Rechtsprechung ausreichend ist, vgl. BGH NStZ 2006, 288. Dies ist jedoch kritisch zu sehen, da dann fast in jedem Fall der Anstiftung zum Totschlag eine versuchte Anstiftung zum Mord gesehen werden kann, wenn die Art und Weise der Tötung nicht abgesprochen wird (da im Regelfall eine Tötung in offener Konfrontation fernliegt).

II. Akzessorietätsdurchbrechung gem. § 28 StGB?

Doch ist der Überlegung nachzugehen, ob nicht eine **Akzessorietätslockerung** bzw. -**durchbrechung** in Betracht kommt, da die Strafe hier an persönliche Merkmale des Beteiligten iSd § 28 StGB knüpft.

Zu prüfen ist also, wie es sich auswirkt, dass J bei der Tötung des G andere Motive verfolgt hat, als T. J könnte nämlich mit **Verdeckungsabsicht** agiert haben: die Tötung des G sollte die Aufdeckung anderer Straftat(en) (hier uU Verstöße gegen das KWKG, WaffG) verhindern. Die Tötung einer Person, welche dabei ist, eine noch »unentdeckte« Tat aufzuklären, genügt für eine Verdeckungsabsicht. Sowohl T als auch J verwirklichen also täterbezogene Mordmerkmale. Dabei kann an dieser Stelle dahingestellt bleiben, ob ein bloßer dolus eventualis hinsichtlich des Tötungserfolgs einer Verdeckungs*absicht* entgegensteht (nach zutreffender herrschender Auffassung nicht): Denn J handelt auch bezüglich der Tötung des G mit dolus directus ersten Grades.

Hinweis: Eine Verdeckungsabsicht bei dolus eventualis hinsichtlich des Todeseintritts ist aber ausnahmsweise zu verneinen, wenn die Straftat nach der Vorstellung des Täters überhaupt nur dadurch verdeckt werden kann, dass das Opfer zu Tode kommt (so etwa, wenn das Opfer den Täter kennt). Eventualvorsatz ist in diesem Falle nicht ausreichend, da dieser auch die Möglichkeit des Überlebens beinhaltet: In solch einer Situation kann der Täter aber nicht zugleich mit Verdeckungsabsicht agieren, so erneut BGH NStZ 2019, 605. Im Übrigen erfordert die Absicht der Verdeckung einer anderen Tat keine »Überlegung« des Täters im Sinne eines abwägenden Reflektierens über die eigenen Ziele; sie kann deshalb auch bei einem in einer unvorhergesehenen Augenblickssituation spontan gefassten Tötungsentschluss gegeben sein (BGH NStZ 2017, 462).

Hinsichtlich der Strafbarkeit der Beteiligten stellt § 28 StGB für derartige Konstellationen eine Sonderregelung bereit: Für strafbarkeitsbegründende, besondere, persönliche Merkmale (vgl. auch § 14 I aE StGB) ordnet § 28 I StGB eine **Strafmilderung** für den Teilnehmer an, wenn bei diesem die strafbarkeitsbegründenden Merkmale fehlen. Im Übrigen gelten die allgemeinen Akzessorietätsgrundsätze. Für strafschärfende, besondere persönliche Merkmale (und anderes) hingegen ordnet § 28 II StGB eine **Tatbestandsverschiebung** – also eine Akzessorietätsdurchbrechung – an. Dies bedeutet, dass die Strafschärfung nur bei demjenigen gilt, der das jeweilige Mordmerkmal verwirklicht.

Ob es sich bei den täterbezogenen Mordmerkmalen der ersten und dritten Gruppe um strafbarkeitsbegründende Merkmale oder strafschärfende Merkmale handelt, hängt davon ab, ob man den Mord als eigenständigen Tatbestand oder als Qualifikation des Totschlags klassifiziert. Im ersteren Fall müsste man die Merkmale, die eine einfache Tötung zu einem Mord machen, als **strafbarkeitsbegründend**, weil »mordbegründend« ansehen, sodass § 28 I StGB zur Anwendung käme. Sieht man dagegen im Mord lediglich eine Qualifikation des Totschlags, handelt es sich um gegenüber § 212 StGB **strafschärfende Merkmale**, sodass § 28 II StGB zur Anwendung käme. Vornehmlich die Rechtsprechung geht davon aus, dass der Mord eigenständig neben dem Totschlag stehe, mithin § 28 I StGB zur Anwendung gelange. Sie verweist hierbei auf die **systematische Stellung** des Mordes vor dem § 212 StGB (an der Spitze der Delikte gegen Leib und Leben) und auf den **Wortlaut**, der das Verhalten eines »Mörders« gegenüber der »Tötung« hervorhebe.

Dem hält die herrschende Lehre entgegen, dass die Struktur des Mordtatbestands die Tötung einer anderen Person voraussetze. Die systematische Stellung lasse sich historisch und mit der Bedeutung des Mordes als besonders schwerwiegende Tat erklären. Das Wortlautargument sei überdies nicht stichhaltig, da die Wendung »Mörder« ohnehin an eine überholte Tätertypenlehre anknüpfe.

Grundsätzlich sprechen daher die besseren Argumente für die hL, zumal die Anwendung des flexibleren § 28 II StGB (der nicht nur die Konstellation des Fehlens von Merkmalen beim Teilnehmer, sondern auch diejenige des Fehlens von Mordmerkmalen beim Haupttäter erfasst) auch praktisch stets zu sachgerechteren Ergebnissen führt.

Hinweis: Die Anwendung § 28 I StGB führt bereits im »einfachen Grundfall« (für den die Vorschrift konzeptioniert ist) uU zu unangemessenen Ergebnissen. Stiftet beispielsweise eine Person einen habgierigen Täter an, ist die Strafe des Anstifters bei fehlender Habgier des Anstifters selbst, gem. § 28 I StGB zu mildern. § 49 I StGB führt dann zu einem Strafrahmen von 3–15 Jahren. Würde der Vordermann selbst nicht habgierig agieren, also sich »nur« wegen Totschlags strafbar machen, würde die Milderung nach § 28 I StGB wegfallen und der Strafrahmen betrüge 5–15 Jahre. Dies bedeutet, dass der Teilnehmer an einem Mord eine niedrigere Strafe erhält als der Teilnehmer an einem Totschlag.

Der Streit könnte jedoch vorliegend dahinstehen, wenn beide Auffassungen in diesem Fall zu demselben Ergebnis führen. Eine Anwendung des § 28 II StGB hätte zur Konsequenz, dass die akzessorische Teilnehmerhaftung des Anstifters J, der nicht die Merkmale des T aufweist, zunächst durchbrochen wird und nur eine Anstiftung zum Totschlag in Betracht kommt. Weil J aber seinerseits Mordmerkmale (Verdeckungsabsicht) verwirklicht, müsste eine erneute Tatbestandsverschiebung und folglich auch eine Anstiftung zum Mord gem. §§ 211, 212, 26 StGB angenommen werden. Dagegen hätte eine Anwendung des § 28 I StGB zunächst zur Konsequenz, dass die Strafbarkeit des J, der um die Mordmerkmale des T weiß (s. oben), zu mildern wäre, da er nicht aus niedrigen Beweggründen, sondern mit Verdeckungsabsicht agierte (dies würde sogar dann gelten, wenn man in den Motiven des J zugleich niedrige Beweggründe sähe, da diese dann trotzdem nicht denjenigen niedrigen Beweggründen des T entsprächen). J wäre also nach §§ 211, 26 StGB zu bestrafen, seine Strafe aber gemildert nach §§ 28 I, 49 I StGB. Die widersinnige Konsequenz, dass J milder bestraft wird als T, obwohl er seinerseits Mordmerkmale verwirklicht, vermeidet die Rechtsprechung aber bei »**gekreuzten Mordmerkmalen**«, indem sie § 28 I StGB in derartigen Fällen schlicht nicht zur Anwendung gelangen lässt. Somit wäre auch nach der Auffassung der Rechtsprechung J wegen Anstiftung zum Mord zu bestrafen. Der Streit kann somit dahinstehen. J erfüllt den Tatbestand der Anstiftung zum Mord.

III. Rechtswidrigkeit und Schuld

J handelt rechtswidrig und schuldhaft. Er ist gem. §§ 211, 212, 26 StGB strafbar.

H. Konkurrenzen

T macht sich gem. §§ 274, 133, 242 StGB strafbar. Die Delikte stehen wegen den Unterschieden bezüglich der Angriffsrichtung sowie des Unrechtsinhalts in Tateinheit, § 52 StGB. Der Mord an G dagegen steht in Realkonkurrenz (§ 53 StGB, Tatmehrheit). Der spontane Entschluss des T, die Akte zu verstecken, entfaltet eine Zäsurwirkung. J macht sich wegen Anstiftung zum Mord gem. §§ 211, 212, 26 StGB strafbar.

2. Tatkomplex: Das Bauernopfer

A. Strafbarkeit des T gem. § 240 I, III Nr. 3 StGB durch Anruf bei R

T könnte sich durch den Anruf bei R wegen Nötigung gem. § 240 I, III Nr. 3 StGB strafbar gemacht haben.

I. Tatbestandsmäßigkeit

Hierfür müsste er zunächst einen Menschen mit Gewalt oder durch Drohung mit einem empfindlichen Übel zu einer Handlung, Duldung oder Unterlassung veranlasst haben. Die telefonische Angabe, dass R sofort zu einer Vernehmung erscheinen müsse und ansonsten von der Polizei festgenommen werde, ist als drohende Freiheitseinschränkung ein **empfindliches Übel**, auf das T Einfluss zu haben vorgibt. Es lässt sich somit eine Drohung bejahen. Diese war auch kausal für das Handeln des R, den Justizpalast aufzusuchen. Ein kausal auf der Drohung basierender **Nötigungserfolg** ist mithin anzunehmen.

Hierbei handelte T auch vorsätzlich gem. § 15 StGB dahingehend, dass es ihm gerade darauf ankam, dass R »seinem Willen« Folge leistet.

II. Rechtswidrigkeit und Schuld

Auch müsste das Verhalten des T gem. § 240 I StGB »**rechtswidrig**« sein, was sich nach der sog. **Verwerflichkeitsklausel** des § 240 II StGB danach bestimmt, ob die Androhung des Übels zu dem angestrebten Zweck als verwerflich anzusehen ist. R wurde nach dem Zufallsprinzip in das Gerichtsgebäude unter Androhung einer Freiheitseinschränkung gelockt, um ihm den Mord an G anzuhängen. Die Maßnahme, einen unschuldigen Menschen, durch das Rufen an einen bestimmten Ort, zum Beschuldigten eines Strafverfahrens zu machen, ist verwerflich. Im Übrigen sind keine Rechtfertigungs- und Entschuldigungsgründe ersichtlich. Insbesondere hat T die Bedrohung seiner eigenen Freiheit (durch eine potenziell berechtigte Festnahme) gem. § 35 I 2 StGB selbst zu verantworten.

III. Strafzumessung

Bei der von T begangenen Nötigung handelt es sich um einen **besonders schweren Fall** gem. § 240 III Nr. 3 StGB, da dieser seine **Stellung als der Amtsträger missbraucht**. Die Befolgung der Anordnung durch R beruht gerade auch auf der Machtstellung des T. T macht sich somit wegen Nötigung im besonders schweren Fall strafbar.

Hinweis: Trotz der Erweiterung des Tatbestands der Bedrohung (s. bereits Fall 1) liegt an dieser Stelle eine Verwirklichung des § 241 I StGB fern, da T ein »Amtshandeln« androht, das zwar tatsächlich rechtswidrig ist, aber den Anschein beim Adressaten erwecken soll, es handele sich um ein strafprozessual rechtmäßiges Handeln. Derartige Fälle mögen die »Willensfreiheit« des Adressaten zwar ebenso beeinträchtigen; § 241 I StGB setzt allerdings ausdrücklich voraus, dass der Täter mit einer rechtswidrigen Tat gegen die »persönliche Freiheit« droht, wobei derartige (»offene«) Drohungen ein ungleich größeres Potenzial aufweisen dürften, den inneren Frieden des Adressaten zu beeinträchtigen.

B. Strafbarkeit des T gem. § 344 I StGB durch Anzeigen des R

Auch könnte sich T wegen Verfolgung Unschuldiger gem. § 344 I StGB strafbar gemacht haben, indem er R bei dem Polizeibeamten angezeigt und Angaben in diesem Zusammenhang gemacht hat.

I. Tatbestandsmäßigkeit

Die Verfolgung Unschuldiger setzt als echtes Amtsdelikt eine Amtsträgerstellung des T voraus, der zur Mitwirkung am Strafverfahren »**berufen**« ist. Eine Zuständigkeit des Amtsträgers gerade für das jeweilige Verfahren setzt § 344 I StGB nicht voraus, wofür insbesondere auch der Wortlaut spricht, der zwischen dem Verfolgen und dem Hinwirken auf eine Verfolgung unterscheidet. Die Eigenschaft des **T als Staatsanwalt** (§ 11 I Nr. 2 StGB) genügt somit den Anforderungen des § 344 I StGB. Im Übrigen ist § 344 I StGB als schlichtes Tätigkeitsdelikt ausgestaltet, sodass es nicht darauf ankommt, ob das Verfahren gegen den Unschuldigen R »erfolgreich« abgeschlossen werden kann. Maßgeblich ist allein, ob Handlungen vorgenommen werden, die zu einem Verfahren gegen Unschuldige führen können. R ist als Unbeteiligter hinsichtlich der verfolgten Tat »**unschuldig**« iSd § 344 StGB, da er materiell-rechtlich nicht als Beteiligter an dem gegenständlichen Totschlag zulasten des G gem. §§ 212, 211 StGB in Betracht kommt. Für ein »**Verfolgen**« genügt jede dienstliche Handlung zur Förderung eines Ermittlungsverfahrens. Unerheblich ist, dass T **selbst das Verfahren nicht betreibt**. Durch die Amtsanzeige (also die Anzeige in amtlicher Funktion) und Verständigen der Polizisten wirkt er auf die Verfolgung Unschuldiger zumindest »hin«. Unerheblich ist hierbei, dass seine Aussage, er habe den R gesehen, wie dieser sich über G stand, objektiv wahr ist, da damit auch konkludent der Verdacht geschürt wird, R habe die Tat begangen.

Der **subjektive Tatbestand** (§ 15 StGB) setzt voraus, dass der Täter wenigstens mit **Eventualvorsatz** hinsichtlich seiner Stellung als Verfolgungsorgan agiert. Dies ist unproblematisch der Fall, da T um seine Stellung als Staatsanwalt weiß. Darüber hinaus muss die Verfolgung eines Unschuldigen aus dieser Stellung **absichtlich** oder **wissentlich** erfolgen. Absichtlich bedeutet, dass es dem Täter auf die Verfolgung ankommt, wenn auch nur als Zwischenziel seines Handelns. Vorliegend kam es dem T gerade darauf an, dem R den Mord »in die Schuhe zu schieben« und, dass aufgrund seiner Anzeige ein Ermittlungsverfahren gegen diesen gefördert wird. Der subjektive Tatbestand ist mithin erfüllt.

II. Rechtswidrigkeit und Schuld

Rechtfertigungs- und Entschuldigungsgründe sind nicht ersichtlich.

T macht sich wegen Verfolgung Unschuldiger gem. § 344 I StGB strafbar.

C. Strafbarkeit des T gem. § 339 StGB durch Anzeigen des R

Zudem kommt eine Strafbarkeit des T wegen Rechtsbeugung gem. § 339 StGB durch das Anzeigen des R bei den Polizeibeamten und die Angaben diesbezüglich in Betracht. Der Straftatbestand der Rechtsbeugung als weiteres echtes Amtsdelikt setzt aber voraus, dass der Amtsträger **zur »Leitung« einer Rechtssache berufen** ist. Der Staatsanwalt wird als **Herr des Ermittlungsverfahrens** in einer Rechtssache tätig und kann in diesem Verfahren grundsätzlich auch Täter einer Rechtsbeugung sein. Vorliegend wird aber das Ermittlungsverfahren gerade nicht von T, sondern von einem anderen Staatsanwalt geführt. Eine Begehung in mittelbarer Täterschaft dahingehend, dass T den zuständigen Staatsanwalt zur Rechtsbeugung veranlasst, scheidet aus, da gerade das Merkmal der »Leitung« und nicht die Amtsträgerstellung allein das Unrecht der Tat begründet. Insoweit muss § 339 StGB als eigenhändiges Delikt qualifiziert werden, bei dem eine mittelbare Täterschaft ausgeschlossen ist.

D. Strafbarkeit des T gem. §§ 239 I, III Nr. 1, 25 I Var. 2 StGB durch Anzeigen des R

T könnte sich jedoch durch das Bewirken des Einsperrens des R durch rechtmäßig agierende Polizei- und Vollzugsbeamte wegen Freiheitsberaubung in mittelbarer Täterschaft gem. § 25 I Var. 2 StGB strafbar gemacht haben. Hierfür müsste T einen anderen Menschen durch einen anderen eingesperrt oder auf andere Weise der Freiheit beraubt haben.

I. Tatbestandsmäßigkeit

1. Objektiver Tatbestand

R wurde zunächst – einer Straftat dringend verdächtig – **vorläufig festgenommen** (§ 127 StPO) und anschließend in Untersuchungshaft (§§ 112 ff. StPO) verbracht. R wird also in einem umschlossenen Raum festgehalten und durch äußere Vorrichtungen davon abgehalten, den Raum zu verlassen. Ein **Einsperren** ist somit gegeben.

Dieses Einsperren könnte – obwohl die unmittelbare Tathandlung durch Vollzugsbeamte vorgenommen wird – dem T zugerechnet werden, wenn er Tatherrschaft innehätte, mithin als **mittelbarer Täter** agierte, § 25 I Var. 2 StGB. Die Beamten selbst müssten also eine Werkzeugqualität aufweisen, was vornehmlich angenommen werden kann, wenn diese ein Strafbarkeitsdefizit aufweisen. Die Strafbarkeit der Beamten scheitert hier an deren strafprozessualer Befugnis, R festzunehmen bzw. den rechtmäßigen Untersuchungshaftbefehl zu vollstrecken. Gerade diese Befugnis nutzt T zu seinen Gunsten aus, wobei dessen Tatherrschaft auch daraus rührt, dass er den Verdacht jederzeit ausräumen könnte und insofern eine (mit den Fällen des vorsatzlos agierenden Vordermannes vergleichbare) Irrtumsherrschaft angenommen werden kann. R handelt somit tatherrschaftlich.

Hinweis: Hier sollte man sich möglichst kurz fassen und aufpassen, sich nicht um »Kopf und Kragen« zu formulieren, indem man wegen der Unschuld des R von einem unvorsätzlichen Handeln der Vollzugsbeamten ausgeht. Selbstverständlich handeln die Polizisten gerade aufgrund des objektiv berechtigten Verdachts vorsätzlich hinsichtlich der Festnahme. Und ebenso ist der Haftbefehl rechtmäßig, mag R auch tatsächlich nicht der Täter sein, da dessen Unschuld – idealtypisch – gerade im Rahmen des Erkenntnisverfahrens aufgedeckt werden soll. Dennoch sind die Beamten fungibel, weil der Hintermann hier gerade den Verdacht schafft, der dazu führt, dass die Polizisten gerechtfertigt agieren.

Ebenfalls ist ein Einwirken auf die Tatmittler anzunehmen, da T (Amts-)Anzeige erstattete und weitere Angaben gegenüber den Polizeibeamten machte.

Hinzu tritt, dass die U-Haft des R länger als eine Woche andauert und somit die **Qualifikation** des § 239 III Nr. 1 StGB erfüllt ist.

2. Subjektiver Tatbestand

T kam es gerade darauf an, dass R festgenommen wird. Er handelte mithin absichtlich bzw. mit dolus directus 1. Grades. Er wusste auch, dass er durch seine Falschanzeige die Beamten zu einer (berechtigten) Festnahme veranlasste und dieser Berechtigung durch eine Richtigstellung des Sachverhalts die Grundlage entziehen könnte, mithin agierte er mit Tatherrschaftswillen und Vorsatz (§ 15 StGB) hinsichtlich der Tatherrschaft. Der subjektive Tatbestand ist daher erfüllt.

II. Rechtswidrigkeit und Schuld

Es kommen weder Rechtfertigungs- noch Entschuldigungsgründe in Betracht, sodass sich T wegen qualifizierter Freiheitsberaubung in mittelbarer Täterschaft gem. §§ 239 I, III Nr. 3, 25 I Var. 2 StGB strafbar gemacht hat.

E. Strafbarkeit des T gem. § 258a StGB durch Anzeigen des R

Auch kommt in Betracht, dass T sich wegen Strafvereitelung im Amt gem. § 258a StGB strafbar gemacht hat, indem er R angezeigt und weitere Angaben bei den Polizeibeamten gemacht hat. Hierfür müsste er absichtlich oder wissentlich ganz oder zT vereitelt haben, dass ein anderer dem Strafgesetz gemäß wegen einer **rechtswidrigen Tat** bestraft wird, hier für den Mord an G, was unproblematisch eine rechtswidrige Tat darstellt. Grundsätzlich ist das Verhalten, den Tatverdacht vom Täter auf andere (unschuldige) Personen zu lenken, dazu geeignet, die Verwirklichung des staatlichen Verfolgungsanspruchs für geraume Zeit zu verhindern, sodass ein Vereiteln durch T bejaht werden könnte. Hier ist allerdings festzustellen, dass T nicht die Bestrafung der Vortat eines Dritten vereiteln will, sondern selbst der Täter des Mordes ist. Eine **Selbstbegünstigung** ist jedoch nicht tatbestandsmäßig. Würde man davon ausgehen, dass T zugleich fremde Vortaten verwischt (nämlich die Taten des J und dessen Anstiftung), so dürfte man nicht aus den Augen verlieren, dass die Selbstbegünstigung des T zwingend eine Begünstigung des J bedingt, weswegen auch diesbezüglich – jedenfalls nach § 258 V StGB – eine Strafbarkeit ausscheidet. T macht sich nicht wegen Strafvereitelung strafbar.

Hinweis: Achten Sie in Zukunft auf diesen kleinen, aber feinen Unterschied! Vereitelungshandlungen des Vortäters, mit denen er allein sich selbst begünstigt, sind bereits nicht tatbestandsmäßig. Demgegenüber ist § 258 StGB auch auf den Vortatbeteiligten anwendbar, wenn die Hilfeleistung ausschließlich zugunsten eines anderen Vortatbeteiligten erbracht wird. Will der Täter in diesem Kontext zugleich vereiteln, dass er selbst bestraft wird, so bleibt er nach Abs. 5 straffrei. Mit diesem persönlichen Strafausschließungsgrund soll der notstandsähnlichen Lage des Täters Rechnung getragen werden.

F. Strafbarkeit von T gem. § 153 StGB durch Anzeigen des R

Eine Strafbarkeit von T wegen einer uneidlichen Falschaussage gem. § 153 StGB durch das Anzeigen des R und den in diesem Zusammenhang gemachten Angaben würde voraussetzen, dass er die **Falschangaben vor Gericht oder bei einer zur Eidesabnahme berechtigten Stelle** machte. Dem Sachverhalt ist allerdings nur zu entnehmen, dass T Aussagen gegenüber den Polizeibeamten (nicht hingegen gegenüber einer Ermittlungsrichterin bzw. einem Ermittlungsrichter) tätigte. Diese sind allerdings nicht zur Eidesabnahme berechtigt. Eine Strafbarkeit gem. § 153 I StGB scheidet aus.

G. Strafbarkeit des J gem. §§ 239 I, III Nr. 1, 25 I Var. 2 StGB, durch Anregung, »Spuren zu verwischen«

Auch J könnte wegen Freiheitsberaubung in mittelbarer Mittäterschaft strafbar sein. Jedoch kann die pauschale Angabe, »Spuren zu verwischen« nicht als Aufforderung gedeutet werden, den Verdacht auf Dritte, also auf R umzulenken. Ein sukzessives Einvernehmen hinsichtlich des Vorgehens des T, das Verbrechen dem R »in die Schuhe zu schieben«, lässt sich dem Sachverhalt nicht entnehmen. Daher kann auch im Übrigen keine Beteiligungsstrafbarkeit hinsichtlich der (durch T verwirklichten) Delikte zulasten des R angenommen werden.

H. Konkurrenzen

T hat sich gem. § 344 I StGB und § 239 I, III Nr. 1 StGB strafbar gemacht, welche in Tateinheit stehen (§ 52 StGB). Hinzu tritt, in Realkonkurrenz, die Nötigung in einem besonders schweren Fall, §§ 240 I, III Nr. 3, 53 StGB (aA vertretbar, wenn man annimmt, dass es sich bei der Nötigung um ein notwendiges »Durchgangsstadium« handelte, um die Freiheitsberaubung zu realisieren; dann könnte man von einer mitbestraften Vortat ausgehen).

3. Tatkomplex: Die Rettungsaktion

A. Strafbarkeit des S gem. § 242 I StGB durch Mitnahme der Akte

S könnte sich durch das Mitnehmen der Akte wegen Diebstahls gem. § 242 I StGB strafbar gemacht haben. Hinsichtlich der Eigenschaft der Akte als fremde, bewegliche Sache gelten die bei T gemachten Ausführungen. Durch das Verstecken der Akte hat T neuen Gewahrsam begründet, den wiederum S durch das Auffinden und Mitnehmen bricht.

> **Hinweis:** Insofern gilt der Grundsatz, dass auch der Dieb bestohlen werden kann, soweit er neuen Gewahrsam begründet hat und dieser Gewahrsam durch Nichtberechtigte wiederum gebrochen wird.

Damit lässt sich auch eine Wegnahme bejahen und der objektive Tatbestand des § 242 I StGB ist erfüllt. S handelte auch vorsätzlich iSd § 15 StGB, doch erscheint fraglich, ob er auch mit der Absicht rechtswidriger Zueignung agiert hat. Mit **Zueignungsabsicht** agiert der Täter nur, wenn er mit dem Vorsatz handelt, den Eigentümer dauerhaft aus seiner Eigentümerposition zu verdrängen (**Enteignungsvorsatz**), und zugleich intendiert, sich oder einem Dritte die Sache zumindest vorübergehend einzuverleiben (**Aneignungsabsicht**). Vorliegend wollte S die Akte zu Beweiszwecken wiederum gerade an die Berechtigten, nämlich an die zuständigen Mitarbeiter in der Justiz zuführen. Die Wegnahme erfolgte also mit einem entsprechenden Rückführungsvorsatz an den Berechtigten. Von einem **Enteignungsvorsatz** kann daher nicht die Rede sein. Mangels Zueignungsabsicht macht sich S somit nicht wegen § 242 I StGB strafbar.

B. Strafbarkeit des S gem. § 133 I StGB durch Mitnahme der Akte

Ebenso scheidet eine Strafbarkeit nach § 133 I StGB aus. Voraussetzung wäre nämlich, dass sich die Akte zum Zeitpunkt der Tatbegehung in dienstlicher Verwahrung befindet. Jedoch war diese in der doppelten Schublade versteckt und damit nicht (mehr) in dienstlicher Verwahrung.

C. Strafbarkeit des S gem. § 123 I StGB durch Durchsuchen der Räumlichkeiten

I. Tatbestandsmäßigkeit

S könnte sich durch das Durchsuchen der Räumlichkeiten wegen Hausfriedensbruchs gem. § 123 I Var. 3 StGB strafbar gemacht haben. Er müsste also widerrechtlich in Räumlichkeiten eingedrungen, diese also gegen den Willen des Berechtigten betreten haben. Zwar betrat S das Gerichtsgebäude während der Öffnungszeiten, sodass ein widerrechtliches Eindringen diesbezüglich am generellen Einverständnis des Hausrechtsinhabers (zuständige Beamte bei der Justiz) scheiterte. Jedoch war das Betreten einzelner Bürozimmer der Staatsanwaltschaft Privaten ausdrücklich untersagt. Dass T vergessen hat, die Türe zu schließen, ändert hieran nichts (und kann insbesondere nicht als konkludentes Einverständnis gegenüber allen potenziellen Besucherinnen und Besuchern des Gerichtsgebäudes gedeutet werden).

S wusste auch, dass ihm das Betreten der Büroräume des T untersagt ist und es ist dem Sachverhalt auch nicht zu entnehmen, dass er das Offenlassen der Tür als Einverständnis gedeutet hätte. Er handelte somit vorsätzlich (§ 15 StGB). Der Tatbestand des Hausfriedensbruchs ist erfüllt.

II. Rechtswidrigkeit

Fraglich ist, ob das Verhalten des S auch rechtswidrig ist. Zweifel kommen dahingehend auf, dass S im Interesse des unschuldig inhaftierten Vaters handelt. Der Hausfriedensbruch dient dazu, den wahren Täter zu fassen und damit zu erwirken, dass der Vater wieder freikommt.

1. Nothilfe gem. § 32 StGB

Da hier ein übergeordnetes Hausrecht einer juristischen Person beeinträchtigt ist, die nicht als die Freiheit des R »Angreifende« angesehen werden kann, kommt keine Nothilfe gem. § 32 StGB in Betracht.

2. Rechtfertigender Notstand gem. § 34 StGB

Hingegen könnte man erwägen, dass S in einem **rechtfertigenden Notstand** gem. § 34 S. 1 StGB agiert haben könnte.

Dies setzt zunächst eine **Notstandslage** voraus, also eine gegenwärtige Gefahr für ein notstandsfähiges Rechtsgut. **Gefahr** ist ein Zustand, bei dem es nach den konkreten tatsächlichen Umständen wahrscheinlich ist, dass es zum Eintritt eines schädigenden Ereignisses kommt. Gegenwärtig ist die Gefahr, wenn sich nach dem objektivierten Ex-ante-Urteil der kurzfristige Eintritt eines Schadens bei prognostizierbarer natürlicher Weiterentwicklung des angelegten Geschehensverlaufs als wahrscheinlich darstellt, wenn nicht alsbald Rettungsmaßnahmen eingeleitet werden. Vorliegend droht R für eine Tat, die er nicht begangen hat, lebenslang eingesperrt, mithin in seiner Freiheit beeinträchtigt zu werden. Diese Gefahr ist auch gegenwärtig, da bereits Anklage erhoben wurde und somit ein Hauptverfahren aussteht. Außerdem ist R durch die weiterhin vollzogene Untersuchungshaft auch aktuell in seiner Fortbewegungsfreiheit beeinträchtigt. Eine Notstandslage lässt sich somit bejahen.

Die gegenwärtige Gefahr darf nicht anders als durch die Notstandshandlung abwendbar sein, sie muss mithin **erforderlich** sein, also ein geeignetes Mittel darstellen, wobei der Täter das mildeste unter dem ihm zur Verfügung stehenden Mittel auswählen muss. Laut Sachverhalt stehen S keine Alternativen zur Verfügung. Das Dokument selbst indessen ist geeignet, die Unschuld des R zu beweisen und damit die Freiheitsbeeinträchtigung zu beenden.

Darüber hinaus erfordert § 34 S. 1 StGB eine **Interessensabwägung**, bei der die widerstreitenden Interessen gegeneinander abgewogen werden. Dies sind vorliegend zum einen die Rechtspflege und zum anderen die Freiheit des Vaters. Hierbei ist zunächst festzustellen, dass es sich bei der Strafverfolgung bzw. der Rechtspflege um ein Rechtsgut der Allgemeinheit handelt, hingegen bei der Freiheit des R um ein Individualrechtsgut. Dies erschwert eine quantitative Gewichtung, wobei freilich zu sehen ist, dass das »gerichtliche Hausrecht« einen eher untergeordneten Aspekt der Rechtspflege betrifft, während die Freiheit des R als akute Beeinträchtigung umso schwerer wiegt, als dieser uU durch die Belastungen des Untersuchungshaftvollzugs auch gesundheitliche Schäden erleiden kann. Dagegen ist die Betroffenheit der Strafverfolgung durch das Vorgehen des S äußerst gering. Damit ließe sich ein Überwiegen der Interessen des R gegenüber der Beeinträchtigung des Hausrechts grundsätzlich annehmen.

Neben dem Überwiegen des zu beschützenden Rechtsguts müsste die Handlung des S allerdings auch angemessen sein, § 34 S. 2 StGB. Die **Angemessenheit** dient als normatives Korrektiv der Interessensabwägung, die einer Rechtfertigung des Verhaltens trotz eines wesentlichen Überwiegens des gefährdeten Interesses entgegensteht, wenn sie sich wegen ihrer Unvereinbarkeit mit elementaren, nicht abwägungsfähigen Rechtsprinzipien oder mit **abschließenden Verfahrensregeln** als zur Abwendung der Gefahr nicht angemessenes Mittel erweist. Hat sich der Staat also die Hilfshandlungen des S, hier in Form der Aufklärung des Sachverhalts vorbehalten, mithin ein **geordnetes Verfahren** (nämlich das strafprozessuale Erkenntnisverfahren) bereitgestellt, ist dieser Weg vorrangig. S könnte Ermittlungen gegen T anregen sowie auf eine Beschlagnahme der Unterlagen hinwirken, mithin das geordnete Verfahren anstreben; dass dieses unter Umständen keinen Erfolg verspricht bzw. das System als solches »korrumpiert« zu sein scheint, bleibt hierbei außer Betracht. S ist nicht gem. § 34 StGB gerechtfertigt.

Hinweis: Gerade der Verweis auf die Alternativen des S macht deutlich, dass der Gesichtspunkt des geordneten Verfahrens auch bei der Erforderlichkeit, die hier noch bejaht wurde, verortet werden könnte. Doch geht es weniger darum, dass das Verfahren eine alternative Notstandshandlung darstellt, als vielmehr darum, dass dieses Verfahren sonstige Handlungen im Übrigen »sperrt«. Insofern handelt es sich auch um eine gesetzliche »Vorabwägung«, die in gewissem Grade die Funktionsfähigkeit und Anerkennung von staatlichen Institutionen gewährleistet, da Eigeninitiativen (bzw. Selbstjustiz) nicht durch die Annahme eines Unrechtsausschlusses belohnt werden. Auch bei einer – materiell-rechtlich gesehen – zu Unrecht drohenden Verurteilung soll das Individuum nicht rechtswidrigen Handlungen (Hausfriedensbruch, Herstellen unechter Urkunden oder Anstiftung eines Zeugen zu einer Falschaussage) berechtigt sein, wenn er – idealtypisch – auf andere Weise zu seinem »Recht« kommt.

III. Schuld

Fraglich ist jedoch, ob S nicht zumindest entschuldigt ist. Soweit man den bei § 34 StGB dargestellten Aspekt des geordneten Verfahrens als Frage der Interessensabwägung oder Angemessenheit versteht, erscheint sein Geltungsanspruch im Kontext des § 35 StGB fragwürdig, da dieser weder eine Interessensabwägung noch ein angemessenes Handeln des Täters verlangt. Da auch die von § 35 StGB erfassten Rechtsgüter (Freiheit des R) betroffen sind und das erforderliche Näheverhältnis zwischen Notstandstäter und hilfsbedürftigem Subjekt besteht, könnte eine Entschuldigung des Hausfriedensbruchs bejaht werden, wenn die Gefahr »**nicht anders abwendbar**« ist. Hier müsste dann aber nicht die objektive Erfolgstauglichkeit des Verfahrens, sondern die Vorstellung des S Berücksichtigung finden, welcher der Justiz nicht mehr vertraut. Bedenkt man zudem, dass das Vorgehen geeignet ist, den Zustand der Freiheitsentziehung wesentlich schneller zu beenden, liegt es nahe, eine Tat mit derart geringem Unrechtsgehalt S nicht mehr persönlich vorzuwerfen. Er ist somit gem. § 35 S. 1 StGB entschuldigt und macht sich nicht wegen Hausfriedensbruch strafbar.

Gesamtergebnis und Konkurrenzen

S ist straflos. T macht sich wegen § 211 StGB strafbar, der in Realkonkurrenz zu den tateinheitlich verwirklichten §§ 274, 133, 242 StGB steht. Hinzutreten, wiederum real konkurrierend (und zueinander in Idealkonkurrenz stehend) die § 344 I StGB und § 239 I, III Nr. 1 StGB. Die Nötigung in einem besonders schweren Fall, § 240 I, III Nr. 3 StGB steht ebenfalls in Realkonkurrenz (s. oben: aA vertretbar). J macht sich gem. §§ 211, 212, 26 StGB strafbar.

Literatur

Vertiefende Literatur zu den Schwerpunkten des Falles

1. Zu den einzelnen Mordmerkmalen, insbesondere der Heimtücke

- *Beck*, Die Heimtücke – ein unzeitgemäßes und moralisierendes Mordmerkmal (Unter Berücksichtigung des Abschlussberichts der von Justizminister Heiko Maas eingesetzten Expertenkommission), ZIS 2015, 10
- *Bosch*, Niedrige Beweggründe, JURA 2015, 803
- *Schauf*, Der Zeitpunkt für die Beurteilung der Heimtücke, NStZ 2019, 585
- *Kett-Straub*, Die Tücken der Heimtücke in der Klausur, JuS 2007, 515
- *Theile*, Verdeckungsabsicht und Tötung durch Unterlassen, JuS 2006, 110

2. Zur Teilnahme am Mord und Akzessorietätsdurchbrechungen

- *Gerhold*, Grundfragen der Akzessorietät der Teilnahme bei Beteiligung mehrerer an einem vorsätzlichen Tötungsdelikt iSd §§ 211 f., 28 f. StGB, JA 2019, 721
- *Radtke*, Besondere persönliche Merkmale gem. § 28 StGB, JuS 2018, 641
- *Kudlich*, Mordmerkmale und Beteiligung mehrerer an Tötungsdelikten, JA 2008, 310

3. Zu den Amtsdelikten in der Fallbearbeitung

- *Bock*, Einführung in die »Korruptionsdelikte« bei Amtsträgern, JA 2008, 199
- *Jahn*, Rechtsbeugung, JuS 2012, 951
- *Rönnau/Wegner*, Grundwissen-Strafrecht: Amtsträger, JuS 2015, 505

4. Zum Rückführungswillen beim Diebstahl

- *Kudlich/Oğlakcıoğlu*, Die Zueignungsabsicht in der Fallbearbeitung, JA 2012, 321

5. Zur Angemessenheit der Notstandshandlung bei der Verschaffung von Beweismitteln

- *Geilen* JZ 1975, 380 ff.

Zusammenhängende Literatur zu den einzelnen Deliktsbereichen

Mordmerkmale: *Kudlich* PdW StrafR BT II Nr. 7–22; *Rengier* StrafR BT II § 4; *Jäger* ExamensRep StrafR BT Rn. 34–52
Freiheitsdelikte: *Kudlich* PdW StrafR BT II Nr. 67–98; *Rengier* StrafR BT II § 22
Amtsdelikte: *Kudlich* PdW StrafR BT II Nr. 223–229; *Rengier* StrafR BT II §§ 37, 59, 62

Fall 4: »BFFs«

Sachverhalt

Die beiden Jurastudentinnen Cindy (C) und Mandy (M) sind BFFs (Best Friends Forever). Nach einer langen Partynacht wollen sich die beiden wieder auf den Weg nach Hause machen. Die nüchterne M steigt in ihren Kleinwagen und stößt aufgrund einer Unachtsamkeit beim Rückwärtsausparken prompt gegen eine dahinterstehende Limousine (die Lackkratzer sind mit Reparaturkosten iHv 450 EUR verbunden). Der Zusammenprall macht sich nur durch einen leichten Ruck bemerkbar; aufgrund der lauten Musik, die M gleich eingeschaltet hatte, ist sie sich jedoch nicht sicher, ob sie gegen den Wagen hinter ihr geprallt ist. C beschwichtigt und meint, es sei nichts passiert. M bittet sie aber, nochmals auf Nummer sicher zu gehen und nachzusehen. Daraufhin steigt C aus und entdeckt den tiefen Kratzer im Lack der Limousine. Sie sieht sich kurz um und will überprüfen, ob jemand den Zusammenprall gesehen haben könnte. Dann entschließt sie sich, ihrer Freundin etwas Gutes zu tun und ihr die Erhöhung der Versicherungsprämie zu sparen. Sie steigt wieder in den Wagen und teilt M mit, dass, wie vermutet, alles in Ordnung wäre und es zu keinem Schaden gekommen sei. M glaubt dies und fährt daraufhin los. Sie wird erst eine Woche später von C über die wahre Geschichte bei einem gemeinsamen Glas Wein, bei dem auch die Kommilitonin (K) und die Schwester (S) der C dabei sind, aufgeklärt. Noch finden das alle vier lustig.

Als M zwei Wochen später einen Strafbefehl wegen unerlaubten Entfernens vom Unfallort in ihrem Briefkasten liegen sieht, ist sie natürlich baff. Rentnerin (R) hatte den Vorfall beobachtet und ihn der Polizei gemeldet. Selbstverständlich holt sich M einen Anwalt (A), der ihr empfiehlt, Einspruch gegen den Strafbefehl einzulegen, da sich unter Mitwirkung der anderen Zeugen (C, K und S) der ganze Sachverhalt zugunsten der M auflösen werde. Tatsächlich sichert C den beiden auch zu, den Tathergang wahrheitsgemäß darzustellen. Aus der Vorlesung zum Strafrecht Allgemeiner Teil glaubt sie aber zu wissen, dass sie als Beteiligte an einer Straftat in Betracht kommt. Sie will ihr Jurastudium nicht aufs Spiel setzen und beschließt daher, vor Gericht »alternative Fakten« zu präsentieren. Zu diesem Zweck ruft sie noch ihre Kommilitonin K an, von der sie weiß, dass sie leicht vergesslich ist. Sie fragt K, ob sie sich noch an die Sache mit dem Unfall erinnern könne und stellt den Sachverhalt so dar, als hätte M um den Unfall gewusst. M habe das ja in dem Gespräch an dem gemeinsamen Weinabend auch so zugegeben. C ist sich nicht sicher, ob sich K trotz der zahlreichen Gläser Wein daran erinnern wird, dass der Umstand, dass sie M den Unfall verschwiegen hat, gerade das Besondere an der Story war. Es ist ihr aber egal, an welche Geschichte sich K konkret erinnert, Hauptsache ist für C, dass K aussagt, M hätte um den Unfall gewusst. K erinnert sich natürlich sofort an den Inhalt des Gesprächs, gerade weil die drei im Anschluss darüber sinnierten, wie sich der Irrtum der M auf die Strafbarkeit nach § 142 StGB auswirke. Sie lässt sich jedoch nichts anmerken und beschließt, den Sachverhalt so darzustellen, als hätte M bei dem Gespräch »gestanden«, dass sie um den Unfall wusste. Um S macht sich C keine Sorgen, da diese sicher nicht zum Nachteil ihrer Schwester aussagen werde.

Im Prozess vor dem Amtsgericht werden C, K und S als Zeuginnen geladen, zu Beginn ordnungsgemäß belehrt und in den Wartebereich vor dem Sitzungssaal geschickt. Zunächst wird C vernommen und sagt unter anderem aus, dass sie der M mitgeteilt hätte, dass es zu einem Unfall gekommen ist. Als »Zeugin vom Hörensagen« bestätigt K bei ihrer anschließenden Vernehmung, dass M dies in einem Gespräch zu dritt eine Woche später auch so dargestellt hätte. Die im Anschluss vernommene S macht sich Sorgen, dass bei einer wahrheitsgemäßen Aussage das wenig kameradschaftliche Verhalten ihrer kleinen Schwester C in der Unfallnacht auffliegen könnte. Daher schließt sie sich zunächst der Aussage der K an, wonach M gemeint habe, den Unfall bemerkt zu haben. Tatsächlich kann sie sich noch genau daran erinnern, dass C damit geprahlt hatte, der M den Unfall verheimlicht zu haben. Weil sie dann ein schlechtes Gewissen bekommt, relativiert sie ihre Aussage – bevor sie entlassen wird – doch noch und meint, dass sie sich aber nicht exakt daran erinnern könne, weil sie selbst »etwas intus« gehabt habe. Nun tritt auch noch R hinzu, die vom Richter vor ihrer Aussage – wie sich das gehört – belehrt wird. Die Belehrung wird aber nicht im Protokoll vermerkt. Weil der eitlen R ihr wahres Alter peinlich ist, gibt sie bei den Angaben zu ihren persönlichen Verhältnissen wahrheitswidrig an, erst 67 Jahre alt zu sein. Erst als der Richter anmerkt, dass sich aus den ermittelten Personalien etwas anderes ergebe (nämlich, dass sie 71 Jahre alt sei), gesteht sie ihr peinliches Verhalten ein und macht wahrheitsgemäße Angaben zur Sache. Die schockierte M kann es nicht fassen, dass alle drei Freundinnen sie so ins Messer haben laufen lassen. In ihrem letzten Wort merkt sie an, dass die Geschehnisse am heutigen Tag wieder einmal bestätigt hätten, dass alle Jurastudentinnen »verlogene Bitches« seien, insbesondere diejenigen in ihrem Jahrgang.

Nachdem M zu einer Geldstrafe verurteilt worden ist, legt deren Verteidiger A (Sprung-)Revision ein. A rechnet dabei durchaus mit der Möglichkeit, dass seine Mandantin »zu Recht« verurteilt wurde, er ist dennoch der Meinung, dass er als Verteidiger »alles versuchen müsse«. Im Begründungsschriftsatz macht er nur die »laut Protokoll« nicht vorliegende Belehrung der R geltend. Er will damit erreichen, dass das Urteil aufgehoben wird, um in einer neuen Hauptverhandlung die Unschuld seiner Mandantin beweisen zu können. In einer wenig später abgegebenen Stellungnahme im Protokollberichtigungsverfahren gibt er jedoch an, dass es tatsächlich zu einer Belehrung gekommen sein könnte, er sich aber nicht mehr genau erinnern könne. Das Hauptverhandlungsprotokoll wird schließlich berichtigt, die Revision einige Monate später als unbegründet verworfen. Durch das notwendig gewordene Protokollberichtigungsverfahren tritt eine Verzögerung der Revisionsentscheidung von insgesamt fünf Wochen ein.

Bearbeitervermerk: Wie haben sich die Beteiligten nach dem StGB strafbar gemacht?

§§ 164, 145d, 263 StGB sind nicht zu prüfen. Gegebenenfalls erforderliche Beweisanträge sind gestellt. Die Bearbeitungszeit beträgt 240 Minuten.

Gutachtliche Vorüberlegungen

A. Bearbeitervermerk

Der Bearbeitervermerk ist relativ offen gestaltet. Es ist die Strafbarkeit aller im Sachverhalt erwähnten Personen zu prüfen und lediglich §§ 164, 145d, 263 StGB (bei denen sowieso keine »Probleme« anzusprechen wären) sind ausgeschlossen. Berücksichtigt man, dass im Fall insgesamt sechs Personen eine Rolle spielen, wird schnell klar, dass viel Schreibarbeit und Zeitprobleme auf die Bearbeiterinnen und Bearbeiter zukommen. Dem Hinweis auf die gestellten Beweisanträge kommt im vorliegenden Sachverhalt keine allzu große Bedeutung zu, weil nur im letzten Abschnitt einzelne Antragsdelikte zu prüfen sind (Beleidigungsdelikte).

B. Sachverhaltsanalyse

Die erste Hürde, die die Klausurkandidatin bzw. der Klausurkandidat bei der Bewältigung des Sachverhalts nehmen muss, ist eine sinnvolle Einteilung in Tatkomplexe. Anders als in vielen Klausuren hilft die Daumenregel »Pro Absatz ein Tatkomplex« im vorliegenden Fall nicht weiter. Die Geschichte zerfällt in drei Teile – Unfall, Anruf von C bei K und Prozess. In einem Gutachtenaufbau lassen sich allerdings nur der Unfall einerseits und der Anruf von C bei K sowie der Prozess andererseits getrennt darstellen. Dies liegt zum einen daran, dass sich in dem Abschnitt über den Anruf zahlreiche Informationen finden, die erst im dritten Absatz (dem Prozess) relevant werden (zB Informationen über die Kenntnislage und damit den Vorsatz der Beteiligten). Zum anderen enthält der Anruf von C bei K eine möglicherweise relevante Tathandlung der C (mittelbare Täterschaft/Anstiftung?). Daher spricht vieles dafür, den Anruf und die Aussagen im Prozess gemeinsam zu prüfen. Dagegen erscheint es sinnvoll, die Geschehnisse während des Strafprozesses in zwei Teilabschnitte aufzuteilen: In der Beweisaufnahme dreht sich alles um Aussagedelikte. Da mehrere Beteiligte geprüft werden müssen, bei denen jeweils mehrere Delikte in Betracht kommen, erscheint es übersichtlicher, die Ausführungen der M während des letzten Wortes und das Einlegen des Rechtsmittels durch ihren Verteidiger hiervon (und voneinander) getrennt darzustellen. Insgesamt ist es daher empfehlenswert, den Sachverhalt in vier Tatkomplexe aufzuteilen (Unfall, Anruf und Beweisaufnahme im Prozess, letztes Wort, Rechtsmitteleinlegung). Der vorliegende Fall ist damit ein gutes Beispiel, dass bereits Wahl und Ausführung der Falldarstellung gelgentlich wichtige Bewertungskriterien sind. Sie sollten sich immer bemühen, die Darstellung so zu gestalten, dass Korrigierende ihren Ausführungen möglichst leicht folgen können. Wenn Sie zu viel »Chaos« veranstalten, wird sich das definitiv negativ auf Ihre Benotung auswirken.

Der Tatkomplex Unfall enthält ausschließlich bekannte Tatbestände und Probleme im neuen Gewand. Der Schwerpunkt liegt (leicht erkennbar) auf § 142 StGB. Hierbei gilt es, das – den meisten Bearbeiterinnen und Bearbeitern wahrscheinlich zumindest bekannte – Problem des unvorsätzlichen Entfernens vom Unfallort bei späterer Kenntniserlangung sauber herauszuarbeiten und zu lösen. Klausurtaktisch bietet es sich dabei an, der Rechtsprechung des BVerfG zu folgen und eine Strafbarkeit der M zu verneinen, um anschließend auf die Frage der mittelbaren Täterschaft der C eingehen zu können. Der »Kniff« des ersten Tatkomplexes liegt darin, dass C trotz ihrer offensichtlichen Wissensherrschaft über M, wegen der Sonderdeliktseigenschaft von

§ 142 StGB als Täterin ausscheidet und eine Teilnahme wegen der fehlenden Haupttat nicht in Betracht kommt.

Auch im ersten Teil der Hauptverhandlung – während der Beweisaufnahme – finden sich jede Menge »Standardprobleme« aus dem Bereich der Aussagedelikte. Der schwierigste Teil ist dabei sicherlich die Strafbarkeit der C bezüglich der Aussage der K. Die Bearbeiterinnen und Bearbeiter müssen hier sauber herausarbeiten, dass K tatsächlich bösgläubig ist, C sich jedoch nicht sicher ist, ob K gut- oder bösgläubig ist. Das dadurch entstehende Problem der Anwendbarkeit von § 160 StGB auf der einen und §§ 153, 26 StGB auf der anderen Seite bietet – insbesondere wegen der Kombination mit dem AT-Problem des »dolus alternativus« – gerade für gute Bearbeiterinnen und Bearbeiter die Gelegenheit, sich durch einen sauberen Aufbau und eine gute Argumentation »nach oben abzusetzen«. Gleiches gilt für die Frage einer Beihilfe durch Unterlassen der C bei der falschen Aussage der S. Bei beiden Problemkreisen kommt es – wie so oft – nicht auf das Ergebnis, sondern auf eine gute Begründung desselbigen an.

Der letzte Teil der Klausur (Letztes Wort und Rechtsmittel) beginnt schließlich erneut mit Standardproblemen – diesmal aus dem Bereich der Beleidigungsdelikte. Dabei muss besonders darauf geachtet werden, alle möglichen Betroffenen der ehrverletzenden Aussage herauszuarbeiten (alle Jurastudentinnen; die Jurastudentinnen im Jahrgang der M; C und K als Einzelpersonen). Die Problematik um die unwahre »Protokollrüge« dürfte den meisten Bearbeiterinnen und Bearbeitern dagegen völlig unbekannt sein. Auf den Tatbestand der Strafvereitelung werden die Bearbeiterinnen und Bearbeiter allerdings vor allem durch den letzten Satz des Sachverhalts hingewiesen, der von einer »Verzögerung« der Revisionsentscheidung und damit der Rechtskraft spricht. Hier zeigt sich einmal mehr der Vorteil einer genauen Sachverhaltsanalyse. Bearbeiterinnen und Bearbeiter müssen sich stets fragen: »Warum steht dieser Satz im Sachverhalt? Was möchte mir die Erstellerin bzw. der Ersteller damit sagen?«.

C. Klausurbausteine

Der Schwerpunkt des Falles liegt klar auf Fragestellungen aus dem Besonderen Teil. Er eignet sich daher sowohl als Klausur in einer Fortgeschrittenenübung als auch – gegebenenfalls ergänzt durch eine prozessuale Zusatzfrage – als Examensklausur. Aufgrund seines Umfangs und des an einigen Stellen recht hohen Schwierigkeitsgrads ist er eher als Examensfall einzustufen.

Um den Fall im Rahmen der Fortgeschrittenenübung mit einer Bearbeitungszeit von 180 Minuten stellen zu können, würde sich die Streichung des letzten Teils (Letztes Wort und Rechtsmittel) anbieten. Es handelt sich dabei sowohl um den »unabhängigsten« Teil des Falles als auch um den »unbekanntesten«. Gegebenenfalls könnte man noch S oder R aus dem Sachverhalt streichen bzw. R von Anfang an wahrheitsgemäß aussagen lassen.

D. Korrekturberichte

Die Klausur fiel im Klausuren-Workshop mit 4,9 Punkten im ersten und zweiten Durchgang durchschnittlich aus. Erwähnenswert ist, dass die beiden Korrigierenden erstaunlich oft (bei sechs von 11 geschriebenen Klausuren) exakt dieselbe Punktzahl vergaben.

Im ersten Tatkomplex fiel den Studierenden vor allem die Prüfung der Unfallflucht in mittelbarer Täterschaft (§§ 142 I Nr. 2, 25 I Var. 2 StGB) schwer. Teilweise wurde hier fälschlicherweise von der Möglichkeit einer mittelbaren Täterschaft ausgegangen. Andere Bearbeiterinnen und Bearbeiter lehnten eine mittelbare Täterschaft zwar ab, stellten dabei allerdings nicht auf den Charakter als Sonderdelikt (Täter können nur Unfallbeteiligte nach § 142 V StGB sein), sondern als Tätigkeitsdelikt ab, was nicht vertretbar ist. Hier zeigt sich, dass es für die Bearbeitung unbekannter Konstellationen besonders wichtig ist, über gute Grundlagenkenntnisse (Deliktsstruktur von § 142 StGB und zur mittelbaren Täterschaft) zu verfügen. Interessant ist ferner, dass viele Bearbeiterinnen und Bearbeiter einen Betrug gem. § 263 I StGB zulasten des Eigentümers des angefahrenen Fahrzeugs bzw. von dessen Vollkasko-Versicherung prüften und sogar bejahten. Ein solcher ist im Erwartungshorizont/Lösungsvorschlag nicht enthalten, da er sehr fernliegend ist. Die Bejahung einer Vermögensverfügung durch die getäuschte und irrende M ist bereits sehr schwierig zu konstruieren (nur möglich, wenn man im Wegfahren der M eine unmittelbare Vermögensminderung des Eigentümers bzw. der Versicherung dadurch bejaht, dass der Schadensersatzanspruch durch die erschwerte Durchsetzbarkeit wirtschaftlich betrachtet »weniger wert« ist). Jedenfalls fehlt es aber an dem notwendigen Näheverhältnis zwischen M als Verfügender und dem Eigentümer des angefahrenen Kfz bzw. seiner Versicherung. Die Frage eines Dreiecksbetrugs wurde interessanterweise von keiner der Kandidatinnen und Kandidaten, die einen Betrug geprüft haben, auch nur angesprochen. Hier fehlt es offensichtlich an Kenntnissen zu § 263 I StGB bzw. am Problembewusstsein. Um solcherlei Verwirrung bei der Bearbeitung des vorliegenden Falls zu vermeiden, wurde § 263 I StGB für die hier vorliegende Fassung im Bearbeitervermerk ausgeschlossen.

In den Tatkomplexen, welche die Hauptverhandlung betreffen, offenbarten viele Bearbeiterinnen und Bearbeiter große Probleme mit den Aussagedelikten bzw. Delikten gegen die Rechtspflege. So wurden die §§ 271 und 258 StGB kaum geprüft, obwohl diese fast immer gemeinsam mit den §§ 153 ff. StGB auftreten. Überraschend war auch, dass die klassische Problemkonstellation des bösgläubigen Tatmittlers bei § 160 StGB kaum einer Bearbeiterin bzw. einem Bearbeiter bekannt war. Gleiches gilt für den – auch im Examen oft relevanten – Vollendungszeitpunkt bei § 153 StGB. Hieran ist abzulesen, dass viele Studierende nicht über ausreichende Kenntnisse »in der Breite« verfügen. Weniger überraschend war dagegen, dass die Problematik des »dolus alternativus« nur von einer Bearbeiterin bzw. einem Bearbeiter gesehen wurde. Es handelt sich hierbei auch um eine seltenere und eher schwierige Problemkonstellation aus dem Bereich des Allgemeinen Teils.

Ebenfalls nicht überraschend war, dass kaum eine Bearbeiterin oder ein Bearbeiter etwas Brauchbares zum letzten Tatkomplex (Rechtsmittel) zu Papier brachte. Es handelt sich hier in der Tat um ein Spezialproblem. Allerdings waren zumindest eindeutige Hinweise im Sachverhalt enthalten, um zu einer Prüfung des § 258 StGB geführt zu werden. Dort angelangt, war der Weg zur klassischen Frage nach dem prozessordnungsgemäßen Verhalten des Verteidigers eigentlich nicht mehr weit. Hier zeigt sich, dass für den maximalen Klausurerfolg auch eine Arbeit »hart am Sachverhalt« und der Umgang mit (völlig) unbekannten Problemlagen erforderlich sind.

Lösungsgliederung

1. Tatkomplex: Der Unfall

A. Strafbarkeit der M gem. § 315c I Nr. 1 lit. a, III StGB durch Anfahren (-)
B. Strafbarkeit der M gem. § 142 I Nr. 2 StGB durch Wegfahren (-)
  P: Zeitpunkt des Vorsatzes
C. Strafbarkeit der M gem. § 142 II Nr. 2 StGB durch Nichtermöglichen der Feststellungen im Nachhinein (-)
  P: Unvorsätzliches Entfernen als »berechtigtes oder entschuldigtes Entfernen«
D. Strafbarkeit der C gem. §§ 142 I Nr. 2, 25 I Var. 2 StGB durch Behauptung, es sei nichts passiert (-)
  P: Echtes Sonderdelikt
E. Strafbarkeit der C gem. §§ 142 I Nr. 2, 13 StGB durch Nichthinweis auf Unfall (-)
F. Strafbarkeit der C gem. §§ 142 I Nr. 2, 27 StGB durch Behauptung, es sei nichts passiert (-)
G. Ergebnis
  Alle straflos.

2. Tatkomplex: Die Verhandlung I – Beweisaufnahme

A. Strafbarkeit der C gem. § 153 StGB durch Aussage, sie habe M aufgeklärt (+)
  P: Absehen von oder Milderung der Strafe gem. § 157 StGB: Nur vorgestellte eigene Strafbarkeit
B. Strafbarkeit der C gem. § 187 Hs. 1 Var. 1 StGB durch Aussage, sie habe M aufgeklärt (-)
  P: Wahrheitsbeweis durch rechtskräftige Verurteilung der M gem. § 190 StGB
C. Strafbarkeit der C gem. § 185 StGB durch Aussage, sie habe M aufgeklärt (-)
D. Strafbarkeit der C gem. § 271 I StGB durch Aussage, sie habe M aufgeklärt (-)
  P: Reichweite der Beweiskraft des Hauptverhandlungsprotokolls
E. Strafbarkeit der C gem. § 258 I StGB durch Aussage, sie habe M aufgeklärt (-)
F. Strafbarkeit der K gem. § 153 StGB durch Bestätigung der Aussage der C (+)
G. Strafbarkeit der K gem. § 258 I StGB durch Bestätigung der Aussage der C (-)
H. Strafbarkeit der K gem. § 271 I StGB durch Bestätigung der Aussage der C (-)
I. Strafbarkeit der K gem. §§ 185 und 187 StGB durch Bestätigung der Aussage der C (-)
J. Strafbarkeit der S gem. § 153 StGB durch Anschluss an Aussage der K (+)
  P: Relativierung der eigenen Aussage während laufender Vernehmung
  P: Rechtswidrigkeit: § 34 StGB – Angemessenheit?
  P: Schuld: § 35 StGB – Gefahrtragungspflicht?
  P: Absehen von Strafe/Strafmilderung § 157 StGB – Anwendbarkeit trotz Aussageverweigerungsrecht?
  P: Absehen von Strafe/Strafmilderung § 158 StGB – Berichtigung durch Relativierung?
K. Strafbarkeit der S gem. § 258 I StGB durch Anschluss an Aussage der K (-)
L. Strafbarkeit der S gem. § 271 I StGB durch Anschluss an Aussage der K (-)
M. Strafbarkeit der S gem. §§ 187 und 185 StGB durch Anschluss an Aussage der K (-)
N. Strafbarkeit der C § 160 I Hs. 2 StGB bezüglich K durch Anruf bei K (-)
  P: Verleiten trotz Bösgläubigkeit der Vorderfrau?
O. Strafbarkeit der C gem. §§ 160 I, II, 22, 23 I StGB bezüglich K durch Anruf bei K (-)
  P: Dolus alternativus
P. Strafbarkeit der C gem. §§ 153, 26 StGB bezüglich K durch Anruf bei K (+)
Q. Strafbarkeit der C gem. §§ 153, 27 StGB bezüglich Aussage der S durch eigene Aussage (-)
R. Strafbarkeit der C gem. §§ 153, 13 StGB bezüglich Aussage der S durch Nichtverhinderung der Aussage der S (-)
S. Strafbarkeit der C gem. §§ 153, 27, 13 StGB bezüglich Aussage der S durch Nichtverhinderung der Aussage der S (-)
  P: Garantenstellung – Ingerenz – Freiverantwortliches Handeln der S
T. Strafbarkeit der R gem. § 153 StGB durch falsche Altersangabe (-)
  P: Altersangabe von Wahrheitspflicht umfasst?
  P: Korrektur der Aussage vor Vollendung
U. Strafbarkeit der R gem. § 271 I StGB durch falsche Altersangabe (-)
V. Ergebnis
  C: §§ 153, 153, 26, 53 StGB
  K und S: jeweils § 153 StGB

3. Tatkomplex – Die Verhandlung II – Letztes Wort

A. Strafbarkeit der M gem. §§ 186, 187 StGB durch Äußerung »verlogene Bitches« (-)

P: Abgrenzung Tatsachenbehauptung/ Meinungsäußerung

B. Strafbarkeit der M gem. § 185 StGB durch Äußerung »verlogene Bitches« (+)

P: Tatobjekt – alle Jurastudentinnen – Jurastudentinnen im Jahrgang – nur K und C

C. Ergebnis
M: § 185 StGB

4. Tatkomplex: Die Rechtsmitteleinlegung

A. Strafbarkeit des A gem. § 258 I StGB durch Einlegung des Rechtsmittels (-)

P: Auswirkung der falschen Verurteilung der M

B. Strafbarkeit des A gem. §§ 258 I, IV, 22, 23 I StGB durch Einlegung des Rechtsmittels (-)

P: Eventualvorsatz bezüglich rechtswidriger Tatbegehung durch M

P: Tatbestandsausschluss wegen prozessordnungsgemäßen Verhaltens?

C. Ergebnis
A: Straflos.

Gesamtergebnis

C: §§ 153, 153, 26, 53 StGB
K und S: Jeweils § 153 StGB
M: § 185 StGB
R und A: Straflos.

Lösungsvorschlag

1. Tatkomplex: Der Unfall

A. Strafbarkeit der M gem. § 315c I Nr. 1 lit. a, III StGB durch Anfahren

Eine Strafbarkeit der M wegen fahrlässiger Gefährdung des Straßenverkehrs gem. § 315c I Nr. 1 lit. a, III StGB scheidet offensichtlich aus, da M nicht fahruntüchtig war. Gleiches gilt für eine Strafbarkeit nach § 316 I, II StGB.

B. Strafbarkeit der M gem. § 142 I Nr. 2 StGB durch Wegfahren

M könnte sich wegen Unerlaubten Entfernens vom Unfallort gem. § 142 I Nr. 2 StGB strafbar gemacht haben, indem sie losfuhr, ohne auf das Erscheinen feststellungsbereiter Personen zu warten.

Hinweis: Die Abgrenzung der verschiedenen Varianten des § 142 I StGB erfolgt danach, ob am Unfallort feststellungsbereite Personen anwesend sind (dann Nr. 1) oder nicht (dann Nr. 2). § 142 II StGB enthält dagegen echte Unterlassungsdelikte für diejenigen Täter, die sich nach Ablauf der Wartefrist (§ 142 I Nr. 2 StGB) oder berechtigt oder entschuldigt entfernt haben. § 142 II StGB ist demnach immer erst nach § 142 I StGB zu prüfen.

I. Tatbestandsmäßigkeit

1. Objektiver Tatbestand

Der objektive Tatbestand des § 142 I Nr. 2 StGB setzt voraus, dass sich der Täter als Unfallbeteiligter nach einem Unfall im Straßenverkehr vom Unfallort entfernt, bevor er eine nach den Umständen angemessene Zeit auf das Erscheinen feststellungsbereiter Personen gewartet hat.

Ein **Unfall im Straßenverkehr** ist ein zumindest für einen Unfallbeteiligten plötzlich eintretendes Ereignis im öffentlichen Verkehr, das mit dessen Gefahren in ursächlichem Zusammenhang steht und einen nicht bloß völlig belanglosen Personen- oder

Sachschaden zur Folge hat. **Unfallbeteiligter** ist nach der **Legaldefinition von § 142 V StGB** jeder, dessen Verhalten nach den Umständen zur Verursachung des Unfalls beigetragen haben kann. Das Auffahren auf die Limousine im öffentlichen Verkehr verursachte einen Sachschaden von 450 EUR. Das Rückwärtsausparken der M hat zur Verursachung dieses Unfalls beigetragen. Es handelt sich mithin um einen Unfall im Straßenverkehr und M ist Unfallbeteiligte.

Sich-Entfernen ist jede Ortsveränderung, bei welcher der Täter den Bereich des Unfalls verlässt. Durch das Los- bzw. Wegfahren liegt eine Ortsveränderung vor, sodass sich M iSd § 142 I StGB vom Unfallort entfernt hat. Die Länge der angemessenen Wartezeit hängt von den Umständen des Einzelfalls (Tageszeit, Wetterbedingung, Örtlichkeit etc) ab. Vorliegend hat sich M jedoch unmittelbar nach dem Unfall entfernt, dies ist jedenfalls keine angemessene Wartezeit.

Der objektive Tatbestand des § 142 I Nr. 2 StGB ist erfüllt.

2. Subjektiver Tatbestand

Fraglich ist jedoch, ob M vorsätzlich iSv §§ 15, 16 I StGB handelte. Vorsatz ist der Wille zur Verwirklichung eines Straftatbestandes unter Kenntnis aller seiner relevanten Umstände. Nach dem Zusammenprall ist sich M zunächst »nicht sicher«, ob sie auf den hinter ihr stehenden Wagen aufgefahren ist. In diesem Moment könnte bei ihr also Eventualvorsatz vorgelegen haben. Jedoch kommt es für die Bestimmung des Vorsatzes auf den Zeitpunkt der Tathandlung an (vgl. § 16 I 1 StGB). **Im Zeitpunkt des Sich-Entfernens (Tathandlung!)** ging M jedoch – aufgrund der entsprechenden Mitteilung durch C – davon aus, dass an der Limousine keinerlei Schaden entstanden ist. Sie unterlag daher im Zeitpunkt der Tathandlung einem relevanten Tatbestandsirrtum gem. § 16 I StGB. M handelte mithin nicht vorsätzlich.

Hinweis: Sie dürfen hier auf keinen Fall der Versuchung erliegen, »Richterin oder Richter zu spielen» und auf die Idee kommen, der M nicht zu »glauben«, dass sie auf die Mitteilung der C vertraut hat. In Universitätsklausuren bis hin zum Ersten Staatsexamen dürfen Sie keine Beweiswürdigung vornehmen. Der Sachverhalt ist so zu akzeptieren, wie er in der Aufgabenstellung formuliert ist.

II. Ergebnis

M hat sich nicht gem. § 142 I Nr. 2 StGB strafbar gemacht.

C. Strafbarkeit der M gem. § 142 II Nr. 2 StGB durch Nichtermöglichen der Feststellungen im Nachhinein

M könnte sich jedoch gem. § 142 II Nr. 2 StGB strafbar gemacht haben, indem sie es unterließ, die Feststellung ihrer Person und Unfallbeteiligung unverzüglich nachträglich zu ermöglichen.

I. Tatbestandsmäßigkeit

Objektiver Tatbestand

Der objektive Tatbestand des § 142 II Nr. 2 StGB setzt voraus, dass sich der Täter **»berechtigt oder entschuldigt«** vom Unfallort entfernt hat. M hat sich vorliegend unvorsätzlich (s. oben) vom Unfallort entfernt. Es stellt sich daher die Frage, ob dies vom Tatbestand des § 142 II Nr. 2 StGB erfasst ist. Fraglich ist in diesem Zusammenhang, ob »berechtigt oder entschuldigt« im (engeren) technischen Sinne oder im weiteren materiellen Sinne zu verstehen ist. Im technischen Sinne wäre »berechtigt oder entschuldigt«, wer sich auf das Eingreifen von Rechtfertigungs- oder Entschuldigungsgründen berufen könnte. Materiell »berechtigt oder entschuldigt« wäre dagegen, wer sich, weswegen auch immer, »erlaubt« entfernt. Hierunter wäre auch das **»unvorsätzliche« Entfernen** (wenn also zB keine Kenntnis vom Unfall besteht) zu subsumieren. Letzteres hatte der **BGH in ständiger Rechtsprechung** lange angenommen. Nach zutreffender **Auffassung des BVerfG** verstößt eine solche Auslegung jedoch gegen die Wortlautgrenze aus Art. 103 II GG. Die Begriffe »berechtigt« und »entschuldigt« bezeichnen ein normatives Erlaubtsein in dem Sinne, dass der Täter zwar (vorsätzlich) gegen die Rechtsordnung verstößt, ihm dies jedoch aus übergeordneten Gesichtspunkten ausnahmsweise erlaubt ist. »Unvorsätzliches« Entfernen bezeichnet dagegen ein Entfernen ohne tatsächliche Kenntnis der Umstände. Daher kann »unvorsätzlich« nicht mit »berechtigt oder entschuldigt« gleichgesetzt werden, ohne gegen die Wortlautgrenze zu verstoßen. Dem ist der **BGH mittlerweile beigetreten**.

Da M erst eine Woche später über den wahren Sachverhalt aufgeklärt wird, kommt es auch nicht darauf an, ob beim unvorsätzlichen Verlassen eine erweiterte Auslegung des »Unfallorts« in Betracht kommt.

Hinweis: Zum vorstehenden Problemkreis sollten Sie unbedingt die äußerst lesenswerten Entscheidungen des BVerfG NJW 2007, 1667 sowie des BGH NStZ 2011, 209 und des OLG Düsseldorf NVZ 2008, 107 lesen.

Zwischenergebnis

Der Tatbestand des § 142 II Nr. 2 StGB ist nicht erfüllt.

II. Ergebnis

M hat sich nicht gem. § 142 II Nr. 2 StGB strafbar gemacht.

D. Strafbarkeit der C gem. §§ 142 I Nr. 2, 25 I Var. 2 StGB durch Behauptung, es sei nichts passiert

C könnte sich wegen Unerlaubten Entfernens vom Unfallort in **mittelbarer Täterschaft** gem. §§ 142 I Nr. 2, 25 I Var. 2 StGB strafbar gemacht haben, indem sie der M gegenüber behauptete, es sei kein Schaden an der Limousine entstanden.

Zwar wies die Vorderfrau M ein Strafbarkeitsdefizit in Form vorsatzlosen Handelns auf (s. oben) und C hatte durch die Verursachung des Irrtums Wissens- und damit Tatherrschaft. Die Voraussetzungen der mittelbaren Täterschaft lägen also eigentlich vor. Bei § 142 StGB handelt es sich jedoch um ein **echtes Sonderdelikt**, dh der Täter muss selbst »Unfallbeteiligter« iSv § 142 V StGB sein. Zwar kann grundsätzlich auch der Beifahrer Unfallbeteiligter in diesem Sinne sein, allerdings hat das Verhalten der C in keiner Weise zur Verursachung des Unfalls beigetragen, sie ist mithin keine Unfallbeteiligte. Ihre »Beteiligung« am Geschehen im Anschluss ändert hieran nichts.

Eine Strafbarkeit gem. §§ 142 I Nr. 2, 25 I Var. 2 StGB scheidet daher aus.

E. Strafbarkeit der C gem. §§ 142 I Nr. 2, 13 StGB durch Nichthinweis auf Unfall

Da es sich bei § 142 I Nr. 2 StGB um ein echtes Sonderdelikt handelt – Täter daher nur sein kann, wer selbst Unfallbeteiligter iSv § 142 V StGB ist –, scheidet auch eine Täterschaft der C durch Unterlassen (§ 13 StGB) aus.

F. Strafbarkeit der C gem. §§ 142 I Nr. 2, 27 StGB durch Behauptung, es sei nichts passiert

Mangels vorsätzlicher, rechtswidriger Haupttat durch M scheidet auch eine Strafbarkeit der C wegen Beihilfe aus.

G. Ergebnis

Die Beteiligten sind im ersten Tatkomplex straflos.

2. Tatkomplex: Die Verhandlung I – Beweisaufnahme

Anmerkung zum Aufbau: Viele Gründe für das Nichtvorliegen bestimmter Tatbestände (zB § 190 StGB für die §§ 185 ff. StGB) gelten für alle Tatbeteiligten gleichermaßen. Wenn Sie in einem solchen Fall Zeit sparen wollen, können Sie auch die Prüfung für eine Tatbeteiligte detailliert machen und bezüglich der anderen Tatbeteiligten im Ergebnis nur kurz erwähnen, dass die Strafbarkeit für diese aus den gleichen Gründen ausscheidet. Der Vollständigkeit halber wurden hier dagegen alle Tatbestände für alle Beteiligten unter einem eigenen Punkt geprüft. Sie sehen aber schon, wieviel zusätzliche Schreibarbeit (und damit Zeit) hierfür erforderlich ist.

A. Strafbarkeit der C gem. § 153 StGB durch Aussage, sie habe M aufgeklärt

C könnte sich gem. § 153 StGB wegen uneidlicher Falschaussage strafbar gemacht haben, indem sie in der Hauptverhandlung aussagte, sie habe der M mitgeteilt, dass es zu einem Unfall gekommen sei.

I. Tatbestandsmäßigkeit

1. Objektiver Tatbestand

§ 153 StGB setzt voraus, dass ein Zeuge vor Gericht falsch aussagt. C war Zeugin und damit tauglicher Täter. Sie tätigte ihre Aussage auch vor Gericht.

Hinweis: Eine Aussage iSd § 153 StGB umfasst alle zum Zeitpunkt der Äußerung potenziell erheblichen Tatsachen, die mit der Tat iSd § 264 StPO zusammenhängen oder zusammenhängen können. Anders als im Zivilprozess existiert im Strafprozess eine Begrenzung des Umfangs der Zeugnispflicht auf die im Beweisbeschluss in bestimmter Form bezeichnete Beweisfrage nicht. Gegenstand der Vernehmung zur Sache ist hier allgemein der »Gegenstand der Untersuchung« nach § 69 I StPO, der dem Zeugen vor seiner Vernehmung zu bezeichnen ist (BGH NStZ 2021, 486).

Strittig ist, wann eine Aussage »**falsch**« iSd § 153 StGB ist. Nach der **objektiven Theorie** ist die Aussage falsch, wenn sie der objektiven Wahrheit widerspricht. Nach der **subjektiven Theorie** liegt eine falsche Aussage vor, wenn die Aussage nicht dem

Vorstellungsbild und der Erinnerung des Aussagenden entspricht. In ähnlicher Weise verlangt die **sog. Wahrnehmungstheorie**, dass der Zeuge seine tatsächliche (uU verzerrte) Wahrnehmung der Geschehnisse schildert. Nach der **Pflichttheorie** ist die Aussage falsch, wenn der Aussagende seine Zeugenpflicht verletzt, indem er nicht das ihm mögliche reproduzierbare Wissen über das Geschehen wiedergibt. C sagt sowohl objektiv als auch subjektiv falsch aus, schildert nicht ihre ursprüngliche Wahrnehmung und hat durch ihre bewusste Falschaussage schuldhaft gegen ihre Wahrheitspflicht verstoßen. Der Streit um den Maßstab der »Falschheit« kann somit dahinstehen. Der objektive Tatbestand ist erfüllt.

2. Subjektiver Tatbestand

C handelte auch vorsätzlich iSv §§ 15, 16 I StGB.

II. Rechtswidrigkeit und Schuld

C handelte rechtswidrig und schuldhaft.

III. Absehen von oder Milderung der Strafe gem. § 157 StGB

Möglicherweise kann das Gericht gem. § 157 StGB die Strafe mildern oder ganz von Strafe absehen. Hierfür hätte C die uneidliche Falschaussage begehen müssen, um die **Gefahr der Strafverfolgung von sich abzuwenden**. Entscheidend ist dabei nach hM nicht, ob objektiv eine solche Gefahr bestand, es kommt vielmehr **nur auf die subjektive Zwecksetzung des Aussagenden** an. Hierfür lässt sich neben dem Wortlaut auch der Zweck von § 157 StGB anführen: Der Zeuge soll aus der subjektiven Zwangslage – entweder falsch auszusagen oder sich selbst zu belasten – befreit werden, um dem Nemo-tenetur-Grundsatz Rechnung zu tragen. Dementsprechend ist es vorliegend unschädlich, dass C sich gar nicht gem. §§ 142 I, 25 I Var. 2 StGB strafbar gemacht hat (s. oben). C sagte falsch aus, um einer von ihr (fälschlicherweise) vorgestellten Strafverfolgung zu entgehen. Die Voraussetzungen von § 157 StGB sind somit erfüllt. Das Gericht kann von Strafe absehen oder die Strafe gem. § 49 II StGB mildern.

IV. Ergebnis

C hat sich gem. § 153 StGB strafbar gemacht. Das Gericht kann jedoch von Strafe absehen oder die Strafe gem. § 49 II StGB mildern.

B. Strafbarkeit der C gem. § 187 Hs. 1 Var. 1 StGB durch Aussage, sie habe M aufgeklärt

C könnte sich gem. § 187 Hs. 1 Var. 1 StGB wegen Verleumdung strafbar gemacht haben, indem sie behauptete, sie habe der M mitgeteilt, dass es zu einem Unfall gekommen sei.

I. Tatbestandsmäßigkeit

Objektiver Tatbestand

Hierfür hätte C eine unwahre, ehrenrührige Tatsache in Bezug auf M behaupten müssen. **Tatsachen** sind äußere Geschehnisse, Zustände oder Verhältnisse sowie innere

Sachverhalte, die dem Beweis zugänglich sind. Ob C die M von dem entstandenen Schaden in Kenntnis setzte, ist ein äußerer Vorgang, der grundsätzlich beweisbar ist. Es handelt sich mithin um eine Tatsache. **Behaupten** bedeutet etwas aus eigener Überzeugung als richtig darstellen. C bezog sich auf ihre eigene Wahrnehmung des Unfallabends, behauptete also die falsche Tatsache. Durch diese Behauptung erklärte C gleichzeitig, M habe eine Straftat begangen. Die Tatsache ist somit auch **ehrenrührig.**

Äußerst fraglich ist jedoch, ob die Tatsachenbehauptung auch **unwahr** ist. Tatsächlich hatte C die M nicht auf den Unfall hingewiesen. Allerdings gilt strafprozessual (Beweisregel in Abweichung zu § 261 StPO) **gem. § 190 StGB** eine Tatsache als wahr, wenn die behauptete Tatsache eine Straftat darstellt und der von der Behauptung Betroffene wegen dieser Straftat **rechtskräftig verurteilt** wurde. Dabei kommt es maßgeblich auf den **Zeitpunkt des Prozesses wegen der Behauptung an**, nicht auf den Zeitpunkt der Behauptung selbst. M wird rechtskräftig wegen § 142 I StGB verurteilt. Die Tatsachenbehauptung ist somit – obwohl sie eigentlich objektiv falsch ist – strafprozessual als wahr zu behandeln. Es handelt sich somit nicht um eine unwahre Tatsachenbehauptung iSv §§ 187 Hs. 1 Var. 1, 190 StGB.

II. Ergebnis

M hat sich nicht gem. § 187 Hs. 1 Var. 1 StGB wegen Verleumdung strafbar gemacht.

Hinweis: Auf die Frage, ob eine Aussage in einer Gerichtsverhandlung »öffentlich« iSv § 187 Hs. 2 StGB ist, kommt es vorliegend also gar nicht an. Da diese Problematik später noch im Rahmen des letzten Wortes von M zu thematisieren ist (die Qualifikation der öffentlichen Begehung gilt nun nach dem Gesetz zur Bekämpfung des Rechtsextremismus und der Hasskriminalität vom 30.3.2021 auch für § 185 StGB), wäre es auch verfehlt diese Problematik hier hilfsgutachterlich zu behandeln.

C. Strafbarkeit der C gem. § 185 StGB durch Aussage, sie habe M aufgeklärt

Obwohl die ehrenrührige Tatsache auch gegenüber M als Betroffene behauptet wurde, scheidet auch eine Strafbarkeit gem. § 185 StGB wegen der Anwendbarkeit des § 190 StGB aus.

D. Strafbarkeit der C gem. § 271 I StGB durch Aussage, sie habe M aufgeklärt

In Betracht kommt auch eine Strafbarkeit der C gem. § 271 I StGB wegen Mittelbarer Falschbeurkundung, indem sie bewirkte, dass ihre falsche Aussage im Hauptverhandlungsprotokoll aufgenommen wurde. Zwar handelt es sich beim **Hauptverhandlungsprotokoll gem. § 274 StPO, § 415 ZPO um eine öffentliche Urkunde**. Allerdings muss auch die falsch eingetragene Tatsache an der **öffentlichen Beweiskraft** der öffentlichen Urkunde teilnehmen, um § 271 I StGB bejahen zu können. **Gemäß § 274 StPO** bezieht sich die öffentliche Beweiskraft jedoch nur auf die Beachtung der **wesentlichen Förmlichkeiten der Hauptverhandlung**. Daher ist von dieser Beweiskraft zwar die Tatsache erfasst, *dass* und *was* C ausgesagt hat (der Prozess fand vor dem Amtsgericht statt, sodass gem. § 273 II StPO auch der wesentliche Inhalt der Vernehmungen zu protokollieren ist). Nicht erfasst ist allerdings die Tatsache, dass die Aussage *auch inhaltlich der Wahrheit entsprach*. Vielmehr ist der Inhalt des Protokolls diesbezüglich richtig, da er die Aussage der C, so wie sie getätigt wurde, wiedergibt. Eine Strafbarkeit gem. § 271 I StGB scheidet demnach aus.

E. Strafbarkeit der C gem. § 258 I StGB durch Aussage, sie habe M aufgeklärt

Eine Strafbarkeit der C gem. § 258 I StGB scheidet jedenfalls wegen § 258 V StGB aus.

F. Strafbarkeit der K gem. § 153 StGB durch Bestätigung der Aussage der C

Auch K hat sich als Zeugin vor Gericht durch ihre (objektiv, subjektiv und pflichtwidrig) vorsätzliche falsche Aussage gem. § 153 StGB strafbar gemacht.

G. Strafbarkeit der K gem. § 258 I StGB durch Bestätigung der Aussage der C

Für eine Strafbarkeit der K wegen Strafvereitelung fehlt es im Sachverhalt an präzisen Angaben zur Bejahung eines direkten Vorsatzes der K bezüglich der Verfolgungsvereitelung (aA vertretbar).

H. Strafbarkeit der K gem. § 271 I StGB durch Bestätigung der Aussage der C

Aus den gleichen Gründen wie bei C scheidet auch bei K eine Strafbarkeit gem. § 271 I StGB aus.

I. Strafbarkeit der K gem. §§ 185 und 187 StGB durch Bestätigung der Aussage der C

Eine Strafbarkeit scheidet wegen § 190 StGB aus (s. oben).

J. Strafbarkeit der S gem. § 153 StGB durch Anschluss an Aussage der K

Auch S könnte sich gem. § 153 StGB wegen uneidlicher Falschaussage strafbar gemacht haben, indem sie aussagte, M habe erzählt, den Unfall bemerkt zu haben.

I. Tatbestandsmäßigkeit

1. Objektiver Tatbestand

S sagte zunächst als Zeugin vor Gericht (nach allen vertretenen Theorien) falsch aus. Fraglich ist, wie es sich auswirkt, dass S noch vor dem Ende ihrer Vernehmung die Aussage dadurch relativiert, dass sie aussagt, dass sie sich nicht mehr exakt erinnern kann. Eine Falschaussage ist nach ganz hM erst dann **vollendet**, wenn die **Vernehmung abgeschlossen** ist und kein Beteiligter mehr Fragen an die Zeugin richtet. Im Zeitpunkt der Relativierung der Aussage hätte S diese demnach noch korrigieren und die Vollendung des Tatbestands des § 153 StGB verhindern können. Hierfür müsste jedoch ihre Aussage am Ende der Vernehmung so richtig gestellt sein, dass sie wahr ist. Da S sich genau an den Abend erinnert, ist dies vorliegend nicht der Fall. Der objektive Tatbestand des § 153 StGB ist somit erfüllt.

2. Subjektiver Tatbestand

S handelt auch vorsätzlich iSv §§ 15, 16 I StGB.

II. Rechtswidrigkeit

Fraglich ist, ob S auch rechtswidrig handelte. Sie könnte gem. § 34 StGB wegen Notstands gerechtfertigt sein. Zwar liegt wohl eine gegenwärtige Gefahr der Strafverfolgung zulasten der C vor. Zweifelhaft ist bereits, ob angesichts der von C selbst, vorsätzlich und schuldhaft (s. oben) verursachten Gefahr einer Strafverfolgung überhaupt von einem »wesentlichen Überwiegen« des Interesses der C an der Vermeidung einer Strafverfolgung gegenüber dem Anspruch des Staates auf Ermittlung der materiellen Wahrheit ausgegangen werden kann. Jedenfalls ist eine Falschaussage kein angemessenes Mittel zur Vermeidung der von C selbst verursachten Gefahr. S handelte rechtswidrig.

III. Schuld

Wegen der vorsätzlichen und schuldhaften Verursachung der Gefahr einer Freiheitsentziehung durch C entstehen Gefahrtragungspflichten zu ihren Lasten. Daher scheidet auch eine Entschuldigung der S wegen entschuldigenden Notstands gem. § 35 StGB aus.

IV. Absehen von Strafe/Strafmilderung

Fraglich ist, ob das Gericht gem. § 157 StGB von Strafe absehen oder diese mildern kann. S hat sich als Zeugin vor Gericht einer uneidlichen Falschaussage schuldig gemacht. Sie sagte falsch aus, um die **Gefahr der Strafverfolgung von ihrer Schwester C** – und damit einer Angehörigen iSv § 11 I Nr. 1a StGB – abzuwenden. Fraglich ist jedoch, ob die Anwendbarkeit des § 157 StGB deshalb ausgeschlossen ist, weil S auch ein **Auskunftsverweigerungsrecht gem. § 55 StPO** zustand. **Eine Ansicht** verneint die Anwendbarkeit von § 157 StGB, wenn der Zeuge ein Zeugnis- oder Auskunftsverweigerungsrecht hat. Argumentiert wird damit, dass der Zeuge dann selbst die Zwangslage, welche den Milderungsgrund iRv § 157 StGB darstellt, hätte vermeiden können. Die **herrschende Gegenansicht** bejaht dagegen grundsätzlich die Anwendbarkeit von § 157 StGB auch für zeugnis- und auskunftsverweigerungsberechtigte Zeugen. Eine Ausnahme wird nur dann gemacht, wenn feststeht, dass dem Zeugen der risikolose Weg über die Aussageverweigerungsrechte bekannt war. Für letztere Ansicht spricht insbesondere, dass § 157 StGB mit der Gegenansicht kaum mehr einen eigenen Anwendungsbereich aufweisen würde. S wurde zwar zu Beginn der Hauptverhandlung iSv § 57 StPO belehrt, jedoch nicht über ihr Auskunftsverweigerungsrecht iSv § 55 StPO (dem Gericht war die Falschheit der Aussage der C unbekannt). Daher kann nicht davon ausgegangen werden, dass ihr der Weg über § 55 StPO sicher bekannt war (daran ändert auch ihre Eigenschaft als Jurastudentin nichts, weil im Sachverhalt nichts über ihren tatsächlichen Kenntnisstand mitgeteilt wird). Das Gericht kann daher gem. § 157 StGB von Strafe absehen oder diese mildern.

Möglich wäre auch ein **Absehen von Strafe bzw. eine Milderung gem. § 158 StGB**, da S ihre Aussage noch während der Vernehmung relativierte. Hierfür hätte S ihre Aussage jedoch **»berichtigen«** müssen. Dies meint das Ersetzen der ursprünglich falschen Aussage in allen nicht nur nebensächlichen Punkten durch die tatsächliche Wahrheit. S hat ihre Aussage jedoch nicht ersetzt, sondern diese lediglich in ihrem Beweiswert relativiert. Dies genügt nicht für eine Anwendbarkeit des § 158 StGB.

Hinweis: Die Prüfung von Gründen für das Absehen von Strafe und/oder spezielle Strafschärfungs- und Milderungsgründe (vor allem Regelbeispiele wie § 243 StGB und besondere Milderungsgründe im Besonderen Teil wie zB § 213 StGB) wird auch in Universitätsklausuren und Klausuren des Ersten Staatsexamens regelmäßig verlangt!

K. Strafbarkeit der S gem. § 258 I StGB durch Anschluss an Aussage der K

Eine Strafbarkeit der S scheidet wegen des Angehörigenprivilegs in § 258 VI StGB aus.

L. Strafbarkeit der S gem. § 271 I StGB durch Anschluss an Aussage der K

Aus den gleichen Gründen wie bei C und K scheidet auch für S eine Strafbarkeit nach § 271 I StGB aus.

M. Strafbarkeit der S gem. §§ 185 und 187 StGB durch Anschluss an Aussage der K

Eine Strafbarkeit scheidet wegen § 190 StGB aus (s. oben).

N. Strafbarkeit der C gem. § 160 I Hs. 2 StGB bezüglich K durch Anruf bei K

C könnte sich gem. § 160 I Hs. 2 StGB wegen Verleitung zur Falschaussage strafbar gemacht haben, indem sie den Unfallsachverhalt gegenüber K am Telefon so darstellte, als habe M um den Unfall gewusst.

I. Tatbestandsmäßigkeit

Hierfür müsste C einen anderen zur Ableistung einer uneidlichen falschen Aussage verleitet haben. K hat eine uneidliche falsche Aussage vor Gericht gemacht. Fraglich ist, ob C diese hierzu auch **»verleitet«** hat. Problematisch ist dabei, dass **K tatsächlich bösgläubig** bezüglich ihrer Falschaussage war. **Ein Teil der Literatur** verneint in diesen Fällen ein »Verleiten«. Begründet wird dies damit, dass § 160 StGB lediglich ein spezieller Fall der – wegen der Eigenhändigkeit bzw. der im Gesetzeswortlaut exakt beschriebenen Tätigkeit (»falsch aussagen«) – bei den §§ 153 ff. StGB nicht möglichen **mittelbaren Täterschaft** und daher nur dann anwendbar sei, wenn der Verleitete auch tatsächlich (wie bei der mittelbaren Täterschaft) gutgläubig sei. Andernfalls sei nur ein Versuch des § 160 StGB (geregelt in Abs. 2) denkbar. **Die Rechtsprechung** bejaht dagegen einen vollendeten Fall des § 160 I StGB **auch bei tatsächlich bösgläubig aussagenden Vorderpersonen.** Argumentiert wird hierbei vor allem damit, dass es dem Täter nicht zugutekommen dürfe, dass er zufällig ein noch größeres Unrecht (nämlich eine vorsätzliche Falschaussage) verursacht hätte, als von ihm angestrebt worden war. Darüber hinaus sei nach dem Wortsinn unter »Verleiten« jedes Verursachen eines Tatentschlusses zu fassen. Dem ist jedoch mit der hL dahingehend zu widersprechen, dass, wenn der Aussagende selbst die Tatherrschaft inne hat (weil er vorsätzlich falsch aussagt), der Hintermann kein »mehr«, sondern ein »weniger« an eigenem Unrecht verwirklicht. Eine Vollendungsstrafbarkeit scheidet somit im vorliegenden Fall aus (aA bei entsprechender Argumentation vertretbar).

II. Ergebnis

C hat sich nicht gem. § 160 I Hs. 2 StGB strafbar gemacht.

O. Strafbarkeit der C gem. §§ 160 I, II, 22, 23 I StGB bezüglich K durch Anruf bei K

C könnte sich jedoch gem. §§ 160 I, II, 22, 23 I StGB wegen versuchter Verleitung zur Falschaussage strafbar gemacht haben, indem sie den Unfallsachverhalt gegenüber K so darstellte, als habe M um den Unfall gewusst.

I. Vorprüfung

Die Tat ist nicht vollendet (s. oben). Der Versuch ist gem. §§ 160 II, 23 I Var. 2, 12 II StGB strafbar.

II. Tatbestandsmäßigkeit

Tatentschluss

Hierfür müsste C den Verwirklichungswillen (Vorsatz) bezüglich des Verleitens eines anderen zu einer uneidlichen Falschaussage aufgewiesen haben. Problematisch ist, **dass C sich nicht sicher ist**, ob sich K noch an den wahren Geschehensablauf erinnert und ihr dies letztlich auch egal ist, da es ihr auf den Inhalt der gemachten Aussage ankommt. C rechnet also sowohl mit der Gut- als auch der Bösgläubigkeit der K und findet sich mit beidem ab. Sie handelt also mit ***dolus alternativus***. Es ist umstritten, wie solche Fälle zu lösen sind. Die (wohl) **hM** geht davon aus, dass **beide infrage kommende Delikte verwirklicht wurden** (eines dann in der Versuchsform) und löst das Problem auf Konkurrenzebene. Danach hätte C auch mit Tatentschluss bezüglich § 160 StGB gehandelt (sofern man – wie hier – davon ausgeht, dass der Tatentschluss bezüglich § 160 StGB überhaupt erfordert, dass der Täter von der Gutgläubigkeit der Vorderperson ausgeht). **Die Gegenansicht** ist der Auffassung, der Täter würde in einem solchen Fall **nur das schwerere Delikt** verwirklichen. Das schwerere Delikt wäre im vorliegenden Fall – trotz der Täterschaftskonstruktion des § 160 StGB – die Anstiftung zur Falschaussage nach §§ 153, 26 StGB (da dieser »gleich einem Täter« bestraft wird und der Strafrahmen des § 153 StGB höher liegt als derjenige des § 160 StGB). Nach dieser Ansicht würde ein Versuch des § 160 StGB somit ausscheiden. Für die letztgenannte Auffassung spricht, dass auch wenn der Täter mit mehreren möglichen Ausgängen rechnet, **er nur *einen* Erfolg herbeiführen wollte** (im vorliegenden Fall wollte C nur entweder eine vorsätzliche oder eine unvorsätzliche Falschaussage herbeiführen, nicht beides). C handelte somit nicht mit Tatentschluss bezüglich § 160 StGB (aA bei entsprechender Argumentation vertretbar).

Hinweis: Wer (vertretbar) mit der Rechtsprechung eine mögliche Strafbarkeit nach § 160 I StGB (in Vollendung) bejaht, muss das gerade geschilderte Problem dort im subjektiven Tatbestand aufwerfen.

III. Ergebnis

C hat sich nicht gem. §§ 160 I, II, 22, 23 I StGB strafbar gemacht.

P. Strafbarkeit der C gem. §§ 153, 26 StGB bezüglich K durch Anruf bei K

C könnte sich jedoch gem. §§ 153, 26 StGB wegen Anstiftung zur uneidlichen Falschaussage strafbar gemacht haben, indem sie den Unfallsachverhalt gegenüber K so darstellte, als habe M um den Unfall gewusst.

I. Tatbestandsmäßigkeit

1. Objektiver Tatbestand

Hierfür müsste C die K zur Ableistung einer uneidlichen falschen Aussage bestimmt haben. Dies erfordert zunächst eine vorsätzliche und rechtswidrige Haupttat, welche mit der vorsätzlichen Falschaussage der K vorliegt (s. oben). Bestimmen ist das Hervorrufen des Tatentschlusses. K entschloss sich wegen des Anrufs von C zur falschen Aussage, sie wurde mithin zur Tat bestimmt. Da die Beeinflussung der K auch im Wege eines kommunikativen, geistigen Kontakts mit C zustande kam und K der C auch die Begehung der Tat (im Rahmen eines »Unrechtspakts«) zusicherte, lagen auch die Voraussetzungen der restriktiveren Ansätze zur Bejahung des »Bestimmens« vor.

2. Subjektiver Tatbestand

Subjektiv müsste C mit sog. doppeltem Anstiftervorsatz gehandelt haben. C hatte vor, die K zur Ableistung einer falschen uneidlichen Aussage zu verleiten, sie handelte mithin sowohl bezüglich der vorsätzlichen rechtswidrigen Haupttat (diesbezüglich s. oben bei O.II.) als auch bezüglich des Hervorrufens des Tatentschlusses vorsätzlich.

II. Rechtswidrigkeit und Schuld

C handelte rechtswidrig und schuldhaft.

III. Ergebnis

C hat sich gem. §§ 153, 26 StGB strafbar gemacht.

Q. Strafbarkeit der C gem. §§ 153, 27 StGB bezüglich Aussage der S durch eigene Aussage

Eine Strafbarkeit wegen Beihilfe durch aktives Tun scheidet mangels aktiver Einwirkung auf S aus. Von beiden in Betracht kommenden Handlungen der C (Anstiftung der K zur Falschaussage und eigene Falschaussage) hat S nichts mitbekommen (weil sie beim Gespräch mit K nicht anwesend und bei der Vernehmung der C noch draußen im Wartebereich war).

R. Strafbarkeit der C gem. §§ 153, 13 StGB bezüglich Aussage der S durch Nichtverhinderung der Aussage der S

Da § 153 StGB ein eigenhändiges Delikt ist, kann nur der Aussagende selbst Täter sein. Eine täterschaftliche Begehung durch Unterlassen durch die C bezüglich der Aussage der S scheidet somit aus.

S. Strafbarkeit der C gem. §§ 153, 27, 13 StGB bezüglich Aussage der S durch Nichtverhinderung der Aussage der S

C könnte sich jedoch gem. §§ 153, 27, 13 StGB wegen Beihilfe durch Unterlassen zur uneidlichen Falschaussage strafbar gemacht haben, indem sie nicht verhinderte, dass S ihre eigene falsche Aussage bezüglich der Kenntnis der M vom Unfallgeschehen bestätigte.

I. Tatbestandsmäßigkeit

Objektiver Tatbestand

Hierfür müsste C der S bei einer vorsätzlichen, rechtswidrigen Haupttat Hilfe geleistet haben. Eine vorsätzliche rechtswidrige Haupttat liegt in der Falschaussage der S (s. oben). Unter Hilfeleisten ist grundsätzlich jede Förderung der Haupttat zu verstehen, wobei umstritten ist, ob die Beihilfehandlung kausal für die Begehung der Haupttat geworden sein muss. Im vorliegenden Fall kommt nur ein Fördern durch Unterlassen in Betracht. Dies erfordert das Vorliegen einer **Garantenstellung bei C**, welche diese zum Verhindern der Begehung der uneidlichen Falschaussage verpflichtete. Infrage kommt vorliegend eine Garantenstellung **wegen pflichtwidrigen Vorverhaltens (Ingerenz)**. Zwar hat C durch ihre eigene vorsätzliche falsche Aussage und die Anstiftung der K zur Bestätigung dieser Aussage pflichtwidrig gehandelt. Allerdings war dieses pflichtwidrige Verhalten – S hatte hiervon keinerlei Kenntnis – nicht kausal für die Falschaussage der S. Mitursächlich für die Falschaussage der S war dagegen das Verschweigen des Unfalls gegenüber M und die Prahlerei mit diesem Verschweigen gegenüber S. Hierbei ist allerdings bereits fraglich, ob dieses Verhalten pflichtwidrig (da selbst nicht strafbar, s. oben) ist. Jedenfalls ist dadurch keine Norm berührt, die den Schutz der strafrechtlichen Rechtspflege bezweckt. Darüber hinaus **handelte S bei ihrer Falschaussage freiverantwortlich**, was den Zurechnungszusammenhang zum eventuell pflichtwidrigen Vorverhalten der C noch weiter infrage stellt. Eine Ingerenzgarantenstellung besteht daher nicht (aA vertretbar). C war demzufolge nicht verpflichtet, die Falschaussage der S zu verhindern.

II. Ergebnis

C hat sich nicht gem. §§ 153, 27, 13 StGB strafbar gemacht.

T. Strafbarkeit der R gem. § 153 StGB durch falsche Altersangabe

R könnte sich gem. § 153 StGB wegen falscher uneidlicher Aussage strafbar gemacht haben, indem sie ihr Alter mit 67 Jahren angab.

I. Tatbestandsmäßigkeit

Objektiver Tatbestand

R war Zeugin vor Gericht. Ihre Altersangabe war auch nach allen vertretenen Theorien (s. oben) falsch. Strafrechtlich relevant sind falsche Angaben vor Gericht jedoch nur dann, wenn sich die prozessuale Wahrheitspflicht auch auf sie erstreckt. Dies könnte vorliegend zweifelhaft sein, weil R nur bezüglich ihrer Personalien gelogen hat. Jedoch bezieht sich **die Wahrheitspflicht im Strafprozess gem. §§ 68 I, 57 StPO auch auf die Angaben zu den Personalien**. Die falsche Altersangabe der R war somit auch strafrechtlich relevant.

Zweifelhaft ist jedoch, ob die Falschaussage der R auch vollendet war. Vorliegend hat R ihre falsche Angabe jedoch auf sofortige Nachfrage des Richters unverzüglich und noch vor dem Ende der Vernehmung berichtigt. Die falsche Aussage war somit **noch nicht vollendet**. Der Tatbestand des § 153 StGB ist folglich nicht erfüllt.

II. Ergebnis

R hat sich nicht gem. § 153 StGB strafbar gemacht.

Hinweis: Eine Versuchsstrafbarkeit gibt es bei § 153 StGB – anders als beim Verbrechenstatbestand des § 154 StGB – nicht.

U. Strafbarkeit der R gem. § 271 I StGB durch falsche Altersangabe

Die Beweiskraft des Protokolls bezieht sich auch nicht auf die inhaltliche Korrektheit von Altersangaben. Überdies wurde die Altersangabe rechtzeitig von R berichtigt. Eine Strafbarkeit nach § 271 I StGB scheidet somit aus.

V. Ergebnis

C ist strafbar wegen uneidlicher Falschaussage gem. § 153 StGB in Tatmehrheit (§ 53 StGB) mit Anstiftung zur uneidlichen Falschaussage (der K) gem. §§ 153, 26 StGB. K und S sind jeweils strafbar wegen uneidlicher Falschaussage gem. § 153 StGB. R ist straflos.

3. Tatkomplex – Die Verhandlung II – Letztes Wort

A. Strafbarkeit der M gem. §§ 186, 187 StGB durch Äußerung »verlogene Bitches«

Eine Strafbarkeit nach den §§ 186, 187 StGB käme nur in Betracht, wenn es sich bei der Äußerung »verlogene Bitches« um eine **Tatsachenbehauptung** handeln würde. Tatsachenbehauptungen sind Aussagen über Vorgänge, Zustände, Geschehnisse etc, die dem Beweis und damit der Bewertung als wahr bzw. unwahr zugänglich sind. Zwar kann »verlogen« durchaus als Tatsachenbehauptung interpretiert werden (»jemand lügt oft«). Allerdings kommt es im Kontext der §§ 185 ff. StGB auf **eine Gesamtbewertung der infrage stehenden Äußerung** an. Im Zusammenhang mit dem Schimpfwort »Bitches« und dem fehlenden Bezug zu einzelnen Ereignissen (bei denen eine Jurastudentin aus dem Jahrgang der M gelogen hat) stellt sich die Äußerung

»verlogene Bitches« **mehr als subjektive Wertung** und damit als Meinungsäußerung dar. Die §§ 186, 187 StGB scheiden daher aus (aA vertretbar).

B. Strafbarkeit der M gem. § 185 StGB durch Äußerung »verlogene Bitches«

M könnte sich gem. § 185 StGB wegen Beleidigung strafbar gemacht haben, indem sie im letzten Wort äußerte, alle Jurastudentinnen, insbesondere diejenigen ihres Jahrgangs, seien »verlogene Bitches«.

I. Tatbestandsmäßigkeit

1. Objektiver Tatbestand

Der Tatbestand der Beleidigung setzt die Kundgabe von Missachtung oder Nichtachtung einer anderen Person voraus. »Verlogene Bitches« ist als **Formalbeleidigung** jedenfalls als ehrverletzende Äußerung und damit als Äußerung der Missachtung und Nichtachtung der Bezugsperson zu verstehen. Die Äußerung wurde auch von M **kundgegeben**, indem sie sie in der (öffentlichen) Hauptverhandlung tätigte.

Fraglich ist jedoch, **wer als beleidigte Person anzusehen ist.** In Betracht kommen »alle Jurastudentinnen«, die Jurastudentinnen im Jahrgang der M oder C und K als Einzelpersonen. Wer Bezugsperson einer beleidigenden Äußerung ist, ist durch Auslegung unter Berücksichtigung der Äußerungsumstände und des Äußerungsinhalts zu bestimmen.

Zunächst könnten **alle Jurastudentinnen in Deutschland** (oder sogar auf der ganzen Welt) unter der Kollektivbezeichnung »Jurastudentinnen« gemeint gewesen sein. Notwendig wäre hierfür, dass die Äußerung eine Personengruppe bezeichnet, die **anhand bestimmter Merkmale klar umgrenzt** ist. »Jurastudentinnen« sind alle weiblichen Personen, die als Studentinnen im Studiengang »Rechtswissenschaft« (oder vergleichbare Bezeichnungen) eingeschrieben sind. Die Gruppe ist somit klar umgrenzt. Weiterhin müsste die Gruppe – wenn alle Gruppenmitglieder als Einzelpersonen beleidigt sein sollen – **zahlenmäßig überschaubar** sein. Hieran bestehen aufgrund der sehr großen Anzahl von Jurastudentinnen in Deutschland und auf der ganzen Welt bereits erhebliche Zweifel. Die Erfüllung dieses Merkmals könnte jedoch offenbleiben, wenn das letzte notwendige Merkmal nicht erfüllt ist: Die Äußerung müsste **nach ihrem Inhalt und den Umständen der Äußerung auch tatsächlich auf alle Jurastudentinnen bezogen sein.** Angesichts der Tatsache, dass M die Äußerung nach der Hauptverhandlung tätigt, in der gerade die beiden Jurastudentinnen C und K gelogen haben und die beiden bei der Äußerung auch anwesend sind, kann nicht davon ausgegangen werden, dass M tatsächlich alle Jurastudentinnen meinte (aA nur schwer vertretbar).

Ferner kommen **alle Jurastudentinnen aus dem Jahrgang der M** in Betracht. Auch diese Gruppe ist anhand klarer Merkmale (gleiche Universität, gleicher Studiengang, gleiches Semester wie M) umgrenzt. Sie ist auch zahlenmäßig überschaubar. Für einen Einbezug aller Jurastudentinnen des Jahrgangs der M spricht, dass diese »insbesondere diejenigen in ihrem Jahrgang« in ihrer Äußerung explizit erwähnte. Allerdings ist dieser Äußerungsteil eher so zu verstehen, **dass M auf die anwesenden und sie falsch belastenden Zeuginnen C und K anspielen wollte.** Dafür dass M tatsächlich alle

Jurastudentinnen ihres Jahrgangs meinte, bestehen keine weiteren Anhaltspunkte. Die Äußerung der M ist also dahingehend auszulegen, dass C und K die beleidigten Personen sind (aA hinsichtlich der Jurastudentinnen im Jahrgang der M sicherlich vertretbar).

Der objektive Tatbestand ist zulasten von K und C in Form der Beleidigung Einzelner unter einer Kollektivbezeichnung erfüllt.

Fraglich ist schließlich, ob M auch den (neuen) Qualifikationstatbestand nach § 185 Hs. 2 Var. 1 StGB erfüllt hat. Hierfür hätte sie die Beleidigung »öffentlich« begehen müssen.

Hinweis: Vgl. hierzu bereits die Ausführungen und den Hinweiskasten in Fall 2 3. Tatkomplex B. I. 1., S. 45.

Dies ist der Fall, wenn die beleidigende Äußerung von einem größeren, nach Zahl und Zusammenhang nicht bestimmbaren Personenkreis tatsächlich zur Kenntnis genommen werden kann. Vorliegend tätigte M die Äußerung in einer »öffentlichen« (vgl. § 169 GVG) Gerichtsverhandlung. Jedoch verwendet § 169 GVG einen anderen Begriff der Öffentlichkeit als § 185 Hs. 2 StGB. Die Gerichtsverhandlung ist bereits »öffentlich« iSv § 169 GVG, wenn sie für jedermann (im Rahmen der Kapazitätsgrenzen) zugänglich ist. Ob tatsächlich Zuschauer anwesend sind, ist unerheblich. Dagegen ist ratio legis der Qualifikation in § 185 Hs. 2 Var. 1 StGB, dass die ehrverletzende Äußerung tatsächlich von einem größeren, nach Zahl und Zusammenhang nicht bestimmbaren Personenkreis zur Kenntnis genommen werden kann. Dies setzt die tatsächliche Anwesenheit eines solchen Personenkreises im Gerichtssaal voraus. Hierzu enthält der Sachverhalt keine Angaben. Angesichts der Unbedeutendheit der Angelegenheit (Verkehrsunfallflucht) ist bei lebensnaher Sachverhaltsauslegung jedoch davon auszugehen, dass keine oder nur vereinzelte, den Prozessbeteiligten bekannte Zuschauer anwesend sind. Der Qualifikationstatbestand des § 185 Hs. 2 Var. 1 StGB ist daher nicht erfüllt.

2. Subjektiver Tatbestand

M handelte absichtlich und damit vorsätzlich iSv §§ 15, 16 I StGB.

II. Rechtswidrigkeit und Schuld

M handelte rechtswidrig und schuldhaft.

III. Strafantragserfordernis

Die erforderlichen Strafanträge von C und K (vgl. § 194 I StGB) gelten als gestellt.

IV. Ergebnis

M hat sich gem. § 185 Hs. 1 StGB wegen Beleidigung zulasten von C und K strafbar gemacht.

C. Ergebnis

M ist gem. § 185 Hs. 1 StGB strafbar.

4. Tatkomplex: Die Rechtsmitteleinlegung

A. Strafbarkeit des A gem. § 258 I StGB durch Einlegen des Rechtmittels

A könnte sich gem. § 258 I StGB wegen Strafvereitelung strafbar gemacht haben, indem er Revision zugunsten der M einlegte und im Begründungsschriftsatz die fehlende Belehrung der R rügte.

I. Tatbestandsmäßigkeit

Objektiver Tatbestand

Hierfür müsste A die Bestrafung einer anderen Person wegen einer rechtswidrigen Tat ganz oder zT vereitelt haben. Als Vortat einer anderen Person kommt hier das unerlaubte Entfernen vom Unfallort der M in Betracht. Problematisch ist in diesem Zusammenhang jedoch, dass M – mangels Vorsatzes (s. oben) – sich **tatsächlich nicht wegen unerlaubten Entfernens vom Unfallort strafbar gemacht hat**, sondern nur – fälschlicherweise – aufgrund der Falschaussagen von C, K und S verurteilt worden ist. Im Rahmen von § 258 I StGB kommt es jedoch nicht darauf an, ob die andere Person wegen der Vortat verurteilt wurde, sondern darauf, **ob die Tat tatsächlich tatbestandmäßig, rechtswidrig und schuldhaft begangen wurde**. Dies lässt sich damit begründen, dass **geschütztes Rechtsgut von § 258 StGB** nicht die Rechtspflege als solche, sondern nur der (tatsächlich bestehende) **materielle Anspruch des Staates auf Bestrafung des Täters** ist. Dementsprechend ist auch das über die Strafvereitelung befindende Gericht nicht an ein (verurteilendes oder freisprechendes) Urteil desjenigen Gerichts gebunden, das über die Vortat zu entscheiden hatte. Eine vollendete Strafvereitelung scheidet daher aus.

II. Ergebnis

A hat sich nicht gem. § 258 I StGB strafbar gemacht.

B. Strafbarkeit des A gem. §§ 258 I, IV, 22, 23 I StGB durch Einlegung des Rechtmittels

A könnte sich gem. §§ 258 I, IV, 22, 23 I StGB wegen versuchter Strafvereitelung strafbar gemacht haben, indem er Revision zugunsten der M einlegte und im Begründungsschriftsatz die fehlende Belehrung der R rügte.

I. Vorprüfung

Die Tat ist nicht vollendet (s. oben). Der Versuch der Strafvereitelung ist gem. §§ 258 IV, 23 I Var. 2, 12 II StGB strafbar.

II. Tatbestandsmäßigkeit

Tatentschluss

A müsste Tatentschluss, dh Vorsatz bezüglich aller objektiver Tatbestandsmerkmale und aller notwendigen subjektiven Tatbestandsmerkmale aufgewiesen haben. A rechnete mit der Möglichkeit, dass M sich tatsächlich wegen unerlaubten Entfernens vom Unfallort strafbar gemacht hatte, er fand sich damit jedoch ab, da er der Meinung war, als Verteidiger »alles versuchen« zu müssen und zu dürfen. A handelte folglich mit Eventualvorsatz bezüglich der **Begehung einer tauglichen Vortat** durch M (dieser genügt hier auch, direkter Vorsatz wird von § 258 I StGB nur bezüglich der Vereitelungshandlung vorausgesetzt).

Ferner müsste A mit Tatentschluss bezüglich der **Vereitelungshandlung und des Vereitelungserfolgs** gehandelt haben. Diesbezüglich setzt § 258 I StGB **Absicht oder sicheres Wissen** voraus. A wollte durch die eingelegte Verfahrensrüge eine Aufhebung des Urteils erreichen, um in einer neuen Hauptverhandlung einen Freispruch für seine Mandantin zu erwirken. A handelt somit absichtlich bezüglich der Herbeiführung des Vereitelungserfolgs.

Fraglich ist, ob ein **Tatbestandsausschluss** anzunehmen ist, weil A in seiner Funktion als Verteidiger der M handelte. Das berufsmäßige und von der Rechtsordnung anerkannte **Handeln einer Strafverteidigerin bzw. eines Strafverteidigers** ist stets auf die Verhinderung oder zumindest Abmilderung der Bestrafung ihres bzw. seines Mandanten gerichtet und steht damit stets in einem gewissen Spannungsverhältnis zum staatlichen Strafanspruch und somit zu § 258 StGB. Nach **hM** ist daher ein Tatbestandsausschluss zu bejahen, wenn sich die Strafverteidigerin oder der Strafverteidiger **prozessordnungsgemäß verhält**. Zu klären ist, ob das Verhalten des A prozessordnungsgemäß war. Grundsätzlich darf die Verteidigerin bzw. der Verteidiger auch **aussichtslose Rechtsmittel** einlegen, etwa eine tatsächlich stattgefundene Belehrung als fehlend rügen. Problematisch ist allerdings, dass die Verfahrensrüge des A auch einen **bewusst wahrheitswidrigen Tatsachenvortrag** enthält. Man könnte hier vertreten, dass eine Verteidigerin oder ein Verteidiger als Organ der Rechtspflege nicht bewusst lügen darf, um für ihren bzw. seines Mandanten eine Besserstellung zu erreichen. Andererseits hat der Gesetzgeber das Revisionsverfahren bewusst sehr formal ausgestaltet. Insbesondere hat er über die **§§ 273, 274 StPO** den Beweiswert des Hauptverhandlungsprotokolls vor allem für die Führung des Beweises im Rahmen von Verfahrensrügen **stark formalisiert**. Die Beachtung der Förmlichkeiten kann gem. § 274 S. 1 StPO sogar ausschließlich durch das Hauptverhandlungsprotokoll nachgewiesen werden. Dementsprechend ist ein formales Berufen auf das Hauptverhandlungsprotokoll sogar dann prozessordnungsgemäß, wenn die Verteidigerin bzw. der Verteidiger positiv von dessen Fehlerhaftigkeit weiß. Es ist somit ein Tatbestandsausschluss anzunehmen (aA bei entsprechender Argumentation ebenfalls gut vertretbar).

A handelte ohne Tatentschluss.

III. Ergebnis

A hat sich nicht gem. §§ 258 I, IV, 22, 23 I StGB strafbar gemacht.

C. Ergebnis

A hat sich nicht strafbar gemacht.

Gesamtergebnis

C ist strafbar wegen uneidlicher Falschaussage gem. § 153 StGB in Tatmehrheit (§ 53 StGB) mit Anstiftung zur uneidlichen Falschaussage (der K) gem. §§ 153, 26 StGB. K und S sind jeweils strafbar wegen uneidlicher Falschaussage gem. § 153 StGB. M ist gem. § 185 StGB strafbar. R und A haben sich nicht strafbar gemacht.

Vertiefende Literatur zu den Schwerpunkten des Falles

1. Zum unvorsätzlichen Entfernen vom Unfallort bei § 142 StGB

- *Mitsch,* Unvorsätzliches Entfernen vom Unfallort, JuS 2010, 303
- *Zopfs*, Der Unfall im Straßenverkehr (§ 142 StGB), ZIS 2016, 426

2. Zum Verleiten zur Falschaussage gem. § 160 StGB

- *Eschenbach,* Verleiten iSv § 160 StGB – eine Verführung zur Überbetonung teleologischer Interpretation?, JURA 1993, 407

3. Zu Problemen der §§ 153 ff. StGB

- *Hettinger/Bender,* Die Aussagedelikte (§§ 153–162 StGB), JuS 2015, 577
- *Kudlich/Henn,* Täterschaft und Teilnahme bei Aussagedelikten, JA 2008, 510
- *Eisele,* Versuch, Rücktritt und Berichtigung der Aussage bei §§ 153 bis 156 StGB, JA 2011, 667

4. Zur Beleidigung unter einer Kollektivbezeichnung und weiteren Problemen der §§ 185 ff. StGB

- *Geppert,* Zur passiven Beleidigungsfähigkeit von Personengemeinschaften und von Einzelpersonen unter einer Kollektivbezeichnung, JURA 2005, 244
- *Oğlakcıoğlu,* »Haters gonna hate … (and lawmakers hopefully gonna make something else)« – Einige Anmerkungen zum Regierungsentwurf zur Bekämpfung der Hasskriminalität, ZStW 132 (2020), 521

5. Zur Strafvereitelung durch Verteidigerhandeln, insbesondere zur unwahren Verfahrensrüge

- *Fahl,* Unwahre Verfahrensrüge und Strafvereitelung, StV 2015, 51
- *Jahn/Ebner,* Strafvereitelung im strafprozessualen Revisionsverfahren – Eine Risikoprognose, NJW 2012, 30

Zusammenhängende Literatur zu den einzelnen Delikten

Unfallflucht: *Kudlich* PdW StrafR BT II Nr. 195–200; *Rengier* StrafR BT II § 46; *Jäger* ExamensRep StrafR BT Rn. 717–728
Aussagedelikte: *Kudlich* PdW StrafR BT II Nr. 124–140; *Rengier* StrafR BT II § 49; *Jäger* ExamensRep StrafR BT Rn. 812–829
Strafvereitelung: *Kudlich* PdW StrafR BT II Nr. 141–146; *Rengier* StrafR BT I § 21; *Jäger* ExamensRep StrafR BT Rn. 836–840

Fall 5: »Schnell und furios unterwegs (Achtung Spoiler: kein Happy-End)«

Nach turbulenten Jahren als Teilnehmer an illegalen Autorennen leben Diana (D) und ihr Freund Leon (L) auf einem abgeschiedenen Grundstück am Meer. D und L haben viele Feinde aus der Vergangenheit, weswegen sie sich eine besonders gut versteckte Immobilie ausgesucht und gemeinsam erworben haben. Auf dem Grundstück befindet sich eine Villa und einige Meter hiervon entfernt eine alte Scheune, die D ausschließlich als Hobby-Werkstatt für ihre Rennautos und Oldtimer verwendet. Just als die nächste Rate für das Grundstück fällig wird, muss D zur Kenntnis nehmen, dass das Girokonto des Paares von einem alten Widersacher Morty (M) gehackt und alles Ersparte abgehoben wurde. Auf diese Weise will M die D dazu zwingen, wieder für diesen Rennen zu fahren. D, die sich geschworen hat, nie wieder ihr Geld mit illegalen Autorennen zu verdienen, beschließt das Geld aufzutreiben, bevor L etwas von dem Vorfall mitbekommen und sich Sorgen machen könnte. Sie denkt daran, die auf dem Grundstück des Paares befindliche (und kurz zuvor über das Internet versicherte) Scheune anzuzünden und anschließend die Versicherungssumme zu kassieren. Sie möchte sich jedoch nicht selbst die Finger schmutzig machen. Deshalb überredet sie ihre etwas einfältige Freundin Richarda (R) das Feuer zu legen, während sie selbst die Nacht gemeinsam mit L in einer Diskothek in der benachbarten Stadt verbringen will. Dieser solle schließlich nichts mitbekommen, was D der R auch so zum Ausdruck bringt. D spricht im Gespräch mit R die ganze Zeit vom versicherten »kleinen Schuppen«, was R für eine untertriebene Bezeichnung für die Villa hält, da D die 250qm-Villa bereits häufiger bescheidenes »Häuschen« genannt hat. Sie erklärt sich gerne bereit, den »kleinen Schuppen« der beiden anzuzünden, damit D die Versicherungssumme kassieren und endlich Ruhe finden kann. Daher begibt sich R zum vereinbarten Zeitpunkt zu dem Grundstück, tritt durch ein offenes Fenster in die Villa, in dem Glauben, von D zur Verbrennung dieses Gebäudes beauftragt worden zu sein. Nachdem sie sich in dem zweistöckigen Gebäude umgesehen und kontrolliert hat, dass sich derzeit auch niemand darin aufhält, zündet sie dieses an. Die (nicht versicherte) Villa brennt nahezu vollständig nieder.

Noch bevor D sich von dem Schock, dass R das falsche Gebäude angezündet hat, erholen kann, meldet sich M telefonisch bei D, um sie zu einem persönlichen Rennen herauszufordern. Dies sei ihre letzte Chance, schnelles Geld zu verdienen. Sie solle sich bereit machen, in den nächsten zwei Stunden gehe es los. D willigt angesichts der Tatsache, dass sie ohne Geld und Dach über dem Kopf dastehen könnten, in ein letztes Rennen (Preisgeld 250.000 EUR) ein. Nachdem M der D noch den Treffpunkt und die Route samt Zielort mitgeteilt hat, greift D zu einer halben Flasche Wodka und leert diese, während sie immer wieder nervös auf die Uhr blickt. Anschließend begibt sie sich zu ihrem geleasten Wagen, welcher in der Hütte geparkt ist, die das Paar nun vorübergehend zum Schlafen nutzt. Der ebenso erschütterte L hatte noch am gleichen Tag behelfsmäßig Matratzen auf den Boden gelegt und vermutete bereits, dass mehr hinter dem Brand ihres trauten Heims steckt. Als er merkt, dass mit der erheblich alkoholisierten D (Blutalkoholkonzentration 1,9 Promille) etwas nicht stimmt und diese im Wagen sitzend ins Leere starrt, stellt er sie zur Rede. D kann nicht lügen und erzählt L schließlich von den Ereignissen in den letzten Tagen. L will D in dieser schwierigen Situation allerdings beistehen und setzt sich auf den Beifahrersitz. Dabei gehen beide davon aus, dass D das Auto nicht mehr so sicher beherrscht wie sonst, doch ist dies beiden egal, weil sie auf das Preisgeld angewiesen sind. D fährt daraufhin los.

Am Treffpunkt angekommen, sehen D und L, dass deren Kontrahent M persönlich bereits an einer Kreuzung mit Ampelregelung steht. Als die Ampel auf »Grün« schaltet, geht es los. Beide drücken voll auf das Gaspedal und erreichen Geschwindigkeiten von 100 km/h innerorts. Da es zwei Uhr nachts ist, glauben beide Fahrer, dass sich außer ihnen niemand auf der Straße befindet. Als M mit einem riskanten Manöver D überholt, befürchtet diese, sie könnte das Rennen verlieren. In der nächsten Kurve drückt sie daher nochmals besonders fest auf das Gaspedal und schafft es mit einem eleganten »Drift«, in letzter Sekunde M zu überholen. Triumphierend rast D, die Hände von L festhaltend auf die Zielgerade zu, es gilt nur noch eine weitere Kreuzung mit einer Ampelanlage zu überwinden. Die Ampel schaltet gerade auf »Rot«. Von Alkohol (und Glückshormonen) enthemmt und nur den Sieg vor Augen weiß D, dass sie jetzt nicht bremsen kann, wenn sie das Rennen nicht verlieren will. Sie blickt nochmals kurz herüber zu L, der zustimmend nickt. D und L rechnen zwar damit, dass andere Fahrzeuge wegen ihnen ausweichen oder bremsen müssen, sie glauben jedoch fest daran, dass niemand zu Schaden kommen wird. In nüchternem Zustand hätte sich D mit an Sicherheit grenzender Wahrscheinlichkeit dafür entschieden, abzubremsen und das Rennen zu verlieren. Von der Querstraße, auf der die Ampel »grün« zeigt, kommt gerade der Nachtclubbesitzer Emil (E) mit seiner neuen Limousine angefahren (Wert 60.000 EUR), was D jedoch nicht wahrnimmt. Beide Wagen erreichen gleichzeitig die Kreuzungsmitte. E kann zwar noch abbremsen, trotzdem streift der Pkw des E noch den Wagen der D, sodass diese die Kontrolle über den Wagen verliert und mit 130 km/h gegen die Leitplanke kracht. Das geleaste Auto (Wert: 95.000 EUR) erleidet einen Totalschaden. D erleidet eine komplizierte Fraktur des rechten Oberschenkels, L einen Schädelbasisbruch und stirbt innerhalb weniger Minuten an dieser Verletzung. An der gummierten Stoßstange der Limousine des E entsteht lediglich ein Schaden iHv 200 EUR. Ein Sachverständiger stellt jedoch fest, dass der Schaden auch 10.000 EUR hätte betragen können, wenn E nicht wie durch ein »Wunder« noch rechtzeitig gebremst hätte. Dann nämlich wäre die gesamte Motorhaube in Mitleidenschaft gezogen worden. Ebenso grenze es an ein Wunder, dass E selbst keine Verletzungen davongetragen habe. M hatte bereits nach dem riskanten Manöver des D abgebremst und befand sich zu keinem Zeitpunkt in erheblicher Gefahr.

Bearbeitervermerk: Strafbarkeit von D und R nach dem StGB? Erforderliche Strafanträge sind gestellt. Die Delikte des 16. und 17. Abschnitts des Besonderen Teils sind nicht zu prüfen. Auf § 8 StVO wird hingewiesen, ebenso auf § 315d StGB.

§ 8 I StVO lautet:
An Kreuzungen und Einmündungen hat die Vorfahrt, wer von rechts kommt. Das gilt nicht,
1. wenn die Vorfahrt durch Verkehrszeichen besonders geregelt ist (Zeichen 205, 206, 301, 306) oder
2. für Fahrzeuge, die aus einem Feld- oder Waldweg auf eine andere Straße kommen.

§ 37 I, II Nr. 1 StVO lautet (auszugsweise):
(1) [1]Lichtzeichen gehen Vorrangregeln und Vorrang regelnden Verkehrszeichen vor. [2]Wer ein Fahrzeug führt, darf bis zu 10 m vor einem Lichtzeichen nicht halten, wenn es dadurch verdeckt wird.
(2) [1]Wechsellichtzeichen haben die Farbfolge Grün – Gelb – Rot – Rot und Gelb (gleichzeitig) – Grün. Rot ist oben, Gelb in der Mitte und Grün unten.
1. An Kreuzungen bedeuten: Grün: »Der Verkehr ist freigegeben«.

Gutachtliche Vorüberlegungen

A. Bearbeitervermerk

Laut Bearbeitervermerk sind die Tötungsdelikte nicht zu prüfen, was der Klausurkandidatin bzw. dem Klausurkandidaten die Bearbeitung der Frage erspart, ob rücksichtslose Teilnehmer an illegalen Autorennen auf öffentlichen Straßen mit dolus eventualis hinsichtlich der Tötung anderer Verkehrsteilnehmer agieren (hierzu BGH BeckRS 2018, 2754 einerseits, BGH NJW 2017, 3011 andererseits). Hinsichtlich der subjektiven Vorstellungen ist der Sachverhalt zu dünn und müsste mehr Informationen hinsichtlich der Straßenverhältnisse, der Fahrtüchtigkeitseinschätzung der D und ihrer bisherigen Erfahrungen beinhalten (weswegen diese Fragestellung, welche letztlich die tatrichterliche Überzeugungsbildung betrifft, auch nicht besonders attraktiv für eine Klausur ist: Entweder der Sachverhalt müsste den dolus eventualis des Fahrers von sich aus zuschreiben, also feststellen, dass D den Tod von Passanten billigend in Kauf nimmt; oder der Fall würde mit zahlreichen Detailinformationen überfrachtet und der Platz für sonstige Fragestellungen eingeschränkt). Personell ist die Prüfung auf D und R beschränkt. Somit ist eine Strafbarkeit des M (als »Hacker« sowie Veranstalter und Teilnehmer am Rennen) ebenso wenig zu prüfen wie eine Beteiligung des L an den Straftaten der D. Gerade bei Straßenverkehrsdelikten ist die Teilnehmerstrafbarkeit aber nicht selten inzident – nämlich im Kontext der Frage des Schutzbereichs der konkreter Gefährdungsdelikte (»und dadurch Leib oder Leben eines anderen Menschen … gefährdet«) – zu prüfen. Der Bearbeitervermerk weist auf den 2017 eingefügten Tatbestand der Organisation und Teilnahme an verbotenen Kraftfahrzeugrennen hin, § 315d StGB. Hier darf von Kandidatinnen und Kandidaten (immer noch) kein Detailwissen erwartet werden, auch wenn schon erste höchstrichterliche Entscheidungen zu dieser speziellen Strafnorm ergangen sind; vielmehr muss bereits das Erarbeiten eigener Begriffsbestimmungen und eines strukturierten Schemas besonders honoriert werden. Zum anderen wird auf § 8 StVO aufmerksam gemacht, weswegen man überlegen sollte, an welcher Stelle der Gliederung die entsprechende Vorschrift eine Rolle spielen könnte (wobei ein typisches Einfallstor für außerstrafrechtliche Vorschriften, nämlich die Sorgfaltspflichtverletzung im Kontext von Fahrlässigkeitsdelikten im konkreten Fall verschlossen ist, da die §§ 222, 229 StGB nicht zu prüfen sind). Solche Hilfestellungen sollten von Studierenden dankbar aufgenommen werden. Die genannten Vorschriften sollten also an irgendeiner Stelle in der Lösung auftauchen.

B. Sachverhaltsanalyse

Der Sachverhalt setzt sich aus zwei Tatkomplexen zusammen, die sich auch isoliert – nämlich als Übungsfälle zu den Brandstiftungsdelikten (1. Tatkomplex) einerseits und den Straßenverkehrsdelikten (2. Tatkomplex) andererseits – stellen ließen. Wie dies für die Prüfung dieser zwei Deliktsgruppen, die sich durch eine eigenwillige, aber durchaus eingängige Systematik auszeichnen, typisch ist, handelt es sich meist um Sachverhalte, bei denen sich die unterschiedlichen Strukturen der Tatbestände untereinander (Deliktstypen, Schutzgüter etc) auswirken können, mithin das systematische Verständnis abgefragt werden kann. Sowohl im ersten als auch im zweiten Tatkomplex zeigt sich dies in der Prüfung von Verletzungs- bzw. konkreten Gefährdungsdelikten einerseits (§§ 306, 315c StGB) und abstrakten Gefährdungsdelikten andererseits (§§ 306a, 316, 315d I StGB). Die sofortige Zuweisung der Deliktstypen bzw. rechtliche Einordnung der Vorschriften vereinfacht nicht nur die Gliederung des Falles (in dem meist viele tatbestandliche Abwandlungen der Brandstiftungsdelikte in Betracht zu ziehen sind), sondern vermeidet auch kleinere Fehler hinsichtlich des Prüfungsmaßstabs. Vornehmlich betrifft dies die Anforderungen an den Vorsatz der Beteiligten.

Die Klausurkandidatin bzw. der Klausurkandidat muss sich also möglichst schnell einen Überblick hinsichtlich der einschlägigen Tatbestände schaffen, diese in eine geordnete Struktur bringen (Täter vor Teilnehmer, vorrangige Prüfung schwererer Delikte etc) und die denkbaren dogmatischen Probleme, die im Kontext der Brandstiftungs- und Straßenverkehrsdelikte immer wieder abgefragt werden, gedanklich abrufen und gegebenenfalls einordnen. Neben die klassischen Fragestellungen der Brandstiftungsdelikte (Entwidmung, teleologische Reduktion, Eigentumsschutz und Einwilligung, Versicherungsmissbrauch), tritt im vorliegenden Fall der Irrtum der R hinzu, der sich freilich auf den subjektiven Tatbestand beider Protagonisten auswirken kann, weil es sich bei den verwechselten Gebäuden um solche mit unterschiedlichem Nutzungszweck handelt (und insofern – jedenfalls aus dem Blickwinkel der D – gerade kein unbeachtlicher error in obiecto angenommen werden kann).

Auch im zweiten Tatkomplex wurden fast alle Streitfragen der Straßenverkehrsdelikte in den Sachverhalt integriert, um Kandidatinnen und Kandidaten allumfassend hinsichtlich der §§ 315 ff. StGB herauszufordern. Doch sie dürfen für die bekannten Problemstellungen (Schutz des eigenen Gefährts, Schutz von Beifahrerinnen und Beifahrern, Einwilligung im Straßenverkehr, Begriff der konkreten Gefährdung, Bestimmung des bedeutenden Werts etc) nicht zu viel Zeit aufwenden. Wichtig erscheint hier eine klar strukturierte Gliederung, bei der die potenziell einschlägigen »Verstöße« im Handlungsteil ebenso klar voneinander getrennt werden wie die gefährdeten Schutzobjekte im Erfolgsteil (fremde Kfz, eigenes Kfz, Beifahrer, Passanten, Fahrer etc). Zudem sollte man sich schon bei seiner Gliederung um den subjektiven Tatbestand Gedanken machen, damit eine mangels vorsätzlichen Verhaltens erforderliche Fahrlässigkeitsprüfung (im Handlungs- oder Erfolgsteil) nicht »nachgeschoben« wirkt. Schließlich folgt noch die Prüfung eines vollkommen neuen Tatbestands (§ 315d StGB), was sich als unbekanntes Terrain für Kandidatinnen und Kandidaten – mag das Delikt (jedenfalls Abs. 1 Nr. 1–2) noch so einfach strukturiert sein – besonders anspruchsvoll darstellen kann.

C. Korrekturberichte

Mit 5,14 im ersten und 5,46 Punkten im zweiten Korrekturlauf ist die Klausur durchschnittlich ausgefallen, was im Hinblick auf das vertraute Setting der Aufgabenstellung nicht erstaunt. Aufgrund der klaren Struktur des Sachverhalts und der eindeutig einschlägigen Deliktsgruppen (Brandstiftungsdelikte im ersten, Straßenverkehrsdelikte im zweiten Tatkomplex), fiel es den Kandidatinnen und Kandidaten nicht schwer, schnelle Punkte einzufahren. Im Detail wurde jedoch deutlich, dass Schwierigkeiten darin bestehen, die Unterschiede zwischen § 306 I StGB und § 306a I StGB formulierungstechnisch herauszuarbeiten (beispielsweise indem der, sich in den unterschiedlichen Tatbestandsmerkmalen manifestierende, Unterschied in den Schutzgütern betont wird). Zum Teil wurde deutlich – und dies ist noch gravierender – dass man sich der Unterschiede überhaupt nicht bewusst ist, wenn beispielsweise die Abweichungen im Bereich des subjektiven Tatbestands bzw. der rechtfertigenden Einwilligung nicht gesehen werden bzw. zur Sprache kommen. Wer allerdings nicht sieht, dass die Widmung zu Wohnzwecken den Unrechtskern des § 306a StGB ausmacht, während für § 306 I Nr. 1 StGB die Fremdheit maßgeblich ist, kann natürlich auch nicht die Fehlvorstellung der D einordnen, geschweige denn deren Auswirkungen auf die Anstiftungsstrafbarkeit nachgehen. Auffällig war zudem, dass die Bearbeiterinnen und Bearbeiter die Vorstellungen der R nicht wirklich einordnen konnten. Zum Teil wurde das Missverständnis auch aus dem Blickwinkel der R als error in obiecto eingeordnet, obwohl R selbst keiner Verwechslung im engeren Sinne unterlag; zum anderen wurde übersehen, das R von dem beabsichtigten Versicherungsbetrug wusste, obwohl im Sachverhalt explizit davon die Rede ist, dass R sich zur Tat bereit erklärt, damit D die Versicherungssumme kassieren kann. Im zweiten Teil gelang die Prüfung des neu eingefügten § 315d I StGB zumindest hinsichtlich Nr. 2 (Teilnahme an einem unerlaubten Kraftfahrzeugrennen) ordentlich, was auch auf die simple Ausgestaltung des Tatbestands zurückgeführt werden kann. Der Tatbestand des »Alleinrasens« wurde – überwiegend wohl auch aus Zeitgründen – durchweg nicht geprüft. Positiv ist anzumerken, dass fast alle Kandidatinnen und Kandidaten zwischen der ersten Trunkenheitsfahrt (§ 316 StGB) und der eigentlichen Rennfahrt (§ 315c StGB, § 315d StGB) differenzierten, hinsichtlich des zweiten Akts auch häufig § 315b StGB angeprüft und mittels Rückgriff auf die Rechtsprechung zum Fahrzeug als Waffe (»Pervertierungsabsicht«, Schädigungsvorsatz etc) verneint wurde. Weniger übersichtlich hingegen erfolgte die Prüfung des § 315c StGB: Zum Teil wurden einzelne Verstöße im Handlungsteil isoliert geprüft (also unter eigenständiger Überschrift), zT wurde nicht ausreichend im Erfolgsteil zwischen den einzelnen, potenziellen Gefährdungserfolgsbezugspunkten unterschieden. Zu guter Letzt wurde auch die Struktur der Delikte als Vorsatz-Vorsatz- bzw. Vorsatz-Fahrlässigkeitskombination dadurch missachtet, dass lediglich vorsätzliches Handeln im Handlungsteil geprüft wurde bzw. selbst, wenn der Vorsatz im Erfolgsteil geprüft (und entsprechend verneint) wurde, eine Fahrlässigkeitsprüfung hinsichtlich des Erfolgsteils (Sorgfaltspflichtverletzung, Vorhersehbarkeit) ausblieb.

D. Klausurbausteine

Der Fall enthält vorrangig Fragestellungen aus dem Bereich der Delikte gegen die Allgemeinheit (oftmals als »BT III« bezeichnet, an manchen Universitäten auch gemeinsam mit den Delikten gegen die Person im »BT I« oder »BT II« unterrichtet). Daneben finden sich einige interessante Fragestellungen aus dem Allgemeinen Teil (insbesondere die Irrtumsproblematik im ersten Tatkomplex). Die Klausur eignet sich daher sowohl als Fall in der Übung für Fortgeschrittene, als auch als Examensklausur. Um den Umfang der Aufgabenstellung zu verkürzen, könnte man die Prüfung der §§ 263, 265 StGB streichen. Ebenso wäre eine Einschränkung der Straßenverkehrsdelikte (Herausnahme der §§ 315b, 315d, 316 StGB) denkbar.

Lösungsgliederung

1. Tatkomplex: Der »kleine Schuppen«

A. Strafbarkeit der R gem. § 306a I Nr. 1 StGB durch Anzünden der Villa (+)
   P: teleologische Reduktion bei fehlender Gefährdung
B. Strafbarkeit der R gem. § 306 I Nr. 1 StGB durch Anzünden der Villa (+)
   P: keine Einwilligung mangels Dispositionsbefugnis
C. Strafbarkeit der R gem. § 306a II StGB durch Anzünden der Villa (-)
D. Strafbarkeit der R gem. § 306b II Nr. 2 StGB durch Anzünden der Villa (+/-)
   P: funktionaler Zusammenhang zwischen Brandstiftung und ermöglichter Tat
E. Strafbarkeit der R gem. § 123 I StGB durch Betreten der Villa (+)
F. Strafbarkeit der R gem. §§ 265 I, II, 22 StGB durch Anzünden der Villa (+)
G. Strafbarkeit der D gem. §§ 306a I Nr. 1, 26 StGB durch Beauftragung der R (-)
   P: Vorsatz bezüglich Wohngebäude, kein unbeachtlicher Motivirrtum
H. Strafbarkeit der D gem. §§ 306 I Nr. 1, 26 StGB durch Beauftragung der R (+)
   P: Auswirkungen des Missverständnisses auf Vorsatz des D
I. Strafbarkeit der D gem. § 306d Var. 2 StGB durch Beauftragung der R (+)
J. Strafbarkeit der D gem. §§ 265 I, II, 22, 26 StGB durch Beauftragung der R (+)
K. Strafbarkeit der D gem. §§ 263 I, II, 22 StGB durch Beauftragung der R (-)
L. Konkurrenzen

2. Tatkomplex: Das Rennen mit tödlichem Ausgang

A. Strafbarkeit der D gem. § 316 I StGB durch Fahrt zum Treffpunkt (+)
B. Strafbarkeit der D gem. § 315b I Nr. 3 StGB durch Einfahrt auf Kreuzung (-)
C. Strafbarkeit der D gem. § 315c I Nr. 1a, Nr. 2a, Nr. 2d StGB durch Einfahrt auf Kreuzung (+)
   P: Rotlichtverstoß als Missachten der Vorfahrt (§ 37 I StVO)
   P: Beteiligung der Beifahrerin und Schutzwürdigkeit
   P: Fremdheit des geleasten Wagens, Tatfahrzeug als Schutzobjekt
   P: Bestimmung des Gefährdungsschadens
   P: Zurechnungszusammenhang zwischen Tathandlung und Gefahr (Maßstab)
D. Strafbarkeit der D gem. § 315d I Nr. 2, Nr. 3, II, V StGB durch Wettstreit mit M (+)
   P: Begriff der Teilnahme
   P: Zurechnung der Todesfolge bei Erfolgsqualifikation (einverständliche Fremdgefährdung)
E. Strafbarkeit der D gem. § 316 I StGB durch zweite Fahrt (+)
F. Konkurrenzen

Gesamtergebnis und Konkurrenzen

Lösungsvorschlag

1. Tatkomplex: Der »kleine Schuppen«

A. Strafbarkeit der R gem. § 306a I Nr. 1 StGB durch Anzünden der Villa

R könnte sich wegen schwerer Brandstiftung gem. § 306a I Nr. 1 StGB strafbar gemacht haben, indem sie die Villa von D und L anzündete. Hierfür müsste sie ein Gebäude, eine Hütte oder eine Räumlichkeit, die der Wohnung von Menschen dient, in Brand gesetzt oder durch eine Brandlegung ganz oder teilweise zerstört haben.

I. Tatbestandsmäßigkeit

1. Objektiver Tatbestand

Tatobjekt des § 306a I Nr. 1 StGB ist ein **Gebäude, das der Wohnung von Menschen dient**. Die Eigentumsverhältnisse sind unerheblich. Die Villa setzt sich aus mehreren umschlossenen Räumlichkeiten zusammen, die tatsächlich zu Wohnzwecken genutzt werden. D und L haben die Villa zum **Mittelpunkt ihres Lebens** gemacht. Somit kann eine Widmung zu Wohnzwecken bejaht werden. Fraglich ist, wie es sich auswirkt, dass D als Bewohnerin R damit beauftragt hat, »den kleinen Schuppen« in Brand zu setzen. Dies könnte als Akt der Entwidmung gedeutet werden. Der Auftrag bezog sich allerdings nicht auf die Villa, also das Gebäude, das der Wohnung von Menschen dient, sondern auf die Werkstatt. Somit kommt per se keine **Entwidmung** (also die Aufgabe der Wohnzweckverwendung) in Betracht, zumal solch eine Entwidmung ohnehin von **allen Berechtigten** (also auch von L) vorgenommen werden müsste.

Hinweis: Man sollte auch in solch einem klar gelagerten Fall den Begriff der »Entwidmung« fallen lassen, um damit den Unterschied zum § 306 I Nr. 1 StGB, der keine Widmung zu Wohnzwecken, stattdessen aber eine Fremdheit des Gebäudes voraussetzt, besser hervorheben zu können. Übrigens: Entscheidend ist lediglich der Wille sämtlicher Bewohner und damit nicht die Eigentumslage; vielmehr können die »Entwidmenden« auch nur allein berechtigte unmittelbare Fremdbesitzer sein, vgl. BGH NStZ 2020, 426.

Dieses Gebäude müsste R in Brand gesetzt haben. Ein **In-Brand-Setzen** ist anzunehmen, wenn das Tatobjekt (bei einem Gebäude wesentliche Teile dessen) so vom Feuer erfasst wird, dass es aus eigener Kraft weiter zu brennen vermag. Laut Sachverhalt hat R das Gebäude angezündet und dieses brannte vollständig nieder. Ein In-Brand-Setzen lässt sich ebenso bejahen. Der objektive Tatbestand wäre somit grundsätzlich erfüllt.

Fraglich ist, wie es sich auswirkt, dass R sich vergewissert hat, dass sich niemand in dem Haus befindet, bevor sie dieses in Brand setzte. Rein tatsächlich wurde durch das Verhalten der R keine andere Person gefährdet. Zwar wurde soeben festgestellt, dass das Haus mangels Entwidmung nach wie vor der Wohnung von Menschen dient, doch könnte man erwägen, ob der hohe Strafrahmen des § 306a I StGB gerechtfertigt ist, wenn mit Sicherheit keine Menschen gefährdet werden. Insofern wird vereinzelt eine **teleologische Reduktion** des Tatbestands in Betracht gezogen, die zur Verneinung des § 306a I Nr. 1 StGB führen soll, wenn objektiv keine Gefährdung eingetreten ist bzw. die oder der Beteiligte sich vergewissert hat, dass eine solche nicht eintreten kann. Überwiegend wird eine Einschränkung allerdings abgelehnt: § 306a I StGB stellt gerade die abstrakte Gefährlichkeit des Täterverhaltens unter Strafe. Würde man eine tatsächliche Gefährdung von Rechtsgütern verlangen, würde dies eine Umwandlung des Delikts in ein konkretes Gefährdungsdelikt bedeuten (und damit auch eine Umgehung des gesetzgeberischen Willens; denn eine konkrete Gefährdung wird lediglich von § 306a II StGB vorausgesetzt). Eine teleologische Reduktion des § 306a I Nr. 1 StGB ist somit abzulehnen.

Dagegen hat die Rechtsprechung eine teleologische Reduktion zwar vereinzelt zugelassen, doch nur bei **kleinen, überschaubaren Gebäuden**. Selbst wenn man solch einer Differenzierung folgte, könnte im konkreten Fall eine Verwirklichung des objektiven Tatbestands durch R im Hinblick auf die Größe des Gebäudes nicht verneint werden. Es handelt sich laut Sachverhalt um eine zweistöckige Villa, bei der es gerade nicht möglich ist, die Gefährdung von Menschen **»mit einem Blick«** auszuschließen. Somit ist auch eine zuverlässige, lückenlose Kontrolle durch R nicht möglich. Das geringere Tatunrecht kann durch die Annahme eines minder schweren Falles gem. § 306a III StGB angemessen berücksichtigt werden. Somit ist der objektive Tatbestand erfüllt.

2. Subjektiver Tatbestand

R müsste zudem vorsätzlich gem. § 15 StGB gehandelt haben. Zweifelhaft ist lediglich ihr Vorsatz bezüglich des Umstands, dass das Gebäude der Wohnung von Menschen dient.

Hinweis: Streng genommen handelt es sich nicht einmal um einen unbeachtlichen Motivirrtum in Form des error in obiecto, da R genau das umsetzt, was sie zu verstanden haben glaubt. Sie unterliegt also keiner Verwechslung hinsichtlich der Gebäude, sondern hat bereits den Auftrag falsch verstanden.

R ging von einer Widmung zu Wohnzwecken aus. Ihre Vorstellung, sie sei von D zum In-Brand-Setzen der Villa beauftragt worden, ändert hieran nichts. Zwar könnte solch ein Auftrag zumindest subjektiv als Entwidmung durch D gedeutet werden. Doch nach der Vorstellung der R war L in den Plan der D nicht involviert, hatte also als Mitberechtigter in Bezug auf die Wohnwidmung diese noch nicht aufgegeben. R hatte somit Vorsatz bezüglich des In-Brand-Setzens eines Gebäudes, das der Wohnung von Menschen dient.

II. Rechtswidrigkeit

Eine **Einwilligung** der D in die Zerstörung bzw. in das In-Brand-Setzen der Villa scheidet von vornherein aus, da sich der Auftrag nicht auf die Wohnung bezog. Ohnehin wäre solch eine Einwilligung unwirksam, da § 306a I Nr. 1 StGB (anders als § 306 I Nr. 1 StGB) nicht das Eigentum, sondern Leben und Gesundheit der Bewohner zu schützen bezweckt.

Hinweis: Dagegen wäre es falsch, hier auf den Umstand abzustellen, dass das Grundstück im Miteigentum von L und D steht, §§ 741 ff. BGB. Dies spielt erst im Kontext des § 306 I Nr. 1 StGB eine Rolle.

III. Schuld

Aus demselben Grund scheidet ein Erlaubnistatbestandsirrtum der R aus, da diese schließlich wiederum nicht nur von einer Beauftragung ausging, die Villa in Brand zu setzen, sondern eben auch, dass es sich nach wie vor (mangels Entwidmung durch L) um ein Gebäude mit Wohnungswidmung handelte, bei welcher L für einen Unrechtsausschluss hätte involviert werden müssen.

IV. Ergebnis

R macht sich wegen schwerer Brandstiftung gem. § 306a I Nr. 1 StGB strafbar. In Anbetracht des Umstands, dass keine Person zu Schaden kam oder auch nur ernsthaft gefährdet wurde, ließe sich ein **minder schwerer Fall** nach § 306a III StGB annehmen.

Hinweis: In der tatrichterlichen Praxis wäre der Begründungsaufwand für die Annahme eines minderschweren Falles sicherlich größer. Die Richterinnen und Richter müssten eine umfassende Einzelfallabwägung vornehmen. Für Klausuren bis inklusive solchen des Ersten Staatsexamens genügen jedoch die hier gemachten Ausführungen.

B. Strafbarkeit der R gem. § 306 I Nr. 1 StGB durch Anzünden der Villa

Darüber hinaus könnte sich R wegen Brandstiftung nach § 306 I Nr. 1 StGB strafbar gemacht haben.

Hinweis: Auch wenn man es nicht auf Anhieb sieht: Die §§ 306 ff. StGB enthalten drei Grundtatbestände. Im Einzelnen sind dies § 306 I StGB, § 306a I StGB sowie § 306a II StGB. Das mag schon im Hinblick auf die vom Gesetzgeber verwendete Terminologie überraschen, welche eher auf ein Stufen- bzw. Qualifikationsverhältnis hindeutet (auch ein Laie würde aufgrund der Bezeichnung »schwere Brandstiftung« davon ausgehen, dass § 306a I StGB auf § 306 StGB aufbaut und § 306b StGB – »besonders schwere Brandstiftung« – auf den §§ 306, 306a StGB). Hingegen ist es nicht vollkommen atypisch, dass ein eigenständiger Tatbestand – nämlich § 306a II StGB – in einem zusätzlichen Absatz seinen Platz findet. Da sich § 306 StGB und § 306a StGB überschneiden können, aber nicht müssen, sollten Bearbeiterinnen und Bearbeiter niemals auf eine zusätzliche und vor allem eigenständige Prüfung des § 306 StGB verzichten. Gerade der vorliegende Fall macht deutlich, dass selbst bei In-Brand-Setzen desselben fremden Wohngebäudes (bei dem § 306a StGB unstrittig den § 306 StGB verdrängt), die zusätzliche Prüfung wegen potenziellen Unterschieden bei der Teilnehmerhaftung durchaus Sinn ergibt.

I. Tatbestandsmäßigkeit

1. Objektiver Tatbestand

Der objektive Tatbestand setzt das In-Brand-Setzen eines **fremden Gebäudes** voraus. Die Villa stellt unproblematisch einen umschlossenen Raum und somit ein Gebäude dar.

Das Gebäude müsste zudem **fremd** sein, was anzunehmen ist, wenn es nicht im Alleineigentum des Täters steht oder nicht herrenlos ist. Laut Sachverhalt haben D und L das Grundstück gemeinsam erworben. Somit befindet sich die Villa als wesentlicher Bestandteil des Grundstücks (§ 94 BGB) im Eigentum von D und L. Das Gebäude ist also fremd für R. Dieses hat sie auch in Brand gesetzt, s. oben.

2. Subjektiver Tatbestand

R wusste, dass das Gebäude nicht in ihrem Eigentum steht. Sie handelte somit vorsätzlich iSd § 15 StGB.

II. Rechtswidrigkeit

Eine Einwilligung der D in die mit dem In-Brand-Setzen verbundene Zerstörung des Gebäudes setzte voraus, dass diese allein verfügungsberechtigt über das Eigentum ist. Wie bereits dargestellt, sind allerdings D und L **Miteigentümer nach Bruchteilen** (§§ 741 ff. BGB). Eine wirksame Einwilligung in die Brandstiftung der R durch D scheitert damit an der fehlenden Zustimmung des L, sodass es nicht darauf ankommt, dass sich eine potenzielle Einwilligung ohnehin nur auf die Hütte und nicht die Villa bezog.

III. Schuld

R ging auch nicht davon aus, dass L tatsächlich seine Einwilligung erteilt hat, obwohl sie wusste, dass das Grundstück und somit auch die Villa dem L zum Teil »gehörte«.

Ein Erlaubnistatbestandsirrtum dahingehend, dass R von einer wirksamen Einwilligung ausging, scheidet mithin ebenso aus.

IV. Ergebnis

R macht sich wegen Brandstiftung nach § 306 I Nr. 1 StGB strafbar. Diese wird, in diesem Fall, in dem der Strafrahmen des § 306a StGB die Berücksichtigung der Fremdheit des Gebäudes zulässt, der Tatbestand des § 306a I Nr. 1 StGB im Übrigen aber das speziellere Gebäude erfasst, von der schweren Brandstiftung nach § 306a I Nr. 1 StGB als »lex specialis« verdrängt.

C. Strafbarkeit der R gem. § 306a II StGB durch Anzünden der Villa

R könnte sich zudem nach § 306a II StGB strafbar gemacht haben. Sie hat eine in § 306 I Nr. 1 StGB bezeichnete Sache in Brand gesetzt. Doch verlangt § 306a II StGB als **konkretes Gefährdungsdelikt**, dass durch die Brandstiftung eine andere Person konkret in die Gefahr einer Gesundheitsschädigung gebracht wird. Dies ist laut Sachverhalt nicht der Fall und von R auch nicht intendiert (sodass auch ein Versuch des § 306a II StGB ausscheidet).

D. Strafbarkeit der R gem. § 306b II Nr. 2 StGB durch Anzünden der Villa

R könnte die Qualifikation des § 306b II Nr. 2 StGB verwirklicht haben. In Anbetracht des Umstands, dass sie mit der Brandstiftung der D den Erhalt der Versicherungssumme sichern wollte, könnte sie in der Absicht agiert haben, eine andere Straftat zu ermöglichen.

Hinweis: Abweichend von der typischen Prüfung einer Qualifikation ergibt es bei den §§ 306b–306c StGB durchaus Sinn, diese stets »isoliert« zu prüfen. Dies gilt nicht nur, weil sie sich auf unterschiedliche Grundtatbestände (§§ 306 I, 306a I, 306a II StGB) beziehen, sondern weil § 306b StGB seinerseits zwei Absätze aufweist, die sich im Regelungsgehalt und Deliktstyp unterscheiden: Während § 306b I StGB und § 306c StGB erfolgsqualifizierte Delikte darstellen, bei denen hinsichtlich des Eintritts der qualifizierenden Folge eine bestimmte Form der Fahrlässigkeit genügt (§ 18 StGB), handelt es sich bei § 306b II StGB um eine einfache Qualifikation, auf die sich der Vorsatz des Täters beziehen muss.

I. Tatbestandsmäßigkeit

Zunächst ist an die Ermöglichung eines **Versicherungsmissbrauchs** nach § 265 I StGB zu denken. Doch darf hierbei nicht aus dem Blick geraten, dass § 265 StGB als Vorfelddelikt gerade die Beschädigung bzw. die Zerstörung der versicherten Sache unter Strafe stellt und keine Meldung des Schadensfalls an die Versicherung voraussetzt. Dies bedeutet jedoch zugleich, dass eine Zerstörung des versicherten Objekts mittels Brandstiftung den Versicherungsmissbrauch nicht ermöglicht, vielmehr §§ 306 bzw. 306a StGB und § 265 StGB in solch einem Fall **zusammenfallen**, die Brandstiftung also gerade den Versicherungsmissbrauch darstellt. Insofern scheidet die Ermöglichung einer anderen Tat aus.

Maßgeblich kommt es demnach darauf an, »dass nach der Vorstellung des Täters eine weitere, von der Brandstiftungshandlung verschiedene, auf die Verwirklichung der anderen Straftat abzielende Handlung ermöglicht werden soll«. R ging gerade davon aus, dass D den Schaden an der Villa meldet und somit womöglich auch einen **Versicherungsbetrug gem. § 263 I StGB** begeht. Tathandlung des Betrugs wäre die Täuschung, also nicht das In-Brand-Setzen, sondern die (gegebenenfalls mehrere Tage danach) folgende Meldung des Schadens und Geltendmachung der Versicherungssumme. Damit könnte ein dem Brand nachfolgender Betrug zum Nachteil einer Versicherung als »andere Straftat« iSd § 306b II Nr. 2 StGB angesehen werden. Unerheblich ist es, dass die Villa (entgegen der Vorstellung der R) nicht versichert ist, da es sich um ein rein subjektives Merkmal handelt.

Die wohl hM lässt also einen rein **funktionalen Zusammenhang** zwischen Brandstiftung und ermöglichter Tat genügen. Hierfür spricht der neutral gefasste Wortlaut, der lediglich die Verknüpfung der Brandstiftung mit weiterem Unrecht voraussetzt. Dem ist jedoch angesichts der hohen Mindeststrafe der Qualifikation nach § 306b II Nr. 2 StGB entschieden entgegenzutreten. Der Täter nutzt bei einem Versicherungsbetrug den Zerstörungserfolg, nicht jedoch die mit dem Brand einhergehenden **spezifischen Gefahren** aus. Nur derjenige Täter, der diese besonderen Gefahren im engen zeitlich-räumlichen Zusammenhang der Brandstiftung mit der geplanten Tat ausnutzt, bringt die besondere kriminelle Energie mit, welche eine Verwirklichung des § 306b II Nr. 2 StGB legitimiert. Hierfür spricht nicht zuletzt die Existenz des § 263 III Nr. 5 StGB, der das besondere Unrecht eines Versicherungsbetrugs ohnehin eigenständig erfasst.

II. Ergebnis

Abweichend von der hM ist aus den genannten Gründen eine Verwirklichung des § 306b II Nr. 2 StGB zu verneinen (aA gut vertretbar).

Hinweis: Schließt man sich der Auffassung der Rechtsprechung an, muss man in denjenigen Fällen, in denen Versicherter und Brandstifter auseinanderfallen, stets noch überprüfen, ob dem Versicherten die Brandstiftung (nach den versicherungsrechtlichen Grundsätzen der Repräsentantenhaftung) zugerechnet werden kann, da ein kausaler Vermögensschaden ausgeschlossen ist, wenn die Versicherung den Schaden zu tragen hätte, vgl. hierzu aus neuerer Zeit BGH NStZ 2021, 171. Jedenfalls in denjenigen Fällen, in denen solch eine Zurechnung ausgeschlossen ist (hier wäre eine Zurechenbarkeit wegen der Beteiligung der D unproblematisch zu bejahen), kann es auch klausurtaktisch sinnvoll sein, sich der Rechtsprechung – zumindest hypothetisch – anzuschließen, um nach einer kurzen Klärung der Repräsentantenhaftung zum Ergebnis zu gelangen, dass sich der Streit im konkreten Fall nicht auswirkt.

E. Strafbarkeit der R gem. § 123 I StGB durch Betreten der Villa

R hat die Wohnung objektiv **gegen den Willen** von D und L als Hausrechtsinhaber betreten und ist somit widerrechtlich eingedrungen. Fraglich ist lediglich, wie sich ihre Vorstellung von einem Einverständnis der D auswirkt (das tatsächlich nicht vorlag, da dieses ein anderes Gebäude betraf, s. oben). Es könnte ein Tatbestandsirrtum gem. § 16 I StGB vorliegen, der ein vorsätzliches Handeln der R ausschließen würde. Grundsätzlich können gleichrangige Mitinhaber des Hausrechts, wie D und L, ihr Hausrecht jeweils unabhängig voneinander ausüben. D könnte also grundsätzlich wirksam ihr Einverständnis zum Betreten der Villa durch R erklären. Grenze ist hier allerdings die Zumutbarkeit. Das Betreten des Hauses durch R, um dieses gegen bzw. ohne den Willen des L anzuzünden, ist diesem keinesfalls zuzumuten. Dementsprechend hätte ein von D erteiltes Einverständnis nichts an der Erfüllung des objektiven Tatbestands geändert. Daher liegt auch kein entsprechender Tatbestandsirrtum der R vor. R macht sich somit wegen Hausfriedensbruchs gem. § 123 I StGB strafbar. Der gem. § 123 II StGB erforderliche Strafantrag ist laut Bearbeitervermerk gestellt.

F. Strafbarkeit des R gem. §§ 265 I, II, 22, 23 I StGB durch Anzünden der Villa

R könnte sich zudem wegen versuchten Versicherungsmissbrauchs gem. §§ 265 I, II, 22, 23 I StGB strafbar gemacht haben.

I. Vorprüfung

Die Tat dürfte hierfür **nicht vollendet** sein. Laut Sachverhalt war die Villa von D und L nicht versichert. Somit scheitert ein vollendeter Versicherungsmissbrauch bereits am tauglichen Tatobjekt. Eine Nichtvollendung lässt sich bejahen. Die **Strafbarkeit des Versuchs** des Versicherungsmissbrauchs als Vergehen (§ 12 II StGB) ist, wie dies § 23 I Var. 2 StGB verlangt, in § 265 II StGB ausdrücklich angeordnet.

Hinweis: Man merke sich bitte das Zusammenspiel von § 23 I StGB, § 12 I und II StGB sowie demjenigen Delikt, dessen Versuchsstrafbarkeit zu ermitteln ist. Bei Delikten, bei denen die Versuchsstrafbarkeit explizit angeordnet ist, muss es sich um Vergehen handeln. Fehlt es hingegen an einer Anordnung, könnte dies daran liegen, dass diese obsolet ist (weil es sich um ein Verbrechen handelt, Freiheitsstrafe nicht unter einem Jahr), oder schlicht – als Ausprägung des fragmentarischen Charakters des Strafrechts – nicht erfolgt ist.

II. Tatentschluss

R müsste mit **Tatentschluss** agiert, also mit Vorsatz bezüglich aller objektiven Tatbestandsmerkmale gehandelt haben und gegebenenfalls erforderliche subjektive Merkmale verwirklichen. § 265 StGB setzt voraus, dass der Täter eine gegen Untergang usw versicherte Sache zerstört, um sich oder einem Dritten Leistungen aus der Versicherung zu verschaffen. Vorliegend hatte R die Absicht, eine versicherte Sache zu zerstören, mithin in ihrer Existenz ganz und gar zu vernichten, um damit der D Leistungen aus der Versicherung zu sichern. Dass diese Sache objektiv nicht versichert war, ist als umgekehrter Tatbestandsirrtum unschädlich und steht einer Strafbarkeit wegen (untauglichen) Versuchs nicht entgegen, vgl. auch § 23 III 1 StGB. R handelte folglich mit Tatentschluss.

III. Unmittelbares Ansetzen, § 22 StGB

Durch das Anzünden des (vermeintlich versicherten) Gebäudes hat R auch **tatbestandliche Handlungen** vorgenommen, die nach ihrer Vorstellung unmittelbar in den Erfolg münden sollten. Sie hat somit unmittelbar zur Tatbestandsverwirklichung angesetzt, § 22 StGB.

IV. Rechtswidrigkeit und Schuld

R handelte rechtswidrig und schuldhaft. Sie macht sich wegen versuchten Versicherungsmissbrauchs gem. §§ 265 I, II, 22 StGB strafbar.

G. Strafbarkeit der D gem. §§ 306a I Nr. 1, 26 StGB durch Beauftragung der R

D könnte sich, dadurch dass sie R darum gebeten hat, den »kleinen Schuppen« anzuzünden, wegen Anstiftung zur schweren Brandstiftung gem. § 306a I StGB strafbar gemacht haben.

I. Tatbestandsmäßigkeit

1. Objektiver Tatbestand

Eine Teilnehmerstrafbarkeit setzt zunächst das Vorliegen einer vorsätzlich rechtswidrigen Haupttat voraus (**limitierte Teilnehmerakzessorietät**). R hat eine schwere Brandstiftung vorsätzlich und rechtswidrig verwirklicht.

Ferner müsste D die R zu dieser Handlung bestimmt haben. **Bestimmen** meint das Hervorrufen des Tatentschlusses. Die Anforderungen an dieses Hervorrufen sind im Detail umstritten, überwiegend wird mindestens ein geistiger Kontakt zwischen Anstifter und Haupttäter für erforderlich (aber auch ausreichend) gehalten. D hat unmittelbar mit R gesprochen und dieser ihr Anliegen mitgeteilt. Dass es hierbei zu einem Missverständnis hinsichtlich des konkreten Zielobjekts kam, ändert an dem Umstand, dass R durch das Gespräch den Vorsatz fasste, die Tat durchzuführen nichts. Ein Bestimmen lässt sich bejahen.

2. Subjektiver Tatbestand

Daneben müsste D auch mit einem sog. **doppelten Anstiftervorsatz**, also Vorsatz hinsichtlich der Haupttat und der Anstiftungshandlung aufweisen.

Hinweis: Die Bezeichnung des Anstiftervorsatzes als »doppelter« ist schief, da der Vorsatz sich sowieso stets auf alle Merkmale des objektiven Tatbestands zu beziehen hat und insofern nicht selten nur ein doppelter, sondern dreifacher oder vierfacher ist. Als Begrifflichkeit, die zugleich als »Merkposten« fungiert, hat sie sich allerdings durchgesetzt und ihre Verwendung wird allgemein akzeptiert.

D wollte auf R einwirken. Der Vorsatz bezüglich des Bestimmens lässt sich also unproblematisch bejahen. Hingegen erscheint der Vorsatz hinsichtlich der Haupttat fraglich. D wollte nämlich die versicherte Scheune (die er als Werkstatt verwendet) und nicht die Villa in Brand gesetzt wissen. Dabei ist es zunächst unerheblich, dass D das tatsächlich versicherte Gebäude mit dem »kleinen Schuppen« meinte. Grundsätzlich lassen **Motivirrtümer** bzw. graduelle Tatbestandsirrtümer (Größe, Typ und Zweckwidmung des Gebäudes) den Sachbeschädigungsvorsatz unberührt. Doch liegt hier kein bloßer error in obiecto vor, da die konkrete Wohnzweckwidmung eines Gebäudes zumindest bei § 306a I Nr. 1 StGB ein Tatbestandsmerkmal darstellt, auf den sich auch der Vorsatz des Beteiligten beziehen muss.

D ging jedoch davon aus, die R mit dem In-Brand-Setzen der Werkstatt beauftragt zu haben. Eine Werkstatt ist allerdings keine Räumlichkeit, die (wenn auch nur vorübergehend) zur Wohnung von Menschen dient. Die nachträgliche Umwidmung (gerade infolge des Abbrennens der Villa) durch D und L ändert nichts daran, dass die Hütte zum Tatzeitpunkt nicht zu Wohnzwecken genutzt wurde. Etwas anderes könnte sich nur ergeben, wenn die Räumlichkeit stattdessen einen anderen tatbestandlich relevanten Zweck aufweist. In Betracht käme hier die Vorstellung der D, es handele sich bei der Hütte um eine Räumlichkeit nach § 306a I Nr. 3 StGB, die zeitweise dem Aufenthalt von Menschen dient, zu einer Zeit, in der Menschen sich dort aufzuhalten pflegen. Allerdings kann dies für das In-Brand-Setzen einer Hobby-Werkstatt gerade durch denjenigen, der diese Werkstatt zu Hobbyzwecken benutzt (und dann auch noch bei einem In-Brand-Setzen zur Nachtzeit) nicht bejaht werden. D hatte somit keinen Vorsatz hinsichtlich der Haupttat. Eine Anstiftung zur schweren Brandstiftung scheidet somit aus. D macht sich nicht gem. §§ 306a I Nr. 1, 26 StGB strafbar.

H. Strafbarkeit der D gem. §§ 306 I Nr. 1, 26 StGB durch Beauftragung der R

Allerdings kommt eine Strafbarkeit wegen Anstiftung zur Brandstiftung gem. §§ 306 I Nr. 1, 26 StGB in Betracht.

I. Tatbestandsmäßigkeit

Hinsichtlich der vorsätzlichen, rechtswidrigen Haupttat und des Bestimmens gelten die soeben gemachten Ausführungen zu § 306a I Nr. 1 StGB (mit der Maßgabe, dass Anstiftungstat § 306 I Nr. 1 StGB ist).

Problematisch ist wiederum der **Anstiftervorsatz**, genauer der Vorsatz hinsichtlich der Haupttat. Laut Sachverhalt wollte D, dass R die Hütte und nicht das Wohngebäude in Brand setzt. Anders als bei § 306a I Nr. 1 StGB setzt § 306 I Nr. 1 StGB allerdings nur das In-Brand-Setzen eines Gebäudes voraus. Diesbezüglich hatte D jedoch Vorsatz, da es sich sowohl bei einer Scheune, die als Werkstatt genutzt wird, als auch bei einer Villa um ein Gebäude handelt. Die Versicherung eines der beiden Gebäude bzw. der Wohnwidmungszweck sind Eigenschaften des Gebäudes, die den Vorsatz hinsichtlich § 306 I Nr. 1 StGB unberührt lassen. Etwas anderes könnte angesichts des Umstands gelten, dass R als Angestiftete die Tat für D ausgeführt hat. Zwar handelte es sich gerade nicht um eine error in obiecto des Angestifteten, deren Auswirkungen auf den Anstifter umstritten sind. Dennoch handelt es sich um eine vergleichbare Situation, weil das Missverständnis zwischen den beiden Protagonisten letztlich dazu geführt hat, dass zumindest aus der Perspektive der D das falsche Gebäude angezündet worden ist. Daher ergibt es Sinn, die Überlegungen zur Unbeachtlichkeit einer error in obiecto für den Anstifter auf die vorliegende Konstellation zu übertragen. Während eine Ansicht davon ausgeht, dass alles, was den Vorsatz des Vordermannes unberührt lässt, auch denjenigen des Anstifters nicht tangiere (strenge Unbeachtlichkeitstheorie), will die Gegenmeinung in der Objektsverwechslung stets eine aberratio ictus für den Anstifter sehen und damit eine vollendete Vorsatztat ausschließen. Mit der vermittelnden hA ist darauf abzustellen, ob es sich um eine wesentliche oder unwesentliche Abweichung vom Kausalverlauf handelt, was davon abhängig ist, welcher Verlauf des Geschehens dem Anstifter noch in Rechnung zu stellen ist. Maßgeblich hierfür wiederum ist, ob der Anstifter dem Angestifteten die Konkretisierung des Objekts überlassen hat.

Im vorliegenden Fall könnte man zwar zunächst davon ausgehen, dass der R eine »klare Marschroute« vorgegeben wurde, zumal R den Standort des Gebäudes kennt. Doch hat sich D nicht klar genug ausgedrückt, indem sie vom »kleinen Schuppen«

geredet hat. Denn laut Sachverhalt hatte D auch die Villa schon als bescheidenes Häuschen bezeichnet und somit die Gefahr eines Missverständnisses geschaffen, wenn sie nicht den »kleinen Schuppen« als Werkstatt oder als Scheune neben der Villa genauer konkretisiert. Somit hat D der R die Konkretisierung des Gebäudes überlassen, sodass der Umstand, dass R das falsche Gebäude anzündete, ihren Vorsatz unberührt lässt.

Hinweis: Die Parallele zum error in persona des Anstifters zu sehen, genügt bereits an dieser Stelle. Da es sich nicht um die typische Rose-Rosahl-Konstellation handelt, die aus dem Allgemeinen Teil bekannt sein müsste (vgl. Kudlich Fälle StrafR AT Fall 12), muss der Streit auch nicht in seiner ganzen Pracht dargestellt werden, der Rückgriff auf das »Konkretisierungsargument«, das auch auf diese Konstellation passt, genügt. Hier müssen Kandidatinnen und Kandidaten ihr bereits vorhandenes Wissen auf eine atypische Konstellation »transferieren«, was besonders zu honorieren ist. Das Problem als solches drängt sich im Hinblick auf die Verwechslung und den Umstand, dass die Villa im Gegensatz zur Scheune nicht versichert ist, geradezu auf.

II. Rechtswidrigkeit und Schuld

D handelte auch rechtswidrig und schuldhaft. Sie macht sich wegen Anstiftung zur Brandstiftung gem. §§ 306 I Nr. 1, 26 StGB strafbar.

I. Strafbarkeit der D gem. § 306d Var. 2 StGB durch Beauftragung der R

Zudem hat D durch die Beauftragung der R objektiv sorgfaltspflichtwidrig agierend das In-Brand-Setzen eines Wohnhauses verursacht. Dass es sich hierbei um eine Anstiftungshandlung handelt, ist irrelevant, da im Rahmen der Fahrlässigkeitshaftung das Prinzip der Einheitstäterschaft gilt. Das In-Brand-Setzen der Villa durch R war auch aufgrund der vorherigen Korrespondenz und der Einfältigkeit der R sowohl objektiv als auch subjektiv vorhersehbar. D macht sich somit einer fahrlässigen Brandstiftung gem. § 306d Var. 2 StGB strafbar. Diese tritt jedoch im Wege der Spezialität hinter die vorsätzliche Anstiftung zur Brandstiftung gem. §§ 306 I Nr. 1, 26 StGB. Einer Klarstellung durch die Annahme von Tateinheit, wonach nicht nur ein Gebäude, sondern auch ein Wohnhaus beschädigt worden sei, bedarf es nicht.

J. Strafbarkeit der D gem. §§ 265 I, II, 22, 26 StGB durch Beauftragung der R

Zudem könnte sich D gem. §§ 265 I, II, 22, 26 StGB wegen Anstiftung zum versuchten Versicherungsmissbrauch strafbar gemacht haben, indem sie R damit beauftragte, den »kleinen Schuppen« in Brand zu setzen. Auch die versuchte Tat ist eine teilnahmefähige, weil vorsätzliche, rechtswidrige Haupttat (vgl. auch § 11 I Nr. 5 StGB). Diese liegt in Form des versuchten Versicherungsmissbrauchs durch R vor. D hat R zu dieser Tat bestimmt, diesbezüglich auch Vorsatz. Weiterhin müsste D auch Vorsatz bezüglich der teilnahmefähigen Haupttat gehabt haben. Der Vorsatz der D war auf die Begehung eines Versicherungsmissbrauchs durch R gerichtet. Dass R tatsächlich ein nicht versichertes Gebäude angezündet hat, ist irrelevant (dies führt nur dazu, dass als Haupttat nur ein untauglicher Versuch vorliegt und D daher auch nur zu diesem angestiftet haben kann). D handelte auch rechtswidrig und schuldhaft. Sie macht sich wegen Anstiftung zum versuchten Versicherungsmissbrauch gem. §§ 265 I, II, 22, 26 StGB strafbar.

K. Strafbarkeit der D gem. §§ 263 I, II, 22 StGB durch Beauftragung der R

Die Beauftragung der R mit dem In-Brand-Setzen des Gebäudes stellt eine Handlung weit im Vorfeld der Schadensmeldung als Tathandlung des Betrugs zulasten der Versicherungsgesellschaft und damit eine (insoweit) straflose Vorbereitungshandlung dar. Eine Strafbarkeit der D wegen versuchten Versicherungsbetrugs gem. §§ 263 I, II, 22 StGB scheidet aus.

L. Konkurrenzen

R macht sich wegen schwerer Brandstiftung gem. § 306a I Nr. 1 StGB strafbar, welche mit dem versuchten Versicherungsmissbrauch gem. §§ 265 I, II, 22 StGB in Tateinheit steht, § 52 StGB. Hinzu tritt (ebenso in Tateinheit) ein Hausfriedensbruch gem. § 123 I StGB. D macht sich wegen Anstiftung zur Brandstiftung gem. §§ 306 I Nr. 1, 26 StGB sowie wegen (in Tateinheit stehender) Anstiftung zum versuchten Versicherungsmissbrauch gem. §§ 265 I, II, 22, 26 StGB strafbar.

2. Tatkomplex: Das Rennen mit tödlichem Ausgang

A. Strafbarkeit der D gem. § 316 I StGB durch Fahrt zum Treffpunkt

D könnte sich gem. § 316 I StGB wegen vorsätzlicher Trunkenheit im Verkehr strafbar gemacht haben, indem sie mit ihrem Auto zum Treffpunkt fuhr.

Hinweis: Vorliegend wird der chronologische Aufbau bevorzugt, da gerade bei der Verwirklichung von Dauerdelikten unbedeutende Tathandlungen leicht übersehen werden können. Mit dem chronologischen Aufbau können derlei Ungenauigkeiten vermieden werden.

I. Tatbestandsmäßigkeit

1. Objektiver Tatbestand

Hierfür hätte D im Verkehr ein Fahrzeug führen müssen, obwohl sie infolge des Genusses alkoholischer Getränke nicht mehr fahrtüchtig war, § 316 I StGB. Verkehr meint aufgrund der Verweisung auch auf §§ 315b, c, d StGB auch den öffentlichen Straßenverkehr. D fuhr – bei lebensnaher Sachverhaltsauslegung – über öffentliche Straßen zum Treffpunkt, mithin **im öffentlichen Straßenverkehr**. Ein Fahrzeug **führt**, wer dieses mittels Bedienung seiner wesentlichen technischen Einrichtungen in Bewegung setzt oder lenkt. D fuhr das Auto selbst, sie war mithin Führer des Fahrzeugs. Im Rahmen der alkoholbedingten Fahruntüchtigkeit sind die sog. relative und absolute Fahruntüchtigkeit zu unterscheiden. Die **Fahruntüchtigkeit** wird dabei unwiderleglich vermutet, wenn der Fahrzeugführer eine Blutalkoholkonzentration (BAK) von **1,1 Promille** oder mehr aufweist (**absolute Fahruntüchtigkeit**). D hatte eine BAK von 1,9 Promille und war somit absolut fahruntüchtig. Auf eine (konkrete) Gefährdung kommt es im Rahmen von § 316 StGB nicht an. Der objektive Tatbestand ist somit erfüllt.

2. Subjektiver Tatbestand

D hätte gem. § 15 StGB auch vorsätzlich handeln müssen. D war sich dessen bewusst, dass sie das Fahrzeug nicht mehr sicher führen konnte, was ihr jedoch laut Sachverhalt egal war. Sie handelte mithin vorsätzlich.

II. Rechtswidrigkeit und Schuld

Die Tatbestandsmäßigkeit indiziert – mangels Eingreifens von Rechtfertigungsgründen – die Rechtswidrigkeit. Da keine Entschuldigungsgründe ersichtlich sind, handelt D auch schuldhaft.

III. Ergebnis

D hat sich gem. § 316 I StGB strafbar gemacht.

B. Strafbarkeit der D gem. § 315b I Nr. 3 durch Einfahrt auf Kreuzung

D könnte sich gem. § 315b I Nr. 3 StGB wegen gefährlichen Eingriffs in den Straßenverkehr strafbar gemacht haben, indem sie während des Rennens in die Kreuzung einfuhr.

I. Tatbestandsmäßigkeit

Hierfür hätte D einen anderen ebenso gefährlichen Eingriff in den Straßenverkehr vornehmen müssen (§ 315 I Nr. 3 StGB). Grundsätzlich erfasst § 315b I StGB nur Eingriffe in den Straßenverkehr von »außen«. Dies ergibt sich aus dem Wortlaut der Vorschrift (»Eingriff *in* den Straßenverkehr«) und einem systematischen Vergleich mit § 315c I StGB, der gefährdendes Verhalten innerhalb des Straßenverkehrs erfasst. Hiervon lässt die Rechtsprechung jedoch eine Ausnahme zu, wenn der Täter das Fahrzeug bewusst **zweckentfremdet** als Waffe einsetzt und so im Straßenverkehr **pervertiert** (sog. verkehrsfeindlicher Inneneingriff). Überdies muss der Täter nach neuerer Rechtsprechung mit **Schädigungs**vorsatz (nicht lediglich mit **Gefährdungs-vorsatz**) gehandelt haben. Vorliegend gefährdet D zwar den Straßenverkehr zu verkehrswidrigen Zwecken. Dies allein genügt jedoch nicht. D will ihr Fahrzeug nicht als »Waffe« einsetzen. Im Gegenteil: Um das Rennen zu gewinnen, muss D gerade einen Unfall vermeiden. Überdies nimmt D den E nicht wahr und rechnet auch nicht damit, dass jemand anderes zu Schaden kommt. Sie handelt mithin nicht mit Schädigungsvorsatz. Der Tatbestand des § 315b I Nr. 3 StGB ist nicht erfüllt.

Hinweis: Vorsicht! Viele Studierende neigen dazu, einen Schädigungsvorsatz (oder sogar einen Tötungsvorsatz) zu schnell zu bejahen. Nur wenn der Sachverhalt Hinweise darauf enthält, dass der Täter eine Schädigung (bzw. eine Tötung) für möglich hält und billigend in Kauf nimmt, kann ein Schädigungs- bzw. Tötungsvorsatz bejaht werden. Keinesfalls darf ein Schädigungs- bzw. Tötungsvorsatz bejaht werden, wenn – wie hier – der Sachverhalt ausdrücklich davon spricht, dass der Täter eine Schädigung (bzw. eine Tötung) nicht für möglich hält bzw. nicht mit ihr rechnet. Dies gilt unabhängig davon, ob Sie dies dem Täter im »echten Leben abkaufen« würden. Zum Eventualvorsatz in der Fallbearbeitung vgl. bereits die Ausführungen in den gutachtlichen Vorüberlegungen.

II. Ergebnis

D hat sich nicht gem. § 315b I Nr. 3 StGB strafbar gemacht.

C. Strafbarkeit der D gem. § 315c I Nr. 1a, Nr. 2a, Nr. 2d StGB durch Einfahrt auf Kreuzung

D könnte sich gem. § 315c I Nr. 1a, Nr. 2a, Nr. 2d StGB wegen Gefährdung des Straßenverkehrs strafbar gemacht haben, indem sie in die Kreuzung einfuhr.

I. Tatbestandsmäßigkeit

1. Objektiver Tatbestand

a) Handlungsteil

Hierfür hätte D ein Fahrzeug im Straßenverkehr in fahruntüchtigem Zustand führen müssen (§ 315 I Nr. 1a StGB). D führte ein Fahrzeug in fahruntüchtigem Zustand im Straßenverkehr (s. oben).

Hinweis: Der Handlungsteil des § 315c I Nr. 1a StGB entspricht dem Tatbestand des § 316 I StGB, ebenso wie die Erfolgsteile des § 315c und § 315b StGB. Hier kann also das Wissen doppelt verwertet und in der Klausurbearbeitung auf bereits erfolgte Ausführungen verwiesen werden.

Überdies könnte D auch die Tathandlungsvariante des § 315c I Nr. 2d StGB erfüllt haben. Hierfür hätte D an einer Straßenkreuzung **zu schnell fahren** müssen. D fuhr innerorts 100 km/h, als sie in die Straßenkreuzung einfuhr. Erlaubt sind innerorts – ohne abweichende Regelung durch Verkehrsschilder, wofür der Sachverhalt nichts hergibt – maximal 50 km/h (§ 3 III Nr. 1 StVO). D fuhr somit an einer Straßenkreuzung zu schnell. Schließlich kommt auch die Variante § 315c I Nr. 2a StGB in Betracht. Hierfür hätte D die **Vorfahrt missachten** müssen. Fraglich ist, ob auch ein Rotlichtverstoß ein »Vorfahrtmissachten« in diesem Sinne ist. Hiergegen könnte man einwenden, dass der Wortlaut der Vorschrift von »Vorfahrt missachten« spricht und nach dem natürlichen Sprachgebrauch der Durchschnittsbevölkerung (»Ich hatte grün« bei Ampel/»Ich hatte Vorfahrt« bei Rechts-vor-Links oder Verkehrszeichen) eine Ampellichtanlage von dieser Vorschrift daher nicht erfasst ist. Allerdings hat der Gesetzgeber in § 315c StGB bewusst auf die Vorschriften der StVO und damit auch auf deren Sprachgebrauch Bezug genommen. Gemäß § 37 I, II Nr. 1 StVO gehen **Wechsellichtanlagen** (= Ampeln) sonstigen Verkehrszeichen vor und regeln die Vorfahrt an der Kreuzung »dynamisch«. Die Wechsellichtanlage ist damit ein »dynamisches Verkehrszeichen« und muss dementsprechend iRv § 315c I Nr. 2d StGB wie ein vorfahrtregelndes Verkehrszeichen behandelt werden.

Hinweis: Kommen mehrere Varianten von § 315c I StGB in Betracht, müssen Sie auch alle Varianten anprüfen. Dass die Erfüllung einer Variante für die Bejahung des Tatbestands ausreichen würde, ändert hieran nichts, da Sie ein Gutachten schreiben.

Beide Tathandlungsvarianten setzen überdies voraus, dass der Täter grob verkehrswidrig und rücksichtslos handelt. **Grob verkehrswidrig** ist der Verkehrsverstoß, wenn er objektiv besonders schwer bzw. besonders gefährlich ist. D überschritt die zulässige Höchstgeschwindigkeit innerorts um das Doppelte, als sie das Rotlicht an einer Kreuzung innerorts mit 100 km/h überfuhr. Da damit zu rechnen ist, dass Verkehrsteilnehmer, die »grün haben« in die Kreuzung einfahren (Vertrauensgrundsatz im Straßenverkehr) und diese aufgrund der hohen Geschwindigkeit nicht mehr oder nur mit sehr viel Glück noch bremsen können, handelt es sich auch bei dem Vorfahrtsverstoß um einen besonders schweren Verkehrsverstoß. **Rücksichtslos** handelt, wer sich aus eigensüchtigen Motiven über die ihm bewussten Sorgfaltspflichten im Verkehr hinwegsetzt oder aus Gleichgültigkeit keinerlei Bedenken gegen sein Verhalten aufkommen lässt. D verstieß bewusst in schwerwiegender Weise gegen seine Sorgfaltspflichten, um das Rennen zu gewinnen. Sie ordnete somit die Sicherheit des Straßenverkehrs bewusst ihren Motiven unter. D handelte auch bezüglich beider Tatvarianten rücksichtslos.

Hinweis: Der Punkt der »Rücksichtslosigkeit« ist eigentlich ein subjektiver Gesichtspunkt und wäre folglich streng genommen erst im Rahmen des subjektiven Tatbestandes zu prüfen (teilweise wird auch vertreten, dies sei eine Frage der Schuld). Von einer eher pragmatischen Herangehensweise aus bietet es sich jedoch an, die Punkte »grob verkehrswidrig« und »rücksichtslos« nicht auseinanderzureißen, da es auch Überschneidungen gibt.

b) Erfolgsteil

§ 315c I StGB setzt weiterhin voraus, dass durch die Verwirklichung einer Tathandlungsvariante Leib oder Leben eines anderen Menschen oder fremde Sachen von bedeutendem Wert gefährdet werden. Erforderlich ist dabei eine **konkrete Gefahr**, die dann vorliegt, wenn sich die gefährliche Situation bereits so verdichtet hat, dass jederzeit mit dem Eintritt eines Schadens gerechnet werden muss und das Ausbleiben einer Fremdschädigung vom bloßen Zufall abhängt (»**Beinahe-Unfall**«). In Betracht kommen vorliegend gleich mehrere Gefährdungsobjekte:

Zunächst könnten **Leib und Leben des E** einer konkreten Gefahr im oben genannten Sinne ausgesetzt gewesen sein. E konnte »gerade noch« abbremsen und laut Auskunft des Sachverständigen »grenzt es an ein Wunder«, dass E keine Verletzungen erlitten hat. Es hing somit nur vom **Zufall** ab, dass der Leib von E nicht verletzt wurde. Somit liegt eine konkrete Gefahr vor.

Ferner könnte auch **L konkret gefährdet** worden sein. L erlitt einen komplizierten Schädelbruch und verstarb an dieser Verletzung. Mithin sind Leib und Leben des L sogar verletzt worden. Als notwendiges Durchgangsstadium der Verletzung ist somit auch eine konkrete Gefahr zu bejahen. Fraglich ist jedoch, ob **die Beteiligung des L** an dem Unfall als Beifahrer dazu führt, dass die konkrete Gefahr für sein Leben nicht berücksichtigt werden darf.

Nach einer Ansicht sind Lebens- und Leibesgefahren für andere Personen als den Täter stets berücksichtigungsfähig, unabhängig von einer etwaigen Teilnahme an der Haupttat. Begründet wird dies mit dem Wortlaut der Vorschrift, der lediglich die Gefährdung eines »anderen« verlangt und keine Einschränkung auf nicht an der Tat beteiligte Personen macht. Nach der hM sind dagegen konkrete Gefahren für Tatbeteiligte nicht zu berücksichtigen. Nach dieser Auffassung wäre die Gefährdung von L nicht zu berücksichtigen, wenn er Teilnehmer iSv §§ 26, 27 StGB an der Tat der D gewesen wäre. Da D bereits entschlossen war (sog. omnimodo facturus), nicht zu bremsen, als sie zu L herüberblickte, scheidet eine Anstiftung durch L aus (aA vertretbar).

In Betracht kommt jedoch eine Beihilfe gem. § 27 StGB. Hierfür hätte L der D vorsätzlich zu dessen vorsätzlicher, rechtswidriger Haupttat Hilfe leisten müssen. Die vorsätzliche, rechtswidrige Haupttat ist vorliegend § 315c I StGB.

Anmerkung: Lassen Sie sich in dieser Situation nicht verwirren. Aufbautechnisch müssen Sie innerhalb des Tatbestandes von § 315c I StGB die Beihilfe des L prüfen. Hier stellt sich auf den ersten Blick das Problem, dass zu diesem Zeitpunkt der Vorsatz von D noch gar nicht geprüft wurde und somit eigentlich noch nicht feststeht, dass eine vorsätzliche, rechtswidrige Haupttat tatsächlich vorliegt.

Dies spielt jedoch deshalb keine Rolle, weil es vorliegend ja nur um die Frage geht, ob L vom Schutzbereich von § 315c StGB erfasst ist. Hierfür kommt es nur darauf an, dass L für den Fall, dass eine vorsätzliche, rechtswidrige Haupttat der D vorliegen würde, als Gehilfe aus diesem Schutzbereich ausscheiden würde.

Ein **Hilfeleisten** ist nach hM zu bejahen, wenn die Handlung des L die Tat der D in irgendeiner Weise fördert. Ausreichend ist hierfür auch, wenn L den Tatentschluss der D zwar nicht hervorruft (dann § 26 StGB, s. oben), jedoch diesen bestärkt (sog. psychische Beihilfe). Bevor D über die Kreuzung fährt, blickt sie zu L und dieser nickt ihr aufmunternd zu. Er bestärkt so den Tatentschluss der D und leistet mithin psychische Beihilfe. Da er durch das Nicken ihre Zustimmung signalisieren will, handelt L auch vorsätzlich. L ist somit Gehilfe zur Tat der D und nach hM nicht vom Schutzbereich des § 315c StGB umfasst.

Für die hM spricht, dass § 315c StGB zwei Schutzrichtungen aufweist, die beide bei einer Gefährdung einer Beteiligten bzw. eines Beteiligten nicht tangiert werden: Der Schutz des öffentlichen Straßenverkehrs bezweckt den Schutz der nicht tatbeteiligten Verkehrsteilnehmer, die auf die Gefährdung keinen Einfluss nehmen können. Teilnehmer an der Tat sind somit hiervon nicht geschützt. Der Schutz von individuellen Rechtsgütern (hier: Leib und Leben) ist nicht tangiert, soweit die Teilnehmer ihre Rechtsgüter eigenverantwortlich einer Gefährdung aussetzt.

Die Gefährdung von Rechtsgütern des L ist somit nicht berücksichtigungsfähig (aA vertretbar).

Als Gefährdungsobjekt kommen auch fremde Objekte von bedeutendem Wert und somit auch das geleaste **Fahrzeug der D** in Betracht. Hierfür müsste der Wagen für diese **fremd** sein. Fremd ist eine Sache, wenn sie zumindest im Miteigentum eines anderen steht. Bei einem Leasingvertrag ist der Leasingnehmer (hier D) nur berechtigter Besitzer, der Leasinggeber (idR eine Bank) dagegen Eigentümer. Somit ist das Fahrzeug der D für diese fremd. Da das Auto einen Totalschaden erleidet, war es als notwendiges Durchgangsstadium auch konkret gefährdet. Fraglich ist, ob es sich bei dem Auto um eine Sache »von bedeutendem Wert« handelt. Nach hM haben Sachen einen bedeutenden Wert, wenn sie zumindest **750 EUR** wert sind. Nach aA, die sich an der Rechtsprechung zu § 69 II Nr. 3 StGB orientiert, liegt die Wertschwelle bei 1.300 EUR. Das Kfz der D hat einen Wert von 95.000 EUR, ein Streitentscheid kann somit dahinstehen. Es handelt sich um eine fremde Sache von bedeutendem Wert. Die hM verlangt – um Bagatellfälle aus dem Anwendungsbereich von § 315c I StGB auszuklammern – zu Recht, dass der fremden Sache überdies auch ein bedeutender Schaden drohte. Als Mindesthöhe des drohenden Schadens kann (notwendiges Durchgangsstadium!) die eingetretene Schadenshöhe – hier 95.000 EUR, da Totalschaden – angenommen werden, sodass auch diese Voraussetzung vorliegend erfüllt ist.

Fraglich ist jedoch, ob auch das Gefährt der D als **»Tatfahrzeug«** überhaupt als Gefährdungsobjekt in Betracht kommt. Die hM lehnt dies zu Recht ab. Dabei taugt zwar die »Leerformel«, dass das »Tatfahrzeug nicht gleichzeitig Tatobjekt« sein könne, nicht zur Begründung. Richtig ist allerdings, dass § 315c StGB den »öffentlichen Straßenverkehr« und die individuellen Rechtsgüter von »anderen« am Straßenverkehr beteiligten Personen schützen soll. Der Leasinggeber ist jedoch nicht selbst ein »anderer«, der am Straßenverkehr beteiligt ist. Seine Beteiligung liegt lediglich in der Besitzüberlassung des Tatfahrzeugs an den Täter. Bei Fehlen anderer Unfallbeteiligter hinge daher die Strafbarkeit des Täters lediglich davon ab, ob er sein finanziertes Fahrzeug »geleast« (gemietet) oder finanziert gekauft (mit Eigentumserwerb) hat. Dies entspricht nicht dem Schutzzweckgedanken von § 315c I StGB.

Die Gefährdung des geleasten Fahrzeugs der D ist somit ebenfalls unerheblich.

Zuletzt ist noch zu überprüfen, ob der **Wagen des E** konkret gefährdet wurde. Der Pkw steht im Eigentum des E und hat einen Wert von 60.000 EUR. Unabhängig vom oben genannten Streit zur Wertschwelle handelt es sich somit um eine fremde Sache von bedeutendem Wert. Ferner müsste dieser Sache auch ein bedeutender Schaden gedroht haben. Vorliegend hat der Wagen des E nur einen Schaden von 200 EUR erlitten. Jedoch handelt es sich beim tatsächlich eingetretenen Schaden nur um den Mindestwert des Schadens, welcher konkret gedroht hatte. Nach Auskunft des Sachverständigen hätte ohne das knappe Bremsmanöver des E dem Wagen ein Schaden iHv 10.000 EUR gedroht. Der **konkrete Gefährdungsschaden** lag damit bei 10.000 EUR, was für die Bejahung einer bedeutenden Gefahr ausreicht.

c) Zurechnungszusammenhang zwischen Handlungs- und Erfolgsteil: »dadurch«

Fraglich ist, ob auch ein **Zurechnungszusammenhang** zwischen den drei Tathandlungen (Vorfahrtsverstoß, überhöhte Geschwindigkeit und Alkoholfahrt) und den eingetretenen (und berücksichtigungsfähigen) konkreten Gefahren (Leib und Leben des E und Auto des E) besteht. Dieser erfordert zum einen, dass mit an Sicherheit grenzender Wahrscheinlichkeit die konkrete Gefahr ohne den Fahrfehler/die Fahruntüchtigkeit nicht eingetreten wäre (entspricht in etwa der Kausalität nach der Conditio-sine-qua-non-Formel). Zum anderen muss zwischen Fahrfehler/Alkoholisierung ein Pflichtwidrigkeits- und ein Schutzzweckzusammenhang bestehen. Dementsprechend muss sich in der konkreten Gefährdung gerade die typische abstrakte Gefahr realisiert haben und das übertretene Ver- oder Gebot muss gerade die Verhinderung von Gefährdungen der eingetretenen Art zum Zweck haben.

Was die Missachtung der Vorfahrt anbelangt, so entfällt die Gefährdung des E und seines Autos, wenn man ein Anhalten der D an der roten Ampel hinzudenkt. Das Gebot, an einer roten Ampel zu halten soll auch gerade Unfälle auf der geregelten Kreuzung vermeiden und es realisiert sich im Unfall zwischen D und E gerade die typische abstrakte Gefahr, die sich aus der Missachtung von Vorfahrtsregelungen an Kreuzungen ergibt. Insofern liegt ein Zurechnungszusammenhang unproblematisch vor.

Zweifelhaft ist jedoch der Gefahrzusammenhang zwischen der überhöhten Geschwindigkeit und der eingetretenen Gefährdung. Denkt man diese nämlich hinweg, ist nicht ausgeschlossen, dass weiterhin aufgrund der Missachtung der Vorfahrt eine konkrete Gefährdung des E eintritt. Bei lebensnaher Sachverhaltsgestaltung ist jedoch davon auszugehen, dass D und/oder E noch rechtzeitig hätten bremsen können und so den Unfall und auch die konkrete Gefährdung des E und seines Wagens hätten vermeiden können. Dies ergibt sich daraus, dass es dem E trotz der extrem hohen Geschwindigkeit der D (100 km/h anstelle der erlaubten 50 km/h) noch gelungen ist, eine schwerwiegende Kollision zu vermeiden. Eine Kausalität kann somit bejaht werden (aA ebenso vertretbar). Legt man diese Auslegung des Sachverhalts zugrunde, besteht auch am Pflichtwidrigkeitszusammenhang kein Zweifel, da sich dann das abstrakte Risiko des zu schnellen Fahrens (nicht mehr rechtzeitig bremsen zu können) im Unfall realisiert. Das Verbot mit einer Geschwindigkeit von mehr als 50 km/h innerorts zu fahren soll auch gerade die Möglichkeit eines rechtzeitigen Abbremsens sicherstellen, mithin liegt auch der Schutzzweckzusammenhang vor.

Problematisch ist ebenfalls der Zusammenhang zwischen der alkoholbedingten Fahruntüchtigkeit und den eingetretenen konkreten Gefahren, da die Kollision unmittelbar auf dem Überfahren der roten Ampel mit überhöhter Geschwindigkeit basiert. Ein gefahrspezifischer Zusammenhang wie er wegen des Wortlauts »dadurch« für § 315c StGB erforderlich ist, fehlt nach der Rechtsprechung, wenn der Fahrfehler auch einem nüchternen Fahrer unterlaufen wäre. Laut Sachverhalt traf D die Entscheidung, nicht anzuhalten und mit überhöhter Geschwindigkeit in die Kreuzung einzufahren, weil sie vom Alkohol enthemmt war. Dies reicht für die Bejahung des gefahrspezifischen Zusammenhangs aus, weil der Schutzzweck des § 315c I Nr. 1a StGB gerade darin besteht, alkoholbedingte Fahrfehler oder Fehlentscheidungen bzw. -einschätzungen und daraus resultierende konkrete Gefahren zu verhindern. Die Entscheidung, mit überhöhter Geschwindigkeit in die Kreuzung einzufahren und das Rotlicht zu ignorieren traf D aufgrund ihrer alkoholbedingten Fahruntüchtigkeit. Es macht für die Gefährdung des Straßenverkehrs als Schutzgut keinen Unterschied, ob ein technischer Fahrfehler oder eine Fehlentscheidung im Straßenverkehr, welche auf die Fahruntüchtigkeit zurückzuführen ist, zu dem eingetretenen Gefahrerfolg führt (aA mit entsprechender Argumentation vertretbar, da nur mittelbarer Zusammenhang zwischen Alkoholisierung und Unfall).

2. Subjektiver Tatbestand

Anmerkung: Die §§ 315b, c StGB sind ein (weiteres) Beispiel dafür, warum die »künstliche« Aufspaltung der Tatbestandsmäßigkeit in einen »objektiven Tatbestand« und einen »subjektiven Tatbestand« nur sehr bedingt durchzuhalten ist. Elemente der objektiven Fahrlässigkeit müssten eigentlich im »objektiven Tatbestand« geprüft werden, während der Vorsatz bezüglich einzelner Teile des objektiven Tatbestands im »subjektiven Tatbestand« geprüft werden müsste. Wenn also zB eine Vorsatz-Fahrlässigkeitskombination zu prüfen ist, muss die objektive Fahrlässigkeit bezüglich der konkreten Gefahr eigentlich im objektiven Tatbestand geprüft werden, bevor anschließend der Vorsatz bezüglich der Fahruntüchtigkeit oder bezüglich des Verkehrsverstoßes im subjektiven Tatbestand geprüft wird. Dies wirkt deshalb »seltsam«, weil die Struktur des § 315c StGB eigentlich eine Prüfung der Tathandlung vor dem Taterfolg (Gefahr) nahelegt und diese Struktur bei den subjektiven Elementen durchbrochen wird. Dieses Dilemma lässt sich auf vier Arten lösen:

a) Es werden die Überschriften »objektiver Tatbestand« und »subjektiver Tatbestand« innerhalb des Prüfungstatbestands einfach weggelassen; in diesem Fall muss die Kandidatin bzw. der Kandidat aber peinlich genau darauf achten, dass alle Elemente des objektiven Tatbestands eine Entsprechung bei der Prüfung im Vorsatz finden;
b) es wird »sauber« alles was im objektiven Tatbestand zu prüfen ist auch dort geprüft, was ein »komisches« Gefühl bei Korrigierenden auslösen kann, wenn er eine andere Prüfungsreihenfolge erwartet;
c) es werden »ausnahmsweise« Fahrlässigkeitselemente unter der Überschrift »subjektiver Tatbestand« geprüft, was aber streng genommen (dogmatisch) falsch ist;
d) es wird die Prüfung des Tatbestands in drei Teile unterteilt: objektiver Tatbestand, subjektiver Tatbestand bezüglich der Tathandlung (Vorsatz), objektive Fahrlässigkeit bezüglich der konkreten Gefahren.

Fraglich ist, ob D bezüglich der Tathandlungen **vorsätzlich** handelte, § 15 StGB. Bezüglich ihrer Fahruntüchtigkeit liegt bei D Vorsatz vor (s. oben). D wusste, wie schnell sie fuhr und bezweckte sogar, eine möglichst hohe Geschwindigkeit im Bereich der Kreuzung zu erreichen, um das Rennen zu gewinnen. Da es bei der Vorsatzform der Absicht genügt, dass das bezweckte Verhalten ein Zwischenziel des Täters ist, handelte D diesbezüglich absichtlich. Gleiches gilt für die Missachtung der Vorfahrt, auch diese war erstrebtes Zwischenziel der D, um das Rennen zu gewinnen. D handelte bezüglich aller Tathandlungsvarianten vorsätzlich.

Weiterhin ist fraglich, ob D auch vorsätzlich bezüglich der **Verursachung der konkreten Gefahren** für Leib und Leben des E und für das Kfz des E handelte. D rechnete damit, dass andere Fahrzeuge ausweichen oder bremsen müssen. Überdies wusste D um ihre hohe Geschwindigkeit und ging außerdem – bei lebensnaher Sachverhaltsauslegung – auch davon aus, dass die Führer der kreuzenden Fahrzeuge nicht damit rechnen würden, dass jemand mit 100 km/h das Rotlicht ignoriert und in die Kreuzung einfährt. Daher ist davon auszugehen, dass D auch zumindest mit der Möglichkeit rechnete – und dies billigend in Kauf nahm – dass die Brems- und Ausweichmanöver äußerst knapp – im Sinne eines Beinahe-Unfalls – ausgehen würden. Daher handelte D auch bezüglich der Verursachung der konkreten Gefahren für Leib und Leben und Kfz des E vorsätzlich (aA vertretbar, dann Prüfung und Bejahung der objektiven Fahrlässigkeit).

II. Rechtswidrigkeit

Die Tatbestandsmäßigkeit indiziert die Rechtswidrigkeit. Rechtfertigend wirkende Umstände sind nicht ersichtlich, insbesondere kann die drohende Verarmung von D und L nicht als rechtfertigender Notstand iSd § 34 StGB betrachtet werden.

Anmerkung: Wer oben die konkrete Gefahr für L für berücksichtigungsfähig hält, muss sich an dieser Stelle mit der Frage einer Rechtfertigung diesbezüglich durch Einwilligung der L auseinandersetzen. Es ist strittig, ob eine Einwilligung des konkret Gefährdeten die Rechtswidrigkeit bei § 315c StGB entfallen lässt. Dagegen spricht, dass § 315c StGB neben individuellen Rechtsgütern auch die Sicherheit des Straßenverkehrs und damit ein überindividuelles Rechtsgut schützt. Für die Möglichkeit der Einwilligung lässt sich anführen, dass die Einwilligung in die eigene Gefährdung die Rechtswidrigkeit des Gefährdungserfolges und damit das Erfolgsunrecht entfallen lässt, sodass nur das Handlungsrecht »übrig bleibt«. Die Existenz des § 316 StGB und der Ordnungswidrigkeitentatbestände der »sieben Todsünden« zeigt, dass der Gesetzgeber für § 315c StGB auch das Vorhandensein des Gefährdungserfolgsunrechts voraussetzt.

III. Schuld

D handelte auch schuldhaft. Sie macht sich wegen Gefährdung des Straßenverkehrs gem. § 315c I Nr. 1a, 2a, 2d StGB strafbar.

Anmerkung: Wer von der nur fahrlässigen Verwirklichung der Gefährdungserfolge ausgeht, muss hier die subjektive Fahrlässigkeit prüfen.

D. Strafbarkeit der D gem. § 315d I Nr. 2, Nr. 3, II, V StGB durch Wettstreit mit M

Ferner könnte sich D gem. § 315d I Nr. 2, Nr. 3, II, V StGB wegen Teilnahme an einem verbotenen Kraftfahrzeugrennen strafbar gemacht haben, indem sie ein Rennen gegen M fuhr.

I. Tatbestandsmäßigkeit

1. Objektiver Tatbestand

D hat das Rennen nicht organisiert oder veranlasst (§ 315d I Nr. 1 StGB), sodass nur § 315d I Nr. 2 und/oder Nr. 3 StGB einschlägig sein könnten.

a) Teilnahme an einem nicht erlaubten Kraftfahrzeugrennen, § 315d I Nr. 2 StGB

Der objektive Tatbestand des § 315d I Nr. 2 StGB setzt voraus, dass D an einem nicht erlaubten Kraftfahrzeugrennen **teilnimmt**.

Bei dem Wagen der D handelt es sich um ein Fortbewegungsmittel, das durch Maschinenkraft angetrieben wird und zur Beförderung von Personen geeignet ist, mithin um ein **Kraftfahrzeug** (vgl. auch § 248b IV StGB).

Unter den Begriff des **Kraftfahrzeugrennens**, der vormals im Ordnungswidrigkeitentatbestand des § 29 I StVO aF verwendet wurde, fallen Wettbewerbe zur Erzielung von Höchstgeschwindigkeiten mit Kraftfahrzeugen, bei denen zwischen mindestens zwei Teilnehmern ein Sieger durch Erzielung einer möglichst hohen Geschwindigkeit ermittelt wird, wobei es einer vorherigen Absprache aller Beteiligten nicht bedarf.

Im vorliegenden Fall haben M und D ein Rennen vereinbart, wobei D auch eine Siegerprämie von M versprochen wurde. Dass M zugleich der Organisator bzw. der Veranlasser des Rennens ist, ist unschädlich. Entscheidend ist, dass am Rennen selbst zwei Kraftfahrzeuge teilnehmen. Es handelt sich in Anbetracht der vereinbarten Route, Start- und Zielorte sowie des Preisgeldes für D auch offensichtlich nicht um ein »zufälliges« Nebeneinander zweier Raser. Dem Sachverhalt ist auch nicht zu entnehmen, dass dieses Rennen mitten in der Nacht durch eine zuständige Behörde genehmigt worden ist. Somit handelt es sich um ein nicht erlaubtes Kraftfahrzeugrennen.

> **Hinweis:** Bearbeiterinnen und Bearbeiter sollte sich die eingangs genannte – und auf § 29 StVO aF zurückgehende – Definition merken und seine Subsumtion dann mit den Hinweisen im Sachverhalt »unterfüttern«, auch wenn es sich hier um einen eindeutigen Fall handelt. Ob die Rechtsprechung bzw. Lehre zu § 29 StVO aF auch in Detailfragen vollständig auf § 315d I StGB übertragbar ist, erscheint zumindest fraglich, da das beschriebene Verhalten schließlich zu einer Straftat hochgestuft wurde. Während es beispielsweise für den Ordnungswidrigkeitentatbestand keine Rolle spielte, ob die geltenden Verkehrsregeln eingehalten werden, muss angesichts des Ultima-ratio-Charakters des Strafrechts wohl zumindest iRd § 315d I StGB gefordert werden, dass sich das Rennen gerade durch Verkehrsverstöße auszeichnet.

An diesem Kraftfahrzeugrennen müsste D lediglich teilgenommen haben. Abs. 1 setzt hierbei keinen darüber hinausgehenden Erfolg der »konkreten Gefährdung« voraus, wie dies beispielsweise iRd § 315c I StGB der Fall ist (s. oben). Es handelt sich insofern – ähnlich wie § 316 StGB – um ein **abstraktes Gefährdungsdelikt**. Der Begriff der Teilnahme ist hierbei nicht wie im Allgemeinen Teil (also als Oberbegriff für Anstiftung und Beihilfe) zu verstehen. Dies ergibt sich bereits daraus, dass die Teilnahme das »Führen« des Kraftfahrzeugs voraussetzt. Erfasst ist also jede Tätigkeit der Kraftfahrzeugführer, die als »**Austragen**« des Geschwindigkeitswettbewerbs angesehen werden kann. Anders als § 315d I Nr. 3 StGB verlangt die Vorschrift auch nicht, dass die Beteiligten mit nicht angepasster Geschwindigkeit und grob verkehrswidrig fahren. Daher lässt sich der objektive Tatbestand im Hinblick darauf, dass das Rennen zwischen D und M auch tatsächlich ausgetragen wurde, ohne Weiteres bejahen. D hat an einem unerlaubten Kraftfahrzeugrennen teilgenommen.

Hinweis: Man könnte in Anbetracht des Deliktstypus und der geschützten Rechtsgüter auch darüber diskutieren, ab welchem Zeitpunkt eine »Teilnahme« am Rennen angenommen werden kann. Unter den Wortsinn fällt bereits das »Bereitstehen an der Startlinie« (schließlich werden auch die Rennfahrer als Teilnehmer am Wettbewerb bezeichnet, bevor dieses losgeht), wobei auch der Sinn und Zweck solch eine Vorverlagerung der Strafbarkeit trägt (durch die Schaffung einer ein offizielles Rennsportevent simulierenden Atmosphäre besteht die Gefahr, dass das Vorhaben durch andere Beteiligte umgesetzt wird). Denkbar wäre aber auch (unter dem Gesichtspunkt restriktiver Auslegung), eine Vollendung erst mit Beginn des Rennens zu bejahen. Auf diese Problematik kommt es, da das Rennen tatsächlich durchgeführt wird, vorliegend nicht an.

b) »Alleinrasen« gem. § 315d I Nr. 3 StGB

Zudem könnte D auch den Tatbestand des § 315d I Nr. 3 StGB verwirklicht haben. Dies setzt voraus, dass D sich als Kraftfahrzeugführer mit nicht angepasster Geschwindigkeit und grob verkehrswidrig und rücksichtslos fortbewegt, um eine höchstmögliche Geschwindigkeit zu erreichen. Damit stellt § 315d I Nr. 3 StGB besonders rücksichtslose Fahrweisen unabhängig von der Teilnahme an einem Rennen unter Strafe.

Hinweis: Der Tatbestand wird nicht nur vor dem Hintergrund der ursprünglichen gesetzgeberischen Intention, illegale Kraftfahrzeugrennen zu erfassen, sondern auch wegen seiner atypischen Ausgestaltung und der zahlreichen unbestimmten Rechtsbegriffe als verfassungsrechtlich bedenklich kritisiert. Der BGH hat diese Bedenken unter Hinweis darauf, dass die Norm mit den herkömmlichen Auslegungsmethoden in einer dem Bestimmtheitsgrundsatz gerecht werdenden Weise ausgelegt werden könne, ausdrücklich zurückgewiesen (BGH NJW 2021, 1173 [1175]).

D war Kraftfahrzeugführer (s. oben). Nicht angepasste Geschwindigkeit meint jede der konkreten Verkehrssituation nach den straßenverkehrsrechtlichen Vorschriften nicht mehr entsprechende Geschwindigkeit, was durch die Verletzung von Geschwindigkeitsbegrenzungen indiziert wird, aber auch bejaht werden kann, wenn sie der konkreten Verkehrssituation (Wetter, Straßenverhältnisse, Verkehrsaufkommen etc) nicht entspricht. D fuhr mit 100 km/h innerorts, verletzte damit die Geschwindigkeitsbegrenzung von 50 km/h und fuhr mithin mit nicht angepasster Geschwindigkeit. Die Begriffe der groben Verkehrswidrigkeit und der Rücksichtslosigkeit entsprechen denjenigen in § 315c StGB und sind somit vorliegend erfüllt (s. oben). Sie können sich damit schon allein aus der besonderen Massivität des Geschwindigkeitsverstoßes, aber auch aus begleitenden anderweitigen Verkehrsverstößen ergeben, die in einem inneren Zusammenhang mit der nicht angepassten Geschwindigkeit stehen. In Anbetracht dessen, dass D neben dem massiven Geschwindigkeitsverstoß auch über Rot fuhr, lässt sich der objektive Tatbestand bejahen.

2. Subjektiver Tatbestand

D handelte sowohl hinsichtlich der Teilnahme am illegalen Kraftfahrzeugrennen als auch bezüglich des Fahrens mit nicht angepasster Geschwindigkeit vorsätzlich iSv § 15 StGB. § 315d I Nr. 3 StGB setzt überdies voraus, dass der Täter handelt, um eine höchstmögliche Geschwindigkeit zu erreichen. Es handelt sich um ein besonderes subjektives Absichtsmerkmal, sodass § 315d I Nr. 3 StGB insofern als Delikt mit überschießender Innentendenz bezeichnet werden kann. Die »höchstmögliche« Geschwindigkeit iSd § 315d I Nr. 3 StGB ist die nach dem Vorstellungsbild des Täters unter den konkreten situativen Gegebenheiten – wie Motorisierung, Verkehrslage, Streckenverlauf, Witterungs- und Sichtverhältnisse – maximal mögliche Geschwindigkeit. Gemeint ist nicht die technische Höchstgeschwindigkeit des geführten Fahrzeugs, sondern die in der konkreten Verkehrssituation erzielbare relative Höchstgeschwindigkeit. Konkretisierend und einschränkend zugleich hat der BGH in einer Reihe neuerer Entscheidungen im Anschluss an die Einfügung der Vorschrift bereits festgelegt, dass sich diese Absicht nach den Vorstellungen des Fahrzeugführers auf eine unter Verkehrssicherheitsgesichtspunkten **nicht ganz unerhebliche Wegstrecke** beziehen muss. Denn letztlich soll dieses Merkmal sicherstellen, dass »bloße« Geschwindigkeitsübertretungen (mithin: Ordnungswidrigkeiten) vom Tatbestand nicht erfasst werden und auch beim »Alleinrasen« der Renncharakter nicht verloren geht. D wollte die situativ höchstmögliche Geschwindigkeit erreichen, um das Rennen zu gewinnen. Diese Absicht bezog sich auf eine nicht unerhebliche Wegstrecke.

Der subjektive Tatbestand ist erfüllt.

II. Qualifikation, § 315d II StGB

Anders als bei § 315c I StGB ist der Eintritt einer **konkreten Gefahr** infolge der Teilnahme an einem illegalen Kraftfahrzeugrennen ein strafschärfendes und nicht bereits strafbarkeitsbegründendes Merkmal. Im Übrigen gelten allerdings die Erwägungen zum Kausalzusammenhang, zum Eintritt der konkreten Gefährdung für Leib und Leben und zur Höhe des Schadens für fremde Sachen von bedeutendem Wert entsprechend. Da hier der Verkehrsverstoß und die damit verbundene Gefährdung von Leib und Leben sowie Kfz des E nicht nur der Alkoholisierung, sondern sogar vorrangig der Rennteilnahme geschuldet war, lassen sich die Erwägungen zum Erfolgsteil des § 315c StGB vollumfänglich auf die Qualifikation des § 315d I Nr. 2, Nr. 3 StGB übertragen. Das bedeutet allerdings, dass nach hier vertretener Ansicht ein strafrechtlicher Schutz des L durch den Erfolgsteil ausscheidet, weil dieser als Gehilfe Tatbeteiligter ist.

Hinweis: Wer anders als hier bezüglich der konkreten Gefährdung lediglich fahrlässiges Handeln der D bejaht, der muss hier ebenfalls § 315d IV StGB zur Anwendung bringen.

III. Erfolgsqualifikation, § 315d V StGB

Darüber hinaus stellt sich die Frage, ob D auch die Erfolgsqualifikation des § 315d V StGB verwirklicht hat. Hierfür müsste D, den **Tod eines anderen Menschen verursacht** haben, wobei Fahrlässigkeit hinsichtlich der schweren Folge ausreicht. Laut Sachverhalt ist L ihren Verletzungen infolge des Unfalles erlegen. Die schwere Folge ist somit eingetreten und wurde kausal durch die Verwirklichung des Grunddelikts des § 315d I Nr. 2, Nr. 3 StGB hervorgerufen. Wie bei anderen Erfolgsqualifikationen auch ist jedoch darüber hinaus noch ein tatbestandsspezifischer Gefahrverwirklichungszusammenhang erforderlich. In dem eingetretenen Todeserfolg muss sich demnach eine geradezu typische Gefahr des Grunddelikts verwirklicht haben. Dieser Zurechnungszusammenhang könnte im vorliegenden Fall durch eine eigenverantwortliche Selbstgefährdung ausgeschlossen sein. L nickt D aufmunternd zu, um diesen in seinem Entschluss, das Rotlicht zu ignorieren und nicht abzubremsen, zu bestärken. Fraglich ist jedoch, ob tatsächlich eine Selbstgefährdung (welche die Zurechnung ausschließen könnte) oder nicht vielmehr eine **einverständliche Fremdgefährdung** (welche erst auf Ebene der Rechtswidrigkeit relevant wird) vorliegt. Die Abgrenzung ist anhand der Tatherrschaft vorzunehmen. Vorliegend steuert D das Fahrzeug und hat das Geschehen somit vollständig in der Hand. Es liegt somit eine einverständliche Fremdgefährdung vor, die den Zurechnungszusammenhang nicht unterbricht.

Allerdings muss man auch hier die Frage aufwerfen, ob Tatbeteiligte als Schutzobjekte der Erfolgsqualifikation in Betracht kommen. Eine »Gleichschaltung« scheint aufgrund der divergierenden Tatbestandsstrukturen (einerseits »Gefährdungserfolg als Tatbestandserfolg«, andererseits qualifizierende Verletzungsfolge) nicht zwingend, aber naheliegend, da die Strafschärfung wiederum an disponible Rechtsgüter knüpft. In der Literatur wird vereinzelt geltend gemacht, dass Mitfahrer (unabhängig von ihrer Stellung nach §§ 26, 27 StGB) als taugliche Opfer iSv § 315d V StGB angesehen werden können. Schließt man sich allerdings – wie hier – der herrschenden Auffassung an, wonach Teilnehmer an der Tat nicht als taugliche Gefährdungsobjekte des § 315c StGB in Betracht kommen, muss man den Beteiligten konsequenterweise auch aus dem Schutzbereich des § 315d V StGB herausnehmen. Hierfür sprechen auch die Gesetzesmaterialien, da der Gesetzgeber bei der Schaffung des § 315d StGB darauf aufmerksam gemacht hat, dass die Verwendung der Begrifflichkeiten des § 315 III Nr. 2 StGB zur Folge hat, »dass auf deren Auslegung durch Rechtsprechung und Literatur zurückgegriffen werden kann«. Eine Verwirklichung des § 315d V StGB scheidet infolge der Teilnehmerstellung des L damit aus.

Hinweis: Eine aA ist gut vertretbar. Wird der Tatbestand des § 315d V StGB bejaht (vgl. noch die Vorauflage), muss im Rahmen der Rechtswidrigkeit noch knapp problematisiert werden, ob die Rechtswidrigkeit aufgrund der Einwilligung des L entfällt. Grundsätzlich ist – wegen des Gedankens des absoluten Lebensschutzes des Grundgesetzes – das Leben kein disponibles Rechtsgut. Nach hM kann demnach zwar nicht in den Erfolg der Tötung eingewilligt werden. Anerkannt ist jedoch die Möglichkeit, in die Gefährdung des Lebens einzuwilligen (Risikoeinwilligung). Hierfür spricht, dass durch die Einwilligung in die Gefährdung des Lebens und damit in die das Leben gefährdende Handlung das Handlungsunrecht und das Unrecht des Gefährdungserfolgs (als notwendige Zwischenstufe zum Verletzungserfolg) entfällt und damit keine Zurechnung einer rechtswidrigen Tötung mehr möglich ist (aA vertretbar). Nach der Rechtsprechung des BGH ist eine solche Gefährdungseinwilligung jedoch – wegen der Existenz von § 216 StGB und § 228 StGB – nicht grenzenlos möglich. Der BGH orientiert sich bei der Grenzziehung an den Kriterien, die er in seiner neueren Rechtsprechung zur Frage der Sittenwidrigkeit im Rahmen von § 228 StGB entwickelt hat. Demnach ist eine Einwilligungsfähigkeit zu verneinen, wenn es sich bei der Gefahr um eine große und konkrete Gefahr für das Leben handelt (wenn die Gefahr also schon recht nahe an den Erfolg »herangerückt« ist). Vorliegend ist die Gefahr eines Unfalls aufgrund der Umstände (100 km/h innerorts, rote Ampel überfahren, Fahrer vom Rennen abgelenkt, alkoholisiert) extrem groß und auch das Risiko des Todes im Falle eines Unfalls sehr hoch. Dementsprechend kommt vorliegend eine Einwilligung nicht in Betracht (aA vertretbar).

IV. Schuld

D müsste auch schuldhaft gehandelt haben, was mangels in Betracht kommender Entschuldigungsgründe im Hinblick auf den Grundtatbestand bejaht werden kann.

V. Ergebnis

D hat sich gem. § 315d I Nr. 2, Nr. 3 StGB strafbar gemacht.

E. Strafbarkeit der D gem. § 316 I StGB durch zweite Fahrt

D macht sich durch das vorsätzliche Fahren in fahruntüchtigem Zustand während des Rennens erneut wegen § 316 I StGB strafbar.

F. Konkurrenzen

Das Warten bis zum Beginn des Rennens am Treffpunkt stellt eine zeitliche **Zäsur** dar; D fasst bei Beginn des Rennens einen neuen Tatentschluss bezüglich § 316 I StGB. Daher steht § 316 I StGB durch die Fahrt zum Treffpunkt zu den übrigen Delikten während des Rennens im Verhältnis der Tatmehrheit (§ 53 StGB). Die übrigen Delikte während des Rennens stehen in einem engen räumlich-zeitlichen Verhältnis, beruhen auf demselben Tatentschluss und richten sich gegen dieselben Rechtsgüter. Es liegt daher ein Fall der natürlichen Handlungseinheit und damit Tateinheit gem. § 52 StGB vor. § 316 I StGB wird hierbei von § 315c I Nr. 1a StGB im Wege der Spezialität verdrängt. § 315d V StGB verdrängt § 315d I, II StGB im Wege der Spezialität. Ebenso verdrängt wird § 315c I Nr. 2a StGB im Wege der Konsumtion (aA vertretbar, weil § 315c I Nr. 2a StGB das zu schnelle Fahren in bestimmten Verkehrssituationen voraussetzt, dann Idealkonkurrenz). § 315c I Nr. 1a, Nr. 2d StGB stehen dagegen zu § 315d StGB in Idealkonkurrenz, da sie andere gefährliche Verhaltensweisen unter Strafe stellen (Klarstellungsfunktion).

Anmerkung: Das Konkurrenzverhältnis zwischen § 315c StGB und § 315d StGB ist schwierig und in Rechtsprechung und Literatur noch nicht geklärt. Beobachten Sie hier unbedingt die weitere Rechtsentwicklung!

Gesamtergebnis und Konkurrenzen

Die beiden Tatkomplexe stehen zueinander in Tatmehrheit. D ist somit strafbar gem. §§ 306 I Nr. 1, 26 StGB, §§ 265 I, II, 22, 26, 52 StGB in Tatmehrheit mit § 316 I StGB in Tatmehrheit mit §§ 315d I Nr. 2, 3, 315c I Nr. 1a, Nr. 2d StGB. R ist strafbar gem. §§ 306a I Nr. 1, 265 I, II, 22, 52 StGB.

Vertiefende Literatur zu den Schwerpunkten des Falles

1. Zur Auslegung und Anwendung des § 306a StGB:

- *Oğlakcıoğlu,* Die imaginäre Übung: Brandstiftungsdelikte, JA 2017, 745
- *Radtke,* Aufhebung der Zweckbestimmung eines Hauses als Wohnung, NStZ 2008, 100

2. Zum Wechselspiel von Betrug und besonders schwerer Brandstiftung

- *Rönnau,* Das Verhältnis der besonders schweren Brandstiftung gem. § 306b II Nr. 2 StGB zum (versuchten) Betrug, JuS 2001, 328

3. Zur Frage der eigenverantwortlichen Selbstgefährdung des Beifahrers

- *Otto,* Die Bedeutung der eigenverantwortlichen Selbstgefährdung im Rahmen der Delikte gegen überindividuelle Rechtsgüter, JURA 1991, 443

4. Zu den Straßenverkehrsdelikten und speziell zum Tatbestand des § 315d StGB

- *Gründel,* Kraftfahrzeugrennen vor deutschen Gerichten, Was man aus und mit den Raserfällen des BGH lernen kann, ZJS 2019, 211
- *Kudlich,* Urkundendelikte und Straßenverkehr, JA 2019, 272

- *Kulhanek*, Verbotene Kraftfahrzeugrennen, § 315 d StGB, JURA 2018, 561
- *Zieschang*, Zur Strafbarkeit nicht genehmigter Kraftfahrzeugrennen im Straßenverkehr, JA 2016, 721

Zusammenhängende Literatur zu den einzelnen Deliktsbereichen

Brandstiftungsdelikte: *Kudlich* PdW StrafR BT II Nr. 201–218; *Rengier* StrafR BT II § 40; *Jäger* ExamensRep StrafR BT Rn. 739–769
Straßenverkehrsdelikte: *Kudlich* PdW StrafR BT II Nr. 180–200; *Rengier* StrafR BT II §§ 43–45; *Jäger* ExamensRep StrafR BT Rn. 674–717

Fall 6: »Einmal Blueberry-Minze ...«

Sachverhalt

Der arbeitssuchend gemeldete Adrian (A) will das Arbeitslosengeld II – wie jeden Monat – sinnvoll investieren und durch Glücks- und Wettspiele verdoppeln. Er begibt sich daher zu seinem Lieblings-Wasserpfeifen-Café – dem Para Plaza – wo er nicht nur gemütlich eine sog. Shisha mit Blaubeeren-Minze Geschmack rauchen, sondern auch »Automat spielen« kann. A ist dieses Mal besonders aufgeregt, da der Automat eine Spielvariante anbietet, die laut einer Statusmeldung des Social-Media-Plattform-Nutzers Nils (N) einen Software-Fehler aufweist, der es ermöglicht, durch eine bestimmte Tastenkombination zum richtigen Zeitpunkt das Zufallsmoment der Maschine zu umgehen und somit stets zu gewinnen. Auf einem Video erläutert N die »garantierte Gewinnmasche« und detailliert die Art und Weise, den Automaten leerzuspielen. Mit seinem Smartphone in der Hand versucht A – nachdem er 5 EUR Einsatz in die Maschine eingeworfen hat – die Handlungen des N nachzuahmen. Was A nicht weiß ist, dass der Fehler zwar tatsächlich bestand, aber seit dem Erscheinen des Videos im Internet derart häufig ausgenutzt wurde, dass die Betreiber des Automaten diesen Fehler beseitigt haben und das rhythmische Tippen zu bestimmten Zeitpunkten durch A nichts bringt. Nachdem er seinen Einsatz verspielt hat, lehnt sich A enttäuscht zurück.

Währenddessen versucht Max (M), ein weiterer Gast des Cafés, etwas ratlos einen Wettschein der Firma »bet4life« auszufüllen und überlegt, auf welches Spiel er eine Fußballwette platzieren soll. Kenan (K), der Inhaber des Cafés, teilt M scherzhaft mit, dass das heutige Abendspiel der zweiten türkischen Liga »getürkt« sei und mit einer Wahrscheinlichkeit von 10:1 zugunsten des eindeutigen Außenseiters ausgehen werde. K rechnet dabei nicht damit, dass M seinen »Tipp« ernstnehmen werde. Der etwas einfältige M versteht allerdings nicht, dass der Tipp nicht ernst gemeint ist, sondern geht davon aus, dass der kriminell aussehende K – der regelmäßig richtig bei seinen Wetten liegt – unmittelbar in Spielmanipulationen verwickelt ist, bei denen der Ausgang von Zweit- oder Drittligaspielen durch Zahlungen an Spieler oder Schiedsrichter beeinflusst wird. Fest im Glauben daran, dass das Spiel durch Zahlungen von K beeinflusst worden ist und im Wissen, dass bei Wetten mit verbindlichen Quoten der Anbieter für das jeweilige Spiel eine bestimmte Wettquote auslobt, die das Verhältnis von Einsatz und möglichem Gewinn unter Zugrundelegung eines nicht manipulierten Spiels widerspiegelt, setzt er 150 EUR auf die Außenseitermannschaft. Dann geht er in die neben dem Café befindliche Wettstube des Sebastian (S) (der von der Firma »bet4life« bevollmächtigt ist, deren Wettscheine entgegenzunehmen und spätere Gewinne auszuzahlen) und gibt dort den Schein ab. M geht dabei fest davon aus, die Wette zu gewinnen und aufgrund der Quote von 4:1 einen Gewinn iHv 600 EUR einzustreichen.

Nun kann M sich A widmen, den er während seiner Überlegungen zum Einsatz nebenher dabei beobachtet hat, wie dieser etwas verkrampft und mit dem Smartphone in der Hand den Automaten bediente. Er läuft auf A zu und bezeichnet ihn prompt als »Gammler« und »Betrüger«. Daraufhin entgegnet A nur, er habe keine Zeit für einen »einfältigen Moralapostel«. M solle die Fresse halten. M fühlt sich beleidigt und bedroht und fordert A auf, die Sache – wie Männer – vor der Tür zu klären. A stimmt dem zu. Vor der Tür schubst zunächst M den A. Anschließend verharrt M, wartet auf eine Reaktion des A und macht keinerlei Anstalten, den A erneut körperlich zu attackieren. A streckt nun den M mit der Faust nieder. Gerade als A ausholt, um den M mit seinen Badelatschen nochmals in den Bauch zu treten, tritt K schlichtend dazwischen. Dies nutzt M, um wieder in das Café zu flüchten. A folgt M und muss sehen, dass M sich bereits hinter seinen bulligen Bruder Bernd (B) gestellt hat. Angesichts der eisengestählten Statur des B bleibt A zunächst ängstlich stehen. B, soeben aus der Haft entlassen, hat nichts dazugelernt und schlägt, ohne weiter nachzufragen (und in der Vorstellung, dass M sich selbst in diese Lage gebracht haben muss), mit dem in seiner Hand befindlichen Schlauch der Wasserpfeife den A. Der Aufprall des metallenen Mundstücks verursacht eine heftige Wunde auf der Stirn des A, der sich allerdings schnell wieder sammeln kann. M will die zwischenzeitliche Benommenheit des A ausnutzen und läuft – obwohl B ihm dies untersagt hat – wieder auf diesen zu. Als M gerade zu einer Kopfnuss gegenüber A ausholt, weicht dieser instinktiv zurück. Dabei stößt A mit einer Bedienung zusammen, die soeben dabei war, die auf den Töpfen der Wasserpfeifen befindliche Naturkohle zu erneuern. Durch den Aufprall landet ein Stück glühende Kohle auf dem Gesicht des B, sodass dieser nicht nur eine tiefe Brandnarbe mit einem Zentimeter Durchmesser rechts über der Oberlippe davonträgt, sondern auch die Sehfähigkeit auf dem rechten Auge dauerhaft verliert. Nun ruft der ängstliche M zu Hause an und teilt seinem Vater (V) mit, dass B wieder einmal ausgerastet sei und jetzt »eklig« aus dem rechten Auge blute bzw. was davon noch übrig sei. Dies macht das Herz des V – der sich jahrelang bemühte, einen anständigen Jungen aus B zu machen – nicht mehr mit und er erleidet auf der Stelle einen tödlichen Herzinfarkt. Kurz darauf betritt noch Igor (I) (der Bruder des A), der von Besuchern des Cafés kontaktiert wurde, weil eine Prügelei im Gange wäre, bei der sein eigen Fleisch und Blut dabei sei, die Räumlichkeiten und tritt dem am Boden liegenden B nochmals in den Magen.

Bearbeitervermerk: Wie haben sich A, B, I, K, M und N nach dem StGB strafbar gemacht?

§§ 111, 123, 126, 130a, 241, 265a StGB sowie Delikte des 14. Abschnitts des Besonderen Teils sind nicht zu prüfen. Die Bearbeitungszeit beträgt 240 Minuten.

Gutachtliche Vorüberlegungen

A. Bearbeitervermerk

Der Bearbeitervermerk verlangt die Prüfung von insgesamt sechs (!) Tatbeteiligten. In einer solchen Klausur ist das Zeitmanagement durch eine gute Schwerpunktsetzung und einen sinnvollen Aufbau besonders wichtig. Der Ausschluss von Beleidigungsdelikten ermöglicht im letzten Tatkomplex eine Konzentration auf die Körperverletzungsdelikte. Der Ausschluss von kleineren »Nebendelikten« reduziert den Zeitdruck zumindest etwas.

B. Sachverhaltsanalyse

Der Sachverhalt gliedert sich in drei Tatkomplexe, die voneinander völlig unabhängig und lediglich erzählerisch miteinander verknüpft sind. Der Vorteil für Kandidatinnen und Kandidaten dabei ist, dass sie in der Reihenfolge der Bearbeitung völlig frei sind – solange sie die Klausur am Ende der Bearbeitungszeit wieder in die richtige Reihenfolge bringen. Der erste Blick auf den Sachverhalt bestätigt, was der Bearbeitervermerk bereits befürchten ließ: Das Zeitmanagement wird kritisch. Während in den ersten beiden Tatkomplexen nur wenige Delikte infrage kommen, muss die Bearbeiterin bzw. der Bearbeiter im letzten Tatkomplex eine Vielzahl verschiedener Tathandlungen strafrechtlich würdigen.

Der erste Tatkomplex prüft eine spezifische Konstellation ab: Computerbetrug bei äußerlich ordnungsgemäßer Bedienung eines Spielautomaten unter Ausnutzung von Spezialwissen über einen Programmierungsfehler. Bei einer solchen Fragestellung, bei der auf den ersten Blick bereits zweifelhaft ist, ob ein solches Verhalten überhaupt strafbar bzw. strafwürdig ist, muss bei den einzelnen Tatbestandsvoraussetzungen des infrage kommenden Delikts (hier: § 263a StGB) besonders sorgfältig geprüft und argumentiert werden. Ferner muss bei »Automatenfällen« stets auch das »Restprüfprogramm« abgespult werden: Im Regelfall müssen die §§ 242, 246, 265a StGB zumindest kurz angesprochen werden (§ 265a StGB ist im vorliegenden Fall allerdings durch den Bearbeitervermerk ausgeschlossen). Die Schwierigkeit wird noch etwas durch die Versuchskonstellation erhöht: Dies bringt vor allem Formulierungsschwierigkeiten bei der Prüfung mit sich, weil Bearbeiterinnen und Bearbeiter penibel darauf achten müssen, die Tatbestandsvoraussetzungen im Rahmen des Tatentschlusses ausschließlich aus Sicht des A zu prüfen. Ähnliches gilt für die Teilnahmeproblematik: Auch hier bewegt sich die Tathandlung (Hochladen eines Videos mit einer Anleitung zur Tat auf ein soziales Netzwerk) im Grenzbereich strafbaren Handelns. Vertretbar ist in solchen Konstellationen meistens fast alles. Es kommt für den Klausurerfolg auf eine nachvollziehbare Begründung des gefundenen Ergebnisses an.

Im zweiten Tatkomplex verhält es sich ähnlich: Beim sog. Sportwettenbetrug handelt es sich um eine recht spezielle Betrugskonstellation. Der Schwerpunkt liegt hier in der Begründung des Schadens, wobei eine Beherrschung der vom BVerfG und ihm folgend dem BGH aufgestellten Grundsätze zum Sportwettenbetrug (und zum Betrug im Allgemeinen) unerlässlich ist. Doch auch wenn diese nicht (vollständig) beherrscht werden, ist die Klausur noch nicht verloren. Auch durch eine Anwendung der Grundlagen zur Schadensberechnung bei § 263 StGB (Gesamtsaldierung, Bezifferungspflicht, Eingehungsbetrug, schadensgleiche Vermögensgefährdung) ist der Fall einer zumindest vertretbaren Lösung zuführbar. Auch hier handelt es sich im vorliegenden Fall um eine Versuchskonstellation, was die oben genannten Schwierigkeiten beim »Herunterschreiben« der Klausur mit sich bringt.

Im letzten Tatkomplex wandelt sich der Charakter der Klausur. Während der Schwierigkeitsgrad der zu prüfenden Delikte abnimmt, müssen nun eine Vielzahl von Beteiligten und eine Vielzahl von Tathandlungen sauber »durchgeprüft« werden. Aufbautechnisch kann entweder nach Beteiligten getrennt werden (»klassisch«) oder die Prüfung kann chronologisch nach Tathandlungen vorgenommen werden und die Prüfung des § 231 StGB für alle Beteiligten ans Ende gestellt werden. Letztere Aufbauvariante hat den Vorteil, dass bei der Prüfung des § 231 StGB bereits alle Tathandlungen und -folgen vollständig abgehandelt sind.

C. Klausurbausteine

Die Klausur enthält Straftatbestände sowohl aus den Vermögensdelikten (Tatkomplexe 1 und 2) als auch aus den Nichtvermögensdelikten (Tatkomplex 3). Dazu kommen einige AT-Fragestellungen (Beteiligung, Versuch, Rechtfertigungsgründe), sodass die Klausur – ergänzt um eine StPO-Zusatzfrage – am ehesten als Examensklausur verstanden werden kann. Dies dürfte auch ihrem – recht hohen – Schwierigkeitsgrad entsprechen.

Um die Klausur für eine Bearbeitungszeit von 180 Minuten zu kürzen könnte die Prüfung auf A, B und M (oder sogar nur auf A und M) beschränkt werden. Außerdem könnte man noch die Prüfung der §§ 222, 229 StGB ausschließen.

D. Korrekturberichte

Die Klausur bereitete den Studierenden insgesamt große Schwierigkeiten. Sie fiel mit 3,3 Punkten im ersten Korrekturdurchgang und 3,1 Punkten im zweiten Korrekturdurchgang entsprechend schlecht aus. Große Probleme offenbarten sich vor allem bei der Prüfung der §§ 263, 263a StGB. Bei letzterem war vor allem (etwas überraschend) der Streit um die Auslegung des Merkmals der Unbefugtheit weitgehend unbekannt. Die §§ 242, 246 StGB wurden bezüglich der Spielautomatenmanipulation nur von einem Bearbeiter angesprochen. Der zweite Tatkomplex wurde insgesamt ebenfalls nur recht spärlich bzw. mangelhaft bearbeitet. Häufig lag dies daran, dass die Tatbestandsmerkmale und das Prüfungsschema des Betrugs nicht vollständig beherrscht wurden. Überdies wurden einige Probleme (Dreiecksbetrug und Problematik der Schadensbestimmung) nur selten erkannt und noch seltener ansprechend gelöst. Es zeigt sich hier einmal mehr: Die Studierenden sollten mehr Zeit in die Vertiefung der §§ 263, 263a StGB investieren (nicht zuletzt wegen deren hoher Examensrelevanz). Im letzten Tatkomplex zeigten sich vor allem Zeitprobleme: Viele Bearbeiterinnen und Bearbeiter konnten nicht sämtliche Beteiligte/Tathandlungen prüfen. Inhaltlich bereitete den Studierenden vor allem die Beschränkung der Einwilligung durch § 228 StGB Probleme; die sog. Gefährlichkeitsthese der Rechtsprechung war häufig unbekannt. Auch die Prüfung des erfolgsqualifizierten Versuchs gelang selten zufriedenstellend; die Problematik des Eintritts der schweren Folge bei einer »außenstehenden« Person wurde von keiner Bearbeiterin bzw. keinem Bearbeiter thematisiert. Hier wird deutlich, dass über das reine Lernen von Problemkonstellationen hinaus auch eigenständiges Denken in der Klausursituation gefordert ist.

Lösungsgliederung

1. Tatkomplex: Das Leerspielen des Automaten

A. Strafbarkeit des A gem. § 263 I StGB durch Drücken der Tastenkombination (-)
B. Strafbarkeit des A gem. § 263a I StGB durch Drücken der Tastenkombination (-)
C. Strafbarkeit des A gem. § 263a I Var. 3, II StGB iVm §§ 263 II, 22, 23 I StGB durch Drücken der Tastenkombination (+)
P: Abgrenzung Var. 3/Var. 4
P: Auslegung des Merkmals »unbefugt«
D. Strafbarkeit des A gem. §§ 242 I, II, 22, 23 I StGB durch Drücken der Tastenkombination (-)
P: Wegnahme: Bruch des Gewahrsams trotz des von A vorgestellten Einverständnisses des Automatenbetreibers?
E. Strafbarkeit des A gem. §§ 246 I, III, 22, 23 I StGB durch Drücken der Tastenkombination (-)
P: Geld bei Tathandlung fremd?
P: Wiederholte Zueignung?
F. Strafbarkeit des N gem. § 263a I, II StGB iVm §§ 263 II, 22, 23 I, 26 StGB durch Posten des Videos (-)
G. Strafbarkeit des N gem. § 263a I, II StGB iVm §§ 263 II, 22, 23 I, 27 StGB durch Posten des Videos (+)
P: Tatbestandsausschluss wegen sozialadäquater Handlung?
P: Einschränkung im Rahmen des subjektiven Tatbestandes wegen sozialadäquater Handlung?
H. Strafbarkeit des N gem. § 263a III StGB durch Posten des Videos (-)
I. Ergebnis
A: § 263a I Var. 3, II StGB iVm §§ 263 II, 22, 23 I StGB
N: § 263a I, II StGB iVm §§ 263 II, 22, 23 I, 27 StGB

2. Tatkomplex: Der »Fußball-Wettbetrug«

A. Strafbarkeit des M gem. § 263 I StGB durch Abgabe des Wettscheins (-)
B. Strafbarkeit des M gem. §§ 263 I, II, 22, 23 I StGB durch Abgabe des Wettscheins (+)
P: Konkludente Täuschung
P: Dreiecksbetrug
P: Schadensbestimmung beim Wettbetrug
P: Absicht rechtswidriger Bereicherung trotz Anfechtungsmöglichkeit und Anspruch aus »Wettvertrag«
C. Strafbarkeit des M gem. § 265c StGB durch Abgabe des Wettscheins (-)
D. Strafbarkeit des K gem. § 263 I StGB zulasten des M durch scherzhafte Äußerung (-)
E. Strafbarkeit des K gem. §§ 263 I, II, 22 , 23 I, 26 StGB durch scherzhafte Äußerung (-)
F. Ergebnis
M: §§ 263 I, II, 22, 23 I StGB
K: Straflos

3. Tatkomplex: Die Schlägerei

A. Strafbarkeit des M gem. § 223 I StGB durch den Eröffnungsschubser (-)
B. Strafbarkeit des A gem. § 223 I StGB durch Niederstrecken mit der Faust (-)
P: Einwilligung: § 228 StGB
P: Einwilligung: Wertungen des § 231 StGB bei § 228 StGB zu berücksichtigen?
C. Strafbarkeit des A gem. §§ 223 I, 224 I Nr. 2 Var. 2, Nr. 5, II, 22, 23 I StGB durch Ausholen zum Tritt (+)
P: Badelatschen als gefährliches Werkzeug?
P: Reichweite der Einwilligung?
D. Strafbarkeit des B gem. §§ 223 I, 224 I Nr. 2 Var. 2, Nr. 3, Nr. 5 StGB durch Schlag mit Wasserpfeifenschlauch (+)
P: § 224 I Nr. 3 StGB: Hinterlist
F. Strafbarkeit des M gem. § 223 I StGB zulasten des B durch das Ausholen zur Kopfnuss gegenüber A (-)
P: Objektive Zurechnung: Atypischer Kausalverlauf + Dazwischentreten Dritter
P: Subjektiver Tatbestand: aberratio ictus?
G. Strafbarkeit des M gem. §§ 223 I, II, 22, 23 I StGB zulasten des A durch das Ausholen zur Kopfnuss (+)
H. Strafbarkeit des M gem. §§ 226 I Nr. 1 Var. 1, Nr. 3 Var. 1, (22, 23 I) StGB zulasten des B durch das Ausholen zur Kopfnuss gegenüber A (-)
P: versuchte KV als taugliches Grunddelikt (erfolgsqualifizierter Versuch)
P: Schwere Folge bei dritter Person eingetreten
I. Strafbarkeit des M gem. § 229 StGB zulasten des B durch Ausholen zu einer Kopfnuss gegenüber A (+)
J. Strafbarkeit des A gem. § 229 StGB zulasten des B durch das instinktive Ausweichen (-)
K. Strafbarkeit des M gem. § 222 StGB zulasten des V durch den Anruf (-)
L. Strafbarkeit des I gem. § 223 I StGB zulasten des B durch Tritt in den Magen (+)
M. Strafbarkeit von A gem. § 231 I StGB (+)
P: Schlägerei trotz »Zweikampf«

P: Beteiligungshandlungen des A zum Zeitpunkt des Eintritts der schweren Folge?
P: Objektive Bedingung der Strafbarkeit: Tod des V? Keine spezifische Schlägereigefahr!

N. Strafbarkeit des M gem. § 231 I StGB (+)
O. Strafbarkeit des B gem. § 231 I StGB (+)
P: B selbst »Opfer« der schweren Folge
P. Strafbarkeit des K gem. § 231 I StGB (-)
P: K beschränkt sich auf Schlichten
Q. Strafbarkeit des I gem. § 231 I StGB (-)
P: I beteiligt sich erst nach Eintritt der schweren Folge
R. Ergebnis
A: §§ 223 I, II, 22, 23 I, 231 I, 52 StGB
B: §§ 223 I, 224 I Nr. 2 Var. 2, 231 I, 52 StGB
M: §§ 223 I, II, 22, 23 I, 229, 231 I, 53 StGB
I: § 223 I StGB
K: Straflos

Gesamtergebnis

A: § 263a I Var. 3, II StGB iVm §§ 263 II, 22, 23 I StGB in Tatmehrheit (§ 53 StGB) mit §§ 223 I, II, 22, 23 I, 231 I, 52 StGB
N: § 263a I, II StGB iVm §§ 263 II, 22, 23 I, 27 StGB
M: §§ 263 II, 22, 23 I StGB in Tatmehrheit (§ 53 StGB) mit §§ 223 I, II, 22, 23 I, 229, 231 I, 53 StGB
B: §§ 223 I, 224 I Nr. 2 Var. 2, 231 I, 52 StGB
I: § 223 I StGB
K: Straflos

Lösungsvorschlag

1. Tatkomplex: Das Leerspielen des Automaten

A. Strafbarkeit des A gem. § 263 I StGB durch Drücken der Tastenkombination

Eine Strafbarkeit wegen Betrugs gem. § 263 I StGB durch Drücken der Tastenkombination am Automaten scheidet mangels zu täuschendem Menschen aus.

B. Strafbarkeit des A gem. § 263a I StGB durch Drücken der Tastenkombination

Eine Strafbarkeit wegen vollendeten Computerbetrugs gem. § 263a I StGB durch Drücken der Tastenkombination am Spielautomaten scheidet mangels verursachten Vermögensschadens offensichtlich aus.

C. Strafbarkeit des A gem. § 263a I Var. 3, II StGB iVm §§ 263 II, 22, 23 I StGB durch Drücken der Tastenkombination

A könnte sich gem. § 263a I Var. 3, II StGB iVm §§ 263 II, 22, 23 I StGB wegen versuchten Computerbetrugs strafbar gemacht haben, indem er am Spielautomaten die Tastenkombination drückte.

I. Vorprüfung

Die Tat ist nicht vollendet (s. oben). Der Versuch ist gem. §§ 263a II, 263 II, 23 I Var. 2, 12 II StGB strafbar.

II. Tatbestandsmäßigkeit

1. Tatentschluss

A müsste Tatentschluss gehabt haben, dh mit Vorsatz bezüglich aller objektiven Merkmale gehandelt und alle notwendigen subjektiven Merkmale des § 263a I StGB aufgewiesen haben. Fraglich ist dabei zunächst, ob beim **Leerspielen eines Spielautomaten** durch das Drücken einer speziellen Tastenkombination die **dritte** (unbefugte Verwendung von Daten) **oder die vierte Variante** (sonst unbefugte Einwirkung auf den Ablauf) von § 263a I StGB einschlägig ist. Gegen die Anwendbarkeit der dritten Variante wird angeführt, dass diese die Verwendung von »Daten« voraussetzt. Daten seien nur solche Informationen, die elektronisch, magnetisch oder sonst nicht unmittelbar wahrnehmbar gespeichert sind (vgl. § 202a II StGB). Verwenden sei das Einführen der Daten in den Datenverarbeitungsprozess. Durch das Drücken der Tastenkombination führe nun der Täter keine nicht unmittelbar wahrnehmbar gespeicherten Informationen in den Datenverarbeitungsvorgang ein, er nutze nur seine Kenntnisse über den Datenverarbeitungsablauf aus. Richtigerweise ist der **enge Datenbegriff des § 202a II StGB nicht unbesehen auf § 263a StGB zu übertragen**. Hierfür spricht insbesondere, dass andere Vorschriften (zB §§ 274 I Nr. 2, 303a I StGB) auf § 202a II StGB verweisen, § 263a StGB hingegen nicht. Überdies soll § 263a StGB diejenigen Fallkonstellationen erfassen, in denen § 263 StGB mangels eines zu täuschenden Menschens nicht zur Anwendung kommt. Insbesondere sollen damit auch die »EC-Kartenautomatenfälle« erfasst werden. Daher muss es auch als Verwendung von »Daten« iSv § 263a StGB angesehen werden, wenn Informationen zunächst noch in unmittelbar wahrnehmbarer Form vorliegen (zB PIN einer EC-Karte) oder sogar nur im Gedächtnis eines Menschen »gespeichert« sind und erst durch die Eingabe in die Datenverarbeitungsanlage von dieser in Daten im engeren Sinne (= iSv § 202a II StGB) umgewandelt werden. Auch die Information über die zu drückende Tastenreihenfolge wird vom Spielautomaten in Daten im engeren Sinne umgewandelt, wenn A die Tasten drückt. Daher ist die Anwendbarkeit der dritten Variante zu bejahen (aA vertretbar).

Hinweis: Äußerst lesenswerte weiterführende Ausführungen zum Datenbegriff bei § 263a StGB finden Sie bei MüKoStGB/*Mühlbauer* § 263a Rn. 14.

Var. 3 ist im Verhältnis zu Var. 4 spezieller, sodass die Anwendung von Var. 4 ausscheidet.

Fraglich ist, ob die Verwendung der Daten auch **»unbefugt«** gewesen wäre. Wie das Merkmal der »Unbefugtheit« auszulegen ist, ist strittig. Mit einer **subjektivierenden Auslegung,** wie sie auch der BGH in der Vergangenheit bereits vertreten hat, wäre zu fragen, ob der Betreiber des Spielautomaten mit der konkreten Art der Verwendung der Daten bzw. des Automaten einverstanden gewesen wäre. Dies ist in der Vergangenheit dann angenommen worden, wenn die Informationen über den Programmfehler vom Täter »illegal« bzw. »rechtswidrig« erlangt worden sind und ist dann verneint worden, wenn dem Automatenaufsteller der jeweilige Fehler bereits bekannt war. Abgesehen davon, dass unklar bleibt, was unter »illegal« bzw. »rechtswidrig« erlangten Kenntnissen zu verstehen ist, hat A die Informationen vorliegend durch ein Video auf dem Social-Media-Account des N erlangt, mithin in keiner Weise »illegal« oder »rechtswidrig«. Auf der anderen Seite war dem A nicht bekannt, dass dem Automatenaufsteller der Fehler bereits bekannt war. Die von der Rechtsprechung aufgestellten Kriterien wirken dabei mehr oder weniger willkürlich und sind (wie vorliegend) kaum abstrahierungsfähig und damit nicht geeignet, allgemeingültige Kriterien zur Abgrenzung von strafbarem und strafwürdigem Verhalten zu liefern.

Nach der **computerspezifischen Auslegung** läge eine »unbefugte« Einwirkung vor, wenn sich der entgegenstehende Wille des Automatenbetreibers im Computerprogramm des Automaten (durch entsprechende Sicherheitsmaßnahmen) niedergeschlagen hat und durch die Einwirkung von A umgangen worden ist. Im Sachverhalt sind keine Maßnahmen geschildert, die der Verhinderung der Ausnutzung des Programmfehlers dienten und von denen A gewusst haben könnte und beabsichtigte diese zu umgehen. Von der Änderung im Programm, welche eine Ausnutzung des Programmfehlers unmöglich machte, wusste A nichts. Insofern konnte er gar nicht die Absicht gehabt haben, diese Programmänderung irgendwie doch zu umgehen. Nach dieser Auffassung wäre die »Unbefugtheit« daher zu verneinen.

Nach der **herrschenden betrugsspezifischen Auslegung** ist zu fragen, ob ein anstelle des Computerprogramms tretender Mensch durch den Täter getäuscht worden wäre bzw. ob bei diesem ein Irrtum erregt worden wäre. Wenn ein Mensch anstelle eines Computers ein zufallsbasiertes Gewinnspiel bedienen würde (zB ein Roulette-Croupier), dann würde jeder Teilnehmer am Spiel diesem Menschen gegenüber durch seine Spielteilnahme konkludent erklären, dass er das Spiel weder manipuliert hat noch über spezielle Kenntnisse verfügt, die das Zufallsprinzip des Spiels aushebeln. Entsprechende Erklärungen sind die Geschäftsgrundlage des Vertrags zwischen allen Teilnehmern und dem Croupier. Ein anstelle des Computerprogramms tretender Mensch wäre also – aus Sicht des A – von A darüber getäuscht worden, dass dieser keine besonderen, wahrscheinlichkeitsmanipulierenden Kenntnisse bezüglich des Programmablaufs des Automaten habe. Nach der betrugsspezifischen Auslegung läge also eine unbefugte Einwirkung vor (aA vertretbar).

Für letztgenannte Ansicht spricht, dass § 263a StGB gerade für diejenigen Fälle geschaffen wurde, dass anstelle eines Menschen ein Computerprogramm tritt und daher § 263 StGB bei Täuschungen nicht einschlägig wäre. Dies spricht dafür, die Auslegung der Tatbestandsmerkmale von § 263a StGB an denjenigen des § 263 StGB zu orientieren. Gegen die subjektive Auslegung spricht – wie oben bereits geschildert – deren zufällige Ergebnisse und unscharfen Abgrenzungskriterien. Gegen die computerspezifische Auslegung lässt sich anführen, dass diese den Anwendungsbereich von § 263a StGB (insbesondere denjenigen der Vollendung) zu stark einschränkt, weil dann nur noch Fälle der gezielten Manipulation von Sicherheitsvorkehrungen erfasst wären, was nur auf eine kleine Anzahl von Fällen zutrifft, die von hochspezialisierten Tätern mit Computerkenntnissen begangen werden.

Es ist somit mit der betrugsspezifischen Auslegung der Vorsatz des A bezüglich der Unbefugtheit der Verwendung von Daten zu bejahen.

Schließlich müsste A mit dem Willen gehandelt haben, das **Ergebnis eines Datenverarbeitungsvorgangs zu beeinflussen** und hierdurch unmittelbar einen **Vermögensschaden** beim Automatenbetreiber herbeizuführen. A wollte durch das Drücken der Tastenkombination den Programmablauf des Automaten beeinflussen. Er wollte mithin das Ergebnis eines Datenverarbeitungsvorgangs beeinflussen. Problematisch ist jedoch, dass A den Datenverarbeitungsvorgang, dessen Ergebnis er beeinflussen wollte, streng genommen durch das Drücken der Tasten überhaupt erst in Gang setzte. Strittig ist, ob bei § 263a I StGB stets in einen **laufenden Datenverarbeitungsvorgang** eingegriffen werden muss oder ob auch das Starten eines solchen Vorgangs ausreicht. Für ersteres wird zT angeführt, dass wegen des Wortlauts der vierten Variante »sonst durch unbefugte Einwirkung auf den Ablauf« auch in allen anderen Varianten auf einen bereits laufenden Datenverarbeitungsvorgang eingewirkt werden muss. Zum einen kann man jedoch davon ausgehen, dass im bereits eingeschalteten und somit laufenden Automaten bereits ein Datenverarbeitungsvorgang im Gange war, auf dessen Ablauf durch das Drücken der Tastenkombination Einfluss genommen wurde. Außerdem kann das Wort »sonst« auch als bloßer Hinweis auf die Auffangfunktion der vierten Variante verstanden werden. Demnach muss kein bereits laufender Datenverarbeitungsvorgang beeinflusst werden, es genügt auch das Starten eines solchen Vorgangs (aA vertretbar).

Ein Vermögensschaden liegt vor, wenn nach einem Vergleich der Vermögenslage des Geschädigten vor und nach dem schädigenden Ereignis ein Vermögensabfluss festzustellen ist **(Prinzip der Gesamtsaldierung)**. A strebte an, aus dem Automaten ein Vielfaches seines Einsatzes zu erhalten. Das Vermögen des Automatenherstellers wäre also aus seiner Sicht bei Gelingen seines Vorhabens gemindert gewesen. Diese Minderung wäre aus Sicht des A auch unmittelbar auf seine Beeinflussung des Ergebnisses des Datenverarbeitungsvorgangs des Spielautomaten zurückzuführen gewesen. Letztlich müsste A in der Absicht gehandelt haben, sich einen **rechtswidrigen Vermögensvorteil** zu verschaffen. A wollte sich den Gewinn aus dem Automaten und damit einen Vermögensvorteil verschaffen. Rechtswidrig ist der Vermögensvorteil, wenn der Täter keinen fälligen, durchsetzbaren Anspruch auf Gewährung des Vermögensvorteils hat. Der Spielvertrag zwischen A und dem Automatenhersteller (der durch das Spielen zustande kam, allerdings gem. § 123 I BGB anfechtbar wäre) gibt A lediglich einen Anspruch auf einen »fair« erspielten Gewinn, nicht auf einen Gewinn, den er durch vertragswidrige Beeinflussung des Spielablaufs erzielt. Dies war A auch – im Rahmen einer **Parallelwertung in seiner Laiensphäre** – bewusst, als er den Ablauf beeinflusste. Aus Sicht des A wäre der Vermögensvorteil mithin auch rechtswidrig gewesen. Schließlich müsste der von A erstrebte Vorteil aus seiner Sicht **»stoffgleich«** mit dem zu erwartenden Vermögensschaden des Automatenaufstellers sein, dh der Vorteil müsste die Kehrseite des Vermögensschadens sein. A wollte die Auszahlung des Gewinns erreichen, welche gleichzeitig den Vermögensschaden darstellen würde. Auch die notwendige Stoffgleichheit läge aus Sicht des A somit vor.

Hinweis: Wenn man ganz präzise ist, liegt der durch das Drücken der Tastenkombination angestrebte Vermögensvorteil für A und der erwartete Vermögensschaden für den Automatenaufsteller in der Zugriffsmöglichkeit des A auf das Geld im Auswurfschlitz bzw. im Verlust der Zugriffssicherung im Automaten für den Aufsteller. Dies wäre letztlich ein Fall der schadensgleichen Vermögensgefährdung, weil hierdurch leichter ein späterer Zugriff ermöglicht wird (s. unten im Rahmen der Prüfung von § 246). Für eine Klausur ist eine solche feingliedrige Differenzierung jedoch unseres Erachtens nicht unbedingt erforderlich.

Dass der Fehler im Spielautomaten bereits behoben war und somit die Bemühungen des A in keiner Weise erfolgsgeeignet waren, ist unbeachtlich, vgl. **§ 23 III StGB**.

A handelte mit Tatentschluss.

Hinweis: Man hätte im vorliegenden Fall auch die Unbefugtheit mit guten Gründen verneinen können (auch die Rechtsprechung ist in diesem Bereich sehr uneinheitlich). Dies wäre jedoch klausurtaktisch unklug gewesen, weil auch nach der Strafbarkeit des N gefragt ist, bei der nur eine Teilnahme an der Straftat des A in Betracht kommt. Verneint man die Tatbestandsmäßigkeit des Handelns des A, kann die Strafbarkeit des N nur noch »hilfsgutachtlich« geprüft werden. Dies sollte jedoch, soweit möglich, vermieden werden, weil es häufig zu Problemen bei der Formulierung führt. Das kostet erstens Zeit und eröffnet zweitens eine weitere Fehlerquelle, wenn es Bearbeiterinnen und Bearbeitern nicht gelingt, durch die Formulierung klar zu stellen, dass sie sich gerade nicht mit dem weiter oben Geschriebenen in Widerspruch setzen.

2. Unmittelbares Ansetzen, § 22 StGB

Durch das Drücken der Tastenkombination hat A bereits die tatbestandsmäßige Handlung vorgenommen und somit unproblematisch gem. § 22 StGB zur Tat angesetzt.

III. Rechtswidrigkeit und Schuld

A handelte rechtswidrig und schuldhaft.

IV. Kein Rücktritt, § 24 StGB

Ein Rücktritt des A scheidet – trotz des Nichtweiterspielens – offensichtlich wegen des Fehlschlags des Versuchs aus.

V. Ergebnis

A hat sich wegen versuchten Computerbetrugs gem. § 263a I Var. 3, II StGB iVm §§ 263 II, 22, 23 I StGB strafbar gemacht.

D. Strafbarkeit des A gem. §§ 242 I, II, 22, 23 I StGB durch Drücken der Tastenkombination

A könnte sich gem. §§ 242 I, II, 22, 23 I StGB wegen versuchten Diebstahls strafbar gemacht haben, indem er die Tastenkombination am Automaten drückte.

I. Vorprüfung

Die Tat ist mangels Wegnahme des Geldes nicht vollendet. Der Versuch ist gem. §§ 242 II, 23 I Var. 2, 12 II StGB strafbar.

II. Tatbestandsmäßigkeit

Tatentschluss

A müsste mit Tatentschluss hinsichtlich eines Diebstahls gehandelt haben. Der Vorsatz des A müsste also auf die Wegnahme einer fremden beweglichen Sache gerichtet gewesen sein. Sehr fraglich ist jedoch, ob A mit der geplanten Entnahme des Geldes aus dem Geldausgabefach nach dem Spielen die **Tathandlung der Wegnahme** erfüllt hätte. Wegnahme setzt den Bruch fremden und die Begründung neuen, nicht notwendig eigenen Gewahrsams voraus. Gewahrsam ist die natürliche Sachherrschaft einer Person über eine Sache, die vom natürlichen Gewahrsamswillen getragen und deren Reichweite nach der Verkehrsauffassung bestimmt wird. Gebrochen ist ein Gewahrsam, wenn er gegen oder zumindest ohne den Willen des Gewahrsamsinhabers aufgehoben wird. Während sich das Geld im Automaten befindet, übt der Automatenbetreiber seine von einem Sachherrschaftswillen getragene Sachherrschaft durch die Abgeschlossenheit des Automaten aus und die Verkehrsauffassung ordnet das Geld dem Betreiber zu. Durch eine Entnahme des Geldes würde A – spätestens mit Stecken des Geldes in seine Brieftasche – neuen Gewahrsam begründen. Fraglich ist aber, ob dies gegen den Willen des Betreibers geschehen würde. Dies wäre zu verneinen, wenn der Automatenbetreiber durch den Auswurf des Geldes sein **Einverständnis mit dem Gewahrsamswechsel** erklären würde. Hierbei kommt es auf den **wirklichen Willen**

des Automatenbetreibers an. Dieser kann auch grundsätzlich unter Bedingungen erklärt werden. Um allerdings dem Diebstahlstatbestand die von Art. 103 II GG geforderte notwendige Bestimmtheit zu verleihen und eine **trennscharfe Abgrenzung zwischen Diebstahl und Betrug** zu ermöglichen, sind nach zutreffender hM nur solche Bedingungen relevant, die nach außen erkennbar, zB durch bestimmte Sicherheitsvorkehrungen, hervortreten. Demnach kann das Einverständnis insbesondere nicht an die innere Einstellung oder besondere Kenntnisse des Täters geknüpft werden.

Der Automatenbetreiber möchte, dass Spieler am Automaten spielen. Diese spielen jedoch nur, wenn sie im Falle eines Gewinns das ausgegebene Geld mitnehmen dürfen. Daher ist der Automatenbetreiber grundsätzlich mit der Wegnahme des ausgezahlten Gewinns einverstanden. Der Wille des A ist vorliegend auf eine äußerlich ordnungsgemäße Bedienung des Automaten gerichtet (auch ein Spieler ohne Kenntnisse über den Programmablauf muss die Tasten des Automaten drücken). Das Einverständnis des Automatenbetreibers kann nicht an die Bedingung geknüpft werden, dass A keine Kenntnisse über den Programmablauf hat. A konnte somit davon ausgehen, dass der Automatenbetreiber mit der Wegnahme einverstanden ist.

A handelte ohne Tatentschluss bezüglich eines Diebstahls.

Hinweis: Man könnte freilich auch bereits hier die Fremdheit des Geldes problematisieren. Allerdings scheitert der Diebstahl auch bzw. jedenfalls am Tatbestandsmerkmal der Wegnahme. Die Fremdheit kann auch noch bei der Prüfung von § 246 StGB diskutiert werden. Andernfalls könnte man bei dessen Prüfung nur noch nach oben verweisen, sodass der hier gewählte Aufbau etwas »eleganter« erscheint.

III. Ergebnis

A hat sich nicht gem. §§ 242 I, II, 22, 23 I StGB strafbar gemacht.

E. Strafbarkeit des A gem. §§ 246 I, III, 22, 23 I StGB durch Drücken der Tastenkombination

A könnte sich jedoch gem. §§ 246 I, III, 22, 23 I StGB wegen versuchter Unterschlagung strafbar gemacht haben, indem er die Tastenkombination am Automaten drückte.

I. Vorprüfung

Die Tat ist mangels Zueignung des Geldes durch A nicht vollendet. Der Versuch ist gem. §§ 246 I, III, 23 I Var. 2, 12 II StGB strafbar.

II. Tatbestandsmäßigkeit

1. Tatentschluss

Hierfür müsste A Tatentschluss bezüglich der rechtswidrigen Zueignung einer fremden beweglichen Sache gehabt haben. Das Geld, welches A als Gewinn aus dem Automaten entnehmen will, ist eine bewegliche Sache. Fraglich ist, ob diese auch **fremd** ist. Fremd ist eine Sache, wenn sie nicht im Alleineigentum des Täters steht und nicht herrenlos ist. Problematisch ist, dass es durch die Ausgabe des Geldes aus dem Ausgabefach nach »Gewinn« des Spiels und die Entgegennahme durch A zu einer **Übereignung des Geldes nach § 929 S. 1 BGB** gekommen sein könnte. Die Fremdheit der

Sache muss allerdings **nur zu Beginn der tatbestandsmäßigen Handlung** vorliegen, nicht während der gesamten Tatausführung. Da eine Übereignung des Geldes frühestens mit der Entnahme aus dem Ausgabefach (wohl als Einigungserklärung des A, jedenfalls als Übergabeakt) in Betracht kommt, wäre die Übereignung irrelevant, wenn die tatbestandsmäßige Handlung bereits in dieser Entnahme liegen würde. Fraglich ist demnach, ob sich A nach seiner Vorstellung das Geld bereits durch die Entnahme aus dem Ausgabefach rechtswidrig zueignen würde. Zueignung ist die **nach außen tretende Manifestation des Zueignungswillens**. Auch bereits in einer **Besitzbegründung ohne Gewahrsamsbruch** (s. oben) kann eine solche Manifestation liegen, wenn der Wille zur Zueignung hierdurch objektiv hervortritt. Ein objektiver Beobachter würde bei der Entnahme des Geldes durch A davon ausgehen, dass dieser das Geld für sich behalten will, sich mithin als Eigentümer geriert und nicht das Geld für einen berechtigten Dritten (hier zB Betreiber des Spielautomaten) in Verwahrung nimmt oder Ähnliches. Daher tritt hier bereits durch die Inbesitznahme bei der Entnahme des Geldes aus dem Ausgabefach der Wille zur Zueignung objektiv hervor. Zu Beginn dieser Handlung steht das Eigentum am Geld aber noch dem Automatenbetreiber zu, sodass es noch fremd ist. Der frühestens zeitgleich mit der Zueignung eintretende Eigentumsübergang kann somit an der Fremdheit nichts mehr ändern (aA vertretbar).

Da A aus dem Spielvertrag auch nur einen (anfechtbaren) Anspruch auf den »fair« erspielten Gewinn hatte, stand ihm **kein fälliger und einredefreier Anspruch** auf den »unfair« erspielten Gewinn zu. Dies war A auch nach den Grundsätzen zur Parallelwertung in der Laienspäre bei lebensnaher Sachverhaltsauslegung bewusst. Nach seiner Vorstellung wäre die Zueignung somit auch **rechtswidrig** gewesen.

Da sich A durch die Vortat (Computerbetrug) **lediglich die Zugriffsmöglichkeit** auf das Geld ermöglichen will und die eigentliche Zueignung erst durch die Herausnahme des Geldes geschehen soll, handelt es sich auch **nicht um einen Fall der wiederholten Zueignung**, bei dem die hL die Tatbestandsmäßigkeit ausschließt.

A handelte mit Tatentschluss bezüglich einer Unterschlagung.

2. Unmittelbares Ansetzen

Zweifelhaft ist jedoch, ob A bereits gem. § 22 StGB unmittelbar zur Tat angesetzt hat. Ein Täter setzt dann unmittelbar zur Tat an, wenn die von ihm ausgeführte Handlung nach seiner Vorstellung ohne weitere wesentliche Zwischenschritte unmittelbar in die tatbestandsmäßige Handlung münden soll (**Zwischenaktskriterium**), er subjektiv die Schwelle zum »Jetzt-geht-es-los« überschritten hat (**»Jetzt-geht-es-los«-Kriterium**) und das betroffene Rechtsgut aus seiner Sicht bereits unmittelbar gefährdet erscheint (**Gefährdungskriterium**). Vorliegend wollte A zunächst mittels der Tastenkombination den Spielvorgang beeinflussen, sodass dieser einen »Gewinn« anzeigen würde und der Automat diesen in Geld »ausschütten« würde. Erst dann wollte er diesen Gewinn aus dem Auswurfschacht entnehmen und einstecken. A musste also die Tastenkombination richtig drücken und dann abwarten, wie der Automat reagieren würde. Erst wenn dieser einen Gewinn ausschütten würde, wollte A diesen an sich nehmen. Es waren also aus seiner Sicht noch wesentliche Zwischenschritte nötig und er hatte auch im Zeitpunkt des Drückens der Tasten noch nicht die subjektive Schwelle zum »Jetzt-geht-es-los« überschritten. Da sich das Geld noch im Automaten befand, war das Rechtsgut Eigentum des Automatenbetreibers aus Sicht des A auch noch nicht unmittelbar gefährdet (aA vertretbar).

A hat noch nicht unmittelbar zur Tat angesetzt.

III. Ergebnis

A hat sich nicht gem. §§ 246 I, III, 22, 23 I StGB strafbar gemacht.

F. Strafbarkeit des N gem. § 263a I, II StGB iVm §§ 263 II, 22, 23 I, 26 StGB durch Posten des Videos

Eine Strafbarkeit des N wegen Anstiftung zum versuchten Computerbetrug des A gem. § 263a I, II StGB iVm §§ 263 II, 22, 23 I, 26 StGB durch Posten des Videos auf seinem Social-Media-Account scheidet **mangels hinreichend konkretem Anstiftervorsatz** aus. N hatte zum Zeitpunkt des Postens weder einen bestimmten Täter oder zumindest eine bestimmte Gruppe an »angestifteten« Personen vor Augen noch konnte er die spätere Haupttat des A auch nur in ihren groben Zügen voraussehen. Das reine Rechnen mit der Möglichkeit, dass irgendwann irgendjemand die Erkenntnisse aus dem Video zum Leerspielen eines Automaten nutzt, reicht hierfür nicht aus.

G. Strafbarkeit des N gem. § 263a I, II StGB iVm §§ 263 II, 22, 23 I, 27 StGB durch Posten des Videos

N könnte sich gem. § 263a I, II StGB iVm §§ 263 II, 22, 23 I, 27 StGB wegen Beihilfe zum versuchten Computerbetrug strafbar gemacht haben, indem er das Video mit der Anleitung zur Manipulation der Spielautomaten auf seinem Social-Media-Account postete.

I. Tatbestandsmäßigkeit

1. Objektiver Tatbestand

Hierfür müsste N dem A bei dessen vorsätzlicher rechtswidriger Haupttat Hilfe geleistet haben. Die vorsätzliche rechtswidrige Haupttat ist vorliegend der versuchte Computerbetrug des A. Hilfeleisten umfasst jede Förderung der Haupttat, wobei umstritten ist, ob die Beihilfehandlung kausal für die Begehung der Haupttat geworden sein muss. A nutzte die Anleitung des N zur Begehung seiner Tat. Die Handlung des N förderte also die Haupttat des A, war sogar kausal für ihre Begehung.

Fraglich ist jedoch, ob ein Tatbestandsausschluss wegen **sozialadäquaten bzw. »neutralen« Handelns** angenommen werden muss. Eine solche Möglichkeit wurde zunächst für berufstypische Handlungen diskutiert, mittlerweile wurde die Diskussion jedoch auch auf andere »alltägliche« Handlungsweisen ausgedehnt. Das Hochladen von Videos – auch solchen mit Anleitungen – in sozialen Medien gehört mittlerweile zu Alltagshandlungen (zumindest der jüngeren Generation). Fraglich ist jedoch, ob sich hier ein Strafbarkeitsausschluss rechtfertigen lässt.

Während die Literaturmeinungen, wann eine Strafbarkeitseinschränkung bei solchen Handlungen vorgenommen werden sollte, derart vielfältig und unterschiedlich sind, dass es den Rahmen einer Falllösung vollständig sprengen würde, diese auch nur überblicksartig darzustellen, lassen sich aus der Rechtsprechung zwei griffige Kriterien auf den Fall anwenden: Bereits objektiv kann eine Beihilfe ausscheiden, wenn der Handlung des Teilnehmers offensichtlich der **»deliktische Sinnbezug«** fehlt. Vorliegend lud N allerdings ein Video hoch, dessen einziger Inhalt eine Anleitung zur Begehung solcher Haupttaten, wie der von A, war. Somit bestand ein objektiv deliktischer Bezug. Eine weitere Einschränkung ist von der Rechtsprechung jedoch auf Ebene des subjektiven Tatbestands anerkannt.

Hinweis: Einen guten Überblick zu den Literaturmeinungen liefert: BeckOK StGB/*Kudlich*, 50. Ed. 1.5.2021, § 27 Rn. 11 ff.

2. Subjektiver Tatbestand

In der Mehrzahl der Fälle hat die Rechtsprechung eine **Einschränkung im subjektiven Tatbestand** vorgenommen: Anders als sonst, soll für den Vorsatz bezüglich der vorsätzlichen rechtswidrigen Haupttat nur sicheres Wissen der Tatbegehung oder zumindest Kenntnis von einem hohen Risiko der Tatbegehung ausreichen. Vorliegend wusste N nicht mit Sicherheit, ob jemand seine Videoanleitung zur Begehung eines Computerbetrugs ausnutzen würde. Angesichts dessen, dass der einzige Inhalt des Videos jedoch eine exakte Anleitung zum »Leerspielen« eines Spielautomaten beinhaltete und eingedenk der heutigen Verbreitungsgeschwindigkeit von Videos in sozialen Netzwerken musste er jedoch zumindest mit einem sehr großen Risiko einer Tatbegehung durch einen anderen rechnen. Anders als im Rahmen der Anstiftung genügt für den Gehilfenvorsatz bezüglich der »Förderung« der Haupttat insoweit auch, dass ihm bewusst ist, dass er das Risiko erhöht, dass mit den von ihm zur Verfügung gestellten Hilfsmitteln eine Haupttat begangen wird. N war sicherlich beim Hochladen bewusst, dass er damit das Risiko einer Tatbegehung erhöhte. N handelte mithin auch vorsätzlich (aA mit entsprechender Argumentation gut vertretbar).

II. Rechtswidrigkeit und Schuld

N handelte rechtswidrig und schuldhaft.

III. Ergebnis

N hat sich gem. § 263a I, II StGB iVm §§ 263 II, 22, 23 I, 27 StGB strafbar gemacht.

H. Strafbarkeit des N gem. § 263a III StGB durch Posten des Videos

Eine Strafbarkeit des N gem. § 263a III StGB scheidet vorliegend aus, da N weder ein Computerprogramm (Nr. 1) zur Verfügung stellt noch dem A Passwörter oder Sicherungscodes überlässt.

I. Ergebnis

A hat sich gem. § 263a I, II StGB iVm §§ 263 II, 22, 23 I StGB strafbar gemacht. N hat sich gem. § 263a I, II StGB iVm §§ 263 II, 22, 23 I, 27 StGB strafbar gemacht.

2. Tatkomplex: Der »Fußball-Wettbetrug«

A. Strafbarkeit des M gem. § 263 I StGB durch Abgabe des Wettscheins

Da das Spiel tatsächlich gar nicht manipuliert war, scheidet – selbst unter Zugrundelegung der Rechtsfigur der schadensgleichen Vermögensgefährdung – ein vollendeter Betrug mangels Vermögensschadens aus.

B. Strafbarkeit des M gem. §§ 263 I, II, 22, 23 I StGB durch Abgabe des Wettscheins

M könnte sich gem. §§ 263 I, II, 22, 23 I StGB wegen versuchten Betrugs strafbar gemacht haben, indem er 150 EUR auf die Außenseitermannschaft setzte und den Wettschein in der Wettstube abgab.

I. Vorprüfung

Die Tat ist mangels Vermögensschadens nicht vollendet (s. oben). Der Versuch ist gem. §§ 263 I, II, 23 I Var. 2, 12 II StGB strafbar.

II. Tatbestandsmäßigkeit

1. Tatentschluss

Hierfür müsste M Tatentschluss zur Begehung eines Betrugs aufweisen. Er müsste Vorsatz bezüglich einer Täuschung über Tatsachen aufweisen, welche nach seiner Vorstellung zu einem Irrtum einer anderen Person führt und diese zu einer Vermögensverfügung veranlasst, welche nach seiner Vorstellung zu einem Vermögensschaden führt. Schließlich müsste M mit Bereicherungsabsicht handeln.

Täuschung ist jedes Verhalten mit Erklärungswert, das auf das Vorstellungsbild eines anderen einwirkt und geeignet und bestimmt ist, beim Adressaten der Täuschung eine Fehlvorstellung über Tatsachen hervorzurufen. Da M gegenüber S ausdrücklich nur wahre Tatsachen erklärt (nämlich, dass er 150 EUR auf die Außenseitermannschaft setzt), kommt vorliegend nur eine **konkludente Täuschung** in Betracht. Wie auch M klar war, basiert eine Wette mit festen Wettquoten darauf, dass der Anbieter aufgrund bestimmter Faktoren eine Gewinn-Verlust-Wahrscheinlichkeitsrechnung aufstellt und dann (unter Einbeziehung eigener Betriebskosten etc) den Kunden eine bestimmte Wettquote anbietet. Wer an einer solchen Wette teilnimmt, der erklärt somit auch, dass er diese Wettquote weder beeinflusst hat noch, dass er Kenntnisse über die Beeinflussung der Quote durch Dritte hat. Dies ist – zumindest als **Parallelwertung in der Laiensphäre** – auch dem M klar, als er den Wettschein bei S abgibt. Da M jedoch meint, Kenntnisse über eine Manipulation zu haben, ist sein Verhalten (Abgeben des Wettscheins) aus seiner Sicht geeignet und bestimmt, eine Fehlvorstellung bei S hervorzurufen. M hatte Tatentschluss bezüglich einer Täuschung

Ein **Irrtum** wird beim Adressaten hervorgerufen, wenn dessen Vorstellungsbild aufgrund der Täuschung von der objektiven Wirklichkeit abweicht. Nach Vorstellung des M weiß S nichts von der vermeintlichen Manipulation und würde dementsprechend davon ausgehen, dass auch M keine entsprechenden Kenntnisse hat. Dies würde jedoch nach Vorstellung des M nicht den realen Gegebenheiten entsprechen. M handelte mithin mit Tatentschluss bezüglich der Hervorrufung eines Irrtums bei S.

Eine **Vermögensverfügung** ist jedes Tun, Dulden oder Unterlassen, das sich unmittelbar vermögensmindernd auswirkt. Nach Vorstellung des M soll es vorliegend zu **zwei Vermögensverfügungen** kommen:

Durch die Abgabe des Wettscheins kommt nach Vorstellung des M ein **Vertrag** zwischen ihm und der Firma »bet4life« zustande, nach dem ihm eine auf den Wettgewinn bedingte Forderung zusteht, während »bet4life« eine auf den Wettverlust bedingte Forderung in Höhe des gemachten Einsatzes zusteht. Die Begründung der Forderung des M wäre hierbei vermögensmindernd und damit eine Vermögensverfügung.

Außerdem geht M fest davon aus, die Wette zu gewinnen. Er stellt sich also auch die **Auszahlung des Wettgewinns** vor. Hierin liegt ebenfalls eine unmittelbar vermögensmindernde Handlung.

Problematisch ist jedoch, dass der Vertrag nicht von »bet4life«, sondern von S als deren Stellvertreter abgeschlossen wird und wohl auch die Auszahlung des Gewinns nach Vorstellung des M durch S erfolgen sollte. Verfügender und Geschädigter sind somit nicht personenidentisch, es liegt mithin ein **sog. Dreiecksbetrug** vor. Dabei ist strittig, wann die Vermögensverfügung des Dritten dem Geschädigten als Selbstschädigung zugerechnet werden kann. Eine Ansicht stellt dabei auf die Rechtsmacht des Dritten ab, über das Vermögen des Geschädigten zu verfügen. Da S vertraglich zur Entgegennahme der Wettscheine und zur Auszahlung des Gewinns und damit zu Vertragsschluss und Auszahlung berechtigt ist, würde diese Auffassung eine Zurechnung bejahen. Die herrschende Gegenauffassung stellt darauf ab, ob der Verfügende »im Lager« des Geschädigten steht. S steht als Vertragspartner und Stellvertreter der »bet4life« in deren Lager, auch diese Auffassung bejaht vorliegend eine Zurechnung. Ein Streitentscheid kann daher dahinstehen. Eine Vermögensverfügung liegt nach der Vorstellung des M vor.

Ein **Vermögensschaden** ist zu bejahen, wenn beim Vergleich der Vermögenslagen des Geschädigten vor und nach dem schädigenden Ereignis ein Vermögensabfluss festzustellen ist **(Prinzip der Gesamtsaldierung)**. In Fällen von **Sportwettenbetrügereien** ist die Bestimmung eines Vermögensschadens höchst kompliziert. Jedenfalls in Fällen, in denen die Wette vom Manipulator **gewonnen** und der Gewinnbetrag ausgezahlt wurde, nimmt die Rechtsprechung einen **Schaden in Höhe der Differenz zwischen Gewinn und Einsatz** an. Ein solcher Fall läge hier auch aus Sicht des A vor, weil A fest davon ausgeht, die Wette zu gewinnen und den Gewinn zu erlangen. Begründet wird dies damit, dass der Wettanbieter bei Kenntnis der Manipulation die Wette nicht angenommen hätte und daher den Betrag nicht ausgezahlt hätte. Die Rechtsprechung würde daher einen von M vorgestellten Schaden iHv 450 EUR annehmen.

Die **Gegenauffassung** stellt dagegen auf die **Quote** ab, die der Wettanbieter bei Kenntnis der Manipulation ausgelobt hätte und berechnet hieraus den Betrag, den der Spieler bei einem Wettgewinn dann gewonnen hätte (inklusive seines zurückbezahlten Einsatzes). Der Vermögensschaden soll dann in der Differenz zwischen diesem Betrag und dem ausgezahlten Gewinnbetrag liegen. Vorliegend hätte der Wettanbieter nach Vorstellung des M wegen der Wahrscheinlichkeit von 10:1, dass die Außenseitermannschaft gewinnt, bei 150 EUR Einsatz (wohl) lediglich 15 EUR Gewinn ausgezahlt. Nach dieser Auffassung läge also nach der Vorstellung des A ein Vermögensschaden iHv 435 EUR vor. Beide Ansichten bejahen im vorliegenden Fall nach Vorstellung des M einen Vermögensschaden, die unterschiedliche Höhe wäre nur für die im Rahmen des hiesigen Gutachtens nicht zu prüfende Strafzumessung relevant. Ein Streitentscheid kann somit dahinstehen.

Hinweis: Noch komplizierter wird es, wenn die Wette verloren geht. Dann liegt nach der Rechtsprechung des BGH ein sog. Eingehungsbetrug vor, bei dem es zur Bestimmung eines Vermögensschadens auf einen Vergleich der Werthaltigkeit der eingegangenen Verbindlichkeiten ankommen soll. Die Verbindlichkeit des Wettanbieters (Verpflichtung auf Auszahlung im Fall des Wettgewinns der Summe: Einsatz x Quote) ist nur dann mit der Verbindlichkeit des Spielers (Wettanbieter darf Einsatz bei Wettverlust behalten) wertgleich, wenn das Spiel nicht manipuliert und die Wettquote damit »fair« ist. Zur Bestimmung des Wertverhältnisses der beiden Ansprüche, soll auf Sachverständigenhilfe zurückgegriffen werden. Die Berechnung eines solchen Schadens ist jedenfalls in tatsächlicher Hinsicht so komplex, dass die Konstellation der verlorenen Wette wohl eher nicht klausurtauglich ist.

Als zusätzliches subjektives Merkmal muss M in der Absicht handeln, sich oder einem Dritten einen **rechtswidrigen Vermögensvorteil** zu verschaffen. M wollte sich den Wettgewinn iHv 450 EUR (600 EUR abzüglich 150 EUR Einsatz) und damit einen Vermögensvorteil verschaffen. Dieser Vorteil wäre rechtswidrig, wenn aus Sicht des M diesem **kein fälliger und einredefreier Anspruch** auf den Wettgewinn zustehen würde. Zwar hat M aus seiner Sicht durch Abschluss des Wettvertrags einen Anspruch auf Auszahlung des Gewinns erlangt. Allerdings muss bei der Bestimmung der Rechtswidrigkeit des Vermögensvorteils selbstverständlich der durch die Täuschung erlangte Anspruch außer Betracht bleiben. Dass das Zivilrecht dem Getäuschten über § 123 I BGB ein Anfechtungsrecht und damit ein Wahlrecht einräumt, ob dieser den abgeschlossenen Vertrag (zB wenn dieser trotz Täuschung für den Getäuschten wirtschaftlich günstig erscheint) bestehen lassen will oder nicht, ändert nichts an der strafrechtlichen Bewertung, dass der erstrebte Vermögensvorteil im Widerspruch zur Rechtsordnung steht. Die materielle Strafbarkeit kann nicht der Willkür des Täuschungsopfers unterliegen. Schließlich müsste der erstrebte Vermögensvorteil **stoffgleich** mit dem erlittenen Vermögensschaden sein. M erstrebte die Erlangung des Wettgewinns, der Schaden des Wettanbieters läge in der Auszahlung desselbigen. Stoffgleichheit liegt somit vor.

M handelte mit Tatentschluss.

2. Unmittelbares Ansetzen, § 22 StGB

M hat mit der Abgabe des Wettscheins die tatbestandsmäßige Handlung bereits vorgenommen und mithin unmittelbar angesetzt.

III. Rechtswidrigkeit und Schuld

M handelte rechtswidrig und schuldhaft.

IV. Ergebnis

M hat sich gem. §§ 263 I, II, 22, 23 I StGB strafbar gemacht.

C. Strafbarkeit des M gem. § 265c StGB durch Abgabe des Wettscheins

M hat offensichtlich keine der Tathandlungen des § 265c StGB erfüllt. M hat sich daher nicht wegen Sportwettenbetrugs strafbar gemacht.

D. Strafbarkeit des K gem. § 263 I StGB zulasten des M durch scherzhafte Aussage

Eine Strafbarkeit des K wegen Betrugs zulasten des M durch die scherzhafte Aussage, das heutige Spiel sei »getürkt«, scheitert am fehlenden Vorsatz des K bezüglich eines Irrtums des M.

E. Strafbarkeit des K gem. §§ 263 I, II, 22, 23 I, 26 StGB durch scherzhafte Aussage

Eine Strafbarkeit des K wegen Anstiftung zum versuchten Betrug (durch M) scheitert am fehlenden Vorsatz des K bezüglich der Hervorrufung eines Tatentschlusses bei M.

F. Ergebnis

M hat sich gem. §§ 263 I, II, 22, 23 I StGB strafbar gemacht. K ist straflos.

3. Tatkomplex: Die Schlägerei

Anmerkung zum Aufbau: Vorliegend wurde ein chronologischer Aufbau gewählt, was die einzelnen Beteiligungshandlungen betrifft. Dies hat den Vorteil, dass Inzidentprüfungen vermieden werden und die Auswertung des doch recht komplexen Schlägerei-Sachverhaltes leichter gelingt. § 231 StGB wurde für alle Beteiligten ausgeklammert und am Ende geprüft. Dies ist deshalb vorteilhaft, weil dann die jeweiligen Beteiligungshandlungen, deren Folgen und gegebenenfalls die Rechtfertigung einzelner Beteiligungshandlungen bereits feststehen. Selbstverständlich kann auch nach den Beteiligten getrennt aufgebaut werden und jeder Beteiligte vollständig für sich abgehandelt werden.

A. Strafbarkeit des M gem. § 223 I StGB durch den Eröffnungsschubser

A wurde durch den Schubser des M weder an der Gesundheit geschädigt noch erlitt er Schmerzen oder sonstige nicht nur unerhebliche Beeinträchtigungen. Eine Strafbarkeit des M gem. § 223 I StGB scheidet somit aus (aA nur schwer vertretbar).

B. Strafbarkeit des A gem. § 223 I StGB durch Niederstrecken mit der Faust

A könnte sich gem. § 223 I StGB wegen Körperverletzung strafbar gemacht haben, indem er den M mit einem Faustschlag niederstreckte.

I. Tatbestandsmäßigkeit

1. Objektiver Tatbestand

Hierfür müsste A den M an der Gesundheit geschädigt oder misshandelt haben. Im Sachverhalt sind keine gesundheitlichen Beeinträchtigungen des M durch den Schlag des A geschildert, sodass eine Gesundheitsschädigung ausscheidet (aA vertretbar, wenn man bei lebensnaher Sachverhaltsauslegung davon ausgeht, dass ein »Niederschlag« nicht ohne Verletzungen des Niedergeschlagenen vonstattengehen kann).

Eine Misshandlung ist jede üble, unangemessene Behandlung, die das körperliche Wohlbefinden mehr als nur unerheblich beeinträchtigt. M wurde durch den Schlag niedergestreckt, sein körperliches Wohlbefinden hierdurch erheblich beeinträchtigt. Eine Misshandlung liegt vor. Der Schlag des A kann auch nicht hinweggedacht werden, ohne dass die Misshandlung entfällt, war mithin kausal für die Misshandlung im Sinne der Conditio-sine-qua-non-Formel. Gründe für eine Verneinung der objektiven Zurechnung sind nicht ersichtlich. Der objektive Tatbestand von § 223 I StGB ist somit erfüllt.

2. Subjektiver Tatbestand

A wollte M niederschlagen, handelte mithin mit dolus directus 1. Grades und somit vorsätzlich iSv §§ 15, 16 I StGB.

II. Rechtswidrigkeit

Die durch die Tatbestandsmäßigkeit indizierte Rechtswidrigkeit könnte jedoch durch das Vorliegen von Rechtfertigungsgründen entfallen.

1. Notwehr, § 32 StGB

Der Schubser des M war bereits vollständig abgeschlossen. Der Sachverhalt enthält keine Hinweise darauf, dass M in unmittelbarem zeitlichem Zusammenhang den A erneut körperlich attackieren wollte. Ein gegenwärtiger Angriff lag somit nicht vor. Notwehr scheidet mithin aus.

2. Einwilligung

Die Rechtswidrigkeit könnte jedoch wegen einer Einwilligung des M entfallen. Hierfür müsste M einwilligungsfähig sein, er seine Einwilligung in die Verletzung eines disponiblen Rechtsguts frei von Willensmängeln und vor der Tat erklärt haben und schließlich dürfte die Einwilligung nicht sittenwidrig iSv § 228 StGB sein.

M war als Volljähriger einwilligungsfähig. Bei der körperlichen Unversehrtheit handelt es sich um ein disponibles Rechtsgut. **Fraglich ist, ob M eine Einwilligung erklärte**, indem er einverstanden war, die »Sache wie Männer draußen zu klären«. »Die Sache wie Männer« zu klären, beinhaltet bei lebensnaher Sachverhaltsauslegung nach dem »Parteiwillen« von M und A den Austausch körperlicher Gewalttätigkeiten, insbesondere wenn die Klärung »draußen«, also außerhalb der von beiden Kontrahenten besuchten Lokalität, stattfinden soll. M hat somit konkludent in den Austausch von körperlichen Angriffen eingewilligt. Dies geschah auch vor der Tat und frei von Willensmängeln. Fraglich ist jedoch, ob die Wirksamkeit der Einwilligung wegen **Sittenwidrigkeit** entfällt.

Hinweis: § 228 StGB enthält entgegen eines verbreiteten Missverständnisses keine Kodifikation des Rechtfertigungsgrundes der Einwilligung. § 228 StGB enthält vielmehr eine nur (str.) für Körperverletzungsdelikte geltende Einschränkung des ungeschriebenen Rechtfertigungsgrundes der Einwilligung.

Da die im Zivilrecht geläufige Formel vom »Anstandsgefühl aller billig und gerecht Denkenden« aufgrund des stetigen Wandels gesellschaftlicher Moral- und Anstandsvorstellungen im Strafrecht wegen der Geltung des Bestimmtheitsgrundsatzes nicht angewendet werden kann, greift die hM hier auf die **sog. Gefährlichkeitsthese** zurück: Wegen der Einwilligungssperre des § 216 StGB ist eine Sittenwidrigkeit der Einwilligung umso eher anzunehmen, je gefährlicher die Tat für das Leben des Einwilligenden ist. Vorliegend handelt es sich um einen »normalen« Faustschlag, bei dem M keine Verletzungen erlitt. Demnach ist nach der Gefährlichkeitsthese eine Sittenwidrigkeit zu verneinen.

Fraglich ist, ob und gegebenenfalls wie sich die **neue Rechtsprechung des BGH zum Einfluss der Wertungen des § 231 StGB auf die Sittenwidrigkeitsprüfung von § 228 StGB** im vorliegenden Fall auswirkt. Der BGH bezieht bei verabredeten Schlägereien zwischen mehreren Personen die gesetzgeberische Wertung aus § 231 StGB in die Sittenwidrigkeitsprüfung von § 228 StGB ein. Sittenwidrigkeit kann dabei bereits aufgrund der durch die Beteiligung mehrerer Personen an der Schlägerei erhöhten abstrakten Gefährlichkeit bejaht werden. Vorliegend wurde die Einwilligung durch M jedoch erteilt, als noch keine Schlägerei (mindestens drei Personen!) iSv § 231 StGB vorlag und sie bezog sich auch nur auf den Kampf »Mann gegen Mann« gegen A. Insofern wirkt sich die BGH-Rechtsprechung vorliegend nicht aus.

Hinweis: Da sich der BGH in beiden Entscheidungen zur gerade geschilderten Thematik etwas »nebulös« ausdrückt, sollten Sie unbedingt im Auge behalten, ob er die Rechtsprechung zu §§ 228, 231 StGB noch weiter konkretisiert. Zuletzt hat der BGH klargestellt, dass nicht bereits allein aufgrund der Anwesenheit von Unterstützern der Kämpfenden auf beiden Seiten die Sittenwidrigkeit zu bejahen ist. Denn diese könnten auch deeskalierend eingreifen und sind somit »doppelrelevant«. Insofern ist die bloße Anwesenheit von Unterstützern bei einem verabredeten Zweikampf von einer verabredeten (Gruppen-)Schlägerei zwischen rivalisierenden Gruppen zu unterscheiden, s. hierzu BGH NStZ 2021, 494.

M hat wirksam in die Körperverletzung durch A eingewilligt. A handelte nicht rechtswidrig.

III. Ergebnis

A hat sich nicht gem. § 223 I StGB strafbar gemacht.

C. Strafbarkeit des A gem. §§ 223 I, 224 I Nr. 2 Var. 2, Nr. 5, II, 22, 23 I StGB durch Ausholen zum Tritt

A könnte sich gem. §§ 223 I, 224 I Nr. 2 Var. 2, Nr. 5, II, 22, 23 I StGB wegen versuchter gefährlicher Körperverletzung strafbar gemacht haben, indem er zu einem Tritt gegen M ausholte.

I. Vorprüfung

M wurde nicht vom Tritt getroffen, die Tat ist mithin nicht vollendet. Der Versuch ist gem. §§ 224 II, 23 I Var. 2, 12 II StGB strafbar.

II. Tatbestandsmäßigkeit

1. Tatentschluss

A müsste mit Tatentschluss gehandelt haben. Bei lebensnaher Sachverhaltsauslegung rechnete A damit, durch den Tritt bei M Schmerzen und Verletzungen zu verursachen und nahm dies billigend in Kauf. A handelte mit Tatentschluss bezüglich § 223 I StGB. Fraglich ist, ob A auch mit Tatentschluss bezüglich der Begehung der Körperverletzung mittels eines gefährlichen Werkzeugs gem. § 224 I Nr. 2 Var. 2 StGB handelte. Ein gefährliches Werkzeug ist ein Gegenstand, der durch seine Beschaffenheit und die konkrete Art seiner Verwendung dazu geeignet ist, erhebliche Verletzungen zu verursachen. Ein zum Tritt verwendeter **Schuh *kann* dabei ein gefährliches Werkzeug sein,** und zwar dann, wenn entweder bereits allein wegen der Beschaffenheit des Schuhs (Springerstiefel) erhebliche Verletzungen drohen oder der Schuh zumindest eine solche Festigkeit aufweist, dass ein kräftigerer Tritt ohne das Risiko eigener Verletzungen möglich ist. Vorliegend wollte A mit Badelatschen zutreten. Diese sind weder für sich genommen gefährlich noch ermöglichen sie durch ihre offene Beschaffenheit einen härteren Tritt mit reduziertem Verletzungsrisiko für den Täter. A hatte keinen Tatentschluss bezüglich § 224 I Nr. 2 Var. 2 StGB.

Fraglich ist außerdem, ob A Tatentschluss bezüglich einer lebensgefährlichen Behandlung gem. § 224 I Nr. 5 StGB hatte. Hierfür ist nach hM erforderlich, aber auch ausreichend, dass unter Berücksichtigung der **konkreten Umstände des Einzelfalls die Tathandlung *geeignet* ist**, das Leben des Geschädigten zu gefährden. Vorliegend wollte A den M zwar am Boden liegend treten. Jedoch zielte der Tritt in den Bauchraum und damit in eine nicht per se besonders empfindliche Körperregion. Außerdem sollte der Tritt nur mit Badelatschen ausgeführt werden. Der Tritt war somit aus Sicht des A nicht geeignet, das Leben des M zu gefährden (aA mit entsprechender Argumentation vertretbar). A hatte keinen Tatentschluss bezüglich § 224 I Nr. 5 StGB.

2. Unmittelbares Ansetzen, § 22 StGB

A holte zum Tritt aus, hatte mithin bereits mit der tatbestandlichen Handlung begonnen und somit gem. § 22 StGB unmittelbar zur Tat angesetzt.

II. Rechtswidrigkeit

Fraglich ist, ob die Rechtswidrigkeit erneut wegen einer **Einwilligung** durch M entfällt. Zweifelhaft ist hierbei, ob die konkrete Handlung (Tritt in den Bauch des am Boden liegenden M) noch von der Einwilligung des M gedeckt war. M war einverstanden »die Sache wie Männer draußen zu klären«. Dies beinhaltete zwar den Einsatz von körperlicher Gewalt. Jedoch enthielt die Erklärung auch eine konkludente Begrenzung auf solche Gewalthandlungen die nach allgemeinem Verständnis noch als **»fairer« Kampf** angesehen werden. Dies ergibt sich aus etablierten »Kampfgebräuchen«: Die Sache ist »draußen geklärt«, wenn ein Kontrahent zu Boden gegangen ist. Tritte gegen einen am Boden liegenden Kämpfer waren von dieser Einwilligung somit nicht gedeckt (aA mit entsprechender Argumentation vertretbar). Hierfür spricht auch, dass von Tritten gegen den am Boden liegenden Kontrahenten eine besondere Gefährlichkeit ausgeht und daher eine Einwilligung in eine »normale Schlägerei« in der Regel nicht solche gefährlichen Handlungsweisen miteinschließt. A handelte rechtswidrig.

III. Schuld und Ergebnis

A handelte schuldhaft. Er hat sich gem. §§ 223 I, II, 22, 23 I StGB strafbar gemacht.

D. Strafbarkeit des B gem. §§ 223 I, 224 I Nr. 2 Var. 2, Nr. 3, Nr. 5 StGB durch Schlag mit Wasserpfeifenschlauch

B könnte sich gem. §§ 223 I, 224 I Nr. 2 Var. 2, Nr. 3, Nr. 5 StGB wegen gefährlicher Körperverletzung strafbar gemacht haben, indem er A mit dem Wasserpfeifenschlauch auf den Kopf schlug.

I. Tatbestandsmäßigkeit

1. Objektiver Tatbestand

A hat durch den Schlag des B mit dem Wasserpfeifenschlauch eine blutende Wunde an der Stirn erlitten und war kurz benommen. B hat A somit an der Gesundheit geschädigt und misshandelt. Bei dem Wasserpfeifenschlauch könnte es sich um ein gefährliches Werkzeug iSd § 224 I Nr. 2 Var. 2 StGB handeln. Das Mundstück des Wasserpfeifenschlauchs war aus Metall. Bei einem Schlag mit dem Schlauch auf den Kopf können durch die Wucht und die Härte erhebliche stumpfe Traumata entstehen. Bei dem Wasserpfeifenschlauch handelte es sich mithin um ein gefährliches Werkzeug iSv § 224 I Nr. 2 Var. 2 StGB. Fraglich ist, ob es sich bei dem Vorgehen des B auch um einen **hinterlistigen Überfall** gem. § 224 I Nr. 3 StGB handelt. Ein Überfall ist ein plötzlicher Angriff, mit dem der Betroffene nicht rechnet. Hinterlistig ist der Überfall, wenn der Täter seine wahren Absichten planmäßig-berechnend verdeckt, um die Verteidigungsmöglichkeiten des Überfallenen einzuschränken. Zwar erfolgte der Schlag durch B plötzlich und er war vorher am Kampfgeschehen nicht beteiligt. Jedoch sind dem Sachverhalt keine Anhaltspunkte dafür zu entnehmen, dass B seine Absicht planmäßig-berechnend verbarg. Es handelte sich mithin nicht um einen hinterlistigen Überfall gem. § 224 I Nr. 3 StGB. Ebenso ist fraglich, ob es sich um eine das Leben gefährdende Behandlung iSv § 224 I Nr. 5 StGB handelte. Dem Sachverhalt ist nicht zu entnehmen, dass der Schlauch schwer oder massiv war und daher besonders gefährliche Verletzungen hervorrufen kann. Daher kann nicht von der notwendigen Eignung zur Lebensgefährdung bei der vorliegenden Einsatzweise ausgegangen werden (aA evtl. vertretbar). B hat den objektiven Tatbestand der gefährlichen Körperverletzung gem. §§ 223 I, 224 I Nr. 2 Var. 2 StGB erfüllt.

2. Subjektiver Tatbestand

B handelte vorsätzlich iSv §§ 15, 16 I StGB.

II. Rechtswidrigkeit, Schuld und Ergebnis

B handelte rechtswidrig und schuldhaft. Insbesondere lag kein gegenwärtiger Angriff iSv § 32 II StGB und keine gegenwärtige Gefahr gem. §§ 34, 35 I StGB für die körperliche Unversehrtheit des M vor, da A zunächst ängstlich stehen blieb.

B hat sich gem. §§ 223 I, 224 I Nr. 2 Var. 2 StGB strafbar gemacht.

F. Strafbarkeit des M gem. § 223 I StGB zulasten des B durch das Ausholen der Kopfnuss gegenüber A

M könnte sich gem. § 223 I StGB wegen Körperverletzung zulasten des B strafbar gemacht haben, indem er zu einer Kopfnuss gegenüber A ausholte.

I. Tatbestandsmäßigkeit

1. Objektiver Tatbestand

B erlitt durch das heiße Stück Kohle eine Verbrennung im Gesicht und verlor die Sehfähigkeit auf einem Auge. B wurde mithin misshandelt und an der Gesundheit geschädigt. Fraglich ist, ob der eingetretene Erfolg auch derart mit der Handlung des M (Ausholen zur Kopfnuss gegenüber A) verknüpft ist, dass ihm dieser zugerechnet werden kann.

Hierfür müsste das Ausholen zur Kopfnuss zunächst kausal für den Verletzungserfolg sein. Kausal ist nach der **Conditio-sine-qua-non-Formel** jede Handlung, die nicht hinweggedacht werden kann, ohne dass der konkrete tatbestandliche Erfolg entfällt. Denkt man das Ausholen zur Kopfnuss hinweg, entfällt das instinktive Ausweichen des A, mit diesem der Zusammenprall mit der Bedienung und das heiße Kohlestück landet nicht im Gesicht des B, sodass die Verbrennung und der Sehfähigkeitsverlust nicht eintritt. Die Handlung des M war somit kausal.

Objektiv zurechenbar ist ein Erfolg dann, wenn sich in ihm die durch die Handlung gesetzte Gefahr realisiert. Hieran könnten vorliegend Zweifel bestehen, wenn es sich um einen **sog. atypischen Kausalverlauf** handelt und/oder der Zurechnungszusammenhang durch das **Dazwischentreten des A** unterbrochen wird. Ein atypischer Kausalverlauf führt nur dann zu einer Unterbrechung der objektiven Zurechnung, wenn der tatsächliche Kausalverlauf außerhalb des nach allgemeiner Lebenserfahrung Erwartbaren liegt. Es ist jedoch weder ungewöhnlich, dass ein Gewaltopfer instinktiv ausweicht noch, dass es dabei – insbesondere in einer engen und mit Menschen gefüllten Räumlichkeit wie dem Shisha-Café – zu einem Zusammenprall mit einer anderen Person und infolgedessen zu einer Verletzung einer dritten Person kommt. Es liegt daher kein atypischer Kausalverlauf vor. Ein Dazwischentreten Dritter unterbricht nur den Zurechnungszusammenhang, wenn sich hierdurch nicht mehr die ursprünglich vom Täter, sondern die vom Dritten gesetzte Gefahr im Erfolg realisiert. Weder das Verhalten des A (nur »instinktives« Ausweichen) noch dasjenige der Bedienung (Transport der Shisha durch das Café) setzen jedoch eine neue rechtlich missbilligte Gefahr für die körperliche Unversehrtheit des B. Das Verhalten der Bedienung ist vollständig sozialadäquat und das Verhalten des A wurde durch die von M geschaffene Gefahr herausgefordert. Somit realisiert sich schließlich die von M geschaffene Gefahr im Verletzungserfolg. Die objektive Zurechenbarkeit ist somit zu bejahen.

Der objektive Tatbestand ist erfüllt.

2. Subjektiver Tatbestand

Äußerst fraglich ist jedoch, ob M auch vorsätzlich iSv §§ 15, 16 I StGB bezüglich der Gesundheitsschädigung und Misshandlung *des B* handelte. M wollte A eine Kopfnuss verpassen, eine Verletzung trat jedoch bei B ein, ohne dass M hiermit gerechnet hatte. Diese Konstellation bezeichnet man als **»aberratio ictus«**. Es ist umstritten, wie solche Fälle des Fehlgehens des Angriffs zu lösen sind. **Eine Ansicht** möchte diese Fälle der aberratio ictus genauso behandeln wie Fälle des **error in person vel objecto**, dh bei tatbestandlicher Gleichwertigkeit von ausgewähltem und verletztem Ziel, soll ein unbeachtlicher Irrtum vorliegen. Nur bei Ungleichwertigkeit soll ein Irrtum iSv

§ 16 I StGB bejaht werden. Da sowohl A als auch B als Menschen taugliche Tatobjekte des § 223 I StGB sind, würde diese Ansicht einen unbeachtlichen Irrtum annehmen. Die **herrschende Gegenauffassung** geht dagegen davon aus, dass der Irrtum bezüglich der Tatobjekte bei Fehlgehen des Angriffs unabhängig von der Gleich- oder Ungleichwertigkeit der Tatobjekte **stets ein beachtlicher Irrtum iSv § 16 I StGB** ist. Nach dieser Auffassung würde es daher M am Vorsatz bezüglich einer Körperverletzung gegenüber B fehlen. Für die letztgenannte Ansicht spricht, dass der Täter seinen Vorsatz bereits auf das anvisierte Tatobjekt konkretisiert hat und bei der Tathandlung als entscheidendem Zeitpunkt (vgl. § 16 I StGB »bei Begehung der Tat«) auch *nur dieses* Tatobjekt treffen will. Dementsprechend fehlt M hier der Vorsatz gem. § 16 I StGB bezüglich einer Körperverletzung des B.

Der subjektive Tatbestand ist nicht erfüllt.

II. Ergebnis

M hat sich nicht gem. § 223 I StGB strafbar gemacht.

G. Strafbarkeit des M gem. §§ 223 I, II, 22, 23 I StGB zulasten des A durch das Ausholen zur Kopfnuss

M könnte sich gem. §§ 223 I, II, 22, 23 I StGB wegen versuchter Körperverletzung zulasten des A strafbar gemacht haben, indem er versuchte, A eine Kopfnuss zu verpassen.

I. Vorprüfung

Es kam nicht zur Ausführung der Kopfnuss, die Tat ist mithin nicht vollendet. Der Versuch ist gem. §§ 223 II, 23 I Var. 2, 12 II StGB strafbar.

II. Tatbestandsmäßigkeit

1. Tatentschluss

M wollte A eine Kopfnuss verpassen, was bei lebensnaher Sachverhaltsauslegung nach seiner Vorstellung zumindest zu Schmerzen bei A führen sollte. M beabsichtigte also (mindestens), den A körperlich zu misshandeln. M handelte mit Tatentschluss.

2. Unmittelbares Ansetzen

M holte bereits zur Kopfnuss aus, nahm mithin die tatbestandliche Handlung bereits vor und hat somit gem. § 22 StGB unmittelbar angesetzt.

III. Rechtswidrigkeit und Schuld

M handelte rechtswidrig und schuldhaft.

IV. Ergebnis

Er hat sich daher wegen versuchter Körperverletzung strafbar gemacht.

H. Strafbarkeit des M gem. § 226 I Nr. 1 Var. 1, Nr. 3 Var. 1 (§§ 22, 23 I) StGB zulasten des B durch das Ausholen zur Kopfnuss gegenüber A

M könnte sich gem. § 226 I Nr. 1 Var. 1, Nr. 3 Var. 1 StGB (§§ 22, 23 I StGB) wegen (versuchter) schwerer Körperverletzung strafbar gemacht haben, indem er zu einer Kopfnuss gegenüber A ausholte.

I. Vorprüfung

Die in Betracht kommende Körperverletzung – Ausholen des M zur Kopfnuss gegenüber A – war nicht vollendet (s. oben). Der Versuch ist gem. §§ 226 I, 23 I Var. 1, 12 I, 11 II StGB strafbar.

Hinweis: § 226 StGB enthält zwei verschiedene Qualifikationen der Körperverletzung, die Sie in einer Klausur unbedingt auseinanderhalten müssen. Absatz 1 enthält eine Erfolgsqualifikation (ähnlich wie § 227 StGB), während Absatz 2 eine »normale« Qualifikation enthält, bei der also Vorsatz, nach dem eindeutigen Wortlaut sogar dolus directus, bezüglich der Verursachung der schweren Folge vorliegen muss.

Vorliegend trat die qualifizierende schwere Folge (Verlust des Auges des B) bereits aufgrund des nur versuchten Grunddelikts ein. Es ist fraglich, ob ein solcher **erfolgsqualifizierter Versuch** überhaupt in Betracht kommt. Umstritten ist in diesem Zusammenhang, ob als Anknüpfungspunkt auch eine versuchte oder nur eine vollendete Körperverletzung in Betracht kommt. Die **Rechtsprechung und Teile der Lehre** knüpfen an die **Handlungsgefährlichkeit** einer Körperverletzungshandlung an und bejahen dementsprechend bei § 226 StGB die Möglichkeit eines erfolgsqualifizierten Versuchs. Bereits hieran bestehen jedoch mit der **hL** erhebliche Zweifel: Der Wortlaut des § 226 I StGB spricht davon, dass die »Körperverletzung« eine schwere Folge bei der »verletzten Person« herbeiführen müsse. Anders als in § 227 I StGB fehlt auch ein erläuternder Klammerzusatz. Daher kann auch nicht als Gegenargument vorgebracht werden, der Gesetzgeber habe die §§ 223–226a StGB und damit auch jeweils deren geregelte Versuchstatbestände miteinbeziehen wollen. Überdies spricht der hohe Strafrahmen des § 226 StGB für eine restriktive Auslegung. Letztlich könnte der Streitentscheid jedoch offen bleiben, wenn § 226 StGB im vorliegenden Fall aus einem anderen Grund ausscheidet.

Fraglich ist nämlich auch, ob § 226 StGB zur Anwendung kommen kann, wenn die schwere Folge nicht einmal bei derjenigen Person eintritt, gegenüber der die vorsätzliche Körperverletzung versucht wurde (hier A), sondern bei einer dritten, unbeteiligten Person (hier B). Auch hiergegen lässt sich der Wortlaut von § 226 I StGB anführen: Wenn schon die »verletzte Person« gar nicht wirklich »verletzt« worden sein muss (wie nach Auffassung der Rechtsprechung), so ist die Wortlautgrenze endgültig überschritten, wenn der Versuch nicht einmal mehr gegenüber der Person verübt wurde, die später die schwere Folge erleidet. Die »verletzte Person« verlangt (zumindest) Personenidentität zwischen dem Opfer des Grunddelikts und dem Opfer von § 226 I StGB (aA nur schwer vertretbar).

Hinweis: Sie könnten die zweite Problemstellung (Eintritt der schweren Folge bei A) auch unter dem Prüfungspunkt »Gefahrspezifischer Zusammenhang« abhandeln. Dann müssten Sie jedoch erstens den Streit bezüglich Handlungs- und Erfolgsgefährlichkeit entscheiden und zweitens noch die Prüfungspunkte »Verwirklichung des Grunddelikts« (bei dem Sie aber nur nach oben verweisen) und »Eintritt der schweren Folge« einschieben. Durch den hier gewählten Aufbau sparen Sie Schreibarbeit und können elegant die beiden Fragestellungen miteinander verknüpfen.

Die versuchte Körperverletzung zulasten des M ist kein taugliches Grunddelikt.

II. Ergebnis

M hat sich nicht gem. §§ 226 I Nr. 1 Var. 1, Nr. 3 Var. 1, (22, 23 I) StGB strafbar gemacht.

I. Strafbarkeit des M gem. § 229 StGB zulasten des B durch Ausholen zu einer Kopfnuss gegenüber A

M könnte sich jedoch gem. § 229 StGB wegen fahrlässiger Körperverletzung zulasten des B strafbar gemacht haben, indem er zu einer Kopfnuss gegenüber A ausholte.

I. Tatbestandsmäßigkeit

Objektiver Tatbestand

B erlitt durch das heiße Stück Kohle eine Verbrennung im Gesicht und verlor die Sehfähigkeit auf einem Auge. B wurde mithin misshandelt und an der Gesundheit geschädigt. Das Ausholen zur Kopfnuss war auch kausal für den Eintritt der Verletzung bei B und diese ist dem M objektiv zurechenbar (s. oben).

Schließlich müsste M bezüglich des eingetretenen Erfolgs **objektiv fahrlässig** gehandelt haben. Er müsste also gegen eine Sorgfaltspflicht verstoßen haben und der eingetretene Erfolg müsste objektiv vorhersehbar gewesen sein. Der Sorgfaltspflichtverstoß liegt vorliegend in der versuchten Körperverletzung gegenüber A. Dass dieser instinktiv ausweicht war genauso vorhersehbar, wie dass es in einem Shisha-Café zu einem Zusammenprall mit einer Bedienung und in dessen Folge zum Flug eines glühenden Kohlestücks in das Gesicht einer anwesenden Person kommen kann. M handelte somit objektiv fahrlässig.

II. Rechtswidrigkeit und Schuld

M handelte mangels Rechtfertigungsgründen rechtswidrig.

Auch für M war der konkrete Geschehensablauf vorhersehbar. M handelte mithin **subjektiv fahrlässig.**

III. Ergebnis

M hat sich wegen fahrlässiger Körperverletzung zulasten des B strafbar gemacht.

J. Strafbarkeit des A gem. § 229 StGB zulasten des B durch das instinktive Ausweichen

Zwar wird die »instinktive« Ausweichbewegung (wohl) nicht zu den »echten« Reflexbewegungen zählen, sodass es nicht bereits an der Handlungsqualität fehlt. Allerdings wird durch ein instinktives Ausweichen **keine rechtlich missbilligte Gefahr** geschaffen, sodass es an der objektiven Zurechenbarkeit des Verletzungserfolgs fehlt. Überdies fehlt es an einer Sorgfaltspflichtverletzung durch A, sodass auch **keine objektive Fahrlässigkeit** vorliegt. A hat sich nicht wegen fahrlässiger Körperverletzung strafbar gemacht.

K. Strafbarkeit des M gem. § 222 StGB zulasten des V durch den Anruf

Zwar war der Anruf des M kausal im Sinne der Conditio-sine-qua-non-Formel für den Tod des V. Allerdings fehlt es sowohl an einer objektiven Sorgfaltspflichtverletzung und damit an einem objektiv fahrlässigen Verhalten des M als auch wegen eines **außerhalb jeder Lebenserfahrung liegenden** und damit atypischen Kausalverlaufs an der objektiven Zurechenbarkeit des Todes des V zur Handlung des M. M hat sich daher nicht wegen fahrlässiger Tötung gem. § 222 StGB strafbar gemacht.

L. Strafbarkeit des I gem. § 223 I StGB zulasten des B durch Tritt in den Magen

Durch den Tritt in den Magen des B hat I diesen vorsätzlich körperlich misshandelt. I handelte rechtswidrig und schuldhaft und hat sich mithin wegen Körperverletzung strafbar gemacht.

M. Strafbarkeit von A gem. § 231 I StGB

A könnte sich gem. § 231 I StGB wegen Beteiligung an einer Schlägerei strafbar gemacht haben, indem er M mit einem Faustschlag niederstreckte und zu einem Tritt in dessen Bauchgegend ausholte.

I. Tatbestandsmäßigkeit

1. Objektiver Tatbestand

Hierfür müsste sich A an einer Schlägerei beteiligt haben. Eine **Schlägerei** ist eine mit wechselseitigen Körperverletzungen verbundene tätliche Auseinandersetzung, an der mindestens drei Personen aktiv körperlich mitwirken. Nach der Rechtsprechung des BGH müssen dabei nicht alle Beteiligten aufeinander einschlagen, es genügen auch **mehrere, im Zusammenhang stehende Zweikämpfe (selbst, wenn diese zeitlich nacheinander durchgeführt werden)**. Eine Schlägerei soll nur dann ausgeschlossen sein, wenn vor Eintritt der schweren Folge so viele Kämpfende die Kampfhandlungen vollständig eingestellt und sich vom Ort des Geschehens entfernt haben, dass sich nur noch zwei Kontrahenten gegenüberstehen. Seit dem Hinzutreten des B (Schlag mit dem Shisha-Schlauch) waren bis zur Herbeiführung der Brandverletzung des B und des Todes des V durchgehend mindestens drei Personen an der Auseinandersetzung beteiligt. Es lag somit eine Schlägerei vor. Für eine **Beteiligung** genügt jede physische oder psychische Mitwirkung an der Auseinandersetzung. Durch seinen Faustschlag gegen M, den Versuch, diesen in den Bauch zu treten und die Verfolgung des M in das Café hat sich A an der Schlägerei beteiligt. Die Auseinandersetzung zwischen M und A stand auch in einem engen räumlich-zeitlichen und inneren Zusammenhang zu den späteren Tätlichkeiten. Es lag mithin eine einheitliche Schlägerei vor.

2. Subjektiver Tatbestand

A erkannte zumindest während der Verfolgung des M, dass es sich um eine Auseinandersetzung mit mindestens drei Personen handelte und handelte auch im Übrigen vorsätzlich iSv §§ 15, 16 I StGB (aA vertretbar, wenn man darauf abstellt, dass A das Hinzutreten des B erst nach seinen Beteiligungshandlungen erkannt hat).

II. Objektive Bedingung der Strafbarkeit

Als objektive Bedingung der Strafbarkeit muss durch die Schlägerei entweder der Tod einer Person oder eine schwere Körperverletzung gem. § 226 StGB verursacht worden sein.

In Betracht kommt hier zunächst der **Tod des V**. Allerdings ist hier fraglich, ob dieser **durch die Schlägerei** verursacht wurde. In der eingetretenen schweren Folge muss sich die typische Gefährlichkeit einer Schlägerei realisieren. Dass ein angerufener Dritter durch die Mitteilung der Verletzung seines Sohnes bei der Schlägerei an einem Herzinfarkt verstirbt, liegt jedoch **völlig außerhalb des nach der Lebenserfahrung Erwartbaren**. Es realisiert sich keine typische Schlägereigefahr, sondern das allgemeine Lebensrisiko. Daher kann nicht auf den Tod des V abgestellt werden.

Möglich erscheint es jedoch, die **Verletzung des B** als schwere Folge nach § 231 I StGB zu werten. Nach § 226 I Nr. 1 Var. 1 StGB ist der Verlust der Sehfähigkeit auf einem Auge eine schwere Körperverletzung. Daneben kommt auch eine dauerhafte erhebliche Entstellung nach § 226 I Nr. 3 Var. 1 StGB durch die Brandnarbe im Gesicht des B in Betracht. Hierfür ist notwendig, dass das äußere Erscheinungsbild des Opfers nachhaltig unästhetisch verändert wird. Vorausgesetzt wird dabei im Allgemeinen, dass die Entstellung in ihrer Erheblichkeit an die Fälle des § 226 I Nr. 1 oder Nr. 2 StGB heranreicht. Dauerhafte Narben können hierfür ausreichen. Vorliegend erleidet B eine tiefe, einen Zentimeter große Brandnarbe im Gesicht. Die zentrale Position der Brandnarbe führt dabei zu deren Erheblichkeit, sodass auch eine schwere Folge iSv § 226 I Nr. 3 Var. 1 StGB vorliegt (aA gut vertretbar). Der Verlust der Sehfähigkeit auf einem Auge des B und die Brandnarbe wurden durch den Zusammenprall des A mit der Bedienung verursacht, als dieser dem Kopfnussversuch des M während der Schlägerei auswich. Daher hat sich hier auch eine typische Schlägereigefahr realisiert. Eine schwere Folge ist somit durch die Schlägerei verursacht worden.

Fraglich ist, ob es an der Strafbarkeit des A etwas ändert, dass die in Betracht kommenden **schweren Folgen** (Brandverletzung bei B, Tod des V) erst zu einem Zeitpunkt eintraten, als **A nur noch als »Opfer«** an der Schlägerei beteiligt war. Nach ganz hM schadet es jedoch nicht, wenn die Beteiligungshandlungen vor Verursachung der schweren Folge vorgenommen wurden und der Beteiligte dann ausscheidet. Denn die **Gefährlichkeit gruppendynamischer Prozesse**, welche § 231 StGB in den Blick nimmt, wird gerade durch die vor Verursachung der schweren Folge geleisteten Beiträge gesteigert. Überdies war A dem M ja kurz vor Verursachung der schweren Folgen in das Café gefolgt, sodass zwischen seiner letzten Beteiligungshandlung und dem Eintritt der schweren Folgen auch ein unmittelbarer raum-zeitlicher Zusammenhang besteht.

III. Rechtswidrigkeit und Schuld

A handelte rechtswidrig und schuldhaft.

IV. Ergebnis

Er hat sich wegen Beteiligung an einer Schlägerei strafbar gemacht.

N. Strafbarkeit des M gem. § 231 I StGB

M hat sich durch seinen Schubser und den Versuch einer Kopfnuss gegenüber A an der Schlägerei beteiligt. Er handelte vorsätzlich, rechtswidrig und schuldhaft. Die notwendige schwere Folge ist eingetreten. M hat sich wegen Beteiligung an einer Schlägerei strafbar gemacht.

O. Strafbarkeit des B gem. § 231 I StGB

Auch M hat sich durch den Schlag mit dem Shisha-Schlauch vorsätzlich, rechtswidrig und schuldhaft an der Schlägerei beteiligt.

Fraglich ist jedoch, ob B trotz der Tatsache, **dass er derjenige ist, der die schwere Folge nach § 231 I StGB iVm § 226 I Nr. 1 Var. 1, Nr. 3 Var. 1 StGB erlitten** hat, nach § 231 I StGB zu bestrafen ist. Eine Ansicht verneint dies unter Berufung auf allgemeine Zurechnungsgründe: Täter eines Körperverletzungsdelikts – zu denen auch § 231 I StGB zählt – könne niemals sein, wer sich selbst verletzt, da die §§ 223 ff. StGB den Schutz der körperlichen Unversehrtheit anderer Personen bezweckten. Dieser Auffassung ist jedoch mit der **hM** entgegenzuhalten, dass § 231 I StGB ein **abstraktes Gefährdungsdelikt** ist und bereits die besondere Gefährlichkeit einer Beteiligung an einer Schlägerei unter Strafe stellt, um **Beweisschwierigkeiten zu verhindern**. Daher ist es unerheblich, wer die schwere Folge erleidet. Die Zufälligkeit, dass der Täter gleichzeitig das »Opfer« des § 231 I StGB ist, darf diesem nicht zugutekommen. Eine Kompensation für die erlittene Verletzung ist über **§ 60** StGB möglich.

B hat sich daher wegen Beteiligung an einer Schlägerei strafbar gemacht.

P. Strafbarkeit des K gem. § 231 I StGB

K tritt lediglich schlichtend zwischen M und A, ohne durch physische oder psychische Mitwirkung den Fortgang der Schlägerei zu fördern. Er hat sich daher nicht an der Schlägerei beteiligt. K ist nicht wegen Beteiligung an einer Schlägerei strafbar.

Q. Strafbarkeit des I gem. § 231 I StGB

Fraglich ist, ob sich auch I an der Schlägerei beteiligt hat. Der Tritt des I fand zu einem Zeitpunkt statt, in dem die **schwere Folge bereits eingetreten war**. Es ist strittig, ob dies für eine Beteiligung an der Schlägerei ausreicht. Die **Rechtsprechung** bejaht dies, weil der Eintritt der schweren Folge nur objektive Bedingung der Strafbarkeit sei und daher nicht vom Vorsatz des Täters umfasst werden müsse. Die Strafbarkeit knüpfe allein an die Beteiligungshandlung an, wenn eine schwere Folge – egal wann – durch dieselbe Schlägerei verursacht worden sei. Dem lässt sich jedoch mit der **Gegenansicht** entgegenhalten, dass der Zweck des § 231 I StGB darin liegt, Beweisschwierigkeiten für die konkrete Verursachung der schweren Folge abzumildern. Wer sich jedoch nachweislich erst nach Eintritt der schweren Folge beteiligt, demgegenüber können solche Beweisschwierigkeiten nicht bestehen. I hat sich daher nicht wegen Beteiligung an einer Schlägerei strafbar gemacht (aA vertretbar).

R. Ergebnis

Ob bei Schlägereien (§ 231 StGB) mit mehreren Beteiligungshandlungen Tateinheit oder Tatmehrheit vorliegt, ist Einzelfallfrage. A hat sich nur durch eine strafrechtlich relevante Handlung an der Schlägerei beteiligt, es liegt daher bei ihm Tateinheit vor. Angesichts der unterschiedlichen Schutzgüter von § 223 StGB auf der einen und § 231 StGB auf der anderen Seite, findet eine Verdrängung nicht statt (aA vertretbar). A hat sich gem. §§ 223 I, II, 22, 23 I StGB in Tateinheit (§ 52 StGB) mit § 231 I StGB strafbar gemacht. Gleiches gilt bezüglich B. B hat sich gem. §§ 223 I, 224 I Nr. 2 Var. 2 StGB in Tateinheit (§ 52 StGB) mit § 231 I StGB strafbar gemacht. M hat durch eine natürliche Handlung sowohl die versuchte Körperverletzung gegenüber A als auch die fahrlässige Körperverletzung gegenüber B begangen. Insofern liegt Tateinheit gem. § 52 StGB vor. Hierin liegt auch diejenige Beteiligungshandlung, welche die schwere Folge iSv § 231 StGB hervorgerufen hat. Es liegt mithin auch bezüglich § 231 StGB Tateinheit vor. Aus den gleichen Gründen wie oben findet keine Verdrängung statt. M hat sich gem. §§ 223 I, II, 22, 23 I StGB in Tateinheit (§ 52 StGB) mit § 229 StGB und § 231 I StGB strafbar gemacht. I hat sich gem. § 223 I StGB strafbar gemacht. K ist im dritten Tatkomplex straflos.

Gesamtergebnis

A hat sich gem. § 263a I Var. 3, II StGB iVm §§ 263 II, 22, 23 I StGB in Tatmehrheit (§ 53 StGB) mit §§ 223 I, II, 22, 23 I StGB in Tateinheit (§ 52 StGB) mit § 231 I StGB strafbar gemacht. N hat sich gem. § 263a I, II StGB iVm §§ 263 II, 22, 23 I, 27 StGB strafbar gemacht. M hat sich gem. §§ 263 II, 22, 23 I StGB in Tatmehrheit (§ 53 StGB) mit §§ 223 I, II, 22, 23 I StGB in Tateinheit mit § 229 StGB und § 231 I StGB strafbar gemacht. B hat sich gem. §§ 223 I, 224 I Nr. 2 Var. 2 StGB in Tateinheit mit § 231 I StGB strafbar gemacht. I hat sich gem. § 223 I StGB strafbar gemacht. K ist straflos.

Vertiefende Literatur zu den Schwerpunkten des Falles

1. Zum Leerspielen eines Geldspielautomaten

- *Wachter,* Grundfälle zum Computerbetrug, JuS 2017, 723
- *Arloth,* Computerstrafrecht und Leerspielen von Geldspielautomaten, JURA 1996, 354

2. Zum Wettbetrug

- *Jahn/Maier,* Der Fall Hoyzer – Grenzen der Normativierung des Betrugstatbestandes, JuS 2007, 215
- *Greco,* Zur Bestimmung des Vermögensschadens beim Sportwettenbetrug, NZWiSt 2014, 334
- *Perron,* Sportwettbetrug und Manipulation von berufssportlichen Wettbewerben (§§ 265c–265e StGB) – gelungene Gesetzgebung oder überflüssiges Strafrecht?, JuS 2020, 809

3. Zu Problemen bei § 231 StGB

- *Bock,* Beteiligung an einer Schlägerei (oder an einem von mehreren verübten Angriff), § 231 StGB, JURA 2016, 992
- *Zopfs,* Die »schwere Folge« bei der Schlägerei (§ 231 StGB), JURA 1999, 172
- *Eisele,* Die »unverschuldete« Beteiligung an einer Schlägerei, ZStW 110 (1998), 69

4. Zu Problemen bei erfolgsqualifizierten Delikten

- *Jäger,* Vollendete Körperverletzung mit Todesfolge nur bei Opferidentität, JA 2020, 158
- *Jäger,* Zum Erfordernis raubkonnexer Täterreaktionen bei § 251 StGB, JA 2019, 950

Zusammenhängende Literatur zu den einzelnen Delikten

Computerbetrug: *Kudlich* PdW StrafR BT I Nr. 137–143; *Rengier* StrafR BT I § 14; *Jäger* ExamensRep StrafR BT Rn. 803–805
Wettbetrug: *Kudlich* PdW StrafR BT I Nr. 94a; *Rengier* StrafR BT I § 13; *Jäger* ExamensRep StrafR BT Rn. 466–467
Beteiligung an einer Schägerei: *Kudlich* PdW StrafR BT II Nr. 46a, 64–66; *Rengier* StrafR BT II § 18; *Jäger* ExamensRep StrafR BT Rn. 126

Fall 7: »Ein Tag im Supermarkt – Der Fall«

Sachverhalt

Popstar Antonio (A) kann sich aufgrund schleppender Verkaufszahlen seiner neuen Single keine Partyexzesse mehr leisten. Da er aber auf den teuren Alkohol dennoch nicht verzichten will, begibt er sich in den Supermarkt (S-OHG) um die Ecke und beschließt, heute einmal ein »bisschen weniger zu bezahlen«. Zunächst packt er zwei Flaschen Champagner (jeweils 45 EUR wert) in seinen Rucksack, nachdem er die an den Flaschen befindlichen Sicherungsetikette mit einem Schweizer Taschenmesser (irreparabel) entfernt hat. Dann überlegt er sich noch, ob er etwas kaufen soll, um unauffälliger zu erscheinen.

A hat allerdings nur noch 30 EUR für den Monat über. Dementsprechend könnte er sich zumindest noch den neuen »Kräutergarten«-Frischkäse für 1,50 EUR leisten. Weil er aber keine 1,50 EUR verschleudern will, öffnet er direkt am Kühlregal den Deckel und reißt die Schutzfolie ab, um herauszufinden, ob diese Geschmacksrichtung ihm schmeckt. Er tunkt seinen Finger in die Mitte der Packung und kostet. Unzufrieden mit dem Geschmack legt er die Packung, nachdem er den Deckel wieder darauf gesetzt hat, zurück ins Regal. Während er darüber nachdenkt, wie er weiter sparen könnte, stößt er gedankenversunken eine Whiskey-Flasche im Wert von 34,99 EUR um. Damit der Unfall unbemerkt bleibt, schiebt er die Glasscherben unter ein Regal und entfernt sich.

Da sieht er in der Sportabteilung die Marken-Fußballschuhe stehen, die auch sein Idol Daballa trägt (in giftgrün/rosa), zum exorbitanten Kaufpreis von 350 EUR. Kurzerhand reißt er das Preisschild von den Marken-Fußballschuhen ab und wirft es auf den Boden; im Anschluss zieht er vorsichtig das Preisschild der daneben befindlichen No-Name-Schuhe (Kaufpreis 20 EUR) ab und klebt es auf das Marken-Schuhpaar.

Kurz vor der Kasse sieht er noch ein paar Billig-DVDs zum Preis von 1,50 EUR, unter anderem den Ab-18-Film »Mein Tabubereich«. Da kommt ihm ein genialer Plan in den Sinn. Er begibt sich zu den teureren DVDs und beschließt eine davon in die (einfach zu öffnende) Hülle der billigeren DVD hineinzulegen, um nicht den teureren Preis an der Kasse zahlen zu müssen. Er entscheidet sich für den Film »Der perfekte Diebstahl«, der 14,99 EUR kostet. A öffnet die Verpackung der DVD und legt das Medium in die Hülle der Billig-DVD. Dann legt er die »präparierten« Schuhe und die DVD auf das Fließband. Der Kassierer (K) bemerkt den Schwindel nicht und A bezahlt insgesamt 21,50 EUR. Dabei verschweigt er dem K auch, dass er eine Whiskeyflasche umgestoßen hat. Gerade als er den Laden mit den zwei Flaschen Champagner im Rucksack, der DVD und seinem neuen Schuhwerk verlassen will, wird er vom Hausdetektiv am Ausgang gestellt, der A während des gesamten Geschehens beobachtet hat.

Bearbeitervermerk: Strafbarkeit des A nach dem StGB? Erforderliche Strafanträge sind gestellt.

Gutachtliche Vorüberlegungen

A. Bearbeitervermerk

Aus dem Bearbeitervermerk ergibt sich bereits, dass die Begutachtung des Lebenssachverhalts nicht besonders komplex ist, da nur die Strafbarkeit einer einzelnen Person zu prüfen ist. Nebenstrafrechtliche Tatbestände (die vorliegend ohnehin nicht in Betracht kämen) sind ausgeschlossen, wenn sich die Prüfung auf das StGB – allerdings auf das gesamte – beschränkt. Der Hinweis darauf, dass erforderliche Strafanträge gestellt sind, sollte Kandidatinnen und Kandidaten nicht nur darauf aufmerksam machen, dass Tatbestände zu prüfen sind, deren Verfolgung einen Strafantrag voraussetzt, sondern auch daran erinnern, dass die entsprechende Vorschrift in der ausformulierten Lösung zitiert (gegebenenfalls das Erfordernis als solches geprüft) werden muss.

B. Sachverhaltsanalyse

Der klar strukturierte Fall hat klassische Fragen des Diebstahlstatbestands zum Gegenstand, was im Hinblick auf das Setting (Supermarkt) nicht überrascht. Die Absätze sollten Kandidatinnen und Kandidaten als Vorabgliederung nach Tatkomplexen (insgesamt vier) dankend annehmen. Bis auf einige »Annextatbestände« (also Tatbestände, die typischerweise ebenfalls im Kontext des Diebstahls zu prüfen sind, §§ 123, 267 ff. StGB und § 263 StGB) liegt damit der Schwerpunkt der Ausführungen beim § 242 StGB und seinen tatbestandlichen Abwandlungen bzw. Erweiterungen, §§ 243–248a StGB. Geübte Kandidatinnen und Kandidaten werden bei erstmaliger Lektüre bemerken, dass der Schwierigkeitsgrad nach und nach zunimmt, im Mittelteil seinen Höhepunkt erreicht und dann wieder abnimmt. Der erste Tatkomplex (Diebstahl der Champagner-Flaschen) dient zum »Warmwerden«, da lediglich »Grundwissen« abgefragt wird. Kandidatinnen und Kandidaten haben hier mit einem sauberen Gutachtenstil die einzelnen Tatbestandsmerkmale abzuarbeiten und zu beweisen, dass sie mit den Besonderheiten des Diebstahltatbestands vertraut sind (insbesondere, dass der Tatbestand – für einen Laien womöglich kontraintuitiv – vollendet ist, obwohl der Täter durch den Hausdetektiv gestellt wird). Durch den richtigen Aufbau der Ausführungen kann er zugleich den Unterschied zwischen Regelbeispielen und Qualifikationstatbeständen herausarbeiten. Im Hinblick auf die Verwendung des Taschenmessers wird er dann mit einem klassischen Klausurproblem der Vermögensdelikte konfrontiert (Bestimmung des gefährlichen Werkzeugs bei § 244 I Nr. 1a Var. 2 StGB), bei dem weniger die Entscheidung für die ein oder andere Meinung maßgeblich ist als vielmehr der Aufbau des Meinungsstreits und die Darstellung der Argumente. In Anbetracht des zur Verfügung stehenden Zeitrahmens muss er auch darauf achten, dass er sich nicht in ellenlangen Ausführungen zum Streitstand verliert. Im Zweiten Tatkomplex (»Kräutergarten«-Frischkäse) wird es dann anspruchsvoller: Zunächst ist Fingerspitzengefühl gefragt, was die Schwerpunktsetzung und (damit verbunden) das Hin- und Herwechseln zwischen Gutachten und Urteilsstil angeht. Gerade bei den »eindeutig« nicht verwirklichten Delikten, deren Definitionen an anderer Stelle auch auftauchen, muss womöglich auf den einen oder anderen Obersatz verzichtet und Definition und Subsumtion zusammengezogen werden. Inhaltlich werden die Kandidatinnen und Kandidaten mit einer Konstellation konfrontiert, die nicht zum »Standardrepertoire« des § 242 StGB zählt. Zweifelsohne ist das Verhalten des Protagonisten (Finger in die Frischkäse-Packung hineintunken und die

Packung wieder zurücklegen) nicht in Ordnung, doch besteht die Aufgabe eben darin, herauszuarbeiten, ob und warum dieses Verhalten auch strafbar ist. Bei seiner Gliederung bzw. Abarbeitung der einzelnen Tatbestandsmerkmale wird er dann schnell merken, dass der Fall nicht eindeutig gelagert ist und vor allem zu anderen (noch sozialadäquaten) Verhaltensweisen abgegrenzt werden muss, bei denen die »Vorab-Wegnahme« (Essen und Trinken von Waren, bei denen man gewillt ist, den Kaufpreis später an der Kasse zu zahlen) im Ergebnis auch als straflos bewertet werden könnte.

Vor dem kurzen und in diesem Kontext klausurtypischen Ausflug zu den Urkundsdelikten (Austausch der Preisschilder), bei dem es vor allem darum geht, strukturiert die unterschiedlichen Bezugspunkte potenzieller Urkundsstraftaten herauszuarbeiten (zur Frage des chronologischen Aufbaus vgl. die Hinweise in der ausformulierten Lösung) und das Konkurrenzverhältnis zufriedenstellend aufzulösen, müssen Kandidatinnen und Kandidaten das Umstoßen der Whiskey-Flasche gedanklich verorten. Da eine fahrlässige Sachbeschädigung nicht strafbar ist, stellt sich die Frage, ob dem Täter zumindest später – also im Rahmen des Bezahlvorgangs – der strafrechtlich relevante Vorwurf gemacht werden kann, das Kassenpersonal nicht über das Malheur aufgeklärt zu haben. Im letzten Abschnitt des Falles geht es dann wieder in »vertrautere« Gefilde, da vornehmlich die (freilich umstrittene) Abgrenzung von Betrug und Diebstahl bei Manipulationen an der Kasse (insbesondere das Verstecken von Waren) im Mittelpunkt steht. Da der Protagonist sowohl Schuhe als auch DVDs »schmuggelt«, das Verstecken der Ware aber keinen derart eindeutig gelagerten Fall des Betrugs wie das Bezahlen nach Manipulation der Preisetiketten darstellt, sollte erstere Prüfung vorangestellt werden. So wird die Prüfung des gesamten kriminellen Geschehens rund um die Schuhe zwar durch eine Prüfung der DVDs unterbrochen; umgekehrt kann aber nach einer Darstellung der Grundsätze der Abgrenzung von Sachbetrug und Trickdiebstahl der verhältnismäßig klar gelagerte Fall (Schuhe) dann mit einem knappen Verweis nach oben abgehandelt werden.

C. Klausurbausteine

Der Sachverhalt enthält fast ausschließlich Fragestellungen des BT II, sodass sie »frühestens« als Fortgeschrittenenklausur gestellt werden kann. Für eine dreistündige Bearbeitungszeit müsste einer der vier Tatkomplexe gestrichen werden (denkbar wäre etwa der Wegfall der Urkundendelikte bzw. des 3. Tatkomplexes rund um die Preisschildmanipulationen). Für den Fall in seiner ganzen Pracht wäre eine Bearbeitungszeit von vier Stunden zu veranschlagen, sodass ausreichend Zeit für die strafprozessuale Zusatzfrage bliebe. Als Examensklausur wäre sie angesichts des klaren Schwerpunkts auf die §§ 242, 263 StGB als eine mit einem geringeren Schwierigkeitsgrad einzustufen.

D. Korrekturberichte

Mit einem Schnitt von 5,87 im ersten und 5,73 im zweiten Durchgang ist die Klausur in den Testläufen nicht schlecht ausgefallen. Dies mag darauf zurückzuführen sein, dass die Kandidatinnen und Kandidaten – jedenfalls im Bereich der Vermögensdelikte – keine Schwierigkeiten hatten, die einschlägigen Delikte aufzufinden und diesbezüglich auch »schnelle Punkte einzufahren«. Im ersten Tatkomplex gelang die Prüfung des einfachen Diebstahls recht gut, leider wurde zu oft auf den Gewahrsam der

»OHG« abgestellt, obwohl diesen nur natürliche Personen ausüben können (Eigentum und Gewahrsam fallen bei juristischen Personen genauso auseinander, wie Irrender und Geschädigter bei einem Betrug zulasten des Supermarkts als Körperschaft). Die Problematik rund um das gefährliche Werkzeug wurde oftmals nur oberflächlich bearbeitet, selten der Streitstand aufgegriffen und die Argumente in diesem Zusammenhang dargestellt. Im zweiten Tatkomplex wurde die exotische Problematik rund um die »sozialadäquate Wegnahme« durchweg nicht erkannt, überwiegend wurden § 303 I StGB und § 242 I StGB allerdings gesehen und bejaht. Enttäuschend war, dass der große Teil der Bearbeiterinnen und Bearbeiter die Urkundendelikte (§§ 267 ff. StGB) entweder nicht oder nur eindimensional geprüft hat (statt jede denkbare Manipulationstätigkeit aufzugreifen, insbesondere zwischen den zwei Preisetiketten zu differenzieren). Teils wurde dem Etikett bereits die Urkundenqualität abgesprochen, ohne im Anschluss der Erwägung nachzugehen, ob es sich in Verbindung mit den Schuhen um eine zusammengesetzte Urkunde handeln könnte. Ebenso wenig wurde die Notwendigkeit einer Prüfung hinsichtlich der Nichtanzeige der fahrlässigen Sachbeschädigung als Betrug durch Unterlassen gesehen (während die Nichtverwirklichung des § 303 StGB mangels Vorsatz von den meisten Kandidatinnen und Kandidaten klargestellt wurde). Im letzten Abschnitt konnten die wenigsten – wohl auch aus Zeitdruck – eine überzeugende Abgrenzung von Diebstahl und Sachbetrug vornehmen, teils wurde diese (ungeschickt) isoliert, also im Rahmen einer Vorprüfung vorgenommen, statt diese bei der Vermögensverfügung bzw. bei der Wegnahme aufzugreifen.

Lösungsgliederung

1. Tatkomplex: Champagner-Flaschen

A. Strafbarkeit des A gem. §§ 242 I, 243 I Nr. 2 StGB durch Mitnahme der Champagnerflaschen (+/-)
  P: Gewahrsamswechsel im Tabubereich
  P: Regelbeispiel bei Entfernen des Sicherungsetiketts
B. Strafbarkeit des A gem. §§ 242 I, 244 I Nr. 1a Var. 2 StGB durch Beisichführen des Taschenmessers (-)
  P: Bestimmung des Begriffs des gefährlichen Werkzeugs
C. Strafbarkeit des A gem. § 246 I StGB durch Mitnahme der Champagnerflaschen (+)
D. Strafbarkeit des A gem. § 123 I StGB durch Betreten des Supermarkts (-)
  P: Generelles Einverständnis
E. Strafbarkeit des A gem. § 267 I StGB durch Entfernen des Sicherungsetiketts (-)
F. Strafbarkeit des A gem. § 303 I StGB durch Entfernen des Sicherungsetiketts (+)
G. Konkurrenzen

2. Tatkomplex: Frischkäse »Kräutergarten« und Whiskey

A. Strafbarkeit des A gem. § 242 I StGB durch Probieren des Brotaufstrichs (+)
  P: Sozialadäquate Wegnahme bei Vorabverzehr?
B. Strafbarkeit des A gem. § 246 I StGB durch Probieren des Brotaufstrichs (+)
C. Strafbarkeit des A gem. § 303 I StGB durch das Öffnen der Verpackung (+)
D. Strafbarkeit des A gem. §§ 263 I, 13 StGB durch Nichtmitteilung des Probierens und Zurückstellens an den Kassierer (-)
  P: Ingerenzgarantenstellung, Schadensvertiefung
E. Strafbarkeit des A gem. § 303 I StGB durch Umstoßen der Whiskeyflasche (-)
F. Konkurrenzen

3. Tatkomplex: Preisetiketten und Schuhe

A. Strafbarkeit des A gem. § 274 I Nr. 1 StGB durch Abreißen des Markenschuhpaar-Preisetiketts (+)
  P: Preisetikett auf Schuhen als zusammengesetzte Urkunde
B. Strafbarkeit des A gem. § 274 I Nr. 1 StGB durch Abtrennen des No-Name-Preisetiketts (+)
C. Strafbarkeit des A gem. § 303 I StGB durch Abreißen des Markenschuhe-Preisetiketts (+)
D. Strafbarkeit des A gem. § 303 I StGB durch Abreißen des No-Name-Preisetiketts (+)
E. Strafbarkeit des A gem. § 303a I StGB durch Abreißen des No-Name-Preisetiketts und des aufgedruckten Scancodes (-)
F. Strafbarkeit des A gem. § 267 I Var. 2 StGB durch Aufkleben des No-Name-Preisetiketts auf das Marken-Fußballschuhpaar (+)
G. Konkurrenzen
  P: Verhältnis der Urkundendelikte zueinander

4. Tatkomplex: DVDs

A. Strafbarkeit des A gem. § 242 I StGB durch Austauschen der DVDs (-)
B. Strafbarkeit des A gem. § 267 I Var. 2 StGB durch Austausch der DVD (-)
C. Strafbarkeit des A gem. § 242 I StGB durch Passieren der Kasse mit ausgetauschter DVD (-)
  P: Abgrenzung Trickdiebstahl/Sachbetrug bei versteckter Ware im Supermarkt
D. Strafbarkeit des A gem. § 263 I StGB durch Bezahlen der Billig-DVD mit teurerem Inhalt (+)
E. Strafbarkeit des A gem. § 263 I StGB durch Bezahlen von No-Name-Schuhen (+)
F. Strafbarkeit des A gem. § 267 I Var. 3 StGB durch Vorlage des Marken-Fußballschuhpaars mit aufgeklebtem No-Name-Preisetikett (+)
G. Strafbarkeit des A gem. §§ 263 I, 13 StGB durch Nichtanzeige der fahrlässigen Sachbeschädigung (-)
H. Konkurrenzen

Gesamtergebnis und Konkurrenzen

Lösungsvorschlag

1. Tatkomplex: Champagner-Flaschen

A. Strafbarkeit des A gem. §§ 242 I, 243 I Nr. 2 StGB durch Mitnahme der Champagnerflaschen

A könnte sich durch die Mitnahme der zwei Champagnerflaschen wegen Diebstahls in einem besonders schweren Fall gem. §§ 242 I, 243 I Nr. 2 StGB strafbar gemacht haben.

I. Tatbestandsmäßigkeit

1. Objektiver Tatbestand

Der objektive Tatbestand des § 242 I StGB setzt die Wegnahme einer fremden, beweglichen Sache voraus. **Sachen** sind körperliche Gegenstände, § 90 S. 1 BGB. **Fremd** ist eine Sache, wenn sie nicht im Alleineigentum des Täters steht oder nicht herrenlos ist. **Beweglich** sind Sachen, wenn sie fortgeschafft werden können. Bei den Champagnerflaschen handelt es sich um körperliche Gegenstände, die fortgeschafft werden können und im Eigentum des Supermarkts stehen. Es handelt sich mithin um fremde, bewegliche Sachen.

Diese müsste A **weggenommen** haben. Wegnahme bedeutet Bruch fremden und Begründung neuen, nicht notwendig tätereigenen Gewahrsams. Gewahrsam wird hierbei als tatsächliche Herrschaft über eine Sache (objektiv-faktisches Element) einer natürlichen Person (Gewahrsamsinhaber) definiert, die von einem natürlichen Herrschaftswillen getragen wird. Ausreichend ist nach dem faktischen Gewahrsamsbegriff, dass der Gewahrsamsinhaber die Herrschaft jederzeit ausüben kann, mithin ist es nicht erforderlich, dass der Gewahrsamsinhaber die Sache unmittelbar in den Händen hält. Nach dem **sozial-normativen Gewahrsamsbegriff** ist die **Verkehrsanschauung** maßgeblich.

Hinweis: Der Gewahrsamsinhaber muss also nicht durchweg den Gewahrsam im Sinne eines unmittelbaren Innehabens ausüben. Damit ist es auch unschädlich, wenn der Bruch ohne Schwierigkeiten erfolgen kann, weil aktuell niemand anwesend ist. Der einmal begründete Gewahrsam bleibt als tatsächliches Verhältnis, das dem Inhaber die Sachherrschaft ermöglicht, solange bestehen, bis dessen tatsächliche Einwirkungsmöglichkeit verloren geht. In einer neueren Entscheidung stellte der BGH diesbezüglich klar, dass selbst der Gewahrsam eines Verletzten an seinen neben ihm liegenden Sachen nicht schon deshalb zu verneinen sei, weil er nicht mehr fähig ist, etwas zu deren Schutz zu unternehmen (BGH NStZ 2021, 42).

Die Champagnerflaschen befinden sich in den Räumlichkeiten des Supermarkts und folglich zweifellos in der Sphäre des Kaufhausinhabers. Die Flaschen sind den Inhabern des Kaufhauses als natürliche Person bzw. den Mitarbeitern auch bei sozial-normativer Betrachtung (also nach Verkehrsanschauung) zuzurechnen. Sie befinden sich damit – aus Perspektive des A – in fremdem Gewahrsam.

Fraglich ist, ob A durch das Einstecken der Flaschen diesen Gewahrsam gebrochen und zugleich neuen Gewahrsam begründet hat. Dies könnte man zunächst anzweifeln, da sich A immer noch in den Kaufhausräumen und sich gerade noch nicht in den eigenen »vier Wänden« (bzw. einer sonst irgendwie gearteten eigenen Sphäre) befindet. Doch nach der sog. **Apprehensionstheorie** genügt bei leicht verstaubaren bzw. kleineren Gegenständen für eine Begründung neuen Gewahrsams bereits das Verbringen in eine **Gewahrsamsenklave**, also einer Sphäre des Täters, die für den ursprünglichen Gewahrsamsinhaber »tabu« ist (dies kann eine Jackeninnentasche, allerdings eben auch eine Handtasche oder ein Rucksack sein). Begründet wird dies damit, dass der ursprüngliche Gewahrsamsinhaber zur Wiederherstellung der ursprünglichen Gewahrsamsverhältnisse die Privatsphäre (mithin das allgemeine Persönlichkeitsrecht) des Täters verletzen müsste bzw: ein Zugriff auf den Rucksack (sozial) rechtfertigungsbedürftig wäre.

Hinweis: Typischerweise sind Fälle angesprochen, in denen der Täter die Sache in seine Jacken- oder Hosentasche steckt. Der BGH hat allerdings unlängst nochmals klargestellt, dass diese Rechtsprechung ebenso gilt, wenn der Täter das Gut in einem Geschäft in eine von ihm mitgeführte Hand-, Einkaufs- oder Aktentasche steckt (BGH NStZ 2019, 613 mAnm *Kudlich* JA 2019, 470). Dem ist jedenfalls dann zuzustimmen, wenn der Ladeninhaber die Verwendung eigens mitgebrachter Einkaufs-Tragetaschen nicht ausdrücklich gestattet. Die Auswirkungen solch einer Gestattung hängen wiederum davon ab, wie man diese auslegt: Bei lebensnaher Betrachtung wird der Ladeninhaber sein Einverständnis in die Verwendung an die Erwartungshaltung knüpfen, die mitgebrachte Einkaufstasche »einsehen« zu dürfen (dann lässt sich schon keine Gewahrsamsenklave annehmen). Lässt sich in die Vereinbarung dagegen solch eine Abmachung nicht hineininterpretieren, würde sich der strafrechtliche Schutz infolge des Einverständnisses auf die Unterschlagung nach § 246 StGB beschränken.

A hat dadurch, dass er die Flaschen in eine ihm persönlich zugeordnete Sphäre (Rucksack) verbracht hat, neuen Gewahrsam begründet. Bis zur Bezahlung des Preises dürfte jede Begründung neuen Gewahrsams nicht vom Willen des Supermarktinhabers gedeckt sein. Hieran ändert auch der Umstand nichts, dass A vom Ladendetektiv beobachtet wird. Diebstahl ist kein heimliches Delikt. Daher liegt in der bloßen Beobachtung durch einen Berechtigten kein Einverständnis in die Wegnahme. Somit liegt auch ein Bruch fremden Gewahrsams vor und eine Wegnahme lässt sich bejahen. Der objektive Tatbestand ist somit erfüllt.

2. Subjektiver Tatbestand

A müsste zunächst **vorsätzlich** (§ 15 StGB), also willentlich in Kenntnis aller Tatumstände gehandelt haben. A weiß, dass die Champagnerflaschen nicht in seinem Eigentum stehen und somit fremd für ihn sind. Er steckt die Flaschen auch bewusst in seinen Rucksack, um den Zugriff auf diese zu erschweren. Somit handelt er vorsätzlich. Der subjektive Tatbestand des Diebstahls setzt neben dem allgemeinen Tatbestandsvorsatz allerdings auch eine **Zueignungsabsicht** des Täters voraus. Es handelt sich um ein besonderes subjektives Merkmal, das sich aus den Komponenten der Aneignungsabsicht (also der Absicht, sich die Sache wenn auch nur vorübergehend einzuverleiben) dem Enteignungsvorsatz (also dem Vorsatz, den Eigentümer dauerhaft aus seiner Stellung zu verdrängen) zusammensetzt. Zudem muss die Zueignung rechtswidrig sein, dh der Täter darf keinen fälligen und einredefreien Anspruch auf Übereignung der Sache haben, wobei der Täter auch Vorsatz bezüglich der Rechtswidrigkeit haben muss. A will die Flaschen für sich behalten und deren Inhalt konsumieren, obwohl er keinen Anspruch darauf hat. Eine Zueignungsabsicht lässt sich somit bejahen.

II. Rechtswidrigkeit und Schuld

Rechtfertigungs- und Entschuldigungsgründe sind nicht ersichtlich. A handelt rechtswidrig und schuldhaft.

III. Strafzumessung

A könnte darüber hinaus das Regelbeispiel des § 243 I 2 Nr. 2 Var. 2 StGB verwirklicht haben. § 243 StGB enthält – anders als § 244 StGB – eine **Strafzumessungsregel**, wobei die Regelwirkung im Einzelfall auch widerlegt sein kann. Dazu müsste A eine Sache gestohlen haben, die durch eine andere Schutzvorrichtung gegen die **Wegnahme besonders gesichert** ist. Schutzvorrichtungen sind alle Vorkehrungen und technischen Mittel, die dazu bestimmt und geeignet sind, Sachen gegen Entwendung zu schützen und ihre Wegnahme zu erschweren. Nach absolut hM bezweckt ein einfaches Sicherungsetikett, das erst beim Verlassen des Kaufhauses einen Alarm auslösen lässt, allenfalls die Wiederherstellung des Gewahrsams. Somit dient der Sicherungsmechanismus nicht der Verhinderung der Wegnahme, sondern wird erst infolge dieser aktiviert. Eine Verwirklichung des § 243 I 2 Nr. 2 Var. 2 StGB lässt sich damit nicht annehmen.

Hinweis: In Elektronikfachmärkten verwendet man für Smartphones oder Tablets inzwischen überwiegend elektronische Leinensicherungsmechanismen. Sogenannte Spider Wraps (Sicherungsspinnen) werden um Kartons und Verpackungen angebracht, deren Kabel die Verpackung rundum umwickeln. Überwiegend lösen diese allerdings auch erst einen Alarm aus, wenn man den Laden verlässt oder versucht ist, diese zu entfernen. Daher kann für deren Behandlung nichts anderes gelten: Entsprechend hat auch der BGH bereits klargestellt, dass Sicherheitsketten oder Sicherungsspinnen an Waren in Kaufhäusern, die akustischen oder optischen Alarm erst auslösen, wenn der Täter das Kaufhaus verlässt, keine Schutzvorrichtungen nach § 243 I 2 Nr. 2 StGB sind (BGH NStZ 2019, 212 mAnm *Jahn* JuS 2018, 1013 und *Jäger* JA 2019, 228). Dasselbe gelte für defekte Sicherungsspinnen. Nur wenn der Alarm schon bei der Durchtrennung der Elektrodrähte ausgelöst wird, müsse genauer überprüft werden, ob die Wegnahme im Einzelfall dadurch wesentlich erschwert worden ist (vor dem Hintergrund, dass der Diebstahl kein heimliches Delikt ist, könnte allerdings auch ein »schrillender« Alarm den Täter nicht davon abhalten, den Gegenstand in seine Tasche zu stecken und damit eine Gewahrsamsenklave zu begründen).

Da der Katalog der Regelbeispiele in § 243 StGB nicht abschließend ist, muss im Anschluss überprüft werden, ob zumindest ein unbenannt schwerer Fall des Diebstahls in Betracht kommt. Um allerdings die Regelwirkung des § 243 I StGB nicht zu unterlaufen, muss es sich um Fallgruppen handeln, die vom Unrechtsgehalt bzw. der aufgewendeten kriminellen Energie vergleichbar sind. Das Sicherungsetikett erschwert nur die Beutesicherung, während eine Schutzvorrichtung bereits das Erhalten der Beute verhindern soll. Eine Tat, bei der bereits der Bruch fremden Gewahrsams wesentlich mehr kriminelle Energie abverlangt, ist im Hinblick auf die aufgewendete kriminelle Energie im Rahmen der Beutesicherung nicht vergleichbar. Somit lässt sich ein unbenannt schwerer Fall nicht annehmen.

IV. Strafantragserfordernis, § 248a StGB

Gemäß **§ 248a StGB** setzt die Verfolgung des Diebstahls geringwertiger Sachen einen Strafantrag voraus. Welchen Betrag man hierbei zu veranschlagen hat, ist umstritten. Doch selbst wenn man die weitestgehende Ansicht zugrunde legt, welche die Grenze bei 50 EUR Sachwert legt, wird man diese Grenze als überschritten ansehen müssen. Denn obwohl die Flaschen jeweils 45 EUR wert sind, könnte hier ein einheitlicher Diebstahl (Gesamtwert in Höhe von 90 EUR) vorliegen, wenn die zwei Handlungen im Wege der natürlichen Handlungseinheit zu einer verklammert werden. Von einer **natürlichen Handlungseinheit** spricht man, wenn sich ein Handlungsentschluss in mehreren Willensbetätigungen niederschlägt. Nimmt also der Täter bei der Tatausführung mehrere Sachen weg, liegt nur ein Diebstahl vor, wenn der Täter von vornherein dazu entschlossen war. In jedem Fall ist der erforderliche Strafantrag laut Bearbeitervermerk gestellt.

V. Ergebnis

A macht sich wegen Diebstahls gem. § 242 I StGB strafbar.

B. Strafbarkeit des A gem. §§ 242 I, 244 I Nr. 1a Var. 2 StGB durch Beisichführen des Taschenmessers

Hinweis: Die Prüfung des § 244 I StGB als Qualifikation »auszulagern« ist im Regelfall nur zweckmäßig, wenn die Prüfung des § 242 I StGB ohnehin besonders aufwendig ist (also für sich sehr viele Probleme aufwirft) und darüber hinaus Regelbeispiele in Betracht gezogen werden müssen oder wenn § 244 I Nr. 1a StGB im Ergebnis verneint wird. In allen anderen Fällen sollte die Prüfung in diejenige des § 242 I StGB integriert werden, nicht nur weil § 244 I StGB dann den Strafrahmen bestimmt (und § 243 StGB dann nur für die Strafzumessung im engeren Sinn eine Rolle spielt), sondern weil auch die Antragserfordernisse nach §§ 247, 248a StGB entfallen.

Darüber hinaus könnte A die Qualifikation des § 244 I Nr. 1a StGB verwirklicht haben. Dies setzt voraus, dass er eine Waffe oder ein anderes gefährliches Werkzeug beim Diebstahl bei sich führt.

I. Tatbestandsmäßigkeit

1. Waffe

Waffen (im technischen Sinn) sind Gegenstände, die dazu bestimmt sind, andere Lebewesen zu verletzen. Das von A verwendete Taschenmesser stellt keine solche Waffe im technischen Sinn dar, könnte aber ein gefährliches Werkzeug nach § 244 I Nr. 1a Var. 2 StGB sein.

2. Gefährliches Werkzeug

Die konkrete Bestimmung des Begriffs des gefährlichen Werkzeugs wirft Probleme auf. Da die Vorschrift nur an das Beisichführen des Gegenstands knüpft, erweist sich ein Rückgriff auf den Begriff des gefährlichen Werkzeugs nach **§ 224 I Nr. 2 StGB**, bei dem das Objekt zum Einsatz kommt bzw. kommen soll (entgegen der Vorstellung des Gesetzgebers) als untauglich. Demnach liegt ein gefährliches Werkzeug vor, wenn der Gegenstand nach seiner Beschaffenheit und seiner konkreten Verwendung im Einzelfall dazu geeignet ist, erheblichere Verletzungen herbeizuführen. Wenn aber nur das Beisichführen die Strafrahmenverschiebung auslösen soll, fragt es sich, nach welchen Kriterien das Merkmal des gefährlichen Werkzeugs zu bestimmen ist. Dabei haben sich unterschiedliche Ansätze zur Bestimmung des Werkzeugbegriffs herausgebildet, die sich grob in objektive und subjektive Theorien einteilen lassen.

Nach einer (extensiveren) Ansicht ist die Gefährlichkeit eines Werkzeugs allein anhand **objektiver Kriterien** zu bestimmen, dh der Gegenstand muss nach seiner Zweckbestimmung und Beschaffenheit dazu geeignet sein, erheblichere Verletzungen herbeizuführen. Darunter fallen zunächst alle denkbaren Gegenstände, da zumindest spitze bzw. harte Gegenstände stets auf irgendeine Weise gefährlich verwendet werden können (in allerletzter Konsequenz auch die weggenommenen Gegenstände, also die Champagnerflaschen selbst). Daher ziehen Vertreter dieser Auffassung verschiedene Kriterien heran, um die ausufernde Strafbarkeitsverschärfung einzudämmen. Zum Teil werden **Alltagsgegenstände** herausgenommen, zT wird auf die **Zweckentfremdung bzw. »Waffenersatzfunktion«** oder auf den situativen Kontext abgestellt (Teppichmesser in der Hosentasche des Handwerkers einerseits, in derjenigen des arbeitslosen Jugendlichen andererseits). Teilweise werden Gegenstände, die lediglich als **Tatwerkzeug** im Übrigen (also dem Gewahrsamsbruch) dienen, herausgenommen.

Ein Schweizer Taschenmesser ist objektiv gefährlich, weist jedoch als »Allzweckmesser« gleich mehrere Funktionen (Dosenöffner, Schlitzschraubenzieher etc) auf und dient im Regelfall gerade nicht als Waffe. Ob es als Alltagsgegenstand bezeichnet werden kann, hängt von dem zugrunde gelegten Maßstab ab. Die Freiverkäuflichkeit des Schweizer Taschenmessers deutet indes darauf hin. Je nachdem, welches Kriterium man für maßgeblich erachtet (objektive Gefährlichkeit isoliert oder Zweckbestimmung), könnte also die Eigenschaft als gefährliches Werkzeug bejaht oder verneint werden. Hält man sich vor Augen, dass A das Taschenmesser als Tatwerkzeug verwendet, spricht prima vista viel dafür, auch eine objektive Gefährlichkeit mangels Zweckbestimmung abzulehnen, da sich die anderweitige Gebrauchsabsicht objektiv manifestiert hat.

Die Gegenansicht verlangt ein subjektives Moment, wobei eine konkrete Gebrauchsabsicht mit der Gesetzessystematik nicht mehr zu vereinbaren wäre: Denn im Gegensatz zu § 244 I Nr. 1a StGB setzt § 244 I Nr. 1b StGB (Wortlaut »um«) die Absicht des Täters voraus, den Gegenstand auf eine bestimmte Art und Weise zu verwenden. Die subjektiven Theorien verlangen daher nur einen irgendwie gearteten (zweckentfremdeten) **Verwendungsvorbehalt**; dass der Täter den Gegenstand gerade aus dem Grund mitnimmt, um es als Drohmittel oder Ähnliches zu verwenden, ist dagegen nicht erforderlich.

Der BGH, der seinen Unmut über die konkrete Ausgestaltung des § 244 I Nr. 1a StGB zum Ausdruck gebracht hat, präferiert die objektiven Ansätze, stellt aber im Einzelfall hohe Anforderungen an den Vorsatz des Täters hinsichtlich des Beisichführens (wobei grundsätzlich ein sachgedankliches Mitbewusstsein, also das Wissen des Täters um die Zugriffsmöglichkeit auf den Gegenstand genügt). Dies hätte, abgestellt auf die bloße Gefährlichkeit des Gegenstands zur Folge, dass A § 244 I Nr. 1a StGB verwirklicht, zumal an dessen Vorsatz hinsichtlich des Beisichführens keine Zweifel bestehen, wenn er den jeweiligen Gegenstand gebraucht.

Den objektiven Ansätzen ist in Relation zur hohen Strafandrohung aufgrund ihrer nur geringfügigen restriktiven Wirkung eine Absage zu erteilen. So unterscheiden sich die Einschränkungskriterien teilweise erheblich, ohne dass ein sachlicher Grund für eine Andersbehandlung bejaht werden könnte. Zudem sind die Kriterien im Einzelnen unbestimmt (wann liegt ein Alltagsgegenstand vor? Wann ist eine Zweckentfremdung zu bejahen?) und geraten damit in Kollision mit **Art. 103 II GG**. Das Abstellen auf die abstrakt-generelle Gefährlichkeit ist auch nur schwerlich mit dem Schuldgrundsatz vereinbar. Daher ist der subjektiven Ansicht der Vorzug zu gewähren. Dem Sachverhalt lässt sich nicht entnehmen, dass A einen inneren Verwendungsvorbehalt dahingehend aufwies, das Taschenmesser (bzw. die weggenommenen Champagnerflaschen) gegen Dritte als Gewaltmittel einzusetzen. Unter Zugrundelegung einer konkret-subjektiven Bestimmung des Werkzeugbegriffs lässt sich somit die Verwirklichung des § 244 I Nr. 1a Var. 2 StGB nicht bejahen (aA vertretbar).

Hinweis: Würde man jegliche Einschränkung verneinen, müsste der Begriff des gefährlichen Werkzeugs bejaht und im Anschluss das Beisichführen – also die räumlich-zeitliche Verfügungsmöglichkeit – geprüft und zuletzt der Vorsatz diesbezüglich begutachtet werden. Sollten auch diese Punkte unproblematisch durchgehen, ist der Qualifikationstatbestand erfüllt. Im Rahmen der Strafzumessung ist aber in einem Fall, in dem der Alltagsgegenstand nur als Diebeswerkzeug eingesetzt wird und eine Fremdgefährdung gerade im Hinblick auf den Einsatz ausgeschlossen ist, regelmäßig die Annahme eines minder schweren Falles angezeigt (§ 244 III StGB, vgl. aus neuerer Zeit BGH NStZ-RR 2021, 107), dessen Vorliegen in einem eigenständigen Punkt nach der Schuld zu prüfen ist (aufmerksame Bearbeiterinnen und Bearbeiter werden Parallelen zur Frage der Einschränkung des § 306a I Nr. 1 StGB sehen, vgl. bereits Fall 5). Der Gesetzgeber hat auf die problematische Ausgestaltung insgesamt nicht reagiert (und das trotz Kritik aus Karlsruhe), sodass den Kandidatinnen und Kandidaten dieses Problem weiterhin ebenso wenig erspart bleibt wie der Praxis.

II. Ergebnis

A macht sich nicht wegen Diebstahls mit Waffen gem. § 244 I Nr. 1a Var. 2 StGB strafbar.

C. Strafbarkeit des A gem. § 246 I StGB durch Mitnahme der Champagnerflaschen

Zudem könnte sich A wegen Unterschlagung gem. § 246 I StGB strafbar gemacht haben. Er müsste sich hierfür fremde Sachen zugeeignet haben. Dies setzt die objektive Manifestation der Zueignungsabsicht voraus, die man bereits in dem Einpacken der Flaschen sehen kann, wenn diese »geheim« erfolgt. A trägt die Flaschen nicht offen in seinem Rucksack herum (in solch einem Fall könnte auch keine Wegnahme bejaht werden), sein Verhalten deutet bereits darauf hin, dass er die Flaschen für sich verwenden will, ohne deren Eigentümer zu sein. Eine objektive Manifestation des Zueignungswillens lässt sich somit bejahen. Hinsichtlich des subjektiven Tatbestands (§ 15 StGB) gelten die Ausführungen zum Diebstahl entsprechend.

Hinweis: Zwingend ist solch ein Gleichlauf zwischen Wegnahme durch Schaffung einer Gewahrsamsenklave und Zueignung freilich nicht, obwohl die Zueignung gerade in denjenigen Fällen greift, in denen eine Wegnahme verneint werden muss. Lässt man das Verstecken der Ware im Rucksack für eine Zueignung nicht genügen, so müsste spätestens mit dem Verlassen des Supermarkts eine Zueignung angenommen werden. Da es im vorliegenden Fall nicht hierzu kommt, käme nur ein gem. § 246 III StGB strafbarer Versuch der Unterschlagung in Betracht, für den die Subsidiaritätsklausel selbstverständlich ebenso gilt.

Die mitverwirklichte Unterschlagung tritt allerdings im Wege formeller Subsidiarität (§ 246 I Hs. 2 StGB) zurück.

D. Strafbarkeit des A gem. § 123 I StGB durch Betreten des Supermarkts

A könnte sich durch das Betreten des Kaufhauses (mit der Intention, Gegenstände zu entwenden), wegen Hausfriedensbruchs gem. § 123 I StGB strafbar gemacht haben.

I. Tatbestandsmäßigkeit

Hierfür müsste A in fremde Geschäftsräume eingedrungen sein.

Geschäftsräume sind Räumlichkeiten, die bestimmungsgemäß (unter anderem) für gewerbliche Zwecke verwendet werden. Dies trifft auf die Räumlichkeiten des Supermarkts unproblematisch zu.

Ob A hingegen in diese Räume eingedrungen ist, erscheint fraglich. Das **Eindringen** meint nämlich das Betreten gegen den Willen des Berechtigten. Während den normalen Öffnungszeiten des Supermarkts ist allerdings davon auszugehen, dass der Inhaber den potenziellen Kunden den Zutritt gewährt, was als **generelles** tatbestandsausschließendes Einverständnis zu deuten ist. Fraglich ist jedoch, ob dies auch gegenüber Kunden wie A gilt, welche das Kaufhaus mit der Absicht der Begehung von Straftaten betreten. Dies wäre nur anzunehmen, wenn das Einverständnis von einer **Bedingung** abhängig gemacht werden könnte, wonach Kunden »mit bösen Absichten« das Kaufhaus nicht betreten dürfen. Solch ein Vorbehalt ergibt schon mangels Überprüfbarkeit keinen Sinn und wird damit auch nicht ausgesprochen; die Zutrittserlaubnis kann nur von Merkmalen abhängig gemacht werden, die zum Zeitpunkt des Betretens objektiv sichtbar sind (Vermummung, Mitsichführen von Lebensmitteln, Haustieren etc). Somit scheitert ein Eindringen des A bereits am tatbestandsausschließenden Einverständnis des Supermarktbetreibers. Eine Strafbarkeit gem. § 123 I Var. 2 StGB scheidet mangels Aufforderung, das Kaufhaus zu verlassen, ebenso aus.

II. Ergebnis

A macht sich nicht gem. § 123 I StGB strafbar.

E. Strafbarkeit des A gem. § 267 I Var. 2 StGB durch Entfernen des Sicherungsetiketts

Für eine Strafbarkeit des A nach § 267 I StGB wegen Urkundenfälschung wäre erforderlich, dass es sich bei dem Sicherungsetikett selbst oder zumindest gemeinsam mit der Champagnerflasche um eine Urkunde handelt. Eine Urkunde ist jede verkörperte Gedankenerklärung, die zum Beweis im Rechtsverkehr bestimmt ist und ihren Aussteller erkennen lässt. Das Etikett hat (anders als ein Preisetikett) lediglich Sicherungs- und nicht Beweisfunktion. Eine Urkundenfälschung scheidet somit aus.

F. Strafbarkeit des A gem. § 303 I StGB durch Entfernen des Sicherungsetiketts

A hat mit seinem Taschenmesser das Sicherungsetikett irreparabel entfernt und somit die Brauchbarkeit einer Sache, die nicht in seinem Eigentum steht, wissentlich aufgehoben. Die iSd § 15 StGB vorsätzliche Zerstörung einer fremden Sache, mithin eine rechtswidrige und schuldhafte Sachbeschädigung lässt sich somit bejahen. Der nach § 303c StGB erforderliche Strafantrag ist gestellt; die Ausführungen zu § 248a StGB gelten sinngemäß.

G. Konkurrenzen

Der Diebstahl an den Champagnerflaschen gem. § 242 I StGB steht zu § 303 I StGB (aufgrund der Zerstörung des Sicherungsetiketts) in Tateinheit, § 52 StGB I.

2. Tatkomplex: Frischkäse »Kräutergarten« und Whiskey

A. Strafbarkeit des A gem. § 242 I StGB durch Probieren des Brotaufstrichs

A könnte sich durch das Kosten des Brotaufstrichs (und das anschließende Zurückstellen) wegen Diebstahls gem. § 242 I StGB strafbar gemacht haben.

I. Tatbestandsmäßigkeit

1. Objektiver Tatbestand

Bei dem verpackten Brotaufstrich handelt es sich um einen körperlichen Gegenstand im Eigentum des Supermarkts und somit um eine fremde, bewegliche Sache. Die Packung selbst hat A nicht weggenommen, doch hat er sich dessen Inhalt zT einverleibt (wobei das Aufessen einer Sache als Schaffung einer Gewahrsamsenklave, s. oben, in ihrer intensivsten Form bezeichnet werden kann). Fraglich ist jedoch, ob der **Vorabverzehr** nicht von einem **generellen Einverständnis** des Supermarkts gedeckt ist. Zwar handelt es sich nicht um Ware, die als »Kostprobe« ausgestellt ist. Umgekehrt dürfte ein Supermarktinhaber grundsätzlich nichts dagegen haben, dass Kunden die Ware teilweise schon verzehren, solange ihrer Zahlungsfähig- und -willigkeit (objektiv) nichts entgegensteht. Ein unbeschränktes Einverständnis würde hier zur Straflosigkeit des A bezüglich § 242 I StGB führen. Es erscheint aber lebensfern, dass der Supermarktinhaber jegliche Verzehrtätigkeiten billigt: Wie bereits im Rahmen des § 123 StGB erläutert, kann aber das Einverständnis nicht an eine innere Bedingung (Zahlungswille) oder zeitlich nachfolgende Bedingung der Zahlung geknüpft werden. Entscheidend ist, ob das Einverständnis zum Zeitpunkt der Wegnahme (also des Probierens) besteht. Vorzunehmen ist daher eine **typisierende Betrachtung**, bei der maßgeblich ist, mit welchen Verhaltensweisen des Kunden der Gewahrsamsinhaber rechnet und rechnen darf, welche Arten des Gewahrsamsbruchs also als sozialadäquat qualifiziert werden können. Dies mag beispielsweise auf das Öffnen einer Packung Schokolade vor Bezahlung, um das Kind ruhig zu stellen, zutreffen, hingegen nicht auf das Öffnen sperriger, wertvoller Gegenstände oder von Lebensmitteln, die nicht zum sofortigen »Vernaschen« gedacht sind (hier also dem Brotaufstrich). Im Ergebnis sprechen die besseren Gründe dafür, ein Einverständnis abzulehnen und somit eine Wegnahme des Inhalts (mithin der Kostprobe) zu bejahen. Der objektive Tatbestand des Diebstahls ist erfüllt.

Hinweis: Auch wenn diese Erwägungen in Anbetracht des im Raum stehenden Schadens aufwendig anmuten, sollte man sich über die »sozialadäquate« Wegnahme Gedanken gemacht haben. Dabei mag man geneigt sein, in denjenigen Fällen, in denen eine Wegnahme nicht strafwürdig erscheint (Öffnen und Leeren einer Dose Eistee an einem heißen Sommertag, während man in der Schlange steht), eine Strafbarkeitseinschränkung zu befürworten. Besser vertretbar ist allerdings eine rigorose Betrachtung, wonach jeglicher Vorabverzehr als Gewahrsamsbruch betrachtet wird, vor allem in Anbetracht der Disposition des Kaufhausinhabers über die Strafverfolgung. Kein Betreiber wird Anzeige erstatten, wenn der Kaufpreis bezahlt wird; aber gerade in den umgekehrten Fällen, in denen sich der Kunde entschließt, doch nicht zu bezahlen, ist es nicht nachvollziehbar, warum der Kaufhausinhaber schutzlos gestellt werden sollte. Denn konsequenterweise müsste dann auch eine Unterschlagung verneint werden, da in einem sozialadäquaten Verzehr keine objektive Manifestation der Zueignungsabsicht gesehen werden dürfte bzw. von einem mutmaßlichen Einverständnis des Inhabers in den Verzehr ausgegangen werden müsste. Entsprechend könnte man auch im vorliegenden Fall kaum mehr eine Strafbarkeit konstruieren, wenn man von der Wirksamkeit des Einverständnisses ausgeht (also dieses nicht einmal auf den typischen Verzehr beschränkt): Ein Betrug gem. § 263 I StGB würde bereits an einer Täuschungshandlung scheitern. Denn der M gibt weder eine ausdrückliche, noch eine schlüssige Erklärung an der Kasse bezüglich der Packung Frischkäse ab. Ein Betrug durch Unterlassen scheitert an der fehlenden Garantenpflicht, weil das Einverständnis – soweit man eben dessen Wirksamkeit annimmt – die Pflichtwidrigkeit des Vorverhaltens entfallen lässt und somit keine Garantenstellung aus Ingerenz begründet werden kann.

2. Subjektiver Tatbestand

A handelte auch vorsätzlich iSv § 15 StGB. Dass A die (rechtswidrige) Zueignung von einer Bedingung abhängig macht, nämlich ob der Frischkäse ihm schmeckt oder nicht, ist unschädlich: Denn jedenfalls hinsichtlich der Kostprobe ist die Absicht unbedingt und mangels einredefreien, fälligen Anspruchs auch rechtswidrig.

III. Qualifikation, Diebstahl mit Waffen, § 244 I Nr. 1a Var. 2 StGB

Hinsichtlich des Qualifikationsmerkmals des Beisichführens von Waffen gelten die oben gemachten Ausführungen. Eine Verwirklichung scheidet aus.

IV. Rechtswidrigkeit und Schuld

A handelte rechtswidrig und schuldhaft. Die Verwirklichung von Regelbeispielen liegt fern. Er macht sich infolge der »Kostprobe« gem. § 242 I StGB strafbar.

B. Strafbarkeit des A gem. § 246 I StGB durch Probieren des Brotaufstrichs

Die mitverwirklichte Unterschlagung tritt kraft formeller Subsidiarität zurück, § 246 I StGB.

C. Strafbarkeit des A gem. § 303 I StGB durch das Öffnen der Verpackung Frischkäse »Kräutergarten«

A könnte sich durch das Öffnen der Verpackung des Brotaufstrichs wegen Sachbeschädigung gem. § 303 I StGB strafbar gemacht haben. Die Packung mit Brotaufstrich ist eine fremde Sache. Als **beschädigt** gilt sie, wenn ihre Brauchbarkeit durch einen substanziellen Eingriff wesentlich beeinträchtigt wird. Dadurch dass A die Packung geöffnet, insbesondere die Schutzfolie abgerissen hat, wurde die Packung nicht nur in ihrer Substanz beeinträchtigt, sondern die Verkaufstauglichkeit des Lebensmittels und damit ihre Brauchbarkeit aus Sicht des Eigentümers erheblich eingeschränkt. Eine Beschädigung lässt sich somit bejahen. Hingegen muss bezüglich der Kostprobe selbst konstatiert werden, dass es sich um eine bestimmungsgemäße Zerstörung (Verzehr) handelt und somit nicht als Sachbeschädigungsunrecht angesehen werden kann, vielmehr wird dies über § 242 I StGB erfasst, s. oben. Im Übrigen handelte A vorsätzlich (§ 15 StGB), rechtswidrig und schuldhaft und hat sich somit wegen Sachbeschädigung gem. § 303 I StGB strafbar gemacht. Der gem. § 303c StGB erforderliche Strafantrag ist gestellt.

D. Strafbarkeit des A gem. §§ 263 I, 13 StGB durch Nichtmitteilung des Probierens und Zurückstellens an den Kassierer

A könnte sich dadurch, dass er seine Kostprobe und das anschließende Zurückstellen der Packung Frischkäse in das Regal an der Kasse nicht gemeldet hat, wegen Betrugs durch Unterlassen gem. §§ 263 I, 13 StGB strafbar gemacht haben.

I. Tatbestandsmäßigkeit

Voraussetzung ist hierfür zunächst eine **Täuschung** als Tathandlung, mithin das bewusste Vorspiegeln von Tatsachen mit dem Ziel der Einwirkung auf das Vorstellungsbild eines anderen. Eine ausdrückliche Täuschung des Kassierers beim Bezahlvorgang scheidet aus. Ebenso gibt A keine schlüssigen Erklärungen hinsichtlich seines Aufenthalts im Supermarkt gegenüber dem Kassierer ab, mithin lässt sich seinem Schweigen an der Kasse nicht der Erklärungswert entnehmen, er habe keine Lebensmittel probiert und wieder zurückgestellt.

Somit kommt lediglich eine **Täuschung durch Unterlassen** in Betracht, die gem. § 13 StGB eine Garantenstellung erfordert. Diese könnte sich im vorliegenden Fall allenfalls aus dem pflichtwidrigen Vorverhalten (**Ingerenz**) des A ergeben, namentlich hier sogar strafbar in Form der Sachbeschädigung und des Diebstahls. In der vorliegenden Konstellation besteht allerdings die Besonderheit, dass die Aufklärungspflicht unmittelbar das Geständnis der Vortat bedeutete (und letztlich auch den hieraus entstandenen Schaden kompensierte). Dies erscheint mit dem fundamentalen Prinzip, dass niemand an seiner Überführung mitwirken muss, kaum vereinbar (**nemo tenetur se ipsum accusare**), sodass bereits die Konstruktion einer Ingerenzgarantenstellung kritisch zu sehen ist.

Hinweis: Dieser Argumentation lässt sich entgegenhalten, dass die Gefahr einer Selbstbelastung im Kontext der Ingerenzgarantenstellung stets gegeben ist (jedenfalls wenn man ein weites Verständnis von nemo tenetur se ipsum accusare zugrunde legt). Doch abgesehen davon, dass man in denjenigen Fällen, in denen eine Ingerenzgarantenstellung zu einer Selbstüberführung verpflichtete, diesem Konstrukt als solches insgesamt kritisch gegenüberstehen müsste, tritt beim Betrug als »Kommunikationsdelikt« hinzu, dass die vorzunehmende »Rettungshandlung« phänotypisch eine Selbstanzeige darstellt. In anderen Fallgruppen der Ingerenz geht mit der Rettungshandlung gerade nicht zwingend die Selbstüberführung einher.

Eng damit verknüpft ist allerdings die zweite, tatbestandliche Hürde: Selbst wenn man eine Täuschung durch Unterlassen und somit auch einen Irrtum des Kassierers bejahte, müsste man sich die Frage stellen, inwiefern noch ein weiterer Schaden zulasten des Kaufhauses eintritt, der nicht schon bereits durch die §§ 242 I, 303 I StGB erfasst wäre. Ein zusätzlicher Sicherungsbetrug an der Kasse lässt sich nach hM nur bejahen, wenn die Handlung zu einer Schadensvertiefung geführt hat. Dabei könnte zwar in der Nichtgeltendmachung des entstandenen Schadensersatzanspruchs hinsichtlich des probierten Frischkäses eine Verfügung gesehen werden, die auch wegen der mangelnden Identitätskenntnis zu einem endgültigen Gefährdungsschaden führt, da die Durchsetzung des Anspruchs nicht gesichert ist. Angesichts des Umstands, dass A unmittelbar am Ausgang gestellt wurde, liegt solch ein zusätzlicher Schaden fern. Ein zumindest versuchter »Sicherungsbetrug« würde indessen jedenfalls als mitbestrafte Nachtat zurücktreten.

II. Ergebnis

Eine Strafbarkeit des A gem. §§ 263 I, 13 StGB scheidet mithin aus.

E. Strafbarkeit des A gem. § 303 I StGB durch Umstoßen der Whiskyflasche

Durch das Umstoßen der Whiskyflasche hat A eine fremde Sache zerstört und den objektiven Tatbestand der Sachbeschädigung verwirklicht. Er handelt allerdings nur unachtsam, mithin sorgfaltspflichtwidrig. Nach § 15 StGB ist **nur vorsätzliches Handeln** strafbar, wenn die fahrlässige Begehung nicht ausdrücklich unter Strafe gestellt ist. Dies ist hinsichtlich § 303 I StGB nicht der Fall, worin auch der **fragmentarische Charakter des Strafrechts** zum Ausdruck kommt. Somit macht sich A nicht gem. § 303 I StGB strafbar.

Hinweis: Gibt es also eine fahrlässige Sachbeschädigung? Vorsicht doppelte Fangfrage! Zum einen zeigt der Fall, dass es selbstverständlich diese gibt, wie das Verhalten des A belegt, nur ist diese eben in concreto nicht kriminalisiert. Zum anderen existieren zahlreiche Sonderformen der fahrlässigen Beschädigung von Gegenständen, bei denen auch eine Fahrlässigkeitsstrafbarkeit angeordnet ist (fahrlässige Brandstiftung gem. § 306f StGB, fahrlässige Beschädigung von Telekommunikationsanlagen, § 317 III StGB).

F. Strafbarkeit des A gem. §§ 263 I, 13 StGB durch Nichtanzeige der fahrlässigen Sachbeschädigung

Eine Strafbarkeit des A wegen Betrugs im Hinblick auf die Nichtanzeige des unvorsätzlichen Umstoßens der Whisky-Flasche scheidet aus ähnlichen Erwägungen aus, wie sie bereits hinsichtlich der Nichtmitteilung des Probierens des Frischkäses angestellt wurden (s. oben). Vorliegend tritt hinzu, dass das Vorverhalten des A nicht einmal strafbewehrt ist, wobei freilich umstritten ist, ob dies für die Annahme einer Ingerenzgarantenstellung erforderlich ist. Jedenfalls würde eine Unterlassungsstrafbarkeit zu einer Anzeigepflicht bei der Entstehung zivilrechtlicher Ersatzansprüche führen, die der Gesetzgeber auf Unfälle im Straßenverkehr (§ 142 I StGB) gerade beschränkt wissen wollte. Eine Strafbarkeit des A ist somit zu verneinen.

Hinweis: Sowohl die Nichtanzeige der fahrlässigen Sachbeschädigung als auch die Nichtmitteilung des Probierens des Frischkäses könnten im vierten Tatkomplex (Vorgänge an der Kasse) geprüft werden. Da allerdings eine potenzielle Garantenstellung an die Vorgänge zuvor anknüpft, wurde hier der vorliegende Aufbau präferiert.

G. Konkurrenzen

Die unter § 242 I StGB subsumierende Kostprobe stellt einen Teilausschnitt des verwirklichten Unrechts an der Frischkäse-Packung dar. Die Beschädigung an der Packung stellt ein notwendiges Durchgangsstadium zur »Kostprobe« dar, sodass der Diebstahl die Sachbeschädigung konsumiert (aA vertretbar, soweit man darauf abstellt, dass der übrigbleibende, größere Teil nicht mehr verwendet werden kann; dann verdrängt § 303 I StGB den Diebstahl gem. § 242 I StGB).

3. Tatkomplex: Preisetiketten und Schuhe

A. Strafbarkeit des A gem. § 274 I Nr. 1 StGB durch Abreißen des Markenschuhpaar-Preisetiketts

I. Tatbestandsmäßigkeit

1. Objektiver Tatbestand

A könnte sich zunächst einer Urkundenunterdrückung gem. § 274 I Nr. 1 StGB strafbar gemacht haben, indem er das Preisschild auf den Markenschuhpaaren abgerissen hat und auf den Boden warf. Hierfür müsste es sich bei dem Preisschild auf den Schuhen um eine Urkunde handeln. Das Preisschild als solches enthält mangels Bezugsobjekts für die Preisangabe alleinstehend keine Gedankenerklärung, sodass es auch keine Urkunde darstellen kann. Dasselbe gilt für die Schuhe als solche. Allerdings könnte das an ein Schuhpaar befestigte Preisschild eine **zusammengesetzte Urkunde** darstellen. Hiervon ist die Rede, wenn eine verkörperte Gedankenerklärung mit ihrem Bezugsobjekt räumlich fest, wenn auch nicht notwendig untrennbar zu einer Beweismitteleinheit derart verbunden ist, dass beide zusammen einen einheitlichen Beweis- und Erklärungsinhalt in sich vereinigen. Das aufgeklebte Preisschild gibt Aufschluss über den Kaufpreis des entsprechenden Schuhpaars (350 EUR Markenschuhe). Insofern ist diese zusammengesetzte Urkunde auch zum Beweis im Rechtsverkehr bestimmt und lässt ihren Aussteller (namentlich den Supermarkt) erkennen. Das Preisschild auf dem Marken-Fußballschuhpaar ist somit als echte, zusammengesetzte Urkunde zu qualifizieren.

Diese Urkunde dürfte dem Täter **nicht gehören**. Anders als bei der Fremdheit als Tatbestandsmerkmal kommt es hier nicht auf die Eigentumsverhältnisse an, sondern darauf wer das **Beweisführungsrecht** an der Urkunde innehat. Vorliegend war nur die S-OHG beweisbefugt hinsichtlich der zusammengesetzten Urkunde. Dem A gehörte diese Urkunde somit nicht.

A müsste diese Urkunde vernichtet oder unterdrückt haben. **Vernichtung** ist anzunehmen, wenn die beweiserhebliche Substanz völlig aufgehoben ist. **Unterdrückt** ist hingegen eine Urkunde, wenn die Beweisführung dem Berechtigten dauernd oder vorübergehend unmöglich gemacht wird. A hat das Preisschild abgerissen und auf den Boden geworfen. Er hat damit die Urkundenqualität des Objekts (Preisetikett auf dem Schuh) vollständig aufgehoben. Der objektive Tatbestand der Urkundenunterdrückung lässt sich somit bejahen.

2. Subjektiver Tatbestand

A handelte vorsätzlich (§ 15 StGB) und in der **Absicht** dem Supermarkt durch Verschlechterung der Beweisposition einen Nachteil zuzufügen. Ein vorsätzliches Handeln gem. § 15 StGB lässt sich mithin bejahen.

II. Rechtswidrigkeit und Schuld

A handelte rechtswidrig und schuldhaft und hat sich folglich wegen Urkundenunterdrückung gem. § 274 I Nr. 1 StGB strafbar gemacht.

B. Strafbarkeit des A gem. § 274 I Nr. 1 StGB durch Abtrennen des No-Name-Preisetiketts

Hinsichtlich des »vorsichtig abgetrennten« No-Name-Preisetiketts gelten Ausführungen bezüglich des Markenschuhe-Preisetiketts entsprechend. A hat sich auch diesbezüglich gem. § 274 I Nr. 1 StGB strafbar gemacht.

C. Strafbarkeit des A gem. § 303 I StGB durch Abreißen des Markenschuhe-Preisetiketts

Zudem hat A durch das Abreißen und auf den Boden Werfen des Markenschuhe-Etiketts die Brauchbarkeit einer ihm nicht gehörenden Sache vollständig aufgehoben und in der Substanz verletzt, mithin vorsätzlich (§ 15 StGB) eine fremde Sache beschädigt. Er macht sich – da der erforderliche Strafantrag gestellt ist – wegen Sachbeschädigung gem. § 303 I StGB strafbar.

D. Strafbarkeit des A gem. § 303 I StGB durch Abreißen des No-Name-Preisetiketts

A könnte sich auch hinsichtlich des »vorsichtig abgetrennten« Preisetiketts wegen Sachbeschädigung strafbar gemacht haben. Eine **Substanzverletzung** ist allerdings nicht festgestellt. Lässt man allerdings – so die hM – eine Brauchbarkeitsminderung für den Eigentümer infolge eines Eingriffs in die Substanz genügen, so ist festzustellen, dass eine Ablösung des Etiketts von seinem ursprünglichen Bezugsobjekt gerade die »Zuordnungsfunktion« einbüßt (auch im Hinblick auf den Warenbestand). So argumentiert lässt sich auch hinsichtlich des nicht vernichteten Preisetiketts eine Sachbeschädigung bejahen.

Hinweis: Verlangt man hingegen stets eine Verletzung der Substanz als solches, ist das Verhalten straflos, hierzu auch ausführlich Fall 3.

E. Strafbarkeit des A gem. § 303a I StGB durch Abreißen des No-Name-Preisetiketts und des aufgedruckten Scancodes

Fraglich ist, ob das Abreißen des Preisetiketts auch unter die Datenveränderung subsumiert werden kann. Dies würde erfordern, dass das Preisetikett **Daten** also nicht unmittelbar wahrnehmbare Informationen enthält (vgl. § 202a II StGB). Der Scancode ist allerdings ebenso wie der Preis visuell wahrnehmbar, ein (etwaigen Manipulationen und Veränderungen zugänglicher) Dateninput erfolgt erst nach dem Scannen des Barcodes. Eine Datenveränderung gem. § 303a I StGB scheidet somit aus.

F. Strafbarkeit des A gem. § 267 I Var. 2 StGB durch Aufkleben des No-Name-Preisetiketts auf das Marken-Fußballschuhpaar

A könnte sich zuletzt dadurch, dass er das Preisschild der No-Name-Schuhe auf das Marken-Fußballschuhpaar geklebt hat, wegen Urkundenfälschung gem. § 267 I Var. 2 StGB strafbar gemacht haben.

I. Tatbestandsmäßigkeit

1. Objektiver Tatbestand

Hierfür müsste er eine unechte Urkunde hergestellt oder eine echte Urkunde verfälscht haben. Wie bereits dargestellt handelt es sich bei dem Preisschild auf einem Schuhpaar um eine zusammengesetzte Urkunde.

Diese Urkunde könnte A verfälscht haben. Das **Verfälschen** erfasst nach hM jede Veränderung der Beweisrichtung.

Hinweis: Dabei kann an dieser Stelle dahinstehen, ob das Verfälschen einen Sonderfall der Herstellung einer unechten Urkunde darstellt oder ob § 267 StGB in der zweiten Variante nicht nur die Ausstellertäuschung erfasst, sondern auch die Veränderung des Beweisinhalts durch den Aussteller selbst. Dies würde bedeuten, dass § 267 I Var. 2 StGB nicht nur Echtheitsschutz garantiert, sondern partiell auch Wahrheitsschutz, nämlich dann, wenn der ursprüngliche Aussteller die Urkunde nachträglich umgestaltet. A ist nicht der ursprüngliche Aussteller.

A könnte durch das Aufkleben eines anderen Preisschilds (20 EUR) den gedanklichen Inhalt der vorher echten zusammengesetzten Urkunde verändert haben. Allerdings hat er die Urkundeneigenschaft des Bezugsobjekts durch das Abreißen des Preisschilds bereits vorher aufgehoben.

Somit kommt lediglich die **Herstellung** einer unechten Urkunde in Betracht. Der Rechtsverkehr muss jetzt davon ausgehen, dass die S-OHG die Urkunde in der jetzigen Form (Marken-Fußballschuhe zum Kaufpreis von 20 EUR) ausgestellt hat. Insofern täuscht A aber auch über den Aussteller der Erklärung. Die Tathandlung des Herstellens einer unechten Urkunde lässt sich somit bejahen.

2. Subjektiver Tatbestand

A handelte vorsätzlich und wollte die präparierten Schuhe auf diese Weise dem Kassierer vorlegen, um damit einen geringeren Kaufpreis zu bezahlen. Eine **Täuschungsabsicht** als überschießende Innentendenz des § 267 I StGB lässt sich somit ebenfalls bejahen.

II. Rechtswidrigkeit und Schuld

A handelte rechtswidrig und schuldhaft. Er macht sich einer Urkundenfälschung gem. § 267 I Var. 2 StGB strafbar.

G. Konkurrenzen

Die Urkundenunterdrückungen an den zwei Preisetiketten erfassen auch das Unrecht der Brauchbarkeitsminderung durch die Entziehung des Beweiswerts und verdrängen somit jeweils die mitverwirklichten Sachbeschädigungen im Wege der Gesetzeskonkurrenz (**Spezialität**). Das Herstellen der neuen Urkunde (No-Name-Preisetikett auf Markenschuhen) geht mit der Unterdrückung der ursprünglichen Urkunde (Markenschuhe-Preisetikett auf Markenschuhen) einher. Insofern verdrängt § 267 I Var. 1 StGB die Urkundenunterdrückung als lex specialis. Hingegen steht die Urkundenunterdrückung hinsichtlich des ursprünglichen Preisetiketts (No-Name-Preisetikett auf No-Name-Schuhen) in Tateinheit, § 52 StGB.

Hinweis: Eine andere Auffassung ist gut vertretbar, wenn man davon ausgeht, dass auch hier von einer einheitlichen Handlung bzw. zwingend mit der Urkundenunterdrückung einhergehenden zweiten Unterdrückung ausgegangen werden muss, dann würde sich die Strafbarkeit insgesamt im dritten Tatkomplex auf § 267 I StGB beschränken. Doch dann würde nicht klargestellt, dass letztlich zwei Urkunden »manipuliert« wurden. Jedenfalls macht der Fall deutlich, dass der zentrale Unrechtsvorwurf in der Herstellung der neuen unechten Urkunde zu sehen ist, sodass deren Prüfung auch hätte vorangestellt werden können. Doch gerade bei Urkundendelikten, in denen jede einzelne Handlung auf ihre urkundenstrafrechtliche Relevanz zu überprüfen ist, ergibt eine chronologische Prüfung schon deswegen Sinn, weil man nicht Gefahr läuft, eine (letztlich womöglich verdrängte oder nicht strafbare) Handlung zu übersehen. Anzuraten ist in diesen oder ähnlichen Urkundendeliktsfallgruppen (Collagen, Fotokopien etc) das Markieren jedes einzelnen Verbs als »potenzielle Tathandlung« im Sachverhalt. Im vorliegenden Fall hätte gerade diese Methode ebenso dafür gesorgt, dass keine einzige, potentiell strafrechtlich relevante Handlung übersehen wird (»reißt« – »zieht« – »klebt«).

4. Tatkomplex: DVDs

A. Strafbarkeit des A gem. § 242 I StGB durch Austauschen der DVDs

A könnte sich durch das Austauschen der DVD wegen Diebstahls strafbar gemacht haben.

Zwar handelt es sich bei der DVD um eine fremde bewegliche Sache, doch müsste diese A auch weggenommen haben. Das **Verstecken der DVD** in die Hülle kann noch nicht als Begründung neuen Gewahrsams angesehen werden, insbesondere hat A hierdurch keine Gewahrsamsenklave geschaffen. An der Kasse kann die Verpackung vom Personal eingesehen werden, ohne dass damit ein Tabubruch verbunden wäre.

Somit scheidet ein Diebstahl durch das Verstecken der DVD aus.

B. Strafbarkeit des A gem. § 267 I Var. 2 StGB durch Austausch der DVD

Die Erwägungen zum Austausch des Preisetiketts müssten für den umgekehrten Fall des Austauschs des Inhalts grundsätzlich ebenso gelten. Doch ist hierbei zu berücksichtigen, dass die Hülle mit dem aufgeklebten Preisschild hinsichtlich der darin befindlichen DVD **keine zusammengesetzte Urkunde** darstellt, wenn die Hülle nicht versiegelt ist und es damit an einer **hinreichenden Verbindung** von Bezugsobjekt und Preisetikett fehlt. Eine Urkundenfälschung scheidet somit aus.

Hinweis: Diesen Punkt mag man leicht übersehen, doch sprechen auch klausurtaktische Erwägungen dafür, diese Prüfung (in Anbetracht dessen, dass sie im Übrigen strukturgleich erfolgt) nicht ohne Not »aufzublähen«. Im lebensnahen Fall der versiegelten Hülle müsste eine »hinreichende Verbindung« bejaht werden, da die Schutzhülle zunächst zerstört werden müsste, um an den Inhalt heranzukommen, mag die DVD als solches auch in diesem Fall nur lose in der Hülle liegen.

C. Strafbarkeit des A gem. § 242 I StGB durch Passieren der Kasse mit ausgetauschter DVD

Fraglich ist jedoch, ob eine Strafbarkeit wegen Diebstahls gem. § 242 I StGB dadurch in Betracht kommt, dass A die Kasse mit der ausgetauschten DVD passiert hat, ohne den erhöhten Preis zu bezahlen.

I. Tatbestandsmäßigkeit

Auch an dieser Stelle erscheint wiederum die Wegnahme fraglich. Schließlich könnte der Kassierer dem A die DVD willentlich überlassen haben, als er die Packung über den Scan zog und dem A aushändigte. Entscheidend ist, ob der Kassierer sich der **Verfügung** hinsichtlich des konkreten Gegenstands bewusst ist. Ist dies der Fall, ist ein **tatbestandsausschließendes Einverständnis** anzunehmen, mit der Folge, dass lediglich ein Betrug gem. § 263 I StGB in Betracht kommt. Im vorliegenden Fall hat A die DVD in der Packung versteckt und nicht im Einkaufswagen (sodass es auf die Frage, ob der Kassierer generell über den gesamten Inhalt des Einkaufswagens verfügt, nicht ankommt). Da er die andere DVD auch herausgenommen hat, erstreckt sich der **Verfügungswille** des K auch zutreffend lediglich auf eine DVD. Dass es sich tatsächlich um eine teurere DVD handelt, ist für das Einverständnis des K irrelevant (es handelt sich insofern um einen **unbeachtlichen Motivirrtum**).

II. Ergebnis

Aufgrund eines Einverständnisses scheidet mithin ein Diebstahl gem. § 242 I StGB an der DVD aus.

Hinweis: Da hier keine Ergänzung, sondern ein Komplettaustausch vorliegt, kommt es somit auf die Frage, ob auf das Modell eines **partiellen Verfügungsbewusstseins** zurückgegriffen werden müsste, nicht an. Sicherlich bringt es ein paar Extrapunkte, wenn Sie hervorheben, dass in den Fällen der Ergänzung (Hineinlegen von zwei DVDs in eine Hülle, in der sich bereits eine befindet) ja auch eine quantitative Veränderung vorliegt, sodass die Diskussion um eine Aufspaltung des Verfügungsbewusstseins nicht vollkommen fehl am Platze ist (schließlich hat man nun ein »Mehr« an Anknüpfungspunkten für die Vermögensverfügung). Anders aber hier: beim Totalaustausch liegt lediglich eine qualitative Änderung vor, die unbeachtlich sein sollte, sodass eine bewusste Vermögensverfügung angenommen werden kann.

D. Strafbarkeit des A gem. § 263 I StGB durch Bezahlen der Billig-DVD mit teurerem Inhalt

A könnte sich gem. § 263 I StGB wegen Betrugs strafbar gemacht haben, indem er nur den Preis für die billigere DVD bezahlt hat.

I. Tatbestandsmäßigkeit

1. Objektiver Tatbestand

Hierfür müsste A zunächst eine **Täuschungshandlung** vorgenommen haben. Zwar sagt A nicht explizit, dass sich in der DVD tatsächlich noch der dazugehörige Film befindet. Diese Selbstverständlichkeit muss er allerdings auch nicht ausdrücklich erklären. Vielmehr behauptet A durch die Vorlage der DVD **schlüssig**, dass sich in der Hülle die passende DVD mit dem entsprechenden Wert befindet (zumal bei lebensnaher Betrachtung die Kassierer davon ausgehen, dass dem so ist, weil den Kunden ein Öffnen der DVD-Hüllen vor dem Kauf untersagt wird). Eine Täuschung lässt sich somit bejahen.

Die Täuschungshandlung müsste zu einem **Irrtum**, also einer menschlichen Fehlvorstellung geführt haben. Der Kassierer geht ständig davon aus, dass alles seinen geordneten Gang geht und keine Manipulationen an der vorgelegten Ware vorgenommen wurden. Solch ein **sachgedankliches Mitbewusstsein** reicht nach hA für einen Irrtum aus. An diesem Irrtum ändert sich auch nichts dadurch, dass ein Mitarbeiter der Geschädigten, nämlich der Kaufhausdetektiv das Geschehen **beobachtet**. Dieser soll nämlich nicht den Abschluss betrügerischer Geschäfte überwachen und gegebenenfalls verhindern, sondern potenzielle Diebe und Betrüger aufspüren.

Hinweis: Das übersieht man womöglich leicht, doch ist der Fall nicht derart eindeutig gelagert, wie im Hinblick auf den Diebstahl, wo man das fehlende Einverständnis damit zurückweisen kann, dass der Gewahrsamswechsel im Tabubereich nicht geheim erfolgen muss, s. oben. Da die Konstellation allerdings zumindest wertungsmäßig vergleichbar ist, sollte man nicht zu einem anderen Ergebnis gelangen.

Der Irrtum müsste den Kassierer zu einer **Vermögensverfügung** veranlasst haben. Diesbezüglich ist anzumerken, dass der Getäuschte sowie Verfügende (Kassierer als einfacher Angestellter) und der letztlich Geschädigte (Supermarktinhaber) auseinanderfallen. Da aber § 263 I StGB nur voraussetzt, dass durch einen Irrtum ein Schaden eintritt (aber nicht verlangt, dass Verfügender und Geschädigter identisch sein müssen), lässt sich auch ein **Dreiecksbetrug** konstruieren, wenn eine hinreichende **Nähebeziehung** zwischen dem Verfügenden und dem Geschädigten besteht. Die Anforderungen an diese Nähebeziehung sind zwar im Detail umstritten, doch kann dieser Streit im vorliegenden Fall dahinstehen. Denn diese lässt sich sowohl normativ (im Hinblick auf die Befugnis des K, über das Vermögen zu verfügen, kraft Arbeitsvertrags gem. § 611 BGB) als auch tatsächlich herstellen, da für jeden eindeutig erkennbar ist, dass K im Interesse der S-OHG handelt, mithin in deren »**Lager**« steht.

Die Vermögensverfügung (Eigentumsübertragung bezüglich einer DVD im Wert von 14,99 EUR) wird nur partiell (nämlich iHv 1,50 EUR) kompensiert. Ein negativer Saldo, mithin ein Vermögensschaden lässt sich folglich bejahen.

Hinweis: Die Eigentumsübertragung gem. § 929 S. 1 BGB ist trotz Anfechtbarkeit gem. § 123 I BGB wirksam, weil sich die Willenserklärung auf die Schachtel samt Inhalt bezieht, sodass der Kassierer nicht nur den Besitz an der DVD überträgt. Hierzu noch detailliert Fall 9.

2. Subjektiver Tatbestand

A handelte vorsätzlich iSd § 15 StGB. Darüber hinaus lässt sich die Absicht rechtswidriger Bereicherung (also die Absicht, dass der Vermögenszufluss die Kehrseite des Schadens ist) bejahen, da A auch keinen fälligen und einredefreien Anspruch auf die Vermögensmehrung hat. Auch bezüglich der Rechtswidrigkeit der Bereicherung lässt sich ein Vorsatz des A ohne Weiteres bejahen, da sich der Übereignungsanspruch aus dem Kaufvertrag nicht auf die tatsächlich übereignete DVD bezog, was A in seiner Parallelwertung in der Laiensphäre auch nachvollziehen konnte.

II. Rechtswidrigkeit und Schuld

A handelte rechtswidrig und schuldhaft.

III. Strafantragserfordernis gem. §§ 263 IV, 248a StGB

Gemäß §§ 263 IV, 248a StGB ist aufgrund der Geringwertigkeit der betrügerisch erlangten DVD ein Strafantrag erforderlich. Dieser ist laut Sachverhalt gestellt. A macht sich wegen Betrugs gem. § 263 I StGB strafbar.

E. Strafbarkeit des A gem. § 263 I StGB durch Bezahlen von No-Name-Schuhen

Durch die Mitnahme der teureren Schuhe hat sich A – entsprechend den Ausführungen zur versteckten DVD – wiederum wegen Betrugs gem. § 263 I StGB strafbar gemacht. Hier erfolgte sogar die Übertragung der Schuhe »offen« (freilich unterliegt der Kassierer auch hier einem Irrtum – nämlich im Hinblick auf den tatsächlichen Kaufpreis), sodass die Schuhe wirksam übereignet wurden, diese Vermögensverfügung (Schuhe zum Preis von 350 EUR) aber nicht entsprechend saldiert, sondern nur der Preis für No-Name-Schuhe (20 EUR) bezahlt wurde.

F. Strafbarkeit des A gem. § 267 I Var. 3 StGB durch Vorlage des Marken-Fußballschuhpaars mit aufgeklebtem No-Name-Preisetikett

Mit der Vorlage der verfälschten Urkunde in Form des No-Name-Preisetiketts auf den Markenschuhen hat A einem Dritten (dem Kassierer) die Urkunde so zugänglich gemacht, dass er die Möglichkeit zur Kenntnisnahme hatte. Mithin hat A die verfälschte Urkunde absichtlich und mit Täuschungsvorsatz gebraucht (§ 15 StGB). Er hat folglich § 267 I Var. 3 StGB erfüllt. A plante allerdings schon zum Zeitpunkt des Verfälschens (das einen Sonderfall der Herstellung einer unechten Urkunde darstellt), die Urkunde zu gebrauchen. In solch einem Fall geht die herrschende Meinung davon aus, dass von einer tatbestandlichen Handlungseinheit, mithin von einer einheitlichen Urkundenfälschung auszugehen ist.

G. Konkurrenzen

Da beide Fälle des Betrugs in einer Handlung aufgehen, ist (ähnlich wie beim Diebstahl der Champagnerflaschen) von natürlicher Handlungseinheit und somit von einem Fall des Betrugs auszugehen. Dieser konkurriert zu den Urkundendelikten ideal, § 52 StGB.

Gesamtergebnis und Konkurrenzen

A macht sich wegen Diebstahls an den Champagnerflaschen gem. § 242 I StGB strafbar. Hinzu treten jeweils tatmehrheitlich eine Sachbeschädigung (Zerstörung des Sicherungsetiketts), der Diebstahl am Frischkäse sowie eine Urkundenfälschung (§ 267 I Var. 1 StGB), die wiederum in Tateinheit zur Urkundenunterdrückung, § 274 I Nr. 1 StGB steht. Schließlich liegt tatmehrheitlich ein Fall des Betrugs gem. § 263 I StGB vor (aA vertretbar, dann Tateinheit, soweit natürliche Handlungseinheit begründet werden könnte).

Vertiefende Literatur zu den Schwerpunkten des Falles

1. Zum Gewahrsamswechsel im Tabubereich

- *Kudlich*, Die Wegnahme in der Fallbearbeitung, JA 2017, 428
- *Zopfs*, Der Tatbestand des Diebstahls, ZJS 2009, 506 ff. (649 ff.)

2. Zum Begriff des gefährlichen Werkzeugs gem. § 244 I Nr. 1a StGB

- *Krüger*, Neues vom »gefährlichen Werkzeug« in § 244 StGB, JA 2009, 190
- *Ransiek,* Waffen und Werkzeuge bei Diebstahl und Raub, JA 2018, 666
- *Rönnau*, Grundwissen – Strafrecht: Das »mitgeführte« gefährliche Werkzeug, JuS 2012, 117

3. Zu Sonderformen des Diebstahls im Supermarkt und zur Abgrenzung von Trickdiebstahl/ Sachbetrug

- *Christoph/Dorn-Haag,* Der »elektronische Taschendiebstahl« bei Kleinstbetragszahlungen, NStZ 2020, 697
- *Fahl,* »Kassenschmuggel« an Selbstbedienungskassen, NStZ 2014, 244
- *Oğlakcıoğlu,* Ein Tag im Supermarkt, JA 2012, 902; 2013, 107
- *Poisel/Ruppert*, Über Trick- und Täuschungsreichtum. Die Abgrenzung von Diebstahl und Betrug, JA 2019, 353; 2019, 421

4. Zur Erfassung der Manipulation von Preisschildern über die Urkundendelikte

- *Sonnen* JA 1982, 618

Zusammenhängende Literatur zu den einzelnen Deliktsbereichen

Diebstahl (im Supermarkt/Abgrenzung Betrug): *Kudlich* PdW StrafR BT I Nr. 165; *Rengier* StrafR BT II § 2; *Jäger* ExamensRep StrafR BT Rn. 257–347
Urkundenfälschung: Urkundendelikte: *Kudlich* PdW StrafR BT II Nr. 147–168; *Rengier* StrafR BT II § 32, § 33; *Jäger* ExamensRep StrafR BT Rn. 626–657

Fall 8: »P.S.: Ich liebe Di…ebe«

Sachverhalt

Konrad (K) und Lucia (L) sind »voll fett in Love«. Bei einer gemeinsamen Spazierfahrt halten sie den Wagen an einem Blumenbeet zum Selbstschneiden an. Der Eigentümer G hat dort eine Preisliste für die jeweiligen Blumen und einige Messer sowie eine Geld-Dose zum eigenständigen Bezahlen bereitgestellt. Außer K und L befindet sich zu diesem Zeitpunkt niemand auf dem Beet. L hat nur 5 EUR dabei, verlässt sich jedoch auf K, der ihr sagt er habe genug Geld dabei und sie könne so viele Gladiolen für sich sammeln, wie sie will. Tatsächlich hat K jedoch kein Geld bei sich. Nachdem L 23 Gladiolen (Stückpreis 1,50 EUR) geschnitten hat, begibt sie sich wieder zu K und bittet ihn zu bezahlen. Dieser begibt sich Richtung Dose, greift nach einem benutzten Taschentuch in seiner Hose und wirft dieses hinein. K will damit vortäuschen, er habe Geldscheine eingeworfen, damit er gegenüber L nicht als Blödmann dasteht. L bemerkt den Schwindel, findet aber – frisch verliebt wie sie ist – das Verhalten des K »süß« und lässt sich nichts anmerken. Außerdem fände sie es schade, die Gladiolen jetzt wegzuwerfen.

Nicht weit vom Beet entfernt befindet sich ein kleiner Bach, den man über eine in der ganzen Stadt bekannte »Liebesbrücke« passieren kann. An dieser bringen verliebte Paare Schlösser an, in welche die Namen der Verliebten eingraviert sind. Die Brücke ist regelrecht zu einer Attraktion für Touristen und damit auch zu einem Wahrzeichen der Stadt geworden. Dort entdeckt L ein Schloss, auf dem die Namen des K und dessen Ex-Freundin Felicitas (F) stehen. K und F hatten das Schloss, das F mitgebracht hatte, als »Symbol ewiger Liebe« angebracht und den Schlüssel anschließend in den Fluss geworfen. L befiehlt – frisch verliebt wie sie ist – dem K sofort die im Kofferraum des Autos befindliche Brechzange zu holen und durch einen symbolischen Akt der Zerstörung des Schlosses die Vergangenheit ein für alle Mal auf sich beruhen zu lassen. Sie geht davon aus, dass F das Schloss mitgebracht haben muss, inzwischen sei es aber nur noch »Müll«, wenn man es auf diese Weise benutze und daher sei das Kaputtmachen auch bestimmt nicht rechtswidrig. K findet das logisch und bricht das Schloss entzwei.

Zur »Belohnung« des Liebesbeweises durch K beschließt L, sich neue, aufreizende Unterwäsche zu kaufen. Sie überredet daher den K, noch kurz beim Unterwäschegeschäft »Hundemüller« vorbeizufahren, weil diese Woche eine neue Kollektion der Marke »agent promiskuitive« angekommen sei. Dem K ist der Besuch in dem Laden sichtlich unangenehm und er möchte den Kauf möglichst schnell und diskret hinter sich bringen. Als er aber sieht, dass das von L ausgewählte Set stolze 230 EUR kosten soll, teilt er der L mit, dass er sich dies keinesfalls leisten könne. L reagiert gelassen und meint, dass er sich dann eben einen anderen Weg einfallen lassen müsse, wenn er nicht bezahlen könne. Seit dem Besuch am Blumenbeet wisse sie, dass in K ein kleiner Gangster stecke, was sie auch aufregend finde. Als der unentschlossene K sich nochmals zu L wendet (um das Einstecken der Ware »absegnen« zu lassen), nickt L. Während K den Laden auf versteckte Kameras überprüft, sieht L, dass K eine WhatsApp-Nachricht von F erhalten hat (Inhalt: »Ich liebe dich auch du Hengst … wir sehen uns heute Nacht). F hatte diese Nachricht nur geschickt, um Unruhe zu stiften, doch auf diese Idee kommt L – verliebt wie sie ist – nicht einmal. Sie beschließt just in diesem

Moment, es dem K heimzuzahlen und ihn direkt an der Kasse zu melden, sobald er das Set eingesteckt hat. K greift gerade nach dem Set, um es in seine Jackeninnentasche zu stecken, als er merkt, dass seine Großtante neben ihm steht und ihn fassungslos dabei beobachtet, wie er dabei ist, Unterwäsche mitgehen zu lassen. Erschrocken und peinlich berührt wirft K den BH auf den Boden und verlässt den Laden. L, die sich denkt, dass es jetzt auch nichts mehr zu petzen gäbe, ist enttäuscht und geht ebenfalls nach Hause.

Bearbeitervermerk: Strafbarkeit von K und L nach dem StGB? Erforderliche Strafanträge sind gestellt. § 123 StGB ist nicht zu prüfen. Die Delikte des 29. Abschnitts des Besonderen Teils sind ebenso nicht zu prüfen.

Gutachtliche Vorüberlegungen

A. Bearbeitervermerk

Aus dem Bearbeitervermerk ergibt sich bereits, dass sich die Begutachtung des Lebenssachverhalts nicht als besonders komplex erweisen wird, da die Rollen der beiden Protagonisten K und L relativ klar verteilt sind. Nebenstrafrechtliche Tatbestände (die vorliegend ohnehin nicht in Betracht kämen) sind ausgeschlossen, wenn sich die Prüfung auf das StGB – allerdings auf das gesamte – beschränkt. Der Hinweis darauf, dass erforderliche Strafanträge gestellt sind, sollte Kandidatinnen und Kandidaten nicht nur darauf aufmerksam machen, dass wohl Tatbestände zu prüfen sind, deren Verfolgung einen Strafantrag voraussetzt, sondern auch daran erinnern, dass die entsprechende Vorschrift in der ausformulierten Lösung zitiert (gegebenenfalls das Erfordernis als solches geprüft) werden muss. Der Hausfriedensbruch, der sowohl im ersten Tatkomplex als auch im dritten Tatkomplex einschlägig ist, wurde hier schlicht aus inhaltlichen Gründen herausgenommen, da die aufzugreifende Problematik rund um eine generelle Zutrittserlaubnis bereits mehrfach in anderen Fällen (vgl. nur Fall 7 und 10) behandelt wird. Ebenso wurden der bloßen Klarstellung halber die Umweltdelikte herausgenommen, da diese immerhin von zwei bis drei Kandidatinnen und Kandidaten (im Hinblick auf das Wegwerfen des Schlosses in den Fluss) aufgegriffen wurden.

B. Sachverhaltsanalyse

Die Klausur von mittlerem Schwierigkeitsgrad gliedert sich in drei Tatkomplexe und betrifft vornehmlich Vermögensdelikte, insbesondere Diebstahl, Betrug, Sachbeschädigung und Unterschlagung. Die Bearbeiterinnen und Bearbeiter sollten sich bereits im Rahmen seiner Gliederung vergegenwärtigen, wie die genannten Tatbestände voneinander abzugrenzen sind und inwiefern diese in der konkreten Lösung eine Rolle spielen. Vornehmlich der erste (anspruchsvolle) Tatkomplex erfordert im Hinblick auf die etwas »exotische« Fallgestaltung besonderes Verständnis für die Systematik und Ausgestaltung des strafrechtlichen Vermögensschutzes. Nach erstmaliger Lektüre des Sachverhalts und einer gedanklichen Vorgliederung wird man allerdings schnell merken, dass der Fall im Hinblick auf die »Selbstbedienung« an den Blumen zumindest partiell mit den »Tankstellenfällen« als echte Klassiker der Vermögensdelikte vergleichbar ist (und man sich ebenso – gerade beim sachenrechtsakzessorischen Merkmal der Fremdheit – mit zivilrechtlichen Vorfragen konfrontiert sieht). Von der Reihenfolge der Prüfung her, wird auf Anhieb deutlich, dass L (zunächst) unvorsätzlich handelt. Dennoch sollte man aber seine Ausführungen mit dieser als »Tatnächsten« beginnen, um die Prüfung des »potenziell mittelbaren Täters« K nicht zu überfrachten. Gerade bei einer mittelbaren Täterschaft sollten die Kandidatinnen und Kandidaten bemüht sein, die Prüfung des Hintermannes auf die zurechnungsbegründenden Umstände zu beschränken, da dann die »Tatbegehung durch einen anderen« noch deutlicher zu Tage tritt. Stellt sich nämlich – vgl. im Folgenden – bereits heraus, dass die Handlung schon objektiv nicht tatbestandsmäßig ist, gibt es keine »Tatbegehung«, die einem mittelbaren Täter K zugerechnet werden könnte. Letztendlich spielt dann auch der fehlende Vorsatz des Vordermanns keine Rolle.

Der zweite Tatkomplex ist von einer Entscheidung des AG Köln inspiriert (mit dem Unterschied, dass die Täter im Originalfall das gesamte »Gitter samt Schlössern« entfernt haben, um das Metall im wahrsten Sinne des Wortes »zu versilbern«). Im letzten Teil macht die Klausur dann noch einen Ausflug in den Allgemeinen Teil, wenn Fragen des Rücktritts gem. § 24 StGB in einer wiederum atypischen Konstellation abgefragt werden.

C. Klausurbausteine

Die Klausur ließe sich bei einer zugrunde gelegten Bearbeitungszeit von 180 Minuten im Umfang nicht weiter einschränken, selbst lediglich zwei Zeitstunden könnte man ansetzen, insbesondere da der Hausfriedensbruch nach § 123 StGB nicht zu prüfen ist. Umgekehrt erscheint die Aufgabenstellung für eine Examensklausur (selbst unter einer »hinzugedachten strafprozessualen Zusatzfrage«) zu eindimensional und enthält auch nicht ausreichend »Begutachtungsmaterial«.

D. Korrekturberichte

Die Klausur fiel mit 6,2 Punkten (erster Durchlauf) bzw. 6,4 Punkten (zweiter Durchlauf) im Schnitt erfreulich aus. Die sachenrechtlichen Probleme rund um die Fremdheit wurden überwiegend gesehen (auch wenn die rechtsgeschäftliche Einordnung der »Blumen zum Selbstschneiden« nur selten als invitatio ad incertas personas eingeordnet wurde). Ähnlich hat man bei vielen Bearbeiterinnen und Bearbeitern bemerkt, dass die Problematik rund um das tatbestandliche Einverständnis in die Wegnahme zwar erkannt wurde, sie aber partiell Schwierigkeiten hatten, die Konsequenzen aus der dogmatischen Einordnung der Zustimmung in die Wegnahme zu ziehen bzw. die Problematik zutreffend zu verorten: Statt die Frage einer wirksamen Übereignung der Gladiolen bei der Fremdheit aufzugreifen, wurde eine Einwilligung des G in die Zerstörung/Eigentumsbeeinträchtigung geprüft bzw. ein Anspruch auf Übereignung im Kontext der Rechtswidrigkeit der erstrebten Zueignung. Dies äußerte sich auch darin, dass das »Unrecht« des Geschehens keiner konkreten Tathandlung zugewiesen werden konnte, mithin auch häufig die Nichtzahlung als Tathandlung des Diebstahls bezeichnet wurde, statt das Abschneiden/Verlassen des Blumenbeets. Eine ähnliche Vermengung von Unrechtsmoment und Tathandlung ergab sich bei der Sachbeschädigung, wo die Einordnung der Nichtzahlung als »Beschädigung« selbstverständlich einen wesentlich größeren Fehler darstellt. Auch die (etwas gehobenere) Problematik der Unterschlagung in vermeintlicher mittelbarer Täterschaft durch K wurde von einigen Bearbeiterinnen und Bearbeitern aufgegriffen. Während im zweiten Tatkomplex die Sachbeschädigung und das Problem rund um die Dereliktion fast durchweg erkannt wurde (unzureichend waren hingegen die Ausführungen zum subjektiven Tatbestand und § 304 StGB wurde nur selten gesehen), hatten im dritten Tatkomplex Bearbeiterinnen und Bearbeiter nicht mehr die Zeit für eine strukturierte Rücktritts- bzw. Teilnahmeprüfung der Beteiligten. Das Einwirken von L auf K wurde sowohl im zweiten als auch dritten Tatkomplex allzu häufig als mittelbare Täterschaft eingeordnet. Zum Teil wurde die (nicht einschlägige) Agent-provocateur-Problematik aufgegriffen.

Lösungsgliederung

1. Tatkomplex: Auf dem Blumenbeet

A. Strafbarkeit der L gem. § 242 I StGB durch Mitnahme der Blumen (-)
   P: Fremdheit der Gladiolen, invitatio ad incertas personas
   P: Bedingtes Einverständnis
B. Strafbarkeit der L gem. § 263 I StGB zum Nachteil des G durch Abschneiden und Mitnehmen der Gladiolen (-)
C. Strafbarkeit der L gem. § 246 I durch Mitnehmen der Gladiolen (+)
D. Strafbarkeit der L gem. § 303 I StGB durch Abschneiden der Gladiolen (-)
E. Strafbarkeit des K gem. §§ 242 I, 25 I Var. 2 StGB durch Zureden (-)
F. Strafbarkeit des K gem. § 263 I StGB durch vermeintliches Hineinwerfen von Geld in die Büchse zum Nachteil des G (-)
G. Strafbarkeit des K gem. § 263 I StGB durch vermeintliches Hineinwerfen von Geld in die Büchse zum Nachteil der L (-)
H. Strafbarkeit des K gem. §§ 263 I, II, 22, 23 I StGB durch vermeintliches Hineinwerfen von Geld in die Büchse zum Nachteil der L (-)
   P: Vermögensverfügung und Schaden bei drohender Schuldnerstellung
I. Strafbarkeit des K gem. §§ 246 I, 25 I Var. 2 StGB durch Zureden (+)
   P: Vermeintliche mittelbare Täterschaft bei Unterschlagung (Drittzueignung)

2. Tatkomplex: Liebes(luft)schlösser

A. Strafbarkeit des K gem. § 303 I StGB durch Zerstören des Liebesschlosses (+/-)
   P: Fremdheit bei Dereliktion
   P: Vorsatzausschließender Irrtum, Verbotsirrtum
B. Strafbarkeit des K gem. § 304 I StGB durch Zerstören des Liebesschlosses (-)
C. Strafbarkeit der L gem. §§ 303, 26 StGB wegen Anstiftung (+/-)

3. Tatkomplex: Im Dessous-Laden

A. Strafbarkeit des K gem. §§ 242 I, II, 22, 23 I StGB durch Greifen nach dem Unterwäscheset (-)
   P: Rücktritt des Alleintäters
B. Strafbarkeit der L gem. §§ 242 I, II, 22, 23 I, 26 StGB durch Zureden und Nicken (+)
   P: Rücktritt des Anstifters

Gesamtergebnis und Konkurrenzen

Lösungsvorschlag

1. Tatkomplex: Auf dem Blumenbeet

A. Strafbarkeit der L gem. § 242 I StGB durch Mitnahme der Blumen

L könnte sich wegen Diebstahls gem. § 242 I StGB strafbar gemacht haben, indem sie die Blumen abgeschnitten hat.

I. Tatbestandsmäßigkeit

Hierfür müsste L eine fremde, bewegliche Sache weggenommen haben.

Bei den Blumen handelt es sich um körperliche Gegenstände (vgl. auch § 90 S. 1 BGB) und somit um **Sachen**.

Hinweis: Die strafrechtsautonome Bestimmung des Sachbegriffs spielt nur bei Tieren eine Rolle, sodass der Verweis auf § 90 S. 1 BGB nicht überbetont werden sollte. Überhaupt muss sich die Kandidatin bzw. der Kandidat bezüglich dieses Tatbestandsmerkmals davor hüten, weit auszuholen und mehr als ein bis zwei Sätze zu Papier zu bringen (Stichwort: **Schwerpunktsetzung**). Zum einem gibt es auf die Erkenntnis, dass es sich vorliegend um eine Sache handelt, kaum Punkte. Zum anderen ist dies unproblematisch, sodass Korrigierende bereits »leicht gereizt« sind, wenn sie hier gar einen ganzen

Absatz finden, ob Pflanzen unter biologischen Aspekten und dem Respekt vor Mutter Natur nicht als Lebewesen und damit nicht nur als bloße Sachen zu klassifizieren seien.

Des Weiteren müssten die Blumen auch beweglich sein. **Beweglich** sind Sachen dann, wenn sie von ihrem bisherigen Ort tatsächlich fortgeschafft werden können. Vorliegend waren die Schnittblumen fest mit dem Boden verwachsen. Einer zivilrechtlichen Betrachtung unterzogen könnte man daher die Gladiolen auf den ersten Blick und schon bereits mit deren Einpflanzen als **wesentlichen Bestandteil des Grundstücks** iSd §§ 93, 94 I 2 BGB ansehen. Jedoch gehören gem. § 95 I 1 BGB solche Sachen nicht zu den Bestandteilen eines Grundstücks, die mit dem Grund und Boden nur zu einem vorübergehenden Zweck verbunden sind. Die Gladiolen sind nur zum Verkauf und vorgelagert zu deren Anzucht auf dem Beet eingepflanzt und damit verbunden worden. Daher sind diese keine wesentlichen Bestandteile des Grundstücks, vielmehr sind sie Scheinbestandteile. Dem Strafrecht ist jedoch eine streng immobiliarsachenrechtlich-akzessorische Betrachtung fremd. Es genügt, dass die Sache erst durch die Wegnahmehandlung an sich »beweglich« gemacht wird. Anders gesagt: Es genügt, dass die Blumen die Sachqualität der Beweglichkeit erst durch das Abschneiden erlangen. Mithin liegt eine bewegliche Sache vor.

Auch müssten die Gladiolen zum Tatzeitpunkt **fremd** sein. Sie dürften daher nicht im Alleineigentum oder Miteigentum eines anderen stehen, wobei für die Eigentumsverhältnisse die Vorschriften des Sachenrechts maßgeblich sind. Dementsprechend erscheint es fraglich, wann bzw. ob das Eigentum an den Gladiolen auf L übergegangen ist.

Zunächst könnte L das Eigentum durch das Abtrennen der Blumen von dem Beet kraft Gesetzes erlangt haben, denn gem. § 953 BGB gehören **nur** Erzeugnisse und sonstige Bestandteile einer Sache auch nach der Trennung dem Eigentümer einer Sache, soweit sich aus den §§ 954–957 BGB nichts anderes ergibt. Jedoch wurde bereits erläutert, dass es sich bei den Gladiolen um Scheinbestandteile des Grundstücks handelt und diese damit nicht in den Anwendungsbereich des § 953 BGB fallen. Ein Eigentumserwerb kraft Gesetzes scheidet mithin aus.

Jedoch könnte sich durch das Abschneiden eine Übereignung nach § 929 S. 1 BGB vollzogen haben. Dies setzt, wie jeder zivilrechtliche bzw. dingliche Vertrag, zwei übereinstimmende Willenserklärungen iSd §§ 145 ff. BGB voraus. Ob diese vorliegen, muss für den Einzelfall durch Auslegung anhand des **objektiven Empfängerhorizonts** gem. §§ 133, 155 BGB ermittelt werden. Zunächst könnte man in dem Blumenbeet eine **invitatio ad offerendum**, also die Einladung, ein Angebot abzugeben, sehen. Bei deren Vorliegen ergäbe sich jedoch die Problematik, dass G zugegen sein müsste, damit ihm die Willenserklärungen der Kunden in Form des Angebots nach § 145 BGB zugehen und damit ein wirksames Angebot vorliegen könnte. Dies erscheint nicht sachgerecht, nachdem die Intention hinter einem Blumenbeet zum Selbstschneiden gerade darin liegt, dass der Eigentümer nicht zugegen sein muss und dennoch wirksame Verträge zustande kommen sollen.

Hinweis: Eine invitatio ad offerendum soll den Verkäufer bei einem beschränkten Bestand an Verkaufssachen vor einem mehrfachen Verkauf desselben Gegenstands (und damit mehrerer Schadensersatzansprüche wegen Unmöglichkeit gem. §§ 280 I, III, 283) schützen. Diese Gefahr besteht beim Blumenbeet zum Selbstschneiden nicht, da das verringerte Kontingent durch die Mitnahme der Gladiolen sofort sichtbar wird.

Vielmehr liegt vorliegend eine sog. **invitatio ad incertas personas** näher. Dabei handelt es sich um die Situation, dass bereits durch das Anpflanzen der Blumen und durch die Zugänglichkeit des Beets für Kunden ein verbindliches Angebot an den betreffenden Verkehrskreis und im Rahmen der Verfügbarkeit abgegeben wird. Die für den Vertragsschluss notwendige Annahme ist ebenfalls eine empfangsbedürftige Willenserklärung und muss daher dem Antragenden zugehen. Jedoch bedarf es gem. § 151 S. 1 BGB keines Zugangs der Erklärung, wenn dies nach der Verkehrssitte nicht zu erwarten ist bzw. wenn der Antragende hierauf verzichtet hat. Wie oben bereits dargelegt, muss davon ausgegangen werden, dass G gerade nicht zugegen sein möchte und trotzdem rechtsverbindliche und vor allem wirksame Verträge abschließen möchte. Dieser Wille *ist* ebenfalls bei allen Formen von Geschäften im Zusammenhang mit Selbstbedienung anzunehmen und die fehlende Erklärung der Annahme damit Verkehrssitte. Dieses Angebot wird durch das Abschneiden der Blumen auch angenommen.

Jedoch muss das Angebot des G dahingehend ausgelegt werden, dass dieser sich das Eigentum an den Gladiolen bis zur vollständigen Kaufpreiszahlung gem. §§ 929 S. 1, 158 I BGB vorbehalten wollte **(Eigentumsvorbehalt)**. Nachdem jedoch weder K noch L den Kaufpreis für die Gladiolen geleistet haben, ist die Bedingung nicht eingetreten bzw. wurde nicht erfüllt. Daher ist das Eigentum an den Blumen nicht auf L übergegangen, sodass die Gladiolen zum Zeitpunkt des Abschneidens und der Mitnahme im Eigentum des G standen. Sie waren daher fremd.

Ferner müsste L die Gladiolen durch das Abschneiden iSd § 242 I StGB **weggenommen** haben. Wegnahme meint den Bruch fremden Gewahrsams und Begründung neuen, nicht notwendig – aber regelmäßig – tätereigenen Gewahrsams. Gewahrsam ist die tatsächliche Sachherrschaft einer natürlichen Person, die von einem natürlichen Herrschaftswillen getragen wird. Somit ist der Gewahrsamsbegriff durch ein objektiv-physisches und ein subjektiv-psychisches Element gekennzeichnet, wobei für die Zuordnung des Gewahrsam-Inhaber-Verhältnisses die Anschauungen des täglichen Lebens maßgeblich sind. Es ist also zur Ausübung des Gewahrsams keine faktisch-dauerhafte Ausübung des Besitzes, sowie kein ständig aktualisiertes Herrschaftsbewusstsein vonnöten, sondern es genügt, dass das Blumenbeet G zugerechnet werden kann. Vorliegend hat der Eigentümer G an dem Blumenbeet eine Preisliste für die jeweiligen Blumen und einige Messer sowie eine Geld-Dose zum eigenständigen Bezahlen bereitgestellt. Des Weiteren ist davon auszugehen, dass dieser ohne erhebliche Hindernisse auf das Beet zugreifen konnte, sodass ihm das Beet zuzurechnen ist. G hatte daher an dem Beet und damit einhergehend an den Blumen Gewahrsam.

Diesen müsste L durch das Abschneiden gebrochen bzw. diesen gegen oder ohne den Willen des G aufgehoben haben. Fraglich ist, ob bereits das Schneiden der Blumen als Bruch fremden Gewahrsams angesehen werden kann. Maßgeblich ist hierfür die Verkehrsanschauung. Sinn und Zweck eines Blumenbeets zum Selbstschneiden ist (unter anderem) gerade auch der Akt des Schneidens, der das Geschehen für die Besucher wertvoll macht. Dies bedeutet zugleich, dass G an abgeschnittenen Blumen kein erhebliches Interesse mehr, vielmehr diese bereits sozial-normativ dem Herrschaftsbereich der Abschneidenden zuzuweisen sind. Dem Schneiden der Blumen ist ein Beschädigungsakt immanent, was ebenso für einen Gewahrsamsbruch spricht, welcher im Übrigen unabhängig von den Eigentumsverhältnissen zu bestimmen ist.

Hinweis: Vergleichbar erscheint die Situation mit dem Konsum von Waren, wo ebenfalls ein Gewahrsamsbruch bejaht wurde (freilich mit dem Unterschied, dass die Eigentumsübertragung nicht von der Kaufpreiszahlung abhängig gemacht wurde; dies sollte aber gerade keine Rolle für die Wegnahme spielen). Nichtsdestotrotz erscheint es auch gut vertretbar, im Abschneiden erst eine Gewahrsamslockerung zu sehen und erst in der Mitnahme den potenziellen Gewahrsamsbruch zu sehen. Dann wäre aber die Wegnahme dem Bezahlungsakt zeitlich nachgelagert und dementsprechend eine objektive Bedingung an das Einverständnis, das Blumenbeet nicht zu verlassen, ohne bezahlt zu haben, durchaus möglich (im Unterschied zur Konstellation, vgl. im Folgenden, in der die Zahlung erst auf die Wegnahme folgt).

Vorliegend handelt es sich jedoch um ein Blumenbeet zum Selbstschneiden. Dementsprechend könnte das Abschneiden der Blumen gerade erwünscht sein und ein **tatbestandsausschließendes Einverständnis** in die Wegnahme vorliegen, welches die Vollendung des Tatbestands ausschließen würde. Jedoch könnte man durch das Anbringen einer Preisliste gerade darauf schließen, dass G nur mit dem Abschneiden und Mitnehmen einverstanden ist, soweit die Person auch zahlt. Dieser Vorbehalt, dass das Eigentum nur bei Bezahlung übergehen soll, ist jedoch in Bezug auf die Aufhebung des Gewahrsams unbeachtlich. Auch gelangt man zu keinem anderen Ergebnis über die Lehre vom **bedingten Einverständnis**, soweit man sich auf den Standpunkt stellt, dass dieses nur an äußerlich »sichtbares« Verhalten, sprich: an objektive Merkmale und nicht an die Zahlungsabsicht knüpft.

Hinweis: Solch eine Einschränkung lässt sich in concreto kaum konstruieren. Beim generellen Einverständnis des Hausrechtsinhabers etwa ist an die äußere Bedingung zu denken, wonach Kunden eines Supermarkts diesen nicht in erkennbarer »Raub- bzw. Diebstahlsabsicht« (etwa vermummt oder bewaffnet) betreten dürften.

Somit geschah das Abschneiden und anschließende Mitnehmen der Gladiolen mit dem Einverständnis des G. Eine Wegnahme und damit ein Diebstahl scheiden somit aus. Auch kommt es daher auf die Vorstellung der L, dass die Blumen von K bezahlt werden würden, nicht an.

II. Ergebnis

L verwirklicht bereits den objektiven Tatbestand des Diebstahls nicht und macht sich somit nicht gem. § 242 I StGB strafbar.

Hinweis: Ob man im Hinblick auf solch eine Differenzierung das Ergebnis manipulieren kann, indem man als Eigentümer sein Einverständnis in das »Selbstschneiden« von der vorherigen Bezahlung abhängig macht, erscheint fragwürdig. Denn solch eine Bedingung wäre nicht dazu geeignet, äußerlich korrektes von unerwünschtem Verhalten abzugrenzen (schließlich könnte der Täter dies schlicht umgehen, indem er weniger Geld einwirft, als er beabsichtigt Gladiolen mitzunehmen; anders gelagert ist dies beispielsweise nur bei Waren- oder Leistungsautomaten, welche die Leistung überhaupt vom »ordnungsgemäßen Bedienen« abhängig machen). Dagegen kann der Eigentumsübergang als zivilrechtliche Vorfrage von der Kaufpreiszahlung abhängig gemacht werden.

B. Strafbarkeit der L gem. § 263 I StGB zum Nachteil des G durch Abschneiden und Mitnehmen der Gladiolen

L könnte sich durch das Abschneiden und Mitnehmen der Gladiolen wegen Betrugs gem. § 263 I StGB strafbar gemacht haben. Dieser setzt im objektiven Tatbestand zunächst eine Täuschungshandlung voraus. Diese ist eine Ausprägung der Ausgestaltung des Betrugs als »Kommunikationsdelikt«, welcher daher auch eines Empfängers bedarf. **Täuschung** ist dementsprechend jedes Verhalten, durch das im Wege einer Einwirkung auf das intellektuelle Vorstellungsbild eines anderen Menschen eine Fehlvorstellung über Tatsachen erregt werden soll. Vorliegend war der geschädigte Eigentümer G nicht anwesend. Auch kann kein sonstiger Täuschungsadressat festgestellt werden, insbesondere scheidet K als Erklärungsadressat aus, da dieser schlicht nicht »empfangsberechtigt« hinsichtlich etwaiger Erklärungen bezüglich der Gladiolen wäre und auch nicht über die Gladiolen »verfügt«.

Hinweis: Daher auch die verkürzte Darstellung. Die Frage, ob der Irrtum eines Dritten dem »Geschädigten« zugerechnet werden kann, spielt erst eine Rolle, wenn der Irrende auch die Vermögensverfügung vornimmt. Denn dann kann man auch danach fragen, ob der Verfügende (faktisch) berechtigt über das Vermögen des Dritten verfügt hat bzw. in dessen Lager stand, vgl. noch bei der Prüfung von K.

L hat sich somit nicht wegen Betrugs gem. § 263 I StGB strafbar gemacht. Auch liegt die Prüfung eines Versuchs **fern**, nachdem nichts über eine etwaige Kameraüberwachung des Blumenbeets gesagt wird.

C. Strafbarkeit der L gem. § 246 I StGB durch Mitnehmen der Gladiolen

Jedoch könnte sich L durch das Abschneiden und Mitnehmen der Gladiolen wegen Unterschlagung gem. § 246 I StGB strafbar gemacht haben.

I. Tatbestandsmäßigkeit

Eine fremde bewegliche Sache liegt, wie bereits festgestellt wurde, vor. Im Rahmen des § 246 StGB ist in Abgrenzung zum Diebstahl nicht die Wegnahme, sondern die **Zueignung** die Tathandlung. Darunter ist die **objektive Manifestation des Zueignungswillens** zu verstehen. Der Täter muss sich äußerlich wie ein rechtmäßiger Eigentümer verhalten. Dies ist anzunehmen, wenn er Gladiolen schlicht mitnimmt, ohne bezahlt zu haben. Auch handelte L vorsätzlich iSd § 15 StGB, da sie zum Zeitpunkt des Sich-Entfernens samt Gladiolen um die Nichtzahlung (und damit über den Nichtübergang des Eigentums gem. § 929 S. 1 BGB) weiß.

Hinweis: Die Kandidatin bzw. der Kandidat darf niemals das Simultaneitätsprinzip aus den Augen verlieren. Maßgeblicher Anknüpfungspunkt für die Strafbarkeit ist bei der Unterschlagung noch nicht das Selbstschneiden, sondern erst das Verlassen des Blumenbeets.

An der Zueignungsabsicht bestehen ebenso keine Zweifel.

II. Ergebnis

L hat sich durch das Abschneiden und Mitnehmen der Gladiolen somit wegen Unterschlagung gem. § 246 I StGB strafbar gemacht. Auch gilt der nach § 248a StGB erforderliche Strafantrag als gestellt.

D. Strafbarkeit der L gem. § 303 I StGB durch Abschneiden der Gladiolen

Hinsichtlich einer Strafbarkeit der L wegen Sachbeschädigung durch das Abschneiden der Gladiolen ist zunächst anzumerken, dass es sich bei den Gladiolen um eine fremde Sache handelt (s. oben). Auch werden diese durch das Abschneiden **beschädigt**, sodass die erforderliche Substanzverletzung iSd § 303 I StGB grundsätzlich vorliegt. Jedoch ist das Selbstschneiden, mithin der Beschädigungsakt der Gladiolen bei einem derartigen Selbstschneidebeet gerade **bestimmungsgemäß**. L hat sich somit nicht einer Sachbeschädigung strafbar gemacht. Daher kann auch die Frage einer bedingten Einwilligung – parallel zum Diebstahl – dahinstehen, da das darin enthaltene Unrecht der Vermögensschädigung bereits über § 246 StGB erfasst wird.

Hinweis: Jetzt dürfte der erste Hinweis besser nachvollziehbar sein. §§ 242, 263 StGB sowie § 303 StGB »durch L« scheiden mangels objektiver Tatbestandsmäßigkeit aus, sodass man dies in einem Satz (vgl. E.) kurz klarstellen kann. Außerdem tritt bei solch einer Trennung das »Folgeproblem« deutlicher zu Tage, wonach L die Unterschlagung ohne Defizit – mithin ohne Werkzeugqualität aufzuweisen – begeht. Dies führt zur Frage, ob K dennoch als »mittelbarer Täter« der Unterschlagung angesehen werden kann.

E. Strafbarkeit des K gem. §§ 242 I, 25 I Var. 2 StGB durch Zureden

K könnte sich durch die Aussage »er habe genug Geld dabei; L könne so viele Gladiolen für sich sammeln, wie sie will« wegen Diebstahls in mittelbarer Täterschaft gem. §§ 242 I, 25 I Var. 2 StGB strafbar gemacht haben. Vorliegend wurde aber bereits dargelegt, dass eine Wegnahme durch L nicht vorliegt. Dementsprechend kann auch K nicht durch L wegnehmen. Ein Diebstahl in mittelbarer Täterschaft scheidet folglich aus.

F. Strafbarkeit des K gem. § 263 I StGB durch vermeintliches Hineinwerfen von Geld in die Büchse zum Nachteil des G

K könnte sich durch das vermeintliche Hineinwerfen von Geld in die Geldbüchse wegen Betrugs gem. § 263 I StGB zum Nachteil des G strafbar gemacht haben. Jedoch wird das vermeintliche Hineinwerfen in keiner Form von G wahrgenommen, sodass bereits keine Täuschungshandlung vorliegt (s. oben). Zwar wird das Ganze von L beobachtet, die das dann auch noch » süß« findet, jedoch ist ihre Wahrnehmung letztendlich irrelevant, da L »im Lager« des K steht und keine Interessensvertreterin des G ist, mithin keine Strafbarkeit nach den Grundsätzen des Dreiecksbetrugs konstruiert werden kann.

G. Strafbarkeit des K gem. § 263 I StGB durch vermeintliches Hineinwerfen von Geld in die Büchse zum Nachteil der L

Jedoch könnte sich K wegen Betrugs gem. § 263 I StGB zum Nachteil der L strafbar gemacht haben. Auch hierfür ist zunächst eine Täuschungshandlung erforderlich. Jedoch wird diese, in Form des vermeintlichen Hineinwerfens von Geld, durch L durchschaut, sodass diese keinem Irrtum unterliegt.

H. Strafbarkeit des K gem. §§ 263 I, II, 22, 23 I StGB durch vermeintliches Hineinwerfen von Geld in die Büchse zum Nachteil der L

Soweit man hingegen einen versuchten Betrug in Betracht ziehen wollte, müsste K nicht nur Täuschungsvorsatz aufweisen (was sich hier – s. oben – bejahen ließe), sondern auch annehmen, dass sein Verhalten eine Vermögensverfügung durch L zur Folge hätte, die letztlich auch nicht kompensiert wird (Vermögensschaden). Dies könnte allerdings nur angenommen werden, wenn K die L durch sein Verhalten in die Gefahr eines ungewollten Vertragsschlusses brächte, was vorliegend nicht angenommen werden kann. Zwischen K und L war abgemacht, dass K zahlt. Dies ist für sich gesehen erst einmal für das Außenverhältnis (Vertragspartner des G) unerheblich, doch hat sich die Zahlungsabsicht des K auch in der »vermeintlichen« Zahlung manifestiert. Gerade dieser Akt würde aber bei einer Bestimmung des Vertragspartners nach der allgemeinen Verkehrsanschauung (und dem hypothetischen Parteiwillen gem. §§ 133, 157 BGB) maßgeblich sein und nicht bereits der Akt des Schneidens. Denn ein Blumenbeet zum Selbstschneiden zeichnet sich auch dadurch aus, dass man gemeinsam mit seinen Familienangehörigen (also auch Kleinkindern) und Freunden dieses betritt, weswegen der faktische Akt des Schneidens noch nicht zur Bestimmung des Vertragspartners herangezogen werden kann.

Hinweis: Eine aA erscheint hier vertretbar, mithin könnte man annehmen, dass L und K auch gesamtschuldnerisch haften; dann wäre allerdings wiederum der Vermögensschaden, mindestens aber die Bereicherungsabsicht problematisch, da sich K ja nicht aus der Verpflichtung der L heraus bereichern will, sondern schlicht durch die Nichtzahlung.

I. Strafbarkeit des K gem. §§ 246 I, 25 I Var. 2 StGB durch Zureden

K könnte sich durch die Aussage, L könne so viele Gladiolen mitnehmen, wie sie wolle, ohne sie im Anschluss über die Zahlung aufzuklären, wegen Unterschlagung in mittelbarer Täterschaft gem. §§ 246 I, 25 I Var. 2 StGB strafbar gemacht haben.

I. Tatbestandsmäßigkeit

Die Tat wurde, wie oben darlegt, **durch L** begangen, sodass fraglich ist, ob K die fremde Handlung gem. § 25 I Var. 2 StGB zugerechnet werden kann. Hieran erscheint jedoch problematisch, dass L gerade um die Nichtzahlung, mithin um den fehlenden Eigentumsübergang und damit um die Fremdheit der Gladiolen weiß.

K hingegen geht davon aus, dass L einem Tatbestandsirrtum hinsichtlich des Merkmals »fremd« unterliegt und damit vorsatzlos agiert. Er stellt sich damit vor, er habe gegenüber L überlegenes Wissen und damit die Tatbegehung in den Händen, obwohl dies tatsächlich nicht der Fall ist. Es handelt sich somit um eine **»vermeintliche mittelbare Täterschaft«**, bei der der Vordermann im Gegensatz zur klassischen Konstellation der mittelbaren Täterschaft bösgläubig ist. Wie diese zu behandeln ist, ist umstritten.

Die Rechtsprechung, die den Umfang bzw. den Grad der Beteiligung auf Grundlage der subjektiv-objektiven Theorie/*»normativen Kombinationstheorie«* abgrenzt, gelangt hier zur mittelbaren Täterschaft, nachdem K hier die L als sein »Werkzeug« angesehen und die Unterschlagung mit Täterwillen – animus auctoris – herbeigeführt hat. Infolge einer Gesamtbewertung (normativen Betrachtung) wäre also die Annahme einer mittelbaren Täterschaft zumindest nicht versperrt.

Anderes gilt, wenn man die Tatherrschaftslehre zugrunde legt. Nach dieser Auffassung kann eine die mittelbare Täterschaft begründende Tatherrschaft nur angenommen werden, wenn der Vordermann »fungibel« ist, also ein Strafbarkeitsdefizit aufweist. K handelt jedoch volldeliktisch und weist auch keine sonstigen Mängel auf, die sie beeinflussbar machten. Eine vollendete mittelbare Täterschaft scheidet somit aus.

Teile der Tatherrschaftslehre nehmen hingegen eine versuchte mittelbare Täterschaft an, wenn sich der Hintermann (hier also K) vorstellt, dass er Tatherrschaft innehabe. Vorliegend stellte sich K vor, dass L unvorsätzlich hinsichtlich des Merkmals »fremd« agierte, da eine Zahlung zu einer Eigentumsübertragung geführt hätte. Somit könnte sein Verhalten auch unter Zugrundelegung der Tatherrschaftslehre als (nur versuchte) mittelbare Täterschaft gedeutet werden.

Lehnt man dies hingegen ab, kommt bei K als Veranlasser der Tat zumindest eine Anstiftung zur Unterschlagung in Betracht. Da die Anstiftung sich aber typischerweise dadurch auszeichnet, dass der Teilnehmer den Täter zur Tat bestimmt, wird ein Anstiftervorsatz infrage gestellt, wenn der Teilnehmer seinerseits als »Täter« agieren will (mithin wird zT davon ausgegangen, dass sich Anstifter- und Tätervorsatz qualitativ unterscheiden). Hingegen nimmt eine andere Auffassung an, dass der Wille zur Tatherrschaft stets den Anstiftervorsatz als »Minus« enthält und damit eine vollendete Anstiftung gegeben sei. Dieser Streit kann jedoch vorliegend dahinstehen.

§ 246 StGB erfasst auch die Drittzueignung. K ist über das ganze Tatgeschehen hinweg anwesend und kann das »Zueignungsgebaren« der L kontrollieren. Gerade aus diesem Grund kann sein eigenes Nichteinschreiten unmittelbar als »Schenkungsakt« und somit als Drittzueignung qualifiziert werden. Damit kann K als vorsätzlich iSd § 15 StGB agierender Täter der Unterschlagung angesehen werden.

Hinweis: Der Streit um die vermeintliche, mittelbare Täterschaft sollte in getrennten Prüfpunkten dargestellt werden, wenn sie sich der Ansicht anschließen, welche eine versuchte, mittelbare Täterschaft präferiert. Dann kann die Anstiftungsstrafbarkeit gesondert dargestellt und das Konkurrenzverhältnis dargelegt werden. Im vorliegenden Fall der Unterschlagung besteht die tatbestandliche Besonderheit, dass die Auslegung des Begriffs der (Dritt-)Zueignung eine Einordnung des Beteiligten als unmittelbarer Täter zulässt. Kandidatinnen und Kandidaten sollten bei derartigen Fragestellungen auch bedenken, ob eine »Versuchstenorierung« (mithin eine potenzielle Strafrahmenmilderung nach § 23 II StGB) schlicht sachgerecht ist.

II. Ergebnis

Für eine fakultative Strafmilderung gem. § 23 II StGB besteht kein Anlass (aA – insbesondere Strafbarkeit gem. §§ 246, 26 StGB gut vertretbar). K hat sich damit wegen Unterschlagung strafbar gemacht gem. §§ 246, 25 I Var. 2 StGB.

Hinweis: Die wenigsten Klausurbearbeiterinnen und -bearbeiter werden sich dieser »versteckten Problematik« widmen, sodass auch nur zwei bis drei knappe Formulierungen in diese Richtung vom Korrektor besonders honoriert werden müssten. Im Übrigen darf die Problematik gerade bei Delikten mit eher niedrigerem Strafrahmen nicht überbewertet werden, weil letztlich nur strafzumessungsrechtliche Fragen betroffen sind.

2. Tatkomplex: Liebes(luft)schlösser

A. Strafbarkeit des K gem. § 303 I StGB durch Zerstören des Liebesschlosses

K könnte sich durch das Zerstören des Liebesschlosses wegen Sachbeschädigung gem. § 303 I StGB strafbar gemacht haben.

I. Tatbestandsmäßigkeit

Beim Liebesschloss handelt es sich unproblematisch um eine Sache. Diese müsste jedoch auch zum Zeitpunkt der Tat für K fremd gewesen sein.

Nachdem F das Schloss mitgebracht hatte, ist davon auszugehen, dass sie ursprünglich Alleineigentümerin war. Jedoch könnte das Schloss zwischenzeitlich, kraft Eigentumsaufgabe bzw. **Dereliktion** gem. § 959 BGB, durch das Anbringen an der Brücke, herrenlos geworden sein. Hierfür ist neben der einfachen Besitzaufgabe jedoch die Absicht bzw. ein erkennbarer rechtsgeschäftlicher Wille (sog. **Verzichtswille**) erforderlich, auf das Eigentum zu verzichten.

Hinweis: Relevant wurde die Thematik der Dereliktion im Strafrecht unlängst im Kontext der Fragestellung, ob das »Containern«, also das Entwenden nicht mehr verkehrsfähiger Lebensmittel, die in Behältnissen – meist auf dem Gelände von Supermärkten abgesichert bis zur Abholung durch die Müllabfuhr – aufbewahrt werden, einen Diebstahl darstellt. Nach zutreffender Auffassung muss in derartigen Fällen eine Dereliktion der Supermarktbetreiber verneint werden, weil bereits das Aufbewahren in verschlossenen Containern ein starkes Indiz dafür ist, dass bis zur vollständigen Entsorgung kein Verzichtswille besteht (dies ließe sich vor dem Hintergrund ordnungs- wie auch haftungsrechtlicher Folgen auch nachvollziehen). Die weggeworfenen Lebensmittel bleiben also fremd. Ebenso lässt sich die Fremdheit der Sache nicht verneinen, weil diese wertlos oder nicht verkehrsfähig ist. Insofern knüpft § 242 I StGB als Vermögensdelikt im weiteren Sinne lediglich an die formale Eigentümerstellung. Soweit Lebensmittel gestohlen werden, um diese noch »zweckmäßig« zu verwenden (gegebenenfalls aus altruistischen Motiven), ist der Unwertgehalt solch einer Tat derart gering, dass eine teleologische Reduktion bzw. Einschränkung des Straftatbestands vor dem Hintergrund des Übermaßverbots ins Spiel gebracht werden kann. Das BayObLG hat derartigen Erwägungen jedoch eine eindeutige Absage erteilt (BayObLG BeckRS 2019, 24051 mAnm *Jahn* JuS 2020, 85). Dem pflichtete das Bundesverfassungsgericht in einem ausführlichen Nichtannahmebeschluss bei und wies darauf hin, dass eine verhältnismäßige Anwendung der Strafnorm (nicht nur im Fall des Containerns, sondern auch in sonstigen Fällen geringen Unrechts bzw. bloß formalen Eigentumsschutzes) durch das strafzumessungsrechtliche und strafprozessuale Instrumentarium ermöglicht werde (BVerfG NJW 2020, 2953 mAnm *Hoven*). Jenseits der grundsätzlichen Bedenken, die im Hinblick auf eine »Kompensationswirkung« besonderer Sanktionsformen (Verwarnung mit Strafvorbehalt) und prozessualer Erledigungsformen (Opportunitätseinstellung) bestehen, muss man sich fragen, ob dies auch gelten kann, wenn mehrere Täter wiederholt und arbeitsteilig altruistisch entsorgte Lebensmittel entwenden, da dann ein schwerer Bandendiebstahl im Raume steht, bei dem selbst bei Annahme eines minder schweren Falles Freiheitsstrafe von sechs Monaten bis zu fünf Jahren drohen.

Während die Aufgabe der tatsächlichen Gewalt über die Sache, ab dem Zeitpunkt des Wegwerfens der Schlüssel wegen der fehlenden Einwirkungsmöglichkeit vorliegt, ist der Aufgabewille fraglich. Ein bloßer Realakt (Besitzaufgabe), wie das Anbringen an der Brücke, genügt nicht. Zwar muss der Verzichtswille nicht geäußert werden, es genügt, wenn dieser aus der Art und Weise und den Begleitumständen der Besitzaufgabe hervorgeht, jedoch ist selbst eine schlüssig zum Ausdruck gebrachte Aufgabenintention abzulehnen, da Liebesschlösser dem Brauch nach am Brückengeländer als

Symbol »für die ewige Liebe« angebracht werden. Dementsprechend ist grundsätzlich keine Aufgabe des Eigentums durch die Verliebten, sondern nur das Verwahren an einem speziellen Ort, gewollt. Es liegt somit eine fremde Sache vor.

Hinweis: Hier sind beide Ansichten bei entsprechender Argumentation gut vertretbar. Für den Fall der Annahme der Dereliktion ist eine Sachbeschädigung bereits auf der Ebene des Tatbestands abzulehnen. Im Originalfall wurden die Schlösser entfernt, um diese zu behalten und anschließend zu verwerten, sodass die Frage der Fremdheit beim Diebstahl zu verorten war und sich im Anschluss die Frage stellte, inwiefern überhaupt eine Wegnahme in Betracht kommt (insbesondere wer den Gewahrsam an den Schlössern ausübt und inwiefern die Entfernung gegen den mutmaßlichen Willen des Gewahrsamsinhabers erfolgte). Diese Fragen ergeben sich nicht, wenn »nur« eine Sachbeschädigung im Raum steht.

K zerstörte das Schloss iSd § 303 I StGB durch das Aufbrechen mit der Brechzange. Zwar sollte dieses ohnehin nicht mehr in der ursprünglichen Funktion, zur Sicherung und Verwahrung, benutzt werden, jedoch könnte man durch das Anbringen an der Brücke, als Symbol für die ewige Liebe, von einer neuen Zweckwidmung ausgehen, die durch das Aufbrechen vollständig aufgehoben wurde. Dies Zerstörung einer fremden Sache lässt sich bejahen.

Des Weiteren müsste K vorsätzlich gehandelt haben, § 15 StGB. Vorsatz ist der Wille zur Tatbestandsverwirklichung in Kenntnis aller objektiven Tatumstände. Vorliegend könnte jedoch K einem **Tatbestandsirrtum** iSd § 16 I StGB unterlegen sein, indem er sich über das normative Merkmal der Fremdheit des Schlosses irrte. Grundsätzlich werden Irrtümer im Bereich von normativ geprägten Tatbestandsmerkmalen über den Verbotsirrtum gem. § 17 StGB gelöst. Jedoch wird bei stark normativ geprägten Tatbestandsmerkmalen – vorliegend wie derjenigen der Fremdheit – von diesem Grundsatz abgewichen. Den Maßstab für solch eine Ausnahme bildet die sog. **Parallelwertung in der Laiensphäre**, wonach der Handelnde den Begriffskern des jeweiligen Tatbestandsmerkmals generell erfassen muss und ihm nicht zum Vorwurf gemacht werden kann, wenn er nachvollziehbar – nach Laienansicht – eine falsche rechtliche Bewertung getroffen hat. Dies muss zumindest deshalb in Betracht gezogen werden, als sich die Fehlvorstellung des K auf eine zivilrechtliche Vorfrage bezieht (»das Schloss ist eh nur Müll« als Vorstellung, wonach das Eigentum rechtswirksam aufgegeben worden sei). K weiß allerdings, dass das Schloss ursprünglich der F gehörte und sie damit (auch nach Wegfall des ursprünglichen Zwecks des Aufhängens des Schlosses) jedenfalls noch hinsichtlich der weiteren Verwendung des Schlosses ein Mitspracherecht inne, wenn nicht sogar allein darüber zu entscheiden hat. Ein Vorsatz des K ist somit zu bejahen.

II. Rechtswidrigkeit und Schuld

K handelte auch rechtswidrig, doch muss überprüft werden, ob er nicht zumindest wegen eines (unvermeidbaren) **Verbotsirrtums** gem. § 17 S. 1 StGB entschuldigt ist. Ähnlich wie auch im Rahmen des Vorsatzes, muss man wohl davon ausgehen, dass die Vorstellung »das Schloss sei nur Müll« ohne Weiteres – mithin bei »glaubhafter Gewissensanspannung« – korrigiert werden könnte. Somit ist von einem vermeidbaren Verbotsirrtum auszugehen, der lediglich zur Möglichkeit einer Strafmilderung gem. § 17 S. 2 StGB, § 49 I StGB führt. K hat sich somit durch das Aufbrechen des Liebesschlosses wegen Sachbeschädigung gem. § 303 I StGB strafbar gemacht.

Der gem. § 303c StGB erforderliche Strafantrag ist gestellt.

B. Strafbarkeit des K gem. § 304 I StGB durch Zerstören des Liebesschlosses

K könnte sich durch das Aufbrechen und Entfernen des Schlosses wegen gemeinschädlicher Sachbeschädigung gem. § 304 I StGB strafbar gemacht haben. Jedoch ist die Brücke bereits kein **besonderer Schutzgegenstand**. Die eventuell bei einzelnen Verliebten vorhandene Vorstellung, die Brücke sei ein Platz bzw. ein Denkmal für ihre Liebe, genügt nicht. Vielmehr bedarf es einem Widmungsakt. Soweit aufgrund der Individualität der Schlösser und dem dadurch entstehenden Gesamtbild der Brücke eine öffentlich ausgestellte Sammlung der Kunst bejaht wird, findet durch das Aufbrechen eines einzelnen Schlosses keine erhebliche Beschädigung des Kunstwerks insgesamt statt.

C. Strafbarkeit der L gem. §§ 303, 26 StGB wegen Anstiftung

L könnte sich durch die Aufforderung, K solle das Schloss entfernen, wegen Anstiftung zur Sachbeschädigung gem. §§ 303, 26 StGB strafbar gemacht haben. Eine vorsätzliche, rechtswidrige Haupttat liegt in Gestalt der Sachbeschädigung durch K vor. L hat hierbei auch den Tatentschluss des K hervorgerufen, ihn mithin zur Tat bestimmt. Es kam ihr gerade darauf an, den K zu dieser Tat zu bestimmen und sie wollte die Zerstörung des Schlosses, von deren Fremdheit sie auch ausging. Sie handelte auch rechtswidrig und schuldhaft. Sie macht sich daher wegen Anstiftung zur Sachbeschädigung strafbar, §§ 303 I, 26 StGB.

3. Tatkomplex: Im Dessous-Laden

A. Strafbarkeit des K gem. §§ 242 I, II, 22, 23 I StGB durch Greifen nach dem Unterwäscheset

K könnte sich durch das Greifen nach dem Unterwäscheset wegen versuchten Diebstahls gem. §§ 242 I, II, 22, 23 I StGB strafbar gemacht haben.

I. Vorprüfung

K hat die Dessous nicht in seine Jackeninnentasche oder in eine mitgebrachte Tasche verbracht, sodass eine Wegnahme der Unterwäsche als fremde, bewegliche Sachen, mithin ein Gewahrsamswechsel im Tabubereich (sog. **Apprehensionstheorie**) ausscheidet. Der Diebstahl ist nicht vollendet. Gemäß § 242 I, II StGB iVm §§ 23 I Var. 2, 12 II StGB ist der Versuch des Diebstahls strafbar.

II. Tatentschluss

Zunächst müsste K mit Tatentschluss agieren, also mit Vorsatz bezüglich aller objektiven Tatbestandsmerkmale handeln und die gegebenenfalls erforderlichen subjektiven Merkmale aufweisen. Vorliegend wusste K, dass es sich bei dem Unterwäscheset um eine fremde, bewegliche Sache handelt. Auch wollte er dieses wegnehmen, nachdem die Schaffung einer Gewahrsamsenklave – in Form seiner Jackentasche – und damit der Wechsel in seinen Tabubereich beabsichtigt war.

Hinweis: Den Gewahrsamswechsel im Tabubereich bzw. die Schaffung einer Gewahrsamsenklave könnte man als kriminalpolitische sowie dogmatische Besonderheit des § 242 StGB auch etwas ausführlicher darstellen, insbesondere auch genauer – nämlich bei der Begründung neuen Gewahrsams – verorten, vgl. bereits Fall 7. Doch abgesehen davon, dass diese Fragestellung hier keinen Schwerpunkt bildet, muss vor allem auch die Bearbeitungszeit im Blick behalten werden. Gerade bei einer chronologischen Prüfung dürfte man sich an diesem Punkt der Klausur bereits im letzten Viertel der Bearbeitungszeit befinden. Hier dürfte es also genügen, wenn man dem Korrektor sein »Wissen« andeutet, aber im Übrigen auf den Schwerpunkt (Rücktritt) übergeht.

Zudem wollte K sich bzw. der L die Dessous zu diesem Zeitpunkt auch zueignen, sodass das deliktspezifische Merkmal der Zueignungsabsicht anzunehmen ist. Der Tatentschluss lässt sich bejahen.

III. Unmittelbares Ansetzen

Des Weiteren setzte K durch das Greifen nach dem Set unmittelbar iSd § 22 StGB zum Diebstahl an, nachdem er durch das Greifen subjektiv die Schwelle zum »Jetzt-geht-es-los« überschritten hat und es nach seiner Vorstellung auch objektiv ohne wesentliche weitere Zwischenakte zur Tatbestandsverwirklichung, also der Wegnahme, kommen sollte.

IV. Rechtswidrigkeit und Schuld

K handelte rechtswidrig und schuldhaft.

V. Rücktritt vom Versuch gem. § 24 II StGB

In Betracht zu ziehen ist allerdings, dass K durch das Wegwerfen des Dessous-Sets gem. § 24 II StGB strafbefreiend vom Versuch zurückgetreten ist. Hierfür ist zunächst erforderlich, dass der Versuch nicht **fehlgeschlagen** ist. Davon ist auszugehen, wenn der Täter nach seiner Vorstellung den tatbestandlichen Erfolg mit den ihm zur Verfügung stehenden Mitteln nicht oder nicht mehr ohne zeitlich relevante Zäsur herbeiführen kann. Vorliegend war nach Vorstellung des K die Mit- bzw. Wegnahme tatsächlich nicht unmöglich, sondern ihm war dies vor seiner Großtante lediglich peinlich. Damit war der Versuch noch nicht fehlgeschlagen. Fraglich ist jedoch, nach welcher Vorschrift sich der Rücktritt des K richtet. Während der **Rücktritt des Alleintäters** nach § 24 I StGB zu behandeln ist, greift **bei mehreren Beteiligten** § 24 II StGB. Während K als Täter agiert, kommt vorliegend auch eine Anstiftung der L in Betracht, sodass § 24 II StGB einschlägig ist. Im Hinblick auf die erhöhte Realisierungsgefahr bei mehreren Beteiligten verschärft § 24 II StGB die Anforderungen an die Rücktrittshandlung und verlangt, dass der Zurücktretende die Vollendung verhindert. Dies setzt allerdings nicht zwingend voraus, dass der Täter aktiv tätig werden müsste. Soweit das Verhalten ursächlich für das Ausbleiben des Erfolgs ist, genügt es auch, wenn der Täter schlicht Abstand von der Umsetzung des Tatplans nimmt. Vorliegend sollte K die Tatausführung als »Alleintäter« übernehmen und eine »Intervention« durch L – in Form einer weiteren Realisierung der Tat – war vom Tatplan her nicht zu erwarten. Somit reicht es aus, dass K den Laden verließ und das Unterwäscheset auf den Boden warf.

Zuletzt müsste K auch **freiwillig** agiert haben. Freiwillig handelt der Täter nach der Lehre von den heteronomen und autonomen Gründen, wenn er bei seiner Entscheidung, vom Versuch zurückzutreten, »**Herr seiner Entschlüsse**« ist. Dem Sachverhalt ist nicht zu entnehmen, dass die psychischen Hürden (mithin das Gefühl der Scham des K gegenüber seiner Großtante) solch ein Ausmaß annahmen, dass dieser nicht mehr frei von Zwängen entscheiden konnte. Somit ist von einem strafbefreienden Rücktritt auszugehen (aA mit entsprechender Begründung vertretbar).

B. Strafbarkeit der L gem. §§ 242 I, II, 22, 23 I, 26 StGB durch Zureden und Nicken

L könnte sich durch die Aufforderung, die Unterwäsche auf eine andere Art und Weise zu besorgen, einer Anstiftung zum versuchten Diebstahl gem. §§ 242 I, II, 22, 23 I, 26 StGB strafbar gemacht haben.

I. Tatbestandsmäßigkeit

Hierfür müsste zunächst eine **vorsätzliche, rechtswidrige Haupttat** vorliegen, wobei dies auch eine versuchte Tat umfasst, § 11 I Nr. 5 StGB. Eine beteiligungsfähige Haupttat liegt in Form des versuchten Diebstahls des K vor (der strafbefreiende Rücktritt des K ändert an dieser Bewertung nichts). Des Weiteren müsste L den K zu dieser Tat bestimmt und damit seinen Tatentschluss hervorgerufen haben. K hatte ursprünglich keinen Vorsatz, Unterwäsche zu stehlen. Auf diese Idee brachte ihn erst L, als sie ihn im Wege des »geistigen Kontakts« aufforderte, sich zu überlegen, wie er das Set auf andere Weise als durch einen Kauf besorgen könne. Hierin liegt eine zumindest schlüssige Aufforderung zur Wegnahme fremder beweglicher Sachen, und nicht lediglich die Schaffung einer tatanreizenden Situation. Mag es L auch nicht explizit zum Ausdruck gebracht haben, so hat sie zumindest durch die zusätzliche Bemerkung, dass sie wisse, dass in K ein »Gangster stecke« zum Ausdruck gebracht, dass er notfalls kriminell agieren müsse. K war dennoch – kurz vor dem Zeitpunkt des Greifens nach den Dessous – noch unentschlossen, entschied sich jedoch endgültig, nachdem L nochmals nickte. Jedenfalls dieses Verhalten lässt sich unter das Bestimmen subsumieren.

Zudem müsste L auch den subjektiven Tatbestand erfüllen. Dieser setzt im Rahmen der Anstiftung den sog. **doppelten Anstiftervorsatz** voraus. Das heißt, L müsste sowohl vorsätzlich bezüglich der Tathandlung des Bestimmens als auch vorsätzlich hinsichtlich des Erfolgs der Haupttat gehandelt haben. Unproblematisch liegt dies bezüglich des Bestimmens in Form der Aufforderung vor. Dagegen liegt der Vorsatz hinsichtlich der Haupttat bzw. hinsichtlich der Begehung an sich vor, jedoch muss sich der Vorsatz, wie oben dargelegt, weiter und damit auf den Erfolg bzw. die Beendigung der Tat erstrecken. Vorliegend meinte L, dass K sich dann eben einen anderen Weg als die 230 EUR zu zahlen einfallen lassen müsse, um an das Dessous-Set zu gelangen. Damit wollte sie zum Zeitpunkt des Bestimmens, dass K das Set stiehlt. Sie hatte daher auch Vorsatz bezüglich des Erfolges der Haupttat. Dass sie diesen Vorsatz nach dem Lesen der Nachricht der F fallen ließ und K vielmehr an der Kasse »verpetzen« wollte, ist aufgrund des Simultaneitätsprinzips gem. §§ 15, 16 I StGB unbeachtlich. Dementsprechend können hier auch die Überlegungen bzw. die Figur des agent provocateur nicht angewendet werden. (Die Lehre von der Rechtsgutsverletzungsgrenze greift nicht, da der Anstifter zunächst mit **Vollendungsvorsatz** agiert.)

Hinweis: Eine Straflosigkeit der L nach den Grundsätzen der Lehre vom agent provocateur käme nur in Betracht, wenn sie von Anfang an geplant hätte, den K auszuliefern. Ob sie in solch einer Konstellation tatsächlich eine Straflosigkeit verdient hätte, steht wiederum auf einem anderen Blatt geschrieben.

II. Rechtswidrigkeit und Schuld

L handelte rechtswidrig und schuldhaft.

III. Rücktritt gem. § 24 II StGB

Fraglich ist jedoch, ob auch L strafbefreiend vom Versuch der Haupttat zurückgetreten ist. Zwar ist die Anstiftung vollendet, dies hindert jedoch keinen Rücktritt von der Haupttat. Schließlich würde sich der Rücktritt vom Versuch der Beteiligung auch nicht nach § 24 II StGB, sondern § 31 StGB richten. Auch L unterliegt den verschärften Anforderungen des § 24 II StGB hinsichtlich der Rücktrittshandlung, mithin müsste L die Vollendung der Tat verhindert haben. Die Verhinderung der Tat ist allerdings ausschließlich auf den Entschluss des K zurückzuführen, der den Laden verlässt. Die hM geht dabei zwar ebenso davon aus, dass ein **passives Untätigbleiben** für einen Rücktritt des weiteren Beteiligten genügen kann, doch müsste der Zurücktretende dann davon ausgehen, dass ihr Untätigbleiben die Ursache für die Vollendungsverhinderung darstellt. Vorliegend traf K den Entschluss ohne Einvernehmen der L; diese hatte nach eigener Vorstellung dem Tatplan nach niemals in Betracht gezogen, das Unterwäscheset selbst wegzunehmen. Vielmehr geht diese, nachdem es nichts mehr zu »petzen« gibt, enttäuscht nach Hause. Mangels »einvernehmlicher« Verhinderung lässt sich ein Rücktritt der L nicht annehmen. Ein Rücktritt ist daher abzulehnen. L hat sich somit durch die Aufforderung wegen Anstiftung zum versuchten Diebstahl gem. §§ 242, 22, 23 I, 26 StGB strafbar gemacht.

Hinweis: Das Ergebnis mag zwar auf den ersten Blick erstaunen, fühlt sich aber bei »spontanem Zugriff« gerecht an, da K tatsächlich vom Plan Abstand nahm, während sich der Sachverhalt nicht so abgespielt hat, wie sich dies die L vorgestellt hatte.

Gesamtergebnis und Konkurrenzen

L hat sich durch das Mitnehmen der Gladiolen wegen Unterschlagung gem. § 246 I StGB strafbar gemacht. Diese steht in Tatmehrheit zu ihrer Anstiftung zur Sachbeschädigung gem. §§ 303, 26 StGB und der Anstiftung zum versuchten Diebstahl gem. §§ 242, 22, 23 I, 26 StGB. Letztere wurden ebenfalls tatmehrheitlich gem. § 53 I StGB begangen.

K hat sich wegen Unterschlagung gem. §§ 246 I, 25 I Var. 2 StGB und Sachbeschädigung am Liebesschloss gem. § 303 I StGB strafbar gemacht. Diese stehen in Tatmehrheit gem. § 53 I StGB.

Vertiefende Literatur zu den Schwerpunkten des Falles

1. Zur Zivilrechtsakzessorietät der Fremdheit und zur Zueignungsabsicht

- *Kudlich/Noltensmeier*, Die Fremdheit der Sache, JA 2007, 863
- *Kudlich/Oğlakcıoğlu*, Die Zueignungsabsicht in der Fallbearbeitung, JA 2012, 321

2. Zur Frage der Dereliktion

- *Bode,* Zur Strafbarkeit privater Schrottsammler, JA 2016, 589
- *Reinhardt,* Liebesschlösser – Für immer und ewig?, JA 2016, 189
- *Fahl*, Der im Altpapier gefundene »Richter«, JA 2019, 807

3. Zur mittelbaren Täterschaft

- *Koch*, Grundfälle zur mittelbaren Täterschaft, § 25 I Alt. 2 StGB, JuS 2008, 399

4. Zur Problematik des agent provocateur

- *Rönnau*, Grundwissen – Strafrecht: Agent provocateur, JuS 2015, 19
- *Deiters*, Straflosigkeit des agent provocateur?, JuS 2006, 302

Zusammenhängende Literatur zu den einzelnen Deliktsbereichen

Diebstahl *Kudlich* PdW StrafR BT I Nr. 1–10; *Rengier* StrafR BT II § 2; *Jäger* ExamensRep StrafR BT Rn. 257–314

Fall 9: »POS, POZ, ELV, JVA«

Sachverhalt

Die alleinerziehende Mutter Maria (M) will das einzige Konzert ihres Lieblingsmusikers in Deutschland nicht verpassen. Weil sie davon ausgeht, dass man bereits mittags anstehen muss, um an eine der begehrten Karten zu kommen, sie aber diese Zeit zum Schminken benötigt, beauftragt sie ihre Tochter Sarah (S) damit, die Karten bei einem Ticketverkäufer in der Innenstadt zu besorgen. Sie reicht der S zu diesem Zweck ihre Brieftasche und meint, dass S mit der EC-maestro-Karte der B-Bank die Tickets bezahlen, aber keinen sonstigen Blödsinn mit der Karte anstellen solle.

S begibt sich direkt zum Shop und bemerkt, dass der Lieblingsmusiker ihrer Mutter doch nicht mehr so viele Fans hat, wie diese vermutet hatte. Als sie sieht, dass am gleichen Abend der Rapper C.R. Capone ein Konzert gibt, kauft sie dieses Ticket – weil sie selbst knapp bei Kasse ist – gleich zum Preis von 67 EUR mit. Sie bezahlt den Gesamtpreis, indem sie die EC-maestro-Karte ihrer Mutter in das POS-System an der Kasse einführt und die ihr mitgeteilte PIN eingibt. Daraufhin druckt die Verkäuferin die Tickets aus und überreicht sie S, die gut gelaunt den Laden verlässt.

Aufgeregt ruft S ihre Mutter an und teilt dieser mit, dass es mit der Karte geklappt habe. Als Belohnung für sich selbst habe sie sich Karten für das C.R. Capone-Konzert geholt. M ist allerdings weder mit dem Konzert als solchem noch mit dem Umstand einverstanden, dass sie das Konzert bezahlen soll. Sie trägt der S daher auf, die Karte zurückzugeben und sich den Kaufpreis erstatten zu lassen. Die wütende S legt einfach auf.

Jetzt will S es erst Recht richtig krachen lassen. Sie begibt sich direkt zur nächsten B-Bank und will das gesamte Konto der M samt Dispositionskredit leerfegen (ca. 2.700 EUR), um sich im Anschluss damit auf der Luxusmeile Münchens einen netten Tag zu machen.

Auf dem Weg zur Bank hält S zunächst noch an einer Tankstelle, um ihr eigenes Auto für 70 EUR vollzutanken, da der Tank fast leer ist. An der Zapfsäule, die S benutzt, ist ein deutlich lesbares Schild angebracht: »Bis zur vollständigen Bezahlung verbleibt das Eigentum am Benzin beim Inhaber der Tankstelle«. An der Kasse entschließt sie sich spontan, zur Bezahlung erneut die EC-Karte der M einzusetzen. Die Tankstelle nutzt das Elektronische Lastschriftverfahren. Tankwärter Friedrich F zieht die Karte daher durch den Schlitz des Lesegeräts und bittet S darum, auf dem vom Gerät ausgedruckten Beleg zu unterschreiben. S tut wie ihr geheißen und ahmt die Unterschrift ihrer Mutter nach. F verwahrt den unterschriebenen Beleg und lässt S von dannen ziehen.

An der Bank angekommen bemerkt S, dass sie die PIN zwischenzeitlich vergessen hat. Am Automaten tippt sie daher zweimal vergebens die falsche Nummer ein; vor ihrem dritten Versuch ist sie sich bewusst, dass die PIN erneut falsch sein könnte und eine weitere Fehleingabe zu einer (mit weiteren Kosten verbundenen) Sperrung der Karte führen könnte. Dies nimmt sie jedoch billigend in Kauf; auch der dritte Versuch geht fehl, sodass der Auszahlungsvorgang abgebrochen und die Karte gesperrt wird (mithin Transaktionen nicht mehr möglich sind).

Einige Wochen später macht sich M zum Einkauf in das örtliche Möbelhaus auf. M hat eine Kundenkarte des Möbelhauses, mit der dort auch Einkäufe bis zu einem Limit von 2.000 EUR bezahlt werden können, indem die Karte an der Selbstbedienungskasse in ein entsprechendes Lesegerät eingeführt wird und die zugehörige PIN eingegeben wird. Das System des Möbelhauses überprüft dabei nur, ob Karte und PIN zusammenpassen. Eine Prüfung des Bezahlungslimits oder der Kartenbelastung erfolgt dagegen nicht. Obwohl das Kartenlimit bereits erreicht und M derzeit arbeitslos ist und auch sonst über keinerlei Mittel zur Begleichung ihrer Schulden verfügt, bezahlt M mit der Kundenkarte an der Selbstbedienungskasse ein Regal im Wert von 200 EUR. Anschließend verlässt sie das Möbelhaus mit dem Regal im Einkaufswagen, lädt dieses in ihr Auto und fährt davon. Zu Hause baut sie das Regal im Wohnzimmer auf.

Bearbeitervermerk: Strafbarkeit von S und M? Die Bearbeitungszeit beträgt 240 Minuten.

Beim POS-System handelt es sich um ein bargeldloses Bezahlverfahren. Nachdem der Kunde seine EC-Karte in das Kartenlesegerät eingeführt und die zugehörige PIN eingegeben hat, startet das Computersystem des Lesegeräts eine Abfrage über das Internet bei der Bank des Kunden. Ist das Konto existent, nicht gesperrt, die PIN richtig und verfügt über eine für den Bezahlvorgang ausreichende Deckung, gilt die Zahlung des Kunden als erfolgt. Die Bank des Kunden übernimmt gegenüber dem Händler dabei eine Zahlungsgarantie.

Beim Elektronischen Lastschriftverfahren liest das System aus dem Magnetstreifen der Karte lediglich die Kontodaten aus. Eine weitere Überprüfung findet nicht statt. Das Zahlungsgerät druckt dann einen Beleg aus, der eine Ermächtigung zum Lastschrifteinzug erhält. Mit diesem Lastschriftbeleg kann der Händler dann den entsprechenden Betrag vom Konto des Kunden einziehen lassen. Eine Zahlungsgarantie wird von der Bank des Kunden dagegen nicht übernommen.

Die wirksamen AGB der B-Bank untersagen den EC-Karten-Inhabern eine Weitergabe der EC-Karte und PIN an Dritte. Auf die §§ 675l, 675u BGB und § 675v BGB wird hingewiesen.

Gutachtliche Vorüberlegungen

A. Bearbeitervermerk

Die Ausgangsfrage im Bearbeitervermerk verlangt die Prüfung von zwei Tatbeteiligten (S und M) und schließt keine Delikte aus. Die folgenden Ausführungen zu technischen Details des POS-Systems und des Elektronischen Lastschriftverfahrens sowie der Hinweis auf Vorschriften aus dem Zahlungsdiensterecht des BGB dürfte den meisten Bearbeiterinnen und Bearbeitern bereits den »Angstschweiß« auf die Stirn treiben. Denn bereits jetzt ist klar: Es geht um sog. Karten-Fälle. Diese Materie ist bei Studierenden nicht gerade beliebt und wird allgemein als kompliziert empfunden. Bei technischen Details in einem Bearbeitervermerk sollten Prüfungskandidatinnen und -kandidaten darauf achten, dass diese an irgendeiner Stelle der Klausur in der Subsumtion auftauchen. Meistens spielen diese sogar (wie auch in diesem Fall) eine entscheidende Rolle. Sonst müssten sie nicht geschildert werden. Bei Verweisen auf bestimmte Normen gilt ähnliches: Diese Normen spielen irgendwo in der Klausur eine Rolle. Die Bearbeiterin bzw. der Bearbeiter sollte also spätestens nach Anfertigung der Gliederung und vor Anfertigung der Reinschrift ihre bzw. seine Ausarbeitung noch einmal daraufhin überprüfen, ob die im Bearbeitervermerk genannten Rechtsnormen in ihren bzw. seinen Ausführungen enthalten sind oder zumindest bei der gedanklichen Lösung des Falles entscheidend waren.

B. Sachverhaltsanalyse

Der Sachverhalt hat seinen eindeutigen Schwerpunkt bei Straftaten, bei denen als Tatmittel Chip-Karten des elektronischen Zahlungsverkehrs zum Einsatz kommen. In solchen Fällen kann man sich als »Faustregel« merken, dass folgende Normen stets zu prüfen sind: §§ 263, 263a, 266, 266b StGB. Geht es um den Erwerb von Waren oder das Abheben von Geld am Automaten, kommen noch die §§ 242, 246 StGB hinzu.

Der Fall gliedert sich vorliegend in vier Tatkomplexe (C.R. Capone-Ticket, Tankstelle, Geldautomat und Regalkauf). In den ersten drei Tatkomplexen geht es um die Strafbarkeit der S (zT zulasten der M), im letzten Tatkomplex um diejenige der M. Da viele Straftatbestände nach obiger »Faustregel« wiederholt auftauchen werden, kann bei späteren Tatkomplexen häufig nach oben verwiesen werden. Angesichts des Zeitdrucks einer Strafrechtsklausur sollte davon auch umfangreich Gebrauch gemacht werden.

Beim ersten Tatkomplex handelt es sich um den »klassischen« EC-Kartenmissbrauch eines Nichtberechtigten im (heute überwiegend verwendeten) POS-Verfahren. Der Schwerpunkt liegt hier bei § 263a StGB und dort bei der Frage nach der Unbefugtheit der Kartennutzung trotz freiwilliger Überlassung von Karte und PIN. Hier ist vor allem auf den klassischen Meinungsstreit zwischen subjektiver, computerspezifischer und betrugsspezifischer Auslegung einzugehen. Außerdem muss geklärt werden, bei wem ein Vermögensschaden letztendlich eintritt, zu wessen Lasten der Computerbetrug also geht. Dies hat anhand der Normen des Zahlungsdiensterechts des BGB zu erfolgen. Die übrigen Tatbestände können dagegen eher kurz abgehandelt werden, da sie recht offensichtlich nicht vorliegen.

Der zweite Tatkomplex kombiniert einen »Tankstellenfall« mit der Zahlung einer Nichtberechtigten mittels einer EC-Karte im Elektronischen Lastschriftverfahren. Die Kombination der (wohl) umstrittensten Version des »Schwarztankens« (spontane Nichtzahlungsentscheidung erst im Verkaufsraum) mit der Bezahlung im Elektronischen Lastschriftverfahren stellt dabei eine besondere Herausforderung dar, weil (recht komplizierte) zivilrechtliche Fragestellungen im Rahmen der strafrechtlichen Prüfung zu beantworten sind. Dabei gilt es besonders sorgfältig herauszuarbeiten, wann ein Kaufvertragsschluss erfolgt (unseres Erachtens bereits beim Tankvorgang) und wann eine Übereignung anzunehmen ist (unseres Erachtens erst bei erfolgreicher Einlösung des Lastschriftbelegs wegen konkludentem Eigentumsvorbehalt und fehlender Wirkung des ELV-Verfahrens an Erfüllungs statt). Beides hat nämlich erhebliche Auswirkungen auf die Strafbarkeit nach §§ 242 I, 246 I StGB bezüglich des Benzins. Durchaus komplex ist auch die Bestimmung der Vermögensverfügung und des Vermögensschadens des Tankstelleninhabers bei der Zahlung im ELV-Verfahren. Die fehlende Zahlungsgarantie beim Elektronischen Lastschriftverfahren sorgt dafür, dass der Vermögensschaden des Tankstelleninhabers (durch Nichtdurchsetzung der Kaufpreisforderung) auch nicht wieder entfällt. Andererseits kommt deshalb allerdings kein Vermögensschaden bei der B-Bank in Betracht. Schließlich handelt es sich um eine klassische Konstellation des Dreiecksbetrugs, da der Angestellte F verfügt, der Schaden aber beim Tankstellenbetreiber eintritt.

Der dritte Tatkomplex behandelt eine etwas spezielle Konstellation eines »Bankautomaten-Falles«. Aufgrund des Scheiterns des Abhebeversuchs kommen alle infrage kommenden Tatbestände jeweils nur in ihrer Versuchsvariante in Betracht (ein Rücktritt ist dagegen wegen Fehlschlags offensichtlich ausgeschlossen). Auch hier liegt der Schwerpunkt iRv § 263a StGB bei der »Unbefugtheit« der Datenverwendung. Im Übrigen sollten – wiederum als Faustregel – in »Bankautomatenfällen« folgende Normen geprüft werden: §§ 263, 263a, 265a, 266b, 242, 246 StGB. Bei Prüfung von § 246 StGB ist das unmittelbare Ansetzen iSv § 22 StGB problematisch, da zwischen dem Eingeben der PIN als Tathandlung und dem Vollendungszeitpunkt durch Manifestation der Zueignungsabsicht noch wesentliche Zwischenschritte liegen. Aufgrund der Sperrung der Karte muss außerdem noch an die §§ 274, 303a, 303b StGB gedacht werden. Schließlich ist der Automaten-Fall durch die AT-Problematik des »dolus alternativus« abgerundet, die besondere Aufbaufragen aufwirft (s. unten in der Falllösung).

Im vierten und letzten Tatkomplex bekommt es die Bearbeiterin bzw. der Bearbeiter mit einer Kombination aus dem Missbrauch einer Selbstbedienungskasse und dem Missbrauch einer Kundenkarte im Zwei-Personen-System zu tun. Die Besonderheit dieser Konstellation liegt darin, dass durch das Zwei-Personen-System (ähnlich wie im Elektronischen Lastschriftverfahren) keine Zahlungsgarantie vorliegt. Allerdings scheidet ein Betrug, anders als im zweiten Tatkomplex, wegen der Verwendung einer Selbstbedienungskasse aus. Wegen der fehlenden Deckungsprüfung scheitert letztlich auch § 263a StGB an der »Unbefugtheit« der Datenverwendung. Außerdem muss sich die Bearbeiterin bzw. der Bearbeiter noch mit »klassischen« Fragen iRv §§ 242, 246 StGB auseinandersetzen. Die Möglichkeit der Bedingung eines generellen Einverständnisses und die Frage, wann an (Selbstbedienungs-)Kassen das Eigentum an den gekauften Sachen übertragen wird, sind immer wiederkehrende Problemkreise in (Examens-)Klausuren.

In konkurrenzrechtlicher Hinsicht weist der Fall keine besonderen Schwierigkeiten auf, was vor allem daran liegt, dass nur sehr wenige Straftatbestände erfüllt werden.

C. Klausurbausteine

Der klare Schwerpunkt liegt auf dem Bereich der Vermögensdelikte, insbesondere §§ 263, 263a StGB. Die AT-Probleme und Fragen aus dem Bereich der Delikte gegen die Allgemeinheit tauchen nur selten und/oder am Rande auf. Die Klausur eignet sich daher thematisch vor allem als Aufgabenstellung in der Übung für Fortgeschrittene. Gleichzeitig weist die Klausur allerdings einen so hohen Schwierigkeitsgrad auf, dass sie aus dieser Perspektive eher als Examensklausur einzuordnen ist.

Um die Klausur in der Großen Übung mit einer Bearbeitungszeit von 180 Minuten zu stellen, könnte man die Prüfung der §§ 242, 246 StGB im Bearbeitervermerk ausschließen, um so eine Konzentration auf die §§ 263a, 263, 266, 266b StGB zu ermöglichen.

D. Korrekturberichte

An dieser Klausur zeigte sich vor allem zweierlei: Erstens war es die erste Begegnung vieler Studierender mit »Tankstellenfällen« und »EC-Kartenfällen« und diese Art von Fällen scheinen beinahe unmöglich zu lösen zu sein, wenn man die grundlegenden »Stellschrauben« nicht zumindest einmal vorher an einer Falllösung kennengelernt hat. Im Workshop fiel die Klausur daher mit 3,14 Punkten im ersten und 3,57 Punkten im zweiten Durchgang auch recht schlecht aus. Dementsprechend ist es für die Examensvorbereitung zwingend, sich mit den hier geschilderten Fallkonstellationen (und ihren Abwandlungen, vgl. einige der Anmerkungen in der Lösung) intensiv auseinanderzusetzen. Zweitens hatten die Studierenden auch (wieder einmal) erhebliche Wissenslücken bei den Delikten der §§ 263, 263a, 266, 266b StGB. Diese Normen gehören sicherlich zu den schwierigsten Tatbeständen des StGB was Prüfungsaufbau und Probleme in der Falllösung angeht. Hier sei Ihnen, liebe Leserin und lieber Leser, wärmstens empfohlen, viel Zeit in der Examensvorbereitung einzuplanen und zu investieren. Meistens kann man hier schon mit einem sauberen Prüfungsaufbau, gut sitzenden Definitionen und einer gelungenen Subsumtion des Sachverhalts viele Punkte holen, welche die Konkurrenz liegen lässt.

Lösungsgliederung

1. Tatkomplex: Das C.R. Capone-Ticket

A. Strafbarkeit der S gem. § 263 I/§§ 263 I, II, 22, 23 I StGB durch Erlangung der EC-Karte (-)

B. Strafbarkeit der S gem. § 263 I StGB durch Bezahlung des C.R. Capone-Tickets mit der EC-Karte der M (-)

C. Strafbarkeit der S gem. § 263a I Var. 3 StGB zulasten der Bank der M durch Bezahlen des C.R. Capone-Tickets mit der EC-Karte der M (-)
P: Datenbegriff bei § 263a StGB
P: Auslegung des Merkmals »unbefugt«

D. Strafbarkeit der S gem. § 266 StGB durch Bezahlen der C.R. Capone-Tickets mit der EC-Karte der M (-)

E. Strafbarkeit der S gem. § 266b I StGB durch Bezahlen des C.R. Capone-Tickets mit der EC-Karte der M (-)

F. Ergebnis
S straflos.

2. Tatkomplex: Bezahlung des Benzins

A. Strafbarkeit der S gem. § 242 I StGB zulasten des Tankstelleninhabers durch Tanken (-)
P: Einverständnis des Tankstelleninhabers in Wegnahme

B. Strafbarkeit der S gem. § 263 I StGB zulasten des Tankstelleninhabers durch Tanken (-)
P: Fehlendes Beruhen der Vermögensverfügung »Tankenlassen« auf einer Täuschungshandlung

C. Strafbarkeit der S gem. §§ 263 I, II, 22, 23 I StGB zulasten Tankstelleninhaber durch Tanken (-)

D. Strafbarkeit der S gem. § 263 I StGB zulasten des Tankstelleninhabers durch Fälschung der Unterschrift (+)
P: Gegenstand der Vermögensverfügung
P: Vorliegen eines Vermögensschadens
P: Dreiecksbetrug
P: Rechtswidrigkeit der erstrebten Vermögensvorteile
P: Vorsatz: Parallelwertung in der Laiensphäre

E. Strafbarkeit der S gem. § 267 I StGB durch Fälschung der Unterschrift (+)
P: Subjektiver Tatbestand: Täuschungsabsicht oder sicheres Wissen?

F. Strafbarkeit der S gem. § 266 StGB durch Fälschung der Unterschrift (-)

G. Strafbarkeit der S gem. § 266b I StGB durch Fälschung der Unterschrift (-)

H. Strafbarkeit der S gem. §§ 263 I, 25 I Var. 2 StGB zulasten der Bank durch Fälschung der Unterschrift (-)

I. Strafbarkeit der S gem. § 246 I StGB zulasten des Tankstelleninhabers durch Wegfahren (+)
P: Zeitpunkt der Manifestation des Zueignungswillens
P: Zeitpunkt der Übereignung des Benzins

J. Konkurrenzen und Ergebnis
P: Verhältnis Herstellen zu Gebrauchen bei § 267 StGB
S: §§ 263 I, 267 I Var. 3, 52 StGB.

3. Tatkomplex: Der gescheiterte Abhebungsversuch

A. Strafbarkeit der S gem. §§ 263 I, 22, 23 I StGB durch Eingabe der PIN (-)

B. Strafbarkeit der S gem. § 263a I Var. 3, II StGB iVm §§ 263 II, 22, 23 I StGB durch Eingabe der PIN (-)

C. Strafbarkeit der S gem. § 266b I StGB durch Eingabe der PIN (-)

D. Strafbarkeit der S gem. §§ 265a I, II, 22, 23 I StGB durch Eingabe der PIN (-)
P: Anwendbarkeit von § 265a StGB auf Warenautomaten

E. Strafbarkeit der S gem. §§ 242 I, II, 22, 23 I StGB durch Eingabe der PIN (-)
P: Einverständnis mit Wegnahme

F. Strafbarkeit der S gem. §§ 246 I, III, 22, 23 I StGB durch Eingabe der PIN (-)
P: Tatentschluss: Zeitpunkt der Fremdheit der Geldscheine
P: Tatentschluss: Entfallen der Fremdheit durch Übereignung
P: Tatentschluss: Dolus alternativus (§ 303a StGB)
P: Unmittelbares Ansetzen: Weitere Zwischenschritte notwendig

G. Strafbarkeit der S gem. § 274 I Nr. 2 StGB durch Eingabe der PIN (+)
P: Unbrauchbarmachen trotz Reaktivierungsmöglichkeit
P: Subjektiver Tatbestand: Absicht/sicheres Wissen
P: Subjektiver Tatbestand: Gegenstand der Nachteilszufügungsabsicht

H. Strafbarkeit der S gem. § 303a I StGB durch Eingabe der PIN (+)

I. Strafbarkeit der S gem. § 303b I Nr. 1 StGB durch Eingabe der PIN (+)
P: Zeitpunkt des Eintritts eines Störungerfolges

J. Konkurrenzen und Ergebnis
P: Verhältnis §§ 274, 303a, 303b StGB
S: § 274 I Nr. 2 StGB.

4. Tatkomplex: Regalkauf im Möbelhaus

A. Strafbarkeit der M gem. § 263 I StGB durch Zahlung mit der Kundenkarte (-)
B. Strafbarkeit der M gem. § 263a I Var. 3 StGB durch Zahlung mit der Kundenkarte (-)
P: Unbefugt: Reichweite der »Miterklärung« nach der betrugsspezifischen Auslegung
C. Strafbarkeit der M gem. § 266 I StGB durch Zahlung mit der Kundenkarte (-)
D. Strafbarkeit der M gem. § 266b StGB durch Zahlung mit der Kundenkarte (-)
P: Keine Anwendbarkeit im Zwei-Personen-Verhältnis
E. Strafbarkeit der M gem. § 242 I StGB durch Verlassen des Möbelhauses (-)
P: Zeitpunkt des Gewahrsamswechsels
P: Einverständnis mit Wegnahme trotz fehlender Kontodeckung
F. Strafbarkeit der M gem. § 246 I StGB durch Aufbauen des Regals (-)
P: Zeitpunkt der Manifestation des Zueignungswillens
P: Zeitpunkt der Eigentumsübertragung/ Unterschied zum Selbstbedienungstanken
G. Ergebnis
M straflos.

Gesamtergebnis

S: §§ 263 I, 267 I Var. 3, 52 StGB in Tatmehrheit gem. § 53 StGB mit § 274 I Nr. 2 StGB.
M: straflos.

Lösungsvorschlag

1. Tatkomplex: Das C.R. Capone-Ticket

A. Strafbarkeit der S gem. § 263 I StGB/§§ 263 I, II, 22, 23 I StGB durch Erlangung der EC-Karte

Eine Strafbarkeit der S wegen Betrugs durch die Erlangung der EC-Karte von M scheidet vorliegend aus, da S in diesem Zeitpunkt noch keine deliktische Absicht hatte. Es fehlt somit bereits an der Täuschung. Gleichsam fehlt es am Täuschungsvorsatz, sodass auch eine Strafbarkeit wegen versuchten Betrugs ausscheidet.

Hinweis: Wenn bereits die Erlangung einer EC-Karte oder Kreditkarte auf einer Täuschung basiert, muss vor allem die Frage einer schadensgleichen Vermögensgefährdung durch die Zugriffsmöglichkeit auf das Girokonto des Karteninhabers bzw. durch die Möglichkeit, mit der Kreditkarte das Kreditkartenunternehmen zur Zahlung zu verpflichten (Dreiecksbetrug!) diskutiert werden.

B. Strafbarkeit der S gem. § 263 I StGB durch Bezahlung des C.R. Capone-Tickets mit der EC-Karte der M

Da keine täuschende Einwirkung auf das Vorstellungsbild eines Menschen stattfand bzw. sich das anwesende Personal aufgrund der Bezahlung mit EC-Karte und PIN keine Gedanken über die Identität der S macht, scheidet eine Strafbarkeit wegen Betrugs aus.

C. Strafbarkeit der S gem. § 263a I Var. 3 StGB zulasten der Bank der M/der M durch Bezahlen des C.R. Capone-Tickets mit der EC-Karte der M

S könnte sich gem. § 263a I StGB wegen Computerbetrugs strafbar gemacht haben, indem sie das C.R. Capone-Ticket mit der EC-Karte der M bezahlte.

I. Tatbestandsmäßigkeit

Objektiver Tatbestand

Hierfür müsste S unbefugt Daten verwendet haben und hierdurch das Ergebnis eines Datenverarbeitungsvorgangs derart beeinflusst haben, dass dieser Datenverarbeitungsvorgang unmittelbar zu einer vermögensrelevanten Disposition und schließlich zu einem Vermögensschaden geführt hat.

Daten sind kodierte Informationen in einer Darstellungsform, die in einer automatisierten Verarbeitung nutzbar ist. Im Unterschied zum Datenbegriff in § 202a II StGB erfasst derjenige in § 263a I StGB auch solche Daten die unmittelbar wahrnehmbar sind, also auch noch nicht gespeicherte Informationen, die erst von der Datenverarbeitungsanlage in Daten im engeren Sinne umgewandelt werden. Dementsprechend handelt es sich bei der Eingabe der PIN um eine Eingabe von Daten.

Hinweis: Eine tiefergehende Auseinandersetzung mit den unterschiedlichen Datenbegriffen in § 202a II StGB und § 263a StGB finden Sie in Fall 6.

Fraglich ist dagegen, ob die Verwendung der Daten auch **»unbefugt«** war. Mit einer **subjektivierenden Auslegung**, wie sie auch der BGH in der Vergangenheit bereits angewendet hat, wäre zu fragen, ob die Bank der M als zum Datenverarbeitungsvorgang Berechtigte mit der konkreten Verwendung der Daten einverstanden gewesen wäre. Da bereits die Überlassung der EC-Karte und PIN von M an S nach den AGB der Bank untersagt ist, würde diese Auffassung die Unbefugtheit bejahen.

Nach der **computerspezifischen Auslegung** läge eine »unbefugte« Einwirkung vor, wenn sich der entgegenstehende Wille der Bank im Computerprogramm des EC-Karten-Lesegeräts bzw. der Datenverarbeitung im System der Bank (durch entsprechende Sicherheitsmaßnahmen) niedergeschlagen hat und durch die Einwirkung der S umgangen worden ist. Im POS-Verfahren wird automatisch geprüft, ob das Konto existent und nicht gesperrt ist sowie, ob eine für den Bezahlvorgang ausreichende Deckung vorhanden ist. Dagegen beschränkt sich die »Identitätsprüfung« auf die Abfrage der PIN. Im Computerprogramm selbst hat sich also nicht der Wille zu einer weitergehenden Identitätsprüfung niedergeschlagen. Diese Auffassung würde also die Unbefugtheit verneinen.

Nach der **herrschenden betrugsspezifischen Auslegung** ist zu fragen, ob ein anstelle des Computerprogramms tretender Mensch durch den Täter getäuscht worden wäre bzw., ob bei diesem ein Irrtum erregt worden wäre. Problematisch ist allerdings, dass verlässliche Maßstäbe dafür, wann eine – zumindest konkludente – Täuschung vorliegen würde, bislang nicht entwickelt wurden. Insbesondere ist **streitig, welchen fiktiven Prüfungspflichten** der vorgestellte Verkäufer (POS-System)/Bankangestellte (Bankautomatenfälle) unterliegen würde. Überwiegend wird davon ausgegangen, dass der fiktive Verkäufer (bzw. Bankangestellte in den EC-Karten-Automatenfällen) dasselbe »Prüfprogramm« wie das Lesegerät abspulen würde, dh er nur prüfen würde, ob Karte und PIN zusammengehören und nicht, ob der Kunde auch der berechtigte Karteninhaber ist. Diese Auffassung würde somit vorliegend die Täuschungsäquivalenz und damit die Unbefugtheit verneinen. Aufgrund der Unsicherheiten bei Bestimmung des Prüfprogramms nimmt die **Rechtsprechung** häufig eine **Gesamtbetrachtung** vor: Bei Erlangung der Karte und der PIN durch verbotene Eigenmacht (Diebstahl, Nötigung) oder bei Nutzung einer gefälschten Karte (zB durch Skimming) wird die Unbefugtheit bejaht. Verneint wird sie dagegen bei freiwilliger (wenn gegebenenfalls auch täuschungsbedingter) Herausgabe von Karte und PIN. Vorliegend hat M die Karte und die PIN der S freiwillig überlassen. Die Unbefugtheit ist nach dieser Ansicht somit insgesamt zu verneinen.

Gegen die subjektivierende Auslegung spricht, dass diese zu einer Kriminalisierung von reinen Vertragsverletzungen führt und überdies die Frage der Strafbarkeit vollständig in die Willkür des zur Datenverarbeitung Berechtigten legt. Im Übrigen kann ein Streitentscheid dahinstehen. Die Datenverwendung war vorliegend nicht unbefugt.

Hinweis: Wenn Sie (vertretbar) mit der subjektiven Auffassung die Unbefugtheit bejahen, müssen Sie weiterprüfen. Unproblematisch liegt dann auch die Beeinflussung des Ergebnisses eines Datenverarbeitungsvorgangs vor, weil die Zahlung im POS-Verfahren nicht durch S hätte vorgenommen werden können, wenn ihre Identität überprüft worden wäre. Sehr viel problematischer ist dagegen, ob und bei wem ein Vermögensschaden eintritt. Hier müssten Sie in der Klausur mit den Regelungen des Vertragsverhältnisses zwischen Bank und Bankkunde in den §§ 675l, 675u und § 675v BGB argumentieren: Zwar garantiert die Bank dem Händler die Begleichung des Zahlungsanspruchs, sodass zunächst hier eine Verbindlichkeit der Bank entsteht und somit ein Vermögensschaden. Im »Normalfall« regelt § 675u BGB, dass die Bank auch keinen Ersatzanspruch gegen den Kunden hat, wenn dieser den Zahlungsvorgang (wie vorliegend) nicht autorisiert hat (im Detail ist zivilrechtlich sehr strittig, wann ein Zahlungsvorgang autorisiert ist). Somit bleibt die Bank grundsätzlich auf ihrem Schaden sitzen. Anders ist dies nach § 675v I BGB, wenn die Karte verloren gegangen oder sonst abhandengekommen ist, dann steht der Bank ein Schadensersatzanspruch bis zu 50 EUR zu (dann ist allerdings problematisch, ob ein solcher Schadensersatzanspruch noch »unmittelbar« genug auf der Beeinflussung des Datenverarbeitungsvorgangs beruht und, ob Stoffgleichheit mit dem erstrebten Vorteil vorliegt; außerdem gibt es in § 675v II BGB einige Rückausnahmen). Für den gesamten Schaden der Bank durch die Garantie gegenüber dem Händler haftet der Kunde nach § 675v III BGB, wenn der Kunde in betrügerischer Absicht gehandelt hat oder vorsätzlich oder grob fahrlässig gegen seine Schutzpflichten aus § 675l BGB oder aus den AGB der Bank verstoßen hat. Dies könnte man vorliegend durchaus annehmen, weil die AGB der Bank die Weitergabe der EC-Karte und der PIN an Dritte untersagen und M der S bewusst Karte und PIN überlässt. Dann läge »am Ende des Tages« ein Schaden bei M vor. Hier wäre allerdings sehr problematisch, ob dieser Schaden der M noch unmittelbar auf der Beeinflussung des Datenverarbeitungsvorgangs basiert und, ob der erstrebte Vorteil der S (die Befreiung von der Verbindlichkeit aus dem Kaufvertrag bezüglich der C.R. Capone-Karte, vgl. MüKoStGB/*Mühlbauer* § 263a Rn. 112) noch stoffgleich hiermit ist (zT wird hier davon ausgegangen, dass es sich bei dem Teil des Schadensersatzanspruchs, der die Garantie gegenüber dem Händler abdeckt eigentlich im Wege der Rückausnahme von § 675u BGB um einen Aufwendungsersatzanspruch der Bank gegenüber ihrem Kunden handelt, da durch die vorsätzliche Weitergabe eine Autorisierung des Kunden vorliege, vgl. MüKoStGB/*Mühlbauer* § 263a Rn. 61 f. Sieht man dies so, kann man konsequenterweise auch die Unmittelbarkeit und die Stoffgleichheit bejahen.) Schließlich würde es sich vorliegend um die Konstellation eines Dreieckscomputerbetrugs handeln, da Inhaber des »getäuschten« Systems der Händler ist, der Schaden aber bei der Bank oder bei M eintritt. Dann müsste geklärt werden, ob der Händler dabei im Lager der Bank (begründbar über die Garantieabrede) oder sogar im Lager der M steht (das ist schon schwerer begründbar, evtl. wäre eine Begründung über eine Art »Vertragsbrücke« durch den Zahlungsdienstevertrag mit der Bank und der Garantieabrede der Bank mit dem Händler denkbar). Sie sehen also, dass die Sache sehr kompliziert wird, wenn Sie mit der subjektiven Ansicht die Unbefugtheit bejahen. Besonders klausurrelevant (weil es dann von Ihnen regelmäßig erwartet wird) sind die vorgenannten Probleme in Fällen, in denen die hM eine Unbefugtheit bejahen würde (also insbesondere, wenn die Karte durch verbotene Eigenmacht erlangt wurde).

II. Ergebnis

S hat sich nicht gem. § 263a I StGB strafbar gemacht (aA vertretbar).

D. Strafbarkeit der S gem. § 266 StGB durch Bezahlen des C.R. Capone-Tickets mit der EC-Karte der M

Für eine Strafbarkeit nach § 266 StGB ist nach hM für beide Tathandlungsvarianten die Verletzung einer **qualifizierten Vermögensbetreuungspflicht** erforderlich. Zwischen M und S bestand (wenn überhaupt, aufgrund familiärer Bindungen könnte auch von einem fehlenden Rechtsbindungswillen beiderseits ausgegangen werden) nur ein Auftragsverhältnis nach § 662 BGB. In einem solchen unentgeltlichen Vertragsverhältnis entstehen qualifizierte Vermögensbetreuungspflichten nur ausnahmsweise. Für besondere Umstände, die ein solches Entstehen begründen könnten, ist im vorliegenden Sachverhalt nichts ersichtlich. Es fehlt somit an einer qualifizierten Vermögensbetreuungspflicht. Eine Strafbarkeit nach § 266 StGB scheidet somit aus.

E. Strafbarkeit der S gem. § 266b I StGB durch Bezahlen des C.R. Capone-Tickets mit der EC-Karte der M

Bei § 266b I StGB handelt es sich um ein **Sonderdelikt**, das nur vom Kartenberechtigten selbst verwirklicht werden kann. Kartenberechtigte ist vorliegend M nicht S, eine Strafbarkeit nach § 266b I StGB scheidet somit aus.

F. Ergebnis

S ist im ersten Tatkomplex straflos.

> **Hinweis:** Nicht notwendig, aber vertretbar ist es, noch kurz auf eine Strafbarkeit der M gem. §§ 266 und 266b StGB wegen Überlassung der EC-Karte an S einzugehen. § 266b StGB scheitert dabei jedoch daran, dass es an der missbräuchlichen Veranlassung einer Zahlung des Kartengebers fehlt. Diese erfasst nach zutreffender hM gerade nicht die bloße vertragswidrige Überlassung an Dritte. Erforderlich ist – wegen des Wortlauts der Norm – vielmehr ein Einsatz der Karte zur Zahlung durch den Karteninhaber selbst. Der Streit darüber, ob EC-maestro-Karten nach Ende des Euroschecksystems überhaupt Scheck- oder Kreditkarten sein können (zumindest im POS-System besteht eine ähnliche Garantiefunktion) kann damit offen bleiben. Für § 266 StGB fehlt es offensichtlich an einer qualifizierten Vermögensbetreuungspflicht der M (als Bankkundin) gegenüber der B-Bank (aA kaum vertretbar).

2. Tatkomplex: Bezahlung des Benzins

A. Strafbarkeit der S gem. § 242 I StGB zulasten des Tankstelleninhabers durch Tanken

S könnte sich gem. § 242 I StGB wegen Diebstahls strafbar gemacht haben, indem sie ihr Auto volltankte.

I. Tatbestandsmäßigkeit

Objektiver Tatbestand

Unabhängig von der Eigentumslage am Benzin müsste S das Benzin weggenommen haben.

Aufbauhinweis: In Fällen, in denen möglicherweise ein Eigentumsübergang vor der Wegnahmehandlung vorliegt (was nach hM einen Diebstahl ausschließen würde), gleichzeitig ein Einverständnis in die Wegnahme anzunehmen ist und § 246 I StGB in Betracht kommt, bietet es sich an, die Frage der Fremdheit und die Frage des Gewahrsamswechsels »aufzuspalten«. Die Frage des Gewahrsamswechsels sollte im Rahmen von § 242 StGB diskutiert werden und wegen des Einverständnisses ein Diebstahl verneint werden. Die Frage der Fremdheit kann dann in § 246 StGB »ausgelagert« werden. So vermeidet man zum einen, dass man im Rahmen der Fremdheitsprüfung, nämlich bei der Frage, ob die Sache noch im Moment der Wegnahme fremd war, eine zu »aufgeblähte« Inzidentprüfung vornehmen muss. Gleichzeitig wird vermieden, dass im Rahmen von § 246 I StGB nur noch nach oben verwiesen wird.

Wegnahme ist der Bruch fremden und die Begründung neuen, nicht notwendigerweise tätereigenen Gewahrsams. **Gewahrsam** ist die vom natürlichen Sachherrschaftswillen getragene Sachherrschaft einer Person über eine Sache, deren Reichweite von der Verkehrsauffassung bestimmt wird. Der Gewahrsam wird **gebrochen**, wenn er ohne oder gegen den Willen des Gewahrsamsinhabers aufgehoben wird. Ursprünglich hatte der Tankstelleninhaber Gewahrsam am in der Zapfsäule und damit in seinem Herrschaftsbereich befindlichen Benzin. Durch den Tankvorgang floss das Benzin in den Tank der S und damit in deren Herrschaftsbereich. Es fand somit ein Gewahrsamswechsel statt. Dieser war jedoch möglicherweise von einem **Einverständnis des Tankstelleninhabers** gedeckt. Der Inhaber erklärt durch Aufstellung der Selbstbedienungstankstellen ein grundsätzlich **generelles Einverständnis** in die Vornahme der Tankhandlung. S war zum Tankzeitpunkt auch noch selbst zahlungswillig, sodass es nicht darauf ankommt, ob man das generelle Einverständnis lediglich darauf bedingt ansieht, dass der Tankautomat ordnungsgemäß bedient wird oder zusätzlich darauf, dass der Kunde im Tankzeitpunkt zahlungswillig ist. Der Gewahrsam wurde nicht gebrochen, eine Wegnahme liegt nicht vor.

II. Ergebnis

S hat sich nicht gem. § 242 I StGB strafbar gemacht.

B. Strafbarkeit der S gem. § 263 I StGB zulasten des Tankstelleninhabers durch Tanken

S könnte sich gem. § 263 I StGB wegen Betrugs strafbar gemacht haben, indem sie ihr Auto volltankte.

I. Tatbestandsmäßigkeit

Hierfür müsste eine täuschungs- und irrtumsbedingte Vermögensverfügung vorliegen. Eine Vermögensverfügung ist jedes Tun, Dulden oder Unterlassen, das sich unmittelbar vermögensmindernd auswirkt. Die **Vermögensverfügung kann beim Selbstbedienungstanken** allerdings nur (wenn überhaupt) in dem **»Tankenlassen«** (= Duldung) liegen. Diese Vermögensverfügung beruht nur dann auf einer Täuschungshandlung und einem Irrtum des Tankstellenpersonals, wenn der Täter beim Tankvorgang bereits den Entschluss gefasst hat, nicht zu bezahlen und durch sein ordnungsgemäßes Tanken seine nicht vorhandene Zahlungsbereitschaft vorspiegelt. S war zunächst bereit, den Kaufpreis selbst zu entrichten und entschloss sich erst nach Befüllung des Tanks dazu, die Zahlung im Lastschriftverfahren ohne Autorisation mit der EC-Karte der M vorzunehmen, was möglicherweise einer »Nichtzahlung«

entspricht. Das Tankenlassen kann also nicht auf einer Täuschung der S und einem entsprechenden Irrtum des F beruhen. Es fehlt daher an einer täuschungs- und irrtumsbedingten Vermögensverfügung.

II. Ergebnis

S hat sich nicht gem. § 263 I StGB strafbar gemacht.

C. Strafbarkeit der S gem. §§ 263 I, II, 22, 23 I StGB zulasten des Tankstelleninhabers durch Tanken

Aus dem gleichen Grund fehlt es an einem entsprechenden Tatentschluss der S. S hat sich daher auch nicht wegen versuchten Betrugs gem. §§ 263 I, II, 22, 23 I StGB strafbar gemacht.

D. Strafbarkeit der S gem. § 263 I StGB zulasten des Tankstelleninhabers durch Fälschung der Unterschrift

S könnte sich gem. § 263 I StGB wegen Betrugs strafbar gemacht haben, indem sie auf dem Lastschriftbeleg die Unterschrift ihrer Mutter nachahmte.

I. Tatbestandsmäßigkeit

1. Objektiver Tatbestand

Hierfür hätte S bei einer anderen Person durch Täuschung einen Irrtum erregen müssen, der zu einer Vermögensverfügung und schließlich einem Vermögensschaden geführt hat.

Täuschung ist die irreführende oder irrtumsunterhaltende Einwirkung auf das Vorstellungsbild eines anderen über Tatsachen. S spiegelte F durch die Fälschung der Unterschrift vor, sie sei M und damit die berechtigte EC-Karteninhaberin. S täuschte somit F über ihre Identität und ihre Berechtigung, die EC-Karte zu verwenden. Ein **kausaler Irrtum** liegt vor, wenn die Täuschung bewirkt, dass das Vorstellungsbild der getäuschten Person von der objektiven Wirklichkeit abweicht. F glaubte aufgrund der gefälschten Unterschrift, S sei M und berechtigte Karteninhaberin. Sein Vorstellungsbild entsprach somit nicht der objektiven Wirklichkeit.

Nach ganz hM ist – wegen der notwendigen Abgrenzung des Selbstschädigungsdelikts des Betrugs von Fremdschädigungsdelikten wie zB Diebstahl – eine **Vermögensverfügung** des Irrenden notwendig. Eine Vermögensverfügung ist jedes Tun, Dulden oder Unterlassen, das unmittelbar vermögensmindernd wirkt. Fraglich ist, worin vorliegend eine Vermögensminderung gesehen werden kann.

Hinweis: Da die Täuschungshandlung (Unterschreiben und Übergeben des Lastschriftbelegs) erst nach dem Tankvorgang vorgenommen wird, kann hier nicht auf das »Tankenlassen« als Vermögensverfügung abgestellt werden.

Der **Kaufvertrag** über die getankte Menge Benzin kommt bereits im Moment des Tankvorgangs zustande: Der Tankstellenbetreiber macht durch das Aufstellen der Zapfsäule ein Angebot zum Abschluss des Kaufvertrags (auch keine invitatio ad offerendum; da stets nur eine Person gleichzeitig tanken kann, besteht keine Gefahr des

Mehrfachkaufvertragsabschlusses für den Betreiber). Der Kunde nimmt nach zutreffender hM dieses Angebot durch Betätigen des Zapfhahns an. Dies ergibt sich nach einer Auslegung vom objektiven Empfängerhorizont gem. §§ 133, 157 BGB: Der Tankstellenbetreiber hat für den Kunden ersichtlich das Interesse, dass der Kaufvertrag bereits jetzt zustande kommt, da er bereits (zumindest) den Besitz am Benzin verliert und die Rückübertragung mit erheblichen praktischen Schwierigkeiten behaftet ist. Ein entgegenstehendes, berücksichtigungsfähiges Interesse des redlichen Kunden ist ebenfalls nicht erkennbar. Durch den Kaufvertragsschluss entsteht ein Anspruch der S auf Übereignung des Benzins. **Dieser Anspruch entsteht jedoch vor Unterschreiben eines Lastschriftbelegs** und kann damit nicht die täuschungs- und irrtumsbedingte Vermögensminderung darstellen.

Fraglich ist, ob ein **rechtsgeschäftlicher Eigentumsübergang** als Vermögensverfügung in Betracht kommt. Der Irrtum des F über die Berechtigung der S könnte nur dann kausal für eine Eigentumsübertragung durch F gewesen sein, wenn eine dingliche Einigung über den Eigentumsübergang iSv § 929 S. 1 BGB erst an der Kasse durch eine entsprechende Willenserklärung des F (die dann die Vermögensverfügung wäre) zustande käme. Durch das Schild an der Zapfsäule will der Tankstelleninhaber jedoch einen Eigentumsvorbehalt mit dem tankenden Kunden vereinbaren. Nach der Auslegung vom objektiven Empfängerhorizont gem. §§ 133, 157 BGB ist der Wille des Tankstelleninhabers daher darauf gerichtet, bereits im Aufstellen der Zapfsäulen ein Angebot zur Übereignung zu machen. Denn andernfalls würde die Vereinbarung eines Eigentumsvorbehalts keinen Sinn ergeben (da dieser dann überflüssig wäre). Dieses Angebot nimmt der Kunde durch Betätigen des Zapfhahns an, wobei auf den Zugang der Annahmeerklärung gem. § 151 BGB verzichtet wird. Ob die Einigung hierbei aufschiebend bedingt ist und, ob diese Bedingung durch die Fälschung der Unterschrift auf dem Lastschriftbeleg eintritt, ist (hier noch) unerheblich, da der Eintritt der Bedingung nicht von einer Handlung, Duldung oder einem Unterlassen des F abhängig wäre. Daher kann hierin keine Vermögensverfügung liegen. Der **Besitz** ist bereits vor Unterschreiben des Belegs durch das Tanken auf S übergegangen; auch insofern scheidet eine irrtumsbedingte Vermögensverfügung aus. Aufgrund dessen, dass F daran glaubt, dass S mit ihrer eigenen EC-Karte (berechtigt) zahlt, **lässt er diese jedoch wegfahren, ohne die Kaufpreisforderung geltend zu machen**. Diese **Vermögensverfügung (durch Unterlassen)** beruht auf dem Irrtum bezüglich des Lastschriftbelegs, da F die S nicht hätte wegfahren lassen, wenn er von der Fälschung gewusst hätte.

Ein **Vermögensschaden** liegt vor, wenn ein Vergleich der Vermögenslage des Geschädigten vor und nach der Vermögensverfügung einen negativen Saldo aufweist (**Prinzip der Gesamtsaldierung**). Durch die Vermögensverfügung **»Wegfahrenlassen«** verliert der Tankstelleninhaber zwar keinen Anspruch, da der Zahlungsanspruch weiterhin bestehen bleibt. Der wirtschaftliche Wert des Anspruchs sinkt jedoch erheblich, weil dessen **Durchsetzbarkeit mangels Identitätskenntnis des Käufers** (gerade bei Einsatz einer fremden EC-Karte) erheblich leidet. Somit liegt diesbezüglich zumindest ein Fall der schadensgleichen Vermögensgefährdung vor. Ein Schaden würde jedoch entfallen, wenn durch den gefälschten Lastschriftbeleg eine Zahlungsgarantie der B-Bank ausgelöst würde. Dann nämlich würde der Tankstelleninhaber durch die Annahme des Lastschriftbelegs unmittelbar einen Anspruch gegen die B-Bank erhalten. Im **elektronischen Lastschriftverfahren** entsteht jedoch – anders als bei Kreditkarten oder im POS-Verfahren mit EC-Karten – gerade **keine Zahlungs-**

garantie der ausgebenden Bank. Daher ist ein Schaden beim Tankstelleninhaber anzunehmen.

Problematisch ist schließlich, dass F die Vermögensverfügung vornimmt, jedoch der Tankstelleninhaber den Schaden erleidet. Es handelt sich somit um einen **sog. Dreiecksbetrug**. Dabei ist § 263 I StGB nur erfüllt, wenn der Verfügende in einer bestimmten Beziehung zum Geschädigten steht. Nach einer Ansicht muss der Verfügende **rechtlich befugt** sein, über das Vermögen des Geschädigten zu verfügen. F ist als Stellvertreter des Tankstelleninhabers befugt, über dessen Vermögen zu verfügen. Diese Ansicht würde also den Tatbestand des Dreiecksbetrugs bejahen. Nach anderer Ansicht genügt ein **faktisches Näheverhältnis** des Verfügenden in der Art, dass er dem Verfügungsgegenstand näher steht als der Täter und er faktisch darüber verfügen kann. F steht dem Eigentum des Tankstelleninhabers am Benzin näher als S und er kann faktisch hierüber verfügen. Auch diese Auffassung würde einen Dreiecksbetrug bejahen. Die **hM (Lagertheorie)** verlangt, dass der Verfügende dem Lager des Geschädigten zuzurechnen ist, ohne dass es einer rechtlich wirksamen Verfügungsmacht des Verfügenden bedarf. F ist als Angestellter dem Lager des Tankstelleninhabers zuzurechnen. Auch die hM würde vorliegend einen Dreiecksbetrug bejahen. Alle Ansichten kommen zum gleichen Ergebnis. Ein Streitentscheid kann somit dahinstehen.

Der objektive Tatbestand ist erfüllt.

2. Subjektiver Tatbestand

S müsste vorsätzlich iSv §§ 15, 16 I StGB und mit der Absicht handeln, sich einen rechtswidrigen Vermögensvorteil zu verschaffen. S will durch die Fälschung der Unterschrift den F täuschen und bei diesem einen Irrtum über ihre Berechtigung hervorrufen, um F dazu zu verleiten, sie mit dem Benzin im Tank davonfahren zu lassen, ohne den Kaufpreisanspruch ihr gegenüber durchzusetzen. Sie handelt somit bezüglich Täuschung, Irrtum und Vermögensverfügung absichtlich (dolus directus 1. Grades) und mithin vorsätzlich. Bezüglich des durch die mangelnde Zahlungsgarantie entstehenden Vermögensschadens ist bei lebensnaher Sachverhaltsauslegung davon auszugehen, dass S zumindest damit rechnet und billigend in Kauf nimmt, dass die »Zahlung« bei Entdeckung der Fälschung der Unterschrift »nicht gültig« sein wird und sie das Benzin »ohne Bezahlung« erhält (sog. Parallelwertung in der Laiensphäre). Daher handelt sie bezüglich des Vermögensschadens mit dolus eventualis.

S wollte mit der Überlassung des gefälschten Belegs erreichen, dass F auf die Durchsetzung der Kaufpreisforderung verzichtet (und sie somit faktisch jetzt nicht zahlen muss). Sie handelte somit auch mit der Absicht, sich einen Vermögensvorteil zu verschaffen.

Fraglich ist, ob die erstrebten Vermögensvorteile auch **rechtswidrig** waren. S stand kein Anspruch auf **Nichtdurchsetzung der Kaufpreisforderung** zu (keine Stundung vereinbart). Der erstrebte Vorteil war daher rechtswidrig. Der Verzicht auf Durchsetzung ist die Kehrseite des faktischen »Nicht-jetzt-zahlen-müssen«. Es liegt daher auch die notwendige **Stoffgleichheit** vor.

S wusste – zumindest im Rahmen einer **Parallelwertung in der Laiensphäre** – dass F ihr gegenüber weiterhin auf der Bezahlung bestehen kann, weil ihr klar war, dass durch die Fälschung der Unterschrift keine echte »Zahlung« veranlasst worden war. Gleichzeitig wusste sie, dass sie keinen Anspruch darauf hat, dass F temporär auf die

Durchsetzung der Kaufpreisforderung verzichtet. S handelte **vorsätzlich** bezüglich der Rechtswidrigkeit der Bereicherung. S handelte auch vorsätzlich bezüglich der Stoffgleichheit.

Hinweis: Die Merkmale der »Rechtswidrigkeit« und der »Stoffgleichheit« der erstrebten Vermögensvorteile sind objektive Tatbestandsmerkmale. Dementsprechend müssen Sie im Anschluss an die Bejahung der Rechtswidrigkeit und der Stoffgleichheit noch den Vorsatz bezüglich dieser Merkmale prüfen. Trotz des objektiven Charakters werden Rechtswidrigkeit und Stoffgleichheit der Bereicherung regelmäßig im subjektiven Tatbestand geprüft, weil sie in unmittelbarem Zusammenhang mit der Bereicherungsabsicht stehen und getrennt von dieser nur schwer darstellbar sind. Dieses Aufbauproblems entledigen Sie sich natürlich, wenn Sie auf die Überschriften »objektiver« und »subjektiver« Tatbestand verzichten, s. hierzu Einleitung, VI.

Der subjektive Tatbestand ist erfüllt.

II. Rechtswidrigkeit und Schuld

Mangels Eingreifens von Rechtfertigungsgründen bleibt die durch die Tatbestandsmäßigkeit indizierte Rechtswidrigkeit bestehen. Mangels Vorliegens von Entschuldigungsgründen handelte S schuldhaft.

III. Ergebnis

S hat sich gem. § 263 I StGB strafbar gemacht.

E. Strafbarkeit der S gem. § 267 I StGB durch Fälschung der Unterschrift

S könnte sich gem. § 267 I Var. 1, Var. 3 StGB wegen Urkundenfälschung strafbar gemacht haben, indem sie auf dem EC-Kartenbeleg die Unterschrift der M nachahmte.

I. Tatbestandsmäßigkeit

1. Objektiver Tatbestand

Hierfür müsste S eine unechte Urkunde hergestellt (Var. 1) und gebraucht (Var. 3) haben.

Hinweis: Es wäre auch möglich, das Herstellen (durch die Unterschrift) und das Gebrauchen (durch das Übergeben bzw. Überlassen des Belegs) als zwei verschiedene Tathandlungen voneinander getrennt zu prüfen. Da vorliegend jedoch beide Tathandlungen zusammenfallen bzw. zeitlich so eng miteinander verknüpft sind, dass auf jeden Fall Tateinheit (zumindest natürliche Handlungseinheit) anzunehmen ist, kann die Prüfung auch – wie vorliegend – gemeinsam erfolgen. Dies spart wertvolle Zeit.

Eine **Urkunde** ist jede verkörperte menschliche Gedankenerklärung (**Perpetuierungsfunktion**), die zum Beweis im Rechtsverkehr geeignet und bestimmt ist (**Beweisfunktion**) und ihren Aussteller erkennen lässt (**Garantiefunktion**). Der Kartenbeleg verkörpert die Erklärung der S, das Benzin durch Lastschrift vom Konto der M zu bezahlen. Er ist zum Beweis der Tatsache geeignet und bestimmt, dass der Lastschriftvorgang autorisiert wurde. Er lässt durch die Unterschrift seinen Aussteller erkennen. Beim Kartenbeleg handelt es sich mithin um eine Urkunde. **Unecht** ist eine Urkunde, wenn sie nicht von dem Aussteller stammt, der aus ihr hervorgeht. Durch die gefälschte Unterschrift erscheint M als Ausstellerin, während tatsächlich S den Beleg ausgestellt hat. Da weder M noch die B-Bank mit der Verwendung der EC-Karte durch S einverstanden sind, liegt auch kein Fall der zulässigen Stellvertretung vor, sodass auch eine Zurechnung im Sinne der Geistigkeitstheorie ausscheidet. Die Urkunde ist somit auch unecht.

S hat die Urkunde durch die Unterschrift hergestellt. Gebraucht wird eine Urkunde, wenn sie dem zu Täuschenden so zugänglich gemacht wird, dass dieser hiervon Kenntnis erlangen kann. S hat F den Beleg überlassen und ihm diesen somit so zugänglich gemacht, dass dieser von seinem Inhalt Kenntnis erlangen kann und erlangt hat. S hat die unechte Urkunde auch gebraucht.

2. Subjektiver Tatbestand

S handelte vorsätzlich iSv §§ 15, 16 I StGB. Überdies müsste S **zur Täuschung im Rechtsverkehr** gehandelt haben. Der Vorsatz muss demnach umfassen, dass die Urkunde bei einer zu täuschenden Person einen Irrtum verursacht und diese Person zu einem rechtserheblichen Handeln veranlasst wird. **Nach hM ist hierfür dolus directus 2. Grades erforderlich, aber auch ausreichend**. S ging davon aus, dass F sie für die berechtigte EC-Karteninhaberin halten würde und aufgrund des Unterschreibens und Überlassens des Kartenbelegs die »Zahlung« akzeptieren und S wegfahren lassen würde. S handelte somit auch zur Täuschung im Rechtsverkehr.

II. Rechtswidrigkeit und Schuld

S handelte mangels Eingreifens von Rechtfertigungs- oder Entschuldigungsgründen rechtswidrig und schuldhaft.

III. Ergebnis

S hat sich gem. § 267 I Var. 1, Var. 3 StGB strafbar gemacht.

F. Strafbarkeit der S gem. § 266 StGB durch Fälschung der Unterschrift

S hat weder gegenüber dem Tankstelleninhaber noch gegenüber der B-Bank eine Vermögensbetreuungspflicht. Eine Strafbarkeit nach § 266 I StGB scheidet somit aus.

G. Strafbarkeit der S gem. § 266b I StGB durch Fälschung der Unterschrift

S ist nicht die berechtigte Karteninhaberin. Eine Strafbarkeit nach § 266b I StGB scheidet somit aus.

H. Strafbarkeit der S gem. §§ 263 I, 25 I Var. 2 StGB zulasten der Bank durch Fälschung der Unterschrift

Eine Strafbarkeit der S gem. §§ 263 I, 25 I Var. 2 StGB wegen Betrug in mittelbarer Täterschaft durch F als Werkzeug zulasten der B-Bank scheitert daran, dass mangels Zahlungsgarantie der B-Bank kein Vermögensschaden bei dieser eintritt.

I. Strafbarkeit der S gem. § 246 I StGB zulasten des Tankstelleninhabers durch Wegfahren

S könnte sich gem. § 246 I StGB wegen Unterschlagung strafbar gemacht haben, indem sie mit dem Benzin im Tank wegfuhr.

I. Tatbestandsmäßigkeit

1. Objektiver Tatbestand

Hierfür hätte sich S eine fremde bewegliche Sache rechtswidrig zueignen müssen. Beim Benzin handelt es sich um eine bewegliche Sache. Fraglich ist jedoch, **ob diese im Zeitpunkt der Zueignungshandlung fremd war**. Fremd ist eine Sache, wenn sie zumindest im Miteigentum eines anderen steht. Ursprünglich war der Tankstelleninhaber Eigentümer des Benzins. Ein Eigentumsübergang könnte zunächst gesetzlich gem. **§ 947 II BGB** eingetreten sein, indem sich das getankte Benzin mit demjenigen im Tank der S vermischte. Alleineigentum der S wäre jedoch nur entstanden, wenn es sich beim Benzin im Tank um die Hauptsache gem. § 947 II BGB handelte. Laut Sachverhalt war der Tank fast leer, das Benzin im Tank ist mithin keinesfalls als Hauptsache der Vermischung anzusehen. Ein Alleineigentumsübergang auf S ist somit zu verneinen. In Betracht kommt jedoch auch ein **rechtsgeschäftlicher Eigentumsübergang.** Zunächst könnte bereits im Aufstellen der Zapfsäulen ein Übereignungsangebot des Tankstelleninhabers gem. § 929 S. 1 BGB gesehen werden, das S durch das Tanken angenommen haben könnte, wobei gem. § 151 BGB auf einen Zugang der Annahmeerklärung verzichtet worden wäre. Dies ist durch Auslegung vom objektiven Empfängerhorizont aus gem. §§ 133, 157 BGB zu bestimmen. Der Tankstelleninhaber hat kein Interesse daran, dass das Eigentum am Benzin bereits vor Bezahlung an der Kasse übergeht, da er sonst keine Sicherheit für seine Vorleistung hat. Anders als bei Verkaufsautomaten ist der Kunde auch nicht (durch Münzeinwurf) vorleistungspflichtig. Dieser Wille des Tankstelleninhabers wird dem Kunden durch das angebrachte Schild an der Zapfsäule hinreichend deutlich. Der Kunde kann somit nicht davon ausgehen, dass ihm das Benzin bereits vor Zahlung an der Kasse übereignet werden soll. Durch das Schild mit dem Eigentumsvorbehalt wird jedoch auch der Wille des Tankstelleninhabers deutlich, dass ein Einigungsangebot nicht erst an der Kasse abgegeben werden soll (s. oben, im Rahmen der Prüfung von § 263 I StGB). Dementsprechend liegt das Angebot bereits im Aufstellen der Zapfsäulen, ist jedoch aufschiebend bedingt auf die vollständige Kaufpreiszahlung, §§ 929 S. 1, 158 I BGB. Durch die Annahme der S durch Betätigen des Zapfhahns kam somit nur eine aufschiebend bedingte Einigung zustande **(Eigentumsvorbehalt)**. Fraglich ist, ob die **Bedingung** der vollständigen Kaufpreiszahlung durch das Unterschreiben des Lastschriftbelegs durch S eingetreten ist. Da die aufschiebende Bedingung der Sicherung der Kaufpreiszahlung dient, geht die hM im Zivilrecht zu Recht davon aus, dass die Bedingung nur eintritt, wenn iSv § 362 BGB erfüllt wird oder der Gläubiger eine Leistung an Erfüllungs statt annimmt (§ 364 I BGB). Kein Bedingungseintritt liegt dagegen bei einer Leistung erfüllungshalber vor. Da im Rahmen des elektronischen Lastschriftverfahrens die kartenausgebende Bank (im Unterschied zum POS-Verfahren) keine Zahlungsgarantie gegenüber dem Tankstelleninhaber übernimmt, tritt eine Erfüllungswirkung erst bei Einlösung des Lastschriftbeleges gegenüber der Bank ein. Dementsprechend wird eine Zahlung im elektronischen Lastschriftverfahren im Zivilrecht überwiegend lediglich als Leistung erfüllungshalber behandelt. Daher trat die Bedingung nicht bereits durch das Unterschreiben des Lastschriftbelegs durch S ein (mit diesem Lastschriftbeleg kann der Tankstelleninhaber ja – mangels Autorisierung durch M – später auch keinen Einzug vom Konto der M vornehmen lassen). Das Eigentum am Benzin verblieb damit beim Tankstelleninhaber und war mithin für S im Moment des Wegfahrens noch fremd.

Hinweis: Die Fremdheit einer Sache ist ein klassischer Durchgriffspunkt für die Prüfung zivilrechtlicher Fragestellungen in einer Strafrechtsklausur. Besonders relevant ist diese Prüfung bei Fällen im Zusammenhang mit Selbstbedienungstankstellen, Selbstbedienungskassen, Bank- und Warenautomaten. Wäre vorliegend kein Vorbehalt des Eigentums auf einem Schild an der Zapfsäule erklärt worden, wäre es auch vertretbar gewesen, einen unbedingten Eigentumsübergang bereits beim Tanken anzunehmen. Ebenso gut lässt sich jedoch – wegen der Interessenlage von Verkäufer und Käufer – auch hier die (dann konkludente) Vereinbarung eines Eigentumsvorbehalts vertreten. Bei einer unbedingten Übereignung bereits durch Tanken scheidet eine Unterschlagung mangels Fremdheit aus. Ohne ein Eigentumsvorbehaltsschild ließe sich auch eine Übereignung erst an der Kasse vertreten. Im letzteren Fall kommt es dann darauf an, ob man aufgrund der Verwendung des ELV-Verfahrens – ohne Garantie der kartenausgebenden Bank – wegen des Risikos des Tankstelleninhabers von einem konkludent vereinbarten Eigentumsvorbehalt (aufschiebend bedingt auf erfolgreiche Einlösung des Lastschriftbelegs bei der Bank) ausgeht – dann weiterhin fremde Sache – oder nicht – dann keine fremde Sache mehr. Sie sehen also: Es gibt weder »den« Tankstellenfall noch »die« richtige Lösung. Sie sollten also nicht Fälle »auswendig lernen«, sondern sich die wichtigen zu beantwortenden Fragestellungen einprägen und dann den konkreten Fall einer vertretbaren Lösung zuführen.

S hätte sich das Benzin überdies rechtswidrig zueignen müssen. Die **Zueignung** setzt die **Manifestation des Zueignungswillens** voraus und damit, dass sich der Täter **»wie ein Eigentümer«** verhält. Zwar verhält sich S nicht bereits durch den Tankvorgang wie ein Eigentümer, sondern wie eine »normale« Kundin, die das Benzin an der Kasse bezahlen will und dort die Übereignung erwartet. Jedoch liegt im Wegfahren ein bestimmungsgemäßer Verbrauch des Benzins, den normalerweise nur der Eigentümer vornehmen darf. Daher geriert sich S durch das Wegfahren als Eigentümerin und manifestiert so ihren Zueignungswillen.

Fraglich ist jedoch, ob diese Zueignung auch **rechtswidrig** war. Es handelt sich bei der Zueignung bei § 246 StGB (anders als bei § 242 StGB) um ein rein objektives Tatbestandsmerkmal, sodass allein die objektive materiell-rechtliche Lage entscheidend ist. Nicht rechtswidrig wäre die Zueignung der S, wenn sie der zivilrechtlich materiell-richtigen bzw. »gesollten« Rechtslage entspräche. Dies ist (klassischerweise) dann der Fall, wenn S einen **fälligen und durchsetzbaren Anspruch** auf Übereignung des Benzins hat. Ein solcher könnte sich aus einem Kaufvertrag über das Benzin gem. § 433 I 1 BGB ergeben. Der **Kaufvertrag** über die getankte Menge Benzin kommt bereits im Moment des Tankvorgangs zustande (s. oben bei § 263 I StGB). Durch den Kaufvertragsschluss entsteht ein Anspruch der S auf Übereignung des Benzins. Fraglich ist jedoch, ob dieser Anspruch **einredefrei** war. Dem Tankstelleninhaber steht nämlich bis zur vollständigen Erfüllung des Anspruchs aus § 433 II BGB die **Einrede des nicht erfüllten Vertrags** nach § 320 I 1 BGB zu. Nach zutreffender Auffassung kann der Gläubiger jedoch die Einrede nach § 320 I 1 BGB nicht erheben, wenn der Schuldner die geschuldete Leistungshandlung vorgenommen hat. Die geschuldete Leistungshandlung ist bei Zahlung im elektronischen Lastschriftverfahren das Unterschreiben des Lastschriftbelegs. S hat zwar den Lastschriftbeleg unterschrieben, jedoch ist – angesichts der Regelungen des § 675u BGB – nur die Unterschrift des Karten- und Kontoinhabers als geschuldete Leistungshandlung anzusehen. Da M den Lastschriftbeleg nicht unterschrieben hat, steht dem Tankstelleninhaber weiterhin die Einrede nach § 320 I 1 BGB zu. S stand somit kein einredefreier Anspruch zu.

Auch aus dem Recht zum Besitz (aus Kaufvertrag und gegebenenfalls [str.] aus dem Anwartschaftsrecht) und aus dem Besitzmittlungsverhältnis bzw. der Sicherungsabrede ergibt sich keine Rechtmäßigkeit der Zueignung, weil S aus keinem der genannten Rechte/Verhältnisse ein Recht zum Verbrauch des Benzins herleiten kann.

Schließlich liegt auch **kein Fall der »wiederholten Zueignung«** vor, bei dem teilweise bereits die Tatbestandsmäßigkeit der Unterschlagung verneint wird. Beim Tankvorgang selbst lag keine rechtswidrige Zueignung vor (kein Diebstahl, kein Betrug, s. oben). Der Betrug durch Unterschreiben des Lastschriftbelegs führt nicht zu einer Zueignung des Benzins, da S das Benzin zu diesem Zeitpunkt bereits in ihrem Besitz hat und die Unterschrift nichts an der Eigentumslage ändert (s. oben). Der Betrug führt nur dazu, dass F die Kaufpreisforderung nicht geltend macht und dass die Zueignung durch das Wegfahren erleichtert wird.

2. Subjektiver Tatbestand

Ferner müsste S vorsätzlich iSv §§ 15, 16 I StGB gehandelt haben. Problematisch ist dies lediglich bezüglich der Rechtswidrigkeit der Zueignung. Die Frage, ob die Zueignung rechtswidrig war ist eine (Zivil-)Rechtsfrage und im vorliegenden Fall äußerst komplex. In einem solchen Fall muss der Täter nicht jede rechtliche Frage im Einzelnen nachvollziehen können. Es genügt, wenn er in einer **Parallelwertung in der Laiensphäre** nachvollziehen kann, dass er nicht berechtigt ist, sich als Eigentümer zu gerieren. S wusste, dass Sie das Benzin nicht verbrauchen darf, ohne es zu bezahlen. Gleichsam war ihr klar, dass die Fälschung einer Unterschrift auf einem Lastschriftbeleg keine »Zahlung« in diesem Sinne ist. Somit handelte sie auch vorsätzlich bezüglich der Rechtswidrigkeit. S wollte sich auch das Benzin aneignen und den Tankstelleninhaber enteignen (beides durch Verbrauch).

Hinweis: Den Vorsatz bezüglich der Aneignung und Enteignung können Sie auch bereits im Rahmen des objektiven Tatbestands prüfen, nämlich bei der Manifestation des Zueignungswillens (sozusagen als Vorfrage der objektiven Manifestation).

II. Rechtswidrigkeit und Schuld

S handelte rechtswidrig und schuldhaft.

III. Ergebnis

S hat sich gem. § 246 I StGB strafbar gemacht.

J. Konkurrenzen und Ergebnis

Aufgrund des von Anfang an bestehenden **einheitlichen Herstellungs- und Gebrauchsentschlusses** wird das Herstellen und Gebrauchen der unechten Urkunde zu einer **tatbestandlichen Handlungseinheit** zusammengefasst. S hat sich daher nur wegen einer Urkundenfälschung gem. § 267 I StGB strafbar gemacht. Die Variante des Gebrauchens verdrängt dabei die Variante des Herstellens (Vorfelddelikt).

Die Urkundenfälschung und der Betrug durch Unterschreiben des Lastschriftbelegs beruhen auf einer natürlichen Handlung oder stehen zumindest – wenn man im Unterschreiben und »Übergeben« des Lastschriftbelegs zwei Handlungen erblickt – in unmittelbarem räumlich-zeitlichem Zusammenhang und sind von einem einheitlichen Tatentschluss getragen (dann natürliche Handlungseinheit). Auch das Wegfahren (und damit § 246 I StGB) beruht auf demselben Tatentschluss und steht in engem räumlich-zeitlichem Zusammenhang zur Übergabe des Lastschriftbelegs. Es liegt daher ebenfalls Tateinheit vor. Gemäß § 246 I aE StGB ist die Unterschlagung jedoch formell subsidiär zu den schwereren §§ 267, 263 StGB und wird daher verdrängt. S ist gem. §§ 263 I, 267 I Var. 3, § 52 StGB strafbar.

Hinweis: Auch wenn § 246 I StGB im Ergebnis zurücktritt, war eine ausführliche Prüfung hier angezeigt, weil andernfalls viele im Sachverhalt angelegte Problemstellungen nicht oder nur unzureichend (zB hätte die Fremdheit auch bei § 242 StGB diskutiert werden können, jedoch kommt es dort – weil die Tathandlung bereits das Tanken ist – nur auf die Fremdheit zum Zeitpunkt des Beginns des Tankens an und damit gerade nicht auf die interessante Frage, ob durch das Unterschreiben und Übergeben des Lastschriftbelegs die Bedingung für den Eigentumsübergang eintritt) behandelt werden können.

3. Tatkomplex: Der gescheiterte Abhebungsversuch

A. Strafbarkeit der S gem. §§ 263 I, 22, 23 I StGB durch Eingabe der PIN

Mangels zu täuschendem Menschen scheidet eine Strafbarkeit nach §§ 263 I, 22, 23 I StGB aus.

B. Strafbarkeit der S gem. § 263a I Var. 3, II StGB iVm §§ 263 II, 22, 23 I StGB durch Eingabe der PIN

S könnte sich gem. § 263a I, II StGB iVm §§ 263 II, 22, 23 I StGB wegen versuchten Computerbetrugs strafbar gemacht haben, indem sie die PIN der M am Bankautomaten eintippte.

I. Vorprüfung

Da es nie zu einer Auszahlung kam, ist die Tat nicht vollendet. Der Versuch ist strafbar gem. §§ 263a II, 263 II, 23 I Var. 2, 12 II StGB.

II. Tatbestandsmäßigkeit

Tatentschluss

S müsste mit Tatentschluss, dh mit dem Willen zur Verwirklichung des Tatbestandes des § 263a I StGB unter Kenntnis aller relevanten Umstände gehandelt haben. In Betracht kommt vorliegend erneut die unbefugte Verwendung von Daten. Die subjektivierende Auslegung wurde bereits oben abgelehnt.

Nach der **computerspezifischen Auslegung** müsste sich der entgegenstehende Wille der Bank der M in der Software des Bankautomaten niedergeschlagen haben. Allerdings nimmt der Bankautomat nur das gleiche Prüfprogramm wie das POS-Lesegerät vor (s. oben). Daher liegt nach dieser Auffassung auch beim Eintippen der PIN am Bankautomaten keine Unbefugtheit der Datenverwendung vor.

Nach der **betrugsspezifischen Auffassung** der Rechtsprechung und hM kommt es maßgeblich darauf an, ob die EC-Karte mittels verbotener Eigenmacht oder durch

Gewalt oder Drohung erlangt wurde oder gefälscht ist. Dies ist hier nicht der Fall, weswegen auch die hM vorliegend eine Unbefugtheit verneinen würde.

Ein Streitentscheid kann dahinstehen. Die Verwendung der Daten durch S erfolgte **nicht unbefugt**.

Hinweis: Wenn der Bankautomatenmissbrauch vorliegend die erste möglicherweise »unbefugte« Verwendung der EC-Karten-Daten wäre, müssten Sie hier natürlich ausführlicher prüfen. Da sich im Ergebnis aber dieselben Fragen stellen wie bei Bezahlung des C.R. Capone-Tickets im POS-Verfahren, können Sie sich hier kurz fassen.

III. Ergebnis

S hat sich nicht gem. § 263a I, II StGB iVm §§ 263 II, 22, 23 I StGB strafbar gemacht.

C. Strafbarkeit der S gem. § 266b I StGB durch Eingabe der PIN

Da S nicht die berechtigte Karteninhaberin war, scheidet eine Strafbarkeit nach § 266b I StGB aus.

D. Strafbarkeit der S gem. §§ 265a I, II, 22, 23 I StGB durch Eingabe der PIN

§ 265a I StGB ist **nach hM nur auf Leistungs-, nicht auf Warenautomaten anwendbar** (Grund: Abgrenzung zum Diebstahl). Der Geldautomat ist kein Leistungsautomat. Überdies ist auch die Entgeltlichkeit fraglich und der Automat wurde äußerlich korrekt bedient, sodass es auch am »Erschleichen« fehlt. S hatte mithin keinen auf die Verwirklichung von § 265a I StGB gerichteten Tatentschluss. Eine Strafbarkeit entfällt.

E. Strafbarkeit der S gem. §§ 242 I, II, 22, 23 I StGB durch Eingabe der PIN

S könnte sich gem. §§ 242 I, II, 22, 23 I StGB wegen versuchten Diebstahls strafbar gemacht haben, indem sie die PIN am Bankautomaten eintippte.

I. Vorprüfung

Das Geld wurde nicht entnommen, die Tat ist nicht vollendet. Der Versuch ist gem. §§ 242 II, 23 I Var. 2, 12 II StGB strafbar.

II. Tatbestandsmäßigkeit

Tatentschluss

S müsste mit dem Willen zur Verwirklichung des Diebstahlstatbestandes unter Kenntnis aller relevanten Umstände und unter Vorliegen aller sonstigen subjektiven Merkmale gehandelt haben.

Fraglich erscheint insbesondere, ob S mit Tatentschluss bezüglich einer Wegnahmehandlung handelte.

Hinweis: Natürlich können Sie an dieser Stelle auch zunächst auf den Tatentschluss bezüglich der Fremdheit eingehen. Allerdings erscheint es eleganter, § 242 StGB an der Wegnahme und erst § 246 StGB an der Fremdheit scheitern zu lassen, s. oben.

Definitionen von Wegnahme, Gewahrsam und Gewahrsamsbruch, s. oben. Ursprünglich hat die Bank der M Gewahrsam an den im Geldautomaten befindlichen Geldscheinen. Der Wille von S ist darauf gerichtet, durch Entnahme und Einstecken der Geldscheine in ihr Portemonnaie eigenen Gewahrsam zu begründen. Fraglich ist jedoch, ob dies gegen den Willen der Bank geschieht und somit der Gewahrsam gebrochen wird. Im Öffnen des Geldschlitzes nach erfolgreicher PIN-Eingabe, wie es S zumindest geplant hatte, könnte nämlich ein **Einverständnis in den Gewahrsamswechsel** gesehen werden. Hiergegen wird zT eingewandt, dass die Bank nur mit der Entnahme durch den Berechtigten einverstanden sei (vgl. AGB). Ein solches **bedingtes Einverständnis** ist grundsätzlich auch möglich. Jedoch ist zu berücksichtigen, dass der Automat so programmiert ist, dass er an jede Person, die über EC-Karte und PIN verfügt, das Geld herausgibt. Eine **Identitäts- oder Berechtigungsprüfung findet nicht statt**. Um die Strafbarkeit somit nicht allein davon abhängig zu machen, was die Bank in ihren AGB (wirksam) vereinbart hat, ist davon auszugehen, dass das Einverständnis nicht an die zivilrechtliche Berechtigung, sondern nur an die ordnungsgemäße Bedienung geknüpft ist (aA gut vertretbar, wenn man darauf abstellt, dass die Bank wegen §§ 675u, 675v BGB oftmals keinen Aufwendungsersatzanspruch gegen den Kontoinhaber und daher ein Interesse daran hat, dass die Geldentnahme nur von einem Berechtigten erfolgt). S handelte ohne Tatentschluss bezüglich der Wegnahme.

III. Ergebnis

S hat sich nicht gem. §§ 242 I, II, 22, 23 I StGB strafbar gemacht.

F. Strafbarkeit der S gem. §§ 246 I, III, 22, 23 I StGB durch Eingabe der PIN

S könnte sich gem. §§ 246 I, III, 22, 23 I StGB wegen versuchter Unterschlagung strafbar gemacht haben, indem sie die PIN eintippte.

I. Vorprüfung

Das Geld wurde nicht von S entnommen, die Tat ist somit nicht vollendet. Der Versuch ist gem. §§ 246 III, 23 I Var. 2, 12 II StGB strafbar.

II. Tatbestandsmäßigkeit

1. Tatentschluss

S müsste mit Tatentschluss bezüglich der rechtswidrigen Zueignung einer fremden beweglichen Sache gehandelt haben, § 246 I StGB. Die Geldscheine als angestrebtes Objekt der Zueignung sind jedenfalls bewegliche Sachen. Fraglich ist dagegen, ob es sich nach Vorstellung der S um **fremde Sachen** handelt. Die Fremdheit der Sachen muss **im Zeitpunkt der rechtswidrigen Zueignung**, also der objektiven Manifestation des Zueignungswillens vorliegen. Bei Entnahme der Geldscheine geriert sich S noch nicht als Eigentümerin, da es noch sein könnte, dass sie die Geldscheine nur als Besitzdienerin ihrer Mutter entgegennimmt. Gleiches gilt damit bei Einstecken in ihre Geldbörse. Ein **Gerieren als Eigentümerin** läge jedoch vor, wenn S die Geldscheine auf der Luxusmeile ausgibt und das Geld somit für sich verwendet. Dementsprechend müssten die Geldscheine in diesem Zeitpunkt noch fremd sein. Fremd sind Sachen, wenn sie zumindest im Miteigentum eines anderen stehen. Möglicherweise könnte im Öffnen des Geldschlitzes durch die Bank ein Angebot auf Übereignung und eine Übergabe nach § 929 S. 1 BGB gesehen werden. Dann würde die Fremdheit durch die Entnahme des Geldes durch S (= Annahme des Übereignungsangebots unter Verzicht auf Zugang nach § 151 BGB) entfallen. Fraglich ist daher, **an wen die Bank die Geldscheine übereignen will.** In Betracht kommt entweder nur der Berechtigte am Konto (und damit die M) oder jeder, der den Automaten ordnungsgemäß bedient (und damit die S).

Für eine **Übereignung nur an den Berechtigten** (hier: M) spricht, dass die Bank in den AGB die Überlassung der EC-Karte an Dritte wirksam untersagt hat und damit ihr Interesse zum Ausdruck gebracht hat, nur an den Berechtigten übereignen zu wollen. Dies entspricht im Übrigen auch der **Interessenlage der Parteien.** Erfüllungswirkung gegenüber dem Berechtigten tritt nur ein, wenn die Bank ihre Leistung auch diesem gegenüber erbringt (§ 362 I BGB), dh an diesen die Geldscheine übereignet. An der Übereignung an einen Dritten hat die Bank dagegen kein Interesse, sodass ihr Übereignungsangebot auch nicht entsprechend ausgelegt werden kann (aA im Hinblick auf §§ 362 II, 185 BGB bezüglich einer beauftragten Person vertretbar, jedoch war S hier nicht von M zur Entnahme des Geldes beauftragt worden). Eine Übereignung an S lag somit nicht vor. Ob eine Übereignung an M durch Übergabe an S als Besitzdienerin/Geheißperson vorliegt, kann dahinstehen, weil S dann auch kein Eigentum erlangt hat. Die Geldscheine waren für S fremd.

Ferner müsste S mit dem **Willen gehandelt haben, sich die Geldscheine rechtswidrig zuzueignen.** Dies setzt die **objektive Manifestation des Zueignungswillens** voraus. Zueignungswille erfordert den Vorsatz bezüglich der zumindest vorübergehenden Aneignung und der dauerhaften Enteignung des Eigentümers voraus. S wollte die Geldscheine auf der Luxusmeile für sich ausgeben, sie sich mithin aneignen und M dauerhaft enteignen. Die objektive Manifestation läge bei Verwendung des Geldes für sich selbst vor, wie es S geplant hatte (s. oben). Rechtswidrig wäre die Zueignung, wenn S – nach den von ihr vorgestellten Umständen – kein fälliger und einredefreier Anspruch auf Übereignung der Geldscheine zustand. Nach den von S vorgestellten Umständen stand ihr kein solcher Anspruch zu. Die Zueignung wäre somit auch nach Vorstellung der S rechtswidrig.

Problematisch ist jedoch vorliegend, dass S die PIN bereits zweimal falsch eingegeben hat und beim dritten und letzten Versuch **nicht sicher ist, ob sie sich richtig an die PIN erinnert.** Sie rechnet auch mit der Möglichkeit, die falsche PIN einzugeben. Da jedoch nur entweder die PIN richtig oder falsch eingegeben werden kann, kann S nur **entweder die Unterschlagung** verwirklichen (wenn die PIN richtig ist) **oder eine Datenveränderung** gem. § 303a StGB bzw. sogar **Computersabotage** gem. § 303b StGB in Tateinheit mit **Urkundenunterdrückung** gem. § 274 I Nr. 2 StGB durch die Sperrung des Kontos (wenn die PIN falsch ist). Wie eine solche **Dolus-alternativus-Konstellation** zu lösen ist, ist strittig. Die (wohl) **hM** geht davon aus, dass Vorsatz bezüglich beider in Betracht kommender Delikte vorliegt (weil ja beide Ausgangsmöglichkeiten »billigend in Kauf genommen werden«) und löst das Problem auf **Konkurrenzebene.** Danach würde S hier auch mit Tatentschluss bezüglich der Unterschlagung handeln. Die **Gegenansicht** ist der Auffassung, der Vorsatz des Täters würde in einem solchen Fall durch das **schwerere Delikt »aufgebraucht«** und nur dieses sei verwirklicht. Vorliegend wäre die Unterschlagung nach § 246 I StGB das leichtere Delikt (bis zu drei Jahre Freiheitsstrafe) im Vergleich zu § 274 I Nr. 2 StGB (bis zu fünf Jahre Freiheitsstrafe). Nach dieser Auffassung wäre also der Vorsatz bezüglich der Unterschlagung abzulehnen. Für die letztgenannte Auffassung spricht, dass auch wenn der Täter mit mehreren möglichen Ausgängen rechnet, er nur einen Erfolg herbeiführen wollte (im vorliegenden Fall wollte S nur entweder das Geld unterschlagen oder eine Kontosperrung herbeiführen).

Hinweis: An der Darstellung einer Dolus-alternativus-Konstellation ist problematisch, dass man diese bereits bei der Prüfung der ersten Alternative ansprechen muss, ohne darauf verweisen zu können, welche Straftatbestände in der anderen Alternative verwirklicht sind. Beispielsweise kommen vorliegend neben § 303a StGB auch noch § 303b StGB (bis zu drei Jahre) und sogar § 274 I Nr. 2 StGB (bis zu fünf Jahre) in Betracht und würden bei ihrem Vorliegen das Ergebnis der Mindermeinung verändern. Sie müssen bei ihrer Darstellung also »im Kopf« bereits das Ergebnis der beiden Alternativen kennen. In der Darstellung haben Sie dann keine Wahl, als bei der ersten Alternative das Ergebnis der zweiten Alternative vorwegzunehmen.

S handelte nicht mit Tatentschluss bezüglich der Unterschlagung.

2. Unmittelbares Ansetzen

Selbst wenn man (anders als hier) mit der hM einen Tatentschluss bejahen würde, müsste S gem. § 22 StGB unmittelbar zur Tat angesetzt haben. Dies ist der Fall, wenn die Handlungen der S nach ihrer Vorstellung ohne weitere wesentliche Zwischenschritte zur Tatbestandsverwirklichung führen und S subjektiv die Schwelle zum »Jetzt-geht's-los« überschritten hat. Problematisch ist vorliegend, dass S nach Eingabe der PIN das Geld noch entnehmen, dieses noch einstecken und es schließlich tatsächlich ausgeben muss, um die Zueignungsabsicht zu manifestieren. Somit muss S noch wesentliche Handlungen vor Tatbestandsverwirklichung vornehmen, bei denen sie sich auch jederzeit für einen Abbruch des Vorhabens entscheiden kann. S hat somit nicht unmittelbar angesetzt (aA vertretbar, wenn man die Manifestation des Zueignungswillens bereits früher bejaht).

III. Ergebnis

S hat sich nicht gem. §§ 246 I, III, 22, 23 I StGB strafbar gemacht.

G. Strafbarkeit der S gem. § 274 I Nr. 2 StGB durch Eingabe der PIN

S könnte sich gem. § 274 I Nr. 2 StGB wegen Urkundenunterdrückung strafbar gemacht haben, indem sie die falsche PIN eingab.

I. Tatbestandsmäßigkeit

1. Objektiver Tatbestand

Hierfür hätte S beweiserhebliche Daten, die ihr nicht oder nicht ausschließlich gehören, unterdrücken oder unbrauchbar machen müssen.

Beweiserhebliche Daten sind gem. § 202a II StGB Daten, die zum Beweis rechtserheblicher Tatsachen im Rechtsverkehr genutzt werden und nicht unmittelbar wahrnehmbar gespeichert sind. Die auf der EC-Karte gespeicherten Daten und die auf dem Bankserver hinterlegte PIN sind jeweils nicht unmittelbar wahrnehmbar gespeichert. Sie dienen gemeinsam dem Beweis der Tatsache, dass der Nutzer der Karte der Verfügungsberechtigte über das zugehörige Konto ist. Somit handelt es sich um beweiserhebliche Daten.

Daten **gehören** dem Täter ausschließlich, wenn ihm allein das **Recht zusteht, mit den Daten Beweis im Rechtsverkehr zu erbringen**. Dieses Recht an den Kartendaten steht vorliegend allerdings der M und evtl. noch der Bank zu, jedenfalls aber nicht S. Die Daten gehörten damit nicht S.

Unbrauchbarmachen liegt vor, wenn die bestimmungsgemäße Verwendbarkeit der Daten aufgehoben wird. Mit der Sperrung des Kontos geht die Aufhebung der Brauchbarkeit der Daten einher. Unabhängig davon, ob die Aufhebung der Sperrung durch ein Reaktivieren der Original-PIN und unter Verwendung derselben EC-Karte erfolgt, liegt ein Unbrauchbarmachen vor. Denn wenn schon bei der Unterdrückung, also der bloßen Entziehung der Daten aus dem Zugriffsbereich des Berechtigten, ein vorübergehender Zustand ausreicht, muss dies erst Recht für die Aufhebung der Brauchbarkeit gelten (aA vertretbar, dann kommt es darauf an, wie die Karte und das Konto wieder entsperrt werden). Ein Unbrauchbarmachen ist somit zu bejahen.

Daneben kommt auch die Tatvariante des **Unterdrückens** in Betracht. Unterdrücken bedeutet das vorübergehende oder dauerhafte Entziehen der Daten aus dem Zugriffsbereich des Berechtigten. Durch die Sperrung der Karte kann M als Berechtigte nicht mehr auf die Daten der Karte zugreifen und die PIN nicht mehr verwenden. Die beweiserheblichen Daten wurden also auch unterdrückt.

2. Subjektiver Tatbestand

Subjektiv muss zunächst Vorsatz iSv §§ 15, 16 I StGB bezüglich aller objektiven Tatbestandsmerkmale vorliegen, wobei insoweit bedingter Vorsatz ausreicht. S rechnet vorliegend mit der Möglichkeit, dass durch die dritte PIN-Eingabe die Daten auf der Karte und die PIN durch Sperrung unbrauchbar werden und nahm dies billigend in Kauf. S ging auch in Ihrer Laiensphäre davon aus, dass sie zumindest nicht allein verfügungsbefugt über die Daten der Karte ihrer Mutter war. Sie handelte mithin mit dolus eventualis. Zusätzlich verlangt § 274 I Nr. 2 StGB ein **Handeln mit Nachteilszufügungsabsicht**, wobei Nachteil jede Beeinträchtigung der Beweisinteressen an den Daten ist und für die »Absicht« **nach hM dolus directus 2. Grades** notwendig, aber auch ausreichend ist. S weist zwar nur Eventualvorsatz bezüglich der Unrichtigkeit der PIN-Eingabe auf; für den Fall, dass die PIN-Eingabe falsch ist, weiß sie jedoch sicher, dass die Beweisinteressen der M beeinträchtigt werden. Da sich die Nachteilszufügungsabsicht nur auf die Zufügung des Nachteils, nicht aber auf den Taterfolg der Unbrauchbarmachung der Daten beziehen muss, genügt dies, um vorliegend eine Nachteilszufügungsabsicht anzunehmen (aA gut vertretbar, wenn man darauf abstellt, dass die Nachteilszufügung aus Sicht der S ebenso unsicher ist, wie die Unbrauchbarmachung).

Da § 274 I Nr. 2 StGB im Vergleich zu § 246 StGB das schwerere Delikt darstellt, beschränkt sich der Vorsatz im Rahmen des »dolus alternativus« nach hier vertretener

Ansicht auf das Delikt aus § 274 I Nr. 2 StGB (s. oben). Dass S auch in Kauf nimmt, die Daten nicht zu sperren, sondern das Geld zu erhalten, schadet insofern nicht.

II. Rechtswidrigkeit und Schuld

S handelte rechtswidrig und schuldhaft.

III. Ergebnis

S hat sich gem. § 274 I Nr. 2 StGB strafbar gemacht.

H. Strafbarkeit der S gem. § 303a I StGB durch Eingabe der PIN

Da S auch keine eigentümerähnliche Verfügungsposition an den Daten auf der EC-Karte und der PIN innehat, erfüllt sie zugleich § 303a I StGB durch die Eingabe der falschen PIN.

Hinweis: Da § 303a StGB hier im Ergebnis (wird von § 274 I Nr. 2 StGB verdrängt) keine Rolle spielt und die Tathandlungen mit § 274 I Nr. 2 StGB identisch sind, können und sollten Sie sich hier kurz fassen.

I. Strafbarkeit der S gem. § 303b I Nr. 1 StGB durch Eingabe der PIN

Fraglich ist, ob sich S darüber hinaus gem. § 303b I Nr. 1 StGB wegen Computersabotage strafbar gemacht hat, indem sie die falsche PIN eingab.

I. Tatbestandsmäßigkeit

1. Objektiver Tatbestand

Hierfür hätte sie durch die Tat nach § 303a I StGB eine Datenverarbeitung, die für einen anderen **von wesentlicher Bedeutung** ist, erheblich stören müssen. Der Begriff der Datenverarbeitung ist dabei weit auszulegen und erfasst jeden Umgang mit Daten. Vorliegend kommen als Datenverarbeitung die Speicherung der Konto- und Kartendaten der M bei der Bank und auf der Karte sowie der Abgleich der Daten bei Nutzung der Karte in Betracht. Durch die falsche PIN-Eingabe wurde die Nutzung dieser Daten für M erheblich gestört, sogar bis zur Entsperrung unmöglich gemacht. Fraglich ist, ob der **Erfolg der Störung** erst eintritt, wenn der Berechtigte die Daten nutzen will und diese Nutzung gestört ist. Hierfür würde zwar sprechen, dass eine »Beschädigung« der Datenverarbeitung erst relevant wird, wenn der Berechtigte die Datenverarbeitung tatsächlich nutzen will, vorher liegt keinerlei Beeinträchtigung der Interessen des berechtigten Nutzers vor. Andererseits tritt auch bei § 303 I StGB – als Parallelnorm in der »Realwelt« – der Erfolg nicht erst bei Nutzung durch den Eigentümer ein. Da bei § 303a I StGB auch auf eine »eigentümerähnliche Verfügungsbefugnis« an den beschädigten Datensätzen abgestellt wird, sollte auch der Erfolgseintritt wie bei § 303 I StGB ausgelegt werden. Daher kann von einer erheblichen Störung einer Datenverarbeitung ausgegangen werden, auch wenn M noch nicht selbst versucht hat, Geld abzuheben (aA vertretbar). Dieser Datenverarbeitungsvorgang nimmt eine zentrale Rolle in Ms Leben ein, da nur mittels der EC-Karte sowohl Bargeld abgehoben wird als auch Bezahlvorgänge vorgenommen werden. Die Datenverarbeitung hat also auch wesentliche Bedeutung für M.

2. Subjektiver Tatbestand

S war sich bewusst, dass es zu einer Sperrung der Kartendaten kommen könnte und dass die Daten auf der EC-Karte eine wesentliche Bedeutung für M haben. Sie nahm billigend in Kauf, dass es zur Sperrung der Karte kommen könnte. S handelte mithin vorsätzlich iSv §§ 15, 16 I StGB.

II. Rechtswidrigkeit und Schuld

S handelte rechtswidrig und schuldhaft.

III. Ergebnis

S hat sich gem. § 303b I Nr. 1 StGB strafbar gemacht.

J. Konkurrenzen und Ergebnis

§ 274 I Nr. 2 StGB verdrängt § 303a I StGB im Wege der Spezialität und § 303b I Nr. 1 StGB im Wege der Konsumtion (aA: materielle Subsidiarität vertretbar). S ist strafbar gem. § 274 I Nr. 2 StGB.

4. Tatkomplex: Regalkauf im Möbelhaus

A. Strafbarkeit der M gem. § 263 I StGB durch Zahlung mit der Kundenkarte

Da M an der Selbstbedienungskasse mittels der Kundenkarte am Lesegerät bezahlt, fehlt es an einem zu täuschenden anderen Menschen. Eine Strafbarkeit gem. § 263 I StGB scheidet somit aus.

B. Strafbarkeit der M gem. § 263a I Var. 3 StGB durch Zahlung mit der Kundenkarte

M könnte sich gem. § 263a I StGB wegen Computerbetrug strafbar gemacht haben, indem sie das Regal mit der Kundenkarte bezahlte.

I. Tatbestandsmäßigkeit

Objektiver Tatbestand

Hierfür müsste M unbefugt Daten verwendet haben und hierdurch das Ergebnis eines Datenverarbeitungsvorgangs derart beeinflusst haben, dass dieser Datenverarbeitungsvorgang unmittelbar zu einer vermögensrelevanten Disposition und schließlich zu einem Vermögensschaden geführt hat.

Bei der Eingabe einer PIN handelt es sich um die Verwendung von Daten (s. oben). Fraglich ist, ob die Datenverwendung »**unbefugt**« war. Die subjektivierende Auffassung wurde bereits oben abgelehnt.

Nach der **computerspezifischen Auffassung** kommt es dabei maßgeblich auf das Prüfprogramm der jeweiligen Datenverarbeitung an. Vorliegend prüft das Lesegerät nur, ob Karte und PIN zusammengehören. Eine Prüfung der Deckung des Kontos oder des Kontosaldos erfolgt dagegen nicht. Dementsprechend hat sich ein entsprechender Wille des Möbelhauses, eine Bezahlung nur bei gedecktem Konto zulassen zu wollen, zumindest nicht im Prüfprogramm niedergeschlagen. Die computerspezifische Auslegung würde dementsprechend die Unbefugtheit verneinen.

Nach der **betrugsspezifischen Auslegung** kommt es darauf an, ob bei einem hypothetisch an die Stelle der Datenverarbeitung tretenden Menschen eine Täuschung vorläge. Entscheidend ist daher, ob M durch die Nutzung der Karte konkludent miterklärt, dass ihr Konto über eine entsprechende Deckung verfügt oder sie zumindest über ausreichende finanzielle Mittel zum Ausgleich verfügt. Hiergegen lässt sich jedoch mit der hM einwenden, dass der Kunde durch die Nutzung der Karte in einem Lesegerät mit entsprechend beschränktem Prüfprogramm lediglich die vom Gerät geprüften Voraussetzungen der Zahlung »miterklärt«, nicht jedoch, auch über ausreichende Geldmittel zu verfügen. Würde man anders entscheiden, könnten Kartenaussteller das Risiko der mangelhaften Prüftechnik ihrer Lesegeräte auf die Kunden abwälzen. Außerdem wollte der Gesetzgeber (zumindest ursprünglich) die Fälle des »Missbrauchs« durch berechtigte Karteninhaber ausschließlich über § 266b StGB erfassen und somit gerade Karten im Zwei-Personen-System nicht mit einbeziehen. Nach der betrugsspezifischen Auslegung läge also ebenfalls keine Unbefugtheit der Datenverwendung vor (aA mit dem Argument vertretbar, dass ganz allgemein bei Abschluss eines Rechtsgeschäfts konkludent miterklärt wird, dass man in der Lage ist, seine Verpflichtung aus dem Rechtsgeschäft zu erfüllen).

Ein Streitentscheid kann somit dahinstehen, die Datenverwendung durch M war nicht unbefugt.

Hinweis: Wenn Sie mit der subjektiven Auffassung (oder mit einem strengeren Prüfungsmaßstab bei der betrugsspezifischen Auffassung) die Unbefugtheit bejahen, müssten Sie weiterprüfen: Das Ergebnis des Datenverarbeitungsvorgangs der Selbstbedienungskasse wurde durch die Datenverwendung beeinflusst, da die Kasse die Bezahlung gerade wegen Verwendung von Kundenkarte und PIN als erfolgt betrachtete. Sehr fraglich ist allerdings, ob diese Beeinflussung auch zu einer unmittelbaren Vermögensminderung und damit zu einem Vermögensschaden des Möbelhauses führte. Der an der Selbstbedienungskasse geschlossene Kaufvertrag lässt wechselseitige und grundsätzlich wertgleiche Ansprüche entstehen; ein Schaden käme hier nur in Betracht, wenn der Anspruch des Möbelhauses gegen M wegen deren Zahlungsunfähigkeit als wirtschaftlich wertlos bzw. weniger wert betrachtet wird, sog. Forderungsausfallschaden. Dieser könnte als Eingehungsschaden aber nur auf der Beeinflussung des Datenverarbeitungsvorgangs durch Zahlung mit der Kundenkarte beruhen, wenn das Angebot auf Kaufvertragsschluss nicht bereits durch das Einscannen der Ware durch den Kunden erfolgt, sondern erst durch die Anzeige des Preises durch die Kasse und die Annahmeerklärung in der Zahlung mit der Kundenkarte erblickt wird. Wenn nämlich das Angebot bereits im Einscannen liegt und das Möbelhaus dieses durch Anzeige des Preises annimmt, beruht der Kaufvertragsschluss nicht auf der Beeinflussung des Datenverarbeitungsvorgangs. Letztere Auslegung liegt unseres Erachtens näher, weil auch bei »normalen« Selbstbedienungsläden (zB Supermarkt) zivilrechtlich davon ausgegangen wird, dass ein Vertragsangebot durch das »Vorzeigen« der Ware an der Kasse durch den Kunden gemacht wird. Nach hier vertretener Ansicht erfolgt auch bereits die Übereignung durch Abschluss des Bezahlvorgangs an der Selbstbedienungskasse (s. sogleich im Rahmen von § 246 I StGB, aA hier allerdings vertretbar). Dieser Eigentumsverlust wird jedoch durch das Erlöschen des wirtschaftlich betrachtet wertgleichen Übereignungsanspruchs der M kompensiert. Dabei kommt es (wohl) auch nicht darauf an, dass M zahlungsunfähig ist. Eine Einrede nach §§ 320, 322 BGB steht dem Möbelhaus nämlich (wohl) nicht zu, da das Möbelhaus ja gerade die Bezahlung mit der Kundenkarte auch ohne Kontodeckung als Erfüllung akzeptiert (aA vertretbar). Übrig bleibt somit lediglich die »Gestattung« des Verlassens des Möbelhauses durch die Selbstbedienungskasse. Abgesehen davon, dass äußerst fraglich ist, ob diese Gestattung wirklich als Ergebnis des Datenverarbeitungsvorgangs angesehen werden kann (eher nicht), verbleibt somit nur noch die Möglichkeit einer schadensgleichen Vermögensgefährdung durch die Schwierigkeiten bei der späteren Durchsetzung des Kaufpreisanspruches (s. oben beim Selbstbedienungstanken). Zweifeln könnte man hieran jedoch im vorliegenden Fall auch: Durch die fehlenden finanziellen Mittel der M ist die Durchsetzbarkeit des Anspruchs sowieso wirtschaftlich betrachtet von Anfang an stark beeinträchtigt. Ob diese durch die notwendige Rechtsverfolgung der M merkbar verringert wird (die durch den Einsatz der Kundenkarte ja auch gar nicht so schwer ist), ist äußerst fraglich.

II. Ergebnis

M hat sich nicht gem. § 263a I StGB strafbar gemacht.

C. Strafbarkeit der M gem. § 266 I StGB durch Zahlung mit der Kundenkarte

Mangels qualifizierter Vermögensbetreuungspflicht der M gegenüber dem Möbelhaus scheidet auch eine Strafbarkeit nach § 266 I StGB aus.

D. Strafbarkeit der M gem. § 266b StGB durch Zahlung mit der Kundenkarte

M könnte sich gem. § 266b StGB wegen Missbrauchs von Scheck- und Kreditkarten strafbar gemacht haben, indem sie das Regal mit der Kundenkarte bezahlte.

I. Tatbestandsmäßigkeit

Objektiver Tatbestand

Hierfür müsste es sich bei der Kundenkarte des Möbelhauses um eine **Scheck- oder Kreditkarte** handeln. Gemeinsame Voraussetzung bei den Kartenarten ist dabei, dass der »Aussteller« vom berechtigten Karteninhaber zu einer »Zahlung veranlasst« werden kann. Es muss somit ein **»Dreipersonenverhältnis«** vorliegen, in dem der berechtigte Karteninhaber mit der ausgestellten Karte bei einem Dritten Waren und Leistungen bezahlen kann und der Kartenaussteller für diesen Zahlungsvorgang eine Zahlungsgarantie gegenüber dem Dritten übernimmt. Vorliegend besteht jedoch **nur ein Zweipersonenverhältnis** zwischen dem Möbelhaus als Händler und Kartenaussteller in einer Person auf der einen Seite und M auf der anderen Seite. Somit ist die Kundenkarte keine Scheck- oder Kreditkarte iSv § 266b StGB .

II. Ergebnis

M hat sich nicht gem. § 266b StGB strafbar gemacht.

E. Strafbarkeit der M gem. § 242 I StGB durch Verlassen des Möbelhauses

M könnte sich gem. § 242 I StGB wegen Diebstahls strafbar gemacht haben, indem sie das Möbelhaus mit dem Regal verlassen hat.

I. Tatbestandsmäßigkeit

Objektiver Tatbestand

Hier hätte M eine fremde bewegliche Sache wegnehmen müssen. Fraglich ist vor allem, ob eine Wegnahme vorliegt.

Hinweis: Zur »Verteilung« der Probleme »Gewahrsamsbruch und Einverständnis« sowie »Fremdheit und Übereignung« auf die Delikte der §§ 242 und 246 StGB vgl. den Aufbauhinweis im zweiten Tatkomplex.

Definitionen von Wegnahme, Gewahrsam und Gewahrsamsbruch, s. oben. Ursprünglich befand sich das Regal in den Räumlichkeiten des Möbelhauses, mithin in der **generellen Gewahrsamssphäre** des Inhabers des Möbelhauses, in welcher dieser seine Sachherrschaft durch seine Angestellten ausübt und innerhalb der er einen generellen Sachherrschaftswillen aufweist. Überdies ordnet die Verkehrsauffassung Sachen, die sich innerhalb des Möbelhauses befinden, generell dem Inhaber desselbigen zu. Ursprünglich hatte also der Inhaber des Möbelhauses Gewahrsam. Ein Gewahrsamswechsel kommt bei **großen, schwer zu transportierenden Sachen** nicht bereits durch das Verladen auf einen Einkaufswagen oder das Tragen der Sachen innerhalb der fremden Gewahrsamssphäre zustande. Dies liegt daran, dass die Verkehrsauffassung solche Dinge weiterhin dem Inhaber des Möbelhauses zuordnet. Erst im Moment des Bezahlens an der Selbstbedienungskasse würde ein objektiver Beobachter davon ausgehen, dass der jeweilige Kunde das Eigentum an den Sachen erworben hat. Dementsprechend liegt ein Gewahrsamswechsel **erst mit Verlassen des Kassenbereichs** vor. Vorliegend ist fraglich, ob der Gewahrsamswechsel vom Willen des Möbelhausinhabers gedeckt war und deshalb ein **tatbestandsausschließendes Einverständnis** vorliegt. Hierfür könnte sprechen, dass M das Regal »nach außen hin« ordnungsgemäß bezahlt. Es ist davon auszugehen, dass der Inhaber des Möbelhauses generell sein Einverständnis in den Gewahrsamswechsel erklärt, wenn die Kunden die von ihnen gekaufte und bezahlte Ware mitnehmen. Fraglich ist allerdings, ob dieses generelle Einverständnis auch gilt, wenn der Kunde nicht über ausreichend finanzielle Mittel zum Ausgleich seines Kundenkartenkontos verfügt. Vertretbar wäre es, eine entsprechende **Bedingung des Einverständnisses** anzunehmen. Gegen eine solche Auslegung spricht allerdings, dass das Möbelhaus bewusst die Möglichkeit der Zahlung mit der Kundenkarte an der Selbstbedienungskasse einräumt und dabei keine Prüfung der Kontodeckung vornimmt. Dementsprechend würde der Inhaber des Möbelhauses – wenn er den Bezahlvorgang beobachten würde – einen Kunden, der – wie vorliegend M – die Selbstbedienungskasse ordnungsgemäß bedient, ebenfalls nicht am Verlassen des Möbelhauses mit den gekauften Sachen hindern. Daher ist davon auszugehen, dass das Einverständnis zur Mitnahme der gekauften und mit der Kundenkarte bezahlten Sachen lediglich darauf bedingt ist, dass die Selbstbedienungskasse ordnungsgemäß verwendet wird. Dies ist hier der Fall. Ein Bruch des Gewahrsams liegt damit nicht vor (aA mit entsprechender Argumentation vertretbar).

II. Ergebnis

M hat sich nicht gem. § 242 I StGB strafbar gemacht.

F. Strafbarkeit der M gem. § 246 I StGB durch Aufbauen des Regals

M könnte sich jedoch gem. § 246 I StGB wegen Unterschlagung strafbar gemacht haben, indem sie das Regal im Wohnzimmer aufbaute.

I. Tatbestandsmäßigkeit

Objektiver Tatbestand

Hierfür hätte sich M eine fremde bewegliche Sache rechtswidrig zueignen müssen. Das Regal ist als körperlicher Gegenstand, der tatsächlich fortgeschafft werden kann eine bewegliche Sache. Zweifelhaft ist jedoch, ob das Regal **im Moment der rechtswidrigen Zueignung noch fremd ist**. Zur Definition der rechtswidrigen Zueignung und des Zueignungswillens, s. oben. Entscheidend ist, ob sich der Täter **»wie ein Eigentümer geriert«**. Dies ist vorliegend spätestens der Fall, als M das Regal in ihrem eigenen Wohnzimmer aufbaut und zu nutzen beginnt. Möglich wäre auch, dass eine solche Manifestation bereits beim Verlassen des Kassenbereichs nach Bezahlung anzunehmen ist, da »normalerweise« eine Übereignung an der Selbstbedienungskasse stattfindet. Entscheidend ist somit, ob das Regal in diesen Zeitpunkten noch »fremd« für M war.

Definition der Fremdheit, s. oben. Fraglich ist, ob und gegebenenfalls wann vorliegend **eine Eigentumsübertragung auf M** anzunehmen ist. Das Angebot auf Eigentumsübertragung ist vorliegend im Einscannen der Ware an der Selbstbedienungskasse zu sehen. Die Annahmeerklärung erfolgt wohl erst durch Ausdruck der Quittung nach Abschluss des Bezahlungsvorgangs (aA vertretbar: Anzeige des Preises an der Kasse). Jedenfalls wäre eine **Übereignung aber vor dem Verlassen des Kassenbereichs** und damit vor beiden infrage kommenden Zeitpunkten einer Zueignung erfolgt. Fraglich ist daher, ob von der **konkludenten Vereinbarung eines Eigentumsvorbehalts** auszugehen ist. Das Angebot auf Vereinbarung eines solchen konkludenten Eigentumsvorbehalts könnte dabei in der Aufstellung der Selbstbedienungskasse und der Zahlmöglichkeit mit der Kundenkarte durch den Möbelhausinhaber liegen. Die Annahme läge dann im Einscannen und Bezahlen mit der Kundenkreditkarte. Entscheidend ist, ob die jeweiligen Willenserklärungen vom Standpunkt des **objektiven Empfängerhorizonts** (§§ 133, 157 BGB) jeweils als auf den Abschluss eines konkludenten Eigentumsvorbehalts gerichtet angesehen werden können. Durch die Selbstbedienungskasse und die Zahlungsmöglichkeit mit der Kundenkarte zielt der Möbelhausinhaber auf die **Einsparung von Personal- und Fremdkreditkartenkosten** und die Beschleunigung des Bezahlvorgangs und damit auf eine **Umsatzsteigerung** ab. Die fehlende Kontodeckungsprüfung liegt vollständig im Risiko- und Geschäftsbereich des Möbelhausunternehmers. Anders als in Fällen der Selbstbedienungstankstellen liegt auch keine (notwendige) Vorleistung des Unternehmers vor, welche die Annahme eines konkludenten Eigentumsvorbehalts rechtfertigen könnte (und schließlich wäre dieser wohl auch nur solange vereinbart, bis der Kunde vertragsgemäß mit seiner Kundenkarte bezahlt). Weder gebietet somit die objektive Interessenlage die Annahme eines konkludenten Eigentumsvorbehalts, noch lassen sich die Willenserklärungen von Möbelhausinhaber und Kunde vom objektiven Empfängerhorizont aus betrachtet entsprechend auslegen (aA vertretbar). Das Eigentum am Regal wurde somit bereits vor Verlassen des Kassenbereichs auf M übertragen und war mithin im Zeitpunkt der in Betracht kommenden Zueignungshandlungen nicht mehr fremd.

Hinweis: Hier sehen Sie, wie sich die unterschiedliche Interessenlage von Verkäufer und Käufer bei Selbstbedienungskassen in Warenhäusern von derjenigen bei Selbstbedienungstankstellen unterscheidet, und welchen Einfluss dies auf die Strafbarkeit nach §§ 242, 246 StGB hat.

II. Ergebnis

M hat sich nicht gem. § 246 I StGB strafbar gemacht (aA vertretbar).

G. Ergebnis

M ist straflos.

Gesamtergebnis

S ist gem. §§ 263 I, 267 I Var. 3, 52 StGB in Tatmehrheit gem. § 53 StGB zu § 274 I Nr. 2 StGB strafbar. M ist straflos.

Vertiefende Literatur zu den Schwerpunkten des Falles

1. Zu Fällen des EC-Karten- und des Kreditkartenmissbrauchs

- *Lenk*, Girocard, Sparbuch, Bankautomat – Fallkonstellationen in der strafrechtlichen Klausur, JuS 2020, 470
- *Jäger*, Abfischen von Geld am Bankautomaten, JA 2020, 66
- *Kudlich*, Gewahrsam am Geld im Bankomatenfach, JA 2021, 519
- *Kudlich*, Pin? Brauch ich nicht ..., JA 2020, 710
- *Pianzena*, Strafbarkeit des Eingriffs Unberechtigter in den Auszahlungsvorgang am Geldautomat, ZJS 2020, 279
- *Oğlakcıoğlu*, Die Karten in meiner Brieftasche, JA 2018, 279, 338; 2019, 428
- *Schuhr*, Examensklausur »In die Karten geguckt«, JuS 2015, 189
- *Valerius*, Täuschungen im modernen Zahlungsverkehr, JA 2007, 514; 2007, 778

2. Zu Fällen des »Schwarztankens« an Selbstbedienungstankstellen

- *Lange/Trost*, Strafbarkeit des »Schwarztankens« an der SB-Tankstelle, JuS 2003, 961
- *Rebler*, »Selbstbedienen« beim Tanken und das Strafrecht, JA 2013, 179
- *Kudlich/Koch*, Die Unterschlagung (§ 246 StGB) in der Fallbearbeitung, JA 2017, 184
- *Ast*, Das Einverständnis als Vermögensverfügung – Der »Tankbetrug« als Benzinunterschlagung, NStZ 2013, 305

3. Zur »Überlistung« von Selbstbedienungskassen

- *Fahl*, »Kassenschmuggel« an Selbstbedienungskassen, NStZ 2014, 244
- *Heinrich*, Diebstahl oder (Computer-)Betrug an Selbstbedienungskassen, FS Beulke, 2015, 393

4. Zu Fremdheit und Gewahrsam bei §§ 242, 246 StGB

- *Waßmer/Sommer*, Meine Tasse – Deine Tasse? Die Mitnahme von Glühweintassen aus strafrechtlicher Sicht, JA 2020, 910
- *Hecker*, Strafrecht BT: Diebstahl oder Unterschlagung. Beurteilung der Gewahrsamsverhältnisse, JuS 2020, 1083

Zusammenhängende Literatur zu den einzelnen Delikten

Computerbetrug: *Kudlich* PdW StrafR BT I Nr. 137–143; *Rengier* StrafR BT I § 14; *Jäger* ExamensRep StrafR BT Rn. 803–805
Unterschlagung: *Kudlich* PdW StrafR BT I Nr. 64–80; *Rengier* StrafR BT II § 5; *Jäger* ExamensRep StrafR BT Rn. 257–314 (mit Diebstahl behandelt)
Scheck- und Kreditkartenmissbrauch: *Rengier* StrafR BT I § 19; *Jäger* ExamensRep StrafR BT Rn. 320

Fall 10: »Räuberischer Espresso«

Sachverhalt

Ottfried (O) hat seine beste Zeit hinter sich. Listig und trickreich Casinos bestehlen in großem Stil ist nicht mehr. Inzwischen hat O nicht einmal mehr das Geld für einen doppelten Espresso bei seinem Lieblingsitaliener um die Ecke. Als O seinen Ford Mustang 1986'er Shelby von der Werkstatt abholen will und der Werkunternehmer Willibert (W) ihm die horrende Rechnung iHv 3.200 EUR vorlegt, greift O in einer Kurzschlussreaktion zu einer auf dem Boden liegenden Eisenzange und schlägt sie dem W – um die Rechnung nicht bezahlen zu müssen, allerdings ohne Tötungsvorsatz – mit voller Kraft ins Gesicht. W sackt bewusstlos zusammen. Daraufhin steigt O in seinen Wagen und macht sich davon.

Im Stadtkern sieht er an einer Einbahnstraße eine Dame (D), die mehrere vollgestopfte Label-Tüten mit sich trägt und der eine (scheinbare) Designer-Tasche um die Schulter baumelt. Er denkt sich, dass er die Tasche im Vorbeifahren mit einem schnellen Griff an sich nehmen könnte und das darin befindliche Geld seine Sorgen vorerst vertreiben würden, notfalls könne er die Tasche zu Geld machen. Er fährt mit Schrittgeschwindigkeit an D heran, kurbelt das Fenster runter und will ihr zackig die Tasche entwenden. Leider stellt sich O ein wenig ungeschickt an: Als er die Tasche packt und fest aufs Gaspedal drückt, verheddert sich die Tasche um den Hals der D und diese wird 15 Meter durch die Gasse geschliffen, wobei sie zahlreiche Schürfwunden und Prellungen erleidet. O bremst, steigt aus und tritt an die benommene D heran. Im Bewusstsein, dass diese sich nun ohnehin nicht mehr wehren könne, nimmt er ihr die Tasche weg.

Im Auto muss er feststellen, dass es sich bei der Tasche um eine Fälschung handelte, die gerade einmal 20 EUR wert ist. Da sie im Übrigen auch gänzlich leer ist, wirft er sie weg. O will nun endlich Geld sehen und hält daher am nächsten Supermarkt an. An diesem kalten, aber sonnigen Wintertag vermummt er sich dadurch, dass er eine Pilotenbrille, ein Baseball Cap und einen Schal um den Mundbereich trägt und tritt ein. O bewegt sich auf den 63-jährigen Kassierer Konrad (K) zu und dann geht alles ganz schnell: O zeigt auf ein Funkgerät in seiner Hand und meint zu K, er solle die Kasse aufmachen, sonst werde hier gleich alles in die Luft fliegen. Dieser macht zittrig aus Angst vor einer Explosion die Kasse auf, erleidet daraufhin aufgrund der Geschehnisse prompt einen Herzanfall und kippt um. O sieht die offene Kasse und den reglos auf dem Boden liegenden K. Nun überkommen ihn Skrupel und er macht sich aus dem Staub. K verstirbt noch im Supermarkt.

Bearbeitervermerk: Strafbarkeit des O nach dem StGB? Eventuell erforderliche Strafanträge sind gestellt. § 244 StGB und Delikte des 28. Abschnitts des Besonderen Teils sind nicht zu prüfen.

Gutachtliche Vorüberlegungen

A. Bearbeitervermerk

Der Bearbeitervermerk bringt keine Besonderheiten mit sich. Erneut gilt, dass der Hinweis auf eventuell erforderliche Strafanträge bereits darauf hindeutet, dass relative oder absolute Strafantragsdelikte zu prüfen sind. § 244 StGB und die gemeingefährlichen Delikte (Brandstiftungs- und Straßenverkehrsdelikte) sind nicht zu prüfen. Bereits dies wurde von einigen Bearbeiterinnen und Bearbeitern übersehen, die im Eifer des Gefechts im Rahmen der Begutachtung des Diebstahls (vornehmlich im zweiten Tatkomplex) § 244 I Nr. 1a StGB geprüft haben.

B. Sachverhaltsanalyse

Der Fall wird mit einer absolut klassischen Streitfrage der Vermögensdelikte eingeleitet, namentlich der Frage der Abgrenzung von Raub und räuberischer Erpressung, hier im selteneren Kontext der gewaltsamen Mitnahme eines Pfandgegenstands. Da § 249 StGB an der Fremdheit des Wagens scheitert, drängt sich eine weitere Prüfung der §§ 253, 255 StGB geradezu auf und es handelt sich um eine der wenigen Konstellationen, in denen der Streit auch entschieden werden muss. Ausgangspunkt der gutachterlichen Vorüberlegungen sollte sein, dass Schmuck, Geld und sonstige Wertsachen nicht nur gewaltsam weggenommen werden können, sondern grundsätzlich auch als »Sach- und Wertgegenstände« – unter den weiten Vermögensbegriff und damit auch in den Schutzbereich der Vermögensdelikte im engeren Sinn fallen. Raub und räuberische Erpressung scheinen sich insofern zu überschneiden. Eine Exklusivität, also ein wechselseitiger Ausschluss dieser beiden Delikte, käme nur in Betracht, wenn der Tatbestand des einen Delikts die Verwirklichung eines Merkmals voraussetzt, das bei Bejahung der Verwirklichung der Tathandlung des jeweils anderen Delikts entgegensteht. Wirft man jeweils einen Blick auf den Wortlaut von Raub und räuberischer Erpressung, drängt sich solch eine Exklusivität nicht auf. Eine gewaltsame Wegnahme iSd § 249 I StGB kann zugleich eine Gewalthandlung sein, die nötigenden Charakter hat und das Opfer zu einer Handlung, Duldung oder Unterlassung veranlasst (in Form der »Hinnahme der Wegnahme«). Legt man hingegen § 253 StGB erweiternd dahingehend aus, dass diese eine Entscheidung des Genötigten voraussetzen (die Entscheidung, über das Vermögen zu verfügen), könnte hiervon nicht die Rede sein, wenn das Opfer – wie bei der Wegnahme – überhaupt nicht »einbezogen« wird bzw. nicht wirklich entscheiden kann.

Ob aber solch eine Mitwirkungshandlung als »ungeschriebenes Merkmal« in den Tatbestand der (räuberischen) Erpressung hineingelesen werden muss, mithin ob die Verwirklichung der §§ 253, 255 StGB eine Vermögensverfügung des Genötigten erfordert, ist umstritten. Kandidatinnen und Kandidaten müssen sich also schon während seiner Gliederung Gedanken über das Vorliegen einer Vermögensverfügung und ihr Erfordernis machen, da diese Vorfragen den weiteren Prüfungsaufbau bestimmen. Liegt keine Vermögensverfügung vor und bereitet auch der Raub keine Schwierigkeiten, kommt es auf den Streit nicht an. Ist umgekehrt das Vorliegen einer Vermögensverfügung unproblematisch, kann die Streitfrage im Regelfall ebenso dahinstehen, da dann die §§ 253, 255 StGB ohne Weiteres bejaht werden können. Nur wenn eine Vermögensverfügung fehlt, weil man eine »Wegnahme« iSd § 249 StGB bejahen müsste, der Raub aber an anderen Merkmalen (Fremdheit, Zueignungsabsicht) scheitert, muss – wie im vorliegenden Fall – darüber diskutiert werden, ob das verwirklichte Unrecht über die (gegebenenfalls schwere) räuberische Erpressung erfasst werden kann. Verneinendenfalls müssen sich Kandidatinnen und Kandidaten über etwaige Auffangtatbestände (hier unter anderem in Form des »exotischen« Tatbestands der Pfandkehr gem. § 289) Gedanken machen.

Im zweiten Tatkomplex steht dann der Raub als solcher und das Finalitätserfordernis – ebenso eine im Examen besonders häufig abgefragte Problematik – im Mittelpunkt. Gerade in Konstellationen, in denen der Täter die »Hilfslosigkeit« des Opfers infolge einer Gewaltanwendung ausnutzt, kann sich dann noch die Frage stellen, ob ein »Raub durch Unterlassen« konstruiert werden kann. Schnell wird man allerdings erkennen, dass ein Unterschied zwischen der Ausnutzung der Benommenheit des Opfers infolge einer Gewalteinwirkung und der Ausnutzung einer noch fortwirkenden Gewalt- oder Drohwirkung (durch Fesselung oder konkludenter Bezugnahme auf mitgeführte Waffe) besteht und damit auch § 249 I StGB im Ergebnis verneinen.

Im dritten Tatkomplex folgt ein weiterer Klassiker, der thematisch dem Allgemeinen Teil zuzuschlagen ist, aber typischerweise erst im Kontext der Vermögensdelikte abgefragt werden kann, da die Problematik im Wesentlichen nur den Raub mit Todesfolge betrifft: Gemeint ist nicht bereits die Möglichkeit eines erfolgsqualifizierten Versuchs (wie er aufgrund des Umstands im Raume steht, dass die schwere Folge – nämlich der Tod des Kassierers – eintritt, aber der Grundtatbestand, nämlich der Raub, mangels Wegnahme im Versuchsstadium stecken bleibt); denn diese Frage stellt sich auch im Kontext anderer Erfolgsqualifikationen wie §§ 227, 238 StGB sowie § 306c StGB. Fraglich ist vielmehr, welche Auswirkungen es hat, wenn der Täter – wie im vorliegenden Fall – vom Grundtatbestand des Diebstahls strafbefreiend zurückgetreten ist. Bekanntermaßen ist umstritten, ob ein solcher Rücktritt trotz Erfolgseintritts möglich ist und damit einer Verurteilung nach §§ 251, 22 StGB die »Grundlage« entzieht.

C. Klausurbausteine

Die Klausur weist im Hinblick auf ihren Umfang eine hohe Variabilität auf. Sie könnte um jeweils einen Tatkomplex gekürzt und dann als zweistündige Klausur gestellt werden. Die Ergebnisse im Probelauf haben deutlich gemacht, dass drei Zeitstunden für drei Tatkomplexe zu knapp veranschlagt sind, jedenfalls dann, wenn der Bearbeitervermerk nicht weitere Tatbestände ausschließt (wie etwa die Körperverletzung oder Nötigung; in Anbetracht des Umstands, dass viele Kandidatinnen und Kandidaten den Schwerpunkt ihrer Ausführungen auf diese Nebendelikte legten, wäre dies womöglich sogar eine Hilfestellung gewesen. Dies macht allerdings auch zugleich deutlich, dass die Zeitknappheit eben auch auf einer misslungenen Schwerpunktsetzung beruhen kann).

D. Korrekturberichte

Die Klausur, die fast durchweg klassische Streitfragen der Vermögensdelikte beinhaltet, ist mit 2,43 und 3,14 Punkten im Schnitt auffallend schlecht ausgefallen. Überwiegend wurden Randdelikte wie diejenigen der gefährlichen Körperverletzung und

Nötigung schwerpunktmäßig geprüft, weil die Problematiken des Falles nicht gesehen wurden (Abgrenzung von Raub und räuberischer Erpressung, Abgrenzung von Raub und Diebstahl bei trickreicher Wegnahme, Rücktritt vom erfolgsqualifizierten Versuch bei eingetretener schwerer Folge). Dies kann im ersten Tatkomplex noch entschuldigt werden, da die Fragestellung der Abgrenzung von Raub und räuberischer Erpressung bei Anwendung von vis absoluta dem Studierenden in einem anderen Gewand als sonst begegnet (nämlich im Kontext der Wegnahme eigener Sachen, die mit einem gesetzlichen Pfandrecht belastet sind). Zum Teil wurde der Raub bejaht, weil die fehlende Fremdheit des Wagens schlicht übersehen oder rechtlich unvertretbar konstruiert wurde (namentlich dadurch, dass auf den Einbau noch fremder Gegenstände abgestellt wurde, was wegen der §§ 949, 950 BGB fernliegt und im Sachverhalt auch nicht angelegt ist); dann ist der Weg zu den §§ 253, 255 StGB per se versperrt.

Noch schwerer wiegen die Fehler jedoch im zweiten Tatkomplex, insbesondere die unzureichende Differenzierung zwischen den einzelnen Wegnahme- und Gewalthandlungen, da es sich bei Tatbestandsmerkmalen wie denjenigen der Zueignungsabsicht oder Raubfinalität um solche handelt, bei denen Kandidatinnen und Kandidaten im Hinblick auf das Simultanitätsprinzip besonders sensibilisiert sein müssten. Die Mehrheit der Handlungen drängt sich auch durch die Unfallzäsur geradezu auf. Dass die Prüfung im zweiten Tatkomplex allerdings auch im Übrigen nicht gelang, lässt sich auch darauf zurückführen, dass man mit dem Verhältnis von Raub und Diebstahl nicht vertraut zu sein scheint: Hierauf deutet zumindest der Umstand hin, dass zahlreiche Bearbeiterinnen und Bearbeiter den Diebstahl isoliert geprüft haben, ohne zunächst der Frage nachzugehen, ob ein Raub verwirklicht sein könnte.

Ebenso muss es überraschen, dass auch der dritte Tatkomplex kaum gelang, handelt es sich bei der geschilderten Konstellation schließlich um eine solche, anhand derer der erfolgsqualifizierte Versuch und der Rücktritt von diesem bei bereits eingetretener Folge Studierenden typischerweise beigebracht wird. Da bereits die zentralen Fragestellungen nicht bearbeitet wurden, darf es nicht überraschen, dass auch die Scheinwaffenproblematik im dritten Tatkomplex von niemandem gesehen wurde und auch der Hausfriedensbruch nur vereinzelt aufgegriffen wurde.

Vereinzelt wurde die Qualifikation des § 250 StGB wiederum nach der Schuld geprüft, was vermuten lässt, dass Kandidatinnen und Kandidaten diese als Strafzumessungsvorschrift klassifizieren. Dies ist nachvollziehbar, weil die Strafzumessungsvorschrift, mit der die Studierenden erstmals konfrontiert werden der Diebstahl im besonders schweren Fall (§ 243 StGB), also der »schwere Diebstahl«, ist. Das Adjektiv »schwer« in der gesetzlichen Überschrift indiziert allerdings nicht die Eigenschaft einer Strafnorm als Regelbeispiel. Vielmehr sollte schlicht die Norm an sich dahingehend untersucht werden, ob sie den Passus »idR« enthält, was auf § 250 StGB beispielsweise nicht zutrifft. Soweit die Vorschrift auf eine andere Strafnorm Bezug nehmend Merkmale benennt, deren Verwirklichung zu einer zwingenden Strafrahmenverschiebung führt, handelt es sich um eine Qualifikation. Deren Prüfung folgt allerdings auf den Grundtatbestand hin oder isoliert, jedenfalls aber noch vor Rechtswidrigkeit und Schuld.

Lösungsgliederung

1. Tatkomplex: In der Werkstatt

A. Strafbarkeit des O gem. §§ 249 I, 250 II Nr. 1 StGB durch Niederschlagen des W und Wegfahren mit dem Auto (-)

B. Strafbarkeit des O gem. §§ 253 I, 255, 250 II Nr. 1 Var. 2 StGB durch Niederschlagen des W mit der Zange und Wegfahren mit dem Auto (+/-)

P: Erfordernis einer Vermögensverfügung bei räuberischer Erpressung

C. Strafbarkeit des O gem. §§ 223 I, 224 I Nr. 2 StGB durch Schlag mit der Zange (+)

D. Strafbarkeit des O gem. § 240 I StGB durch Einsatz der Zange (+)

E. Strafbarkeit des O gem. § 289 I StGB durch Wegfahren mit dem Pkw (+)

F. Konkurrenzen

2. Tatkomplex: Die Dame und ihre Louis Vuitton Tasche

A. Strafbarkeit des O gem. §§ 249 I, 22 StGB durch Greifen nach der Handtasche aus dem Auto heraus (-)

B. Strafbarkeit des O gem. §§ 242 I, II, 22, 23 I Var. 2, 12 II StGB durch Greifen nach der Handtasche aus dem Auto heraus (+)

P: Abgrenzung Diebstahl/Raub (Gewaltanwendung)

C. Strafbarkeit des O gem. § 229 StGB durch Fahrmanöver (+)

D. Strafbarkeit des O gem. § 249 I StGB durch Mitnahme der Tasche nach dem Unfall (-)

P: Gewaltfinalität; Raub durch Unterlassen gem. §§ 249 I, 13 StGB?

E. Strafbarkeit des O gem. §§ 242 I, 243 I Nr. 6 StGB durch Mitnahme der Tasche nach dem Unfall (+)

F. Strafbarkeit des O gem. § 142 I Nr. 1 StGB durch Wegfahren im Anschluss (+)

G. Konkurrenzen

3. Tatkomplex: Herzinfarkt im Supermarkt

A. Strafbarkeit des O gem. §§ 251, 22 StGB durch Drohen mit Explosion (-)

P: Tatbestandsspezifischer Gefahrzusammenhang/erfolgsqualifizierter Versuch

P: Einsatz völlig ungefährlicher Gegenstände als Scheinwaffen (Labello-Rechtsprechung)

P: Rücktritt vom erfolgsqualifizierten Versuch bei Eintritt der schweren Folge

B. Strafbarkeit des O gem. § 222 StGB durch Tod des K (+)

C. Strafbarkeit des O gem. § 240 I StGB durch Drohen mit Explosion (+)

D. Strafbarkeit des O gem. § 239b I Var. 2 StGB durch Drohen mit Explosion (-)

P: Teleologische Reduktion im Zwei-Personen-Verhältnis

E. Strafbarkeit des O gem. § 123 I StGB durch Betreten des Kaufhauses (-)

Gesamtergebnis und Konkurrenzen

Lösungsvorschlag

1. Tatkomplex: In der Werkstatt

A. Strafbarkeit des O gem. §§ 249 I, 250 II Nr. 1 StGB durch Niederschlagen des W und Wegfahren mit dem Auto

O könnte sich dadurch, dass er W mit der Zange niederschlug und anschließend mit seinem Wagen wegfuhr wegen schweren Raubes gem. §§ 249 I, 250 II Nr. 1 StGB strafbar gemacht haben.

I. Tatbestandsmäßigkeit

Der objektive (Grund-)Tatbestand des § 249 I StGB setzt die Wegnahme einer fremden beweglichen Sache mittels Gewalt gegen eine Person oder unter Anwendung von Drohungen mit gegenwärtiger Gefahr für Leib und Leben voraus. Der Pkw ist zwar ein körperlicher Gegenstand und somit eine Sache (vgl. auch § 90 S. 1 BGB). Er steht jedoch im Alleineigentum des O und ist somit nicht fremd für diesen. Etwaige **Verwertungsrechte** des W als Werkunternehmer (insbesondere das gesetzliche Pfandrecht nach § 647 BGB) lassen die Eigentümerstellung unberührt. Somit ist es unerheblich, dass W als Werkstattleiter die tatsächliche Sachherrschaft über den Wagen ausgeübt hat, somit Gewahrsam an dem Wagen des O hatte und dieser gewaltsam (nämlich durch den Schlag mit der Zange) gebrochen wurde. Die Wegnahme durch O erfüllt mangels **Fremdheit der Sache** nicht den objektiven Tatbestand des § 249 I StGB.

Hinweis: Man dürfte sich denken, dass man diese Stelle auch knapper hätte formulieren können bzw. auf eine Prüfung des § 249 I StGB – aufgrund des offensichtlich fehlenden Merkmals der Fremdheit – ganz verzichten. Doch hebt die Kandidatin bzw. der Kandidat mit diesen Formulierungen bereits an dieser Stelle die kriminalpolitische Lücke hervor, welche letztlich auch den Ursprung des Streits rund um die Frage des Erfordernisses einer Vermögensverfügung bei der Erpressung bildet. Zudem wird mit der »halben« Subsumtion unter den Wegnahmebegriff ebenso deutlich gemacht, dass keine Vermögensverfügung vorliegt und somit auch eine Erpressung ausscheidet, wenn man solch eine im Kontext der §§ 253, 255 StGB forderte.

II. Ergebnis

O hat sich nicht wegen schweren Raubes zulasten des W gem. §§ 249 I, 250 II Nr. 2 StGB strafbar gemacht.

B. Strafbarkeit des O gem. §§ 253 I, 255, 250 II Nr. 1 Var. 2 StGB durch Niederschlagen des W mit der Zange und Wegfahren mit dem Auto

O könnte gegenüber W allerdings eine schwere räuberische Erpressung gem. §§ 253, 255, 250 II Nr. 1 Var. 2 StGB begangen haben, indem er diesen mit der Zange niederschlug und anschließend mit dem Wagen wegfuhr, ohne die Rechnung für die Reparaturkosten zu zahlen.

I. Tatbestandsmäßigkeit

Der objektive Tatbestand der räuberischen Erpressung setzt (ähnlich wie § 249 StGB) den Einsatz qualifizierter Nötigungsmittel als Nötigungshandlungen mit dem Ziel voraus, den Nötigungserfolg herbeizuführen.

1. Objektiver Tatbestand

Der Schlag mit der Zange auf den Kopf des W stellt unproblematisch eine erhebliche physische Kraftentfaltung zum Zwecke eines erwarteten Widerstands und somit **Gewalt** im physischen Sinne dar.

Als **Nötigungserfolg** setzen §§ 253, 255 StGB voraus, dass der Betroffene »zu einer Handlung, Duldung oder Unterlassung« genötigt wird. Problematisch ist im vorliegenden Fall, dass O den W einfach niedergeschlagen hat, diesem also keine Wahl hinsichtlich der Mitnahme des Wagens bzw. des Verzichts auf den Rechnungsbetrag beließ. Dabei könnte man sich auf den Standpunkt stellen, dass W zumindest zu einer Duldung (nämlich der Wegnahme) genötigt wurde, auch wenn er sich hierzu nicht frei entschließen konnte, vielmehr einer vis absoluta unterlag.

Forderte man allerdings eine irgendwie geartete, »freiwillige« Mitwirkungshandlung, also eine **Vermögensverfügung** des Opfers, käme eine räuberische Erpressung bei Anwendung von vis absoluta nicht in Betracht.

Hinweis: Stellt der Täter das Opfer dagegen vor eine Wahl, ist wiederum danach zu differenzieren, ob das Opfer wirklich entscheiden kann, mithin eine Vermögensverfügung – wie sie zT für erforderlich erachtet wird – bejaht werden kann oder nur »optisch« eine Mitwirkungshandlung vorliegt.

Über die Frage, ob in § 253 StGB (als Grundtatbestand des § 255 StGB) so ein **ungeschriebenes Merkmal der Vermögensverfügung** hineinzulesen ist, herrscht Streit. Vornehmlich die Rechtsprechung, der sich Teile der Literatur angeschlossen haben, verzichtet auf ein solches Erfordernis. Bei dieser Betrachtung ist die Verwirklichung der §§ 253, 255 StGB auch bei einer gewaltsamen Wegnahme von Sachen nicht ausgeschlossen. Vielmehr genügt jeder vermögensschädigende Vorgang mit Nötigungscharakter, sodass der Raub auch nur einen Spezialfall der räuberischen Erpressung darstellt. Hingegen verweist die (wohl) hL auf die Struktur der Erpressung als »Selbstschädigungsdelikt«, die sich nur im Handlungsteil vom Betrug unterscheide, aber im Erfolgsteil ebenso eine Mitwirkung des Opfers für den Eintritt des Vermögensschadens voraussetze. Raub und räuberische Erpressung – bzw. Wegnahme und Weggabe – würden sich gegenseitig ausschließen.

Hinweis: Sie haben also die richtige Assoziation, wenn Sie spontan an die Abgrenzung von Trickdiebstahl und Sachbetrug (sowie Fragen des gelockerten Gewahrsams und der Pseudobeschlagnahme) denken müssen, wobei man sich in diesem Kontext allerdings weitestgehend darüber einig ist, dass der Betrug als »Selbstschädigungsdelikt« eine Mitwirkungshandlung des Geschädigten voraussetzt.

Würde man sich letzterer Auffassung anschließen, müsste vorliegend – da bereits eine Wegnahme bzw. eine vis absoluta bejaht wurde – die erforderliche Vermögensverfügung und somit auch eine Strafbarkeit nach den §§ 253, 255, 250 II Nr. 1 Var. 2 StGB verneint werden. Folgt man dagegen der Rechtsprechung, bleibt eine räuberische Erpressung denkbar.

Zum Verständnis: Hier kommt die kriminalpolitische Tragweite des Meinungsstreits zum Vorschein. Da nach Auffassung der Literatur auch ein Raub ausscheidet, könnte das verwirklichte Unrecht gegebenenfalls nur über die §§ 223 ff. StGB, § 240 StGB und § 289 StGB erfasst werden. Dies hätte eine geringere Mindeststrafe bzw. einen wesentlich niedrigeren Strafrahmen zur Folge. Während der Raub mit einem Strafrahmen von nicht unter einem Jahr aufwartet, im qualifizierten Fall sogar mit fünf Jahren Mindeststrafe, § 250 II StGB, sieht beispielsweise die gefährliche Körperverletzung nur eine Freiheitsstrafe von sechs Monaten bis zu zehn Jahren vor, wobei sich an diesem Strafrahmen sowohl bei ideal als auch real konkurrierenden sonstigen Delikten wie Nötigung und Pfandkehr nichts ändern, vgl. § 52 I StGB, § 53 I StGB, § 54 I 2 StGB.

Jedenfalls aus dem **Wortlaut** der §§ 253, 255 StGB ergibt sich das Erfordernis einer Vermögensverfügung nicht. Doch ist dieses Argument – worauf die hL hinweist – nicht besonders stichhaltig, da die Notwendigkeit einer Vermögensverfügung bei § 263 I StGB unumstritten ist, obwohl diese dessen Wortlaut ebenso wenig verlangt.

Als **teleologisches Argument** könnte man ins Feld führen, dass das Erfordernis einer Vermögensverfügung den gewaltsameren Täter, der dem Opfer keine Wahl lässt, indem er besonders brutal vorgeht, letztlich bevorzugt, da in bestimmten Fällen – wie im vorliegenden – eine Straflosigkeit des Täters bezüglich der §§ 249, 253, 255 StGB droht. Dem lässt sich jedoch entgegenhalten, dass es nicht zur Aufgabe der §§ 253,

255 StGB gehört, die **»besondere Gewaltträchtigkeit«** des Täterverhaltens unter Strafe zu stellen. Zudem ist die Vornahme einer vis absoluta nicht zwingend belastender für das Opfer, als wenn es mit vorgehaltener Pistole vor eine Entscheidung gestellt wird.

Auch die **Systematik** spricht nicht zwingend für das Erfordernis einer Vermögensverfügung. Zwar könnte man anbringen, dass die **Positionierung** des Raubs vor den §§ 253, 255 StGB gegen eine Einordnung als lex specialis spricht (warum sollte das speziellere Gesetz vor dem allgemeineren Gesetz stehen und § 255 StGB als »Grundtatbestand« auf § 249 StGB verweisen?). Doch lässt sich dieses systematische Argument dahingehend entkräften, dass der Gesetzgeber auch im Übrigen besonderen »Begehungsformen« eigenständig kriminalisiert und diese uU vor dem allgemeineren Delikt positioniert (wie etwa bei Mord und Totschlag).

Im Wesentlichen beruft sich die Literatur auf die **kriminalpolitische Ausgestaltung** de lege lata, aus der sich ergebe, dass der Gesetzgeber besondere Formen der Vermögensbeeinträchtigung an bestimmte Voraussetzungen geknüpft und nur einschränkend geschützt habe. Die **Gebrauchsanmaßung** oder die Beeinträchtigung von sachenrechtlichen Rechtspositionen außer derjenigen des Eigentums, werde nur eingeschränkt kriminalisiert, vgl. §§ 248b, 289 StGB. Doch ist dieses Argument ebenso zurückzuweisen, da §§ 253, 255 StGB keine »sonstige« Form der Gebrauchsanmaßung pönalisiert, sondern an Gewalthandlungen knüpft, an deren Ende eine Vermögensschädigung steht. Die (auch im Hinblick auf etwaige Qualifikationen) entstehenden erheblichen Strafbarkeitslücken bzw. **Strafrahmenlücken**, sind in Anbetracht der vom Täter aufgewendeten, kriminellen Energie kaum hinnehmbar. Der Täter wendet unabhängig davon, ob das Opfer eine Entscheidung trifft, tatsächlich treffen kann oder meint treffen zu können, in jedem Fall Gewalt an. Führt diese Gewaltanwendung zu einer Vermögensschädigung des Opfers, sollten keine Nuancen oder Zufälligkeiten im Einzelfall in der Tatbegehung darüber entscheiden, ob den Täter eine erhöhte Mindeststrafe erwartet.

Hinweis: Eine derart ausführliche Darstellung des Meinungsstands kann – auch in Anbetracht eines vernünftigen Zeitmanagements – nicht erwartet werden. An dieser Stelle wurden dennoch alle denkbaren Pro- und Contra-Argumente aufgeführt, weil deutlich gemacht werden sollte, dass jedes Für und Wider methodisch einen klaren Bezug (Auslegungsformen) hat. Auf diese Weise kann man sich den Streitstand sicherlich einfacher merken, die Argumente schneller abrufen und folglich auch in der Ausarbeitung weniger Zeit verlieren. Ob man die Argumente dann im »Zick-Zack-Kurs« darstellt, also Pro und Contra nach und nach abarbeitet oder erst alle Argumente der einen Seite auflistet, ist eine Frage des Geschmacks.

Im Ergebnis sind die Argumente der Literatur also nicht derart stichhaltig, sodass das Erfordernis einer Vermögensverfügung als zwingend erachtet werden müsste. Die gewaltsam abgenötigte Duldung der Wegnahme reicht somit aus.

Hinweis: Die Entscheidung wird also vor allem von der kriminalpolitischen Grundhaltung beeinflusst, während weder die grammatische noch die systematische Auslegung das Ergebnis zwingend vorgeben. Da beide Auffassungen insofern gut vertretbar erscheinen, dürften auch klausurtaktische Erwägungen den Streitentscheid beeinflussen: Ist beispielsweise – wie vorliegend – noch ein Qualifikationstatbestand einschlägig, könnte man diesbezüglich mit Wissen glänzen, wenn man sich für die Rechtsprechung entscheidet. Hingegen sind die Auffangtatbestände bzw. »konsumierten« Delikte nur dann etwas ausführlicher zu prüfen, wenn man mit der Literaturmeinung eine schwere räuberische Erpressung ablehnt und die Auffangtatbestände damit nicht konsumiert werden.

Daher ist im Folgenden zu überprüfen, ob das Verhalten des O einen **Vermögensnachteil** bei W zur Folge hatte. Der Begriff des Vermögensnachteils in § 253 StGB entspricht hierbei demjenigen des Vermögensschadens bei § 263 StGB: Demnach liegt ein Schaden vor, wenn ein Vergleich der Vermögenslage vor und nach der Verfügung ergibt, dass die Minderung nicht durch ein Äquivalent saldiert wurde. Als Anknüpfungspunkt der vermögensmindernden Duldung kommt zum einen die Nichtbezahlung der Rechnung als solche, und zum anderen die Mitnahme des reparierten Wagens in Betracht.

Dem Sachverhalt ist nicht zu entnehmen, dass O von Anfang nicht die Intention hatte, den Rechnungsbetrag zu bezahlen, sodass ein sog. Eingehungsschaden von vornherein ausscheidet (zumal dann Anknüpfungspunkt der Strafbarkeit der Vertragsschluss und § 263 StGB wäre und nicht die gewaltsame Mitnahme des Wagens). Im Übrigen kann man auch davon ausgehen, dass dem W die Kontaktdaten des O bekannt sind (bzw. diese durch das Kennzeichen zumindest ermittelt werden könnten). Hinsichtlich der Rechnungsforderung hat die Handlung des O also keinen Vermögensverlust mit sich gebracht. Dies ist allerdings unschädlich, wenn die Mitnahme des Wagens eine nicht kompensierte Vermögensminderung darstellte. Da das Kfz im Eigentum des O steht, scheint dies auf den ersten Blick fernzuliegen. Jedoch ist zu sehen, dass W mit Einbringung des Wagens in die Werkstatt ein **gesetzliches Werkunternehmerpfandrecht** (§ 647 BGB) entstanden ist, das gerade zur Sicherung der Bezahlung der Werklohnforderung durch den Auftraggeber dient. Dieses Unternehmerpfandrecht, das dem W auch ein Recht zum Besitz bis zum Zeitpunkt der Befriedigung gibt, wurde durch die gewaltsame Wegnahme ohne Bezahlung zweifelsohne beeinträchtigt. Der (nicht ausgeglichene) Verlust einer Vermögensposition, mithin ein Vermögensnachteil, lässt sich bejahen.

2. Subjektiver Tatbestand

O handelte, um die Rechnung nicht bezahlen zu müssen, mithin **vorsätzlich gem. § 15 StGB.** Darüber hinaus müsste er mit der **Absicht rechtswidriger Bereicherung** agiert haben, wobei der angestrebte Vorteil die Kehrseite des Schadens, also unmittelbare Folge der Vermögensverfügung sein und dem Täter direkt aus dem geschädigten Vermögen zufließen muss, sog. »**Stoffgleichheit**«. O beeinträchtigt das Pfandrecht unmittelbar durch die gewaltsame Aberpressung, sodass sich eine Stoffgleichheit annehmen lässt. Auf die Herausgabe der Pfandsache hat O auch keinen fälligen und einredefreien Anspruch, sodass die Bereicherung auch rechtswidrig ist. Der subjektive Tatbestand ist somit erfüllt.

II. Qualifikation gem. § 250 II Nr. 1 StGB

Darüber hinaus könnte O ein gefährliches Werkzeug bei der räuberischen Erpressung verwendet und somit die Qualifikation des § 250 II Nr. 1 StGB verwirklicht haben. Da derjenige, der den Tatbestand der räuberischen Erpressung verwirklicht, gem. § 255 StGB »**gleich einem Räuber**« zu bestrafen ist, kommen auch die Qualifikationstatbestände des § 249 I StGB zur Anwendung.

Hinweis: Soweit eine Waffe oder ein gefährliches Werkzeug verwendet wird, braucht die weniger schwerwiegende Qualifikation des Mitsichführens derartiger Gegenstände gem. § 250 I Nr. 1a (und b) StGB nicht geprüft werden. Damit kommt es auch auf die umstrittene und schwierige Frage, wie der

Begriff des »gefährlichen Werkzeugs« im Falle des bloßen Beisichführens auszulegen ist, beim konkreten Einsatz des Werkzeugs nicht an. Hier kann auf die bewährte Formel des § 224 I Nr. 2 StGB zurückgegriffen werden, wonach gerade auf die Art und Weise der Verwendung im Einzelfall abzustellen ist. Im konkreten Fall muss aufgrund des Einsatzes der Zange als Verletzungsmittel nicht einmal problematisiert werden, ob eine Verwendung bereits mit dem Benutzen des Gegenstands als Drohmittel ausreicht (so die hM).

Ein gefährliches Werkzeug wird (nur) dann iSv § 250 II Nr. 1 StGB »bei der Tat verwendet«, wenn der Täter sie als Raubmittel **zweckgerichtet** einsetzt. Das Werkzeug ist hierbei ein gefährliches Werkzeug, wenn es nach seiner Beschaffenheit und im Hinblick auf die Art und Weise der Verwendung im konkreten Einzelfall dazu geeignet ist, erhebliche Verletzungen herbeizuführen. Dies lässt sich für einen Schlag auf den Kopf mit einer schweren Eisenzange fraglos annehmen. O handelte hierbei auch zweckgerichtet und vorsätzlich. Er verwirklicht somit § 250 II Nr. 1 StGB.

III. Rechtswidrigkeit und Schuld

O handelte rechtswidrig, insbesondere auch verwerflich iSd § 253 II StGB und schuldhaft. Er macht sich somit wegen schwerer räuberischer Erpressung gem. §§ 253, 255, 250 II Nr. 1 StGB strafbar.

C. Strafbarkeit des O gem. §§ 223 I, 224 I Nr. 2 StGB durch Schlag mit der Zange

Ferner kommt eine Strafbarkeit des O wegen gefährlicher Körperverletzung gem. §§ 223, 224 I Nr. 2 StGB in Betracht. O hat W mit der Eisenzange bewusstlos geschlagen, mithin das körperliche Wohlbefinden unangemessen beeinträchtigt und pathologische Zustände kausal und zurechenbar verursacht. Er hat W somit vorsätzlich (iSd § 15 StGB) **körperlich misshandelt** und an der **Gesundheit geschädigt**. Die Eisenzange stellt ein **gefährliches Werkzeug** dar, das O absichtlich einsetzte. Er handelte rechtswidrig und schuldhaft. O ist folglich wegen gefährlicher Körperverletzung gem. §§ 223 I, 224 I Nr. 2 StGB strafbar.

Hinweis: Wenn Sie sich für die Rechtsprechung entschieden haben, können Sie die Begutachtung des ersten Tatkomplexes nunmehr beenden und die Auffangtatbestände nur knapp in den Konkurrenzen benennen. Die folgende, etwas ausführlichere Prüfung betrifft also nur diejenigen Bearbeiterinnen und Bearbeiter, welche eine Strafbarkeit nach §§ 253, 255, 250 StGB verneinen. Im Ergebnis ändert sich an der Schreibarbeit nichts, da diejenigen, die sich der Rechtsprechung anschließen, dafür noch etwas zur Qualifikation nach § 250 StGB abfassen müssen.

D. Strafbarkeit des O gem. § 240 I StGB durch Einsatz der Zange

O hat durch den Einsatz der Zange körperliche Kraft in Erwartung eines geleisteten Widerstands entfaltet, mithin physische Gewalt ausgeübt und hierdurch den Willen des W vollständig gebrochen (**vis absoluta**). In der Verwirklichung des Handlungsteils einer räuberischen Erpressung liegt bereits eine qualifizierte Form der Nötigung. Dies geschah vorsätzlich (§ 15 StGB) und auch in verwerflicher Weise (§ 240 II StGB), da das Verhalten des O ohne Weiteres einen erhöhten Grad an sittlicher Missbilligung erreicht. O handelt rechtswidrig und schuldhaft. Er macht sich wegen Nötigung gem. § 240 I StGB strafbar.

E. Strafbarkeit des O gem. § 289 I StGB durch Wegfahren mit dem Pkw

Ferner könnte O den Tatbestand der Pfandkehr verwirklicht haben.

Hinweis: Diesen »Sondertatbestand« müssen Sie schon im Kontext des Meinungsstreits bezüglich des Erfordernisses einer Vermögensverfügung vor Augen haben, da die Existenz von Straftatbeständen, welche besondere Vermögenspositionen (wie eben das Pfandrecht) schützen, gerade als Argument gegen ein weitläufiges Verständnis der räuberischen Erpressung ins Feld geführt wird, wie dieses durch den Verzicht auf das Merkmal der Vermögensverfügung bewirkt wird.

O müsste hierfür eine Pfandsache weggenommen haben. An dem Pkw ist ein gesetzliches Werkunternehmerpfandrecht gem. § 647 BGB entstanden (s. oben). O müsste die Pfandsache dem W **weggenommen** haben, mithin die Zugriffsmöglichkeit durch Entfernung aus dem Zugriffsbereich des Rechtsinhabers vereitelt haben. Im vorliegenden Fall befand sich der Wagen sogar im Herrschaftsbereich des W und somit in dessen Gewahrsam, welchen O durch den gewaltsamen Zugriff gebrochen hat. O hat somit seine eigene Sache, den Pkw, dem Pfandgläubiger W weggenommen. Dies geschah vorsätzlich gem. § 15 StGB und in rechtswidriger Absicht.

Hinweis: Sie müssen hier nicht ausführlich darstellen, dass der Begriff der Wegnahme im Kontext des § 289 StGB weiter zu definieren ist, als bei § 242 I StGB. Pfandrechtsschuldner haben die Pfandsache nicht selten im eigenen Gewahrsam, man denke an Mieter oder Hotelgäste, §§ 562, 710 BGB. Pfandrechtsverletzende wären – würde man einen Gewahrsamsbruch fordern – nie von § 289 StGB erfasst, sodass dieser ins Leere laufen würde. Daher muss die Durchbrechung eines Gewaltverhältnisses ausreichen.

O macht sich wegen Pfandkehr gem. § 289 I StGB strafbar. Der gem. § 289 III StGB erforderliche Strafantrag ist laut Bearbeitervermerk gestellt.

F. Konkurrenzen

O macht sich wegen schwerer räuberischer Erpressung strafbar gem. §§ 253, 255, 250 II Nr. 1 Var. 2 StGB. Da der Schlag mit der Eisenzange keine zwingende bzw. **typische Begleiterscheinung** einer schweren räuberischen Erpressung darstellt (insbesondere könnte für eine Verwendung des gefährlichen Werkzeugs auch die Drohung mit dem Einsatz desselben ausreichen), konkurriert die gefährliche Körperverletzung (§§ 223, 224 I Nr. 2 StGB) ideal, § 52 I StGB. Hingegen werden die Nötigung vom Handlungsteil der räuberischen Erpressung, die Pfandkehr vom Erfolgsteil (Vermögensnachteil) konsumiert.

Hinweis: Ob eine ausführliche Prüfung der Nebendelikte – wie sie hier vorgenommen wurde – erforderlich ist, wenn die §§ 253, 255 StGB bejaht wurden, lässt sich anzweifeln. Doch besteht im Allgemeinen noch kein einheitlicher Darstellungsmaßstab, was subsidiäre/konsumierte Delikte angeht. Kandidatinnen und Kandidaten sollten sich daher mit den regionalen Erwartungen an das Gutachten vertraut machen.

2. Tatkomplex: Die Tasche

A. Strafbarkeit des O gem. §§ 249 I, 22, 23 I StGB durch Greifen nach der Handtasche aus dem Auto heraus

O könnte sich dadurch, dass er der Dame D die Handtasche entriss, wegen versuchten Raubes gem. §§ 249 I, 22, 23 I StGB strafbar gemacht haben.

I. Vorprüfung

Für eine Versuchsstrafbarkeit dürfte das Delikt nicht vollendet sein. O wollte die Tasche der D beim Vorbeifahren entwenden und anschließend wegfahren. Da sich die Tasche jedoch um den Hals der D schlang, konnte er zunächst keinen neuen Gewahrsam begründen. Eine Nichtvollendung lässt sich somit bejahen. Der Versuch des Raubes als Verbrechen ist stets strafbar, § 249 I StGB iVm §§ 23 I Var. 1, 12 I StGB.

II. Tatentschluss

Eine Versuchsstrafbarkeit setzt zunächst Tatentschluss voraus, also den Vorsatz des O, eine fremde bewegliche Sache durch den Einsatz qualifizierter Nötigungsmittel in Zueignungsabsicht wegzunehmen. D hatte die tatsächliche Sachherrschaft über den ihr gehörenden körperlichen Gegenstand ausgeübt, den ihr O entwenden wollte. O hatte also Vorsatz hinsichtlich der Wegnahme einer Sache, die nicht in seinem Alleineigentum steht, mithin fremd ist.

Fraglich ist jedoch, ob O diese Wegnahme unter Einsatz qualifizierter Nötigungsmittel, also durch Gewalt gegen eine Person (eine Drohung für Leib oder Leben scheidet von vornherein aus) realisieren wollte. Laut Sachverhalt intendierte O, der D die »locker um die Schulter baumelnde Handtasche« zu entwenden. Im Vordergrund seines Plans stand somit nicht das gewaltsame Entziehen, sondern das **listige Ausnutzen eines Überraschungsmoments**. O ging somit auch nicht davon aus, dass D Widerstand leisten würde bzw. eine irgendwie geartete weitere Kraftentfaltung vonnöten gewesen wäre. Etwas anderes ließe sich nur annehmen, wenn O davon ausgegangen wäre, dass das Opfer die Tasche in Erwartung eines Überfalls schutzbereit festhält und er die Tasche somit entreißen müsste. Dies ist allerdings nicht der Fall. Dass es tatsächlich zu einer **physischen Kraftentfaltung** zulasten der D kam, weil sich die Tasche um deren Hals schlang, D auf den Boden fiel und einige Meter am Boden schliff, sodass sie Prellungen und Schürfwunden erlitt, war von O nicht beabsichtigt. Ein versuchter Raub durch das Greifen nach der Tasche aus dem Auto scheidet somit aus.

B. Strafbarkeit des O gem. §§ 242 I, II, 22, 23 I, 12 II StGB durch Greifen nach der Handtasche aus dem Auto heraus

I. Vorprüfung

In Betracht kommt allerdings ein versuchter Diebstahl, dessen Nichtvollendung im Kontext des versuchten Raubes bereits festgestellt wurde. Auch der Versuch des Diebstahls ist gem. §§ 242 II, 23 I Var. 2, 12 II StGB strafbar.

II. Versuchstatbestand

Es wurde im Übrigen dargelegt, dass O Tatentschluss hinsichtlich der Wegnahme einer fremden beweglichen Sache hatte, durch das Wegfahren mit der Tasche insbesondere den Gewahrsam der D brechen und neuen Gewahrsam begründen wollte. Daher ist lediglich zu überprüfen, ob O auch mit der Absicht rechtswidriger Zueignung agierte. Mit **Zueignungsabsicht** handelt der Täter, wenn er den Eigentümer dauerhaft aus seiner Eigentümerstellung zu verdrängen in Kauf nimmt (Enteignungsvorsatz) und beabsichtigt, die Sache sich zumindest vorübergehend anzueignen. O ging davon aus, dass es sich um eine wertvolle Tasche handelte und wollte diese gegebenenfalls auch zu Geld machen. Da es ihm folglich nicht allein um den Inhalt der Tasche ging, er vielmehr auch Interesse an der Tasche selbst hatte, kommt es auf die Frage, wie es um die Zueignungsabsicht bezüglich der Tasche bestellt ist, wenn der Täter lediglich am Inhalt eines Behältnisses interessiert ist, nicht an. O handelte mit rechtswidriger Zueignungsabsicht, weil er auch keinen fälligen, einredefreien Anspruch auf die Übereignung der Tasche hatte. Er handelte mit Tatentschluss und hat durch die Vornahme tatbestandlicher Handlungen (Bruch fremden Gewahrsams) auch unmittelbar zur Tatbestandsverwirklichung angesetzt. Rechtfertigungs- und Entschuldigungsgründe sind nicht ersichtlich. O macht sich wegen versuchten Diebstahls gem. §§ 242 I, II, 22 StGB strafbar. Der gem. § 248a StGB erforderliche Strafantrag (die Tasche ist nur 20 EUR wert) gilt als gestellt.

C. Strafbarkeit des O gem. § 229 StGB durch Fahrmanöver

Zudem hat O mit seinem riskanten Fahrmanöver die im Verkehr erforderliche Sorgfalt missachtet und folglich **objektiv pflichtwidrig** agiert und mehrere Prellungen und Schürfwunden bei D kausal und zurechenbar verursacht. Der Erfolg einer fahrlässigen Körperverletzung ist somit eingetreten. Dieser Verlauf war auch nicht vollkommen atypisch und objektiv vorhersehbar. Umgekehrt ging das riskante Verhalten des O allerdings nicht so weit, dass man ihm einen Eventualvorsatz hinsichtlich der Geschehnisse, mithin der Verletzungen der D unterstellen könnte. Er fuhr bewusst langsam an D heran und nahm – angesichts seines Tatplans, die Tasche listig entreißen zu wollen – auch nicht billigend in Kauf, dass sich die Tasche am Hals der D verheddern und es hierdurch zu Verletzungen kommen könnte. Im Übrigen handelte O allerdings rechtswidrig und schuldhaft. Somit ist O wegen fahrlässiger Körperverletzung gem. § 229 StGB strafbar.

D. Strafbarkeit des O gem. § 249 I StGB durch Mitnahme der Tasche nach dem Unfall

Zu prüfen ist ferner, ob sich O durch die Mitnahme der Tasche nach dem Unfall wegen Raubes gem. § 249 I StGB strafbar gemacht hat.

I. Tatbestandsmäßigkeit

Darüber hinaus könnte O den Tatbestand eines (vollendeten) Raubes gem. § 249 I StGB verwirklicht haben, indem er nach dem Unfall ausstieg und der benommenen D die Tasche wegnahm. Durch das Wegfahren im Anschluss hat O zweifelsohne neuen Gewahrsam an einer fremden beweglichen Sache begründet und somit weggenommen. Eine Benommenheit der D schließt einen Gewahrsamsbruch nicht aus.

Fraglich ist wiederum die **Gewaltanwendung**. Denn O hat gegenüber der benommenen D keine Gewalt mehr anwenden müssen. § 249 StGB setzt allerdings voraus, dass der Täter Gewalt zum Zwecke der Wegnahme anwendet, sog. Finalität. Die ursprüngliche Gewaltanwendung (»Mitzerren« der D) erfolgte ja schon gar nicht vorsätzlich. O nutzte lediglich die Situation der D aus, es lässt sich insofern von einer »gelegentlichen Wegnahme« sprechen. Eine **Raubfinalität** lässt sich auch nicht dadurch begründen, dass der Täter O eine noch fortwirkende Gewalthandlung, die er zu verantworten hat, für sich ausnutzt. Denn im vorliegenden Fall wirkt nicht die Gewalt als solches fort (wie etwa bei einem gefesselten oder aufgrund des Einsatzes eines Drohmittels immer noch unter dessen Eindruck stehenden Opfer), sondern lediglich das Resultat der Gewalteinwirkung (Benommenheit, Ohnmacht etc). Damit lässt sich auch **keine Gewaltanwendung durch Unterlassen gem. §§ 249 I, 13 StGB** konstruieren, sodass den Bedenken dahingehend, dass mittels eine auf pflichtwidrigem Vorverhalten (Ingerenz) begründete Garantenstellung zur Umgehung des Finalitätserfordernisses führt, nicht weiter nachgegangen werden muss.

II. Ergebnis

Eine Strafbarkeit gem. § 249 I StGB scheidet somit aus.

Hinweis: Diese zusätzlichen Ausführungen werden normalerweise nicht erwartet, die Kandidatin bzw. der Kandidat zeigt aber mit solchen »Details«, dass sie bzw. er durchaus fähig ist, feine Unterschiede im Einzelfall herauszuarbeiten (im Vergleich zur Konstellation, in der eine Gewalteinwirkung durch Unterlassen aufgrund einer noch bestehenden Fesselung, also Fortwirkung der Gewalt an sich, noch eher bejaht werden kann). Im vorliegenden Fall hingegen wirken nur die Folgen der (unvorsätzlichen) »Gewaltanwendung« fort, nicht hingegen die Gewalt an sich. Im Übrigen ist der Tatbestand des Raubes auch dann erfüllt, wenn die zunächst mit anderer Zielrichtung vorgenommene Gewalt zum Zeitpunkt der Wegnahme der Sache noch in Form einer Drohung mit erneuter Gewaltanwendung fortwirkt und der Täter diesen Umstand bewusst dazu ausnutzt, dem Opfer, das sich dagegen nicht mehr zu wehren wagt, die Beute wegzunehmen. Dabei kann solch eine »Erklärung« allerdings nicht einfach unter Verweis auf die vorangehende Gewaltanwendung fingiert werden, vielmehr müssen Äußerungen oder schlüssige Erklärungen genügend erkennbar festgestellt sein (hierauf musste der BGH in neuerer Zeit mehrmals hinweisen, vgl. etwa BGH StV 2021, 493; NStZ-RR 2021, 245 im Anschluss an BGH NStZ 2019, 674). Da die D vorliegend benommen war, liegt solch eine konkludente Drohung (und deren Wahrnehmung) zum Zeitpunkt der Wegnahme allerdings fern.

E. Strafbarkeit des O gem. §§ 242 I, 243 I Nr. 6 StGB durch Mitnahme der Tasche nach dem Unfall

Das Verhalten des O könnte allerdings unter den Tatbestand des vollendeten Diebstahls in einem besonders schweren Fall zu subsumieren sein, §§ 242 I, 243 I Nr. 6 StGB.

I. Tatbestandsmäßigkeit

Hinsichtlich der vorsätzlichen, rechtswidrigen und schuldhaften Verwirklichung des Tatbestands wird hinsichtlich des objektiven Tatbestands auf die Ausführungen zum Raub, hinsichtlich des subjektiven Tatbestands auf den versuchten Diebstahl verwiesen.

II. Strafzumessung

O könnte das Regelbeispiel des **§ 243 I Nr. 6** StGB verwirklicht haben. D lag hilflos und benommen auf dem Boden. O nutzte es bei der Wegnahme auch bewusst aus, dass sich D nicht mehr gegen die Wegnahme wehren konnte.

Hinweis: Gerade dieses besondere Regelbeispiel sollten Sie sich im Kontext des »gelegentlichen Diebstahls« in Abgrenzung zum Raub merken, zumal dessen Existenz ja ebenfalls gegen eine extensive Handhabung des Finalitätsmerkmals spricht. Und auch wenn Sie eher knapp prüfen wie vorliegend, sollten sie die Prüfung des Regelbeispiels einem eigenständigen Gliederungspunkt unterwerfen und deutlich machen, dass sie ihn im »normalen Prüfungsaufbau« nach der Schuld prüfen würden (hier in Form des Passus »vorsätzlich, rechtswidrig und schuldhafte Verwirklichung ...«).

Somit verwirklichte O das Regelbeispiel des § 243 I Nr. 6 StGB. Hieran ändert sich auch nichts, dass die Tasche **objektiv nur 20 EUR wert** war. Zwar ist gem. § 243 II StGB ein besonders schwerer Fall ausgeschlossen, wenn sich die Tat auf eine **geringwertige Sache** bezieht. Doch knüpft § 243 StGB an das Schuldprinzip und die besondere kriminelle Energie des Täters, sodass sich auch die subjektive Vorstellung des Täters auf eine Geringfügigkeit beziehen muss (ebenso wie es nicht ausreicht, dass die Regelbeispielsmerkmale objektiv verwirklicht werden). O ging vorliegend jedoch von einer wertvollen und zudem prall gefüllten Tasche aus. In solch einem Fall greift die Privilegierung des § 243 II StGB nicht. O macht sich wegen Diebstahls in einem besonders schweren Fall gem. §§ 242 I, 243 I Nr. 6 StGB strafbar. Der gem. § 248a StGB **erforderliche Strafantrag** ist gestellt (anders als bei § 243 II StGB, kommt es für das Antragserfordernis ausschließlich auf den objektiven »Schaden« aus Sicht des Eigentümers an, der allerdings geringfügig ist, wenn er unter 50 EUR liegt).

F. Strafbarkeit des O gem. § 142 I Nr. 1 StGB durch Wegfahren im Anschluss

O könnte sich darüber hinaus wegen unerlaubten Entfernens vom Unfallort gem. § 142 I Nr. 1 StGB strafbar gemacht haben. Dies setzt zunächst einen **Unfall** im Straßenverkehr voraus. O griff aus dem fahrenden Wagen heraus nach der Tasche der D, was dazu führte, dass D auf den Boden prallte und mehrere Meter mitgeschliffen wurde. Insofern handelt es sich um ein plötzliches Ereignis im öffentlichen Verkehr, das mit dessen Gefahren in ursächlichem Zusammenhang steht, da O damit beschäftigt war, das Fahrzeug zu führen und möglichst nah an D heranzufahren, um sich der Tasche zu bemächtigen. Sein Verhalten führte zu einem nicht völlig belanglosen Personen- oder Sachschaden. Dabei steht es einem Unfall nicht entgegen, dass der Zusammenprall Resultat eines vorsätzlichen (versuchten) Diebstahls war, denn jedenfalls der Unfall selbst geschah unvorsätzlich. Ein Unfall im Straßenverkehr lässt sich somit bejahen, wobei O als Verursacher des Unfalls unproblematisch auch Unfallbeteiligter iSd § 142 V StGB ist. Im Anschluss an den Unfall hat O die Tasche weggenommen und sich räumlich entfernt, ohne die Feststellung seiner Person zu ermöglichen, mithin den Tatbestand des § 142 I Nr. 1 StGB verwirklicht. Dies geschah vorsätzlich iSd § 15 StGB und rechtswidrig. O macht sich somit wegen unerlaubten Entfernens vom Unfallort gem. § 142 I Nr. 1 StGB strafbar.

Hinweis: Soweit man wegen der Benommenheit der D deren Feststellungsbereitschaft anzweifeln wollte, würde dies an der Strafbarkeit nichts ändern, da dann jedenfalls das Abwarten einer angemessenen Zeit nach § 142 I Nr. 2 StGB infrage gestellt werden müsste. Jedenfalls hat O die Feststellungen nicht nach Ablauf der Wartefrist gem. § 142 II Nr. 1 ermöglicht. Zu den Tatbestandsmerkmalen des § 142 I im Detail vgl. bereits Fall 4.

G. Konkurrenzen

O macht sich gem. §§ 242 I, 22 StGB strafbar, der mit der fahrlässigen Körperverletzung (§ 229 StGB) ideal konkurriert, § 52 StGB. Der Unfall und die damit erforderlich gewordene Planänderung führen zu einer Vorsatzzäsur, die den vollendeten Diebstahl im besonders schweren Fall gem. §§ 242, 243 I Nr. 6 StGB und das unerlaubte Entfernen vom Unfallort gem. § 142 I Nr. 1 StGB gegenüber diesen Delikten in Realkonkurrenz treten lassen, § 53 StGB.

3. Tatkomplex: Herzinfarkt im Supermarkt

A. Strafbarkeit des O gem. §§ 251, 22, 23 I StGB durch Drohen mit Explosion

O könnte sich dadurch, dass er mit einer Explosion drohte, wegen versuchten Raubes mit Todesfolge strafbar gemacht haben, §§ 251, 22, 23 I StGB.

I. Vorprüfung

Zunächst dürfte hierfür der Raub mit Todesfolge nicht vollendet sein. § 251 StGB stellt ein **erfolgsqualifiziertes Delikt** dar, das sich aus dem Grunddelikt des Raubes und der schweren Folge des Todes zusammensetzt. Die schwere Folge muss der Täter lediglich zurechenbar verursachen (§ 18 StGB), subjektiv reicht hingegen ein leichtfertiges, also grob fahrlässiges Handeln. Vorliegend ist zwar die schwere Folge des § 251 StGB eingetreten, aber das Grunddelikt ist nicht vollendet. O hat das Geld in der Kasse nicht herausgenommen, sondern hat den Supermarkt verlassen, ohne fremde bewegliche Sachen mitzunehmen. Somit ist das Grunddelikt nicht vollendet.

Hinweis: Sie können an dieser Stelle diese Fallgruppe, in der die schwere Folge eintritt, das Grunddelikt allerdings mangels Wegnahme im Versuchsstadium steckenbleibt sogleich als »erfolgsqualifizierten Versuch« konkret benennen, müssen dies allerdings nicht, da sich dies bereits aus ihrem Obersatz bzw. aus der Prüfung im Folgenden ergibt. Denn schließlich müssen sie noch den Zurechnungszusammenhang (in Form des tatbestandsspezifischen Gefahrverwirklichungszusammenhangs) prüfen und in diesem Kontext die Möglichkeit eines erfolgsqualifizierten Versuchs legitimieren, indem Sie klarstellen, an welches Unrecht die Strafschärfung knüpft (Handlungs- oder Erfolgsunrecht?). Nur soweit die schwere Folge bereits aus der typischerweise gefährlichen Handlung des Grunddelikts resultieren kann, erscheint das Konstrukt eines erfolgsqualifizierten Versuchs möglich (denn an den Erfolg des Grunddelikts kann beim Versuch gerade nicht geknüpft werden, da dieser ja nicht eingetreten ist). Da beim Raub für den Tod des Opfers typischerweise bereits die Gewalthandlungen ursächlich sein können, ist das besondere Risiko der Tötung bereits im Versuchsstadium eines Raubes angelegt. Zudem ist dieses Risiko derart hoch, dass der Gesetzgeber diesen Versuch schon eigenständig pönalisiert (§ 249 I StGB iVm § 12 I StGB). Ein erfolgsqualifizierter Versuch ist somit möglich.
Abzugrenzen ist der erfolgsqualifizierte Versuch vom weniger klausurrelevanten Versuch der Erfolgsqualifikation, bei dem das Grunddelikt vollendet ist bzw. versucht wird, aber die Erfolgsqualifikation nur angestrebt wird. Es ist logisch, dass im Bereich der Tötungserfolgsqualifikationen diese Konstellation eher unbedeutend ist, da der Täter sich bereits wegen eines versuchten Totschlags bzw. sogar Mordes gem. §§ 212, 211, 22 StGB strafbar gemacht haben könnte. Etwas anderes gilt nur für Erfolgsqualifikationen, bei deren Eintritt der Gesetzgeber zwischen vorsätzlicher und nicht vorsätzlicher

Begehung differenziert (wie etwa bei der schweren Körperverletzung gem. § 226 StGB: hier ist aber die versuchte Erfolgsqualifikation streng genommen »nur« eine versuchte, vorsätzliche schwere Körperverletzung nach §§ 226 I, II, 22 StGB).

Unschädlich ist, dass die schwere Folge der Erfolgsqualifikation bereits eingetreten ist. Es könnte sich nämlich um einen **erfolgsqualifizierten Versuch** handeln, bei dem das Grunddelikt nicht vollendet, aber die schwere Folge (hier in Form der Tötung des K) bereits eingetreten ist. Bei § 249 I StGB iVm §§ 18, 11 II StGB handelt es sich um ein **Vorsatzdelikt**, wobei die schwere Folge des § 251 StGB bereits an das Versuchsunrecht, namentlich an die Gewalthandlung, nicht an die Folgen der Gewaltanwendung knüpft. Bereits die gewaltsamen Handlungen des Raubes bergen das Risiko eines Todeseintritts. Der Versuch des Grunddelikts stellt zudem ein Verbrechen dar und ist somit strafbar gem. §§ 12 I, 23 I Var. 1 StGB.

Eine Strafbarkeit wegen erfolgsqualifizierten Versuchs könnte somit bejaht werden, wenn O einen versuchten (gegebenenfalls schweren) Raub verwirklicht hat und dieser Versuch eine schwere Folge zurechenbar verursacht hat, wobei hinsichtlich der schweren Folge leichtfertiges Handeln genügte.

II. Tatentschluss

1. Grundtatbestand

Hierfür müsste O zunächst mit Tatentschluss, also mit Vorsatz bezüglich des Einsatzes qualifizierter Nötigungsmittel zur Wegnahme fremder beweglicher Sachen agiert haben. Inwiefern die Drohung mit einer Explosion bereits eine Gewaltanwendung darstellt, kann vorliegend dahinstehen. Jedenfalls handelt es sich um das Inaussichtstellen eines künftigen Übels gegen eine Person, auf die der Täter Einfluss zu haben vorgibt und damit um eine **Drohung gegen Leib und Leben** gegenüber einem anderen. Die Drohung des O gegenüber K mit einer Explosion diente dazu, die Kasse zu öffnen und damit die Wegnahme von Geld als körperliche Gegenstände zu ermöglichen, die nicht in dessen Eigentum stehen. Er hatte somit auch Vorsatz hinsichtlich der Gewaltanwendung zum Zwecke der Wegnahme einer fremden, beweglichen Sache. Das Geld wollte sich O auch rechtswidrig zueignen.

Hinweis: Soll eine Raubklausur gestreckt werden, kann man Problemkonstellationen bezüglich der Zueignungsabsicht, wie sie vom Tatbestand des Diebstahls bekannt sein sollten, auch in den Raub »packen«. Diesbezüglich gilt derselbe Maßstab. So ist der subjektive Tatbestand des Raubes zu verneinen, wenn es an einer beabsichtigten »Einverleibung« in das Vermögen fehlt. Es handelt sich dann lediglich um eine Sachentziehung, die – auch wenn der bisherige Eigentümer damit dauerhaft aus seiner Position verdrängt wird – keine strafbare Form der Aneignung darstellt (BGH StV 2020, 667 sowie NStZ 2019, 344).

O hatte somit Tatentschluss hinsichtlich eines Raubes gem. § 249 I StGB.

2. Qualifikation

Darüber hinaus könnte O vorsätzlich hinsichtlich eines schweren Raubes gem. § 250 I Nr. 1b StGB gehandelt haben, indem er auf ein Funkgerät zeigte und damit andeutete, es handele sich um einen Auslöser für eine im Supermarkt platzierte Bombe. Da das Funkgerät tatsächlich vollkommen ungefährlich ist, stellt es keine Waffe im technischen Sinn oder ein gefährliches Werkzeug dar. O wollte vielmehr den Anschein erwecken, dass es sich bei dem Funkgerät um den Teil einer »Waffe« handelt (Zünder einer Bombe). Gerade derartige **Scheinwaffen** werden grundsätzlich vom § 250 I Nr. 1b StGB als »sonstige Gegenstände« erfasst, die verwendet werden, um den Widerstand einer anderen Person durch Gewalt oder Drohung mit Gewalt zu verhindern oder zu überwinden.

Typischerweise handelt es sich bei Scheinwaffen um Gegenstände, die bereits rein äußerlich wie Waffen aussehen (Spielzeugpistolen und Ähnliches). Daher legt die Rechtsprechung – gerade auch im Hinblick auf die hohe Mindeststrafe – § 250 I Nr. 1b StGB einschränkend aus: Gegenstände, die objektiv vollkommen ungefährlich sind, sollen nicht unter den Begriff des sonstigen Gegenstands fallen, wenn sich der »Scheinwaffencharakter« nicht aus dem Gegenstand selbst, sondern von einer täuschenden Einwirkung des Täters ergibt. Dementsprechend wäre ein Tatentschluss des O zu verneinen, wenn dieser etwa einen Gegenstand verwendet hätte, bei dem K – hätte er den Gegenstand gesehen – auf Anhieb bemerkte, dass es sich nicht um eine Waffe handelte (etwa einen **Labello**-Stift, der dem Opfer an den Rücken gedrückt wird, oder der Finger, mit dem das Sweatshirt ausgebeult wird, um eine Pistole vorzutäuschen).

Hinweis: Wenn es sich nicht um eine offensichtliche Scheinwaffe, also eine Spielzeugpistole handelt, sollte stets auf die Labello-Rechtsprechung Bezug genommen werden. Auf diese Weise kann man (eingängiges) Detailwissen präsentieren.

Dieses Kriterium führt im vorliegenden Fall nicht weiter. Denn einerseits ist das Funkgerät objektiv ungefährlich, andererseits kann nach der Aussage des O der Bedrohte, welcher den Gegenstand wahrnimmt, nicht auf Anhieb feststellen, ob es sich um einen gefährlichen Gegenstand handelt. Gerade dieser Umstand soll nach Teilen der Rechtsprechung eine **differenzierte Betrachtung** erforderlich machen, wonach im Sinne eines »Regel-Ausnahme-Verhältnisses« derartige Gegenstände den Scheinwaffen unterfallen sollen, während Gegenstände herauszunehmen seien, die – wenn sie durch den Bedrohten wahrgenommen werden – auch von diesem auf Anhieb als ungefährlich qualifiziert würden.

Diese Differenzierung überzeugt jedoch kaum. Denn auch bei einem objektiv nicht auf Anhieb ersichtlich ungefährlichen Gegenstand, entsteht die Gefährlichkeitsprognose durch das Opfer nicht durch die eigene Wahrnehmung (wie bei »normalen Scheinwaffen«), sondern wiederum durch die Äußerungen des Drohenden. Indessen gibt der Wortlaut ohnehin nichts für eine Einschränkung her, zudem entspricht es dem gesetzgeberischen Willen, grundsätzlich alle Gegenstände einzubeziehen, die den Anschein einer Waffe erwecken sollen. Einer tatsächlich geringen Gefährlichkeit kann durch die Annahme eines minder schweren Falles ausreichend Rechnung getragen werden (aA vertretbar).

O hat somit auch Vorsatz bezüglich des Mitsichführens sonst gefährlicher Gegenstände iSd § 250 I Nr. 1b StGB. Hingegen fehlt es ihm für eine (versuchte) Verwirklichung des § 250 II Nr. 3 StGB (Herbeiführen einer Todesgefahr für eine andere Person) am Vorsatz hinsichtlich der Gefährdung.

III. Unmittelbares Ansetzen

Durch die Gewaltanwendung hat O bereits tatbestandliche Handlungen vorgenommen und folglich unmittelbar zur Tatbestandsverwirklichung gem. § 22 StGB angesetzt, s. bereits oben.

IV. Eintreten der schweren Folge und Kausalität

K ist tot und somit ist die schwere Folge des § 251 StGB eingetreten. Die Handlung des O kann auch nicht hinweggedacht werden, ohne dass K verstorben wäre, die Gewaltanwendung (als Raubversuchshandlung) ist somit kausal für den Eintritt des Todes im Sinne der Conditio-sine-qua-non-Formel (Äquivalenztheorie).

Hinweis: Erst jetzt beginnt die eigentliche Prüfung des § 251 StGB. Denkbar wäre es damit auch, den Versuch der §§ 249 I, 22 StGB getrennt zu prüfen und dann – nach der Klarstellung in der Vorprüfung, wonach ein erfolgsqualifizierter Versuch vorliege – auf die bereits vorgenommene Versuchsprüfung zu verweisen und direkt in die Prüfung des § 251 StGB einzusteigen.

V. Tatbestandsspezifischer Gefahrzusammenhang

Darüber hinaus setzt § 251 StGB (als qualifizierte Form der fahrlässigen Tötung, bei der zwar ein Tötungserfolg nicht intendiert ist, aber eine gefährliche Handlung vorsätzlich vorgenommen wird) voraus, dass sich im Todeserfolg gerade die spezifische Gefahr des Grunddelikts (also eines versuchten Raubes) realisiert, sog. **tatbestandsspezifischer Gefahrverwirklichungszusammenhang**. Es wurde bereits dargelegt, dass diese besondere Form der objektiven Zurechnung im Falle des § 251 StGB an die Raubhandlung knüpft. Gerade dies ermöglicht schließlich erst das Konstrukt eines erfolgsqualifizierten Versuchs. Im vorliegenden Fall wird auch deutlich, dass dieser Ansatz berechtigt ist.

Hinweis: Sowohl bei einem versuchten als auch vollendeten Raub mit Todesfolge kann sich die Frage auftun, ob auch Gewalthandlungen nach (gegebenenfalls fehlgeschlagener) Wegnahme als Anknüpfungspunkt für die Zurechnung eines eingetretenen Todeserfolgs herhalten können. Hier ist die Rechtsprechung im Fluss. Während Gewalthandlungen vor der Wegnahme zwischenzeitlich als nicht berücksichtigungsfähig erachtet wurden (vgl. BGH NStZ 2019, 730), kehrt die neuere Rechtsprechung des Zweiten Strafsenats zur früheren Haltung zurück, wonach es der Annahme des qualifikationsspezifischen Zusammenhangs nicht entgegen steht, dass sich in der zwischen Vollendung und Beendigung vorgenommenen, todesursächlichen Gewaltanwendung die der konkreten Raubtat eigentümliche besondere Gefährlichkeit realisiert (BGH NStZ-RR 2020, 372 mAnm *Jäger* JA 2021, 258).

Die Drohungen des O können typischerweise (und nicht nur bei besonders schreckhaften Personen) zu **Schockreaktionen, Panikattacken** sowie auch zu einem Herzinfarkt führen. Selbst wenn – wie hier festgestellt – das Opfer erhöht schreckhaft ist, muss O dies gegen sich gelten lassen, zumal eine erhöhte Schreckhaftigkeit älterer Personen generell nicht als atypisch eingeordnet werden könnte.

Hinweis: Generell können sich hier aus dem Allgemeinen Teil Fragen der objektiven Zurechnung auftun, wobei ein relativ extensiver, dh zurechnungsbefürwortender Maßstab angelegt wird. Unlängst hat der Dritte Strafsenat entschieden, dass der qualifikationsspezifische Risikozusammenhang iSd § 251 StGB auch nicht dadurch unterbrochen wird, dass die behandelnden Ärzte mit Blick auf eine wirksame Patientenverfügung in rechtmäßiger Weise von einer Weiterbehandlung des moribunden Raubopfers absehen (BGH NStZ 2021, 231 mAnm *Sowada*).

Die von O geschaffene, raubspezifische Gefahr des Einsatzes qualifizierter Nötigungsmittel hat sich im Tod des K realisiert. Ein tatbestandsspezifischer Gefahrverwirklichungszusammenhang lässt sich bejahen (aA vertretbar).

VI. Leichtfertigkeit

Als Erfolgsqualifikation verlangt § 251 StGB kein (hier offensichtlich auch nicht gegebenes) vorsätzliches Handeln des O hinsichtlich der schweren Folge, § 18 StGB. Jedoch erhöht § 251 StGB die Anforderungen an die Fahrlässigkeit, indem er Leichtfertigkeit hinsichtlich des Todeseintritts verlangt. Der Täter muss besonders sorgfaltswidrig handeln, also aus besonderer Gleichgültigkeit oder grober Unachtsamkeit (Leichtsinn) außer Acht lassen, dass bei seinem Handeln der Todeseintritt besonders nahe liegt, sich geradezu aufdrängt (insofern fallen grobe Fahrlässigkeit und Leichtfertigkeit meist zusammen). Mit dem Einsatz der Scheinwaffe (als Funkgerät für eine vermeintlich deponierte Bombe) hat O hinsichtlich einer potenziell empfindlichen Reaktion des K besonders sorgfaltspflichtwidrig agiert. Dass K älter ist und somit empfindlicher als andere Kassierer reagieren könnte, hätte O ohne Weiteres erkennen können, sodass auch eine objektive Vorhersehbarkeit (in Form einer Offensichtlichkeit) ebenso bejaht werden kann. Ein leichtfertiges Handeln des O lässt sich somit ebenso bejahen.

Hinweis: Dass bei Raubüberfällen oftmals Waffen als Drohinstrumente eingesetzt werden, ohne dass alle Opfer Herzinfarkte erleiden, macht deutlich, dass weder der tatbestandsspezifische Gefahrzusammenhang noch die objektive Vorhersehbarkeit zwingend bejaht werden müssten. Doch speziell in dieser Konstellation dürften Tatrichterinnen und Tatrichter keine Schwierigkeiten haben, sich davon zu überzeugen, dass die Reaktion des Tatopfers und das damit verbundene Resultat im Hinblick auf das erhöhte Alter des K und die Qualität der Drohung (»Bombenanschlag«) weder atypisch noch objektiv unvorhersehbar ist.

VII. Persönliche Strafaufhebungsgründe, Rücktritt gem. § 24 I 1 StGB

Fraglich ist allerdings, ob O vom Versuch der §§ 251, 22 StGB strafbefreiend gem. § 24 I 1 StGB zurückgetreten ist.

1. Möglichkeit des Rücktritts (keine Vollendung)

Dies erscheint zunächst fraglich, da ein Rücktritt grundsätzlich ausgeschlossen ist, wenn das Delikt »vollendet« ist. Vorliegend ist die **schwere Folge des § 251 StGB eingetreten**, dagegen das Grunddelikt nicht vollendet. Entsprechend umstritten ist, ob der Täter vom erfolgsqualifizierten Versuch des § 251 StGB strafbefreiend zurücktreten kann, wenn er vom Grunddelikt zurücktritt, aber die schwere Folge des Todes (hier des K) bereits eingetreten ist.

Eine Ansicht **verneint** dies ausgehend von der materiellen Einheit von Grunddelikt und schwerer Folge. Da das Unrecht des § 251 StGB in der Realisierung der tatbestandsspezifischen Gefahr liege, die Gefahr jedoch vom Nötigungsmittel, nicht der Wegnahme ausgehen müsse, könne es im Rahmen des Rücktritts nur darauf ankommen, ob das Nötigungsmittel »vollendet« wurde (**sog. materielle Vollendung**). Denn dies wiederum sei der Anknüpfungspunkt für die Strafschärfung, nicht die formelle Vollendung des Raubes, welche mit der Wegnahme eintrete. Nur diese Auffassung werde dem Schutzzweck der erfolgsqualifizierten Delikte gerecht.

Die wohl hM dagegen **bejaht** die Möglichkeit eines Rücktritts vom Grunddelikt mit der Folge einer Strafbefreiung. Argumentiert wird mit der dogmatischen Eigenschaft des § 251 StGB als eine strafschärfende Qualifikation, die stets an ein (strafbares)

Grunddelikt knüpfe. Dem ist zuzustimmen. Nach dem eindeutigen Wortlaut des § 24 StGB kann ein Täter von dem nur versuchten Grunddelikt strafbefreiend zurücktreten. Tut er dies, entfällt der erforderliche **Anknüpfungspunkt** für die Qualifikation (unabhängig davon, welches materielle Unrecht dennoch verwirklicht wurde). Schließlich überzeugt das Argument von der materiellen Vollendung auch deswegen nicht, weil § 251 StGB im Handlungsteil an eine gewaltsame Wegnahme knüpft. Dass in der Vornahme von Gewalthandlungen nunmehr ein Versuch des § 249 StGB liegen kann, bedeutet indessen nicht, dass § 251 StGB die qualifizierte Nötigung mit Todesfolge bestraft, sondern sich eben auf den Raub als Grundtatbestand bezieht. Damit ist ein Rücktritt grundsätzlich möglich.

2. Voraussetzungen des Rücktritts im Übrigen, § 24 I 1 StGB

Im Übrigen müssten auch die sonstigen Voraussetzungen für einen Rücktritt erfüllt sein. Als Alleintäter ist für O § 24 I 1 StGB einschlägig.

Hinweis: In einem Fall, dessen Schwerpunkt bei den Rücktrittsvoraussetzungen im Einzelnen liegt, wäre es anzuraten, die einzelnen »Punkte« auch in ihre Gliederung aufzunehmen. Im vorliegenden Fall ist hingegen der Rücktritt als solches eher unproblematisch, sodass dieser knapp in einem Punkt zusammengefasst werden kann.

O kann davon ausgehen, dass es ihm – gerade infolge des Infarktes des K – ohne Weiteres möglich ist, in die Kasse zu greifen, mithin ohne zeitlich relevante Zäsur den tatbestandlichen Erfolg in Form der Wegnahme herbeizuführen. Der Versuch ist somit **nicht fehlgeschlagen**. Da K nach seiner Vorstellung noch weiterer Handlungen für die Verwirklichung des Diebstahls bedarf, handelt es sich um einen **unbeendeten Versuch**, sodass die Aufgabe der Wegnahme (vgl. 24 I Var. 1 StGB) genügt. O handelte auch nicht aus irgendwelchen Zwängen heraus, mithin war er – trotz der ungewollten Eskalation – noch »Herr seiner Entschlüsse«. Er war autonom in seiner Entscheidung, mithin erfolgte der Rücktritt auch **freiwillig** iSd § 24 I StGB.

Somit ist O strafbefreiend gem. § 24 I 1 StGB vom Versuch der §§ 249 I, 251, 22 StGB zurückgetreten. Eine Strafbarkeit ist ausgeschlossen.

B. Strafbarkeit des O gem. § 222 StGB durch Tod des K

Hingegen könnte sich O durch sein Verhalten einer fahrlässigen Tötung gem. § 222 StGB strafbar gemacht haben. Dass O im Hinblick auf die Tötung des K »qualifiziert fahrlässig« (nämlich leichtfertig) agiert hat und auch die übrigen Voraussetzungen einer objektiven Zurechenbarkeit der Todesfolge (Kausalität etc) erfüllt sind, wurde im Kontext der §§ 251, 22 StGB bereits dargelegt. O handelte auch rechtswidrig und schuldhaft. Er macht sich wegen fahrlässiger Tötung gem. § 222 StGB zulasten des K strafbar.

C. Strafbarkeit des O gem. § 240 I StGB durch Drohen mit Explosion

Ferner macht sich – durch die Prüfung der §§ 249, 22 StGB weitestgehend ebenso schon festgestellt – O wegen Nötigung strafbar, da die Drohung mit der Scheinwaffe gegenüber K, eine vorsätzlich (§ 15 StGB) begangene und verwerfliche Nötigungshandlung darstellt, die den K zum Öffnen der Kasse (Nötigungserfolg) bewegt hat.

D. Strafbarkeit des O gem. § 239b I Var. 2 StGB durch Drohen mit Explosion

Ferner ist eine Strafbarkeit des K wegen Geiselnahme in Betracht zu ziehen, § 239b I Var. 2 StGB. Der Tatbestand setzt lediglich voraus, dass der Täter die körperliche Herrschaft über das Opfer erlangt, sich des Opfers also bemächtigt. Dies könnte aufgrund der – wenn auch nur kurzzeitigen Paralyse des K – infolge der Drohung angenommen werden. Solch eine Subsumtion würde jedoch im **Zwei-Personen-Verhältnis** dazu führen, dass jeder Raub bzw. jede räuberische Erpressung zugleich eine Geiselnahme bzw. einen erpresserischen Menschenraub darstellte. Dies würde weder dem gesetzgeberischen Willen, der von »echten Geiselnahmen« (meist im Mehrpersonenverhältnis) ausgeht, noch der erhöhten Mindeststrafe der §§ 239a, 239b StGB (nicht unter fünf Jahren) gegenüber §§ 249, 253, 255 StGB gerecht. Daher nimmt die wohl (vorzugswürdige) hA eine **teleologische Reduktion** dieser Vorschriften dahingehend vor, dass – ausgehend von einer chronologischen Zweiaktigkeit – der erste Handlungsteil (das »Sich-Bemächtigen«) den zweiten Handlungsteil vorbereiten muss. Dies erfordere eine **stabile Zwischenlage** der Bemächtigung. Jedenfalls scheidet ein Sich-Bemächtigen aus, wenn Nötigungserfolg und Bemächtigungshandlung nach der Tätervorstellung zusammenfallen sollen. Dies kann vorliegend bejaht werden, da O gerade mit der Drohung die Wegnahme des Geldes ermöglichen wollte. Eine Strafbarkeit des O gem. § 239b I Var. 2 StGB scheidet unter Zugrundelegung dieses Ansatzes aus.

Hinweis: Wenn man an dieser Stelle noch die Zeit hierfür hat, könnte man den Streit rund um die teleologische Reduktion der §§ 239a, 239b StGB auch etwas ausführlicher darstellen. Es handelt sich allerdings um einen unergiebigen Streit, der seinen Ursprung auch in der unklaren Struktur und Verortung der §§ 239a, 239b StGB hat. Man könnte also der Gefahr erliegen, sich an dieser Stelle ohne Not um Kopf und Kragen zu schreiben, sodass man einen Formulierungsentwurf parat haben sollte, der einerseits Problembewusstsein zeigt, andererseits aber so beschaffen ist, dass man sich nicht allzu lange mit der Frage, die typischerweise nur »Zusatzpunkte« einbringt, beschäftigen muss.

E. Strafbarkeit des O gem. § 123 I StGB durch Betreten des Kaufhauses

O könnte sich allerdings wegen Hausfriedensbruchs strafbar gemacht haben, indem er mit der Absicht, das Kaufhaus zu überfallen, dieses betrat. Die Räumlichkeiten stellen ohne Weiteres Geschäftsräume dar, die vom Schutzbereich des § 123 I StGB umfasst sind. Jedoch müsste O eingedrungen sein, also die Räume gegen den Willen des Supermarktbetreibers betreten haben. Dieser ist jedoch grundsätzlich damit einverstanden, dass Personen den Laden betreten. Er kann hierbei sein **tatbestandsausschließendes Einverständnis** nicht an die Bedingung der Kaufabsicht oder sonstigen Motiven des einzelnen Besuchers knüpfen, sondern lediglich objektive »Eintrittsvoraussetzungen« – etwa durch AGB – bestimmen. Damit kann ein entgegenstehender Wille des Hausrechtsinhabers ebenso nur an objektiv manifestierte, böse Absichten des Besuchers knüpfen, etwa an mitgeführte Waffen, oder das Tragen von **Strumpfmasken** oder ähnlicher Kleidung, welche dazu dient, die Identität zu verbergen.

Im vorliegenden Fall lässt sich solch eine Vermummung des O zwar bejahen, doch ist diese (Schal und Mütze) an kalten Tagen – jedenfalls zum Zeitpunkt des Betretens – noch sozialadäquat und nicht mit einer Maske oder einem Strumpf vergleichbar. Zudem ist dem Sachverhalt nicht zu entnehmen, dass sich Kunden ihrer »vermummenden« Kleidung laut Hausordnung unmittelbar zu entledigen haben. Dementsprechend scheitert eine Strafbarkeit wegen Hausfriedensbruchs gem. § 123 I StGB bereits am Eindringen des O.

Hinweis: Dies ist auch kriminalpolitisch kein erhebliches Problem. Letztlich sind Hausrechtsinhaber ausreichend über § 123 I Var. 2 StGB geschützt. Er kann die Person gegebenenfalls dazu auffordern, die vermummenden Kleidungsstücke abzulegen (was bei religiös veranlasster Vermummung wiederum problematisch wäre) und – sollte die Person sich weigern – die Person der Räume verweisen.

O macht sich nicht gem. § 123 I StGB strafbar.

Gesamtergebnis und Konkurrenzen

O macht sich gem. §§ 253, 255, 250 II Nr. 1 Var. 2, 223, 224 I Nr. 2, 52 StGB strafbar. Hinzu treten §§ 242 I, 22, 229, 52 StGB sowie §§ 242 I, 243 I Nr. 6, 142 I Nr. 1 StGB in Realkonkurrenz. Im letzten Tatkomplex verwirklicht O tateinheitlich die §§ 222, 240 I StGB, die zu den Delikten im Übrigen ebenso in Realkonkurrenz stehen.

Vertiefende Literatur zu den Schwerpunkten des Falles

1. Zur Abgrenzung von Raub und räuberischer Erpressung

- *Bode,* Die Abgrenzung von Raub und räuberischer Erpressung in der juristischen Fallbearbeitung, JA 2017, 110
- *Kudlich/Aksoy,* Eins, zwei oder drei? – Zum Verhältnis von Raub, räuberischem Diebstahl und räuberischer Erpressung in der Fallbearbeitung, JA 2014, 81
- *Rönnau,* Grundwissen – Strafrecht: Abgrenzung von Raub und räuberischer (Sach-)Erpressung, JuS 2012, 888

2. Zur Raubfinalität

- *Kudlich,* Wenn wir eh schon mal gewalttätig gewesen sind ..., JA 2015, 791
- *Walter,* Raubgewalt durch Unterlassen?, NStZ 2005, 240

3. Zur Scheinwaffenproblematik

- *Bachmann/Goeck,* Eine unendliche Geschichte – der BGH und der besonders schwere Raub gemäß § 250 I Nr. 1a, II Nr. 1 StGB, JURA 2010, 922
- *Kudlich,* Zum Stand der Scheinwaffenproblematik nach dem 6. Strafrechtsreformgesetz, JR 1998, 357
- *Godendorff,* Es geht! Prüfung und dogmatische Herleitung der Scheinwaffe und »absolut ungeeigneten Scheinwaffe«, NStZ 2018, 321

4. Zum Rücktritt vom erfolgsqualifizierten Versuch

- *Küper,* Der Rücktritt vom »erfolgsqualifizierten Versuch«, JZ 1997, 229
- *Jäger,* Der Rücktritt vom erfolgsqualifizierten Versuch, NStZ 1998, 161

Zusammenhängende Literatur zu den einzelnen Deliktsbereichen

Raub und raubähnliche Delikte: *Kudlich* PdW StrafR BT I Nr. 147–168; *Rengier* StrafR BT I § 7; *Jäger* ExamensRep StrafR BT Rn. 398–452
Abgrenzung Raub/räuberische Erpressung: *Kudlich* PdW StrafR BT I Nr. 174–182; *Rengier* StrafR BT I § 11; *Jäger* ExamensRep StrafR BT Rn. 561

Fall 11: »Falsche Freunde und falsche Anwälte«

Sachverhalt

1. Teil

Thomas (T) ist hochintelligent, aber faul. Zwar wollte er eigentlich Anwalt werden, ein ganzes Jurastudium (vom Referendariat ganz zu schweigen) wurde ihm dann aber doch zu anstrengend. Nach Abbruch seines Studiums kurz vor dem Examen verdient T seinen Lebensunterhalt, indem er Klausuren im Rahmen eines juristischen Studiums für seine »Kunden« gegen Entgelt ablegt. Einer dieser Studierenden ist Peter (P), der von den Diensten des T gehört hat und diesen kontaktiert. P bittet T darum, die Abschlussklausur (Strafrecht, Vermögensdelikte) für ihn zu schreiben. T erklärt sich einverstanden, merkt aber an, dass er zur Umsetzung des Plans die Unterstützung des P benötige. Am Prüfungstermin schickt T den P zur Einlasskontrolle vor. Nachdem die Anwesenheit des P vermerkt wurde, verlässt dieser noch im Trubel der Vorbereitung auf den Prüfungsbeginn kurz das Auditorium und T setzt sich an dessen Stelle. Da bei der Abgabe keine Personenkontrolle mehr erfolgt und der Tausch bei 450 Teilnehmenden nicht auffällt, gelingt es T, die Arbeit abzufassen, das Deckblatt mit Namen und Prüfungsnummer des P zu versehen, dieses mit einem Tacker an die Arbeit festzuheften und abzugeben. P besteht die Klausur mit Bravour.

Da der Verdienst des T aus dem »Prüfungsgeschäft« nur zur Deckung der laufenden Kosten ausreicht, ist T auf der Suche nach weiteren »kreativen« Arten, um ein wenig »Taschengeld« zu verdienen: Praktischerweise hat der mit T »befreundete« Profi-Einbrecher Frank (F) den T angeheuert, um ein von F gestohlenes und für 2.000 EUR bereits verkauftes Diadem an den unbekannten Käufer (nur noch) zu übergeben. Die Übergabe soll in einem Frankfurter Bürogebäude erfolgen. F vermutet jedoch, dass er bereits ins Visier der Strafverfolgung gerückt ist und es sich bei dem Abnehmer um einen Verdeckten Ermittler der Polizei handeln könnte. Er will dies herausfinden, indem er T als »Tester« vorausschickt. T weiß darum nicht und willigt nur ein, weil ihm F für den Botengang »als Gewinnbeteiligung« 200 EUR bezahlt. T begibt sich auftragsgemäß in das Bürogebäude. Kurz bevor er das Büro erreicht, das als Treffpunkt vereinbart wurde, merkt T, dass sich ein Putzmann und der Käufer vor der Tür stehend merkwürdig verhalten und sieht die leichte Ausbeulung in der Uniform des Putzmannes, unter der er richtigerweise eine Dienstwaffe vermutet. Er läuft daher an der Tür vorbei und entfernt sich mit immer schnelleren Schritten. Die beiden Anwesenden, tatsächlich Verdeckte Ermittler, verfolgen T, verlieren ihn jedoch schnell aus den Augen. T gelingt es, das Bürogebäude zu verlassen und zu flüchten.

Eine glückliche Fügung will es, dass T seinem Traum, in einer von Deutschlands Top-Kanzleien zu arbeiten, doch wieder näher kommt. T entdeckt eine Stellenausschreibung der Anwaltskanzlei »Schall & Rauch-PartG«. Der leitende Angestellte Benjamin (B) sucht einen neuen persönlichen Assistenten. T vereinbart mit der Sekretärin des B einen Termin für ein Vorstellungsgespräch. Dort beeindruckt T den B sowohl mit seinem juristischen Wissen als auch mit seiner »kreativen« Art der Lebensgestaltung. B will T als persönlichen Assistenten einstellen, obwohl dieser keinen Abschluss in Rechtswissenschaften (weder ein erstes noch ein zweites Staatsexamen) hat. Die Tätigkeit des T soll sich dabei auf die Begutachtung von schwierigen Rechtsfragen beschränken. B wurde von den Partnern der Schall & Rauch-PartG (die B uneingeschränktes Vertrauen entgegenbringen) eine »Vollmacht zum Abschluss von Arbeitsverträgen im Namen der Schall & Rauch-PartG ohne Rücksprache mit den Partnern« erteilt, da er ein Meister des »Recruiting« ist. Er weiß aber, dass nach der allgemeinen Einstellungspolitik seiner Firma eigentlich zwei Prädikatsexamina Einstellungsvoraussetzung sind. Daher beschließen B und T zwar nicht explizit zu lügen, jedoch sich zu dieser »Selbstverständlichkeit« gegenüber den Partnern schlicht nicht zu erklären. Den von B und T unterschriebenen Arbeitsvertrag reicht B später ohne weitere Erklärungen bei der Personalabteilung der Schall & Rauch-PartG ein. Dank seiner hervorragenden Kenntnisse des materiellen und des Prozessrechts leistet T in den nächsten Monaten auch sehr gute Arbeit. Er muss nur gelegentlich etwas nachlesen, weil ihm einige »formelle« Kenntnisse (zB die Form einer Klageschrift oder eines Revisionsschriftsatzes) fehlen. Die Arbeitsleistung des T übersteigt dennoch bei weitem diejenige von anderen Mitarbeitern der Schall & Rauch-PartG auf derselben Gehaltsstufe. Auf die Anweisung der zuständigen Partnerin Christina (C) hin, zahlt die Personalabteilung T ein monatliches Gehalt von 5.000 EUR. C macht sich dabei über die Qualifikation des T keine größeren Gedanken. Wenn B den T eingestellt habe, so werde schon alles »in Ordnung« sein. Da T bis zum heutigen Tage seit nunmehr drei Jahren für die Schall & Rauch-PartG arbeitet, wurden insgesamt 180.000 EUR an T ausbezahlt.

2. Teil

Gleich am ersten Tag muss T seinen ersten Fall lösen, der laut Akte eine »Urkundenfälschung in mittelbarer Täterschaft« betrifft. Die bayerische Studentin Sabrina (S) soll ihre Freundin Xenia (X) (die ihr sehr ähnlich sieht) beim Sehtest für den Führerschein (Klasse B) bei einem Optiker vorgeschickt haben, damit die Sehschwäche der S (die häufig vergisst, ihre Brille beim Autofahren zu tragen) nicht im Führerschein vermerkt wird. Der Vorschlag zu diesem Vorgehen soll von X gekommen sein, die Planung haben beide gemeinsam übernommen. Bei der Sehteststelle soll sich X mit dem Personalausweis der S ausgewiesen haben. Dank des bestandenen Tests durch X konnte S einige Wochen später der zuständigen Führerscheinstelle die von X erhaltene Sehtestbescheinigung nach § 12 III FeV vorlegen und die Sehschwäche der S wurde nicht im Führerschein eingetragen. B fragt T, ob (die Wahrheit des Sachverhalts unterstellt) rechtlich gesehen an der Strafbarkeit des Verhaltens etwas dran sei.

Bearbeitervermerk:

1. Teil: Prüfen Sie die Strafbarkeit von T und B nach dem StGB. § 261 StGB ist nicht zu prüfen.

2. Teil: Erstellen Sie als »T« ein Rechtsgutachten für »B«. §§ 277–279 StGB sind nicht zu prüfen.

Die Bearbeitungszeit beträgt 240 Minuten.

Es ist – unabhängig von zivil- und arbeitsrechtlichen Fragestellungen – von der Wirksamkeit des Arbeitsvertrages zwischen T und der Schall & Rauch-PartG auszugehen.

Auf Führerscheinen wird die Auflage, dass das Fahren nur mit einer entsprechenden Sehhilfe erlaubt ist, durch die Schlüsselzahlen 01.01, 01.02 in Feld 12 des Führerscheins von der ausstellenden Behörde vermerkt. Auf die Fahrerlaubnisverordnung (FeV) wird hingewiesen.

§ 4 FeV (Auszug)
»...
(2) [1]Die Fahrerlaubnis ist durch eine gültige amtliche Bescheinigung (Führerschein) nachzuweisen. [2]Beim Führen eines Kraftfahrzeuges ist ein dafür gültiger Führerschein mitzuführen und zuständigen Personen auf Verlangen zur Prüfung auszuhändigen ...«

§ 12 FeV (Auszug)
»(1) Zum Führen von Kraftfahrzeugen sind die in der Anlage 6 genannten Anforderungen an das Sehvermögen zu erfüllen.
(2) [1]Bewerber um eine Fahrerlaubnis der Klassen AM, A1, A2, A, B, BE, L oder T haben sich einem Sehtest zu unterziehen. [2]Der Sehtest wird von einer amtlich anerkannten Sehteststelle unter Einhaltung der DIN 58220 Teil 6, Ausgabe September 2013, durchgeführt. [3]Die Sehteststelle hat sich vor der Durchführung des Sehtests von der Identität des Antragstellers durch Einsicht in den Personalausweis oder Reisepass oder in ein sonstiges Ausweisdokument zu überzeugen. [4]Der Sehtest ist bestanden, wenn die zentrale Tagessehschärfe mit oder ohne Sehhilfe mindestens den in Anlage 6 Nummer 1.1 genannten Wert erreicht. [5]Ergibt der Sehtest eine geringere Sehleistung, darf der Antragsteller den Sehtest mit Sehhilfen oder mit verbesserten Sehhilfen wiederholen.
(3) [1]Die Sehteststelle stellt dem Antragsteller eine Sehtestbescheinigung nach Anlage 6 Nummer 1.1 aus. [2]In ihr ist anzugeben, ob der Sehtest bestanden und ob er mit Sehhilfen durchgeführt worden ist. [3]Sind bei der Durchführung des Sehtests sonst Zweifel an ausreichendem Sehvermögen für das Führen von Kraftfahrzeugen aufgetreten, hat die Sehteststelle sie auf der Sehtestbescheinigung zu vermerken.«

§ 21 FeV (Auszug)
»(3) Dem Antrag sind folgende Unterlagen beizufügen:
...
3. bei einem Antrag auf Erteilung einer Fahrerlaubnis der Klassen AM, A1, A2, A, B, BE, L oder T eine Sehtestbescheinigung nach § 12 Absatz 3 ...«

§ 67 FeV (Auszug)
»(4) [1]Betriebe von Augenoptikern gelten als amtlich anerkannt; sie müssen gewährleisten, dass die Voraussetzungen des Absatzes 2, ausgenommen die ärztliche Aufsicht, gegeben sind. [2]Die Anerkennung kann durch die oberste Landesbehörde oder die von ihr bestimmte oder nach Landesrecht zuständige Stelle nachträglich mit Auflagen verbunden werden, um sicherzustellen, dass die Sehtests ordnungsgemäß durchgeführt werden.«

§ 73 FeV (Auszug)
»(1) [1]Diese Verordnung wird, soweit nicht die obersten Landesbehörden oder die höheren Verwaltungsbehörden zuständig sind oder diese Verordnung etwas anderes bestimmt, von den nach Landesrecht zuständigen unteren Verwaltungsbehörden oder den Behörden, denen durch Landesrecht die Aufgaben der unteren Verwaltungsbehörde zugewiesen werden (Fahrerlaubnisbehörden), ausgeführt.«

Anmerkung: Der Sachverhalt des ersten Teils des Falles ist von der Pilotfolge der Serie »Suits« von Universal Cable Productions und Hypnotic Films & Television inspiriert.

Gutachtliche Vorüberlegungen

A. Bearbeitervermerk

Der Bearbeitervermerk dieser Klausur ist relativ lang. Dies beginnt damit, dass zwei Teile getrennt voneinander zu bearbeiten sind. Im ersten Teil ist nach der Strafbarkeit zweier Tatbeteiligter nach dem StGB gefragt. Der Ausschluss von § 261 StGB sollte Anlass für Bearbeiterinnen und Bearbeiter sein, sich bereits jetzt andere Anschlussdelikte (insbesondere §§ 257, 259 StGB) als möglicherweise einschlägig zu notieren. Der Bearbeitervermerk für den zweiten Teil ist »ungewöhnlich« formuliert. Die Bearbeiterin bzw. der Bearbeiter soll in die Rolle des T schlüpfen und ein Rechtsgutachten im Auftrag des B erstellen. Von solchen und ähnlichen Bearbeitervermerken sollten Sie sich jedoch nicht verwirren lassen. Am Ende des Tages geht es dennoch fast immer um die »normale« Erstellung eines Rechtsgutachtens, gegebenenfalls noch mit der Zusatzaufgabe, im »Ergebnis« eine Antwort mit bestimmten Formalvorgaben zu geben (zB als Anwaltsbrief formuliert oder Ähnliches).

Wichtig ist, dass die Bearbeiterin bzw. der Bearbeiter die Arbeitsanweisung ernst nimmt, dass der Arbeitsvertrag zwischen T und der Schall & Rauch-PartG als wirksam zu gelten hat. Bearbeiterinnen und Bearbeiter sollten also keinesfalls Ausführungen zu dessen zivilrechtlicher Wirksamkeit machen. Das wirkt erstens so, als habe man die Aufgabenstellung nicht vollständig erfasst, und zweitens schlägt die Lösung dann auch eine völlig andere Richtung ein.

Bei den Zusatzangaben zur Ausstellung von Führerscheinen und den angegebenen Normen der FeV gilt (wie stets in solchen Fällen): Diese müssen an irgendeiner Stelle der Lösung in der Subsumtion und/oder Argumentation verwendet werden. Meistens spielen solche Zusatzangaben und abgedruckte Normen an der einen oder anderen Stelle sogar eine zentrale Rolle.

B. Sachverhaltsanalyse

Der erste Teil der Klausur gliedert sich in drei Tatkomplexe (Die Klausur; Das Diadem; Die Anstellung), im zweiten Teil lassen sich zwei Tatkomplexe unterscheiden (Das Bewirken der falschen Sehtestbescheinigung; Das Bewirken der falschen Führerscheineintragung).

Beim ersten Tatkomplex des ersten Teils handelt es sich um einen Klausurklassiker in neuem Gewand: Der Unterschleif durch »Schreibenlassen« einer Klausur durch einen Dritten. Die Kandidatin bzw. der Kandidat muss – wie stets bei Urkundendelikten – vor allem eine saubere Subsumtion unter den strafrechtlichen Urkundenbegriff vornehmen und im Rahmen der Geistigkeitstheorie zur Echtheit/Unechtheit der hergestellten Urkunde (Klausur) die Fallkonstellation richtig einordnen (kein »Zueigenmachen«, sondern Fall der unzulässigen Vertretung und damit Täuschung über Aussteller).

Im zweiten Tatkomplex dreht sich alles um die Hehlerei – und damit um einen für die meisten Bearbeiterinnen und Bearbeiter eher unbekannten Tatbestand. Zunächst gilt es sauber herauszuarbeiten, welche Tathandlungsvariante des § 259 StGB vorliegt. Da T lediglich als »Bote« zur Übergabe eingesetzt werden soll, ohne über einen eigenen Entscheidungsspielraum zu verfügen, kommt nur das »Absetzenhelfen« in Betracht.

In diesem Rahmen sollte den Bearbeiterinnen und Bearbeitern der aktuelle (und damit sehr prüfungsrelevante) Paradigmenwechsel in der Rechtsprechung des Bundesgerichtshofs bekannt sein. Anders als (jahrhunderte-)lang vertreten, verlangt der BGH nun nämlich – in Übereinstimmung mit einem großen Teil der Lehre – auch für das »Absetzenhelfen« (genau wie für das »Absetzen«) den Eintritt eines Absatzerfolges zur Vollendung des § 259 StGB. Da es im vorliegenden Fall nie zu einer Übergabe des Diadems an den Käufer kommt, kann somit nur ein Fall der versuchten Hehlerei vorliegen, der im Anschluss an die Verneinung der Vollendung zu prüfen ist. Im Rahmen der Versuchsprüfung kommt es erneut auf aktuelle Rechtsprechungskenntnis an. Der BGH hat erst 2019 entschieden, dass es für das unmittelbare Ansetzen des Absatzhelfers ausschließlich auf sein eigenes unmittelbares Ansetzen zur Absatzförderung ankommt und nicht darauf, dass der Vortäter seinerseits zum Absatz ansetzt. Eine Akzessorietät der Absatzhilfe (welche konstruktiv ein zur Täterschaft erhobener Fall der Beihilfe ist) wird vom BGH beim unmittelbaren Ansetzen zur Absatzhilfe damit entgegen der hL abgelehnt. Da sich T vor Übergabe entfernt, sollte auch an § 24 StGB gedacht werden. Für eine hohe Punktzahl sollte der Tatkomplex schließlich mit Überlegungen dazu abgerundet werden, ob sich T wegen seiner deliktischen Absichten des Hausfriedensbruchs zulasten des Eigentümers/Mieters des Bürogebäudes strafbar gemacht hat. Bei Betreten fremder Räumlichkeiten mit deliktischen Absichten sollte stets eine (!) kurze (!) Prüfung von § 123 StGB erfolgen.

Der dritte Tatkomplex behandelt eine Fallkonstellation der sog. Anstellungsuntreue bzw. des sog. Anstellungsbetrugs. Bereits die zahlreichen Sachverhaltshinweise bezüglich der hervorragenden Arbeitsleistung des T deuten darauf hin, dass der Schwerpunkt der Ausführungen im Bereich des Vermögensnachteils bzw. des Vermögensschadens zu machen sind. Gleichfalls gilt es, die beiden möglichen Anknüpfungspunkte für eine strafrechtliche Handlung bzw. ein strafrechtliches Unterlassen sauber herauszuarbeiten und auf ihre jeweilige strafrechtliche Relevanz zu untersuchen (Abschluss des Vertrags; Einreichen des Vertrages in der Personalabteilung). Durch die relativ offene Gestaltung des Sachverhalts (insbesondere die sehr extensiv formulierte Vollmacht des B) ist im vorliegenden Fall (wie bei eigentlich allen denkbaren Fallkonstellationen der Anstellungsuntreue/des Anstellungsbetrugs) vieles vertretbar. Entscheidend ist nicht das Ergebnis, sondern ein gut nachvollziehbarer Aufbau, der alle aufgeworfenen Rechtsfragen erschöpfend behandelt.

In beiden Tatkomplexen des zweiten Teils werden gleich mehrere »Klassiker« der Urkundendelikte in einer zunächst ungewöhnlich erscheinenden Fallkonstellation geprüft. In juristischen Klausuren (insbesondere, aber nicht nur im Staatsexamen) werden häufig »exotische« Sachverhaltsgestaltungen gewählt, um eigentlich bekannte Probleme abzuprüfen. Die Transferleistung der Bearbeiterinnen und Bearbeiter besteht dann vor allem darin, sich nicht durch den unbekannten Sachverhalt abschrecken zu lassen. Ist einmal der Weg in »bekannte Fahrwasser« gefunden, fällt die Lösung zumeist deutlich leichter, als anfangs erwartet. Im vorliegenden Fall müssen sich die Bearbeiterinnen und Bearbeiter vor allem mit dem Unterschied zwischen § 267 StGB und §§ 348, 271 StGB (letztere schützen, im Gegensatz zu § 267 StGB, auch die inhaltliche Richtigkeit öffentlicher Urkunden) und der Abgrenzung zwischen mittelbarer Täterschaft (inklusive des »besonderen« Delikts des § 271 StGB) und Anstiftung auseinandersetzen. Einen Hinweis auf die genannten Fragestellungen können die Bearbeiterinnen und Bearbeiter dem Aktendeckel entnehmen. Angeblich geht es um eine »Urkundenfälschung in mittelbarer Täterschaft«. Wer sich im Bereich der

§§ 267 ff. StGB etwas auskennt, denkt sofort an § 271 StGB. Außerdem ist bei rechtlichen Wertungen in Sachverhalten – insbesondere, wenn diese in Anführungszeichen gesetzt sind – stets Vorsicht geboten. Oftmals erwarten Klausurerstellerinnen und -ersteller, dass die Bearbeiterinnen und Bearbeiter hier den »Fehler« finden und die rechtliche Wertung korrigieren. Bei der Frage nach der Eigenschaft von Sehtestbescheinigung und Führerschein als »öffentliche Urkunden« iSv §§ 348, 271 StGB müssen sich die Bearbeiterinnen und Bearbeiter vor allem mit den im Bearbeitervermerk aufgeführten Vorschriften der FeV auseinandersetzen.

C. Klausurbausteine

Die Klausur enthält Fragen aus dem Bereich der Vermögensdelikte, der Straftaten gegen die Allgemeinheit sowie aus dem Allgemeinen Teil. Sie eignet sich daher sowohl als Klausur im Staatsexamen als auch (in etwas »abgespeckter« Form) als Klausur in der Übung für Fortgeschrittene. Der erste Teil wurde an der Friedrich-Alexander-Universität Erlangen-Nürnberg als Hausarbeit in der Übung für Fortgeschrittene gestellt.

Um die Klausur in der Großen Übung zu verwenden, könnte entweder der zweite Tatkomplex des ersten Teils gestrichen werden und im zweiten Teil die Prüfung der §§ 267, 348, 281 StGB ausgeschlossen werden oder der zweite Teil könnte vollständig gestrichen werden.

D. Korrekturberichte

Die Studierenden hatten vor allem mit dem Zeitmanagement in der Klausur große Probleme. Dies lag vor allem an mangelhaften Kenntnissen im Bereich der Vermögensdelikte. Dies zeigte sich auch daran, dass viele der (in dieser Klausur wirklich schwierigen) Problemstellungen unbrauchbar bearbeitet und gelöst wurden. Dementsprechend schlecht fiel die Klausur im Workshop mit 3,67 im ersten und 4,0 Punkten im zweiten Korrekturdurchlauf aus. Erstaunlich oft (bei fünf von neun geschriebenen Klausuren) vergaben die Korrigierenden exakt dieselbe Punktzahl.

Der Rechtsprechungswechsel bezüglich eines Absatzerfolges bei § 259 StGB war nur einem einzigen Bearbeiter bekannt. Weiterhin wurden einige grundlegende Fehler in den eigentlich »einfachen« Teilen der Klausur gemacht. So erkannte niemand die Problematik um die zusammengesetzte Urkunde, die Geistigkeitstheorie wurde kaum angesprochen und die Frage nach der Zulässigkeit der Stellvertretung in Prüfungsaufgaben nur selten brauchbar aufgeworfen und beantwortet. Keine einzige Bearbeiterin bzw. kein einziger Bearbeiter konnte die unterschiedlichen Tathandlungen im dritten Tatkomplex des ersten Teils sauber unterscheiden. Dementsprechend schlecht fiel auch die Prüfung im Schadensbereich (Eingehungsuntreue und Erfüllungsbetrug) aus. Hier fehlte es offensichtlich an strukturiertem Vorgehen und an notwendigen Kenntnissen der Schadensdogmatik bei §§ 263, 266 StGB.

Lösungsgliederung

1. Teil: Strafbarkeit von T und B

1. Tatkomplex: Die Klausur

A. Strafbarkeit des T gem. § 267 I Var. 1, 3, III Nr. 1 StGB durch Schreiben der Prüfung für P (+)
  P: Zusammengesetzte Urkunde
  P: Unechtheit: Geistigkeitstheorie
  P: Unzulässigkeit der Stellvertretung bei Prüfungsarbeiten
  P: Konkurrenz zwischen Herstellen und Gebrauchen
B. Strafbarkeit des T gem. § 263 I StGB durch Schreiben der Prüfung für P (-)
C. Ergebnis
  T: § 267 I, III Nr. 1 StGB

2. Tatkomplex: Das Diadem

A. Strafbarkeit des T gem. § 259 I StGB durch Aufsuchen des Bürogebäudes (-)
  P: Abgrenzung der beiden Tathandlungsvariante Absetzen/Absetzenhelfen
  P: Absatzerfolg und Erfolg der Absatzhilfe erforderlich?
B. Strafbarkeit des T gem. §§ 259 I, III, 22, 23 I StGB durch Aufsuchen des Bürogebäudes (+)
  P: Unmittelbares Ansetzen: Eigenes unmittelbares Ansetzen des Absatzhelfers oder Akzessorietät des unmittelbaren Ansetzens des Absatzhelfers zum unmittelbaren Ansetzen des Vortäters zum tatbestandslosen Versuch des Absetzens?
  P: Rücktritt: Fehlschlag des Versuchs
C. Strafbarkeit des T gem. § 257 I StGB durch Aufsuchen des Bürogebäudes (-)
  P: Eignung zum Sicherungszweck
D. Strafbarkeit des T gem. § 123 I StGB durch Aufsuchen des Bürogebäudes (-)
  P: Generelle Betretungserlaubnis
E. Ergebnis
  T: §§ 259 I, III, 22, 23 I StGB

3. Tatkomplex: Die Anstellung

A. Strafbarkeit von B und T gem. §§ 263 I, 25 II StGB durch Abschluss des Arbeitsvertrages (-)
B. Strafbarkeit des B gem. § 266 I Var. 1 StGB durch Abschluss des Arbeitsvertrages (-)
  P: Missbrauchsvariante: Grenzen des rechtlichen Dürfens
  P: Qualifizierte Vermögensbetreuungspflicht des B?
  P: Vermögensnachteil: Anstellungsuntreue, Eingehungsuntreue, Begründung eines Vermögensschadens
C. Strafbarkeit des B gem. §§ 263 I, 13 I StGB durch Einreichen des Arbeitsvertrages (-)
  P: Konkludente Täuschung/Täuschung durch Unterlassen
  P: Irrtum bei sachgedanklichem Mitbewusstsein
  P: Dreiecksbetrug
  P: Kein Eingehungsbetrug (keine Kausalität)
  P: Erfüllungsbetrug beim Anstellungsbetrug
D. Strafbarkeit des T durch Abschluss des Arbeitsvertrages (-)
E. Ergebnis
  T und B: Straflos.

Konkurrenzen und Gesamtergebnis Teil 1

T: §§ 267 I, III Nr. 1, 259 I, III, 22, 23 I, 53 StGB
B: straflos

2. Teil: Rechtsgutachten »Der Führerschein«

1. Tatkomplex: Das Bewirken der »falschen« Sehtestbescheinigung

A. Strafbarkeit der X gem. §§ 267 I Var. 1, 25 I Var. 2 StGB durch Ablegung des Sehtests (-)
  P: Keine Unechtheit
B. Strafbarkeit der X gem. § 348 StGB durch Ablegung des Sehtests (-)
C. Strafbarkeit der X gem. §§ 348, 26 StGB durch Ablegung des Sehtests (-)
D. Strafbarkeit der X gem. § 271 I StGB durch Ablegung des Sehtests (-)
  P: Sehtestbescheinigung als »öffentliche Urkunde«
E. Strafbarkeit der X gem. § 281 I Var. 1 StGB durch Vorlage des Personalausweises der S (+)
F. Strafbarkeit der S gem. § 281 I Var. 2 StGB durch Überlassung des Personalausweises an X (+)
G. Strafbarkeit der S gem. §§ 281 I Var. 1, 27 StGB durch Überlassen des Personalausweises an X (+)

2. Tatkomplex: Das Bewirken der »falschen« Führerscheineintragung

A. Strafbarkeit von S und X gem. §§ 267 I Var. 1, 25 II, I Var. 2 StGB durch Vorlage der Sehtestbescheinigung (-)

P: Keine Unechtheit der Urkunde

B. Strafbarkeit von S und X gem. §§ 348 I, 25 II StGB durch Vorlage der Sehtestbescheinigung (-)

C. Strafbarkeit von S und X gem. §§ 348, 26 StGB durch Vorlage der Sehtestbescheinigung (-)

D. Strafbarkeit von S und X gem. §§ 271 I, 25 II StGB durch Vorlage der Sehtestbescheinigung (+)

P: Reichweite der öffentlichen Beweiskraft der öffentlichen Urkunde »Führerschein«

P: Mittäterschaft, § 25 II StGB

Konkurrenzen und Gesamtergebnis 2. Teil: Rechtsgutachten

X: §§ 271 I, 25 II, 281 I Var. 1, 52 StGB

S: §§ 271 I, 25 II, 281 I Var. 2, 53 StGB

P: Konkurrenzen für jeden Tatbeteiligten gesondert zu prüfen!

Lösungsvorschlag

1. Teil: Strafbarkeit von T und B

1. Tatkomplex: Die Klausur

A. Strafbarkeit des T gem. § 267 I Var. 1, 3, III Nr. 1 StGB durch Schreiben der Prüfung für P

T könnte sich wegen Urkundenfälschung gem. § 267 I Var. 1, 3 III Nr. 1 StGB strafbar gemacht haben, indem er die Arbeit des P abfasste, diese mit dessen Prüfungsnummer versah und am Ende der Bearbeitungszeit abgab.

I. Tatbestandsmäßigkeit

1. Objektiver Tatbestand

Der objektive Tatbestand des § 267 StGB setzt die Herstellung einer unechten Urkunde voraus. **Urkunden** sind verkörperte menschliche Gedankenerklärungen (**Perpetuierungsfunktion**), die zum Beweis im Rechtsverkehr geeignet und bestimmt sind (**Beweisfunktion**) und ihren Aussteller erkennen lassen (**Garantiefunktion**). T fixiert sein juristisches Wissen und seine Befähigung, einen bestimmten Fall innerhalb einer vorgegebenen Zeit gutachterlich zu lösen auf dem Papier, sodass es sich bei der Prüfungsarbeit um eine verkörperte Gedankenerklärung handelt. Die Arbeit dient dazu, Beweis über den Wissensstand des Studierenden zu erbringen, wobei dieser Beweiswert im Hinblick auf die Notwendigkeit von Leistungsnachweisen für den weiteren Studienverlauf (aber auch etwa für die Ausbildungsförderung, BAföG) auch rechtserheblich ist. Ob bereits die Prüfungsarbeit für sich ihren Aussteller erkennen lässt, lässt sich aus dem Sachverhalt zwar nicht entnehmen. Dies könnte allerdings dahinstehen, wenn das Deckblatt die Garantiefunktion erfüllt und die Verknüpfung von Deckblatt und Prüfungsarbeit eine **zusammengesetzte Urkunde** darstellen. Eine solche liegt vor, wenn eine Urkunde mit dem **Augenscheinsobjekt,** auf das sich ihr Erklärungsinhalt bezieht (**»Bezugsobjekt«**), räumlich fest zu einer **»Beweiseinheit«** verbunden ist. Das Deckblatt weist den Namen und die Prüfungsnummer der jeweiligen Kandidatin bzw. des jeweiligen Kandidaten auf, was den Prüfungsämtern die Identifizierung des jeweiligen Absolventen ermöglichen soll. Das Anheften mittels Tacker stellt eine ausreichende Verbindung her, weil ein »Auseinanderklammern« des Bezugsobjekts stets Spuren hinterlassen würde bzw. mit einer Substanzverletzung der zusammengefügten Teile einherginge. Eine Urkundeneigenschaft der Prüfungsarbeit lässt sich mithin bejahen.

Durch das Anfertigen der Arbeit müsste eine unechte Urkunde hergestellt worden sein. **Unecht** ist die Urkunde, wenn sie tatsächlich nicht von dem Aussteller stammt, der aus ihr hervorgeht. Erforderlich ist also, dass der Täter über die Ausstellereigenschaft täuscht. Dabei ist allein die geistige Urheberschaft entscheidend (»**Geistigkeitstheorie**«). Somit kommt es nicht darauf an, wer die Urkunde körperlich hergestellt hat, sondern wer die Urkunde zu seiner eigenen Erklärung gemacht hat. Der geistige Gehalt der Urkunde ist hier von T, während das Deckblatt die Prüfungsnummer und den Namen des P aufweist. Dies spricht auf den ersten Blick für eine Täuschung über die Ausstellereigenschaft.

Etwas anderes könnte lediglich gelten, wenn P sich im Hinblick auf die Gedankenerklärung von T **in zulässiger Weise vertreten ließ** (und letztlich doch P die Erklärung zuzurechnen wäre). Bereits die am Anfang der Prüfung durchgeführte Personenkontrolle dürfte aber deutlich machen, dass eine Stellvertretung im Hinblick auf diese Gedankenerklärung nicht zulässig ist. Nach den Prüfungsordnungen ist die persönliche Erbringung einer Prüfungsarbeit eine Selbstverständlichkeit. Eine Zurechnung der Erklärungen des T an P scheitert somit an der rechtlichen Zulässigkeit der Stellvertretung. Somit hat T eine unechte Urkunde hergestellt.

Hinweis: Der Beweiswert der Prüfungsarbeit dürfte sich hierbei auch auf den Ort und Zeitpunkt der Prüfung erstrecken. Sonst könnte man sich auf den Standpunkt stellen, dass zum Zeitpunkt der Herstellung nicht zwingend ein »Vertretungsverhältnis« vorliegt, sondern sich der »wahre« Kandidat die Klausur – ähnlich wie bei einer Hausarbeit – im Nachhinein zu eigen macht und sodann deren Abgabe (und nicht das Abfassen) durch T veranlasst. Dass am Ende der Prüfung keine Personenkontrolle mehr erfolgt, ändert an dieser Bewertung nichts.

Darüber hinaus könnte T diese unechte Urkunde auch gebraucht haben. Unter dem Gebrauchen einer unechten oder verfälschten Urkunde ist zu verstehen, dass die Urkunde dem zu Täuschenden mit der Möglichkeit der Wahrnehmung zugänglich gemacht wird. T hat die Arbeit als diejenige des P abgegeben und damit dem Rechtsverkehr (zuständige Korrigierende, Prüfungsamt etc) zugänglich gemacht. Der objektive Tatbestand des § 267 I Var. 1 und Var. 3 StGB ist erfüllt.

2. Subjektiver Tatbestand

Darüber hinaus müsste T vorsätzlich iSv § 15 StGB gehandelt haben. Vorsatz ist das Handeln mit dem Willen zur Verwirklichung des Straftatbestandes in Kenntnis all seiner objektiven Tatumstände. T wusste jedenfalls um die Tragweite der abgelegten Prüfung und deren Bedeutung für das weitere Studium des P. Er hat die Prüfungsarbeit samt Deckblatt in seiner Parallelwertung in der Laiensphäre richtig zugeordnet, mithin Bedeutungskenntnis hinsichtlich der Tathandlungen des Herstellens und des Gebrauchens einer unechten Urkunde.

Darüber hinaus setzt § 267 I StGB voraus, dass der Täter **zur Täuschung im Rechtsverkehr** agiert (als besonderes subjektives Merkmal), wobei **dolus directus 2. Grades** nach hM ausreicht. Der direkte Vorsatz muss auf die Herbeiführung eines Irrtums bei dem Getäuschten sowie die Veranlassung des Getäuschten zu einem rechtserheblichen Handeln gerichtet sein. T wollte die Korrigierenden über die Ausstellereigenschaft täuschen und die Abnahme der Prüfung veranlassen.

II. Rechtswidrigkeit und Schuld

Rechtfertigungs- und Entschuldigungsgründe sind nicht ersichtlich, insbesondere kommt mangels Disponibilität des Rechtsguts (Rechtspflege als überindividuelles Gut) keine rechtfertigende Einwilligung durch P in Betracht.

III. Strafzumessung

T wollte sich mit wiederholten Urkundenfälschungen eine fortlaufende Einnahmequelle schaffen und handelte somit gewerbsmäßig. Er erfüllt somit auch das Regelbeispiel des § 267 III Nr. 1 Var. 1 StGB.

IV. Ergebnis

T macht sich wegen Urkundenfälschung in einem besonders schweren Fall gem. § 267 I, III Nr. 1 Var. 1 StGB strafbar. Das Anfertigen der Klausur (Herstellen) und die Abgabe (Gebrauchen) werden im Wege einer tatbestandlichen Handlungseinheit zu einer Tat der Urkundenfälschung zusammengefasst, wenn – wie vorliegend – der Täter bereits bei Herstellung der unechten Urkunde zum späteren Gebrauch entschlossen ist. Das Gebrauchen verdrängt dabei das Herstellen als Vorfelddelikt.

Hinweis: Bei Kandidatinnen und Kandidaten ist – was die Fallkonstellation des »Unterschleifs in Prüfungsarbeiten« angeht – häufig eine gewisse Verunsicherung zu spüren, weil man je nach Sachverhaltsgestaltung zu unterschiedlichen Ergebnissen kommt. Es handelt sich schließlich in allen Fällen um Unterschleif im weiteren (bzw. öffentlich-rechtlichen) Sinn. Besonders merkwürdig ist, dass der Fall anders zu behandeln wäre, wenn T kurz vor Abgabe die Toilette aufsuchen, dem P die Arbeit reichen und dieser nunmehr die Arbeit mit seiner Prüfungsnummer versehen abgeben würde. Dann müsste man nämlich von einem Zueigenmachen durch P im Sinne der Geistigkeitstheorie ausgehen. Doch resultiert dies eben aus der besonderen Struktur der Urkundenfälschung als Rechtspflegedelikt. Man sollte es sich nicht allzu schwer machen und festhalten: Lässt die Kandidatin bzw. der Kandidat sich vertreten (also die Arbeit einen Dritten schreiben), wird regelmäßig eine Urkundenfälschung zu bejahen sein. Macht er sich die Arbeit eines Dritten zu eigen (Abschreiben, Vertauschen der Arbeiten, Schreibenlassen eines Dritten und dann persönlich unterschreiben und abgeben), liegt keine Vertretung vor und es scheidet mangels Ausstellertäuschung auch eine Urkundenfälschung aus. Aber Vorsicht: Zumindest in denjenigen Fällen, in denen er zugleich die Arbeit eines anderen manipuliert bzw. unterdrückt, bleibt eine Strafbarkeit nach §§ 267 I, 274 I StGB denkbar. Bei Hausarbeiten muss sich die Kandidatin bzw. der Kandidat hingegen nicht vertreten lassen, sondern kann sich rein faktisch (keine räumlich-zeitliche Begrenzung und Kontrolle) die Arbeit eines Dritten zu Eigen machen, sodass es auf die (freilich auch in diesen Fällen unzulässige Vertretung) nicht ankommt. Jedenfalls bei einfachen Hausarbeiten macht es also keinen Unterschied, ob man die Arbeit einen Dritten schreiben lässt und am Ende mit seiner Unterschrift und Eigenständigkeitserklärung versieht oder die Arbeit eines Dritten mittels »strg+c« schlicht 1:1 kopiert. In beiden Konstellationen müsste man davon ausgehen, dass zwar prüfungsrechtlich gesehen ein ganz klarer Fall des Unterschleifs anzunehmen ist, jedoch kein Fall strafbarer Urkundenfälschung (was mitunter zur kriminalpolitischen Diskussion der Einführung eines »Wissenschaftsbetrugs« geführt hat).

B. Strafbarkeit des T gem. § 263 I StGB durch Schreiben der Prüfung für P

Eine Strafbarkeit des T wegen Betrugs gem. § 263 I StGB scheidet offensichtlich mangels Vermögensschadens aus.

C. Ergebnis

T hat sich wegen Urkundenfälschung in einem besonders schweren Fall gem. § 267 I, III Nr. 1 Var. 1 StGB strafbar gemacht.

2. Tatkomplex: Das Diadem

A. Strafbarkeit des T gem. § 259 I StGB durch Aufsuchen des Bürogebäudes

Indem T das Bürogebäude aufsuchte, um das Diadem zu übergeben, könnte er sich wegen Hehlerei gem. § 259 I StGB strafbar gemacht haben.

I. Tatbestandsmäßigkeit

Objektiver Tatbestand

Als Anschlussdelikt setzt § 259 I StGB voraus, dass es sich beim Tatobjekt um eine Sache handelt, die **ein anderer gestohlen** oder sonst durch eine gegen fremdes Vermögen gerichtete, rechtswidrige Tat erlangt hat. F hat das Diadem einem Dritten gestohlen, mithin einen vollendeten Diebstahl gem. § 242 I StGB begangen. An dieser Vortat war T auch nicht beteiligt, sodass jedenfalls ein »anderer« die Tat begangen hat. Eine **taugliche Vortat** lag mithin vor.

Tathandlungen des § 259 I StGB sind das Ankaufen, Sich-Verschaffen, das Absetzen oder das Absetzen-Helfen. Ein **Ankaufen** der Ware durch T scheidet per se aus; da T kurzzeitig Besitz an dem Diadem erlangt hat, könnte man der Frage nachgehen, ob T sich das Diadem **verschafft** hat. Dies wäre allerdings nur zu bejahen, wenn der Täter die Sachen im Einverständnis mit dem Vortäter erlangt, um über diese als eigene oder zu eigenen Zwecken zu verfügen. Vorliegend wollte T das Diadem nicht behalten (und im Anschluss beispielsweise auf eigene Rechnung verkaufen), sondern agierte im Interesse des F. Insofern hat er keine Verfügungsgewalt im Sinne dieser Tathandlung erlangt und sich die Ware damit nicht verschafft.

Fraglich ist, ob das Betreten des Bürogebäudes durch T in der Absicht, das Diadem an den Käufer zu übergeben, als **Absetzen bzw. Absatzhilfe** bewertet werden kann. Dabei stellt sich im ersten Schritt die Frage, wie diese beiden Modalitäten voneinander abzugrenzen sind. Unter Absetzen versteht man die selbstständige entgeltliche Weitergabe der Sache an einen Dritten im Interesse und mit Einverständnis des Vortäters. Absatzhilfe meint die unselbstständige Unterstützung des Vortäters bei der Verwertung der Sache (»Verkaufsgehilfe«). Bei der Absatzhilfe handelt es sich mithin um eine tatbestandlich verselbstständigte Beihilfe zum tatbestandslosen Absetzen des Vortäters.

Hinweis: Die Absatzhilfe ist folglich von der »echten« Beihilfe zur Hehlerei zu unterscheiden, bei der ein Dritter wiederum dem Anschlussstraftäter Hilfe leistet. Denkbar wäre insofern auch eine Beihilfe zur Absatzhilfe.

Entscheidend ist mithin, ob dem Täter ein eigener **Entscheidungsspielraum** hinsichtlich der Verkaufsmodalitäten, den Interessenten und der Abwicklung zukommt oder, ob er weisungsgebunden ist. Vorliegend hatte F bereits mit dem Käufer die Verkaufsmodalitäten vereinbart. Darüber hinaus hatte er Zweifel bezüglich der Identität des Käufers und wollte diesbezüglich den T als »Werkzeug« missbrauchen.

Hinweis: Dieser Umstand darf die Bearbeiterin bzw. den Bearbeiter allerdings nicht dazu verleiten, F als »mittelbaren Täter« der Hehlerei zu qualifizieren. Zum einen käme bei F als Täter der Vortat eine Strafbarkeit ohnehin nicht in Betracht. Zum anderen würde es sich bei der Eigenschaft des Käufers als Verdeckter Ermittler aus Sicht des T um einen tatbestandlich unbeachtlichen Motivirrtum handeln, der die Strafbarkeit unberührt lässt (und damit auch nicht zu einer »Werkzeugqualität« im rechtlichen Sinne führt).

T handelte nicht selbstständig, sondern suchte auf Anweisung des F das Bürogebäude auf. Somit kommt nur eine Absatzhilfe in Betracht. Fraglich ist jedoch, wie sich das Nichtzustandekommen der Übergabe des Diadems auswirkt.

Ob bei der Tathandlung der Absatzhilfe ein **tatbestandlicher Außenwelterfolg** dahingehend erforderlich ist, als es zu einer tatsächlichen Übergabe des Diebesguts kommen muss, ist umstritten. Diese Frage wird bereits bei der Tathandlung des Absetzens selbst kontrovers beurteilt, wobei das Absetzen-Helfen unmittelbar an den Begriff des Absetzens knüpft und sich die Handlungen nur in der »Begehungsform« unterscheiden. Dies deutet darauf hin, dass beide Handlungen in ihrem »Erfolgsteil« einheitlich bewertet werden müssen.

Was die Notwendigkeit eines Absatzerfolgs (bei der Tathandlung des Absetzens) angeht, setzt **eine Ansicht** (insbesondere die **frühere Rechtsprechung**) einen **Absatzerfolg für die Tatvollendung nicht voraus**. Als Begründung wird ein historisches Argument herangezogen: § 259 aF StGB habe das »Mitwirken zum Absatz« unter Strafe gestellt. Hierunter sei jede vorbereitende, ausführende oder auch nur helfende Tätigkeit zum Zwecke des Absatzes verstanden worden, ohne Rücksicht darauf, ob tatsächlich ein Absatzerfolg eingetreten sei. Mit der Neufassung des § 259 StGB sei das »Mitwirken zum Absatz« zwar durch »Absetzen« und »Absetzen-Helfen« ersetzt worden. Mit der neuen Formulierung habe der Gesetzgeber jedoch nicht den Anwendungsbereich beschränken, sondern lediglich klarstellen wollen, dass auch selbstständige Absatzhandlungen von § 259 StGB erfasst seien. Dies hätte im vorliegenden Fall zur Folge, dass bereits das Aufsuchen des Bürogebäudes durch T bzw. der Weg zum konkreten Treffpunkt als vollendete Hilfstätigkeit bewertet werden müsste. Eine **Einschränkung** des Tatbestandes nahm die Rechtsprechung nur insoweit vor, als die Absatzbemühungen zumindest **objektiv geeignet** sein müssen, um einen Absatzerfolg herbeizuführen. Solch eine »Eignung« wurde beim Einsatz eines verdeckten Ermittlers als Käufer nach § 110a II StPO verneint.

Nach einer **anderen Ansicht** (insbesondere ein Großteil der Literatur und **seit kurzem auch der BGH**) ist ein **Absatzerfolg notwendig**. Zur Begründung wird der Wortlaut des § 259 StGB ins Feld geführt, der dafür spreche, dass es sich bei der Hehlerei um ein Erfolgsdelikt handelt. Absetzen sei in systematischer Auslegung die Kehrseite des Sich-Verschaffens als Erfolgsdelikt. Es sei systemwidrig, für die Tathandlungsvarianten des Ankaufens und Sich-Verschaffens den Übergang der Verfügungsgewalt zu verlangen, während diese beim Absetzen und Absetzen-Helfen beim Vortäter verbleiben kann. Außerdem erschwere dies die Abgrenzung zwischen dem nach § 259 III StGB strafbaren Versuch und der Vollendung.

Andernfalls wäre eine Versuchsstrafbarkeit nur im Rahmen grundsätzlich strafloser Vorbereitungshandlungen denkbar, sodass letztlich für den Versuch und den strafbefreienden Rücktritt kein Raum bliebe. Überdies erfasse § 259 StGB das Unrecht einer Perpetuierung der rechtswidrigen Vermögenslage. Dies könne noch nicht angenommen werden, wenn jene »Weiterverschiebung« noch nicht abgeschlossen sei. Zudem sei zu vermerken, dass die Gegenansicht ihre Auffassung insofern nicht strikt durchhalte, als sie bei Ankauf durch einen Verdeckten Ermittler (§ 110a II StPO) eine Ausnahme von der extensiven Auslegung mache und damit Rechtsunsicherheit schaffe. Träfen dieselben Erwägungen auf die Absatzhilfe zu, könnte der Streit im Ergebnis offen gelassen werden, da der vermeintliche Abnehmer ein Verdeckter Ermittler war, das Aufsuchen des Bürogebäudes mithin per se nicht geeignet war, einen Absatzerfolg herbeizuführen.

Daher ist zu überlegen, ob **obige Ausführungen auch auf die Absatzhilfe zu übertragen sind.** Dagegen spricht, dass es sich um eine verselbstständigte Teilnahmehandlung handelt und insofern auch eine eigenständige Interpretation möglich ist. Berücksichtigt man nun, dass es rein technisch auch eine vollendete Beihilfe zum versuchten Delikt geben kann, wäre auch vertretbar anzunehmen, dass zumindest die Absatzhilfe keinen Erfolg voraussetzt. Doch dies würde dazu führen, dass die schwächere Beteiligungsform mehr Handlungen erfasst als die technisch »stärkere« Beteiligungsform. Zudem gelten die systematischen Bedenken wie auch die teleologischen Erwägungen, die für ein Erfordernis des Absatzerfolgs sprechen, in gleicher Weise für das Absetzen-Helfen. Daher müssen **beide Tathandlungen einheitlich interpretiert werden.** Im Ergebnis kann der Streit dahingestellt bleiben, da weder ein Absatzerfolg eingetreten ist noch die Handlungen des T zur Herbeiführung eines Absatzerfolges geeignet waren.

Hinweis: Aufbautechnisch gibt es hier mehrere Möglichkeiten. So wäre es auch denkbar, die einheitliche Interpretation an den Anfang zu stellen und anschließend auf den Streit über den Absatzerfolg einzugehen. Dieser muss auf jeden Fall ausführlich geschildert werden, da sich hier eine langjährige Rechtsprechung geändert hat.

II. Ergebnis

T hat sich nicht gem. § 259 I StGB strafbar gemacht.

B. Strafbarkeit des T gem. §§ 259 I, III, 22, 23 I StGB durch Aufsuchen des Bürogebäudes

Indem T sich aufmachte, das Diadem zu verkaufen, könnte er sich jedoch wegen versuchter Hehlerei gem. §§ 259 I, III, 22, 23 I StGB strafbar gemacht haben.

I. Vorprüfung

Die versuchte Hehlerei ist als Vergehen gem. § 12 II StGB kraft Anordnung gem. §§ 259 III, 23 I Var. 2, 12 II StGB strafbar. Das Delikt ist – s. oben – nicht vollendet.

II. Tatbestandsmäßigkeit

1. Tatentschluss

T handelte vorsätzlich hinsichtlich der Tatbestandsverwirklichung. Er handelte auch, um sich 200 EUR zu verdienen, mithin mit Eigenbereicherungsabsicht, als er das Bürogebäude betrat. Ein Tatentschluss lässt sich bejahen.

2. Unmittelbares Ansetzen, § 22 StGB

Für den Tatbestand des Absetzenhelfens in § 259 I StGB ist strittig, wie das unmittelbare Ansetzen zum Versuch zu bestimmen ist. Die **hL** geht davon aus, dass – aufgrund der nunmehr auch vom BGH anerkannten Erfolgsbezogenheit des Absetzenhelfens und der Konstruktion dieser Tatvariante als verselbstständigte Beihilfe zum (straflosen) Absetzen durch den Vortäter – ein unmittelbares Ansetzen des Absatzhelfers erst dann angenommen werden kann, **wenn ein unmittelbares Ansetzen des durch den Absatzhelfer unterstützen Vortäters zum (straflosen) Versuch des Absetzens zu bejahen ist**. Entsprechend ihrer Konstruktion als zur Täterschaftsform erhobene Beihilfe ist das unmittelbare Ansetzen zur Absatzhilfe daher akzessorisch zum unmittelbaren Ansetzen zum Absetzen durch den Vortäter. Der BGH hat dagegen 2019 erstmals entschieden, dass keine Akzessorietät zum unmittelbaren Ansetzen des Vortäters zum Abesetzen besteht. Die Frage des unmittelbaren Ansetzens des Absatzhelfers sei dagegen nach den üblichen Regeln des § 22 StGB zu bestimmen. Danach kommt es darauf an, dass der Absatzhelfer selbst zu seiner tatbestandlichen Handlung unmittelbar ansetzt. Der Versuch des Absatzhelfers beginnt danach, wenn der Täter eine Handlung vornimmt, mit der er nach seiner Vorstellung unmittelbar zu einer Förderung der – straflosen – Absatztat des Vortäters ansetzt. Das sei jedenfalls dann anzunehmen, wenn sich die Tathandlung in einen bereits festgelegten Absatzplan fördernd einfügt und aus Sicht des Vortäters den Beginn des Absatzvorgangs darstellt. Mit dem Aufsuchen des konkreten Raums hat T subjektiv die Schwelle zum »Jetzt-geht-es-los« überschritten und objektiv Handlungen vorgenommen, die nach seiner Vorstellung unmittelbar in den Absatzerfolg münden würden. In Anbetracht des Umstands, dass nur noch die Übergabe des Diadems (und des Kaufpreises) erfolgen sollte, war das Schutzgut – die Nichtperpetuierung der rechtswidrigen Vermögenslage – unmittelbar gefährdet. Zudem war der Verkauf laut Sachverhalt bereits fix und es sollten keine weiteren, sondierenden Gespräche mehr erfolgen; mithin waren nach Vorstellung des T keine weiteren wesentlichen Zwischenakte zur Tatbestandsverwirklichung des Absetzenhelfens mehr erforderlich. Somit liegt auch ein unmittelbares Ansetzen zur Tatbestandsverwirklichung vor (aA vertretbar). Nach der Auffassung des BGH läge also ein unmittelbares Ansetzen vor. Doch auch die Literaturauffassung, welche zusätzlich ein unmittelbares Ansetzen des Vortäters zu seinem (straflosen) Versuch des Absetzens verlangt, käme vorliegend zu keinem abweichenden Ergebnis. Vortäter F hatte die Bedingungen des Verkaufs bereits vollständig ausgehandelt und T mit dem Diadem zum Übergabeort losgeschickt. Er hat damit sein »Absatzwerkzeug« aus seinem Einflussbereich entlassen und ging subjektiv davon aus, dass der Absatzvorgang nunmehr seinen Lauf nehmen würde. Dass der Tatentschluss des F auf einer »bewusst unsicheren Tatsachengrundlage« fußt (Anwesenheit eines »echten« Käufers oder eines Verdeckten Ermittlers), ist nach hM unschädlich. Auch F hätte also zu einem straflosen Versuch des Absetzens angesetzt, sodass auch die hL hier ein unmittelbares Ansetzen zur Absatzhilfe bejahen würde (aA hinsichtlich des Tatentschlusses des F mit entsprechender Argumentation vertretbar). Ein Streitentscheid kann somit dahinstehen. T hat nach allen Ansichten unmittelbar zur Absatzhilfe angesetzt.

Hinweis: Die Unterschiedlichkeit der beiden vertretenen Ansichten tritt vor allem dann zu Tage, wenn der Absatzhelfer nicht unmittelbar beim Absatz hiflt, also nicht – wie hier – die Hehlerware selbst zum Übergabeort bringt und dort übergibt, sondern lediglich im Vorfeld des eigentlichen Absatzes unterstützende Tätigkeiten vornimmt (zB Kontakte herstellt). Dann würde die hL erst ein unmittelbares Ansetzen zur Absatzhilfe bejahen, wenn der Vortäter zum Absetzen unmittelbar ansetzt. Dem BGH würde es dagegen genügen, wenn der Absatzhelfer zu seiner Förderungshandlung ansetzt, solange eine hinreichende »Nähe« zur Absatzhandlung gegeben ist. Zur Vertiefung: BGH NJW 2019, 1311 und die kritische Anmerkung *Mitsch* NJW 2019, 1258.

III. Rechtswidrigkeit und Schuld

Rechtfertigungs- und Entschuldigungsgründe sind nicht ersichtlich.

IV. Rücktritt gem. § 24 I StGB

Zuletzt ist zu überprüfen, ob T strafbefreiend von seinem Versuch zurückgetreten ist, wobei mangels mehrerer Tatbeteiligter (eine Strafbarkeit des F scheidet aus, da er Täter der Vortat ist!) nicht § 24 II StGB, sondern § 24 I StGB einschlägig ist. Für einen strafbefreienden Rücktritt dürfte der Versuch nicht fehlgeschlagen sein. Da T den »Käufer« als verdeckten Ermittler erkannt hat, kann er aus seiner Sicht den tatbestandlichen Absatzerfolg nicht ohne zeitliche Zäsur herbeiführen. Der Versuch ist **fehlgeschlagen.**

V. Ergebnis

T macht sich wegen versuchter Hehlerei gem. §§ 259 I, III, 22, 23 I StGB strafbar.

C. Strafbarkeit des T gem. § 257 I StGB durch Aufsuchen des Bürogebäudes

Eine Strafbarkeit wegen Begünstigung gem. § 257 I StGB als Anschlussdelikt setzt ein Hilfeleisten des T bei der Sicherung der Vorteile aus der Vortat voraus. Es ist umstritten, wie das **Merkmal des Hilfeleistens** auszulegen ist. Nach der hM muss die Handlung **objektiv geeignet** sein, den Vortäter unmittelbar besserzustellen und **subjektiv mit dieser Tendenz** vorgenommen werden. Mithin wird auch hier verlangt, dass das Handeln des Täters **ex ante geeignet** sein muss, den Sicherungszweck zu erfüllen. Dies ist wegen des Einsatzes der Verdeckten Ermittler ersichtlich nicht der Fall. Die **subjektive Eignungstheorie** lässt die Eignung zur Besserstellung aus Tätersicht genügen und verlangt lediglich, dass der Täter zu einer Vorteilssicherung aus seiner Sicht unmittelbar ansetzt. T erkennt, bevor er das Büro betritt (frühester Zeitpunkt des unmittelbaren Ansetzens zur tatsächlichen Sicherung des Vorteils), dass es sich bei vermeintlichem Käufer und Putzmann um Verdeckte Ermittler handelt. Auch aus seiner Sicht liegt keine Eignung zur Besserstellung im Zeitpunkt des unmittelbaren Ansetzens zur Vorteilssicherung vor. Eine Strafbarkeit wegen Begünstigung scheidet aus, eine Versuchsstrafbarkeit (die auch den »untauglichen Versuch« erfasste), sieht § 257 StGB nicht vor; als Vergehen müsste die Versuchsstrafbarkeit ausdrücklich angeordnet sein, was nicht der Fall ist.

D. Strafbarkeit des T gem. § 123 I StGB durch Aufsuchen des Bürogebäudes

Eine Strafbarkeit des T wegen Hausfriedensbruchs durch das Betreten des Bürogebäudes scheitert bereits am **generellen Einverständnis des Eigentümers/Mieters des Bürogebäudes.** Allein die subjektive Absicht des T, die Räumlichkeiten des Bürogebäudes zu kriminellen Zwecken zu missbrauchen, berührt die Wirksamkeit des generellen Einverständnisses nicht.

E. Ergebnis

T hat sich wegen versuchter Hehlerei gem. §§ 259 I, III, 22, 23 I StGB strafbar gemacht.

3. Tatkomplex: Die Anstellung

A. Strafbarkeit von B und T gem. §§ 263 I, 25 II StGB durch Abschluss des Arbeitsvertrages

Ein gemeinschaftlicher Betrug durch T und B durch den Abschluss des Arbeitsvertrages scheidet aus. B war befugt, einen Arbeitsvertrag ohne Rücksprache mit den Partnern der Schall & Rauch-PartG abzuschließen. Die im Abschluss des Vertrages liegende Vermögensverfügung wurde daher **nicht kausal durch eine Täuschung und einen Irrtum verursacht**.

Hinweis: Denkbar wäre hier allenfalls ein Betrug durch Unterlassen durch B (und eine entsprechende Beihilfe hierzu durch T, der keine Garantenstellung gegenüber der Kanzlei innehat). Dann hätte man jedoch darauf abstellen müssen, dass B verpflichtet gewesen wäre, vor Vertragsschluss mit den Partnern der Kanzlei Rücksprache zu halten. Ob es allerdings für die Bejahung eines Irrtums ausreicht, dass die Partner »ganz allgemein« davon ausgehen, dass B keine Bewerber ohne zwei Prädikatsexamina anstellt, ist bereits höchst fraglich. Außerdem war B befugt, Arbeitsverträge gerade ohne Rücksprache abzuschließen und bei der Voraussetzung der zwei Prädikatsexamina handelt es sich »nur« um eine allgemeine Einstellungspolitik. Ob diese die erteilte Vollmacht entsprechend einschränkt, ist höchst fraglich.

B. Strafbarkeit des B gem. § 266 I Var. 1 StGB durch Abschluss des Arbeitsvertrages

B könnte sich wegen (Eingehungs-)Untreue nach § 266 I Var. 1 StGB strafbar gemacht haben, indem er mit T einen Arbeitsvertrag schloss.

I. Tatbestandsmäßigkeit

Hierfür müsste B gem. § 266 I Var. 1 StGB die ihm durch Rechtsgeschäft eingeräumte Befugnis, über fremdes Vermögen zu verfügen oder einen anderen zu verpflichten, missbraucht haben und dadurch dem, dessen Vermögensinteressen er zu betreuen hat, einen Nachteil zugefügt haben.

Objektiver Tatbestand

a) Missbrauchstatbestand

B müsste zunächst seine Befugnis, die Schall & Rauch-PartG zu verpflichten, missbraucht haben.

Befugnis meint die Rechtsmacht, einen Dritten wirksam zu einer Verfügung über dessen Vermögensrechte zu verpflichten. B war als leitendem Angestellten Vollmacht zum Abschluss von Arbeitsverträgen im Namen der PartG eingeräumt worden (§ 167 I BGB). Er hatte die Befugnis über das Vermögen der PartG zu verfügen iSv § 266 I Var. 1 StGB.

Ein **Missbrauch der Befugnis** liegt vor, wenn der Täter zwar **im Außenverhältnis rechtlich wirksam** handelt, dabei aber **gegen Beschränkungen seiner Befugnis im Innenverhältnis verstößt**. Laut Bearbeitervermerk war davon auszugehen, dass der Arbeitsvertrag zwischen T und der PartG wirksam zustande gekommen ist. B handelte somit innerhalb seines rechtlichen Könnens. Fraglich ist, ob er die Grenzen des rechtlichen Dürfens im Innenverhältnis überschritten hat. Hierfür spricht, dass B bekannt war, dass die allgemeine Einstellungspolitik seiner Firma zwei Prädikatsexamina für eine Einstellung des T voraussetzt. Auf der anderen Seite war B befugt, den Arbeitsvertrag ohne Rücksprache mit den Partnern abzuschließen. Allerdings musste B – nicht zuletzt wegen des besonderen in ihn gesetzten Vertrauens – davon ausgehen, dass er keine Arbeitsverträge abschließen durfte, die der Einstellungspolitik zuwiderlaufen (aA bei entsprechender Argumentation gut vertretbar). B handelte somit außerhalb des rechtlichen Dürfens. Er missbrauchte mithin seine Befugnis die PartG zu Verfügungen zu verpflichten.

Hinweis: Durch die Vorgabe des Bearbeitervermerks, die Wirksamkeit des Arbeitsvertrages anzunehmen, wurden zahlreiche schwierige zivilrechtliche Probleme »umgangen«. Da nämlich nach hM das rechtliche Können im Rahmen der Missbrauchsvariante streng zivilrechtsakzessorisch zu prüfen wäre, hätte die Wirksamkeit des Arbeitsvertrages geprüft werden müssen. Dann hätten sich die Bearbeiterinnen und Bearbeiter zunächst mit der Reichweite der Innenvollmacht gem. § 167 I BGB auseinandersetzen müssen. Nach der relevanten Auslegung vom objektiven Empfängerhorizont des B wäre hier fraglich gewesen, ob die Vollmacht unbeschränkt zum Abschluss von Arbeitsverträgen berechtigte oder nur unter der Voraussetzung von zwei Prädikatsexamina. Für den Fall einer unbeschränkten Vollmacht hätte das Problem der Kollusion (§ 138 BGB – Nichtigkeit?) zwischen T und B erörtert werden müssen. Bei Beschränkung der Vollmacht wäre der Arbeitsvertrag schwebend unwirksam und von der Genehmigung der vertretungsberechtigten Partner abhängig, vgl. § 177 I BGB. Bei Unwirksamkeit des Arbeitsvertrages hätte man sich mit der Lehre vom fehlerhaften Arbeitsverhältnis auseinandersetzen müssen. Nach hM wäre ein in Vollzug gesetzter Arbeitsvertrag nämlich bei Verweigerung der Genehmigung nicht ex tunc nichtig, sondern für die Vergangenheit als wirksam zu behandeln und nur für die Zukunft durch außerordentliche Kündigung fristlos auflösbar. Zivilrechtlich fraglich wäre gewesen, ob dies auch im Fall der Kollusion gilt. Strafrechtlich wäre zu erörtern gewesen, ob die Lehre vom fehlerhaften Arbeitsverhältnis, deren Zweck die Vermeidung komplizierter Rückabwicklungsfragen ist, zu einer Bejahung der Verpflichtung zur Verfügung und damit der Missbrauchsvariante des § 266 I Var. 1 StGB führen würde. Wer dies verneint, müsste schließlich wegen der Verletzung der Vermögensbetreuungspflicht des B (dazu näher s. unten) den Treubruchstatbestand bejahen. Um die Bearbeiterinnen und Bearbeiter nicht zu überfordern und den Schwerpunkt bei den strafrechtlichen Fragestellungen zu belassen, wurden diese Probleme durch die »fingierte« Wirksamkeit des Vertrages umgangen.

Nach **heute ganz hM** muss auch in der Missbrauchsvariante die **Verletzung einer qualifizierten Vermögensbetreuungspflicht** des Täters vorliegen. Erforderlich ist dabei eine Betreuungspflicht von einiger Bedeutung, wobei es vor allem auf den Grad der Selbstständigkeit, der wirtschaftlichen Bewegungsfreiheit und Verantwortlichkeit des Betreuenden ankommt. Ferner muss es sich um eine **Hauptpflicht** handeln, eine bloße Nebenpflicht aus dem Schuldverhältnis zwischen Schädiger und Geschädigtem oder Schädiger und Drittem genügt nicht. Zwar begründen Arbeitsverträge nicht per se Vermögensbetreuungspflichten des Arbeitnehmers. Allerdings war B vorliegend befugt, seinerseits Arbeitsverträge ohne Rücksprache mit den Partnern abzuschließen. Insofern konnte B in erheblichem Maße selbstständig Entscheidungen treffen und hatte einen großen wirtschaftlichen Spielraum. Mangels Rücksprache trug B auch die volle Verantwortlichkeit für die Einstellungsentscheidung. Ferner zählt das Einstellen von Mitarbeitern zu den Haupttätigkeiten eines leitenden Angestellten im Recruiting-Bereich. Daher oblag dem B die Vermögensbetreuungspflicht, das Vermögen der PartG nicht durch die Einstellung unqualifizierter Mitarbeiter zu gefährden, auch als Hauptflicht seines Arbeitsvertrages. Zweifelhaft erscheint dagegen, ob B diese Vermögensbetreuungspflicht durch die Einstellung des T verletzt hat. Zwar entsprach die Einstellung nicht der allgemeinen Einstellungspolitik der Firma. T war jedoch materiell außergewöhnlich qualifiziert und verfügte sogar in außergewöhnlich großem Maße über die Fähigkeiten, die zur Ausübung der Assistentenstelle notwendig waren. Dies hatte B bei der Einstellung des T auch erkannt. Ferner handelte es sich »nur« um eine »allgemeine« Einstellungspolitik, nicht um ausdrücklich zwingende Vorgaben. Da T auch nur im »Back Office« zu internen Gutachtertätigkeiten herangezogen werden sollte, bestand auch nicht die Gefahr, dass T notwendige Tätigkeiten nicht hätte vornehmen können (dies wäre bei einer anwaltlichen Tätigkeit wegen der fehlenden Prozessvertretungsbefugnis und des Verbots der Rechtsberatung nach dem Rechtsdienstleistungsgesetz anders gewesen). Insgesamt hat B daher seine Vermögensbetreuungspflicht nicht durch die Einstellung des T verletzt (aA bei entsprechender Argumentation vertretbar).

Hinweis: Wer an dieser Stelle die Prüfung abbricht (was Sie nicht müssen, weil Sie ein Gutachten schreiben!), kann die auftretenden Schwierigkeiten beim Vermögensschaden auch im Rahmen des Betrugs aufgreifen. Es ist dann jedoch auf die unterschiedliche zeitliche Perspektive zu achten (Anstellungs-/Eingehungsschaden aus Ex-ante-Perspektive und Erfüllungsschaden aus Ex-post-Perspektive). Die Schadensberechnung ist, abgesehen von der zeitlichen Perspektive, nach hM nach denselben Grundsätzen vorzunehmen. Es wäre auch vertretbar, Einstellungsschaden und Erfüllungsschaden bereits vollständig im Rahmen von § 266 StGB zu prüfen, da sowohl Begründung der Lohnverbindlichkeit als auch Auszahlung des Lohns auf den Vertragsschluss zwischen B und T zurückgehen. Dann ist jedoch auf eine saubere Trennung der beiden Schadensposten und eine saubere Trennung der zeitlichen Perspektiven zu achten. Da im Rahmen des Betrugs allerdings das Entstehen der Lohnverbindlichkeit nicht als Schaden in Betracht kommt, weil der Vertragsschluss selbst auf keiner Täuschung beruht (s. oben), können Sie den Eingehungsschaden nur im Rahmen von § 266 StGB ausführlich darstellen. Dies spricht dafür, den Prüfungspunkt »Vermögensnachteil« trotz der Verneinung der Verletzung einer Vermögensbetreuungspflicht ausführlich zu prüfen (»hilfsgutachterlich«). Wenn Sie ein Gutachten schreiben, sind Sie relativ frei im Aufbau. Wichtig ist nur, dass Sie alle im Sachverhalt angelegten Probleme erkennen und einer (vertretbaren) Lösung zuführen.

b) Vermögensnachteil/Schaden

Wenn man – anders als hier – die Verletzung einer qualifizierten Vermögensbetreuungspflicht durch B bejaht, muss schließlich geprüft werden, ob der Schall & Rauch-PartG hierdurch ein Vermögensnachteil entstanden ist. Unter einem **»Nachteil«** in diesem Sinne versteht die heute hM einen **Vermögensschaden**, der nach den gleichen Maßstäben zu bestimmen ist wie bei § 263 I StGB. Daher ist nach dem **Prinzip der Gesamtsaldierung** zu prüfen, ob das Vermögen des Geschädigten durch den Missbrauch der Befugnis bzw. die Treupflichtverletzung unter Berücksichtigung etwaiger (unmittelbarer) Kompensationen wirtschaftlich betrachtet gemindert ist.

In Betracht kommt hier ein Schaden durch **Begründung der Verbindlichkeit zur Zahlung auf Arbeitslohn** gegenüber T (**sog. Eingehungsschaden**). Ob hier wirtschaftlich betrachtet ein Schaden entstanden ist, hängt maßgeblich davon ab, ob die Verbindlichkeit durch den gleichzeitig entstandenen **Anspruch auf Arbeitsleistung des T kompensiert** wurde. Der BGH hat hier die für den Anstellungsbetrug geltenden Grundsätze auf die **Anstellungsuntreue** weitgehend übertragen. Wenn der Schaden bereits in der Begründung einer Verbindlichkeit liegen soll, kommt es nach der Rechtsprechung auf eine **Ex-ante-Prognose** des Werts der erbrachten Arbeitsleistung im Vergleich zum vereinbarten Lohn an. Da es sich in diesen Fällen um eine bloße **Vermögensgefährdung** handelt, muss diese als »schadensgleich« zu bewerten sein. Dies ist der Fall, wenn nach wirtschaftlichen Gesichtspunkten das Vermögen bereits zum Zeitpunkt des Vertragsschlusses so konkret gefährdet ist, dass es bereits jetzt als gemindert erscheint. Daneben ist es verfassungsrechtlich geboten, dass der Schaden auch bei der Vermögensgefährdung nach wirtschaftlichen Kriterien beziffert werden kann.

In **privatwirtschaftlichen Arbeitsverhältnissen** entsteht – anders als bei Beamtenverhältnissen – nicht allein durch mangelnde »formelle« Qualifikation ein Vermögensschaden. Daher kann nicht allein darauf abgestellt werden, dass T keinen Abschluss in Rechtswissenschaft hat. Eine schadensgleiche Vermögensgefährdung wäre demnach nur dann zu bejahen, wenn aus der entscheidenden Ex-ante-Perspektive davon ausgegangen werden müsste, dass die Arbeitsleistung des T wertmäßig nicht dem bezahlten Arbeitslohn entsprechen wird. **Als Indiz** hierfür kann bei bereits länger laufenden Verträgen auch auf die tatsächlich erbrachte Arbeitsleistung abgestellt werden, während bei kurzen Zeiträumen auf allgemeine Leistungsanforderungen abzustellen ist. T arbeitet seit drei Jahren in der Kanzlei. Daher kann die tatsächliche Arbeitsleistung als Indiz herangezogen werden. Zwar muss T gelegentlich mehr nachlesen als andere Mitarbeiter. Im Ergebnis ist seine Arbeitsleistung jedoch sogar höherwertiger als diejenige von vergleichbaren Kolleg/innen. Die tatsächlich erbrachte Arbeitsleistung spricht indiziell somit gegen eine schadensgleiche Vermögensgefährdung bei Vertragsschluss. Überdies war bereits zum damaligen Zeitpunkt die weit überdurchschnittliche Intelligenz und das enzyklopädische juristische Wissen des T bekannt. Daher war auch aus der Ex-ante-Perspektive mit einer überdurchschnittlichen Arbeitsleistung des T zu rechnen. Eine schadensgleiche Vermögensgefährdung lag somit nicht vor.

Ein Vermögensschaden wird von der Rechtsprechung auch dann bejaht, wenn der Lohn nicht nur für die reine Arbeitsleistung, sondern auch wegen eines **besonderen Vertrauens** in die Person des Angestellten bezahlt wird, dieser aber nicht über die eigentlich notwendige persönliche Zuverlässigkeit verfügt. Vorliegend ist nichts dafür ersichtlich, dass T eine »besondere« Vertrauensstellung im Unternehmen innehatte und auch nicht, dass sein Arbeitslohn zT nicht für die Arbeitsleistung, sondern allein für das persönliche Vertrauen bezahlt worden wäre. Auch aus dieser Perspektive liegt daher kein Schaden vor.

Schließlich werden von der Rechtsprechung die Grundsätze zum Beamtentum dann auf privatrechtliche Anstellungsverhältnisse übertragen, wenn – ähnlich wie beim Beamtenverhältnis – die Anstellung und die Höhe der gezahlten Bezüge von einer abgeschlossenen Ausbildung oder von Art und Dauer einer früheren Beschäftigung abhängen. Vorliegend war weder die Anstellung des T als Assistent im Backoffice noch die Höhe seiner Bezüge von einer abgeschlossenen Ausbildung oder einer Vortätigkeit abhängig. Allein dass in der Kanzlei im Regelfall zwei Prädikatsexamina vorausgesetzt werden, kann daran nichts ändern. Denn die konkrete Tätigkeit des T – reine Assistenz- und Backoffice-Tätigkeiten – waren nicht von zwei Prädikatsexamina abhängig (das könnte bei einer Anstellung als Prozessanwalt anders sein, weil dann die Vorausetzungen für eine Anwaltszulassung Bedingung für Einstellung und Bezahlung sind).

Im Ergebnis liegt daher **kein Vermögensschaden** vor. Allein wegen der fehlenden »formellen« Qualifikation nach Einstellungspolitik der Kanzlei kann kein Vermögensschaden bejaht werden. Ein solches Vorgehen würde dem Prinzip der Gesamtsaldierung, dem wirtschaftlichen Vermögensbegriff der hM und dem Charakter der Untreue als Vermögensdelikt zuwiderlaufen.

Hinweis: Einen aktuellen Fall aus der Rechtsprechung zu diesem Problemkreis, in dem die Grundsätze der Rechtsprechung zusammengefasst dargestellt werden, können Sie hier nachlesen: BGH NStZ 2020, 291.

II. Ergebnis

B hat sich nicht gem. § 266 I StGB strafbar gemacht.

C. Strafbarkeit des B gem. §§ 263 I, 13 I StGB durch Einreichen des Arbeitsvertrages

B könnte sich wegen Betrugs (evtl. durch Unterlassen) gem. § 263 I StGB (§ 13 I StGB) strafbar gemacht haben, indem er den Arbeitsvertrag des T in der Personalabteilung einreichte.

I. Tatbestandsmäßigkeit

Hierfür müsste B gem. § 263 I StGB in der Absicht, sich oder einem Dritten einen rechtswidrigen Vermögensvorteil zu verschaffen, das Vermögen der Schall & Rauch-PartG dadurch beschädigt haben, dass er durch Täuschung einen Irrtum erregte, welcher kausal für eine Vermögensverfügung war.

Objektiver Tatbestand

Unter einer **Täuschung** ist ein zur Irreführung bestimmtes und auf die Einwirkung auf das Vorstellungsbild eines anderen abzielendes Gesamtverhalten zu verstehen. In Betracht kommt vorliegend mangels ausdrücklicher Erklärung zur Qualifikation des T eine **konkludente Täuschung**. Eine Täuschung durch konkludente Erklärung könnte im Einreichen des Arbeitsvertrages in der Personalabteilung liegen. Denn da nach der allgemeinen Einstellungspolitik der Firma zwei Prädikatsexamina vorausgesetzt sind, geht die Personalabteilung bei Einreichung eines Arbeitsvertrages davon aus, dass der eingestellte Bewerber über die entsprechende Qualifikation verfügt. Daher erklärt derjenige, der den Arbeitsvertrag kommentarlos einreicht gleichzeitig, dass der Bewerber über die notwendigen Abschlüsse verfügt. Da T über diese nicht verfügt, liegt eine konkludente Täuschung vor.

Hinweis: Hier ist auch eine andere Ansicht vertretbar, wenn man darauf abstellt, dass für die Personalabteilung nur interessant ist, ob der Arbeitsvertrag wirksam geschlossen wurde; dann nämlich besteht ein Anspruch auf Gehaltszahlung und die Personalabteilung wird sich über möglicherweise fehlende Qualifikationen keine Gedanken machen. Wenn man dies annimmt, kann man auch den Schluss ziehen, dass derjenige, der den Arbeitsvertrag einreicht, nur konkludent erklärt, dass dieser wirksam geschlossen wurde, jedoch nicht, dass die Qualifikation des Arbeitnehmers der allgemeinen Einstellungspolitik entspricht. Dann müsste noch die Möglichkeit einer Täuschung durch Unterlassen diskutiert werden. Hierfür müsste B durch eine Garantenstellung zur Aufklärung der Personalabteilung verpflichtet sein. Diese könnte sich hier aus dem Arbeitsvertrag des B mit der der Schall & Rauch-PartG als leitender Angestellter ergeben. Aus Vertrag ergibt sich eine solche Garantenpflicht zur Aufklärung aber nur, wenn die Aufklärung entweder Hauptpflicht des Vertrages ist (zB Beratervertrag) oder zwischen den Vertragsparteien ein besonderes Vertrauensverhältnis besteht. B ist leitender Angestellter der Schall & Rauch-PartG und als solcher befugt, ohne Rücksprache Personal einzustellen. Hieraus kann man zwar einerseits eine besondere Vertrauensstellung ableiten, andererseits aber auch den Schluss ziehen, dass er mangels Rücksprachepflicht gerade keine Aufklärungspflicht darüber hat, dass die Einstellung des T nicht der allgemeinen Firmenpolitik entsprach. Sie könnten also eine Aufklärungspflicht bejahen oder auch verneinen. Da im Sachverhalt offensichtlich noch Probleme beim Tatbestandsmerkmals des Irrtums angelegt sind, erscheint es klausurtaktisch klüger, die Täuschung im Ergebnis zu bejahen (oder zumindest hilfsgutachtlich weiterzuprüfen).

Fraglich ist jedoch, ob die Täuschung auch kausal für einen **Irrtum** bei der verfügenden Person war. Als verfügende Person kommt hier (wenn überhaupt) nur C in Betracht, die die Gehaltsauszahlung an T anordnete. Ein Irrtum liegt bei einem Abweichen der subjektiven Vorstellung von der objektiven Wirklichkeit vor. Problematisch ist, dass sich C **»keine größeren Gedanken«** zur Qualifikation des T macht, sondern davon ausgeht, **alles sei in Ordnung.** Damit hat C keine konkrete Vorstellung zur Qualifikation des T. Ob in einem solchen Fall ein Irrtum iSv § 263 I StGB zu bejahen ist, ist umstritten.

Nach hM ist eine völlige Unkenntnis von Tatsachen, ohne sich ein von der Wirklichkeit abweichendes Vorstellungsbild zu machen, kein Irrtum. Ein **allgemeines Gefühl von Zuversicht** und Sicherheit **reicht demnach nicht aus.** Ein Irrtum soll dagegen vorliegen, wenn das Täuschungsopfer aufgrund **sog. sachgedanklichen Mitbewusstseins** bezogen auf einen bestimmten Tatsachenkomplex davon ausgeht, dass alles »in Ordnung ist«. C macht sich hier zwar keine konkreten Vorstellungen über die Qualifikation des T. Sie geht jedoch in Bezug auf den Arbeitsvertrag – und damit aufgrund der ihr bekannten Einstellungspolitik der Firma – davon aus, dass »alles in Ordnung« sei. Da es sich bei dem Arbeitsvertrag und der Einstellungsvoraussetzung um einen bestimmten Tatsachenkomplex handelt, wäre nach hM ein Irrtum der C zu bejahen.

Eine **andere Auffassung** stellt darauf ab, ob sich bei fehlender konkreter Tatsachenvorstellung die Fehlvorstellung daraus ergibt, dass die Tatsache von dem **durch »Gesetz, Rechtsgeschäft oder Sozialüblichkeit« gesteckten Rahmen abweicht.** Durch die allgemeine Einstellungspolitik der Firma ist der Rahmen der Einstellungsqualifikation und damit der Gehaltsauszahlung durch Sozialüblichkeit hinreichend bestimmt. Die entsprechende Fehlvorstellung der C wäre also auch nach dieser Ansicht ein Irrtum iSv § 263 I StGB.

Wieder andere nehmen einen Irrtum an, wenn die bloße Unkenntnis bei konkludenten oder durch Unterlassen begangenen Täuschungen in eine **aktive Fehlvorstellung »umformuliert« werden kann,** wenn die Täuschung durch aktive und ausdrückliche Kommunikation begangen worden wäre. Hätten B und T der C ausdrücklich mitgeteilt, der T verfüge über zwei Prädikatsexamina, hätte C hierüber bei der Anordnung der Gehaltsauszahlung eine konkret falsche Vorstellung. Auch diese Ansicht würde somit einen Irrtum bejahen.

Dagegen will *Naucke* nur dann einen Irrtum bejahen, **wenn die Fehlvorstellung mit der vorgespiegelten Tatsache »inhaltsgleich« ist.** T und B täuschen konkludent über das Fehlen zweier Prädikatsexamina bei T. C macht sich keine konkreten Vorstellungen, sie denkt bloß »es sei alles in Ordnung«. Diese Vorstellung ist nicht inhaltsgleich mit der Tatsache, über die getäuscht wird. *Naucke* würde also einen Irrtum verneinen.

Zwar darf das Merkmal des »Irrtums« nicht dadurch vollständig sinnentleert werden, dass sich die getäuschte Person überhaupt keine Vorstellungen über die relevante Tatsache macht. Allerdings überspannt die Forderung, der Irrtum müsse mit der Täuschung »inhaltsgleich« sein, die Anforderungen an das Tatbestandsmerkmal. Wie im Bereich der allgemeinen Vorsatz- und Irrtumsdogmatik, muss sich ein Rechtssubjekt für das Vorliegen subjektiver Tatbestandsmerkmale niemals absolut exakte Vorstellungen vom (objektiv) wirklichen Geschehen machen. Es genügt vielmehr, wenn der Lebensvorgang in seinen wesentlichen Zügen erfasst wird. Es ist nun kein Grund ersichtlich, warum ein Irrtum auf »Opferseite« grundlegend anders zu behandeln wäre, als ein Irrtum auf »Täterseite«. Die Forderung nach »Inhaltsgleichheit« würde die Verwirklichung des Betrugstatbestandes in Fällen konkludenter Täuschungen oder solchen durch Unterlassen nur noch in seltenen Einzelfällen ermöglichen und den Anwendungsbereich des § 263 I StGB auch sonst erheblich einschränken. Daher ist die letztgenannte Ansicht abzulehnen. Die übrigen Ansichten kommen vorliegend zum selben Ergebnis, sodass ein Streitentscheid im Übrigen dahinstehen kann.

Hinweis: In einer Klausur müssen Sie den vorliegenden Streit nicht in dieser Ausführlichkeit darstellen. Allerdings erschließt sich der Inhalt des Streits und die hM besser, wenn man die Gegenpositionen (bis hin zur extremsten Gegenposition) kennt. Daher wurde der Streit hier ausführlicher dargestellt, als es in einer »echten« Klausur notwendig gewesen wäre.

Es lag demnach auch ein kausaler Irrtum bei C vor.

In der Anordnung der Gehaltsauszahlung durch C lag auch ein Tun, das unmittelbar zu einer Vermögensminderung führte, mithin eine **Vermögensverfügung**. Problematisch ist jedoch, dass die verfügende Person (hier C) und die geschädigte Person (hier: Schall & Rauch-PartG) nicht identisch sind. In einem solchen **sog. Dreiecksbetrug** ist umstritten, wann die Vermögensverfügung durch einen Dritten dem Geschädigten zugerechnet werden kann.

Eine Ansicht stellt darauf ab, ob der Verfügende zur Verfügung **rechtlich befugt** war. C war vorliegend für die Gehaltsauszahlungen anordnungsbefugt. Die herrschende **sog. Lagertheorie** lässt es dagegen genügen, wenn der Verfügende **»im Lager« des Geschädigten** steht und diesem damit faktisch oder rechtlich näher als dem Täuschenden. C stand als Partnerin im Lager der geschädigten Schall & Rauch-PartG.

Beide Ansichten bejahen vorliegend eine dem Charakter des Betrugs als Selbstschädigungsdelikt entsprechende, ausreichende Nähebeziehung zwischen Verfügendem und Geschädigtem. Ein Streitentscheid kann somit dahinstehen.

Äußerst zweifelhaft ist dagegen, ob der Schall & Rauch-PartG auch ein **Vermögensschaden** entstanden ist. Ein solcher liegt vor, wenn das Vermögen des Geschädigten nach der irrtumsbedingten Vermögensverfügung im Vergleich mit der Vermögenslage vorher verringert ist. Dabei ist nach dem **Prinzip der Gesamtsaldierung** zu ermitteln, ob bei einem Vergleich von Vermögenszuflüssen und -abflüssen wirtschaftlich betrachtet eine Vermögensminderung vorliegt.

Zu beachten ist dabei zunächst, dass der Abschluss des Arbeitsvertrages nicht kausal auf die ihm nachfolgende Einreichung des Arbeitsvertrages in der Personalabteilung zurückgeht. Daher kann hier nicht auf die Begründung einer Lohnzahlungsverbindlichkeit durch den Abschluss des Arbeitsvertrages als Schaden abgestellt werden (sog. Anstellungs- bzw. Eingehungsschaden).

Ein Schaden kann jedoch vorliegen, wenn die von T tatsächlich erbrachte Arbeitsleistung wertmäßig nicht dem gezahlten Lohn entspricht (**sog. Erfüllungsbetrug**). Hier gelten – abgesehen davon, dass jetzt die tatsächlich **erbrachte Arbeitsleistung und der tatsächlich bezahlte Arbeitslohn miteinander zu saldieren** sind – die gleichen Grundsätze wie oben im Rahmen der Anstellungsuntreue. Die Arbeitsleistung des T ist (auch ex post betrachtet) insgesamt höherwertig als diejenige vergleichbarer Mitarbeiter. Der Lohn wird auch nicht für eine besondere Vertrauensstellung oder ausschließlich aufgrund einer bestimmten abgeschlossenen Ausbildung oder Vortätigkeit bezahlt. Aus dem bloßen Fehlen der »formellen« Qualifikation entsprechend der allgemeinen Einstellungspolitik der Schall & Rauch-PartG kann dagegen, wegen der tatsächlich erbrachten Arbeitsleistung, nicht abgestellt werden (Details, s. oben). Die Vermögensminderung durch den gezahlten Arbeitslohn wurde durch die erbrachte Arbeitsleistung vollständig kompensiert.

Hinweis: Ein Eingehungsschaden durch Begründung einer wertmäßig nicht durch die Zusage der Arbeitsleistung kompensierten Verbindlichkeit durch Abschluss des Arbeitsvertrages käme nur in Betracht, wenn eine wahrheitswidrige Behauptung des T und ein entsprechender Irrtum des B bei Abschluss des Vertrages vorgelegen hätten. Da vorliegend aber T und B kollusiv zusammenwirken, fehlt es an einem Irrtum des B als verfügender Person (s. oben). Es wäre auch vertretbar, den hier erst im Rahmen des Betrugs geprüften »Erfüllungsschaden« bereits im Rahmen der oben geprüften Untreuestrafbarkeit zu prüfen. Dann ist jedoch auf eine saubere Trennung der beiden Schadensposten und eine saubere Trennung der zeitlichen Perspektiven zu achten. Da der Einstellung des T jedoch im vorliegenden Sachverhalt eine weitere täuschende Handlung (Einreichen des Arbeitsvertrages bei der Personalabteilung) folgte, die erst kausal für die Vermögensverfügung war, ist die hier vorliegende Aufteilung wohl etwas »schöner«. Auf diese Weise können alle im Sachverhalt genannten Handlungen auf ihre strafrechtliche Relevanz hin untersucht werden.

Im Ergebnis liegt daher kein Vermögensschaden bei der Schall & Rauch-PartG vor.

II. Ergebnis

B hat sich nicht gem. §§ 263 I, 25 II, (13 I) StGB strafbar gemacht.

Hinweis: Aufgrund der Sachverhaltskonstellation (großer Beurteilungsspielraum des B, »allgemeine« Einstellungspolitik, wirksamer Arbeitsvertrag, wirtschaftlich wertvolle Arbeitsleistung des T) ist im vorliegenden Fall iRd §§ 263, 266 StGB vieles vertretbar. Wichtig ist nur, dass Sie die beiden möglichen Handlungsanknüpfungspunkte (Abschluss des Vertrages zwischen B und T; Einreichen des Arbeitsvertrages in der Personalabteilung der Schall & Rauch-PartG durch B) erkennen und alle im Sachverhalt aufgeworfenen Problemfragen innerhalb der §§ 263, 266 StGB (notfalls hilfsgutachterlich) ansprechen und argumentativ lösen. Dabei muss die Lösung auch für eine sehr gute Arbeit nicht so »breit« ausfallen, wie der hiesige Lösungsvorschlag (der ja auch an den entsprechenden Stellen aus didaktischen Gründen kurz auf andere Lösungsmöglichkeiten eingeht, was in einer »echten« Klausur nicht erwartet wird).

D. Strafbarkeit des T durch Abschluss des Arbeitsvertrages

Mangels Vermögensschadens bei der Schall & Rauch-PartG hat sich T keines Betrugs in Mittäterschaft gem. §§ 263 I, 25 II, 13 I StGB strafbar gemacht. Mangels vorsätzlicher, rechtswidriger Haupttat durch B scheidet auch eine Beihilfe zur Untreue gem. §§ 266 I, 27 StGB aus.

E. Ergebnis

B und T haben sich im 3. Tatkomplex nicht strafbar gemacht.

Konkurrenzen und Gesamtergebnis Teil 1

T hat sich einer Urkundenfälschung in einem besonders schweren Fall gem. § 267 I, III Nr. 1 Var. 1 StGB in Tatmehrheit (§ 53 StGB) mit einer versuchten Hehlerei gem. §§ 259 I, III, 22, 23 I StGB strafbar gemacht. B hat sich nicht strafbar gemacht.

2. Teil: Rechtsgutachten »Der Führerschein«

1. Tatkomplex: Das Bewirken der »falschen« Sehtestbescheinigung

A. Strafbarkeit der X gem. §§ 267 I Var. 1, 25 I Var. 2 StGB durch Ablegung des Sehtests

X könnte sich gem. §§ 267 I Var. 1, 25 I Var. 2 StGB wegen Urkundenfälschung in mittelbarer Täterschaft strafbar gemacht haben, indem sie unter falscher Namensnennung den Sehtest für S ablegte.

I. Tatbestandsmäßigkeit

Objektiver Tatbestand

Hierfür müsste zunächst eine unechte Urkunde hergestellt worden sein. Die Sehtestbescheinigung nach § 12 III 1 FeV verkörpert die menschliche Gedankenerklärung, dass die in ihr genannte Person die notwendige Sehfähigkeit zur Erteilung einer Fahrerlaubnis besitzt. Sie ist zum Beweis dieser Tatsache gegenüber der Führerscheinstelle geeignet und bestimmt und lässt die amtlich anerkannte Sehteststelle als ihren Aussteller erkennen. Die Sehtestbescheinigung ist eine Urkunde.

Ferner müsste es sich bei dem Führerschein um eine unechte Urkunde handeln. Vorliegend ist die Sehtestbescheinigung jedoch von der aus ihr hervorgehenden Sehteststelle ausgestellt. Die **bloße inhaltliche Unrichtigkeit** (Sehtest nicht durch die genannte Person abgelegt) ändert nichts an der Echtheit der Urkunde. Die Sehtestbescheinigung ist daher keine unechte Urkunde.

II. Ergebnis

X hat sich nicht gem. §§ 267 I Var. 1, 25 I Var. 2 StGB strafbar gemacht.

B. Strafbarkeit der X gem. § 348 StGB durch Ablegung des Sehtests

§ 348 I StGB ist ein Sonderdelikt. Täter kann nur sein, wer Amtsträger ist. Daher scheidet eine Strafbarkeit für X aus.

C. Strafbarkeit der X gem. §§ 348, 26 StGB durch Ablegung des Sehtests

Unabhängig von der Frage, ob Mitarbeiter von amtlich anerkannten Führerscheinstellen überhaupt Amtsträger iSv § 348 StGB sind, waren diese bei Ausstellung der Sehtestbescheinigung jedenfalls **gutgläubig**, sodass es an einer vorsätzlichen rechtswidrigen Haupttat iSv § 26 StGB fehlt.

D. Strafbarkeit der X gem. § 271 I StGB durch Ablegung des Sehtests

X könnte sich gem. § 271 I StGB wegen mittelbarer Falschbeurkundung strafbar gemacht haben, indem sie sich bei der Sehteststelle mit dem Personalausweis der S auswies und den Sehtest ablegte.

I. Tatbestandsmäßigkeit

Objektiver Tatbestand

Hierfür müsste es sich bei der Sehtestbescheinigung zunächst um eine **öffentliche Urkunde iSv § 271 I StGB** handeln. Öffentliche Urkunden sind solche Urkunden, die von einer öffentlichen Behörde innerhalb der Grenzen ihrer Amtsbefugnisse oder von einer mit öffentlichem Glauben versehenen Person innerhalb des ihr zugewiesenen Geschäftskreises in der vorgeschriebenen Form aufgenommen sind (**§ 415 ZPO**) und Beweiskraft für und gegen jedermann entfalten. Ob eine Sehtestbescheinigung nach § 12 III 1 FeV eine öffentliche Urkunde in diesem Sinne ist, ist – soweit ersichtlich – in Rechtsprechung und Literatur noch nicht diskutiert worden. Dafür könnte sprechen, dass die Sehtestbescheinigung nur von »amtlich anerkannten Sehteststellen« gem. § 12 III 1 FeV ausgestellt werden dürfen. Augenoptiker sind gem. § 67 IV 1 FeV amtlich anerkannte Sehteststellen. Insofern könnte es sich – trotz der fehlenden Amtsträgereigenschaft iSv § 11 I Nr. 2 StGB – um mit öffentlichem Glauben versehene Personen handeln. Allerdings müsste die Sehtestbescheinigung volle Beweiskraft über die Sehfähigkeit für und gegen jedermann erbringen. Dies muss nach der Rechtsprechung zwar nicht zwingend durch eine gesetzliche Vorschrift angeordnet sein. Erforderlich ist jedoch, dass durch Sinn und Zweck der gesetzlichen Bestimmungen zu Errichtung und Zweck der Urkunde eine solche **erhöhte öffentliche Beweiskraft** zweifelsfrei angenommen werden kann. Zwar kann nicht allein aus der Tatsache, dass der Beweis in der Praxis nur für einen beschränkten Personenkreis »interessant« ist (hier: die Führerscheinstelle), auf die fehlende öffentliche Beweiskraft geschlossen werden. Allerdings beschränken die **Vorschriften der FeV selbst die Beweiskraft der Sehtestbescheinigung auf die Vorlage bei der Führerscheinstelle** zur Erteilung des Führerscheins (vgl. §§ 12 II, III, 21 III Nr. 3 FeV). Darüber hinaus kommt ihr keine Beweiskraft zu. Der Beweis für und gegen jedermann, dass der Führerscheininhaber zum Fahren nur unter der Auflage des Tragens einer Sehhilfe befugt ist, wird nicht durch die Sehtestbescheinigung, sondern durch die Führerscheinurkunde angetreten. Daher ist die Sehtestbescheinigung selbst keine öffentliche Urkunde iSv § 271 I StGB (aA mit guter Argumentation vertretbar).

II. Ergebnis

X hat sich nicht gem. § 271 I StGB strafbar gemacht.

E. Strafbarkeit der X gem. § 281 I Var. 1 StGB durch Vorlage des Personalausweises der S

X hat den für S ausgestellten Personalausweis dem Augenoptiker zur Wahrnehmung unmittelbar zugänglich gemacht und ihn damit iSv § 281 I Var. 1 StGB »gebraucht«. Sie handelte vorsätzlich, zur Täuschung im Rechtsverkehr, rechtswidrig und schuldhaft. X hat sich somit gem. § 281 I Var. 1 StGB wegen Missbrauchs von Ausweispapieren strafbar gemacht.

F. Strafbarkeit der S gem. § 281 I Var. 2 StGB durch Überlassen des Personalausweises an X

S hat die X durch Überlassung der Verfügungsgewalt am Personalausweis in die Lage versetzt, diesen zu »gebrauchen« und hat damit X den Ausweis iSv § 281 I Var. 2 StGB »überlassen«. Sie handelte vorsätzlich, zur Täuschung im Rechtsverkehr, rechtswidrig und schuldhaft. S hat sich somit gem. § 281 I Var. 2 StGB wegen Missbrauchs von Ausweispapieren strafbar gemacht.

G. Strafbarkeit der S gem. §§ 281 I Var. 1, 27 StGB durch Überlassen des Personalausweises an X

Die gleichzeitig durch die Überlassung verwirklichte Beihilfe der S zur Tat der X nach § 281 I Var. 1 StGB wird im Wege der materiellen Subsidiarität von § 281 I Var. 2 StGB verdrängt.

2. Tatkomplex: Das Bewirken der »falschen« Führerscheineintragung

A. Strafbarkeit von S und X gem. §§ 267 I Var. 1, 25 II, I Var. 2 StGB durch Vorlage der Sehtestbescheinigung

S und X könnten sich gem. §§ 267 I Var. 1, 25 II, I Var. 2 StGB wegen gemeinschaftlich begangener Urkundenfälschung in mittelbarer Täterschaft strafbar gemacht haben, indem sie durch die Vorlage der Sehtestbescheinigung bewirkten, dass im Führerschein der S keine Sehschwäche eingetragen wurde.

I. Tatbestandsmäßigkeit

Objektiver Tatbestand

Hierfür müsste zunächst eine unechte Urkunde hergestellt worden sein. Der Führerschein der S verkörpert die Gedankenerklärung, dass der S die Fahrerlaubnis erteilt wurde. Er ist dazu geeignet und bestimmt die Inhaberschaft der Fahrerlaubnis der S gegenüber Behörden (und anderen Personen) zu beweisen, vgl. § 4 II FeV. Aus dem Führerschein geht die jeweils ausstellende Führerscheinstelle hervor. Der Führerschein ist somit eine Urkunde iSv § 267 I StGB.

Der ausgestellte Führerschein ist jedoch **keine unechte Urkunde,** weil er von der aus ihm hervorgehenden Führerscheinstelle ausgestellt wurde. Die bloße inhaltliche Unrichtigkeit (Fahrerlaubnis ohne Auflagen erteilt) ändert nichts an der Echtheit der Urkunde (s. oben).

II. Ergebnis

X und S haben sich nicht gem. §§ 267 I Var. 1, 25 II, I Var. 2 StGB strafbar gemacht.

B. Strafbarkeit von S und X gem. §§ 348 I, 25 II StGB durch Vorlage der Sehtestbescheinigung

§ 348 I StGB ist ein **Sonderdelikt**. Täter kann nur sein, wer Amtsträger ist. Daher scheidet eine Strafbarkeit für S und X aus.

C. Strafbarkeit von S und X gem. §§ 348 I, 26 StGB durch Vorlage der Sehtestbescheinigung

Der zuständige Amtsträger der Führerscheinstelle wusste nicht, dass X den Sehtest für S gemacht hatte. Ihm fehlte daher der Vorsatz zur Begehung von § 348 I StGB. Mangels vorsätzlicher, rechtswidriger Haupttat scheidet für S und X daher auch eine Strafbarkeit gem. §§ 348 I, 26 StGB aus.

Hinweis: Hier wurden §§ 348 I, 26 StGB bewusst vor § 271 StGB geprüft, obwohl »normalerweise« die Prüfungsreihenfolge »Täterschaft vor Teilnahme« gilt. In diesem Fall lässt sich aber die Gesamtkonstellation besser darstellen, wenn bei §§ 348 I, 26 StGB gezeigt wurde, dass eine Anstiftung wegen der Gutgläubigkeit des Amtsträgers ausscheidet. Überdies ist §§ 348 I, 26 StGB sogar das schwerere Delikt, weil es mit bis zu fünf Jahren Freiheitsstrafe bestraft werden kann, während § 271 I StGB nur einen Strafrahmen bis zu drei Jahren aufweist.

D. Strafbarkeit von S und X gem. §§ 271 I, 25 II StGB durch Vorlage der Sehtestbescheinigung

S und X könnten sich gem. §§ 271 I, 25 II StGB wegen mittelbarer Falschbeurkundung in Mittäterschaft strafbar gemacht haben, indem S die Sehtestbescheinigung bei der Führerscheinstelle vorlegte.

Hinweis: Typischerweise ist bei einer eigenhändigen Verwirklichung durch einen Beteiligten allein zunächst dessen Alleintäterschaft zu prüfen, um im Anschluss (nach Feststellung einer zurechnungsfähigen Handlung) auf die mittäterschaftliche Begehung durch den nichthandelnden Beteiligten einzugehen. In Anbetracht des Umstands, dass die »Zurechnung« als solche unproblematisch ist und mit solch einem Vorgehen Platz gespart werden kann, erscheint es an dieser Stelle angemessen, von der »klassischen« Prüfung abzuweichen.

I. Tatbestandsmäßigkeit

1. Objektiver Tatbestand

Hierfür müsste es sich bei dem Führerschein zunächst um eine **öffentliche Urkunde iSv § 271 I StGB** handeln. Der Führerschein wird gem. § 73 I FeV iVm § 8 I BayZustVVerk von der gem. Art. 3 I BayVwVfG örtlich zuständigen unteren Kreisverwaltungsbehörde (Landratsamt/kreisfreie Stadt gem. Art. 37 I 2 BayLKrO/Art. 9 I BayGO) erteilt. Er besitzt auch Beweiskraft für und gegen jedermann bezüglich der Tatsache, dass dem Inhaber die Fahrerlaubnis erteilt wurde und er mit der im Führerschein bezeichneten Person identisch ist. Der Führerschein ist mithin öffentliche Urkunde iSv § 271 I StGB.

Hinweis: Die Besonderheit des § 271 I StGB liegt gerade darin, dass hierdurch – anders als bei § 267 I StGB – auch die inhaltliche Richtigkeit der »öffentlichen Urkunde« geschützt wird.

Ferner müssten S und X die falsche Beurkundung einer Tatsache bewirkt haben, die von der **besonderen Beweiskraft des Führerscheins erfasst** ist. Fraglich ist, ob die Eintragung der Pflicht zum Tragen einer Sehhilfe während des Führens eines Kraftfahrzeugs im Führerschein, eine Tatsache ist, die von der besonderen öffentlichen Beweiskraft des Führerscheins erfasst ist. Dies ist – soweit ersichtlich – in der Rechtsprechung und Literatur noch nicht diskutiert worden. Indes entspricht es der ganz hM, dass die **Erteilung der Fahrerlaubnis als solche von der Beweiskraft erfasst** ist (s. oben). Bei der Eintragung einer notwendigen Sehhilfe durch die Schlüsselzahlen 01.01 bis 01.07 in Feld 12 des Führerscheins handelt es sich um die **Eintragung einer Auflage**, mit welcher der Verwaltungsakt der Fahrerlaubniserteilung verbunden ist (§ 23 II FeV iVm § 36 II Nr. 4 VwVfG). Insoweit spricht viel dafür, auch die mit der Fahrerlaubnis verbundenen Auflagen als von der Beweiskraft des Führerscheins erfasst anzusehen. Hierfür spricht auch, dass diese auf der Urkunde in einem eigenen Feld vermerkt werden. Weiter lässt sich anführen, dass die Auflage der Nutzung einer Sehhilfe regelmäßig bei Verkehrskontrollen überprüft wird und die Nichtbeachtung einen Ordnungswidrigkeitentatbestand erfüllt (§ 24 I StVG, §§ 75 Nr. 9, 23 II 1 FeV). Somit ist die Auflage zum Tragen einer Sehhilfe von der Beweiskraft des Führerscheins iSv § 271 I StGB umfasst (aA nur bei guter Argumentation vertretbar).

Bewirken meint jede Verursachung einer falschen Beurkundung (zumindest) durch einen gutgläubigen Amtsträger. Durch die Vorlage der Sehtestbescheinigung durch S wurde von der zuständigen Führerscheinstelle ein Führerschein ohne Eintragung einer Auflage zum Tragen einer Sehhilfe ausgestellt. Mithin wurde eine falsche Beurkundung durch S verursacht.

Fraglich ist, ob diese **Tathandlung auch der X gem. § 25 II StGB zugerechnet werden kann.** Hierfür müssten X und S einen **gemeinsamen Tatplan** gehabt haben, X müsste einen nicht ganz untergeordneten **Tatbeitrag** geleistet haben und X müsste auch **Tatherrschaft (hL) bzw. Täterwille (Rechtsprechung)** gehabt haben. X und S haben das Vorgehen gemeinsam geplant, ein gemeinsamer Tatplan lag mithin vor. X hat durch das Ablegen des Sehtests einen wesentlichen Tatbeitrag geleistet, ohne den die Durchführung nicht möglich gewesen wäre. Sie hatte mithin Tatherrschaft. Der Vorschlag zu dem Vorhaben war von X gekommen, sie wollte mithin Tatherrschaft haben und Zentralfigur des Geschehens sein. X hatte mithin auch Täterwille, ein Streitentscheid zwischen hL und Rechtsprechung kann somit dahinstehen. Die Tathandlung der S kann X gem. § 25 II StGB zugerechnet werden.

2. Subjektiver Tatbestand

X und S handelten auch mit dem Willen zur Verwirklichung des § 271 I StGB und unter Kenntnis aller relevanten Tatumstände, mithin vorsätzlich gem. §§ 15, 16 I StGB.

II. Rechtswidrigkeit und Schuld

S und X handelten rechtswidrig und schuldhaft.

III. Ergebnis

S und X haben sich gem. §§ 271 I, 25 II StGB strafbar gemacht.

Konkurrenzen und Gesamtergebnis 2. Teil: Rechtsgutachten

Die Handlungen der X beim Augenoptiker (Zeigen des Ausweises, Ablegen des Sehtests) und die Übergabe der Sehtestbescheinigung an S beruhen auf einem einheitlichen Tatentschluss und stehen in einem engen, raumzeitlichen Verhältnis. Es ist daher diesbezüglich Tateinheit durch natürliche Handlungseinheit gem. § 52 StGB anzunehmen.

Zwischen dem Überlassen des Ausweises durch S an X und der Vorlage der Sehtestbescheinigung bei der Führerscheinstelle durch S liegen mehrere Wochen (und auch eine größere Distanz). Die Tathandlungen der X stehen daher zueinander im Verhältnis der Tatmehrheit (§ 53 StGB).

Nach der Rechtsprechung des BGH sind die **Konkurrenzen für jeden Tatbeteiligten gesondert zu prüfen.** Es ist dabei jeweils auf seine Tatbeiträge abzustellen. Insoweit ist also unerheblich, dass die Tathandlung der S (Vorlegen der Sehtestbescheinigung bei der Führerscheinstelle) der X gem. § 25 II StGB zugerechnet wird. Bezüglich X kommt es vielmehr auf ihre eigenen Tatbeiträge zur mittäterschaftlich begangenen mittelbaren Falschbeurkundung (Planung, Vorzeigen des Personalausweises, Ablegen des Sehtests, Übergabe der Sehtestbescheinigung) an.

X hat sich demgemäß einer mittelbaren Falschbeurkundung in Mittäterschaft gem. §§ 271 I, 25 II StGB **in Tateinheit** (§ 52 StGB) mit Missbrauch von Ausweispapieren gem. § 281 I Var. 1 StGB strafbar gemacht.

S hat sich einer mittelbaren Falschbeurkundung in Mittäterschaft gem. §§ 271, 25 II StGB **in Tatmehrheit** (§ 53 StGB) mit Missbrauch von Ausweispapieren gem. § 281 I Var. 2 StGB strafbar gemacht.

Vertiefende Literatur zu den Schwerpunkten des Falles

1. Zu Urkundendelikten bei Fällen des Unterschleifs

- *Heger,* Studienprobleme, JA 2014, 754
- *Schroeder,* Urkundenfälschung durch Examenstäuschung? – BayObLG, NJW 1981, 772, JuS 1981, 417

2. Zur Hehlerei in der Fallbearbeitung, insbesondere zum Erfordernis des Absatzerfolges

- *Mitsch,* »Verschaffen« als Merkmal des Straftatbestandes, JA 2020, 32
- *Wiedmer,* Prüfungsrelevante Probleme der Hehlerei, JuS 2021, 207
- *Sorge,* Die neue Rechtsprechung zur Frage der Notwendigkeit eines Absatzerfolges im Rahmen des § 259 StGB, ZJS 2016, 33
- *Zöller/Frohn,* Zehn Grundprobleme des Hehlereitatbestandes (§ 259 StGB), JURA 1999, 378
- *Schwabe/Zitzen,* Probleme der Absatzhilfe bei § 259 I StGB, JA 2005, 193

3. Zum Vermögensschaden bei Anstellungsbetrug und -untreue

- *Kargl,* Offenbarungspflicht und Vermögensschaden beim Anstellungsbetrug – Der doppelte Rechtsreferendar, wistra 2008, 121
- *Heinrich,* Die Arbeitsleistung als betrugsrelevanter Vermögensbestandteil, GA 1997, 24
- *Duttge,* Wider die Sonderbehandlung der Amtserschleichung beim Anstellungsbetrug, JR 2002, 271

4. Zu Problemen rund um die »mittelbare Falschbeurkundung«

- *Bock,* Zur Auslegung der Falschbeurkundung iSd §§ 271, 348 StGB, ZIS 2011, 330

- *Mankowski/Tarnowski*, Zum Umfang der besonderen Beweiskraft öffentlicher Urkunden, JuS 1992, 826
- *Putzke/Prechtl*, Missbrauch von Ausweispapieren, ZJS 2019, 522

Zusammenhängende Literatur zu den einzelnen Delikten

Urkundendelikte: *Kudlich* PdW StrafR BT II Nr. 147–177a; *Rengier* StrafR BT II §§ 32–38; *Jäger* ExamensRep StrafR BT Rn. 626–657
Hehlerei: *Kudlich* PdW StrafR BT I Nr. 230–239; *Rengier* StrafR BT I § 22; *Jäger* ExamensRep StrafR BT Rn. 596–614
Untreue: *Kudlich* PdW StrafR BT I Nr. 190–199c; *Rengier* StrafR BT I § 18; *Jäger* ExamensRep StrafR BT Rn. 574–585
Betrug: *Kudlich* PdW StrafR BT I Nr. 90–136; *Rengier* StrafR BT I § 13; *Jäger* ExamensRep StrafR BT Rn. 453–536

Überblick Fallprobleme Strafrecht Besonderer Teil

Delikt (StGB)	Problem	Fall	Sonstige Literatur/Falllösungsmaterial
§ 113	Gewaltbegriff		*Bosch* JURA 2011, 268
	Begriff der Waffe bei § 113		*Krüger* JURA 2011, 887
	Rechtmäßigkeit der Diensthandlung/ Irrtum		*Rückert* JA 2017, 33
	Widerstand und Tätlichkeit		*Kulhanek* JR 2018, 551
	Strafrahmenerhöhung		*Steinberg/Zetzmann/Dust* JR 2013, 7
§ 123	Generelle Zutrittserlaubnis (Strumpfmaskentheorie)	3, 7	*Steinmetz* JuS 1985, 94; *Kuhli* JuS 2013, 115
	Begriff des befriedeten Besitztums		*Christmann* JuS 1987, 19
	»Digitaler« Hausfriedensbruch		*Mavany* KriPoz 2016, 106
	Rechtfertigender Notstand		*Scheuerl/Glock* NStZ 2018, 448
§ 133	Begriff der Verwahrung	3	*Rudolph* JA 2011, 346
§ 142	Begriff des Unfalls/Entfernens (Privatparkplatz)	4	*Bosch* JURA 2011, 593; *Waszczynski* JA 2015, 507; *Zopfs* ZIS 2016, 426
	Unvorsätzliches Entfernen vom Unfallort		*Mitsch* JuS 2010, 303
§ 145d	Aufbauschen der Straftat als Vortäuschen	1	*Krümpelmann* JuS 1985, 763; *Geppert* JURA 2000, 383
§§ 153 ff.	Falschheit der Aussage	4	*Bosch* JURA 2015, 1295
	Beihilfe zur Falschaussage durch Unterlassen		*Bartholme* JA 1998, 204
	Irrtümer/Beteiligung im Rahmen der Falschaussagedelikte		*Kudlich/Henn* JA 2008, 510 ff.
	Berichtigung (gegebenenfalls Zwang zur Berichtigung durch Anwalt?)	4	*Eisele* JA 2011, 667
	Einfluss prozessrechtlicher Vorschriften (Belehrungspflichten etc)	4	*Geppert* JURA 1988, 496
	Meineid (Versuch)		*Eisele* JA 2011, 667
	Aussagenotstand contra § 52 StPO (Belastung/Entlastung bei § 157 StGB)	4	*Hettinger/Bender* JuS 2015, 577
	Verleiten gem. § 160	4	*Eschenbach* JURA 1993, 407
	Verhältnis von § 30 und § 159		*Vormbaum* GA 1986, 353
§ 164	Aufbauschen der Straftat als Verdächtigen	1	s. § 145d
§ 184k	Upskirting		*Berghäuser* ZIS 2019, 463
§ 185	Abgrenzung der Ehrdelikte	2	*Mavany* JURA 2010, 594
	Beleidigung bei Personengemeinschaften Kollektivbeleidigung	4	*Geppert* JURA 2005, 244; *Eppner/Hahn* JA 2006, 702
	Beleidigungsfreie Sphären	2	*Wolff-Reske* JURA 1996, 184
	Beleidigung und Kunstfreiheit		*Oğlakcıoğlu/Rückert* ZUM 2015, 876; *Christoph* JuS 2016, 599
	Qualifikationen	2	*Ceffinato* JuS 2020, 495
§ 186	Nichterweislichkeit der Tatsache	2	*Rönnau* JuS 2011, 697
§ 201a	Begriff des gegen Einblick »besonders geschützten« Raums (Sauna, Arzt)		*Heuchemer/Paul* JA 2006, 616; *Bosch* JURA 2016, 1380
	Mitschneiden von Konferenzen und Online-Vorlesungen		*Gerhold/Höft* JA 2021, 382

Delikt (StGB)	**Problem**	**Fall**	**Sonstige Literatur/Falllösungsmaterial**
§§ 202a ff.	Überblick über die Datendelikte	2	*Eisele* JURA 2012, 922
§ 202a	Besondere Sicherung und Überwindung der Zugangssicherung	2, 9	*Schmitz* JA 1995, 478 (Zur alten Fassung mit engerer Tathandlung)
§ 202d	Datenhehlerei		*Berghäuser* JA 2017, 244
§ 203	Anvertrautsein (als Berufsträger)		*Bock/Wilms* JuS 2011, 24
	Einbeziehung Dritter (Outsourcing)		*Cornelius* NJW 2017, 3751
§ 211	Heimtückemord (restriktive Interpretation Auslegung)	3	*Kett-Straub* JuS 2007, 515
	Heimtücke bei Schlafenden/Bewusstlosen/Kindern		*Kretschmer* JURA 2009, 590; *Mitsch* JuS 2013, 783
	Heimtücke in Fallensteller-Konstellation	3	*Kaspar* JA 2007, 699; *Schauf* NStZ 2019, 585
	Habgierdefinition (immaterieller »Gewinn«, Abwenden von Zahlungsverpflichtungen)	3	*Köhne* JURA 2008, 805
	Niedrige Beweggründe, Begriff	3	*Bosch* JURA 2015, 803; *Kühl* JuS 2010, 1041
	Gemeingefährliche Tötung (durch Unterlassen)		*Kudlich* JA 2009, 901; *Köhne* JURA 2009, 265
	Verdeckungsabsicht (Begriff)	3	*Geppert* JURA 2004, 242
	Verdeckungsmord und Unterlassen		*Theile* JuS 2006, 110
	Gekreuzte Mordmerkmale	3	*Beer* ZJS 2017, 536; *Kudlich* JA 2008, 310; *Grünewald* JA 2012, 401
§ 212	Beginn menschlichen Lebens (pränatale Handlungen mit postnatalen Schäden)	1	*Heyers* JURA 2016, 709; *Kühl* JA 2009, 321; *Kaltenhäuser* JuS 2015, 785
	Aktive/Passive Sterbehilfe (BGHSt 55, 191 = NJW 2010, 2963)		*Kubiciel* ZJS 2010, 656; *Steinhilber* JA 2010, 430
	Triage-Konstellationen		*Waßmer* JA 2021, 298
	Manipulation bei Organspenden		*Rosenau/Lorenz* JR 2018, 168
	Bedingter Tötungsvorsatz (Hemmschwellentheorie, Raserfälle)		*Jahn* JuS 2012, 757; *Geppert* JURA 2001, 55; *Walter* NJW 2017, 1350; *Kubiciel/Hoven* NStZ 2017, 439
§ 216	Abgrenzung Fremdtötung/Suizid		*Bechtel* JuS 2016, 882; *Engländer* JURA 2004, 234; *Herzberg* ZIS 2016, 440
	Ernstlichkeit des Tötungsverlangens		*Steinhilber* JA 2010, 430
§ 217	Merkmal der Geschäftsmäßigkeit		*Gaede* JuS 2016, 385
§§ 218 ff.	Systematik	1	*Satzger* JURA 2008, 424
	Verhinderung des Abbruchs	1	*Satzger* JuS 1997, 800
	Abbruch im Ausland (Beihilfe/Strafanwendungsrecht)		*Kudlich* JA 2013, 791
	Werbung für den Schwangerschaftsabbruch		*Berghäuser* JZ 2018, 497; *Mitsch* KriPoz 2019, 214
§ 221	Begriff des Versetzens		*Wengenroth* JA 2012, 584; *Ladiges* JuS 2012, 687
	Abgrenzung Im Stich Lassen/Aussetzen durch Unterlassen		*Momsen* StV 2013, 54
§ 222	Zurechnungsabbruch durch Drittverhalten bei Fahrlässigkeits-/Vorsatzdelikten (eigenverantwortliche Selbstgefährdung)	1	*Eisele* JuS 2012, 577

Delikt (StGB)	**Problem**	**Fall**	**Sonstige Literatur/Falllösungsmaterial**
§ 223	Erheblichkeitsschwelle	2	*Hardtung* JuS 2008, 864 (1060)
	Einwilligung und elterliche Sorge	2	*Esser/Beckert* JA 2012, 590; *Mandla* FPR 2013, 244
	Ärztlicher Heileingriff		*Bollacher/Stockburger* JURA 2006, 908
	Sittenwidrigkeit	2	*Bott/Volz* JA 2009, 421; *Spoenle* NStZ 2011, 552
	Ansteckung mit einem Virus		*Hoven/Hahn* JA 2020, 481; *Makepeace* ZJS 2020, 189
§ 224	Giftbeibringung gem. § 224 I Nr. 1 (Begriff und Abgrenzung)		*Satzger* JURA 2015, 580; *Frisch* JuS 1990, 362
	Hinterlistiger Überfall gem. § 224 I Nr. 3 (Begriff und Abgrenzung)	1, 6	*Hardtung* JuS 2008, 960
	Gefährliches Werkzeug gem. § 224 I Nr. 2 (Begriff: unbewegliche Gegenstände, Körperteile)	1, 6	*Lanzrath/Fieberg* JURA 2009, 348; *Eckstein* NStZ 2008, 125; *Stam* NStZ 2016, 713
	Begriff des Beteiligten bei § 224 Nr. 4	6	*Gerhold* JURA 2010, 379; *Küper* GA 2003, 363
	Grad der Gefahr bei § 224 Nr. 5	1	*Bosch* JURA 2017, 909
§ 226	Anforderungen an schwere Folge (Verlust eines wichtigen Gliedes, dauerhafte Entstellung)	6	*Jesse* NStZ 2008, 604; *Jäger* JuS 2000, 31
	Innere Organe als Glied, Ersetzbarkeit durch Prothesen	6	*Jäger* JuS 2000, 31
§ 227	Letalitätslehre/Handlungslehre	2	*Bosch* JA 2008, 547; *Ransiek* JA 2017, 912
	Konstellation des erfolgsqualifizierten Versuchs	2	*Kudlich* JA 2009, 246 ff.
§ 229	Sorgfaltspflichtverletzung (im Straßenverkehr)	5, 10	*Ciernak* SVR 2012, 127
§ 231	Begriff der Schlägerei (zeitlich-örtlicher Zusammenhang, Beteiligungszeiträume)	6	*Bock* JURA 2016, 992
	Nicht vorwerfbare Beteiligung		*Eisele* ZStW 110 (1998), 69
	Schädigung des Beteiligten		*Gottwald* JA 1998, 771
	Schwere Folge und Zurechnungszusammenhang	6	*Zopfs* JURA 1999, 172
§ 238	Tatbestandsstruktur	1	*Valerius* JuS 2007, 481; *Kühl* ZIS 2016, 450
	Eignungsdelikt	1	*Kühl* ZIS 2016, 450; *Nowak* JuS 2018, 1180
	Beharrlichkeit	1	*Mitsch* JURA 2007, 401
§ 239	Freiheitsdelikte im Überblick		*Eidam* JuS 2010, 869 (963)
	Potentialitäts-/Aktualitätstheorie	2	*Geppert/Bartl* JURA 1985, 221
	Abgrenzung Nötigung/Freiheitsberaubung	1	*Bosch* JURA 2012, 604; *Otto* JURA 1989, 497
	Tatbestandsausschließendes Einverständnis	2	*Geppert/Bartl* JURA 1985, 221
	Faktischer Freiheitsentzug (Nacktbadefall)		*Mitsch* NZV 2013, 417; *Fahl* JR 2009, 100
	Elterliches Züchtigungsrecht als Rechtfertigungsgrund	2	*Knauer* JURA 2014, 254
	Bewirkte Festnahme	3	*Von der Meden* JuS 2015, 112
§ 239a, § 239b	Teleologische Reduktion im 2-Personen-Verhältnis	1	*Elsner* JuS 2006, 784

Delikt (StGB)	Problem	Fall	Sonstige Literatur/Falllösungsmaterial
§ 240	Abgrenzung Drohung/Warnung	3	*Sinn* JuS 2009, 577
	Gewaltbegriff (psychische Gewalteinwirkungen, Straßenverkehr)		*Swoboda* JuS 2008, 862; *Eisele* JA 2009, 698
	Drohung mit Unterlassen		*Zopfs* JA 1998, 813
	Drohung mit Strafanzeige		*Kudlich/Melloh* JuS 2005, 912 ff.
	Verwerflichkeitsklausel	3	*Geppert* JURA 2006, 31
§ 241	Ernstlichkeit der Drohung	1	*Satzger* JURA 2015, 156
	Bezugspunkt der Drohung	1	*Satzger* JURA 2015, 156
§ 242	Fremdheit (Begriff)	7, 8	*Kudlich/Noltensmeier* JA 2007, 863; *Kudlich* JA 2010, 777
	Sache (Begriff)	7, 8	*Kretschmer* JA 2015, 105
	Dereliktion	8	*Bode* JA 2016, 589; *Reinhardt* JA 2016, 189
	Drogen als Tatobjekte, Leichenteile		*Oğlakcıoğlu* ZJS 2010, 340; *Jahn* JuS 2008, 457; *Bechtel* JR 2017, 197
	Gewahrsamsbegriff (sozial-normative Bestimmung)	7	*Zopfs* ZJS 2009, 506 ff. (649 ff.); *Rönnau* JuS 2009, 1088; *Bosch* JURA 2014, 1237
	Gewahrsam nach dem Tod		*Glandien* JR 2019, 60
	beobachtete Wegnahme/Gewahrsamsenklave	7	*Kudlich* JA 2017, 428; *Oğlakcıoğlu* JA 2012, 902; 2013, 107
	Rückwirkungsfiktionen		*Kudlich/Noltensmeier* JA 2007, 863
	Gestufte Gewahrsamsverhältnisse	3	*Bosch* JURA 2014, 1237
	Bedingtes Einverständnis (Tankstellenfälle, Tesafilm-Fall, Selbstbedienungskasse)	8	*Rebler* JA 2013, 179; *Kudlich* JuS 2001, 20, *Lange/Trost* JuS 2003, 961; *Ast* NStZ 2013, 305; *Fahl* NStZ 2014, 244; *Heinrich* FS Beulke, 2015, 393
	Gegenstand der Zueignungsabsicht (Sparbuchfall, Finderlohn/Rückführung)		*Kudlich/Oğlakcıoğlu* JA 2012, 321; *Stoffers* JURA 1995, 113
	Sonstige Zueignungsfallgruppen (Inpfandnahme, Pfandflaschen)		*Haustein* JA 2015, 351; *Schmitz/Goeckenjan/Ischebeck* JURA 2006, 821
	Agent provocateur	8	*Rönnau* JuS 2015, 19; *Deiters* JuS 2006, 302
	Tatmotivische Konkretisierung (Taschen/Kartonfälle)	10	*Streng* JuS 2007, 422
§ 243	Regelbeispieldefinitionen (Einbruch, Einsteigen, Verborgenhalten, Falscher Schlüssel, Behältnis, Sicherheitsetikett)	7	*Zopfs* JURA 2007, 421; *Kudlich* JA 2011, 153
	Versuchtes Regelbeispiel		*Huber* JuS 2016, 597; *Graul* JuS 1999, 852
	Irrtümer Geringwertigkeit (§ 243 II)	7	*Jesse* JuS 2011, 313
§ 244	Beisichführen eines Werkzeugs (Auslegung, Wegnahme des Werkzeugs, Dienstwaffe)	7	*Krüger* JA 2009, 190; *Rönnau* JuS 2012, 117
	Wohnungs-»Einbruch«/gemischt genutzte Gebäude		*Jahn* JuS 2008, 927; *Koranyi* JA 2014, 241; *Bachmann* NStZ 2009, 667
	Privatwohnung		*Bosch* JURA 2018, 50
	Bandenbegriff/Bandentat/Bezug auf verschiedene Taten		*Oğlakcıoğlu* JURA 2012, 770
	»Mitwirkung« bei Bandentat (Reichweite/persönliches Merkmal?)		*Rönnau* JuS 2013, 594; *Oğlakcıoğlu* JURA 2012, 770

Delikt (StGB)	Problem	Fall	Sonstige Literatur/Falllösungsmaterial
§ 246	Begriff der Zueignung	8, 9	*Kudlich* JuS 2001, 767 ff.; *Kudlich/Koch* JA 2017, 184
	Abgrenzung Diebstahl/Unterschlagung	8	*Fahl* JA 2014, 382
	Wiederholte Zueignung		*Kretschmer* JuS 2013, 24; *Kudlich/Koch* JA 2017, 184
§§ 247, 248a	Strafantragserfordernisse	7	*Kudlich/Schuhr/Noltensmeier* JA 2010, 342 ff.
§ 248b	Unbefugter Gebrauch eines Fahrzeugs		*Bock* JA 2016, 342
§ 249	Raubfinalität/Raub bei Gelegenheit	10	*Kudlich* JA 2015, 791; *Magnus* NStZ 2018, 67; *Swoboda* JURA 2019, 28
	Gewalt durch Unterlassen		*Walter* NStZ 2005, 240
§ 250	Scheinwaffen (Labello-Fall)	10	*Kudlich* JR 1998, 357 ff.; *Godendorff* NStZ 2018, 321; *Jahn* JuS 2012, 48
	Begriff des Verwendens		*Erb* JuS 2004, 653
	Qualifikationen im Beendigungsstadium		*Kiworr* JuS 2018, 424
§ 251	Rücktritt vom erfolgsqualifizierten Versuch trotz Eintritt der schweren Folge?	10	*Küper* JZ 1997, 229; *Jäger* NStZ 1998, 161
	Tatbestandsspezifischer Gefahrverwirklichungszusammenhang		*Hinderer/Kneba* JuS 2010, 490; *Kudlich* JA 2009, 246 ff.
§ 252	Betroffensein bei § 252 (Zuvorkommen des Täters)		*Schwarzer* ZJS 2008, 265
	Abgrenzung Diebstahl/räuberischer Diebstahl		*Dehne-Niemann* JURA 2008, 742; *Kudlich/Aksoy* JA 2014, 81
	Abgrenzung Raub/räuberischer Diebstahl		*Bosch* JURA 2018, 354
	Räuberischer Diebstahl und Beteiligung		*Dehne-Niemann* JuS 2008, 589; *Natus* JURA 2014, 772
	Beuteerhaltungsabsicht		*Kudlich/Aksoy* JA 2014, 81
§§ 253, 255	Verfügung als Tatbestandsmerkmal bei § 253 Abgrenzung Raub/räuberische Erpressung	10	*Bode* JA 2017, 110; *Rönnau* JuS 2012, 888; *Brand* JuS 2009, 899
	Näheverhältnis		*Ebel* JURA 2008, 256
§ 257	Begriff des Vorteils		*Dehne-Niemann* ZJS 2009, 142 (248, 369); *Jahn/Palm* JuS 2009, 307
	Hilfeleistung und Beihilfe		*Geppert* JURA 2007, 589; *Bosch* JURA 2012, 270
§ 258	Begriff des Vereitelns	4	*Satzger* JURA 2007, 754
	Analoge Anwendung des § 258 V	3	*Jahn/Palm* JuS 2009, 408
	Bezahlung einer Geldstrafe als Vollstreckungsvereitelung		*Kranz* ZJS 2008, 471
	Strafverteidigerhandeln als Strafvereitelung	4	*Otto* JURA 1987, 329; *Fahl* StV 2015, 51; *Jahn/Ebner* NJW 2012, 30
	Selbstbegünstigungsprivileg	3	*Satzger* JURA 2007, 754
§ 258a	Garantenstellung von Polizeibeamten/Staatsanwälten		*Laubenthal* JuS 1993, 907
§ 259	Grundlagen Hehlerei	11	*Bosch* JURA 2019, 826; *Wiedmer* JuS 2021, 207
	Abgrenzung Beteiligung Vortat/Hehlerei		*Kudlich* JA 2002, 672 ff.

Delikt (StGB)	Problem	Fall	Sonstige Literatur/Falllösungsmaterial
	Absatzerfolg/objektive Eignung des Hilfeleistens	**11**	*Sorge* ZJS 2016, 33; *Zöller/Frohn* JURA 1999, 378
	Sich-Verschaffen	**11**	*Wagner* ZJS 2010, 17
	Abgrenzung Absatz/Absatzhilfe	**11**	*Schwabe/Zitzen* JA 2005, 193
	Entgeltliche Rückveräußerung		*Stoffers* JURA 1995, 113
§ 261	Verteidigerhonorar		*Jahn/Ebner* JuS 2009, 597
§ 263	Betrug: Aufbau und Systematik	**6**	*Kindhäuser/Nikolaus* JuS 2006, 193
	Konkludente Täuschung (Fallgruppen, insbesondere Wettbetrug)	**1, 6**	*Becker* JuS 2014, 307; *Jahn/Maier* JuS 2007, 215; *Radtke* JURA 2007, 215; *Perron* JuS 2020, 809
	Eingebauter Produktverschleiß		*Hoven* NJW 2019, 3113
	Pseudobeschlagnahme		*Hecker* JuS 2011, 849
	Täuschung trotz wahrer Tatsachen		*Eisele* NStZ 2010, 193
	Irrtum trotz Zweifel/Irrtum bei mehraktigen Verfügungen	**11**	*Kulhanek* JA 2015, 828; *Rönnau* JuS 2014, 504; *Schuhr* ZStW 2011 (123), 517 ff.
	Dreiecksbetrug (erforderliches Näheverhältnis)	**6, 9, 11**	*Hauf* JA 1995, 458; *Fock/Gerhold* JA 2010, 511; *Fahl* JURA 1996, 74
	Vermögensverfügung Abgrenzung Diebstahl/Betrug	**1, 6, 7, 11**	*Rönnau* JuS 2011, 982; *Poisel/Ruppert* JA 2019, 353; 2019, 421
	Unmittelbarkeitsprinzip		*Jäger* JuS 2010, 761
	Mahnbescheid		*Bosch* JURA 2012, 105
	Lastschriftreiterei		*Fahl* JURA 2006, 733; *Soyka* NStZ 2004, 538
	Vermögensbegriff (Drogengeschäfte etc)	**1**	*Satzger* JURA 2009, 518; *Waszynski* JA 2010, 251
	Anstellungsbetrug	**11**	*Kargl* wistra 2008, 121; *Heinrich* GA 1997, 24; *Duttge* JR 2002, 271
	Vermögensgefährdung, Versuch		*Becker/Rönnau* JuS 2017, 499
	Gutgläubiger Erwerb (Makeltheorie)		*Begemeier/Wölfel* JuS 2015, 307
	Individueller Schadenseinschlag		*Becker/Rönnau* JuS 2017, 975; *Texeira* ZIS 2016, 307
	Bewusste Selbstschädigung (Spendenbetrug)		*Eisele/Bechtel* JuS 2018, 97; *Kulhanek* JA 2015, 828
	Bereicherungsabsicht	**11**	*Wittig* JA 2013, 401
	Betrug im Straßenverkehr		*Fahl* NStZ 2017, 65; *Mitsch* NZV 2012, 153; JuS 2002, 224
	Wettbetrug	**6**	*Jahn/Maier* JuS 2007, 215; *Greco* NZWiSt 2014, 334
	Erbschleicherei		*Schroeder* NStZ 1997, 585; *Brand/Fett* JA 2000, 211
§ 263a	Unbefugte Datenverwendung	**6, 11**	*Kraatz* JURA 2010, 36; 2016, 875; *Jahn* JuS 2012, 1135
	Leerspielen von Geldautomaten In-Gang-Setzen als Beeinflussung?	**6, 11**	*Wachter* JuS 2017, 723; *Arloth* JURA 1996, 354
	Karten- bzw. Geldautomatenfälle	**11**	*Schuhr* JuS 2015, 189; *Oğlakcıoğlu* JA 2018, 279; *Valerius* JA 2007, 514 (778); *Schur/Schur* JA 2017, 739; *Kudlich* JuS 2003, 537
§ 265	Repräsentantenhaftung		*Römer* NZV 1993, 249; *Wagner* JuS 1978, 161
	Betrügerische Absicht	**5**	*Geerds* JURA 1989, 294

Delikt (StGB)	**Problem**	**Fall**	**Sonstige Literatur/Falllösungsmaterial**
§ 265a	Begriff des Erschleichens (insbesondere Schwarzfahrt)		*Oğlakcıoğlu* JA 2011, 588; *Putzke/Putzke* JuS 2012, 500; *Bock* JA 2017, 357
§ 266a	Reichweite des § 266b StGB (Kundenkarte)	**11**	*Ranft* NStZ 1993, 185; *Eisele/Fad* JURA 2002, 305;
§ 266	Verhältnis der Tathandlung zueinander Qualifizierte Vermögensbetreuungspflicht	**11**	*Mitsch* JuS 2011, 97
	Schadensbegriff (verfassungsrechtliche Vorgaben)		*Safferling* NStZ 2011, 376; *Kudlich* ZWH 2011, 1
	Veruntreuung Mietkaution		*Saliger* JA 2007, 326; *Gericke* NJW 2013, 1633; *Satzger* JURA 1998, 570
	Veruntreuung Mandantengeld		*Schmidt* NStZ 2013, 498
	Missbrauch Tankkarte		*Deutscher* StRR 2015, 274
§ 267	Urkundenbegriff	**3, 11**	*Bode/Ligocki* JuS 2015, 989 (1071); *Schuhr* ZJS 2011, 192;
	Systematik der Urkundendelikte/Abgrenzung	**7**	*Geppert* JURA 1988, 158
	Blankett		*Weiß* JURA 1993, 288
	Beglaubigte Abschriften		*Geppert* JURA 1990, 271
	Kopien/Collagen		*Beck* JA 2007, 423
	Unterschleif bei Prüfungsarbeiten	**11**	*Heger* JA 2014, 754
	Schriftliche Lügen/Vertretungsverhältnisse	**11, 9**	*Bode/Ligocki* JuS 2015, 989 (1071)
	Zusammengesetzte Urkunden, Abgrenzung zur Gesamturkunde	**3, 7**	*Heinrich* JA 2011, 423
	Verfälschung durch den Aussteller		*Kargl* JA 2003, 604
	Preisschild-Tausch	**7**	*Sonnen* JA 1982, 618
	Kilometerzähler		*Sonnen* JA 1979, 168; *Hassemer* JuS 1980, 837
	Antiblitzfolien/Nagelllack-Fall		*Wiese* JA 2016, 426; *Lickleder* JA 2014, 110; *Kudlich* JA 2019, 272
§ 268	Fahrtenschreiber (Wiedergabe fortlaufenden Messvorgangs als Aufzeichnung)		*Duchstein* NZV 2013, 367
	Auslesen eines Geldspielautomaten		*Hecker* JuS 2015, 1132
§ 269	Beweiserhebliche Daten	**9**	*Puppe* JuS 2012, 961; *Kulhanek* StV 2015, 725
	fake account		*Petermann* JuS 2010, 774
§ 271	Auslegungsfragen rund um § 271	**4** **11**	*Bock* ZIS 2011, 330; *Mankowski/Tarnowski* JuS 1992, 826
§§ 271, 348	TÜV-Plakette als öffentliche Urkunde		*Claus* NStZ 2014, 66
§ 284	Privates Glücksspiel		*Duesberg* JA 2008, 270
§ 289	Begriff der Fremdheit/Wegnahme	**10**	*Bohnert* JuS 1982, 256
§ 292	Mauswieselfälle		*Geppert* JURA 2008, 599
§ 303	Saisonaler Entzug/Gebrauchsbeeinträchtigungen		*Waszczynski* JA 2015, 259
	Gravierende Verunstaltungen		*Schuhr* JA 2009, 169; *Satzger* JURA 2006, 428
§ 303a	Datenveränderung (Löschen, Überspeichern)	**2, 9**	*Schuhr* ZIS 2012, 441; *Eisele* JURA 2012, 922; *Hecker* JA 2004, 762
§ 306	Einwilligung	**5**	*Rengier* JuS 1998, 397

Delikt (StGB)	Problem	Fall	Sonstige Literatur/Falllösungsmaterial
	Brandlegung		*Wrage* JR 2000, 360; *Radtke* NStZ 2003, 432
	Tatobjekte (restriktive Auslegung)	5	*Geppert* JURA 1998, 597; *Kreß* JR 2001, 315
§ 306a	Überblick und Systematik		*Oğlakcıoğlu* JA 2017, 745
	Teleologische Reduktion	5	*Wrage* JuS 2003, 985
	Gemischt-genutzte Gebäude		*Kraatz* JuS 2012, 691; *Bachmann* NStZ 2009, 667
	Entwidmung	5	*Radtke* NStZ 2008, 100
	Gefahr des Übergreifens eines Brandes		*Jahn* JuS 2010, 830
§ 306a II	Tatobjekte (Konkurrenzverhältnis)		*Kudlich* NStZ 2003, 458 ff.
§ 306b	Brandstiftung und Ermöglichungsabsicht (Versicherungsbetrug/-missbrauch)	5	*Rönnau* JuS 2001, 328
§ 306c	Retterfälle		*Wirsch* JuS 2006, 400; *Radtke/Hoffmann* GA 2007, 201
§§ 315b ff.	Überblick		*Eisele* JA 2007, 168; *Zimmermann* JuS 2010, 22
	Promillegrenzen		*König* JA 2003, 131
	Begriff des Führens (Fahrlehrerfall)		*Blum* SVR 2015, 130; *Grupp/Kinzig* NStZ 2007, 132
	Geschützte Tatobjekte/Subjekte (Teilnehmer der Tat)	5	*Geppert* JURA 1996, 47; *Schroeder* JuS 1994, 846
	Einwilligung des Beifahrers/Selbstgefährdung	5	*Otto* JURA 1991, 443
	Pervertierungsabsicht/ebenso gefährlicher Eingriff/Verletzungsvorsatz	5	*Hecker* JuS 2013, 84
	Rechtmäßiges Alternativverhalten/ Pflichtwidrigkeitszusammenhang)	5	*Magnus* JURA 2009, 390
	Begriff der konkreten Gefahr	5	*Radtke* FS Geppert, 2011, 461
	Begriff des bedeutenden Werts	5	*Kudlich* JA 2008, 821
	Teilnahme Kraftfahrzeugrennen, § 315d	5	*Blanke-Roeser* JuS 2018, 18; *Zieschang* JA 2016, 721
	Konkurrenzen bei Dauerdelikten	5	*Seier* NZV 1990, 129
	Actio libera in causa bei den §§ 315 ff.		*Spendel* JR 2007, 133
§ 315d	Illegale Kraftfahrzeugrennen	5	*Gerhold/Meglalu* ZJS 2018, 321; *Kulhanek* JURA 2018, 561
§ 316a	Vereinsamungsrechtsprechung		*Kudlich* JA 2015, 32
	Begriff des Angriffs (List, Fallenstellerfälle)		*Bosch* JURA 2013, 1234; *Geppert* JURA 1995, 193
§ 323a	Objektive Bedingung der Strafbarkeit (Schuldbeziehung)		*Puppe* JURA 1982, 281; *Wolter* NStZ 1982, 54
	Rauschbegriff		*Geppert* JURA 2009, 40
	Normatives Stufenverhältnis		*Schiemann* NJW 2010, 2293
§ 323c	Begriff des Unglücksfalls		*Seelmann* JuS 1995, 281
	Zumutbarkeitskriterien		*Stree* FS Lenckner, 1998, 393
	»Gafferparagraph« (§ 323c II StGB)		*Lenk* JuS 2018, 229
§ 331	Amtsdelikte	3	*Bock* JA 2008, 199; *Rönnau/Wegner* JuS 2015, 505
	Vorteilsbegriff, Tathandlungen	3	*Oğlakcıoğlu* HRRS 2011, 275 ff.
§ 339	Beugen des Rechts	3	*Jahn* JuS 2012, 951